T0285962

Dios salve a Pep

Dios salve a Pep

Retrato de una coronación

Martí Perarnau

Primera edición: noviembre de 2023
Segunda reimpresión: enero de 2024

Travessera de Gràcia, 47-49. 08021 Barcelona

Printed in Spain – Impreso en España

ISBN: 978-84-126377-3-1
Depósito legal: B. 17299-2023

Impreso en LIBERDÚPLEX, S. L. U.
Sant Llorenç d'Hortons (Barcelona)

RC37731

El secreto del éxito es que ninguno de nosotros
somos tal como éramos el primer día.

PEP GUARDIOLA

El secreto del éxito es que odiamos perder.

SCOTT CARSON

Índice

TEMPORADA 3: 2018-2019

Persiguiendo al conejo rojo

MESES

TEMPORADA 4: 2019-2020

Cinco cenas y un funeral

TEMPORADA 5: 2020-2021

Sísifo en la cima del mundo (El City de los yugoslavos)

MOMENTOS

TEMPORADA 6: 2021-2022

5 minutos y 36 segundos

TEMPORADA 7: 2022-2023

«Ya está, ya está»

ESCENAS

EPÍLOGO

PRÓLOGO

Mánchester duerme a sus pies, conquistada.

Pasea por el amplio ático desde el que se domina toda la urbe y contempla absorto la ciudad, como tantas noches desde hace siete años. Con una copa de vino tinto en la mano, va y viene por el gran salón. Mira las luces que alumbran Deansgate, la arteria principal de Mánchester, pero su mente está muy lejos, en los campos de fútbol. Piensa en cómo darles nuevos usos a viejos conceptos, en cómo afrontar los retos que asoman en los inminentes partidos, en cómo seguir avanzando y progresando. La luz de una vela tiñe de azul la gigantesca cristalera del ático, donde se refleja la imagen solitaria de Pep.

Este libro retrata sin filtros todos los rostros de Guardiola, todas las aristas de su carácter.

El artesano minucioso y detallista, religiosamente entregado a la búsqueda de la perfección.

El ganador en serie, competidor feroz, siempre peleando por todos los títulos, por menores que parezcan.

El innovador perpetuo, aferrado con idéntica fuerza a sus ideas y a sus dudas, a la caza del pequeño matiz que cambiará un partido.

El director de orquesta de carácter iracundo o bonachón, capaz por igual de levantar un muro frente a sus jugadores o de tender un puente hacia ellos.

El táctico genial que encuentra soluciones en la oscuridad y alumbra el camino de sus jugadores por terrenos que nadie ha transitado.

El Sísifo empeñado en coronar la cumbre más alta, aun a sabiendas de que el destino le auguraba una caída segura.

El trabajador obsesivo, agotador para todos, convencido de que solo con más trabajo podrá compensar la falta de talento innato.

El líder carismático al que sus hombres escuchan con embeleso y delectación porque les ha demostrado mil veces que el suyo es el camino del éxito.

El irritable, el iracundo, el bondadoso, el apesadumbrado, el dubitativo, el irónico, el histriónico, el estoico, el eufórico, el apasionado, el cerebral y, en los últimos tiempos, también el tranquilo. Todos los Guardiola que hay en Pep.

Su tercera etapa como entrenador se encamina hacia el final. En 2016, el proyecto azul celeste era pura incógnita y un desafío colosal. Tenía ante él un lienzo en blanco sobre el que volcar todo lo aprendido y todo lo que aún le quedaba por aprender. Contaba con los tres grandes estímulos que agudizan la creatividad: libertad, presión y riesgo. Siete años y catorce títulos más tarde, ya podemos afirmar que en Mánchester ha culminado su mejor obra, la más costosa, difícil, compleja y agotadora, pero también la más fecunda en innovaciones, la más transgresora en comportamientos y la más fértil en paradojas. En el City ha experimentado calamidades y tormentos, ha vivido remontadas épicas, goleadas asombrosas y actuaciones sensacionales. Sus siete temporadas han sido como la vida misma:

—No son los títulos. Es el sentimiento que provocas en la gente. La trascendencia consiste en el sentimiento que generas. ¡Lo importante es la emoción que provocas!

Con este libro cierro la trilogía sobre el entrenador catalán. El primero, *Herr Pep* (2014), fue la crónica de la temporada de su debut en el Bayern, escrita desde el interior del vestuario gracias a que Pep me abrió unas puertas que ha mantenido abiertas desde entonces. El segundo, *La metamorfosis* (2016), narró los dos siguientes años en Múnich y se centró específicamente en los grandes cambios que Alemania generó en él, y en cómo esa transformación podía materializarse en el proyecto que asumía en Mánchester. Este tercer libro describe la manera en que logró conquistar el difícil territorio inglés, un escenario hostil y áspero, imponiendo su ideología de juego.

La extensión, formato y profundidad de cada uno de los siete capítulos es distinto, a semejanza de los cambios que el propio Guardiola —o quizá la vida misma— ha aplicado año tras año. Fui escribiendo a medida que sucedían los hechos, en tiempo real, por lo que en el libro quedan reflejadas las sensaciones, los pronósticos o las previsiones que hice o que hicieron en cada momento concreto, sin revisiones *a posteriori*.

Han sido siete años de emociones a flor de piel, emociones que no ha podido ni querido ocultar y que van a continuar. Mánchester ha humanizado a Pep en todos los sentidos. La cautela de los primeros meses y las duras derrotas; el hundimiento por la pésima primera temporada; el pánico en los momentos del trágico atentado de 2017; la energía inagotable en su perpetua caza del éxito; el entusiasmo en las victorias; el dolor por la reaparición, en cada gran derrota, de viejas heridas; la obsesión por la perfección; el empeño inagotable por escalar la montaña una y otra vez; la culminación de la triple corona que festeja fumándose un puro en la avenida principal de Mánchester, bajo una lluvia que no parece mojarle…

Este es el retrato de una coronación, la historia de una montaña rusa de emociones.

Noches de agonía, días de gloria. Dios salve a Pep.

MP

TEMPORADA 1

2016-2017

¿De verdad quieres ser entrenador?

ESCENA 1

«Recuerda su nombre: Phil Foden»

Mánchester, 12 de octubre de 2016

Pep y Cris salen a pasear por Deansgate sin que nadie les preste la menor atención. Pep ni siquiera se cubre con un gorro que le ayude a pasar desapercibido. Nadie se fija en ellos, tapados ambos con abrigos negros. Son una simple pareja que pasea abrazada en busca de un restaurante donde brindar por la felicidad, en una «cena de novios». Hasta que nos encontramos, mientras también nosotros buscamos un lugar idóneo para cenar. Es la primera de las visitas que haré a Mánchester, siempre de incógnito, vistas algunas experiencias vividas en Múnich.

Loles y yo coincidimos con Pep y Cris por casualidad. Casi como sucede en las películas, las dos parejas estamos mirando desde la calle el interior de un restaurante de Deansgate, cuando de pronto nos damos cuenta de que volvemos a estar juntos, como tantas veces en las cenas de Múnich. Cuatro besos y Pep ya se suelta de inmediato, sin dilación:

—Contra el Tottenham no fui capaz de encontrar la manera de arreglar lo que nos hicieron. Le di muchas vueltas, pero no fui capaz. Por eso anulé el viaje a Múnich, a la Oktoberfest, para pensar soluciones. Y estos diez días con los jugadores en las selecciones nacionales me han ido muy bien para reflexionar sobre lo que venimos haciendo bien y lo que hemos hecho mal. Hemos de regresar a los fundamentos: hemos de controlar el juego. Hemos de poner cuatro hombres en el centro del campo y mover al rival a través de la pelota.

Tras su primera declaración de intenciones, que Cristina acoge con esa mirada especial que parece intuir que «se acabó la cena de novios, toca cena de fútbol», Pep advierte que hay demasiada gente paseando por Deansgate, la principal arteria comercial de Mánchester, y que es mejor buscar un sitio más tranquilo, un pequeño callejón, donde poder explicar en detalle lo que pretende hacer a partir de ahora. Así, en el Brazennose Street, junto a la estatua de Abraham Lincoln, encuentra el lugar adecuado para dibujar en el aire todo lo que espera de su nueva propuesta, los movimientos que desea para cada jugador, cómo deben ocupar el centro del campo y, al mismo tiempo, cómo han de desorganizar al oponente.

—He decidido jugar contra el Everton con el 3-4-3. Como un 3-2-2-3, como una WM. Cuatro en el centro del campo. Lo hemos ensayado sin los buenos, porque están con sus selecciones. Lo hemos trabajado solo con chavales del filial. Mañana lo probaremos con los mayores. Haremos un once contra once y el sábado saldremos con el 3-4-3, a ver qué tal nos va. El objetivo es controlar el juego y volver a lo básico: mover al contrario con pases y más pases.

Hace frío y Cristina y Loles reclaman ir a cenar y Pep propone hacerlo en un restaurante chino cercano, el Wings, pero cuando ya nos encaminamos hacia allí, de pronto me agarra del brazo, como si hubiese recordado algo importante, y se lanza a hablar entusiasmado, casi gritando:

—Escucha esto. Me hablaban mucho de Jadon Sancho y de Brahim Díaz. Y sí, son muy buenos. Buenísimos. Me encantan. Pero recuerda este otro nombre: Phil Foden. Recuerda el nombre de Foden. No te engaño, es brutal. Jugará conmigo y lo hará muy pronto. De hecho, si el partido de la Copa de la Liga no fuese contra el Manchester United ya lo haría debutar. Es un jugador inglés, muy inglés, zurdo, blanquito de piel, delgado como una caña, con las piernas arqueadas, pero que protege el balón de lujo y tiene una gran visión de juego. Foden, recuerda ese nombre. Será bestial.

La cena en el Wings es deliciosa.

ESCENA 2

El mejor equipo de la Premier League

Mánchester, 15 de octubre de 2016

Ronald Koeman hace tropezar el 3-2-2-3 de Pep.

Como ocurrirá tantas y tantas veces de ahora en adelante, el dominio del City sobre el campo es abrumador, pero el marcador final no refleja la superioridad en el juego. La prodigiosa actuación del portero Maarten Stekelenburg lo evita.

Pep dispone a su equipo en 3-2-2-3, tal como había previsto, a pesar de que en el entrenamiento del jueves no pudieron participar dos de los titulares (Stones y Sané) por problemas con los vuelos de regreso de los partidos de selecciones. De este modo, solo pudieron probar el nuevo módulo de juego durante la sesión del viernes. Pese a tan poco ensayo, el entrenador tiene pocas dudas sobre la distribución de sus hombres. Bravo se alinea como portero; Otamendi, Stones y Clichy como defensas; el rombo de centrocampistas lo componen Fernandinho, De Bruyne, Gündogan y David Silva; los extremos a pierna cambiada son Sané y Sterling, mientras que la punta es para Iheanacho. En la pizarra es un 3-2-2-3 que aparenta ser como la WM de Herbert Chapman (1925) y sobre el césped es un 3-4-3 de inspiración cruyffista.

A Pep le han preocupado los síntomas mostrados por su equipo en los últimos partidos. No solo la derrota ante el Tottenham, la primera sufrida en esta nueva etapa, sino también el descontrol vivido en Glasgow, en partido de la Champions, ante el Celtic (3-3). Lo que más le irrita en un partido es que su equipo no controle el juego, y esto ha ocurrido en los últimos ciento ochenta minutos disputados, de ahí su cambio de sistema, desde el 4-3-3 canónico con el que comenzó la temporada a este 3-4-3 con el que pretende «controlar el juego». Cuatro centrocampistas y a mover el balón para desordenar al rival.

El propósito se cumple de manera holgada. Ante la mirada atenta de sir Alex Ferguson, el City da 661 pases frente a los 255 del Everton, toca el balón el doble de veces que su contrincante (878 por 478), remata 19 veces por solo tres de los visitantes, lanza 13 saques de esquina por uno de los rivales y tiene el balón en propiedad durante casi el 73 % del partido. Koeman, que conoció bien a Cruyff y fue compañero de Pep muchos años en el Barcelona, sabe que su equipo sufrirá en el Etihad Stadium y lo organiza en varios estratos defensivos con los que intentar entorpecer los avances locales. En cada ataque del City hay siempre ocho jugadores del Everton protegiendo a su portero, lo que al final se traduce en 49 balones que repelen los visitantes desde su área para despejar el peligro.

Pese a semejantes medidas de protección, el equipo de Pep controla el juego con fluidez, construye buenas acciones de ataque y dispone de varias ocasiones claras de gol que salva el portero Stekelenburg. El juego no solo es fluido, armónico y ofensivo, sino que enardece a los aficionados, que disfrutan con semejante exhibición. Pero la superioridad no se traduce en gol, ni siquiera cuando en el minuto 43 De Bruyne dispone de un penalti a favor, cometido por Jagielka sobre Silva. El belga dispara potente y a media altura, a la izquierda del portero, pero Stekelenburg logra despejar con ambas manos gracias a una espléndida estirada.

Cuando más cerca parece el gol local llega el tanto visitante. Ocurre, como tantas veces señala Pep, por una mala vigilancia de los alejados. El City aprieta la salida del Everton e incluso Otamendi salta a presionar a Lukaku cerca del área visitante, pero el delantero belga se zafa del marcaje y corre hacia delante. El balón vuela rápido hasta el centro del campo, donde Stones intenta cortar, sin conseguirlo, la devolución de Bolasie a Lukaku, quien queda a campo abierto para correr frente al frágil Clichy. Cogidos a contrapié, Otamendi y Fernandinho regresan a toda velocidad, pero no logran impedir que Lukaku cruce el balón ante Claudio Bravo. Esta será una acción que se repetirá muchas veces a lo largo de la temporada y, en menor medida, también en algunos de los años sucesivos. La gestión de los alejados cuando el City está avasallando el área rival costará mucho tiempo y muchos goles dolorosos. Solo cuando Rúben Dias y Rodrigo Hernández se hayan aposentado en el equipo a partir de 2020 este defecto pasará a ser algo mucho más esporádico, aunque nunca podrá evitarse por completo el contraataque de un buen equipo rival.

Tras el golpe recibido, el equipo de Pep prosigue su pelea en busca del empate. Apenas cinco minutos después, Jagielka comete otro penalti, esta vez sobre Agüero, quien se encarga de lanzarlo. Lo hace exactamente igual que KDB, al mismo sitio, con la misma potencia y a la misma altura. Stekelenburg responde igual, estirándose cuan largo es (mide 1,97 m), y rechaza de nuevo con ambas manos. El portero neerlandés seguirá su exhibición deteniendo más remates peligrosos, en especial uno de KDB desde fuera del área que acaba estrellándose en el poste, pero no podrá evitar el cabezazo a bocajarro de Nolito que significa el empate definitivo.

El Everton festeja el punto arrancado del Etihad como un gran triunfo. El City reacciona ante el empate como si hubiera sido un gran fracaso. Pep queda abatido porque ya son tres partidos seguidos sin ganar y, además, dentro de cuatro días visita el Camp Nou para jugar en la Champions contra el Barcelona de Messi. Su propuesta del 3-4-3 se ha mostrado brillante, armónica y capaz de controlar el juego, pero la eficacia no ha aparecido y, como sucede siempre en el fútbol, los resultados son los que deciden si un sistema de juego es apropiado o no. De camino a los vestuarios, Dome Torrent le desea suerte a Koeman para el resto de la temporada, a lo que el entrenador del Everton responde, entre risas: «Hoy hemos tenido toda la del año. Ya no creo que nos queden más dosis de suerte…».

Koeman es rotundo en su análisis del partido: «El City es el mejor equipo contra el que nunca he jugado en mi carrera como entrenador. Cuando he visto que salían con tres zagueros he dicho al vestuario que jugaríamos con tres puntas para intentar cazar los segundos balones, pero en los primeros veinte minutos no hemos tocado ni una pelota. El City ha jugado de manera brillante: *high pressing, high tempo*. Pero mi defensa ha sido heroica y nuestro portero ha jugado el mejor partido de su vida. El City es el mejor equipo de la Premier League: si miras cómo atacan, cómo se mueven, cómo controlan el centro del campo, cómo recuperan el balón… Y lo han hecho desde el minuto 1 y hasta el 95 sin parar. Ha sido increíble. Es fútbol europeo del más alto nivel. No será fácil, pero jugando así incluso pueden ganarle al Barça. Repito para que le quede claro a todo el mundo: el City es el mejor equipo contra el que he jugado en toda mi carrera de entrenador».

A la salida del estadio le detallo a Pep las palabras de Koeman y reacciona con euforia:

—¿¿¿Esto ha dicho??? Joder, qué majo es Ronald. Esta es la mejor recompensa que hay. Ni trofeos ni títulos. Lo mejor es que gente a la que quieres te admire.

Y

A la mañana siguiente, el cuerpo técnico debate largo rato antes del entrenamiento de recuperación. Preparan ya el partido de la Champions contra el Barcelona. No habrá 3-4-3 porque en el ambiente se respira que los jugadores no se han sentido cómodos, aunque el juego frente al Everton haya sido brillante.

Domènec Torrent hace la primera propuesta: «En el Camp Nou hemos de tener siempre un hombre más en defensa. No podemos ir con línea de tres porque nos matan. Hay que ser uno más. O sea, cuatro, porque ellos atacarán seguro con tres».

Pep es aún más rotundo:

—Hemos de tener un hombre más en defensa y también un hombre más en el centro del campo. Solo así podemos intentar que la pelota sea nuestra. Si no, imposible. Ellos tendrán arriba a «la bestia». A ver cómo lo paramos…

El enfoque para el partido de regreso de Guardiola al estadio donde obtuvo sus grandes éxitos queda acordado. Cuatro en defensa y ganar la superioridad en el centro del campo. Frenar a Messi ya será otro asunto.

Aprovecho que el entrenamiento dominical —al que asiste, muy interesado, un buen amigo de Pep, el alemán Michael Reschke, jefe de *scouting* del Bayern— se limita a unos juegos de posición de los suplentes para entregar ejemplares de mi libro *La metamorfosis*, recién publicado, a dos miembros del cuerpo técnico que no conocía con anterioridad: Xabier Mancisidor, el entrenador de porteros, un vasco serio y riguroso, y Mikel Arteta, aspirante a futuro gran entrenador, que ha colgado las botas como jugador y de inmediato ejerce como ayudante de Pep. Me interesa conocer qué percepción tiene Arteta de la impresionante ciudad deportiva del City porque esa opinión revela a las claras cuál es la filosofía que al cabo de pocos años le conducirá a la élite de los técnicos mundiales:

—Son unas instalaciones bestiales, pero hay que llenarlas de sustancia, y eso lo hacen las personas. Los clubes son las personas.

El sol que luce en Mánchester nos permite realizar un agradable paseo con Manel Estiarte por los campos de entrenamiento, durante el que hablamos del cuerpo técnico:

—Estamos muy contentos. Dome Torrent es espléndido, Carles Planchart es una persona muy humilde que siempre está ayudando al máximo y Mikel Arteta será muy buen entrenador. Tiene la cabeza muy bien amueblada.

Le pregunto por Pep, por si los tres años de contrato que ha firmado serán suficientes para intentar conquistar el fútbol inglés y, sobre todo, para construir un legado firme en el Manchester City.

—A Pep le quedan seis, ocho, diez años como entrenador. Seguramente serán seis años más que diez, aunque con él nunca se sabe. Jamás hace planes a largo plazo, así que no podemos saberlo. Con él hay que estar en el día a día y no mirar más allá.

Hablamos también del libro que tenemos entre manos, *La metamorfosis*, que detalla los cambios que Alemania provocó en Pep y la influencia que tendrán en esta nueva etapa en Inglaterra:

—Múnich fue una gran experiencia para Pep —reconoce Estiarte—, porque era su primera vez como entrenador en el extranjero, fuera del entorno del Barcelona. Experiencias de este tipo curten y ayudan mucho, te hacen madurar rápido. Si Pep permitió que tú entraras en el vestuario del Bayern para escribir los libros fue porque en Múnich todo era una novedad y una aventura, y eso facilitó que aceptara lo que en el Barcelona nunca aceptó.

Creo que es el momento oportuno para decirle lo que pienso:

—Ahora es imposible saber cuánto tiempo estará Pep en Manchester, pero si el proyecto es largo creo que escribiré un libro más. El tercero. El último sobre él.

La reacción de Estiarte es la que imaginaba:

—Lógico. Una trilogía es lo que toca.

Hasta ese día, los inicios de Guardiola en el City han sido brillantes.

ESCENA 3

En el sofá de Pep...

Cuatro meses antes...
Barcelona, 27 de junio de 2016

Estamos sentados en el sofá de Pep, mirando el televisor.

El televisor lleva apagado bastante rato.

El sofá es gris y amplio, pero estamos pegados uno junto al otro. Callados. Mirando un televisor apagado...

En un rincón se apilan ochenta y siete cajas y quince maletas que la próxima semana serán trasladadas en la mudanza a Mánchester.

Le he preguntado cómo será su Manchester City y no responde. Hay un silencio espeso en el salón. La escena me parece eterna, inacabable, hasta que él decide romper el silencio:

—No lo visualizo, no puedo imaginar todavía cómo será el equipo, ni cómo jugaremos, porque aún no sé qué jugadores tendré.

Es la primera vez que visito a Pep en su piso de Barcelona. Nos hemos sentado en un sofá gris, muy cómodo, del que no nos moveremos durante cuatro horas mientras bebemos un par de litros de agua. Al día siguiente, el doctor Albert Estiarte tiene previsto realizar el chequeo anual de salud a Guardiola, por lo que hoy no puede tomar alimentos sólidos. Desde el sofá vemos cómo Italia elimina a España (2-0) en la Eurocopa de Naciones y Pep muestra su fascinación por el estilo de juego que impone Antonio Conte a la selección *azzurra*.

—Conte practica un juego de posición excepcional. No es el modelo ortodoxo al que estamos acostumbrados. Es un juego de posición vertical. Pero lo hace de maravilla.

Pep está convencido de que en la próxima década abundarán las innovaciones en el fútbol y por esta razón se muestra tan abierto a absorber ideas de otros entrenadores.

—No te puedes quedar quieto. El fútbol cambia y hay que evolucionar sin parar. ¡Fíjate, Italia practicando juego de posición! Diferente del que practica mi equipo, pero lo juega. Y eso es admirable por Conte y por sus jugadores, por Buffon, Bonucci, Chiellini, etc.

El entrenador italiano le fascina porque en él advierte pasión por el trabajo, agresividad por hacerse con el balón, un fútbol intenso y competitividad permanente. No le cabe duda de que el Chelsea de Conte será el máximo favorito para ganar la inminente Premier League, dado que posee un gran técnico, magníficos jugadores y un calendario sin competiciones europeas que le permitirá entrenarse a fondo y preparar bien los partidos. Y el propio sistema de juego que implantará Conte, el 5-3-2, tiene otra ventaja: necesita menor tiempo de aprendizaje e implantación que el modelo de Guardiola, que es más complejo de absorber. Por todo ello, Pep ve favorito al Chelsea:

—Atacar un 5-3-2 siempre es una pesadilla.

Sobre todo si tú no tienes claro cómo será tu equipo:

—Soy sincero, todavía no visualizo a mi equipo. No sé con quién jugaremos. Solo sé que hay buena gente, por lo que me ha dicho Txiki [Begiristain, el director deportivo]. Me ha hablado muy bien de Fernandinho, que es muy polivalente y puede ser una pieza muy importante, y de Fernando, que es un excelente compañero, pero aún no tengo claro a quién podremos fichar, ni si la plantilla se va a mantener tal como está. Por eso no consigo visualizar cómo será mi equipo.

La pantalla del televisor apagado refleja la mueca algo triste de Pep. Recuerdo una frase que me dijo en Múnich, después de que los dirigentes del Bayern vendiesen a Toni Kroos, en verano de 2014, pese a la rotunda oposición que planteó Guardiola: «Cuando estás negociando con un club te prometen todo. Cuando ya has fichado, todo queda en el olvido, pero tú ya estás atrapado». La mueca que veo esta tarde me da a entender que a Pep debieron de prometerle una renovación completa de la plantilla, pero quizás ahora el Manchester City ha decidido que solo sea una renovación parcial y liviana. Si Pep no visualiza todavía a su equipo es porque hay demasiadas incógnitas por resolver en las próximas semanas. De pronto, se anima y suelta:

—Aquel que no corra y salte como una fiera se va fuera, y en su lugar jugará un chaval, que hay chavales muy buenos en la cantera.

Horas después, durante el regreso a casa comienzo a escribir este dietario. Las anotaciones se prolongarán durante siete años. Escribí todo lo que observé o escuché, tanto en los días de pesimismo como en los de brillante alegría, vi todos los partidos, oficiales o amistosos, asistí a entrenamientos y reuniones, y llené centenares de páginas con los datos más relevantes: los módulos de juego, las variantes tácticas, la forma de sacar los córneres, el modo de defenderlos, los contraataques realizados y su conclusión, los contraataques sufridos, y todo tipo de detalle técnico o táctico, hasta completar siete enormes libretas. Hablé a menudo con Pep y con la mayoría de sus ayudantes, casi siempre tras los partidos más que en los días previos. Dibujé la evolución táctica del equipo e intenté comprender lo que ocurría en el alma del grupo y en el corazón de los jugadores, con el propósito de que este libro retratara con precisión el legado de Pep en Mánchester.

Dos días más tarde, Pep recibe los resultados del chequeo médico: tiene una salud de hierro, aunque la hernia que sufre en la espalda siempre le dolerá.

ESCENA 4

No podemos cambiar la plantilla como querrías

Mánchester, 3 de julio de 2016

La plantilla que hereda Guardiola cuenta con doce jugadores que superan los treinta años de edad, es decir, más de la mitad del equipo ha rebasado la treintena. Más aún: diecisiete de los jugadores ya han cumplido los veintiocho años y solo cuatro futbolistas tienen veinticinco años o menos. Es obvio que la plantilla necesita una renovación radical y un completo rejuvenecimiento a la vista de la exigencia competitiva que se pretende implantar.

En una reunión celebrada en Dubái a principios del mes de junio, el entrenador pidió a Khaldoon Al Mubarak y Txiki Begiristain la contratación de diez nuevos jugadores, pero el club accedió únicamente a contratar la mitad. Había razones para ello, por supuesto. El club quería respetar los contratos en vigor, deseaba mantener una masa salarial moderada y, por encima de todo, continuar una política de amortizaciones equilibrada que permitiese, a medio plazo, afrontar fichajes costosos. La dirección del club afrontaba la contratación de Guardiola como un proyecto de larga duración que iba a exigir fuertes desembolsos para sustituir con garantías a la «generación de oro» (Agüero, Silva, Kompany, Hart, Fernandinho, Touré…) y llevar al City a una dimensión superior. Los dirigentes asumían que la primera temporada de Pep en Mánchester iba a ser prácticamente de transición con el fin de poder agotar los contratos en vigor y las amortizaciones pendientes, tras lo cual se abriría una ventana de oportunidades en la que ya se podrían realizar inversiones de alto vuelo.

Pep entendió la idea y la aceptó, aunque no era lo que había soñado, ni mucho menos. Había pedido un portero, dos laterales, dos zagueros, dos medios, dos extremos y un punta, pero tuvo que aceptar un portero, un zaguero, un medio y dos extremos. La rebaja fue mayúscula. Un recorte del cincuenta por ciento.

Tampoco los elegidos fueron exactamente los que él había indicado. El portero con el que soñaba era Marc-André ter Stegen, pero el Barcelona se negó en redondo a venderlo pese al deseo manifestado por el jugador de marcharse. El Barça facilitó la salida de Claudio Bravo, que en realidad había sido su portero titular durante el curso anterior. Sobre el papel tenía un perfil idóneo para encajar en lo que el City buscaba en un guardameta. Tampoco consiguió la contratación de Aymeric Laporte como zaguero zurdo. Sí logró hacerse con tres nombres muy deseados: John Stones como zaguero diestro, que aportaría una magnífica salida de balón; Ilkay Gündogan —su viejo sueño en el Bayern—, elegido para ser guía y metrónomo del equipo; y Leroy Sané, el prometedor extremo del Schalke 04, en quien Pep había puesto sus esperanzas de hallar a otro Robben. La dirección deportiva del club encontró en el veterano Nolito a un extremo de bajo coste con el que completar las incorporaciones.

Todo cuanto sucedió a continuación, en la primera temporada de Guardiola, fue coherente con esta decisión estratégica del club de retrasar la renovación del equipo. Fue una temporada de pura transición económica y deportiva, en la que se agudizaron las carencias y los defectos de la plantilla. La portería no quedó bien cubierta, en la zaga se echó en falta un zurdo con garantías, en los laterales se evidenció un déficit mayúsculo de calidad técnica y de energía física, la grave lesión de Gündogan en diciembre disminuyó el potencial del centro del campo, el nivel de Nolito decayó en demasía tras un inicio prometedor, y las dificultades para anotar goles obligaron a la incorporación de un delantero en el mercado de invierno [en realidad, Gabriel Jesús fue fichado en agosto, pero se mantuvo en el Palmeiras hasta enero de 2017]. Todo cuanto sucedió era muy previsible dada la estrategia adoptada por el club. Pero que fuera coherente no redujo de ninguna manera la desazón que Pep sentiría a lo largo de todo el curso, que para él acabaría siendo no solo de transición, sino de amargura.

El recorte del cincuenta por ciento en sus planes hizo que Guardiola se presentara en Mánchester con más prudencia de la habitual. Si en Múnich había constatado que el perfil bajo es el más idóneo para un entrenador, en Inglaterra iba a intentar reducirlo aún más, aunque no sería fácil lograrlo.

La cercanía con los aficionados fue el objetivo básico de la presentación del nuevo entrenador. Por encima de cualquier otro propósito, el club pretendía que naciera una conexión estrecha entre Guardiola y los aficionados. El diseño del acto de presentación buscó alejar la figura de Pep de conceptos grandilocuentes, como si fuese un mesías del fútbol o el salvador del club, y convertirlo en una pieza más de una maquinaria que ya funcionaba a ritmo excelente. A Pep le gustó el estilo informal del acto, las preguntas de los aficionados y el espíritu festivo y sencillo de aquella presentación. El entrenador se mostró moderado en todo cuanto dijo, y también ilusionado por conocer las grandes virtudes del campeonato inglés, con esos escenarios legendarios y desafiantes, y esos rivales poderosos y formidables.

Pep explicó con claridad su prioridad:

—Mi objetivo prioritario es crear un verdadero espíritu de equipo.

Y a continuación, como consecuencia de lo anterior, añadió:

—Queremos jugar tan bien que los aficionados disfruten viendo al equipo. El objetivo es que juguemos bien, pero primero debemos crear algo especial entre nosotros, un verdadero espíritu de equipo.

El orden de las prioridades no fue aleatorio. Primero, crear un espíritu de equipo. Segundo, jugar bien. Solo si se cumple el primer punto será factible el segundo. De este modo, el espíritu de equipo quedó establecido como centro del nuevo universo *citizen*. Si en la célebre «pirámide del éxito» que en su día diseñó John Wooden, el legendario entrenador estadounidense de baloncesto, el *Team Spirit* figura en una zona intermedia, el Guardiola que llega a Mánchester lo sitúa en la base de su pirámide.

La razón había quedado expuesta pocos meses antes, cuando el City entrenado por Manuel Pellegrini alcanzó las semifinales de la Champions League, donde cayó ante el Real Madrid. Fue un hito histórico para el club, pero también reveló una peligrosa ausencia de carácter competitivo. Los jugadores se mostraron apáticos, como carentes de energía física y especialmente mental. Khaldoon Al Mubarak, presidente del club, lo reconoció sin titubeos: «No me importa perder ante el Real Madrid, pero quería sentir que dábamos el cien por cien, y no creo que lo hiciéramos», dijo en la televisión del club. Los dirigentes quedaron profundamente alarmados por esa apatía, de ahí que de acuerdo con Guardiola fijaran como gran propósito, antes que cualquier otro, construir un verdadero espíritu de equipo.

Solo desde este punto de partida se podrá pensar a continuación en jugar bien:

—Quiero que la gente se sienta orgullosa de ver cómo juega el Manchester City. Que los aficionados vengan al campo. Que pasen dos horas mirando el partido y al volver a casa piensen que hemos jugado bien. El mayor reto es jugar bien.

El resultado será una consecuencia de estas dos prioridades, repitió:

—Primero, espíritu de equipo. Segundo, jugar bien. Y después, ganar un partido, luego otro y luego otro más.

A cambio de reducir las pretensiones de Pep a la mitad, la directiva del club intentó protegerlo y moderar las expectativas que podían generarse a corto plazo. «No tengo dudas de que Pep transformará nuestro equipo y lo conducirá a un nuevo nivel —explicó Khaldoon—. Tenemos muchas expectativas gracias a la pasión y el compromiso de Pep. Nuestros grandes objetivos para los próximos años son luchar cada año por ganar la Premier League y, por supuesto, intentarlo en la Champions». Ferran Soriano, el consejero delegado, concretó aún más qué expectativas podían ser razonables: «Queremos estar en condiciones de competir por todo en los meses en que se deciden los títulos». Claro está, tras haber recortado drásticamente los planes de renovación de la plantilla, el club protegía a Pep frente a la euforia de los aficionados, pero no por ello iba a explicar en público cuánto había frustrado las esperanzas iniciales del nuevo entrenador.

Domènec Torrent, el segundo entrenador de Pep, recurrió a una de sus pasiones, la literatura sobre el arte militar, para resumir con cierta frialdad lo que iba a ocurrir en la temporada tras la decisión del club:

—Los mejores generales pueden ganar las batallas más importantes, pero para ello necesitan disponer de las mejores armas.

ESCENA 5

Un inicio brillante

Swansea, 24 de septiembre de 2016

El City gana los diez primeros partidos oficiales con Pep Guardiola al frente.

Diez de diez, con treinta goles a favor y solo seis en contra. Es un inicio brillante. Espectacular. Mucho mejor de lo que el entrenador imaginaba tras no haber podido renovar radicalmente la plantilla. Además, los dos objetivos prioritarios, crear espíritu de equipo y jugar bien, se van cumpliendo con rotundidad. No hay día en el que algún jugador no haga mención del «espíritu de equipo». En cuanto al juego, los elogios se multiplican porque el Manchester City se muestra imponente en su propuesta.

El camino comenzó a finales de junio en Múnich. Tanto Rummenigge como Guardiola coincidieron en que sería bueno abrir la nueva etapa con un partido amistoso que uniese al nuevo Bayern entrenado por Carlo Ancelotti con el nuevo City de Pep. El 20 de julio se encontraron en el Allianz Arena, donde decenas de miles de aficionados aplaudieron a su antiguo entrenador. Para el partido, Pep no disponía todavía de sus mejores jugadores, que habían disputado la Eurocopa de selecciones, y aprovechó para alinear a jóvenes como Maffeo, Adarabioyo, Angeliño, Barker, Iheanacho, Celina o Bytyqi, amén de un mediapunta rubio con cara de niño apellidado Zinchenko. Dominó el Bayern ya desde la composición del equipo, incomparablemente más fuerte, con Lahm, Alaba, Xabi Alonso, Ribéry, Rafinha, Bernat y Javi Martínez en su once titular. El partido comenzó con media hora de retraso porque el autobús de los visitantes quedó atrapado en un colapso de circulación camino del estadio.

La victoria local por 1-0 (el disparo de Ozturk fue desviado a la red por Clichy) fue lo más anecdótico de unas jornadas en las que la afición del Bayern confirmó la verdad de su grito «*Einmal Bayern, Immer Bayern*» («Una vez Bayern, siempre Bayern»). Al entrenamiento del día siguiente en la ciudad deportiva de Säbener Strasse acudieron miles de fans bávaros para presenciar los ejercicios que practicaron los del Manchester City, sencillamente porque ahí estaba Guardiola. Este y no otro fue el mejor recuerdo que a Pep le quedaría de Múnich: el cariño indiscutible de los aficionados.

Dos jugadores con exceso de peso empañaron el buen humor del entrenador. El lector ha de saber que el control del peso corporal es una de las premisas a partir de las que Pep construye la preparación de sus equipos. Lo mostró en el Barça, pero muy especialmente lo confirmó en el Bayern. Por esta razón solicitó al City una tabla detallada del peso de cada jugador antes de comenzar las vacaciones de verano y estableció, de acuerdo con la dirección deportiva, una horquilla flexible para cada uno. Txiki Begiristain se encargó de enviar a cada futbolista estos datos, rogándoles que regresaran de vacaciones en buenas condiciones físicas para integrarse en el entrenamiento colectivo y con el peso dentro de la horquilla indicada.

Estoy en el interior del campo de entrenamiento de Säbener Strasse y a simple vista se aprecia que hay dos jugadores pasados de peso. Soplan y resoplan intentando realizar los ejercicios que indica Lorenzo Buenaventura. Ambos han regresado con seis kilos extras en sus cuerpos, lo que para Pep es el detonante para acelerar la contratación de un especialista en nutrición que ponga orden en la materia. La elegida tras sopesar varios candidatos será Silvia Tremoleda, una magnífica profesional catalana que en los dos siguientes años creará los patrones y pautas nutricionales, así como tipologías de menús, que permitirán afinar los perfiles corporales de los futbolistas y, al mismo tiempo, gozar con los alimentos que toman en la ciudad deportiva.

Los primeros tiempos en el nuevo club no fueron muy distintos a los que vivió en el Bayern. Tiempos de enseñanza y aprendizaje, tiempos difíciles. Difícil comprensión, difícil asimilación. En sus primeros pasos, el City de Pep necesita cambiar una parte importante de sus costumbres y rasgos. Ha de aprender un nuevo modelo de juego, adquirir otra dinámica rítmica, ganar mayor cohesión, extraer un carácter competitivo que ha expuesto muchas flaquezas, y ha de conseguir regularidad en el rendimiento. En definitiva, Pep y su cuerpo técnico no solo han de construir un espíritu y una cultura colectiva, sino erigir una identidad nueva.

Es mucho *software* el que hay que introducir en el equipo, lo que exige paciencia para que el proceso se asimile con corrección y sin exageraciones. No hay atajos en este proceso que quiere implantar. Los grandes árboles no crecen a la velocidad que uno desea, sino a la que dicta la naturaleza. Pep lo sabe, aunque todavía se desanima cuando el aprendizaje sufre algún traspié, pero ya va tomando conciencia de que si quiere llegar lejos con este equipo tendrá que caminar despacio. Le pregunté por el balance de sus primeras semanas en Mánchester y respondió de forma escueta:

—Nos queda mucho campo de mejora y mucha innovación por aplicar.

Tras una breve y accidentada gira por China, en la que el partido contra el Manchester United de José Mourinho se suspendió a causa del clima y el disputado contra el Borussia Dortmund terminó en empate (y triunfo *citizen* en la tanda de penaltis), Pep ya se había formado una opinión bastante precisa del perfil de cada jugador. Conocía sus rasgos técnico-tácticos, sus comportamientos en el cuidado corporal o en la rehabilitación de lesiones, cómo se entrenaba, se cuidaba y se recuperaba, y también buena parte de las ambiciones de cada uno. El entrenador había logrado modificar de manera radical el servicio médico y de fisioterapia del club y había incorporado un cuerpo de nutricionistas de primer nivel, y había traído nuevos preparadores físicos y analistas de vídeo. Las instalaciones de la ciudad deportiva eran extraordinarias. Solo faltaba que toda esta maquinaria funcionara al unísono y con armonía para intentar construir el espíritu de equipo, y hacerlo a partir de una estricta ética de trabajo y desde la máxima exigencia. Como dice Arteta, «los clubes son las personas». Pep entendía que si acertaba a construir un hábitat de este tipo, los buenos resultados llegarían, incluso si la primera temporada terminaba siendo únicamente una transición hacia la total renovación. Más que el currículum, al entrenador le importaba la actitud del jugador, su deseo de romper inercias y costumbres relacionadas con la apatía. Quería gente con hambre, con ganas de aportar dinámicas y hábitos positivos. De inmediato les dejó claro a todos sus hombres que nadie tenía el puesto asegurado y, al mismo tiempo, que cualquiera de ellos podía acceder a una plaza en el equipo titular.

Durante el mes de agosto se resuelven las cesiones de varios jugadores, como Denayer, Nasri, Bony y también la del icónico Joe Hart, a quien Pep no veía con las características que desea en un guardameta. Hart era un gran portero, pero su juego con los pies era discreto y el entrenador le habló con sinceridad, lo que motivó la marcha del jugador, que hubiera deseado otra decisión, aunque en adelante siempre tuvo buenas palabras hacia Pep precisamente porque le habló con franqueza. Con la salida de estos jugadores y la llegada de Bravo, Stones, Gündogan, Sané y Nolito, la plantilla quedó formada por veintitrés hombres, aunque los disponibles solo fueron veinte, dado que Gündogan, Kompany y Sané arrastraban lesiones de la temporada anterior.

El estreno en la Premier League aparentaba ser sencillo, con la visita del Sunderland dirigido por David Moyes al Etihad Stadium. Pep alineó un 4-3-3 clásico, con Willy Caballero en la portería, Stones y Kolarov como zagueros, Fernandinho de mediocentro, con los laterales, Sagna y Clichy, muy cercanos a él, replicando el formato innovador que implantó en el Bayern. Por delante de estos cinco jugadores, De Bruyne y David Silva podían moverse con libertad entre líneas, mientras Sterling y Nolito se sujetaban fijos como extremos, y Agüero ocupaba la punta de ataque. En esta primera composición, Guardiola ponía en marcha cuatro de sus grandes fundamentos de juego, a saber:

1. Zagueros con buena salida de balón.
2. Laterales interiorizados.
3. Interiores libres.
4. Extremos abiertos y sujetos a la banda.

1. ZAGUEROS

Los zagueros centrales de Guardiola deben defender su área como cualquier defensa, con sus mismas habilidades, pero han de ser excelentes en el *build up*, la salida de balón. Sin ella, el juego de posición queda cortocircuitado y no resulta viable llegar a campo contrario y someter al rival. Los zagueros construyen el armazón del ataque, son los que marcan la ruta que seguir e inician el viaje del equipo hasta el área rival. Han de saber convivir con otro riesgo: una vez que han conseguido el objetivo de asentarse en campo rival, deben permanecer cerca del círculo central, a cincuenta metros de su portero, para seguir empujando hacia arriba. Han de ser veloces, atrevidos y capaces de asumir el riesgo.

Aunque Otamendi tiene mucho más oficio como zaguero que Kolarov, no puede competir con el serbio en cuanto a calidad de sus pases, por lo que el entrenador prefiere debutar con Kolarov para aprovechar su excelente pie izquierdo [por esta razón, Pep había insistido, sin éxito, en la contratación de Aymeric Laporte]. Así, la salida puede hacerse por la derecha con Stones —fichado precisamente por la calidad con el balón en los pies— o por la izquierda con Kolarov. En los partidos siguientes, la pareja de Stones serán alternativamente Otamendi o Kolarov. Uno defiende mejor, el otro mueve mejor el balón.

2. LATERALES

—Los laterales son piezas esenciales del juego. Ya no podemos seguir viéndolos como los tíos que defienden en la banda y, de vez en cuando, suben a atacar por el carril. Ahora han de ser centrocampistas que se mueven entre el apoyo al mediocentro en la zona central y el despliegue en la banda para defender cuando toque defender.

Esta es la opinión de Pep recién llegado a Mánchester. Pero lo que encuentra son cuatro jugadores que no se ajustan a su concepción de lo que debe ser un lateral: Bacary Sagna, Pablo Zabaleta, Gaël Clichy y Aleksandar Kolarov poseen experiencia a raudales, pero difícilmente serán esos laterales-centrocampistas que apoyen al mediocentro. En este sentido no son comparables al cuarteto Lahm, Alaba, Rafinha, Bernat que tenía en el Bayern. Los «laterales interiorizados» o «laterales invertidos» son los que «nos permiten jugar con cinco delanteros. Es clave que los laterales se cierren cerca del mediocentro formando una línea de tres porque esto empuja a los centrocampistas interiores hacia delante y pueden tener más llegada. Jugando con laterales-interiores puedo pensar en tener centrocampistas de menos toque y más llegada, más rematadores, porque tendrán siempre las espaldas cubiertas».

3. INTERIORES

Pep piensa en Ilkay Gündogan como su mejor opción para ocupar el rol de mediocentro de posición. Guardiola jugaba como mediocentro, y esto define por completo el tipo de mediocentros que ahora, como entrenador, elige y alinea: Sergio Busquets y Yaya Touré en el Barcelona; Philipp Lahm y Xabi Alonso en el Bayern. Ha sido muy significativo que Gündogan fuese su primera incorporación para el City porque es el tipo de centrocampista que facilita la «construcción del juego» en la zona media del campo, permitiendo que sus compañeros «viajen juntos» hasta la zona de ataque, y también es capaz de conducir para atraer rivales o dar una secuencia de pases y desorganizar al oponente. Además, sus rasgos mixtos le permiten ser mediocentro y también interior.

Una antigua lesión en la espalda le impide estar disponible en las primeras semanas de temporada y, puesto que la condición física de Touré no es competitiva, el entrenador elige a Fernandinho para alinearse de mediocentro. «Fernandinho tiene tanta calidad que puede jugar en diez posiciones», dice el entrenador. En los siguientes meses se comprobará que es cierto.

A partir de este pivote, los interiores que dispone Pep no solo tienen cualidades extraordinarias, sino que son complementarios: David Silva simboliza la pausa en el juego, Kevin de Bruyne es el vértigo. Otorga plena libertad a ambos para moverse por todas las zonas de construcción, para juntarse en cualquier parte del ataque, para buscar el gol y para marcar el ritmo al que debe jugarse en cada momento. Son dos «electrones libres» con los que el City ha de bombardear al rival. Y a partir de la generación de juego de ambos, los delanteros deberán hallar facilidades para encontrar el gol en la portería adversaria.

4. EXTREMOS

Tras su paso por Alemania, el concepto que Guardiola tenía de los extremos ha cambiado. Si en el Barça eran los encargados de abrir el campo para estirar la defensa rival hasta la máxima anchura y así poder generar por dentro las acciones de peligro —no en vano allí tenía a un Messi imparable en la finalización—, en el Bayern halló un manantial de cualidades en el juego por fuera gracias a las habilidades regateadoras de Robben, Ribéry, Coman o Douglas Costa. En Mánchester quiere combinar ambas facetas: jugar con extremos muy abiertos, sujetos en la banda, armados de paciencia hasta que les llegue el balón para afrontar el duelo individual por fuera. En ese punto los quiere atrevidos y dispuestos al regate para alcanzar posiciones de gol o de pase de gol.

—En mi modelo de juego, un extremo es alguien que ha de pasarse muchos minutos solo, en una banda, prácticamente sin moverse, sin tocar la pelota, sin intervenir. Esperando. Como un portero, que puede estar cuarenta minutos sin tocar el balón y de pronto ha de hacer una intervención casi milagrosa. En mis equipos, un extremo es como un portero: un tipo especial.

En su plan ideal de juego, Pep confía en que su portero decidirá la orientación inicial del juego, los zagueros saldrán con el balón jugado hasta situar al equipo en campo contrario, el mediocentro y los dos interiores liberados lo asentarán cerca del área rival y los extremos manejarán la espera del balón para dar el último paso hacia el gol. Ante el Sunderland, sin embargo, no todo es tan maravilloso como en los planes teóricos. Willy Caballero no domina el juego con los pies y los atacantes están lejos de la eficacia que se les presupone. Aunque Agüero transforma un penalti a los tres minutos de partido, el City se atasca ante la defensa visitante, encerrada en su área. A veinte minutos del final, la zaga local se muestra descoordinada por completo y el Sunderland logra un empate que apunta a desgraciar el estreno de Guardiola en Inglaterra; sin embargo, cuando el partido ya agoniza, Jesús Navas, ejerciendo a la perfección su rol de extremo regateador, consigue poner un balón en la boca del gol rival y un zaguero del Sunderland, Paddy McNair, lo introduce en su portería para evitar que lo haga Fabian Delph. Triunfo agónico, pero triunfo en el debut.

Hablo con Pep un par de horas después, cuando ya se ha recuperado de la emoción. Su análisis es claro:

—Hemos comenzado muy bien, con una salida de balón estelar. Hemos fallado un poco en ataque: debíamos haber atacado más a los centrales rivales, pero es un buen primer paso.

A la mañana siguiente, Pep analiza el partido en su despacho en compañía de Domènec Torrent y Mikel Arteta. Lanza una afirmación rotunda:

—El partido lo ganó Dome con su propuesta de pasar a defensa de tres. Cuando cambiamos a Clichy por Iheanacho, rompimos al Sunderland.

A Pep nunca le ha costado reconocer los méritos de sus colaboradores, tal como ha hecho hoy. Cuando el City estaba atascado en su debut, le pide alguna propuesta de cambio táctico a Torrent y este le sugiere que sobra un hombre atrás. Pep asiente, hace el cambio y se gana el partido. De ahí que le guste reconocer ante el joven Arteta que el mérito ha sido del segundo entrenador. Este tipo de reconocimientos también forma parte del proceso de crear un espíritu de equipo.

Hoy Pep está contento, hasta el punto de que le apetece comentar las proezas de una de sus ídolos deportivos en los Juegos Olímpicos que se están celebrando en Río de Janeiro: «¡¡¡Muy fan de Ledecky!!!». Sí, Pep es fan acérrimo de Katie Ledecky, la superlativa nadadora estadounidense que acumula títulos olímpicos y mundiales desde los 200 hasta los 1500 metros libres. Pep nunca deja de recordar que Ledecky se levanta cada día antes de las cinco de la mañana, haga frío o calor, y desde hace un montón de años, para entrenarse de manera agónica. «Lo suyo sí que tiene mérito».

Los siguientes nueve partidos se saldan con victoria. El nivel colectivo del juego también progresa. Hay victorias amplias, como el 0-5 ante el Steaua de Bucarest, en partido de la fase previa de la Champions League, con *hat-trick* de Agüero —que además falla dos penaltis— y cuatro disparos a los postes. O como el triunfo por 1-4 en el Stoke Britannia Stadium, allí donde los «*pundits*» ingleses (los expertos) habían pronosticado que el proyecto naufragaría a causa del viento que reina en la zona. En vez de ahogarse, Guardiola sale reforzado del desafío. Cuando lo comentamos, no olvida emplear la ironía, recordando lo que dijeron los analistas:

—El viento no nos ha parado. Ya sabes: «*Blowin'in the wind*». Bonito para los ojos y eficaz.

En Stoke ha sonado por vez primera su canción. Los aficionados *skyblues* han entonado el «*We've got Guardiola*», un cántico cuya letra han adaptado para mostrar su cariño al nuevo entrenador:

Coz we've got Guardiola, yes, it's Guardiola, baby it's Guardiola.
So glad your mine.

Porque tenemos a Guardiola, sí, es Guardiola, *baby*, es Guardiola.
Contento de que seas mío.

Los dos siguientes triunfos son más discretos: 1-0 para liquidar al Steaua en la Champions y 3-1 al West Ham, tras lo que llega un alto en el camino por la convocatoria de selecciones nacionales. Es momento de que Pep nos haga un balance de su primer mes al frente del equipo.

—Estamos muy contentos. Está yendo mucho mejor de lo que pensábamos. A ver si regresan todos sanos de las selecciones y podemos preparar bien el partido más importante del año, que es el de la Champions contra el Borussia Mönchengladbach. Será el verdadero rival que tendremos para pasar a octavos de final. Creo que esto saldrá bien y que en Mánchester conseguiremos construir algo grande.

No es extraño que mencione el partido programado para el 14 de septiembre como el más importante. El City ha sido incluido en un grupo de la Champions League junto con el F. C. Barcelona, el Celtic de Glasgow y el Borussia Mönchengladbach. Como parece obvio, Pep entiende que el Barça de Messi es inabordable y que el equipo escocés es asequible, por lo que enfoca su objetivo en los alemanes. Si es capaz de ganar como mínimo uno de los dos partidos contra el Gladbach, el acceso a octavos de final parece más que probable.

Cuatro días antes de este partido trascendental, marcado en rojo en la pizarra de su despacho, Guardiola tiene otro gran desafío en la visita a Old Trafford. Es un partido que afronta con mucha tensión porque se trata de su primer derbi, porque el entrenador rival es nada menos que su viejo rival José Mourinho y también porque Sergio Agüero no podrá jugar por sanción. En el partido anterior golpeó con el codo izquierdo el rostro de Winston Reid, zaguero del West Ham, pero el árbitro del partido no vio la acción ni la penalizó. Sin embargo, cinco días más tarde, la federación inglesa sancionó al delantero argentino con tres partidos de castigo por «conducta violenta». La suma de factores hace que Pep afronte el derbi en estado de máximo nerviosismo. Es consciente de que el partido de Old Trafford no tendrá nada que ver con la placidez de los triunfos previos.

El Manchester United forma en 4-2-3-1, con Pogba y Fellaini cubriendo las espaldas de Mkhitaryan, Rooney y Lingard, más Ibrahimović en punta. Frente a ellos, Guardiola alinea su 4-3-3 habitual, haciendo debutar a Claudio Bravo en la portería. Stones y Otamendi son los zagueros, y Sagna y Kolarov los laterales, esta vez abiertos. El centro del campo lo ocupan tres hombres, Fernandinho, De Bruyne y Silva; Sterling y Nolito son los extremos, e Iheanacho juega de delantero en punta.

El City se planta valiente en terreno de su poderoso vecino y al cabo de media hora consigue dos goles de ventaja. De Bruyne aprovecha un pase muy largo que lanza Kolarov desde la línea defensiva y prolonga Iheanacho de cabeza, ganando el salto a Bailly. El belga se adelanta a Blind, le quita un balón que parecía claro para el defensa y desde la frontal del área bate a De Gea. Es un gol sorprendente en el juego *citizen*, que no surge de una secuencia de pases, sino mediante un pase largo, muy largo, más de sesenta metros, iniciado en la propia línea defensiva, y se aprovecha de dos instantes de picardía de Kelechi y KDB. Unos minutos más tarde, los mismos jugadores protagonizan el segundo tanto: De Bruyne dispara al poste e Iheanacho, totalmente solo en el área pequeña, remacha a gol. Mourinho no puede estar precisamente satisfecho del rendimiento de sus defensores, pero tampoco de sí mismo: David Silva y muy especialmente Kevin de Bruyne desmontan sin cesar el centro del campo local, donde Fellaini se ahoga intentando perseguir a los dos electrones libres, en tanto Pogba no comprende lo que está ocurriendo. La superioridad visitante se basa en el triunfo claro de Silva y KDB sobre el lento y desconcertado doble pivote local. En especial, De Bruyne se mueve por todas las zonas de ataque, provocando que ninguno de los defensores acierte a ocuparse de él.

La placidez del dominio visitante, sin embargo, se rompe a los cuarenta y dos minutos merced a un error de Bravo, el portero debutante. En una falta lejana sobre el área del City, el guardameta chileno pretende atrapar el balón que Stones está a punto de cabecear, pero solo consigue regalarle el esférico a Ibrahimović para que recorte distancias. Será el primero de los muchos errores que acumulará Bravo en los meses siguientes. Sin ir más lejos, cinco minutos después comete una nueva indecisión que Ibrahimović está cerca de aprovechar, aunque lo impide Stones. Y apenas comenzada la segunda mitad, Bravo controla mal con los pies y acaba disputando un peligroso duelo por el balón con Rooney que no concluye en penalti por milímetros. El equipo se muestra agitado por la inseguridad que muestra su portero.

[*Nota para el lector*: A lo largo de todo el libro citaré a menudo los errores que se han producido en el juego. En ningún caso pretendo con ello criticar ni dejar en evidencia al jugador, al entrenador o al equipo que los cometió, sino simplemente mencionar qué acciones resultaron decisivas en un partido. Concibo el error como elemento esencial del deporte, tal como predicara Johan Cruyff, quien entendía que el fútbol sería un juego anodino si no existiera el error. Cruyff consideraba el error como un precio que pagar en la búsqueda de la excelencia. En el libro señalo los errores usando esta perspectiva que nos enseñó el genio neerlandés].

Guardiola y Domènec Torrent conversan en el banquillo: «Dome, tenemos que cambiar algo. Nos están dominando». Su ayudante identifica un problema más importante que los errores de Bravo: «Desde que ha entrado Ander Herrera [en el descanso, por Mkhitaryan] estamos en desventaja en el centro del campo». Ambos concluyen que esta inferioridad debe arreglarse de inmediato, a riesgo de perder la ventaja adquirida. Sale Iheanacho del campo y entra Fernando, que se sitúa como mediocentro. Fernandinho se adelanta a la altura de KDB, mientras Silva se convierte en el punta del equipo. De inmediato, la superioridad local en el centro del campo desaparece y el juego se equilibra. En el terreno táctico, Mourinho ha hecho un buen movimiento, pero Guardiola ha replicado con otro buen antídoto.

Pep quiere sentenciar e introduce a uno de sus fichajes, Leroy Sané, que también debuta, recuperado de una vieja lesión. El joven alemán salta a Old Trafford como si se tratara del último partido de su vida. Juega al ciento veinte por ciento y en el primer esprint ya está boqueando, ahogado. «Es algo habitual en alguien que lleva meses sin jugar», nos dirá Dome Torrent horas después. «Leroy ha salido enloquecido, con unas ganas terribles de demostrar lo bueno que es, y ha quemado toda la energía en la primera acción. Se ha vaciado. Pero no hay que juzgarle por lo de hoy. Leroy es muy bueno y nos dará grandes alegrías». Desde luego, en Old Trafford no consigue demostrar dicha calidad, salvo en un ataque fulgurante que realiza por el costado derecho y que culmina De Bruyne con un disparo excelente que se estrella en el poste local. Los últimos veinte minutos de partido tienen dos partes muy diferenciadas: primero, el City acumula hasta siete ocasiones claras de remate, que no se convierten en gol; a continuación, Mourinho introduce un nuevo delantero (Martial sustituye a Shaw) y el Manchester United bombardea el área visitante. Guardiola ordena defensa de cinco hombres para maniatar a los cuatro atacantes locales, y cuando Fellaini también abandona el centro del campo para convertirse en el quinto rematador, Pep introduce a Zabaleta en lugar de KDB y conserva el resultado con seis defensores.

El triunfo final desata las emociones del entrenador. La imponente presencia de Old Trafford no ha roto la racha triunfal, el reencuentro con Mourinho ha sido afable y lleno de buenos gestos entre ambos, y la ausencia de Agüero no ha descompuesto al equipo. Hay dos aspectos que le martirizan: los errores de Claudio Bravo y la sensación de fragilidad anímica que durante unos minutos han mostrado Stones, Otamendi y los laterales, y que ha contagiado a todo el equipo. Pero sale radiante del estadio y comenta con Dome Torrent que, pese a las irregularidades, el juego ha sido espléndido:

—Y lo hemos hecho con ocho jugadores del año pasado.

Lo que más le satisface es el coraje defensivo demostrado durante los últimos diez minutos en los que los locales han bombardeado el área:

—Hemos defendido como bestias. ¡Me encanta!

Aunque no ha jugado el derbi, Gaël Clichy explica con precisión lo que les ha pedido el entrenador: «Para que juguemos ofensivos como quiere Pep, a los defensas nos exige que apoyemos sin parar en la recuperación del balón. Esto es algo nuevo para nosotros porque antes jugábamos muy abiertos y encajábamos muchos goles de contraataque. Pep está tratando de que seamos muy ofensivos, pero muy bien organizados en defensa». Defenderse bien ha sido una de las grandes obsesiones de Guardiola desde que es entrenador. No en vano siempre muestra con satisfacción el buen resultado defensivo de sus equipos. En el F. C. Barcelona encajó un promedio de 0,73 goles por partido en una trayectoria de 247 partidos. En sus cuatro temporadas al frente del equipo catalán siempre fue el equipo menos goleado de la Liga, tanto en los tres títulos conquistados como en el curso que quedó segundo por detrás del Real Madrid de Mourinho. En el Bayern de Múnich disputó 161 encuentros y recibió 0,69 goles por partido, una ratio aún mejor, siendo el equipo menos goleado en las tres temporadas. Así pues, el balance de Guardiola en esta fecha muestra que su equipo ha sido siempre el que menos goles ha recibido en los siete campeonatos de liga que ha dirigido. Es su máximo orgullo:

—Todos se fijan en mis datos ofensivos, pero los que más me interesan son los defensivos. La defensa refleja tu trabajo como entrenador.

Comento con él la belleza del duelo de movimientos tácticos que ha mantenido con Mourinho y que las distintas modificaciones que ha realizado a lo largo del partido han sido positivas. Él recurre a una de sus principales convicciones:

—La táctica no es combinar números, es saber qué hacer en cada momento.

Y

El miércoles 14 de septiembre, el City disputa el partido más importante del año, en su estadio, frente al Borussia Mönchengladbach. Las opciones de alcanzar los octavos de final de la Champions League pasan, inevitablemente, por obtener un buen resultado ante los alemanes. Es la segunda temporada consecutiva que ambos equipos coinciden en la fase de grupos europea. El curso anterior se saldó con doble triunfo *citizen*: por 1-2 en Mönchengladbach y por 4-2 en Mánchester.

En realidad, el partido estaba programado para el martes 13, pero desde horas antes del partido una monumental tempestad se abate sobre la ciudad inglesa. El Metrolink que transporta a los aficionados hasta el Etihad Stadium ha dejado de funcionar, el césped no puede absorber los litros de lluvia que caen y los rayos y truenos iluminan la tarde. La UEFA se ve obligada a posponer el encuentro hasta el día siguiente, cuando las condiciones climatológicas permiten su celebración. Mientras tanto, en el Camp Nou, el Barcelona de Messi golea al Celtic de Glasgow (7-0), lo que parece confirmar que el gran pulso por la segunda plaza del grupo será entre el City y el Gladbach. Es una confirmación que incrementa el nerviosismo de Pep.

Introduce cuatro cambios respecto del derbi. Zabaleta entra como lateral en lugar de Sagna; Gündogan debuta por fin, sustituyendo como interior a David Silva, lesionado en Old Trafford; y en ataque, Agüero es el punta en vez de Iheanacho, y Navas se afianza como extremo derecho en lugar de Nolito. El partido es un monólogo *citizen* y un festival de Agüero. Muy pronto abre el marcador, adelantándose a Christensen, su defensa marcador, en un centro raso de Kolarov desde la izquierda. A la media hora, el Kun convierte en gol un penalti señalado por falta de Kramer a Gündogan. Dispara el balón a la derecha del guardameta Sommer, que se lanza al otro lado. Y a los setenta y seis minutos aprovecha un excelente pase al espacio de Sterling para driblar al portero y anotar un nuevo *hat-trick*. Es el segundo que logra en la Champions en menos de un mes (0-5 en Bucarest, ante el Steaua, el 16 de agosto) y el tercero de su carrera en esta competición europea (3-2 al Bayern, el 25 de noviembre de 2014).

Agüero es el reflejo del dominio local, que acumula veintitrés remates por solo tres de los visitantes. Guardiola, pese a los nervios que le atenazan hasta el pitido final, comienza a encontrar una estructura que le gusta. La pareja Stones-Otamendi se va asentando atrás; Kolarov muestra calidad suficiente para alternarse como lateral por fuera o por dentro; Fernandinho, De Bruyne y Silva/Gündogan apuntan a ser un gran centro del campo; y Agüero no necesita presentación como goleador. Las carencias están en el lateral derecho, donde no hay una calidad técnica suficiente, y en los extremos, una posición en la que observa muchas dudas. Nolito comenzó muy bien, pero se ha ido apagando. Navas es inteligente y tiene una buena condición física, pero Pep no está seguro de su nivel. Sterling apunta que sabrá sujetarse por fuera y, al mismo tiempo, participar como apoyo al punta, como ha demostrado en Old Trafford y también ante el Gladbach. Hay mucha confianza en Sané, pese a su mal papel en el debut. Hoy ha jugado los últimos diez minutos y ha realizado una acción más que brillante, combinando con KDB, regateando dentro del área a Christensen y regalando el cuarto gol a Iheanacho, con caño incluido a Kramer. Ha sido una sucesión de movimientos que apuntan a gran fichaje.

Pep busca su nuevo Robben/Ribéry. ¿Lo serán Sané y Sterling?

—Es un proceso difícil. No se trata de hablarlo y creer que mañana ya nos saldrá bien. También influye el ego, por eso un chico de dieciocho años que sea humilde y rápido a menudo triunfa. Pero primero hay que convencerlos. Esperad ahí afuera, bien lejos. Esperad y esperad, que ya os llegará el momento. Ahora bien, cuando llega ese momento, entonces reflexionad: ¿cuántos rivales tienes que driblar ahora, cuántos? Solo uno. Claro, hemos generado todo este proceso para que tú, el extremo, solo tengas que driblar a un oponente y a veces a ninguno. En cambio, si se juega sin pensar y te metes por dentro, ¿a cuántos tienes que driblar? ¡A cuatro!

En los pocos minutos sobre el césped, Sané ha hecho precisamente esto: esperar su momento, regatear a su único oponente y regalar un gol al compañero. El cuerpo técnico está satisfecho, aunque mantiene la prudencia. Son siete victorias en los primeros siete partidos, con triunfo en Old Trafford y esta goleada al rival directo en la Champions. El juego del equipo todavía tiene lagunas importantes y posiciones que mejorar, pero ha alcanzado una buena velocidad de crucero. Pep y Torrent lo repiten sin cesar: «Estamos funcionando con ocho jugadores que ya estaban aquí el año pasado y solo tres jugadores nuevos. Es una señal muy positiva de lo bien que están asimilando el proceso hacia el nuevo modelo de juego». Solo hay un factor que enturbia el ambiente. Pep ha decidido que Yaya Touré no forme parte de la lista de inscritos en la Champions League porque entiende que el jugador no está en condiciones competitivas idóneas, tanto por exceso de peso como por displicencia en los entrenamientos. El representante de Touré, Dimitri Seluk, replicó con unas duras declaraciones contra el entrenador y este ha redoblado su firmeza: «Como entrenador no puedo aceptar —dirá Pep— que el representante de cada jugador que no juega salga en la prensa criticando cada decisión». Yaya Touré no volverá a jugar en el City hasta que su representante se disculpe ante el club.

La culminación de esta primera etapa se alcanza el 17 de septiembre, con el triunfo en casa ante el Bournemouth entrenado por Eddie Howe. Ya a los cinco segundos de encuentro, De Bruyne dispara con acierto, pero el meta polaco Artur Boruc salva el gol. En los noventa minutos siguientes, el City remata veinte veces, once de ellas a portería, y obtiene un triunfo contundente por 4-0. El partido deja tres rasgos fundamentales que todavía no habían aparecido en los encuentros previos: el contraataque bien culminado, el gol de falta directa y la llegada desde segunda línea de los interiores para rematar. En esta quinta jornada de Premier League los tres factores brotan, y de manera brillante, sobre el césped del Etihad.

Kevin de Bruyne marca el primer gol. Goza de un lanzamiento de falta directa cerca del área rival y dispara por debajo de la barrera, que salta dejando el espacio necesario para que el balón pase bajo los pies de los jugadores y se introduzca en la portería visitante. Pep, eufórico, se gira hacia Dome Torrent y lo abraza, señalándolo como autor del guiño táctico. Hasta este día, De Bruyne había sacado varias faltas directas sin éxito, aunque en dos de ellas, lanzadas desde zonas laterales, había facilitado sendos goles de cabeza (Agüero y Fernandinho).

El siguiente factor que brota con una exuberancia aplastante es el contraataque rápido, preciso y eficaz. En ambos casos, Iheanacho se hace con el balón en zonas medias y, a través de Nolito primero y de forma directa después, se lo regala a De Bruyne, ubicado en el eje central del equipo. El belga de mejillas rosadas muestra en esos momentos una de sus mejores cualidades: la conducción veloz y el pase preciso. Casi parece que ni toca el balón durante esos metros en los que avanza imparable. En el primero de los goles obtenidos mediante contragolpe, KDB cede a Sterling para que este cruce el balón al lado opuesto e Iheanacho obtenga gol. En el siguiente caso, De Bruyne cede a Iheanacho para que este cruce al lado opuesto y marque Sterling. Un gol es clon del otro, solo que con asistentes y rematadores intercambiados. Guardiola los celebra por todo lo alto, consciente de que esta arma, el contraataque, puede ser muy importante en su nuevo equipo, máxime al contar con la excepcional calidad de pase y conducción del belga. Mientras tanto, casi en silencio, Kelechi Iheanacho ha anotado su décimo gol en la Premier League, a pesar de que solo ha rematado catorce veces. Es una ratio impresionante.

El tercer gran factor que surge del encuentro es la aparición de Gündogan en zonas de remate. El mediocampista alemán no se distinguió en el Borussia Dortmund por la fertilidad goleadora, pues únicamente marcó 15 tantos en 157 partidos. Hoy, en su estreno en la Premier League, también estrena su cuenta goleadora con el City. De Bruyne, en la zona de interior izquierdo, observa la llegada de Gündogan por el centro del área rival, despejada de defensas gracias a un inteligente «aclarado» de Iheanacho, y sirve un balón a su compañero para que fusile a Boruc y obtenga el cuarto gol local. Esta aparición por sorpresa de Gündogan puede ser otro elemento diferencial en el juego del equipo. Guardiola lo intuía, pero ahora lo confirma.

Por encima de la goleada, de la racha victoriosa, del avance colectivo y de los tres factores que pueden marcar el juego del equipo, el entrenador señala con el dedo a un futbolista:

—El partido de Kevin ha sido excepcional. Sin balón es un luchador y con balón es clarividente, lo ve todo.

No hay duda, Pep ha elegido a «su» hombre. En el Barça fue Xavi, en el Bayern fue Lahm. En el Manchester City cree que será De Bruyne.

El Liberty Stadium del Swansea acoge en apenas tres días (21 y 24 de septiembre) por dos veces al equipo de Pep. Primero en partido de Copa de la Liga y a continuación en competición liguera. El doble duelo se salda con doble victoria del City, pero deja dos lesionados. El capitán Vincent Kompany, que se había roto el muslo derecho a principios de mayo, ha regresado al juego después de perderse la Eurocopa de Naciones y estar casi cinco meses de baja. Pero en el minuto 93 de partido, justo en la acción en la que Sigurdsson anota el gol local que reduce distancias (1-2), el zaguero belga sufre una nueva lesión, la sexta en doce meses, esta vez en la ingle. Amargado por tantas desgracias, Kompany abandona el terreno de juego mientras sus compañeros ponen el balón en circulación desde el círculo central. Pep ya ha hecho los tres cambios permitidos y Kompany no aguanta ni un segundo más. El entrenador ni siquiera se percata de haberse quedado con diez jugadores, aunque el árbitro señala de inmediato el final del encuentro, por lo que la baja no tiene consecuencias inmediatas. No ha sido un triunfo sencillo para el City, en especial porque ha jugado con la alineación reserva, entre ellos cinco futbolistas menores de veinte años (Angeliño, Adarabioyo, Brahim Díaz, Aleix García e Iheanacho).

La segunda lesión se produce en el segundo partido contra el Swansea y es más relevante. En el minuto 79 de partido, ya con el definitivo 1-3 que da el triunfo al City, el músculo isquiotibial de Kevin de Bruyne sufre una pequeña contractura. La lesión deja un contrapunto a una brillante actuación del Kun Agüero, que logra los dos primeros goles, con lo que ya suma once tantos en apenas seis encuentros disputados (se ha perdido tres por sanción). Su eficacia ha sido muy alta —si bien ha anotado cuatro goles en seis penaltis lanzados—, lo que ha llevado a Pep a comunicar que la renovación de contrato del delantero se halla en su fase final.

El tercer tanto del equipo, obra de Sterling, ha nacido de nuevo en un contraataque rápido y preciso liderado por KDB, lo que ahonda más en la tesis que Guardiola está comenzando a construir: su equipo puede ser un maestro del contragolpe si tiene a De Bruyne como pivote de dichas acciones. Al mismo tiempo, el entrenador también advierte las carencias de jugadores como Bacary Sagna, autor en solo tres minutos de un buen pase de gol a Agüero y de un resbalón inoportuno que facilita el tanto local, obra de Llorente. Con seis victorias seguidas en los primeros seis partidos de liga, Guardiola iguala el récord histórico de la Premier League para un entrenador debutante, que tenía Carlo Ancelotti con el Chelsea desde 2009.

El retorno desde país de Gales a Mánchester, antes de viajar a Glasgow para enfrentar al Celtic, es buen momento para revisar con Pep lo conseguido. El City ha disputado diez partidos y los ha ganado todos, marcando treinta goles y encajando únicamente seis. Además, ha rematado once veces contra los postes. Ni en el Barcelona ni en el Bayern había conseguido un inicio tan indiscutiblemente arrollador. Puede estar más que satisfecho. Habla con su hijo Màrius y deciden que el próximo parón por selecciones nacionales sería el periodo ideal para regresar a Múnich. Así, Màrius podrá encontrarse con los buenos amigos que ha hecho en la ciudad bávara y Pep podrá celebrar el Oktoberfest. Al saberlo, Domènec Torrent se apunta a la excursión, junto con su hijo Arnau. Reservan vuelos para viajar desde Londres el 2 de octubre.

Los diez triunfos consecutivos permiten amenazar un récord histórico del fútbol inglés. Si el miércoles próximo consigue ganar en Celtic Park, el City habrá igualado la marca de once triunfos seguidos que ostenta el Tottenham Hotspur desde la temporada 1960-1961. Aquel equipo, dirigido por el legendario Bill Nicholson, derrotó de forma consecutiva a once rivales y anotó treinta y seis goles, además de conquistar el título de liga. Casualmente, quien truncó aquella racha fue el Manchester City de la época, que empató en White Hart Lane (1-1), el 10 de octubre de 1960, con un once en el que figuraban dos leyendas del club: el guardameta alemán Bert Trautmann y el gran Denis Law. Ahora, Guardiola está en condiciones de igualar la histórica racha de los Spurs.

El pronóstico del tiempo anuncia frío y viento para el miércoles en toda Escocia.

ESCENA 6

La primera gran crisis

West Bromwich, 29 de octubre de 2016

Hoy se cumple un mes desde la visita a Glasgow. Solo un mes. Pep ha envejecido años durante este mes en el que no ha conseguido ni una sola victoria. Tras el formidable inicio de los diez triunfos consecutivos ha llegado este negro periodo en el que ha sumado tres empates y tres derrotas. Menos mal que se marcha aliviado de The Hawthorns, el estadio del West Bromwich Albion, tras recuperar el olvidado sabor del triunfo.

Pese a este desapacible octubre, el Manchester City todavía es líder de la Premier League, con los mismos puntos (23) que Arsenal y Liverpool, y uno más que Chelsea. Es el máximo goleador del campeonato, veinticuatro tantos, los mismos que el Liverpool, y solo nueve encajados. No es el conjunto menos goleado porque el Tottenham solo ha recibido cinco, aunque únicamente ha marcado catorce, diez menos que los *citizens*. Es un buen balance, pese a los recientes tropiezos. Las ligas se pierden en las ocho primeras jornadas, argumenta siempre Guardiola, así que sobre el papel no debería quejarse porque se mantiene en cabeza de la tabla después de diez jornadas. Pero no es así. Está muy preocupado.

En el cuerpo técnico del City se ha extendido ahora mismo una profunda aprensión. Han vivido su primera gran crisis de resultados y Pep teme incluso por su puesto al frente del equipo. Han sido seis partidos consecutivos sin ganar y los seis han sido duros y crueles: el empate intempestivo en Glasgow, la derrota en campo del Tottenham, el amargo empate frente al Everton en el Etihad Stadium, la goleada sufrida en el Camp Nou ante el Barça, otro triste empate en casa ante el Southampton y la eliminación de la Copa de la Liga, nada menos que a manos del gran rival ciudadano, el Manchester United. Seis partidos sin ganar, una crisis inédita para Guardiola, que hoy ha conseguido detener la hemorragia con un brillante triunfo, pero que al cabo de solo setenta y dos horas tiene ante sí un desafío mayúsculo: el Barcelona visita Mánchester en partido de la Champions League. Veo a Pep profundamente preocupado:

—Si el martes perdemos, me van a patear el culo tan fuerte que tendrás que ir a Australia a recoger los trocitos que queden de mí...

Otra derrota amplia ante el Barça puede significar su despido del Manchester City. Su primer despido como entrenador. Nunca antes he visto a Pep en una situación tan límite.

El mes negro comenzó una fría noche de septiembre, en Glasgow. Si alguien esperaba que el Celtic de Brendan Rodgers, malherido tras recibir un doloroso 7-0 contra el Barça, jugase con temor ante el City se equivocó de plano. Ni siquiera Pep, que acostumbra a ser prudente frente a cualquier rival, esperaba semejante vendaval. El Celtic sale a jugar con una agresividad inusitada que pilla totalmente a contrapié al City. Durante los diez primeros minutos no solo se adelanta en el marcador, sino que amenaza con golear a Claudio Bravo. Pep y sus hombres están bloqueados frente al huracán blanquiverde.

Sobreponiéndose, Fernandinho consigue empatar pronto, pero de inmediato vuelven a adelantarse los locales con un autogol de Sterling, quien a su vez consigue equilibrar el marcador cerca de la media hora de juego. Es el partido más complicado que está viviendo el City desde hace mucho tiempo. Podríamos pensar que la ausencia de De Bruyne por lesión y la de Stones en el centro de la defensa por rotación pesan en el desempeño, pero en realidad se trata de algo más profundo que Guardiola empieza a intuir, aunque todavía no lo verbalizará. Las limitaciones evidentes del equipo, propias de la plantilla existente, se agudizan de manera extrema en escenarios de tensión, comienza a pensar el entrenador. El nivel de los laterales es discreto, el de los zagueros es limitado, el centro del campo todavía no es capaz de dominar el juego como pretende el entrenador y la eficacia rematadora no es elevada. Pero sobre todo, en partidos tensos y agresivos, el equipo no ha mostrado aún el carácter competitivo que exige Pep. Hay espíritu de equipo, sí, pero el grupo no posee un carácter fuerte.

La fortaleza de carácter es un rasgo imprescindible para cualquier equipo que pretenda ser importante. La historia del deporte está repleta de casos en los que el carácter resiliente y poderoso de un equipo le ha permitido escalar hasta cimas impensadas, superiores a las que por calidad podría haber aspirado. Y también conocemos muchos ejemplos de conjuntos que nunca llegaron a la cumbre pese a atesorar calidad más que suficiente para ello. Hasta hoy, Pep ha dirigido dos equipos, Barça y Bayern, en los cuales la personalidad individual y colectiva de sus jugadores estaba, como mínimo, al mismo nivel que su calidad. Dos equipos fuertes y duros, capaces de soportar el agudo dolor de los momentos de tensión, capaces de sobreponerse a un marcador adverso y de mantenerse serenos en medio de ambientes volcánicos, capaces de mantenerse en pie al recibir un golpe en la mandíbula. Ya saben, todo el mundo tiene un plan hasta que le golpean en la boca. En ese momento es cuando los grandes equipos logran mantenerse en pie.

Pero hoy, en el Celtic Park, el entrenador comienza a preocuparse. En su equipo hay hombres experimentados como Bravo, Zabaleta, Otamendi, Kolarov, Clichy, Fernandinho, Silva, Gündogan o Agüero, pero todos parecen superados por la energía emocional de los locales. El partido termina con empate a tres goles, e incluso el City podría haberlo ganado en los minutos finales. Más que por el tropiezo, Guardiola se marcha preocupado de Glasgow por la sensación de que la curva de aprendizaje que el equipo asumió con brillantez se ha estancado. Cuatro días más tarde tendrá la confirmación de ello, en White Hart Lane.

Será su primera derrota oficial. El Tottenham de Mauricio Pochettino es el segundo clasificado en la Premier League tras seis jornadas, pero en un domingo soleado y caluroso (2 de octubre) logra superar con claridad al líder de la competición. Un centro de Danny Rose es rematado en propia puerta por Kolarov. Se trata del segundo gol que un jugador *citizen* marca en su propia portería en dos partidos seguidos y el quinto que se recibe en los últimos siete partidos a causa de un flagrante error defensivo. La cuenta de errores se incrementará en otro más a la media hora, cuando una sucesión de malos despejes y marcajes de Kolarov, Fernando, Zabaleta y Otamendi desemboca en el segundo tanto local, una precisa combinación entre Son y Delle Alli. Aunque Agüero consigue disparar al poste, el City no logra imponerse en el partido más que en momentos puntuales, pero sin mostrar capacidad de remontada, e incluso Claudio Bravo mitiga el marcador al despejar un penalti lanzado por Lamela a la hora de partido.

La derrota deja un mal sabor en el cuerpo técnico, pero aún es pronto para saber si los problemas son estructurales o simples accidentes coyunturales. Por si acaso, Guardiola y Torrent deciden suspender el viaje a Múnich y no celebrar la Oktoberfest. Piensan que imágenes suyas bebiendo cerveza en Baviera podrían ser malinterpretadas, por lo que regresan a Mánchester con el propósito de aprovechar el parón de selecciones para reformular el juego.

Durante el desayuno del día siguiente hablo con Pep y le comento que tuve la sensación de que sus jugadores estaban mentalmente cansados de la batalla de Glasgow, como si hubieran agotado la batería. Es un factor habitual en los equipos de élite que disputan partidos cada tres días. Cuando se acumulan los partidos agrios, duros y difíciles, a menudo los jugadores manifiestan una fatiga cognitiva que les impide rendir. Pero Pep lo atribuye más bien a un problema de juego:

—Tenemos muchos problemas en las segundas jugadas y también con los balones largos que envían contra nuestra área cuando nosotros los apretamos muy arriba. No somos buenos rechazando esos balones.

Sobre este asunto comentamos lo que el excelente entrenador español José Luis Mendilíbar ha dicho en una entrevista con el periodista Axel Torres: «Sabemos que hay equipos que siempre mandarán balones en largo a los que no vale la pena buscar arriba. En estos casos lo que hacemos es jugárnosla defensas contra delanteros. ¿Por qué? Porque, si mando a uno de mis dos mediocentros a despejar de cabeza el balón largo (que es lo habitual), el despeje irá a parar a manos del rival seguro, porque es así, porque las segundas jugadas son difíciles de impedir y además ahí enfrente no hay gente de mi equipo para recuperar el balón. Entonces lo que hago es que sea uno de los centrales quien se encargue de intentar cabecear y despejar ese tipo de balones y que mis mediocentros se adelanten un poco para intentar recuperar el despeje y evitar la segunda jugada del rival. Y el hueco que deja mi central lo ocupa el lateral más cercano».

La idea de Mendilíbar es atractiva, dice Pep: «Es muy interesante su reflexión y le daré una vuelta. Yo siempre mando a despejar de cabeza a mi mediocentro y dejo a los centrales detrás para vigilar los balones a la espalda, pero es verdad que la mayoría de las segundas bolas nos las roban todas, sobre todo si el rival juega

4-3-3. En este caso, su mediocentro coge todos los balones porque nosotros no jugamos con un mediapunta que pueda intentar disputarlas. A veces lo podemos arreglar poniendo un rombo en el medio, porque ahí empezamos a ganar nosotros las segundas bolas. Es un tema sobre el que pensar. De todo se aprende, y de los buenos, como Mendilíbar, aún más».

Centrados en aspectos del juego, le comento que mi impresión tras los duelos contra Celtic y Tottenham es que este tipo de equipos que muerden en las zonas centrales están apretando fuerte y aumentarán el desafío.

—Es probable porque también tenemos muchos problemas en la salida de balón, sobre todo en campos que no son muy grandes y en los que los rivales se nos echan encima. Además, al no tener delanteros altos que sirvan de referencia a lo lejos, se nos complica más. También tendré que darle una vuelta a este asunto.

Le pregunto por su grado de preocupación tras los dos últimos resultados:

—La verdad es que cuando juegas doce partidos y solo pierdes uno, y es ante los Spurs, y empatas otro, el balance no está nada mal. Hemos jugado siete de liga y hemos ganado seis, tampoco está nada mal. Pero hay que ir más allá. Del mismo modo que tardé un tiempo en aprender cómo es el fútbol alemán y la potencia de sus contraataques, aquí pasa igual. Aún no comprendo el fútbol inglés. Cuando el Tottenham nos ha dejado salir jugando les hemos pasado por encima, pero cuando nos han apretado hombre contra hombre hemos sufrido mucho, como ya nos pasó contra el Celtic. En fin, nada que no imagináramos. Son cosas que han de sucedernos si queremos encontrar las soluciones. Por suerte, ahora tenemos diez días por delante para refrescar la memoria y saber lo que hemos de hacer. Nos irá muy bien este parón de selecciones. Seguro que encontraremos las claves para dar un paso más.

El cuerpo técnico emplea los diez días en reformatear el módulo de juego y elegir el 3-4-3 con el que decide enfrentarse al Everton. Y también para conocer en detalle cómo son los jovencitos de la Academy del City. Semana y media entrenando a Jadon Sancho, Phil Foden, Brahim Díaz, Lukas y Felix Nmecha, Tosin Adarabioyo o Rabbi Matondo entre otros. Jóvenes bien preparados.

—Foden, recuerda ese nombre. Será bestial.

El 3-4-3 que Pep presenta frente al Everton permite tener superioridad en el centro del campo (Fernandinho, Gündogan, KDB y Silva), facilita un *build up* con más vías de salida, y potencia el valor de los extremos (Sané y Sterling, a pierna cambiada). El City se muestra potente, elástico y eléctrico, bien distinto del equipo que languideció en los dos últimos partidos. Si el 3-4-3 pretendía darle otro rostro al equipo y que pudiera dominar al rival, la propuesta es brillante. Pero el resultado no lo es. El Everton, agazapado en su área, arranca un empate del Etihad Stadium y deja a Pep con otra herida en el cuerpo.

No hay tiempo para lamentarse porque dentro de tres días hay que jugar en Barcelona.

—Hemos de tener un hombre más en defensa y un hombre más en el centro del campo. Solo así podemos intentar que la pelota sea nuestra. Si no, imposible. Ellos tendrán arriba a «la bestia». A ver cómo lo paramos...

Tener uno más en defensa y uno más en centro del campo en el Camp Nou equivale a aplazar el 3-4-3 y sustituirlo por un 4-4-2 con centrocampistas en rombo. Si quiere mantener a los dos extremos, sobra el delantero en punta. Este es el plan que Pep, Torrent y Arteta diseñan a tres días de enfrentarse a la delantera más poderosa del momento: Neymar, Messi, Luis Suárez.

El miércoles 19 de octubre, en efecto, Sergio Agüero se sienta en el banquillo del Camp Nou. Pep juega sin delantero en punta, con De Bruyne en el vértice superior del rombo central, por delante de Fernandinho, Gündogan y Silva. A los costados del belga, Sterling y Nolito. La defensa es de cuatro hombres: Zabaleta, Otamendi, Stones y Kolarov. Ya antes de comenzar el partido abundan las críticas hacia el entrenador por no alinear a Agüero, aunque obviamente los críticos parecen desconocer las razones tácticas de la decisión.

El partido concluye con una aplastante victoria del Barcelona por 4-0, aunque el desarrollo del juego ha sido mucho más igualado de lo que indica el marcador. El City se ha presentado en el Camp Nou sin el miedo escénico que mostró en Glasgow y durante amplias fases del encuentro ha sido el dominador del balón, aunque finalmente haya sido el Barça quien lo ha tenido más tiempo. Es solo la tercera vez en la carrera de Guardiola que su equipo tiene menos tiempo el balón que el contrario: en 2010, dirigiendo el Barcelona, tuvo el 49,2 % frente al Getafe en el Camp Nou, ganando por 2-1; en 2015 tuvo el 49,9 % frente al Borussia en Dortmund, ganando también por 0-1; hoy ha tenido el 47,2 % ante el Barça. Después de 422 partidos como entrenador, Guardiola solo muestra esas tres ocasiones con menor tiempo de posesión del esférico.

La eficacia goleadora del tridente atacante del Barcelona se manifiesta en toda su magnitud, con *hat-trick* de Messi, gol de Neymar, amén de un penalti lanzado por el brasileño que es rechazado por Willy Caballero, y varias galopadas de Luis Suárez que terminan en remates de peligro. Sin duda alguna, el primer gol ha marcado los espíritus. Mientras el City se mostraba valiente y con dominio del juego, una acción ridícula supone el primer gol local. Zabaleta corta una internada de Iniesta dentro del área y el balón queda a pies de Fernandinho, quien al ir a despejar resbala y cae a plomo sobre el césped, dejando el cuero a pies de Messi para que marque a placer. Es un gol entre ridículo y absurdo por el tipo de acción que lo propicia, pero así es el fútbol y apenas se ha cumplido un cuarto de hora de partido.

En lugar de hundirse, esta vez el City muestra personalidad. Quiere el balón, lo mueve con acierto y genera sucesivas ocasiones de gol que Ter Stegen evita. El meta alemán se erige en el mejor jugador del Barcelona, repeliendo remates de De Bruyne, Nolito y Gündogan que parecían llamados a ser el gol del empate. Más claro aún, en el minuto 45, es Stones quien cabecea fuera una falta lateral que parecía sencilla de convertir en gol. Y aún en el minuto 47, el lateral Digne desvía con la mano un centro de Sterling, pero la infracción dentro del área no es señalada.

En el vestuario, Pep repite el discurso de las horas previas: «Sed valientes, no sufráis por el resultado, pedid el balón, acumulad pases». Su equipo ha dejado una imagen impecable aunque vaya por detrás en el marcador. De Bruyne, que ha optado por dejar el vértice superior del rombo central a Silva, alterna la posición de extremo derecho con Sterling y desde esa zona atraviesa una y otra vez la defensa barcelonista en busca del empate. Pero si el resbalón de Fernandinho ha supuesto un bofetón, en el minuto 52 llega algo peor. Claudio Bravo falla un pase y con las manos desvía, desde fuera de su área, un remate de Luis Suárez. La expulsión es inequívoca, lo que quiebra todo el plan de juego visitante, máxime porque simultáneamente se lesiona Zabaleta. El entrenador quita a Nolito para que Caballero ocupe la portería, en tanto Clichy suple al lateral lesionado. Toda la línea defensiva tiene que dar un paso hacia su derecha: Otamendi ocupará el lateral y Kolarov la posición de zaguero izquierdo. Mal asunto.

Mal asunto porque el City es desbordado por un Messi pletórico, que suma dos nuevos goles en solo ocho minutos aprovechando la superioridad numérica. Incluso así, los visitantes siguen empeñados en su plan de juego y consiguen acumular remates de peligro contra la portería de Ter Stegen, casi todos ellos a partir de De Bruyne. También Neymar tiene dos grandes ocasiones, salvadas ambas por Caballero, penalti incluido, hasta que a la tercera, con una magnífica sucesión de regates, coloca el cuarto gol en el marcador.

Es un golpe muy duro para Guardiola y su plan, pese a que el juego mostrado sea mucho más interesante que el de partidos anteriores en los que obtuvo la victoria. El resultado, no obstante, es el gran dictador del fútbol y no admite otros argumentos. En la rueda de prensa posterior, Pep reivindica el juego por encima del resultado padecido, pero solo consigue que sus críticos —que son multitud— se rían de él: «Yo soy el responsable de la derrota porque soy el responsable de este equipo. Pero no voy a cambiar de idea. Me iré a casa antes que cambiar de idea». Le insisten —como ya ocurrió tantas veces antes, en Múnich— sobre cambiar de estilo: «Con esta idea he ganado veintiún títulos en siete temporadas. Son tres títulos por temporada. No, no voy a cambiar. No es que no haya pensado en alternativas, pero ninguna de ellas me parece mejor solución que la que propongo. Si en el futuro me va mal, me iré del club, pero creo que la forma en la que jugamos es la más idónea para ganar». Por si acaso, recurre a lo que Koeman dijo de él hace apenas cuatro días: «En el Everton, uno de mis amigos, Ronald Koeman, dijo que nunca se enfrentó a un equipo que jugara al fútbol como el Manchester City. Este es el mejor elogio que puedo recibir».

Pep suma cuatro partidos seguidos sin ganar. Es la tercera vez que le sucede en su carrera como técnico. Durante la cena en el hotel Vela, con el mar a los pies y la ciudad de Barcelona iluminada a lo lejos, Pep toma una copa de vino tinto y brinda por su idea futbolística. Junto a Pere, su hermano, y a sus ayudantes técnicos Torrent, Arteta y Planchart reivindica con más energía el valor de esas ideas:

—Nosotros hemos ganado mucho, muchísimo, pero yo no quiero que se nos admire solo porque ganamos, sino por cómo jugamos. La historia del fútbol nos demuestra que no solo se admira a los ganadores: la Hungría del 54, la Holanda del 74, el Brasil del 82... Perdieron, pero son admirados por todo el mundo. La fidelidad a una idea, a una ética y a uno mismo es más importante que la mayor de las victorias. Con los trofeos acumulas más trozos de metal, pero con el juego ganas los corazones de la gente. No bajéis los brazos. Seguiremos adelante con nuestra idea.

Las palabras de Guardiola suponen un verdadero manifiesto ideológico que cala en su cuerpo técnico, a pesar del deprimente estado anímico con que han afrontado la cena. Quiere ganar con el Manchester City y no piensa apartarse del camino diseñado, por más dificultades que aparezcan. Ganar es lo más importante para él, pero para ganar cree que ha de jugar tal como le dictan sus ideas. Pep respeta las otras ideas y los demás estilos, pero siente que la suya es la que más le acerca a la victoria y a las emociones de la gente.

A la mañana siguiente, la dirección deportiva del F. C. Barcelona celebra una reunión ordinaria. El Barça ha sido el gran dominador del fútbol español y buena parte del europeo en los últimos diez años. Entre 2006 y 2015, el equipo ha conquistado cuatro títulos de la Champions League (uno con Rijkaard, dos con Guardiola, uno con Luis Enrique) y seis campeonatos de liga. Por encima de ello, ha dejado una huella indeleble en la historia del fútbol gracias al juego que ha desarrollado. Sin embargo, doce horas después de aplastar por 4-0 al City, en el núcleo duro del Barça hay una preocupación profunda por lo que vieron anoche. Uno de los miembros de dicha dirección deportiva me trasmite el resumen de lo que se ha dicho en la reunión: «El City ha mostrado una verdadera identidad de juego y nosotros no. Ellos han perdido el partido, pero nosotros podemos perder nuestra identidad».

En aquel momento, 20 de octubre de 2016, nadie podía imaginar que esta reflexión iba a cumplirse de una forma tan demoledora en el futuro. Para bien en el caso del Manchester City, para mal en el caso del F. C. Barcelona.

Al salir del Camp Nou le preguntaron a Nolito sobre qué mensaje había dado el entrenador en el vestuario tras el duro partido y el jugador se limitó a decir que no había podido entender ni una sola palabra, debido a que Pep había hablado en inglés. A nadie le pasa por alto el comentario del jugador.

El retorno al Etihad Stadium para recibir al Southampton en liga supone también el regreso al 3-4-3. Y de nuevo un empate (1-1) pone el contrapunto amargo a un juego bien trenzado y armónico. El equipo de Pep se muestra afinado en todas las zonas, mueve el balón con precisión, conquista sin dificultad el centro del campo, en esta ocasión dispuesto de modo rectangular, con Fernandinho y Gündogan en la base inferior y Silva y De Bruyne en la zona alta. Sané y Sterling son los extremos, a pierna cambiada, y Agüero regresa a la punta de ataque. Los tres zagueros son Stones, Kompany y Kolarov. Todo es dulce y amable en este domingo soleado hasta que Stones comete un error calamitoso en una cesión a su portero. Es el minuto 26 y Nathan Redmond, el veloz delantero del Southampton, no perdona el error, otro más, de la línea defensiva.

Toca remar nuevamente contra la corriente, como en los cuatro partidos precedentes, y aún más cuando el árbitro asistente anula el gol del empate logrado por Stones por un fuera de juego que no existe. La falta lateral es sacada de forma magistral por KDB y rematada por el zaguero inglés con precisión, pero al fondo se levanta un banderín amarillo que anula el gol.

El segundo tiempo es todo del City, que a los cincuenta y cuatro minutos consigue empatar gracias a un remate de Iheanacho —que al descanso sustituye a De Bruyne—; por su finalización, el gol es digno del Kun Agüero. La última media hora es un asalto directo del cuadro local, pero todos sus remates son desviados por Fraser Forster, el imponente guardameta (2,01 de estatura) del Southampton. El equipo de Guardiola ha tropezado por quinta vez consecutiva y sus componentes se reúnen en el centro del campo al concluir el encuentro para intentar recomponer el ánimo, apelar de nuevo al espíritu de equipo y confortarse en otro día amargo. El resultado tiene otra nota negativa para Pep: el 3-2-2-3 en el que tanto confía se ha mostrado idóneo para que fluya el tipo de juego que desea, pero por segunda vez ha desembocado en un resultado no positivo.

Para visitar Old Trafford, en partido de Copa de la Liga, el entrenador regresa al 4-3-3:

—Nuestra obligación es conocer contra quién jugamos y que nuestra táctica esté adaptada a esas características. Cada jugador debe conocer esta realidad del oponente y saber qué deberá hacer en cada circunstancia.

Además del rival, hay otra razón que explica el cambio de módulo. Pep decide alinear un equipo formado por jugadores con poca presencia en las alineaciones, como Maffeo, Clichy, Aleix García, Fernando o Jesús Navas. El duelo local se resuelve a favor del Manchester United gracias a un gol de Juan Mata, aunque los noventa minutos son muy equilibrados en dominio, ocasiones, remates y pases. El peso de Ibrahimović, Rashford, Mata y Pogba se impone al final, y si bien Pep valora la buena prestación de sus jugadores menos habituales, no puede obviar que es el sexto partido consecutivo sin ganar. Nunca antes había vivido una racha de resultados seguidos tan mala.

El sábado 29 de octubre se presenta en The Hawthorns con sus mejores hombres, salvo De Bruyne, que se sienta en el banquillo. Si bien cuatro días después recibirá al Barça en Mánchester, Pep no puede permitirse otro tropiezo si desea mantener el liderato en la Premier League, por lo que se enfrenta al West Bromwich Albion casi con su alineación de gala. Solo sorprende con el rol de Fernando como lateral derecho. Frente al 5-4-1 de los locales, el City presenta un 2-3-2-3 en la salida de balón y un 2-4-4 al aposentarse en terreno contrario. Fernando y Kolarov se cierran junto a Fernandinho en el centro del campo, dejando a sus espaldas al tándem Otamendi-Stones. Esta primera estructura de avance facilita tener el balón nada menos que el 81 % del tiempo durante la primera parte del encuentro, porcentaje que se reduce al 70 % al final del encuentro. En pocas palabras, el City aplasta al WBA. No solo por el 0-4 del marcador final, sino por el sinfín de ocasiones de gol que construye (hasta 21 remates). Tras seis partidos sin marcar, Sergio Agüero logra un doblete, al igual que Gündogan, que a su excelente prestación como constructor está añadiendo una inédita habilidad como rematador. El equipo por fin puede celebrar un triunfo por todo lo alto. Pese a la sucesión de tropiezos se mantiene en el primer puesto del campeonato, pero Pep no está para celebraciones y prefiere mantener un tono bajo durante la rueda de prensa: «El problema cuando no ganas un partido no son únicamente los puntos perdidos, sino la pérdida de confianza que sufres para afrontar el siguiente partido. Aunque hayas jugado bien y hecho las cosas muy bien, cuando no ganas todos tus argumentos suenan a excusa».

Salimos de The Hawthorns y compruebo que Pep no está para celebraciones. Apenas quiere hablar del aplastante triunfo. Solo piensa en el inminente enfrentamiento con el Barcelona. Nunca antes le he visto tan agobiado por un partido, quizá porque siente de nuevo que su futuro en el banquillo pende de un hilo. Hace años, en verano de 2008, ya le ocurrió en el F. C. Barcelona, tras perder en su debut ante el Numancia (1-0) y empatar en casa con el Racing de Santander (1-1). En aquella ocasión tuvo a Cruyff como padrino que le sostuvo frente a quienes pedían su cabeza. Ahora es Begiristain quien le apoya, pero aún no sabemos si Txiki tendrá en el City la fuerza y la jerarquía que Johan tuvo en el Barça. A Pep le tiembla levemente la voz cuando se despide:

—Si el martes perdemos, me van a patear el culo tan fuerte que tendrás que ir a Australia a recoger los trocitos que queden de mí…

ESCENA 7

«Ha sido una tortura»

Düsseldorf, 23 de noviembre de 2016

—He vivido estos dos últimos meses con una angustia muy fuerte.

Pep lo ha soltado sin mudar el rostro, tocándose el pecho. Lo ha soltado desde las entrañas, como quien vomita.

—Desde el empate de Glasgow esto ha sido una tortura.

Solo ahora, cuando ya lo ha dicho, decide probar el vino. Ha liberado los demonios que le atenazaban desde el mes de septiembre, cuando se inició la fase de grupos de la Champions League. Nervios y ansiedad al principio; angustia y tortura a continuación. Dos meses de mil demonios durante los que solo la familia ha conocido la intensidad real de esa angustia que le agarraba las tripas y le ha impedido dormir noche tras noche.

El empate logrado en la fría noche alemana es un alivio gigantesco para Guardiola. El equipo ya está clasificado para octavos de final de la Champions League, el mínimo imprescindible y exigible a un equipo que, sin embargo, está mal cosido por todas partes. La línea defensiva es un flan, como se comprueba durante el partido contra el Borussia Mönchengladbach. Los laterales que en teoría debían ser titulares, Sagna y Clichy, se sientan en el banquillo e incluso cuando Pep decide cambiar la defensa de tres por la de cuatro prefiere retrasar a Jesús Navas al puesto de lateral. En el centro de la zaga, la lentitud de Otamendi, la falta de contundencia de Stones en los duelos y las carencias en la marca de Kolarov son tres defectos que castigan sin cesar al equipo, que ha encajado gol en once de los doce últimos encuentros. El centro del campo tampoco funciona con la armonía que el entrenador soñaba cuando logró juntar a Fernandinho, Gündogan, De Bruyne y Silva. El brasileño está realizando su definitiva conversión a mediocentro posicional, pero es precisamente en dicha reconversión donde encuentra más dificultades para asentarse. En otras palabras, Fernandinho acostumbra a perder la posición demasiadas veces. Es muy eficaz en los duelos, en los *tackles*, en la marca defensiva, en la energía para ejecutar transiciones, y posee un buen pie, pero sus pérdidas de posición castigan el equilibrio del equipo. Gündogan se multiplica para compensar este problema, pero se encuentra con otra dificultad: a De Bruyne le puede su alma de jugador vertiginoso, su tendencia a irse por la banda, lo que desnuda la posición de interior, dado que David Silva gusta cada vez más de pisar el área enemiga. De este modo, las teóricas superioridades en el centro del campo que el City puede lograr con estos cuatro grandes jugadores se diluyen a causa de las mencionadas tendencias naturales de cada uno de ellos. El resultado es que el equipo no consigue controlar con mano de hierro algunos partidos de relieve, como este que se ha disputado en Mönchengladbach a finales de noviembre. Y en la línea de ataque, Pep no ha conseguido acompañantes de enjundia para Agüero, el único intocable. Sterling apunta alto y, de hecho, es quien más minutos de juego acumula, pero el buen rendimiento inicial de Nolito se ha volatilizado, quizá porque su catálogo de fintas y regates es muy limitado y los defensas rivales ya lo conocen. Leroy Sané no despega: solo ha jugado tres partidos como titular y con el de hoy suma cero minutos en los últimos cinco encuentros. En Mönchengladbach, Jesús Navas ha sido el otro extremo elegido. Navas no es extraordinario, pero nunca rinde mal, de ahí que Pep le otorgue cada día mayor protagonismo. Al día siguiente comento con Juanma Lillo esta circunstancia y también el buen papel de Navas cuando ha jugado como lateral; su respuesta resume bien el momento del jugador andaluz: «Pep está encantado con Navas al cien por cien. No pierde balones y todo lo hace bien».

El Borussia Mönchengladbach desnuda las carencias del City. El empate final (1-1) otorga la clasificación matemática a los de Pep, que solo se han visto agobiados a los veintidós minutos, cuando Raffael ha aprovechado una acción blanda de Stones —agarrado y tirado al suelo por Stindl— para marcar el gol local. A partir de ahí, el City ha sufrido unos minutos de zozobra anímica, en los que se ha mostrado torpe y nervioso. Guardiola lo ha resuelto colocando a Navas de lateral y pasando a una defensa de cuatro elementos, lo que a su vez ha llevado a De Bruyne a ubicarse en la zona del extremo derecho. Precisamente él ha sido quien, profundizando en el área rival por dicha banda, ha dado el pase de gol a Silva para que empatara en el minuto 45. Las expulsiones consecutivas de Stindl y Fernandinho han generado sucesivas modificaciones de Pep, primero colocando por dentro a Navas y Kolarov junto a su mediocentro, a KDB y Gündogan de interiores, y a Sterling y Silva como extremos; a continuación, situando a Sagna y Kolarov como laterales por fuera y poblando el centro del campo con Gündogan, KDB, Navas y Silva, dejando al Kun Agüero solo en punta. Diez contra diez, el City ha generado tres excelentes ocasiones de gol que no ha materializado, pero en definitiva el empate ya le servía para su propósito, con lo que ha habido festejo en el vestuario.

En la cena posterior, en el hotel Meliá de Düsseldorf, Guardiola es totalmente consciente de que los problemas que sufre el equipo tienen escasa solución a corto plazo. Solo ha podido renovar media plantilla y hay carencias estructurales graves que no se pueden maquillar con movimientos tácticos. Pero ha ganado tiempo hasta febrero, por lo menos en la competición europea. Es entonces cuando confiesa la angustia con la que ha convivido:

—Desde el empate de Glasgow esto ha sido una tortura. Bueno, más bien desde el sorteo de la Champions y la obligación de clasificarnos para octavos de final. He vivido estos dos últimos meses con una angustia muy fuerte.

Sentado junto a Domènec Torrent y Mikel Arteta, se explaya a gusto:

—Por suerte, con un empate ha sido suficiente. Hemos perdido fluidez, hemos perdido seguridad en la salida de balón, no nos atrevemos a jugar... Solo nos atrevemos cuando ya vamos perdiendo. Entonces sí, entonces somos un equipo atrevido como era nuestro Bayern. Nos dejamos ir y creamos un montón de ocasiones y jugamos bien. Pero cuando no nos dejamos ir, nos cuesta mucho y jugamos agarrotados. Creo que me ocurrirá un poco como sucedió en el Bayern. Me costará un poco encontrar el equilibrio entre tener control y dejarnos ir. Pero, bueno, ya nos hemos garantizado dos partidos de la Champions en febrero y ahora podemos centrarnos en la Premier League.

Torrent aprovecha para analizar la situación en la Premier: «Chelsea y Liverpool están muy fuertes. Ahora bien, ten en cuenta un factor que no es menor. Nosotros hemos jugado siete partidos más que ellos en tres meses y medio: los dos de fase previa contra el Steaua y los cinco de fase de grupos. Son siete partidos más que Chelsea y Liverpool en solo catorce semanas. Y estamos prácticamente empatados. Esta es una buena señal».

Pep remata la noche:

—Pues a ver si no se nos escapan y podemos llegar a marzo y abril bien juntitos los tres equipos y lanzar el asalto final.

Durante el mes de noviembre, el City ha dejado escapar el liderato de la Premier League. Tras ganar por 0-4 al WBA, el último sábado de octubre, ocupaba la primera posición de la tabla, pero a continuación perdió dos puntos en casa, cuando el Middlesbrough empató en el minuto 91 en un nuevo error defensivo, esta vez en la marca de Clichy sobre De Roon. El partido fue de absoluto dominio del equipo local, que remató veinticinco veces y triplicó el número de pases de los visitantes. Un maravilloso pase combado de KDB para el gol de Agüero comenzaría a ser la «marca de la casa» del formidable interior belga, pero no bastaría para mantener el liderato antes de una nueva pausa por partidos de las selecciones. A la vuelta, el City visitó Selhurst Park y obtuvo un buen triunfo (1-2) que le permitiría llegar a finales de noviembre empatado con el Liverpool de Klopp y a un solo punto del Chelsea de Conte, líder con veintiocho puntos. El partido contra el Crystal Palace vio el retorno de tres jugadores *citizens*: Bacary Sagna, ausente desde finales de septiembre por lesión; Yaya Touré, castigado por Pep y que no jugaba desde el 24 de agosto; y el capitán Vincent Kompany, víctima de un sinfín de lesiones, quien apenas había disputado 213 minutos en 19 partidos. Estos dos últimos fueron grandes protagonistas del encuentro. Kompany, porque a los veinticinco minutos fue involuntariamente noqueado por Claudio Bravo en un choque. Touré porque marcaría los dos goles del triunfo: el primero en una deliciosa pared con Nolito; el segundo en un remate cómodo dentro del área en su saque de esquina lanzado por KDB a ras de césped.

La reaparición de Yaya Touré había necesitado una premisa exigida semanas atrás por Pep. El jugador cumplió el 4 de noviembre con dicha premisa al disculparse frente al club y el entrenador con un comunicado en el que decía: «Quiero pedir disculpas, en mi nombre y en el de quienes me representan, al equipo directivo y a todos los que trabajan en el club por los malentendidos del pasado. Esas declaraciones [las de su representante, Dimitri Seluk] no representan mis puntos de vista sobre el club o las personas que trabajan allí. No tengo más que respeto por el Manchester City y solo deseo lo mejor para el club». Aunque la disculpa no la hizo personalmente Seluk y aunque Touré empleó algunos eufemismos, Guardiola dio por finalizado el conflicto y en la primera oportunidad que tuvo contó con el futbolista como titular en Selhurst Park.

Pocas semanas antes, Pep había vivido su primer *match-ball*: la visita del Barça al Etihad Stadium. Era todo o nada. Una nueva derrota, intuía el entrenador, podía ser el final del proyecto. Pero esa misma trascendencia dio alas al equipo, que el 1 de noviembre venció por 3-1 al formidable equipo de Messi, Neymar y Luis Suárez. Pese a lo que indicaba el marcador, el partido resultó dificilísimo para los de Guardiola, que presionaron fuerte la salida de balón del Barcelona, con Sterling, Agüero y De Bruyne en punta, agresivos y punzantes. Fernandinho, Gündogan y Silva formaron el centro del campo, con Zabaleta y Kolarov en los laterales, y Otamendi y Stones en la zaga. La agresividad local pudo recibir premio a los diez minutos, en una falta de Digne a Sterling dentro del área que no fue señalada como penalti, pero lo que ocurrió fue precisamente lo opuesto. Messi capturó cerca de su área un balón rematado por Agüero y rechazado por Umtiti, mandó un pase lejano a Neymar, apenas vigilado por Gündogan, y el contraataque lo culminó el mismo Messi, al que KDB no pudo obstaculizar. A los veinte minutos, Guardiola estaba con la soga al cuello. Y aún más lo estuvo en los minutos posteriores, cuando al City le dio su enésimo ataque de nervios, facilitando que el Barça se hiciera con un dominio aplastante que no se tradujo en más goles porque Willy Caballero se agigantó en la portería.

Pero como el fútbol es un deporte de errores, bastó uno de los visitantes en su salida de balón para que Agüero recuperara el esférico, cediera a Sterling y este devolviera al centro del área para la llegada de Gündogan, que anotó el empate a los treinta y ocho minutos. No, el resultado no era ajustado a lo visto sobre el césped, donde el Barcelona tuvo el balón el 72 % del tiempo, mientras el City perseguía sombras, si bien lo hacía con una fe y un empeño encomiables. Y, sin embargo, el equipo de Pep fue a más y en el minuto 58 logró el 2-1 gracias a un buen disparo de falta de KDB que Ter Stegen no acertó a ver, tapado por una densa barrera de propios y ajenos. Entusiasmado el público y sintiéndose feliz el equipo, las ocasiones de gol se incrementaron, pero ni Agüero por dos veces ni KDB en un contraataque lograron materializarlas, como tampoco consiguió André Gomes empatar, al disparar contra el travesaño tras un grave error de Stones. Sería Gündogan, cada día más afinado en su faceta de goleador, llegando desde el centro del campo, quien culminaría una magnífica acción de Agüero, continuada por KDB y servida por Navas. El 3-1 era la superación del gran obstáculo, el segundo gran triunfo de Pep en el City, tras ganar el derbi en Old Trafford, y también la victoria que necesitaban los jugadores para convencerse de su verdadera valía.

Aquella noche, tras vencer al Barcelona, Pep seguía padeciendo una profunda angustia, la misma que le torturaba desde el empate de Glasgow, pero ya no sentía la soga en el cuello y podía respirar algo mejor:

—¡Qué alegría, qué alegría! Si en la primera parte nos meten el segundo gol, ahora mismo estaría en Australia. Pero el fútbol tiene estas cosas. Los primeros treinta minutos han sido un espectáculo del Barça, un puto espectáculo. No había manera de meterles mano. Pero en la segunda parte, después de nuestro gol del empate, nos hemos animado y nuestra necesidad de sumar puntos ha marcado la diferencia. Incluso podíamos haber metido más goles. Esto nos da vida. Si no hacemos el idiota, ya casi lo tenemos. Y, si conseguimos clasificarnos, tendremos paz y tranquilidad de espíritu.

Después llegaría la cita de Mönchengladbach, el empate suficiente y la clasificación confirmada. Pep se había quitado la angustia de su interior y ya podía dormir tranquilo. O eso creía él…

ESCENA 8

Bebiendo del cáliz amargo

Mánchester, 5 de diciembre de 2016

Después del feliz inicio, tras superar la primera crisis y haber salvado el *match-ball* contra el Barcelona, y después de haberse quitado de encima en Mönchengladbach la angustia que le oprimía el pecho, Pep todavía no ha conseguido la estabilidad que cree merecer en este proceso. Está bebiendo de un cáliz amargo, días y noches mucho más duras y ásperas de lo que imaginaba cuando decidió defender la camiseta azul celeste. Comento con él la amargura que está viviendo y, como hace tan a menudo, recurre a alguien externo de quien ha leído o escuchado algo que le ha gustado:

—He leído una entrevista muy buena a Gregg Popovich en la que dice que la gente quiere victorias rápidas y que no son conscientes de lo que cuesta crear y construir un equipo victorioso. Paciencia, hemos de tener paciencia.

Es el peor momento estadístico en la carrera de Guardiola. Tras vencer en el estadio del Burnley (1-2) y perder en casa ante el Chelsea (1-3), su equipo se encuentra a siete puntos del líder. Suma 24 partidos, con 14 victorias, 6 empates y 4 derrotas. Acumula 50 goles a favor y 27 goles en contra. Son malas ratios para lo que es habitual en sus equipos (2,08 a favor, 1,12 en contra). La ratio de victorias en la Premier es del 64,3 % y en la Champions de un discreto 50 %. Pep pide paciencia, pero está profundamente agobiado.

A su lado se encuentra Manel Estiarte, siempre discreto, en segundo plano, pero siempre perspicaz para analizar con frialdad el momento que se vive.

—Le digo a Pep que esté tranquilo y que no compare el tercer año del Bayern con lo de ahora. El juego en el Bayern no siempre fue tan maravilloso como en el tercer año. Al principio incluso jugábamos peor que en el City de ahora, pero no lo recordamos porque la memoria es muy débil. Lo que cambiaba era que en Múnich muchas veces ganábamos por la calidad individual de los jugadores. Allí ganamos muchos partidos en el último minuto gracias a la genialidad de un jugador. Aquí no tenemos tanta calidad y ni siquiera hemos tenido un día con una pizca de fortuna. Contra el Chelsea podíamos haber ganado perfectamente por 3-1 y, sin embargo, ha sido un 1-3 en contra, después de que ellos estuvieran sesenta minutos en los que solo chutaron una vez contra nuestra portería.

Estiarte es capaz de abstraerse de las emociones que afloran con los resultados y mantiene fija la mirada en el camino, sin distraerse. Para él, el concepto «proceso» es clave:

—Lo que de verdad importa es que estamos trabajando bien, que todo el mundo aquí rema a favor del proyecto y que vamos por buen camino. Será muy difícil luchar por la Premier, pero lo intentaremos. Más difícil será la Champions, aunque si el sorteo es benévolo quizás haya una oportunidad. Pero lo fundamental es que el proceso que estamos siguiendo es el correcto. Quizá cueste creer en el proceso cuando los resultados no son los que tú deseas, pero es lo que hay que hacer: dar menos valor al resultado y valorar si el proceso está siendo bueno o no. Y lo está siendo, así que no hay excusas, hay que continuar por este camino. Te digo más: si hubiésemos tenido una pizca de fortuna en algún partido, ni siquiera estaríamos hablando de proceso, sino que habría sido una adaptación brutalmente rápida del equipo al juego de Pep.

Este enfoque en el proceso no significa que no advierta de los defectos y carencias que han aflorado:

—Claro, no hay que engañarse, hay posiciones en el campo en las que flojeamos. Y los fichajes todavía no han despertado. John Stones, por ejemplo, está pasando un mal momento personal, pero debemos tener en cuenta que solo tiene veintiún años y posee mucha calidad. Pep está muy preocupado porque se acusa a sí mismo de que los fichajes que hizo él no están rindiendo bien, pero yo le digo que no se preocupe. Stones saldrá bien, Sané también, aunque sea poco a poco; de hecho, ya empezamos a ver algunas pequeñas cosas suyas que apuntan muy bien. Y Gündogan es muy bueno. Hoy por hoy ninguno de ellos está rindiendo a su verdadero nivel, pero hay que tener paciencia. Rendirán bien. Le digo a Pep que no ha de acusarse de nada, al fin y al cabo era imprescindible fichar y no hicimos ningún disparate, no pagamos ninguna barbaridad por nadie.

El tiempo, ese gran escultor, nos dirá si Estiarte tiene razón en su enfoque a medio plazo, en su apuesta por el proceso y en su visión sobre los jugadores que fichó Pep. De momento, el cáliz que están bebiendo es muy amargo…

ESCENA 9

¿Quiero ser entrenador?

Mánchester, 16 de enero de 2017

Su primera Navidad en Mánchester ha sido oscura y cruel. No la ha olvidado, ni la olvidará nunca. Derrota en casa ante el Chelsea (1-3), empate contra el Celtic (1-1), vapuleado por el Leicester (4-2), derrota en Anfield (1-0), destrozado en Goodison Park por el Everton (4-0)… Pesadilla en Navidad. Lo único bueno que le ha ocurrido fue remontar el gol tempranero del Arsenal en el Etihad Stadium y ganar por 2-1 un partido que perdía al descanso, algo que no conseguía el City desde noviembre de 2012. Poca alegría frente a tanto descalabro.

Pep está hundido. El equipo está hundido. La alegre brillantez de los primeros meses triunfales se ha transformado en un pegajoso barro adherido a las botas. El City no puede mover las piernas, atenazado su entrenador por las derrotas, y los jugadores por el síndrome que definió Marcelo Bielsa: «La derrota nos hace malolientes». Todo parece oler mal en el vestuario durante el invierno de 2016. A Pep se le pasa por la cabeza abandonar. Renunciar… En la derrota le encuentra menos sentido a seguir peleando como entrenador.

Gündogan se ha roto los ligamentos cruzados de la rodilla. Adiós a la temporada. El proyecto de Pep tiene al futbolista alemán como pilar fundamental sobre el que edificar el éxito. Sin Gundo, el proyecto se tambalea. Kompany, el capitán, no se recupera de sus sucesivas lesiones. Sané y Fernando también han caído. Agüero y Fernandinho asumen sanciones de cuatro partidos cada uno. Los analistas critican duramente al entrenador y le señalan la puerta de la calle: «*Go home*» es el mensaje, unánime, que se repite como una letanía. El City es quinto en la Premier, fuera de puestos Champions, a diez puntos del líder (Chelsea). Por vez primera en su carrera de entrenador, Pep no va a poder luchar por el título de liga. A principios de año, dice, con un punto de sarcasmo, pero muy convencido de ello: «He comenzado el final de mi carrera». Solo lleva siete temporadas y media como entrenador y ya está pensando en el adiós... Piensa en lo que le dijo Lillo:

—Pep, necesitas muchas más derrotas para saber si de verdad quieres ser entrenador.

Recuerdo bien el momento en que Juanma Lillo le hizo este comentario, tomando café en Múnich, en marzo de 2016, pocas horas después de que el Bayern eliminara a la Juventus en un partido agónico de la Champions League. Pep también lo recuerda bien. Su equipo había estado a un minuto de la eliminación y Lillo quiso rebajar la euforia del momento y exponer la cruda realidad del deporte. Ahora, solo nueve meses más tarde, Pep se enfrenta a ese espejo:

—Lillo no es el único que me lo ha dicho. También Dome [Torrent] lleva tiempo diciéndome que solo mediré mi voluntad real cuando lleguen las derrotas.

Y las derrotas han llegado. Copiosas como la lluvia, duras como piedras. Habituado a no perder casi nunca (un 8,5 % de los partidos en el Barcelona, un 11,8 % en el Bayern), el dolor se ha disparado en Mánchester, donde ya acumula un 22,5 % de partidos perdidos. Cada uno de ellos es una puñalada en un corazón no acostumbrado. Pep ha de aprender a convivir con la derrota, con ese dolor físico que le provoca cada caída. Tendrá que averiguar, a base de derrotas, si de verdad quiere ser entrenador.

Una noche de aquel diciembre, sube las escaleras y se presenta en el piso de Dome Torrent con una botella de vino tinto. Son vecinos, en el número 1 de Deansgate, un edificio alto que preside la gran arteria ciudadana y en el que también vive gran parte del cuerpo técnico: Txiki Begiristain está en el piso 11, Torrent en el 10, Pep en el 9 y Mikel Arteta en el 8. Dome abre la botella, se sientan en el sofá y hablan y beben. Beben y hablan hasta la madrugada. No hablan de fútbol, sino de la vida, aunque a veces sean sinónimos. Los hijos, las escuelas, los padres, las enfermedades... Por vez primera en muchos años el balón no protagoniza la conversación. Pep tiene cuarenta y cinco años, Dome casi diez más. Todas las preocupaciones que siente Pep por la familia y las cosas cotidianas ya las sintió Dome hace algunos años. Hablan como dos amigos, con la diferencia de edad y de experiencias de cada uno. Hablan de la vida y así se olvidan del fútbol. Y cada vez que la competición lo permite, Pep y

Dome repiten velada durante esas amargas Navidades. Abren una botella de tinto y brindan por esas conversaciones íntimas alejadas del balón. Así, sin más, sin grandes frases ni aforismos, es como Pep se va alejando de la frustración, del barro, de la pesadez maloliente de la derrota, y comienza a valorar el proceso que está viviendo. Así se recupera para seguir adelante...

En el futuro habrá resultados buenos o malos, pero en todos los casos Pep comienza a rebajar su trascendencia. Las derrotas de antes alcanzaban para él una trascendencia casi vital porque le atribuía un valor moral exagerado, como si el mundo fuese a juzgarlo en función únicamente de los triunfos y por ello fuese imprescindible ganar siempre. Poco a poco va comprendiendo que necesita relativizar el valor de la victoria y de la derrota, que debe otorgarle más valor al camino que a la meta [el «proceso» del que habla Estiarte], que no debe temerle a la derrota, sino a traicionarse a sí mismo.

Tiempo después, olvidada la pesadilla navideña, pero muy presentes las tertulias con Dome y el pronóstico de Lillo, Pep recuperará la energía y el ánimo, y olvidará los demonios que le tentaban con la renuncia:

—A mí la derrota me suponía un hundimiento. Bueno, no puedo hablar en pasado porque todavía sigo hundiéndome un poco con cada derrota. Es como un clic que me hunde. No estoy acostumbrado. Esto es parte de mi proceso de formación: he de asumir que el deporte es esto, que la derrota es normal. Lo sé, pero aún me cuesta aceptarlo.

ESCENA 10

Llega Jesús, se remueve el Kun

Mánchester, 19 de enero de 2017

El problema de Pep con Agüero se resume muy brevemente: el Kun es el ídolo indiscutido de la parte azul de Mánchester y se ha acomodado.

Pep no quiere jugadores acomodados en su plantilla. No entiende el fútbol como un juego de 10 + 1. Si acaso, el 10 + 1 se le puede permitir a Messi, que es un jugador fuera de catálogo. Pero no al Kun.

Sergio Agüero es muy bueno, es un gran goleador, es un mito mancuniano gracias al gol épico en el minuto 93 con 20 segundos de aquel final agónico de la Premier 2011-2012, es un depredador del área, es exquisito en las finalizaciones y tiene un montón más de virtudes. Pero no es Messi, y Pep no acepta que en su equipo jueguen 10 + 1. No acepta que se haya acomodado y exige de él un compromiso similar al que le pide a De Bruyne, Fernandinho o Sterling.

Agüero está a gusto con Guardiola, y viceversa. No existe ningún distanciamiento entre ellos, ni en el plano futbolístico ni en el personal. Su relación es óptima y cariñosa, nada que ver con las que mantuvo Pep con Ibrahimović o Mandžukić. Pero el entrenador quiere que el rendimiento de su delantero sea mucho mejor y, sobre todo, que se comprometa a fondo con el espíritu colectivo que están construyendo sus compañeros.

En Navidad echan cuentas y comprueban que Agüero ha marcado treinta y tres goles en los últimos treinta y cuatro partidos de Premier League. Es un gran botín, pero no es menos cierto que ha sido expulsado dos veces, lo que le ha costado siete partidos de sanción. El City no puede permitirse que su goleador cometa semejantes torpezas. En su ausencia, el entrenador ha colocado en punta a Iheanacho, a Nolito, a De Bruyne e incluso a Sterling, en busca de soluciones transitorias.

Cuando Agüero se reincorpora, la dinámica de juego no mejora y el City es avasallado por el Everton a mediados de enero. El 4-0 que le endosa el equipo de Ronald Koeman es la peor derrota sufrida por Guardiola en un partido de liga en toda su carrera. Sobre el césped de Goodison Park, su equipo es un boxeador noqueado. El portero no logra detener ningún balón peligroso: el equipo vuelve a encajar gol en el primer disparo del equipo rival (ya son cuatro veces en los últimos siete encuentros). La zaga es caótica, la transición defensiva es horrorosa y la fragilidad emocional del colectivo es aguda. La reaparición de Agüero no aporta nada al equipo, ni gol, ni agresividad en la presión.

Gabriel Jesús ya se ha incorporado al Manchester City y está entrenándose con el equipo a pleno rendimiento. Se trata del delantero brasileño más prometedor del momento. Tiene solo diecinueve años y fue contratado por Txiki Begiristain en agosto pasado por treinta millones de euros, pero con la condición de que pudiera permanecer cedido en el Palmeiras hasta diciembre. Cumplido el acuerdo, Jesús llegó a Mánchester a principios de enero, pero ha necesitado dos semanas para que se le concediera el permiso de trabajo.

Pep está encantado con el joven brasileño porque muestra todo lo que él busca en un delantero: agresividad máxima, presión infatigable y cooperación extrema con los compañeros. Solo tiene la duda de saber si su eficacia goleadora será parecida a la de Agüero. Pep sigue confiando en el Kun, pero no está dispuesto a que continúe acomodado. Gabriel Jesús ha de ser el aguijón que despierte al gran ídolo local.

Y, como parece lógico pensar, la llegada de Jesús remueve al Kun.

Pep no solo es consciente de ello, sino que es eso exactamente lo que pretende. Hace unas semanas se deshizo en elogios sobre Agüero, pero también apuntó lo que le exige: «Sergio ha sido muy importante para nosotros. Es un jugador especial. Quiero que él tenga claro que es muy importante para nosotros. Le necesitamos. Le necesitamos mucho. Cuando él tiene un comportamiento agresivo en el campo, cuando muestra hambre de gol y de presionar, en ese momento Sergio es inmenso». Peor cuando no muestra dicho comportamiento, entonces el equipo es un 10 + 1.

Pep quiere hacer debutar ya a Gabriel Jesús, aunque no desea sentar en el banquillo al Kun, sino que convivan de manera positiva.

Desea que compitan entre sí, pero también que cooperen para que finalmente el equipo juegue con once futbolistas. Como tantas otras veces ha hecho, Guardiola intenta resolver el conflicto cenando.

La cita es en la pizzería Salvi's, en el centro de la ciudad. Se trata de una pequeña pizzería acristalada, en el número 19 de John Dalton Street, en la que se come muy bien. No es el restaurante habitual de Pep, que acostumbra a comer con amigos en otro Salvi's, el de Corn Exchange, más reservado y discreto. Tengo la impresión de que la elección de la pizzería, tan céntrica y tan visible para cualquier paseante, muy cerca de la concurrida plaza del Ayuntamiento, no ha sido casual, sino premeditada por parte del representante de Agüero, que busca exponer al público que existe un conflicto, pero que, al mismo tiempo, están dispuestos a llegar a un acuerdo con Guardiola.

La cena no tiene demasiados secretos. Agüero desea continuar en Mánchester varios años más y pretende mantener el estatus adquirido como gran figura del equipo. Guardiola no quiere deshacerse de él, ni rebajar dicho estatus, pero exige mucho más compromiso a favor del colectivo. Quiere que rompa la zona confortable en que se ha instalado y se convierta en el primer defensor del equipo. Pep siempre ha creído que la defensa comienza en el ataque, en delanteros agresivos que entorpezcan la salida del rival y faciliten la vida a los compañeros. Agüero, ídolo absoluto de fans y club, aposentado en la gloria, espectacular goleador pero acomodado, siente que ya no puede ofrecer más. Pep discrepa y quiere más. Le exige que rinda más y mejor. Más goles, desde luego, pero sobre todo mucha más participación en el juego, y eso incluye muy especialmente la presión contra los defensores rivales. Al Kun le preocupaba escuchar que el entrenador no contaba con él, ahora que en el equipo hay un recambio joven e impulsivo, pero Pep no le dice eso, sino lo contrario: cuenta con él, pero quiere un Agüero 2.0 mucho mejor y participativo.

—Sergio, a veces estás y a veces no estás. No puede ser. Has de estar siempre. Y si solo aguantas una hora, juega a tope esa hora. No quiero medio Kun, quiero al mejor Kun.

Dos días más tarde, Agüero es el delantero centro del City que empata en casa con el Tottenham (2-2). Gabriel Jesús hace su debut a los ochenta y dos minutos, supliendo a Sterling, pero siete días más tarde ya es titular en el triunfo frente al Crystal Palace en el partido de FA Cup (0-3) y su buen rendimiento vuelve a otorgarle la titularidad en el aplastante triunfo frente al West Ham en Londres (0-4). Desde el banquillo, Agüero observa cómo su compañero marca y asiste. Cuatro días después se repite la historia: Gabriel Jesús anota los dos goles del triunfo frente al Swansea (2-1) y Agüero solo abandona el banquillo en el minuto 83. Si Guardiola buscaba que el Kun entendiera el mensaje, parece evidente que las cosas han quedado claras: o espabila, o será suplente del nuevo goleador.

ESCENA 11

Quien no estudie inglés no jugará

Mánchester, 2 de febrero de 2017

Como siempre, Pep aprovecha los buenos momentos para tirar de las orejas a alguien. En los malos días nunca hay que soltar una bronca, sino tener palabras de ánimo y apoyo para quienes han sufrido un tropiezo. Es en los días buenos cuando el entrenador decide señalar un defecto, una carencia o un detalle que se debe mejorar. Así que esta vez elige la mañana siguiente a una gran victoria en el estadio del West Ham (0-4), donde Gabriel Jesús protagoniza un debut impactante: es el primer jugador en la historia del City en marcar gol y dar asistencia de gol en su partido como debutante. El brasileño transmite una energía casi eléctrica al equipo, que a los cuarenta minutos ya domina el marcador con tres goles de ventaja. Pep ha realizado una combinación muy extremista, pues en la alineación conviven veteranos como Caballero, Sagna, Kolarov, Touré y Silva con chicos muy jóvenes como Stones, Sterling, Sané y Gabriel Jesús. Hasta el minuto 70, Sergio Agüero permanecerá en el banquillo y solo entrará en juego cuando el partido ya está finiquitado. En este asunto, Pep no bromea: si Agüero no da un salto adelante en materia de esfuerzo y compromiso, la punta del ataque será para Gabriel Jesús.

La victoria en Londres crea el ambiente idóneo para que el entrenador convoque al día siguiente a seis jugadores para un asunto inesperado:

—Chicos, hay que integrarse en la cultura del país en el que vives y que te da de comer. Y para ello lo primero es aprender el idioma.

Los seis saben a qué se refiere Pep. Ninguno de ellos asiste a las clases particulares con el profesor de inglés que el club organiza desde hace años. El profesor acude prácticamente todos los días de la semana a la ciudad deportiva para ayudar a los jugadores extranjeros en el aprendizaje o perfeccionamiento de la lengua. Los hay que han aprovechado muy bien la oportunidad, como Fernandinho, Zabaleta o Caballero, y también Fernando o David Silva, en menor medida. Otros, sin embargo, ni siquiera se han dignado acudir a una sola cita con el profesor y no saben pronunciar más de media docena de palabras en inglés.

No hay nada que moleste más a Guardiola que un jugador que no quiere integrarse en el entorno del país y la ciudad donde vive. El entrenador entiende que no solo es necesario hablar el idioma del país para poder hablar con los compañeros, para poder comer con ellos, poder intercambiar emociones y problemas, o simplemente para poder entender las instrucciones del técnico, sino que es beneficioso para el jugador adaptarse a fondo en el contexto en el que se mueve. Recuerda con mucho agrado la iniciativa anual del Bayern en la que cada jugador acude a un encuentro con aficionados del club en algún lugar de Alemania. Recuerda que él hizo todo lo posible para aprender alemán y poder hablarlo con los jugadores del Bayern, con sus dirigentes o con los periodistas. En ocasiones fue criticado por ello, pues su alemán no era tan fluido como para articular una respuesta precisa en temas polémicos o tácticos, pero Pep se empeñó hasta el último minuto en mostrarse plenamente integrado en Múnich.

Por esta razón no comprende que haya futbolistas que llevan tiempo en Mánchester y apenas sepan decir «buenos días» en inglés. La reunión con los seis jugadores es breve y concluye con una frase cortante y que Pep lanza como amenaza que no piensa cumplir: «Quien no estudie inglés no jugará». En adelante, algunos aceptarán el consejo, asistirán a las clases del profesor y profundizarán en su integración en Mánchester. Otros no harán caso. Cada cual es dueño de su destino…

ESCENA 12

No tenemos carácter

Niza, 16 de marzo de 2017

El asiento del aeropuerto de Niza parece un potro de tortura. De color marrón rojizo y duro como una piedra, le martiriza la hernia discal que padece desde hace años. Pep está demacrado, con los ojos hundidos, síntoma de no haber dormido. Podría ser un día bonito en la Costa Azul francesa, pero es el despertar agrio de una pesadilla. La espera del vuelo que le devolverá a Mánchester se hace interminable y se suma a una noche de insomnio.

Está fuera de Europa por el valor doble de los goles. Otra vez, como le sucedió con el Bayern hace un año, en las semifinales contra el Atlético de Madrid. En esta ocasión ha sido el Monaco —que, de manera sorprendente, llegará a semifinales, donde caerá frente a la Juventus— el que sigue adelante tras un 6-6 que ha dejado sin respiración a todos cuantos han asistido a los ciento ochenta minutos de eliminatoria. Hace tres semanas, el Etihad Stadium vivió un partido colosal, cerrado en triunfo local por 5-3. Un vaivén de emociones, una ruleta agotadora, un desenfreno de partido.

Hace exactamente tres semanas, Pep estaba en otro aeropuerto, el de Mánchester, listo para volar hasta Abu Dabi en busca de unos días de vacaciones. Si en el Bayern aprovechaba todas las convocatorias de selecciones para entrenar a los juveniles, en el City ha decidido todo lo contrario. Lo aprovecha para viajar en busca de sol y golf, ya sea en Tailandia, en Marruecos, las Maldivas o en Abu Dabi. Sentado en otra sala de espera, era buen momento para repasar el partido vivido dos horas antes:

—¡Qué partidazo, cuántas emociones!

Ha sido una noche histórica para el club por el coraje que los jugadores han demostrado sobre el césped. Ha sido un homenaje explícito a Johan Cruyff, con dos equipos desatados, sin riendas, marcando goles sin parar. Ha sido una avalancha de ambición atacante, un encuentro grandioso que ha recordado al Bayern-Juventus de la pasada Champions, también en octavos de final, cuando los italianos se adelantaron con dos goles y los muniqueses de Guardiola lograron empatar en el minuto final y apuntillar en la prórroga.

—Hemos sido fuertes, aunque seamos un club con muy poca autoconfianza. Esta exhibición nos dará mucha energía para el futuro, ya lo verás. Corregiremos los errores. A ver si el año que viene podemos fichar algunos defensas potentes, y así mejoramos. Este año solo podemos subsistir…

Pep se ha emocionado durante la locura de los noventa minutos contra el Monaco de Leonardo Jardim. El gol inicial de Sterling, el empate de Falcao, el penalti a Agüero no señalado por el árbitro español Mateu Lahoz, la escapada y gol de un Mbappé de dieciocho años que promete ser figura mundial, el difícil papel de Fernandinho como lateral izquierdo, el penalti que Willy Caballero le detiene a Falcao, evitando que el Monaco se escape irremisiblemente, el empate de Agüero, la entrada de Zabaleta por Fernandinho que logrará cortar los contragolpes visitantes, el nuevo gol de Falcao, el nuevo empate de Agüero y, finalmente, los tantos de Stones y Sané que ponen el 5-3 definitivo, no sin que Caballero impida un gol a bocajarro de Falcao en los minutos finales. Sus jugadores —y los del Monaco— han sido valientes, agresivos, feroces en ataque, superados en defensa; han sido unos potros desbocados, capaces de lo mejor y lo peor. Han destilado aquel «espíritu de equipo» que Pep presentó como propósito esencial del proyecto. Está orgulloso de sus jugadores, pero incluso en este momento de euforia se muestra escéptico sobre el partido de vuelta:

—Hemos de ir a Mónaco a marcar goles porque ellos seguro que meterán dos como mínimo, seguro, porque son unas putas bestias. Contrataría ahora mismo a cinco de estas bestias.

No dice los nombres, pero me parecen evidentes: Sidibé, Mendy, Fabinho, Bernardo Silva y Mbappé. Toda Europa ha visto la calidad de estos cinco jugadores. Y también ha visto el penoso nivel del arbitraje de Mateu Lahoz:

—No me hagas hablar… En este nivel de competición, en el que hay tan poca diferencia entre los equipos, cualquier detalle te mata.

Y

Han pasado veinte días, ha cambiado el aeropuerto, ha cambiado el resultado, ha cambiado el estado de ánimo. Niza, los asientos marrones, las ojeras, el insomnio, la desesperación… Los rostros pálidos y atenazados de sus futbolistas cuando sonaba el himno de la Champions reflejaban anoche el miedo ante lo que podía ocurrir. Reflejaban falta de carácter para superar estos desafíos de la más alta competición.

—Lo he intentado, pero no he sabido darles el carácter que hace falta para ganar estos partidos…

El Monaco ha desarbolado al City en el primer tiempo. Blando atrás y perdido arriba, con Agüero errando en los controles, el equipo de Guardiola se ha ido al descanso habiendo cedido toda su ventaja (2-0) y mostrando una cara impropia en un equipo que parecía haber adquirido ambición y coraje para luchar en cualquier escenario. La segunda mitad ha sido mucho mejor, el City ha acumulado ocasiones que ni Agüero ni Sané han materializado hasta que en el minuto 70 ha llegado el gol que devolvía la sonrisa a los *citizens*. Sané ha obtenido el 2-1 que parecía darles el pase a cuartos de final, pero la ilusión se ha evaporado en seis minutos, cuando Bakayoko ha firmado el 3-1 que eliminaba al City. Abatido sobre el asiento del aeropuerto, Pep reflexiona en voz alta:

—No sé si es peor esto o lo del día del 0-4 del Madrid contra el Bayern. Aquella vez en Múnich estuve los tres días previos dedicándome solo al espíritu de los jugadores, a atacar y atacar, pero después del primer gol nos caímos por completo. En cambio aquí…

Le comento que lo ocurrido no puede sorprenderle, al fin y al cabo no ha podido hacer la revolución en la plantilla que pretendía. Necesita tiempo, y sobre todo piernas jóvenes y espíritus valientes que se incorporen:

—Sirve más el carácter que las estadísticas. Y no he sabido darles carácter para que no tengan miedo en los grandes escenarios. No se lo creen. Siento que hay miedo a jugar, que no se sienten cómodos siendo activos, que están mejor siendo reactivos. Parece que no quieren ser protagonistas. Pensaba que podría extraer de ellos esta cualidad, pero no he sido capaz.

Pero solo ha transcurrido la mitad de marzo y hay desafíos por completar:

—Ahora toca levantarse y pelear para meternos en la siguiente Champions, que no es sencillo, ni está asegurado. Hoy estamos muy mal de ánimo, pero mañana estaremos mejor y acabaremos recuperándonos. Remontaremos el ánimo, saldremos adelante y en el futuro viviremos días brillantes, estoy seguro.

Le recuerdo que su maestro Cruyff pasó una primera temporada horrible en el Barcelona, en 1989, y resistió las presiones hasta acabar imponiendo su convicción del juego:

—Lo único que me tortura es que pienso que no estamos tan lejos de lo que buscamos. A veces jugamos muy bien durante un rato, hacemos cosas que ni en el Bayern conseguíamos. Pero en las áreas somos unas hermanitas de la caridad. En una y en la otra. Nos cuesta mucho hacer gol y cuesta muy poco que nos hagan gol.

El avión despega con destino a Mánchester, donde al cabo de cuatro días llega el Liverpool, antes de que los de Pep visiten al Arsenal y al Chelsea. Son tres de los grandes competidores de la Premier y el equipo está abatido por la caída de Mónaco y mermado por las bajas de Gündogan y Gabriel Jesús, el prometedor delantero brasileño que, lesionado en Bournemouth el 13 de febrero, solo ha podido jugar tres partidos desde su incorporación.

Los buenos y los malos resultados se alternarán en adelante. Si después del golpe de Mónaco podíamos esperar que el equipo se presentara blando y desmoralizado, en realidad se mostró valiente y agresivo. Primero consiguió empatar con el Liverpool (1-1), un resultado que llenó de orgullo a Pep: «Es uno de los días más felices de mi vida como entrenador. Estoy muy orgulloso de estos jugadores. En el entrenamiento de ayer nadie abrió la boca porque todavía estaban bajo el trauma de Mónaco, pero hoy han demostrado que apoyan mi idea de juego». El buen partido confirma que el camino es muy lento, pero que es el correcto y conducirá a este equipo al éxito. Pep está sumando jugadores a su causa: tras Sané, Gündogan y Gabriel Jesús, ahora Stones ha dado un paso adelante. ¡Qué pedazo de jugador! No sé si será capaz de convertirse en un zaguero del nivel de Gerard Piqué (quizá necesitará un Carles Puyol a su lado), pero tiene un coraje admirable. En Mónaco condujo el balón rodeado de leones y contra el Liverpool lo ha repetido. El entrenador opina igual: «Stones ha demostrado tener más personalidad que nadie. Conmigo es muy difícil jugar de central, y él tiene más pelotas que nadie». Pep alterna este comentario con otro en el que señala los defectos que ve en su equipo: «Hemos creado muchas ocasiones claras y no las hemos convertido en gol. Por esta razón no podemos competir con los equipos de máximo nivel. Hemos creado mucho y hemos concedido poco, pero no hemos ganado y eso no es ninguna novedad. Pero, dicho esto, también te digo que por cómo hemos atacado y cómo hemos corrido hasta el último minuto quiero estar mucho tiempo con estos chicos».

En las siguientes semanas, el City empatará en campo del Arsenal (2-2) y perderá en el estadio del líder, el Chelsea (2-1), que de la mano de Antonio Conte se disparará a conquistar el título de manera brillante. A principios de abril, el City suma veinticuatro goles conseguidos en centros rasos desde fuera del área, todo un símbolo del estilo de juego que busca Pep, pero también acumula veintiún años sin conseguir remontar un partido fuera de casa que esté perdiendo al descanso. Han sido noventa y cinco partidos y solo once de ellos ha logrado empatarlos. Otro reflejo de que Guardiola ha de incorporar jugadores de carácter fuerte para afrontar la exigencia competitiva, más aún cuando a finales de abril cae eliminado en semifinales de la FA Cup por el Arsenal (2-1). Por vez primera en su carrera como entrenador, Guardiola terminará una temporada sin levantar ningún trofeo. Entraba en los planes que fuese así, pero es duro que se haya confirmado. El club no hizo la revolución de plantilla que exigía el entrenador y habrá que completarla el próximo verano.

Durante esas semanas hablo con Manel Estiarte sobre las debilidades en el carácter del equipo y la necesidad de renovación de jugadores:

—Sabíamos que para llevar adelante el proyecto necesitamos dos años, lo que es bastante lógico, pero queríamos haber ganado un título este año, para que el proceso hubiese sido menos pesado. Ahora habrá que completar la renovación de plantilla.

Entramos en detalle de dicha renovación y Estiarte fija los objetivos en cinco jugadores:

—La próxima temporada han de llegar un portero, dos laterales, un medio y un delantero.

En algunas posiciones hay nombres ya definidos, mientras que en otras todavía hay muchos interrogantes. En la portería dependerá de si Claudio Bravo desea continuar, pese a lo mal que lo está pasando. El City necesita fichar a un gran portero y, según sea la postura de Bravo, Willy Caballero continuará o no. En los laterales no hay dudas: llegarán uno o dos de los titulares del Monaco, o bien Walker del Tottenham, porque Sagna y Clichy se marchan. Puede producirse también la incorporación de un zaguero si la intermitente recuperación de Kompany no permite contar asiduamente con él.

Y, sin duda, ha de llegar un centrocampista. Silva, Touré y Fernandinho superan los treinta años, Fernando se va, y Bernardo Silva es el señalado por Pep como objetivo principal: «Todo el mundo quiere fichar a medio Monaco —apunta Estiarte—, pero eso costará mucho dinero». En el ataque se irán Navas, Nolito e Iheanacho, por lo que se quedarán tres delanteros jóvenes (Sané, Sterling y Jesús) más Agüero. Hace falta alguien más. En resumen, entre cinco y seis incorporaciones para completar una renovación que el club no quiso hacer de golpe en verano de 2016. Ahora sí, Pep no tiene dudas de que el club cumplirá su palabra. En Abu Dabi, el jeque Mansour, máximo accionista del club, le dio garantías de ello.

Antes de que concluya el mes de abril vuelvo a revisar con Guardiola sus expectativas, ya enfocadas en el nuevo curso:

—Necesitaremos más tiempo. Todavía no podemos competir con solvencia contra los grandes de la liga inglesa ni en Europa. A ver si lo conseguimos el año próximo. Es un equipo muy veterano, con muchos años juntos. Jugamos en Mónaco con nueve futbolistas que ya estaban en el club hace tiempo y no hemos podido renovar el equipo. No hemos logrado hacer todos los cambios que queríamos en el equipo, solo un poco. Algunas cosas las hacemos mejor de lo que pensamos, pero somos blandos en las áreas, somos poco contundentes en las dos áreas y esto te penaliza mucho. Pero lo conseguiremos. No vine a Mánchester por seis meses, sino para tres años y, costará más o menos, pero al final lo sacaremos adelante, sin duda.

Cuando hayan transcurrido las negociaciones y los meses pertinentes, las palabras de Estiarte y Guardiola se verán refrendadas por los fichajes que ejecuta el director deportivo, Txiki Begiristain. Ederson será el nuevo portero del equipo; Walker, Danilo y Mendy, los nuevos laterales; Bernardo Silva, el jugador que pueda alinearse como centrocampista o como delantero y, ya en enero de 2018, también llegará un nuevo zaguero, Aymeric Laporte. A ellos se unirán tres jóvenes, Phil Foden, Brahim Díaz y Oleksandr Zinchenko, con los que se completará la renovación radical de la plantilla.

ESCENA 13

¿Muro o puente?

Mánchester, 8 de mayo de 2017

—¿Von Karajan o Bernstein, quién quieres ser?

La pregunta queda encima de la mesa de la *trattoria* Salvi's, en Corn Exchange. Pep lleva casi un año en Mánchester y sigue batallando en territorios inéditos para él: eliminado en la Champions, en la FA Cup y en la Copa de la Liga, pelea por clasificar al equipo entre los cuatro primeros de la Premier League en pugna estrecha con Liverpool y Arsenal. La primera temporada ha resultado mucho más aciaga de lo previsto. La plantilla heredada está lejos de lo que él pretendía, más de medio equipo supera de largo los treinta años y los nuevos refuerzos aún no han despuntado (Sané, Gabriel Jesús, Stones) o sencillamente han sido un fiasco (Bravo, Nolito). Pep se ha rehecho del hundimiento anímico sufrido durante el invierno y busca terminar bien la temporada para borrarla pronto de su mente e iniciar un curso nuevo, con nuevos jugadores, sangre fresca y joven, y con la esperanza de imponer por fin su estilo de juego.

Se trata de una comida familiar, en la que no se abordarán temas trascendentes. Lo que más le interesa a Pep, además de dar buena cuenta de un delicioso plato de pasta italiana, es enviarle un vídeo de felicitación a Luis Enrique, que hoy cumple años. Durante los postres, hablamos de música y de los perfiles psicológicos de dos de los mejores directores de orquesta del siglo XX, Herbert von Karajan y Leonard Bernstein. Aunque no son especialistas en música clásica, Pep y su esposa Cristina se muestran muy interesados en aquellos retratos. «Von Karajan —comento— era un genio que dirigía la orquesta con los ojos cerrados porque conocía las partituras de memoria. No necesitaba consultarlas. Por eso aparece con los ojos cerrados en la mayoría de las imágenes que hay de él. En cambio, Bernstein, otro genio, era todo lo contrario: grandes ojos, grandes gestos, amplitud de movimientos y una energía vital desbordante».

Los retratos de ambos muestran dos maneras diametralmente opuestas de dirigir una orquesta sinfónica, pero en ambos casos desde la genialidad creativa y desde la excelencia artística. Lo más llamativo son los estilos de dirección de cada uno: «Von Karajan era un genio que levantaba un muro infranqueable entre él y la orquesta. Lo hacía así porque creía que la mejor música brotaría desde ese muro que separaba a director y músicos. Bernstein, en cambio, era un genio que construía un puente entre él y la orquesta para conseguir que la música fluyera por dicho puente».

A Pep se le ilumina la mirada en aquel reservado oscuro de la *trattoria* italiana. Toma la actitud de cuando está a punto de digerir una nueva idea. He visto muchas veces ese rostro afilado, dispuesto a capturar una presa. Para confirmar que ha entendido bien las diferencias de estilo, repite de forma resumida el concepto:

—O sea, ¿Karajan construyó un muro para separarse de la orquesta y Bernstein un puente para acercarse a la orquesta?

«Así es». Pep sonríe…

El lector adivinará sin duda lo que ocurrió a continuación. Ya eran demasiadas veces las que Guardiola escuchaba que tenía que construir un círculo empático con sus jugadores, una cercanía que parecía faltar en sus relaciones dentro del vestuario. Había ocurrido en Barcelona y también en Múnich, donde ya empezó a cambiar en los últimos tiempos, cuando comprendió cuánto le querían aquellos jugadores del Bayern que aparentaban ser fríos. Había llegado a Mánchester con la firme intención de mutar este rasgo de su comportamiento, pero la acidez de la competición, la amargura por los resultados, el hundimiento anímico que sufrió en Navidad y las bajas expectativas con que afrontó el final de temporada lo alejaron de su propósito original. No, no había creado una verdadera sintonía con sus jugadores, no había roto ese caparazón protector que le impedía «darse» a ellos sin temor ni reticencias. Pep seguía dirigiendo desde un muro que le separaba de sus jugadores. Y veía, sabía, escuchaba, sentía, que necesitaba derribar ese muro de frialdad y tender un puente hacia sus futbolistas. Lo sabía. Solo le faltaba hacerlo…

Los retratos de Von Karajan y Bernstein fueron un paso más en su empeño por derribar el muro y construir el puente. Meses más tarde, cuando comenzó su segunda temporada al frente del City, Pep empezó a dejar de ser Von Karajan y se propuso ser más Bernstein.

ESCENA 14

El atentado

Mánchester, 22 de mayo de 2017

Para Guardiola, su primera temporada en el fútbol inglés terminó en Watford, con un placentero triunfo por 0-5 en el que la mayoría de las piezas del proceso empezaron a encajarse con armonía. Quince goles a favor y dos en contra son el balance de los cuatro triunfos con que el City completa el mes de mayo y logra enderezar un curso aciago en el que ha caído eliminado en las tres competiciones coperas y no conseguirá ningún título. El buen final en la liga permite la clasificación directa para la siguiente Champions, gracias a los dos puntos de ventaja sobre el Liverpool de Klopp, aunque el equipo termina alejado del Chelsea campeón, así como del subcampeón, el Tottenham.

El primer año de Pep en Mánchester ha sido tempestuoso. El proceso que quería llevar a cabo ya comenzó con serias dificultades, debido al recorte del cincuenta por ciento de los fichajes por parte del club, continuó feliz y alegre, pero se torció pronto. Los altibajos emocionales le hicieron dudar sobre seguir o no en esta feroz tarea de dirigir equipos. Vivió torturado y angustiado, sintió la aspereza de la soga alrededor del cuello, salvó un *match-ball* decisivo, padeció un invierno penoso, durante el que sufrió derrotas agudas y crueles, pasó unas Navidades amargas, bebiendo sin parar de un cáliz agrio, creyó remontar, creyó descender a los infiernos, sucumbió al desánimo, se revitalizó, cayó maltrecho en Mónaco, donde confirmó los problemas de carácter de su equipo para afrontar desafíos intensos, y terminó la temporada con mejores sensaciones y la convicción de que toda la serie de pruebas que había vivido en los doce meses anteriores le habían convencido para continuar en el empeño. Sí, había valido la pena, quería ser entrenador.

Y

Y, de pronto, bum, una explosión poderosa, terrible, un pánico inédito, un estrepitoso miedo, el vacío, el horror…

El edificio entero ha temblado. Son las diez y media de la noche. Pep y Màrius han decidido no cenar hasta que Cristina, Maria y Valentina regresen del concierto de Ariana Grande, en el Manchester Arena, a un paso de casa. Todo tiembla ante una onda expansiva que rompe cristales y siembra el terror. Un atentado, piensa Pep. Bajan volando los diez pisos del edificio y comienzan a caminar en dirección a la catedral. Suena el móvil de Pep. Es Cristina: «No sé qué ha pasado. Vamos corriendo hacia casa». La comunicación se corta, los teléfonos dejan de funcionar. Pep respira hondo, se detiene y espera cerca de casa. Pasan unos minutos eternos hasta que Cristina vuelve a llamar: «Estamos bien, estamos fuera, estamos fuera».

Un terrorista se ha suicidado en la entrada del Manchester Arena en el momento en que terminaba el concierto, cuando el vestíbulo estaba repleto de personas que salían y de otras que iban a recoger a sus familiares. Hay veintitrés muertos y ciento dieciséis heridos. Cristina y las niñas se han salvado porque Valentina estaba agotada y se dormía hacia el final del concierto, por lo que su madre ha decidido no esperar a que sonaran los bises de Ariana Grande. Maria, la hermana mayor, ha aceptado marcharse antes de tiempo sin rechistar porque su hermana pequeña ya no aguantaba más. Las tres han cruzado el vestíbulo un minuto antes de que el terrorista hiciera estallar la bomba que llevaba adosada a su cuerpo. Por más tiempo que pase, jamás Cristina, Pep y sus hijos olvidarán aquellas horas…

Al día siguiente, Cristina y Pep asistirán discretamente, en Albert Square, a los actos en recuerdo de las víctimas. Les emocionará especialmente *Choose Love*, que lee Tony Walsh; es un largo y vibrante poema que comienza con «*This is the place…*» y concluye con un «*Always remember. Never forget. Forever Manchester. Choose Love*». Están profundamente emocionados, se sienten más ciudadanos que nunca de Mánchester.

This is the place. Mánchester. Este es el lugar en el que ha decidido vivir.

RESUMEN ESTADÍSTICAS 2016-2017

	P	V	E	D	GF	GC
Premier League *Tercero*	38	23	9	6	80	39
Copa de la Liga *Cuarta ronda*	2	1	0	1	2	2
FA Cup *Semifinal*	6	1	1	1	16	1
Champions League *Octavos de final*	10	5	3	2	24	16
Total	**56**	**33**	**13**	**10**	**122**	**60**

DATOS

58,9 %	Porcentaje victorias en la temporada
60,5 %	Porcentaje victorias en la Premier League (en Barça 81,6 %; en Bayern 85,3 %)
2,17	Goles a favor en la temporada (Barça 2,58; Bayern 2,46)
2,10	Goles a favor en la Premier League
1,07	Goles en contra en la temporada (Barça 0,73; Bayern 0,69)
1,02	Goles en contra en la Premier League
62	Diferencia de goles a favor en la temporada
78	Puntos en la Premier League (Chelsea campeón, 93 puntos)
20	Remates al poste en la Premier League (9 De Bruyne)
63,3 %	Posesión de balón en la temporada (Barça 66,1 %; Bayern 70,5 %)
65 %	Posesión de balón en la Premier League
77,9 %	Máxima posesión de balón (vs. Leicester, diciembre 2016)
34,6 %	Mínima posesión de balón (vs. Barcelona, noviembre 2016)
597	Promedio de pases por partido
718	Máximo número de pases (vs. Sunderland, marzo 2017)
86 %	Pases acertados por partido
15,7	Remates por partido / 5,6 a portería
8,3	Remates en contra por partido / 3 a portería
6	Victorias consecutivas en la Premier League (Barça 16; Bayern 19)
33	Máximo goleador: Sergio Agüero (20 en la Premier League)
19	Máximo asistente: Kevin de Bruyne (18 en la Premier League)
49	Más partidos jugados: Kevin de Bruyne (36 en la Premier League)
5-0	Mayor victoria (vs. Crystal Palace, Norwich, Steaua y West Ham)
4-0	Mayor derrota (vs. Everton y Barcelona)

TEMPORADA 2

2017-2018

Los centuriones

ACTO 1

«Hemos comprado energía»

Barcelona / Mánchester, junio, julio, agosto y septiembre de 2017

Sol y golf. Este ha sido el plan de Guardiola durante las vacaciones de verano.

El sol y el golf son su gran alimento emocional, lo que le carga las pilas para afrontar los nuevos desafíos. Dado que el sol es un bien escaso en Mánchester, aprovecha la menor oportunidad para viajar en su busca y, a ser posible, acompañado de unos buenos hoyos.

También hay fútbol durante las vacaciones. Txiki Begiristain llama a diario para explicar las dificultades que surgen en materia de fichajes. El club se comprometió a renovar el otro cincuenta por ciento de la plantilla, la tarea que no acometió la temporada anterior, por lo que el verano del director deportivo es frenético. Nueve jugadores del primer equipo causan baja (Willy Caballero, Sagna, Zabaleta, Clichy, Kolarov, Iheanacho, Nolito, Fernando y Navas) y una docena de futbolistas de menor nivel son cedidos o traspasados a otros clubes. Entre ellos destaca el joven Jadon Sancho, una de las tres perlas de la academia, quien durante las negociaciones para renovar su contrato ha exigido garantías de jugar en el primer equipo, cosa que Guardiola no está dispuesto a conceder, por más calidad que atesore el jugador. En consecuencia, Sancho ha fichado por el Borussia Dortmund, que le ha otorgado ficha de su primer equipo, con una compensación pequeña para el City (diez millones de euros). Pep habría preferido conservar al extremo de diecisiete años y cultivarlo a fuego lento, como quiere hacer con Brahim Díaz y Phil Foden, que se sumarán a los entrenamientos del equipo. Entre hoyo y hoyo vuelvo a hablar con Pep de este último y se le iluminan los ojos:

—Foden es un genio. Será estelar. Es de los mejores jugadores jóvenes que he visto nunca. Hará la pretemporada con nosotros y jugará los grandes amistosos que tenemos programados. Y si rinde bien ya se quedará en el primer equipo. Es buenísimo.

Jóvenes al margen, el entrenador ha fijado cinco objetivos fundamentales para renovar definitivamente la plantilla: un portero, dos laterales, un centrocampista y un delantero. Con un goteo lento pero continuado, Txiki le informa del cierre de las incorporaciones. Han fichado al guardameta que propuso Xabi Mancisidor, entrenador de porteros. Ederson Santana de Moraes ha costado cuarenta millones de euros, pero el club entiende que es una ganga porque se trata de un portero con un potencial extraordinario, al que Pep conoció bien hace algo más de un año, cuando su Bayern se enfrentó al Benfica. La idea de Begiristain y Mancisidor es que Ederson puede cubrir a la perfección el perfil que necesita Guardiola, lo que evita entrar en una pugna millonaria por guardametas de mayor renombre, como el italiano Donnarumma.

Una semana antes, cuando Pep aún estaba en Mánchester esperando el final del curso escolar de sus hijos, el club firmó la contratación de Bernardo Silva. Por sí sola, esta incorporación supuso la alegría del verano para el entrenador, que piensa en él para ubicarlo como extremo a pierna cambiada, pero también como posible falso 9 cuando se dé la oportunidad. Pep se había enamorado del talento de Bernardo, en el que advertía rasgos de jugador genial. De entre todos los humanos, Bernardo podría ser el que más se acercara a Messi, aunque al entrenador nunca se le ha pasado por la cabeza compararlos. La distancia entre ambos es enorme, pero a Pep le entusiasma contar con un futbolista versátil, al que cree capaz de conducir aún más arriba en su rendimiento y que por perfil y naturaleza está llamado a sustituir a David Silva.

Fichados portero y delantero, Txiki se ocupa de la contratación de los laterales, dado que a principios de junio los cuatro de la temporada pasada ya no están. Los clubes vendedores, que son conscientes de ello, elevan sus precios hasta niveles casi inaceptables, en especial cuando la contratación de Dani Alves se estropea en el último momento y el jugador ficha por el PSG. Finalmente, Kyle Walker, Danilo Luiz da Silva y Benjamin Mendy son contratados por un monto total de ciento cuarenta millones de euros, lo que significa incorporar a dos jugadores de una condición física superlativa (Walker y Mendy) y a otro de una calidad técnica elevada (Danilo), que ya encandiló a Pep cuando se enfrentó con el Bayern al Porto en abril de 2015.

El director deportivo no tiene permiso para fichar más. Es cierto que un mes antes, el presidente Khaldoon Al Mubarak se presentó ante toda la plantilla y les dijo: «Hace unos años os prometí que construiría esta ciudad deportiva y aquí está. Ahora os prometo que haremos un equipo de primer nivel mundial». Pero el presupuesto tiene un límite establecido que Txiki ya ha sobrepasado. Aun así se las ingenia para completar otra contratación, la del joven mediocentro brasileño Douglas Luiz. Sus cualidades gustan al entrenador, que está dispuesto a contar con él, pero las autoridades laborales no conceden el preceptivo permiso de trabajo y el jugador ha de ser cedido al Girona. El diseño final de la plantilla dista ligeramente de los cinco objetivos marcados por Pep: no ha conseguido el centrocampista extra que deseaba, pero tiene un lateral más de los previstos. No puede contratar tampoco al zaguero zurdo que necesita el equipo y Txiki Begiristain le pide que espere a la siguiente ventana de contrataciones, cuando dispondrá de nuevo presupuesto. De mutuo acuerdo deciden afrontar la primera mitad de la temporada con el retorno de dos jugadores que estaban cedidos: el zaguero Mangala reforzará el centro de la defensa, donde solo hay tres hombres (Stones, Otamendi y Kompany), y el joven Zinchenko tendrá alguna oportunidad en el centro del campo. Las vacaciones han terminado. Comienza el trabajo.

«EL BALÓN ES MÍO, ME PERTENECE»

—No lo llames trabajo. El entrenamiento no es trabajar, es practicar.

Las palabras son muy importantes para Paco Seirul·lo. Si empleamos palabras o términos imprecisos, inexactos o no adecuados a los conceptos que queremos expresar, lo único que logramos es confundir al interlocutor —y a nosotros mismos—. Por esta razón, Paco Seirul·lo se exige la máxima precisión en el uso de las palabras.

Seirul·lo ha sido una pieza capital en los éxitos del F.C. Barcelona desde la aparición de Johan Cruyff. Primero ejerció como preparador físico, no solo del gran maestro neerlandés, sino también con Louis van Gaal, con los siguientes entrenadores que tuvo el club, y finalmente con Frank Rijkaard. La llegada de Guardiola al primer equipo en 2008 supuso un salto cualitativo para Seirul·lo, que mantuvo la dirección de la preparación y añadió la dirección de metodología del club. Pep quiso que la visión del fútbol que Paco había desarrollado en los veinte años anteriores tuviese una implantación plena no solo en el primer equipo, sino en todas las categorías inferiores. Así se hizo hasta que la marcha de Guardiola, harto del desprecio sufrido por parte del presidente Sandro Rosell, propició una lenta pero imparable marginación de Seirul·lo a posiciones alejadas de los campos de entrenamiento y de la competición.

En junio de 2017, con Ernesto Valverde como nuevo entrenador del Barça, Seirul·lo había retomado el contacto estrecho con el primer equipo, en especial con el núcleo principal de jugadores que habían constituido el gran grupo de Guardiola, es decir, Iniesta, Busquets, Messi, Piqué y Mascherano. Y había desarrollado, con la colaboración de Joan Vilà, una minuciosa aproximación al juego que había practicado el Barcelona, fundamentalmente durante la etapa de Pep al frente. Si como preparador físico diseñó una metodología propia, los «microciclos estructurados», así como las SSP (situaciones simuladoras preferenciales), como director de metodología amplió horizontes y se introdujo en todos los arcanos del juego, hasta dibujar los «espacios de fase» como eje principal de su visión táctica del fútbol.

Aprovechando que Guardiola estaba en Barcelona al terminar su primer curso en Mánchester, mantuvimos una extensa conversación con Seirul·lo y Vilà para refrescar conceptos del juego. Durante la temporada, Pep no tiene tiempo para hacerlo, pero en vacaciones siempre gusta de retornar a las fuentes del conocimiento y absorber nuevas o viejas ideas. Y esto fue lo que nos dijo Seirul·lo, empleando en todo momento las palabras adecuadas:

—Las cuatro fases del juego (o las seis, si se añaden las acciones a balón parado) no existen. El fútbol es uno y solo uno. A veces dispongo del balón y a veces no dispongo de él e intento recuperarlo. Cuando dispongo del balón, a veces ataco y a veces me defiendo. Y cuando no dispongo del balón, lo mismo. Sin él, a veces me defiendo, pero otras veces ataco. Lo que sí hago en mi concepción del juego es llevar siempre la iniciativa. Yo entiendo que el balón es mío, que me pertenece, y cuando lo tiene el contrario no voy a robarlo, sino que voy a recuperar lo que es mío. Robarlo significaría que yo no concibo el balón como algo propio, sino como algo ajeno, y no es el caso, sino todo lo contrario.

»Nosotros visualizamos el terreno de juego con cuatro zonas de avance, que si las enumeramos desde nuestra portería hacia la portería contraria se denominan así: alarma (la más próxima a nuestra portería), bienestar, control y definición (la más próxima a la portería contraria). Por lo tanto, a medida que avanzamos verticalmente por el campo pasamos de alarma a bienestar, después a control y finalmente a definición. Este avance lo podemos realizar por alguno de los cuatro [o cinco] pasillos verticales que observamos sobre el terreno de juego. Y a su vez, en todo momento identificamos tres zonas en las que se desenvuelven los jugadores, según su proximidad: intervención, ayuda mutua y cooperación.

»De este modo, definimos lo que es BECA: balón, espacio, compañeros y apoyo. Son cuatro elementos esenciales que condicionan el desarrollo del juego, que posee numerosas variables, como son la situación de los jugadores y el balón, la distancia entre compañeros y respecto de la pelota, así como respecto de los rivales, más las trayectorias respectivas, la orientación y la organización. Todo ello nos conduce a definir los espacios de fase como elemento nuclear del juego, entendiendo que en el juego siempre nos estamos reorganizando. Cada centésima de segundo nos lleva a una nueva reorganización, porque nuestro juego no es una asociación de jugadas, sino una sucesión estocástica de espacios de fase.[1]

»Nuestro equipo se organiza a través de los espacios de fase descritos, con todas sus variables, zonas, pasillos y elementos definidos. Y lo hace mediante jugadores universales, donde todos hacen todo y siempre se están reorganizando. Buscamos tener en todo momento alguna superioridad, sea numérica, posicional, socio-afectiva, cualitativa o dinámica (espacio-temporal). Y concebimos el nuestro como un «juego de intención», cuyas siglas resumiríamos en 4P: percepción, posición, posesión y presión (para recuperar el balón). Y todo esto lo practicamos en el entrenamiento. El entrenamiento no es trabajar, es practicar los sucesivos espacios de fase y nuestras reorganizaciones.

«HEMOS DE DAR MUCHOS MÁS PASES»

La concepción del juego que ha desarrollado Seirul·lo estimula a Guardiola para impulsar mejoras en su segunda temporada. El con-

1. Paco Seirul·lo desarrolló en 2013, con la colaboración de Joan Vilà y Marcel Sans, el corpus ideológico de los espacios de fase (EdF), concepto que proviene de la física y explica el comportamiento interno de los sistemas complejos. La teoría de los EdF propone observar el juego desde la variabilidad interna de los equipos, teniendo en cuenta la complejidad de los acontecimientos que se dan en el fútbol (definición extraída del libro *Espacios de fase. Cómo Seirul·lo cambió la táctica para siempre*, publicado por Agustín Peraita en 2020).

cepto de que «la pelota es nuestra y no la robamos, solo recuperamos lo que es nuestro» resuena en su cerebro mientras planifica la pretemporada. Pep no es amante de las estadísticas, pero un dato le daña los ojos. Su primer City ha dado 579 pases por partido de promedio, con un 86 % de acierto, lo que a primera vista no está nada mal, pero cuando lo compara con el año anterior observa que el equipo dirigido por Manuel Pellegrini dio 539 pases, con un 83 % de acierto. Las diferencias son exiguas. En el Bayern de Múnich promedió 726 pases (87,9 % de acierto), lo que es una diferencia abismal. Es decir, el equipo ha progresado un poco en este terreno respecto del año anterior, pero está lejísimos de la excelencia obtenida en el Bayern. Con esta comparativa, Pep fija uno de sus objetivos fundamentales para la segunda temporada:

—Hemos de dar muchos más pases. Pases, pases y pases. Cuantos más pases acumulemos, menos ocasiones de peligro vamos a conceder. Si tenemos el balón y lo pasamos entre nosotros, el rival estará más lejos de hacernos daño y seremos nosotros quienes llevemos la iniciativa. Hemos de conseguir sumar muchos más pases.

Su propósito se difunde por los campos de entrenamiento desde el primer día de la pretemporada, que para Pep tiene un abrumador componente táctico. Bien engrasada la coordinación con Lorenzo Buenaventura, el jefe de los preparadores físicos, las sesiones preparatorias en la ciudad deportiva se enfocan al desarrollo de conceptos tácticos, juegos de posición, búsqueda del tercer hombre, conservaciones del balón y demás herramientas del modelo de juego que está implantando. La mejora de la condición física de los jugadores camina siempre detrás del desarrollo de su condición táctica. Esta es su filosofía y la aplica a rajatabla. Buenaventura calcula que el noventa por ciento del entrenamiento efectuado durante la pretemporada se realiza con balón, mientras que el otro diez por ciento se emplea fundamentalmente en entrenamiento preventivo. Todas las semanas se distinguen por tramos de entrenamiento preventivo, otros de cargas individuales y varias sesiones generales con las que el preparador busca igualar y ajustar las capacidades de los jugadores. El núcleo básico consiste en el perfeccionamiento de los fundamentos del juego que propone el entrenador. «Los conceptos tácticos se aprenden jugando porque lo real es el juego. El entrenamiento consiste en que tomen decisiones. A los jugadores los convencemos de los conceptos tácticos entrenando», explica Guardiola.

Pep ha fijado en veinte meses el tiempo mínimo para lograr imbuir esta filosofía compleja en sus hombres, pero posiblemente necesitará más tiempo porque debe hacerlo mientras compite por los títulos en juego. Esto no es una escuela de aprendizaje táctico en abstracto, sino un equipo que ha de luchar por la victoria. Pep nunca aparta la mirada del objetivo de competir por los triunfos. Si no gana, será despedido, aunque el equipo juegue como los ángeles. Así pues, el aprendizaje deberá ir acompasado con la lucha por los títulos, por lo que muy probablemente Pep deberá concederse tiempo extra a su propio proyecto si quiere triunfar de verdad.

Parece evidente, y así lo reflejé en el libro *La metamorfosis*, que tres años no serán suficientes para conseguir todos los propósitos. En verano de 2016 lo planteé del siguiente modo: «El suyo no es un proyecto reactivo que priorice el aprovechamiento de los espacios que deja el oponente, ni está enfocado a la destrucción del juego rival, sino que es un modelo proactivo y constructivo. Es un modelo de ataque que se basa en la edificación lenta y segura de una estructura de juego, incluida una buena organización defensiva como medida de protección. Los jugadores del City deben aprender sin prisas, con calma y paciencia, pues solo así comprenderán de verdad cuáles son las exigencias del juego de posición y lo podrán practicar de manera excelente.

»Una cuestión totalmente diferente es que los objetivos de Guardiola y el City sean tan ambiciosos que tres años no basten para alcanzarlos. Así es: tres años de tiempo quizá no serán suficientes para que Pep Guardiola pueda completar un proyecto exhaustivo como el que ha iniciado, en el que pretende implantar un modelo de juego definido y detallado, construir una cultura (espíritu) de equipo competitivo y solidario, dotarse de una identidad futbolística irrefutable, diseñar un "idioma" propio en toda la academia y ganar títulos. Son muchos objetivos simultáneos en un entorno de grandísima rivalidad y exigencia, por lo que entiendo que no es descabellado imaginar a Guardiola inhibiéndose de sus propias pautas de actuación y permaneciendo más tiempo del esperado en Mánchester».

Doce meses más tarde, todo ello sigue vigente mientras Pep concluye una pretemporada breve, pero intensa, que ha centrado en la transmisión a sus jugadores de más y mejores conceptos tácticos. Pases, pases y más pases. Este es el propósito del nuevo curso.

Esta tarde, el sol es potente en Mánchester, y Manel Estiarte, otro adicto a tomarlo, lo aprovecha para disfrutar de un café *ristretto* en una terraza de Corn Exchange, cerca de Deansgate. Tiene la maleta lista para viajar mañana a Estados Unidos, donde el equipo disputará tres partidos amistosos y cumplirá un amplio número de actos comerciales. El café permite compartir las ideas que se barajan en este inicio de temporada:

—La primera temporada ha tenido un punto de frustración porque hemos creado muchas ocasiones que no hemos convertido en gol y, en cambio, los rivales nos han marcado a la primera que han tenido. Nosotros deberíamos haber aprovechado mucho mejor las ocasiones que tuvimos, pero no lo hicimos.

Pero su análisis va mucho más allá del simple acierto o desacierto:

—Hay un factor importante y es que el fútbol inglés todavía percibe a Pep como un elemento de agresión, aunque esta no es nuestra intención, de ninguna manera. Pero es muy evidente. Ven a Pep como una agresión a sus costumbres, a sus tradiciones y a sus formas de hacer las cosas. Los *pundits* (analistas), los árbitros, la prensa... Todos lo perciben como una agresión al *statu quo*. Cuando llegamos al Barcelona nos sucedió algo parecido, pero allí marcamos muchos más goles y lo solucionamos. Aquí, de momento no lo hemos conseguido. Al contrario, todo lo que podía salir mal nos ha salido mal, todo nos ha ido en contra, todas las monedas al aire han caído en contra nuestra. La camiseta del club aún no pesa en Inglaterra. No es la camiseta del Barça o la del Bayern, no es la del Manchester United. Basta comprobar el distinto criterio que se emplea según quien juega. Además, en Inglaterra no existe el hábito de que el club intervenga de manera activa, opinando sobre los arbitrajes, los rivales o sobre cualquier asunto. Y esto deja a Pep siempre solo delante de quienes le están esperando para disparar contra él. En todo caso, esto no es lo más importante, ni la suerte, ni las diferencias de criterios arbitrales, ni los días en que todo se tuerce. Lo que importa es que los jugadores tienen la motivación a tope y están con Pep a muerte, así que lo tengo muy claro: aquí no conseguiremos convencer a nadie a base de hablar. Hemos de recorrer nuestro proceso y ganar.

Proceso, proceso y proceso...

Houston, Los Ángeles y Nashville son los escenarios de los tres partidos amistosos que el City disputa como preparación. Enfrente, tres grandes rivales: Manchester United, contra quien pierde por 2-0; Real Madrid y Tottenham, a quienes vence por 4-1 y 3-0 respectivamente, antes de derrotar al West Ham por 3-0 en Reikiavik.

Pep aprovecha los cuatro amistosos para poner en práctica una de las ideas que más le gustan tras experimentarla en Múnich y que pretende emplear durante la temporada. Se trata de jugar con tres zagueros para organizar la salida de balón con ese número de hombres:

—Esto me permite que los pases entre ellos sean cortos y tensos, sin riesgo. Cubrimos toda la amplitud del campo con ellos tres y salimos desde atrás con limpieza.

Esta salida de tres puede confeccionarse con tres zagueros puros, con dos zagueros y uno de los laterales, o bien retrasando al mediocentro y ubicándolo entre dos zagueros. En el primer encuentro, Guardiola emplea esta última versión, con Yaya Touré incrustado entre Kompany y Adarabioyo. Sin embargo, para los tres siguientes encuentros elige la versión de los tres zagueros. Kompany, Stones y Otamendi forman en los tres partidos, en lo que supone una interesante declaración de intenciones. Pep quiere jugar un 3-3-2-2.

Tres zagueros en la primera línea, un mediocentro y dos laterales en la segunda línea. Esta es la idea básica, que se completa por delante con dos interiores con libertad de movimientos y dos delanteros en punta. La disposición cumple casi todos los fundamentos que busca el entrenador. Los tres zagueros garantizan una buena estructura defensiva y una salida de balón segura y precisa. El mediocentro y los laterales interiorizados componen «el muro de seguridad» que desea para la zona central, una especie de cortafuegos de los contragolpes rivales. Los dos interiores ganan con ello la capacidad de convertirse en «electrones libres» para construir las ocasiones de peligro que deben culminar los dos delanteros. Pero no hay extremos. En su ausencia, deberán ser los laterales quienes ocupen las posiciones exteriores en ataque. Aunque dicho desdoblamiento supondrá un gran esfuerzo físico para ellos, al fin y al cabo se ha contratado a tres de los mejores especialistas, poseedores de una condición física superlativa. Pep asume que sobre todo Walker y Mendy serán capaces de realizar esta triple función: ser defensores sin balón, ser mediocentros durante el asentamiento en campo contrario y ser extremos durante la finalización.

La disposición se modula en función de los momentos de cada encuentro. El 3-3-2-2 adquiere a veces forma de 3-1-4-2 si los laterales suben un nivel, o de 3-4-3 en rombo si uno de los laterales se ubica como extremo, mientras que sin balón oscila entre el 4-1-4-1 y el 5-4-1. Los jugadores se sienten cómodos con esta disposición básica del 3-3-2-2, en la que Agüero y Gabriel Jesús componen la línea de ataque, y De Bruyne y Silva, la de los interiores liberados, posición en la que Phil Foden goza de sus primeras oportunidades. El joven zurdo se muestra atrevido y creativo, mejor en la zona derecha que en la izquierda. Toda la expedición le observa como un recambio de David Silva, a largo plazo. En la portería, Ederson confirma su categoría y otorga una sensación de seguridad que el equipo no tenía la temporada anterior. Los menos satisfechos de la gira son Sané y Sterling, que si bien disponen de minutos no lo hacen donde jugaron el curso pasado. Sterling es usado como segundo punta y Sané como carrilero izquierdo, donde no rinde bien. Es la única nota no positiva del viaje por América. Al regreso a Mánchester, Pep me explica sus sensaciones iniciales:

—Hemos estado bien. Hemos comprado energía por fuera y tenemos mucho juego por dentro. Me divierto mucho en los entrenamientos viendo lo bien que juegan. Hemos jugado buenos amistosos, solo falta que consigamos seguir así cuando haya presión. Si lo logramos, nadie jugará al fútbol como nosotros. Si no lo conseguimos, pronto me echarán.

Pep es así, tiene pocos términos medios…

El estreno en la Premier League cumple todos los propósitos del entrenador, que mantiene la línea de tres zagueros (Kompany, Stones, Otamendi) y el «muro» central con Fernandinho de pivote y los laterales Walker y Danilo a sus costados, ejerciendo la triple función de defensores, contenciones y extremos. «Será muy exigente para los laterales», reflexiona Pep, pero quiere seguir adelante con esa idea porque facilita la libertad de movimientos de Silva y De Bruyne. En punta Agüero y Gabriel Jesús se coordinan con una armonía inesperada. Agüero luce fino, más ágil de lo habitual y muy comprometido con la presión contra el rival. La convivencia con Gabriel Jesús parece haber desembocado en un mejor Kun.

El Brighton espera muy retrasado, en forma de 4-4-2 que rápidamente se despliega en una línea defensiva de seis hombres contra la que el City golpea una y otra vez, incorporando muy arriba a uno u otro lateral según el costado por el que se desarrolla la acción. El equipo de Pep amasa un sinfín de pases, hasta completar 768, cincuenta más que en el máximo logrado el curso anterior (718 contra el Sunderland), y tiene el balón en propiedad más del 78 % del tiempo, pero las dos líneas tan juntas del Brighton dificultan la obtención del gol, que solo llega en el tramo final, por partida doble. El City debuta con victoria, con buenas vibraciones y con todos los propósitos de Guardiola bien cumplidos.

Al estreno le siguen dos partidos duros, no tanto por la categoría de los rivales, sino por su estructura defensiva. Tanto Everton como Bournemouth son conscientes de que este nuevo City es mucho más peligroso, directo y vertical que el anterior, por lo que se aplican en dos tareas: aprietan las líneas cerca de su área y son agresivos en la presión al contrario. Pep se enfrenta al Everton con el 3-3-2-2, ocupando Sané la función de lateral-extremo izquierdo, en lo que es un calco del partido anterior, salvo que en esta ocasión el rival se adelanta en el marcador, gracias a un gol de Wayne Rooney que llega a continuación de un remate al poste de David Silva. Las complicaciones se incrementan cuando expulsan a Walker por doble amonestación, por lo que tras el descanso Pep realiza varios cambios hasta disponer al equipo en un atípico 2-3-3-1, con dos zagueros (Kompany y Otamendi), un rombo en el centro del campo, con De Bruyne en el vértice bajo, Sterling en el alto, y los dos Silva a los lados, Agüero como punta y Danilo y Fernandinho como laterales-extremos. Complicada misión que se resuelve a los ochenta y dos minutos con un buen centro de Danilo que remata Sterling a gol, tras un segundo tiempo de dominio absoluto del City pese a jugar con un hombre menos.

Cinco días más tarde, el Bournemouth que dirige el joven y brillante Eddie Howe se aplica con una agresividad formidable y muy pronto obtiene el premio del gol gracias a un extraordinario remate de Charlie Daniels, que no tarda en ser replicado por un buen gol de Gabriel Jesús. Esta vez, Pep ha aparcado el 3-3-2-2 y se presenta con solo dos zagueros (Kompany y Otamendi), mientras Danilo, Fernandinho y Mendy —que debuta— forman la línea media con el apoyo de De Bruyne, al que el entrenador encomienda de nuevo la tarea de dar continuidad al juego en campo contrario. Pese al gol encajado, el dominio es claramente *citizen*, que suma 604 pases y remata 19 veces, con los dos Silva moviéndose por dentro, Sterling y Jesús pisando el área y los laterales aportando profundidad al desdoblarse en extremos. Con el paso de los minutos, el incremento del agobio por el empate que refleja el marcador y la entrada en el campo de Sané y Agüero, el City despliega su abrumador dominio en forma de 2-1-3-4 hasta que el minuto 97 Sterling obtiene el gol del triunfo, de nuevo a centro de Danilo. El equipo celebra el tanto por todo lo alto, abrazándose en la grada con sus seguidores, lo que provoca la expulsión de Sterling, por doble amonestación, cosa que no empaña una victoria agónica que da alas al espíritu de equipo que empezó a fraguarse el curso anterior. El City comienza a sentir que no solo juega bien, sino que es capaz de remontar cualquier dificultad. Las dinámicas ganadoras siempre comienzan mediante un pequeño paso.

La primera semana de competición de septiembre muestra a un City intratable: marca quince goles y no recibe ninguno, barriendo en siete días al Liverpool, al Feyenoord y al Watford. Premier o Champions League, da igual, el equipo vuela, golea y mantiene su portería a cero, incluso si provisionalmente debe ocuparla Claudio Bravo cuando Ederson sufre una profunda herida en la cara tras una patada de Sadio Mané.

Guardiola suaviza la propuesta del 3-3-2-2 porque advierte también sus inconvenientes. Aporta mucha solidez defensiva, permite liberar a los interiores y jugar con dos delanteros en punta, pero exige un inmenso desgaste a los laterales, otorga un rol secundario a los extremos de la plantilla —lo que quiebra uno de los fundamentos aprendidos en Múnich— y facilita el embotellamiento en el área rival cuando este amontona defensores. Para Pep es un dilema que intenta resolver con paciencia. Mantiene el 3-3-2-2 contra el Liverpool de Klopp, pero no se deja deslumbrar por la goleada que consigue (5-0). El juego del equipo no es tan fluido como en partidos anteriores y parece evidente que los 730 pases acumulados deben explicarse por la superioridad numérica establecida tras la expulsión de Mané a los treinta y siete minutos debido a una agresión a Ederson. Además, a finales de agosto, Kompany ha sufrido un nuevo incidente muscular en la pantorrilla, que los doctores diagnostican de lenta recuperación, por lo que ya no es fácil alinear tres zagueros cuando solo hay dos disponibles (Stones y Otamendi) más el refuerzo de Danilo. De momento, Mangala, retornado de su cesión al Valencia, está varios pasos por detrás de lo que Pep exige en un zaguero.

El 2-3-2-3 llega en los dos siguientes encuentros, que el City resuelve con sendas goleadas como visitante: 0-4 al Feyenoord en la Champions y 0-6 al Watford en la Premier, la mayor, hasta ahora, de Guardiola en Inglaterra. Pero es una disposición que en la iniciación vuelve a ser de nuevo un 3-3-2-2, ya que Fernandinho se retrasa entre los dos zagueros y David Silva también baja un peldaño para situarse entre ambos laterales. Así, el entrenador logra mantener la distribución deseada durante la salida de balón y la modifica una vez cruzado el círculo central, donde los dos jugadores que han descendido una línea vuelven a subirla. Esta flexibilidad facilita la incorporación de un extremo, Bernardo Silva contra los neerlandeses, Sterling contra el Watford, lo que añade un plus de presión alta. En conjunto son dos muy buenas exhibiciones de juego, a lo que se añade el feliz retorno de Gündogan tras la grave lesión del año pasado. El equipo domina, controla el juego, es eficaz, aprieta arriba y concede poquísimo. Y sigue volando una semana más tarde. Primero elimina en la Copa de la Liga al WBA (1-2), partido en el que Pep aprovecha para dar minutos de juego a Mangala, Delph, Yaya Touré y Gündogan. Y de inmediato golea al Crystal Palace (5-0), en un partido que tendrá consecuencias gigantescas para el porvenir de la temporada.

El entrenador repite el módulo flexible exhibido ante el Watford, aunque esta vez sitúa a Sterling y a Sané como acompañantes del Kun en ataque, bien abiertos y a pierna natural. Gabriel Jesús espera en el banquillo. La dinámica de juego se mantiene, con Fernandinho formando junto a Stones y Otamendi en la salida de balón y Silva entre Walker y Mendy en la segunda línea, lo que dibuja de nuevo el 3-3-2-2, al descender también Sané junto a KDB. Cruzada la línea media, el equipo se despliega en 2-3-2-3 y se enfrenta a un rígido 4-4-2 de los londinenses, que cierran bien los pasillos verticales. Sané y Sterling cambian pronto de banda, para jugar a pierna cambiada, pero se hace difícil desarbolar a un equipo que desde hace unos días ha pasado a ser dirigido por el experimentado Roy Hodgson.

Y entonces ocurre la desgracia. A los veintisiete minutos, Benjamin Mendy choca con Andros Townsend y se queja de un duro golpe en la tibia izquierda, que le obliga a abandonar el campo. Pep introduce en su lugar a Danilo y permuta de nuevo a los extremos: Sané regresa a la izquierda para dar profundidad por fuera. Pese al dominio aplastante (724 pases, 72 % de posesión), el marcador no se abre hasta los cuarenta y cuatro minutos, a través del propio Sané, aunque se multiplica por cinco en un segundo tiempo de dominio abrumador durante el que Danilo ocupa el lateral derecho, siendo Walker y Otamendi los zagueros, mientras en la izquierda entra Fabian Delph, un centrocampista de buen pie que, además, ayuda a Fernandinho en la salida de balón y marca el quinto gol.

El City es el primer equipo inglés en ganar tres partidos seguidos por cinco o más goles desde que lo consiguiera el Blackburn Rovers en la temporada 1958-1959, pero en el vestuario el rostro del doctor Eduard Mauri no delata nada bueno. Teme lo peor para la rodilla de Mendy. A Guardiola le muda el rostro. La energía por fuera que han comprado está en peligro...

ACTO 2

Del 3-3-2-2 al 2-3-2-3 por dos lesiones

Mánchester / Nápoles / Huddersfield, septiembre, octubre y noviembre de 2017

Desde el primer día de la temporada, una cámara de vídeo graba la mayor parte de lo que ocurre en el vestuario del Manchester City. Al inicio del verano, Manel Estiarte me explica el proyecto:

—El club ha recibido una oferta económica muy interesante de Amazon y Pep ha aceptado abrir la puerta del vestuario. Hace unos años, esto hubiera sido inimaginable, pero, después de la experiencia en Múnich con tus libros, Pep ha comprendido que este tipo de proyectos son positivos. Hay muy poco que perder cuando muestras todo lo que ocurre en el interior del equipo. Hay cosas que hacemos mal, pero no ocurre nada si se ven, y las cosas que se hacen bien lo compensan. El resultado final es que el aficionado puede entender mejor lo que sucede en un vestuario de élite.

Así pues, una cámara de Amazon Prime Video registra todo lo que ocurre durante la segunda temporada de Pep en Inglaterra, que puede verse resumido y compactado en el magnífico documental *All or Nothing*, que se emitirá a partir de agosto de 2018.

Las lesiones ocuparán cierto peso en el documental, al fin y al cabo son parte consustancial en la vida de un equipo de fútbol. Son tan importantes como el entrenamiento, la planificación, la táctica o el análisis del rival. Es uno de los factores que determinan el rendimiento final del conjunto, en función de la gravedad de los incidentes que se padecen y su influencia como cortocircuitador de los planes y las dinámicas del equipo. Los incidentes lesionales pueden ser previsibles e imprevisibles. Estos últimos son los que suceden en lances del juego, sea durante la competición o en entrenamiento,[2] en que los golpes, los choques y la fortuna tienen una incidencia elevada. Los incidentes previsibles son aquellos que están definidos por el historial lesional de un futbolista, por la carga desmedida de entrenamiento o por el excesivo número de esfuerzos competitivos al que se ven sometidos. Lorenzo Buenaventura, el preparador físico del City, me explica que «un equipo de alto nivel no debe tener más de uno o dos jugadores con riesgo alto de lesiones, y han de ser jugadores titulares, no suplentes. Tener más de dos jugadores titulares con patrones de riesgo alto es demasiado peligroso para la salud del equipo». Como resulta evidente interpretar, una sucesión de lesiones dentro de un equipo —sean previsibles o imprevisibles— incrementa el riesgo de padecer nuevos incidentes en otros jugadores, dado que el núcleo de futbolistas sanos ha de afrontar mayores exigencias ante la baja de sus compañeros, lo que a su vez multiplica los riesgos de nuevas caídas.

El capitán Vincent Kompany se ha lesionado otra vez el gemelo a finales de agosto y los doctores no prevén que pueda volver a jugar antes de mediados de noviembre. Dos meses y medio sin el capitán o, lo que es lo mismo, con solo dos zagueros de primer nivel (Stones y Otamendi). Kompany posee un patrón lesional de alto riesgo. Desde que fichó por el City en verano de 2008 hasta su marcha a mediados de 2019, el capitán habrá sufrido veintitrés lesiones en once temporadas, la mayoría de ellas en gemelos y pantorrilla, pero también en la ingle, isquiotibiales, rodilla, abductores y cuádriceps. El perfil corporal de Kompany es extraordinario para un defensa, pero su fragilidad ha sido creciente con el paso del tiempo, hasta sumar 880 días de baja en el equipo *citizen*, con el que habrá disputado 265 partidos, pero se habrá perdido nada menos que 152.

El diagnóstico médico sobre el nuevo incidente sufrido por el capitán más los precedentes acerca de su fragilidad obligan al entrenador a aparcar la idea de jugar con tres zagueros, simplemente porque no dispone de ellos. Cuatro días más tarde los problemas se acrecentarán gravemente cuando el doctor Ramon Cugat confirma en Barcelona que Benjamin Mendy sufre la rotura del ligamento cruzado de la rodilla izquierda. Mendy ha jugado 387 minutos, pero será baja durante el resto de la temporada. Es el único lateral izquier-

2. El estudio realizado por Ekstrand, Hägglund y Waldén para la UEFA en 2011 sobre patrones lesionales concluye que en cada equipo se producen unas cincuenta lesiones por temporada, o sea, dos por jugador aproximadamente, de las cuales el 57 % se originan en los partidos y el 43 % en los entrenamientos.

do puro del equipo, es uno de los grandes fichajes del curso, es la energía atómica personificada y es una pieza esencial en la disposición táctica que Pep ha diseñado. Pero se ha roto sin remedio y, con él, la propuesta táctica del entrenador se hace inviable y se desvanece.

Los planes de Pep se han roto al mismo tiempo que el ligamento de Mendy. La estructura de tres zagueros y dos laterales-extremos junto al mediocentro no puede sostenerse por más tiempo ante dos bajas tan sensibles. Y cambiar la configuración de las dos primeras líneas significa que habrá que remodelar también las dos siguientes líneas. El 3-3-2-2 ha dejado de existir alrededor de las tres y media de la tarde del sábado 23 de septiembre de 2017. Pep lo confirma:

—Nos rompe todos los planes. Hasta ahora hemos marcado muchos goles en este inicio de temporada (27 en ocho partidos) porque Mendy nos daba la amplitud. Teníamos dos cohetes, Walker y Mendy, arriba y abajo sin parar. ¿Recuerdas que en Múnich te dije que veía a los laterales como centrocampistas por dentro? Sigo pensando lo mismo, pero si tienes a dos cohetes por fuera hay que usarlos. Walker y Mendy son dos laterales que podríamos llamar «antiguos»; de los de antes. Rectos corriendo toda la banda, arriba y abajo, dando amplitud al equipo. Unas fieras defendiendo y unos cohetes atacando. Sin Mendy se nos ha roto el plan por la mitad y hemos de cambiar la idea. Danilo es otro tipo de lateral. Puede ir por fuera, pero al ser diestro su tendencia será cortar hacia dentro, es inevitable. Y Delph, al que veo como sustituto de Mendy, no tiene sus piernas y habrá que reconvertirlo. Es otro perfil. Es un centrocampista con buena llegada que deberá aprender a defender, pero al que no le podemos pedir milagros. O sea, ¿quién nos va a dar la amplitud ahora por la izquierda?

Pep no necesita pensarlo demasiado. La amplitud en ataque deberá aportarla Leroy Sané. La solución se halla en los propios fundamentos de su juego, uno de los cuales se expresa en forma de extremos abiertos para ganar la citada amplitud. Si no dispone de un cohete como Mendy, colocará a otro cohete como Sané, aunque en este caso solo en la dirección del ataque. No puede pretender que el joven extremo alemán pueda asumir también las funciones defensivas que realizaba el lateral francés.

Por todo ello, Pep adopta el 2-3-2-3, el método italiano, para salvar una parte de lo que hasta ahora ha funcionado. Distribuye al equipo en cuatro líneas: dos zagueros ocupan la primera; los dos laterales se cierran cerca del mediocentro, formando un muro central; dos interiores ocupan los espacios intermedios entre rivales; y la última línea está compuesta por un punta, que en ocasiones jugará retrasado, como falso 9, más dos extremos a pierna natural. Con un matiz: la línea de tres medios será distinta a la que se componía cuando jugaba Mendy. Ahora tendrá rasgos asimétricos. El lateral derecho (Walker o Danilo) seguirá atacando por fuera, pero el izquierdo (Delph) se cerrará por dentro, junto a Fernandinho, dejando el ataque por su costado en manos de Sané. Es una asimetría bien coordinada: en la izquierda es profundo con el extremo (Sané) e interioriza al lateral (Delph); en la derecha es el lateral (Walker) quien da profundidad, mientras el extremo corta hacia dentro (Sterling). A cambio, Guardiola sacrifica el «doble 9», la dupla Agüero-Gabriel Jesús.

El 2-3-2-3 es conocido por ser el módulo de juego implantado en la selección italiana por Vittorio Pozzo y Carlo Carcano a partir de 1925 que llevó a los *azzurri* a conquistar la Copa del Mundo de 1934 y 1938, así como el oro olímpico de 1936. Dicho 2-3-2-3 recibió históricamente el nombre de «método» y estuvo en la base del extraordinario éxito italiano en la década de los treinta. Pozzo y Carcano buscaron con este módulo mantener el pilar básico de la «pirámide de Cambridge», los dos zagueros y los tres medios, pero reduciendo la exposición al ataque, al desdoblar la línea de cinco atacantes en dos interiores y tres delanteros.

El 2-3-2-3 de Guardiola desarrolla una dinámica de juego muy especial. Una vez que el equipo se ha asentado en campo contrario —y, por tanto, el *build up* ya ha finalizado—, la inercia atacante se armoniza con la expectativa defensiva, por lo que los comportamientos de la primera y la última línea son muy similares: los dos zagueros y ambos extremos permanecen casi quietos, «a la espera» de acontecimientos. Son los seis hombres interiores de las filas intermedias quienes hacen circular el balón a fin de encontrar los espacios por donde batir al oponente. Estos seis hombres interiores (mediocentro, laterales, interiores y punta) modifican sus posiciones de partida y también los movimientos que realizan en función del tipo de rival al que se enfrentan, por lo que en ocasiones da la impresión de que el City se distribuye de manera diferente, pero en realidad no cambia el concepto fundamental del 2-3-2-3. Seis hombres centrados mueven el balón y los otros cuatro permanecen a la espera de entrar en acción, bien como puntos de apoyo, bien para finalizar las jugadas.

Los interiores amasan las secuencias de pase y el mediocentro y el delantero en punta son los vértices de un hexágono que se descompone en pequeñas o grandes triangulaciones de manera constante para desorganizar al rival. Diferencio entre pequeñas y grandes triangulaciones por una razón muy evidente: el equipo despliega triángulos pequeños en su zona izquierda y triángulos grandes en la derecha. Lo hace así por las características de los jugadores: en la izquierda, David Silva (en su ausencia, Gündogan) construye largas secuencias de pases cortos que permiten ir avanzando posiciones junto al lateral y al extremo; en la derecha, De Bruyne (en su ausencia, Bernardo o Foden) gusta de espacios más amplios sobre los que triangular junto a su lateral y su correspondiente extremo. De este modo, si bien el tamaño de las triangulaciones en el costado izquierdo es muy diferente al de las mismas en el costado derecho, los procesos creativos son muy parecidos. Por delante del balón, ambos extremos esperan el momento de entrar en acción, mientras que por detrás de este el mediocentro y los laterales, más los dos zagueros en posición ligeramente retrasada, componen la estructura de protección de los contraataques rivales.

En definitiva, el 2-3-2-3 de Guardiola parte del fundamento básico de la pirámide y en momentos de ataque masivo finaliza desplegado en su máximo exponente del 2-3-5. El despliegue del módulo permite al City dominar el terreno adversario, sentar una plataforma de protección de los contraataques gracias a los cinco hombres que quedan por detrás del balón, ejercer una potente presión circulatoria de pelota en la zona central del campo merced a los seis jugadores centrados, avanzando mediante triangulaciones dispares, y alcanza a tener una línea final compuesta no pocas veces por cinco atacantes.

Los jugadores de Pep se reconocen en este 2-3-2-3, identifican a ciegas las posiciones y se sienten potenciados dentro de un módulo de juego que les da fluidez y libertad, si bien conservando un elevado compromiso colectivo. Con el balón en su poder más del 70 % del tiempo, el 2-3-2-3 se revela eficaz y casi imparable, al tiempo que admite numerosas variantes. Septiembre de 2017 se cierra con este gran cambio táctico y con dos triunfos importantes que se suman a los cinco anteriores: 2-0 ante el Shakhtar en la Champions y 0-1 ante el campeón vigente, el Chelsea, con un gol de Kevin de Bruyne, el jugador que fue desechado por el club de Stamford Bridge durante el invierno de 2012 tras haber jugado solo tres partidos.

El 2-3-2-3 permanece en octubre como módulo único de juego. Ya sea para enfrentar el 5-4-1 del Burnley o el WBA o frente a un «4-3-3 espejo» como el del Napoli, el conjunto de Guardiola mantiene la misma forma de distribuirse sobre el terreno de juego y también su estructura principal, compuesta por ocho jugadores inamovibles: Ederson, Walker, Stones, Otamendi, Delph, Fernandinho, De Bruyne y Silva. Solo en la delantera hay permutas entre los cinco atacantes de la plantilla. Poco a poco, Bernardo Silva va teniendo más minutos en su lento proceso de adaptación y el alemán Gündogan prosigue su gradual reaparición, a la espera de que rinda como en sus mejores tiempos del Borussia Dortmund. Para sorpresa general, Fabian Delph ofrece un rendimiento excelente como lateral interiorizado. Con él como acompañante de Fernandinho en la organización del juego, el equipo toma una velocidad de crucero imparable, en la que Sané se erige en protagonista de formidables acciones de ataque. Por un accidente, Guardiola ha tenido que abandonar sus planes originales, romper la dupla atacante, improvisar un lateral y otorgar plaza fija a Sané, pero el rendimiento colectivo supera cualquier expectativa, completando un mes de octubre en el que se mantiene invicto, con cuatro victorias y media (empata en Copa de la Liga con los Wolves, a los que elimina en los penaltis) que se añaden a las nueve anteriores.

El formidable partido contra el Napoli de Maurizio Sarri a mediados de octubre muestra las virtudes y defectos presentes en el City: una primera media hora que corta el aliento, con dos goles, un disparo al travesaño y un remate de Gabriel Jesús que no logra introducirse por completo en la portería de Pepe Reina resumen una exhibición formidable de juego. Pero a continuación llega media hora de descontrol en la que los italianos frenan la avalancha y llegan a superar al City durante un tramo en el que incluso Ederson detiene un penalti. Al terminar dice Guardiola: «Nunca me he enfrentado a un equipo tan bueno [en la facilidad de sumar pases cortos y acertados] como este Napoli». John Stones encadena su segundo partido consecutivo rozando el pleno acierto en el pase (108 de 109 pases contra el Stoke; 83 de 85 ante el Napoli) y su entrenador le felicita en público: «John ha dado un gran paso adelante en su rendimiento». Txiki Begiristain va más lejos: «John ya es uno de los mejores centrales del mundo y en el futuro será el mejor». Tampoco olvida que Gabriel Jesús se ha implicado de un modo u otro en veintiún goles en sus veinte partidos como titular, y ha anotado los últimos diez goles al primer toque.

La aplastante goleada en el enfrentamiento con el Stoke City (7-2) remite a un dato de 1894, cuando el Everton arrancó la liga con 30 goles en los primeros 8 partidos. El City ha obtenido 29, la segunda máxima anotación de la historia, mientras Guardiola alcanza sus primeros 300 partidos de liga como entrenador, en los que ha obtenido un 76 % de victorias y un promedio de 2,58 goles favorables por encuentro. Contra el Burnley, Sergio Agüero iguala el récord anotador del club, con 177 goles obtenidos en 259 partidos. El legendario Eric Brook necesitó muchos más encuentros, en concreto 493, entre los años 1928 y 1939. En este punto, el equipo iguala el número de victorias consecutivas del club (11) y pocos días más tarde quiebra ante el West Bromwich varios récords históricos de la Premier League: suma 843 pases y 1111 toques de balón, acumula un 78,2 % de posesión y cierra las diez primeras jornadas del campeonato con 28 puntos sobre 30, mejor inicio liguero de la historia.

Domènec Torrent, segundo entrenador de Pep desde 2013, expone que «él ha venido a Inglaterra para aportar y sumar, no para cambiar el fútbol inglés ni dar lecciones a nadie. Solo para aportar nuevas ideas». Dome es rotundo: «Déjame repetirlo para que nadie se confunda: Pep no es un mesías que va evangelizando el mundo del fútbol para cambiarlo. Él solo quiere proponer su juego, aprender de los que juegan diferente e intentar sumar y aportar riqueza al juego». Durante estas semanas, Sané y Sterling se alternan en las bandas, en ocasiones jugando a pierna natural para dar amplitud, a veces a pierna cambiada en busca del remate directo. El rendimiento de Sané es altísimo: ha marcado ocho goles y dado cinco asistencias en los quince partidos que lleva disputados. Mikel Arteta dedica siempre largos minutos al término del entrenamiento para realizar tareas específicas de ataque con Sané, Sterling y Gabriel Jesús, y este trabajo está arrojando buenos frutos. Guardiola mantiene la asimetría de sus laterales, pero en algunos partidos Walker y Delph se muestran en paralelo por dentro, dejando el ataque por fuera a los extremos. La razón de dichos cambios reside únicamente en el perfil específico del equipo rival.

En momentos difíciles, Pep añade matices al 2-3-2-3, desplegando el equipo en forma de 2-1-4-3, o bien como 2-4-4 y, por descontado, también en forma de pirámide (2-3-5) si se hace inevitable un ataque desaforado. En todos los casos, De Bruyne y David Silva juegan roles diversos, pudiendo ejercer desde el papel de mediocentro único al de interior, mediapunta o extremo, según las necesidades puntuales. A su vez, Bernardo Silva gana protagonismo en una doble función de extremo e interior que ejerce de maravilla.

En noviembre, el City también se mantiene invicto, sumando seis victorias más, lo que va aumentando su lista de récords parciales. Durante veinticinco minutos sufre un martirio ante el Napoli, pero tras encajar el primer gol se rehace y remonta con solvencia, beneficiado también por la importante baja del lateral izquierdo napolitano Faouzi Ghoulam, hasta acabar dominando y sometiendo a un gran rival por 2-4. Es la primera victoria de un equipo inglés, en partido de la Champions League, en San Paolo, estadio donde los napolitanos no perdían desde el mes de abril. Sergio Agüero alcanza su gol número 178, y se convierte así en máximo goleador histórico del club (264 partidos, 0,67 goles/partido).

Cuando no tiene el balón, el equipo acostumbra a distribuirse en 4-1-4-1, momento en el que Fernandinho muestra su excelente juego aéreo defensivo. Dado que el equipo solo pasa un 28 % del tiempo de juego sin tener el balón, la variabilidad en organización defensiva no es elevada. La cifra de disparos que se concede al rival es reducida: 6,2 remates por partido como promedio (por 8,2 la temporada anterior), de los cuales solo 2,2 van dirigidos entre los tres postes, la cifra más baja del campeonato con mucha diferencia. El 3-1 ante el Arsenal sella el mejor inicio de la historia de la Premier League y también el mejor de Guardiola en su carrera: 11 partidos, 10 victorias, 1 empate, 38 goles a favor y 7 en contra. Los jugadores se sienten cómodos con el módulo de juego empleado, que les permite rendir sin arriesgarse, conscientes de que cada posición estará ocupada en todo momento por algún compañero, y se saben capaces de combinar con armonía la audacia agresiva en ataque con los momentos de control que exige todo partido. Nadie destaca más en esta duplicidad de ritmos que De Bruyne, cuya naturaleza interna se ve potenciada por la libertad que posee como interior con permiso para pisar cualquier zona del campo. Multijugador capaz de ocupar seis posiciones diferentes en el módulo, KDB está desarrollando un curso monumental, completando partidos en los que ha impuesto su jerarquía y control, dominando todas las fases del juego y llevando al equipo hasta insospechadas cotas de excelencia. Es el triunfo de la naturaleza del jugador por encima del cliché de las posiciones fijas. De Bruyne es el triunfo de la movilidad permanente.

A mediados de noviembre, John Stones sufre una rotura fibrilar en los isquiotibiales, una de las pocas que padece el equipo en toda la temporada. La lesión rompe también la hasta entonces inexpugnable dupla Stones-Otamendi, una de las bases del impactante inicio de temporada. Por casualidad, la baja de Stones se produce el mismo día en que ha regresado el capitán Kompany tras una ausencia de setenta y siete días. De este modo, Kompany se convierte en la pareja de Otamendi, alternando el rol con Mangala, a quien Pep promueve también a la titularidad en algunos encuentros, vista la fragilidad congénita del capitán. Otamendi protagoniza a partir de este momento algunas actuaciones soberbias en ámbitos como la posición, la anticipación, la conducción y el pase. El cuerpo técnico del City atribuye la mejora a la ambición personal del jugador por progresar y también a otros dos factores: el equipo está bien situado en el campo, ofreciendo líneas de pase, y el trabajo en los juegos de posición ha alcanzado la excelencia. Dome Torrent explica este crecimiento inesperado de Otamendi: «Los jugadores tienen en su interior un estilo y un juego que a veces no saben que poseen. Pero si se consigue generar un entorno favorable, de pronto, para sorpresa de todos, sale de su interior una manera de jugar que no creía posible. Es lo que está ocurriendo con Otamendi, que ahora es un maestro en los juegos de posición y los rondos».

Precisamente Otamendi será el protagonista en el primer gol que encaja el equipo a balón parado en toda la temporada. Ocurre ante el Huddersfield, en un saque de esquina que el defensa argentino introduce en su propia portería en el minuto 45. Es un mal presagio, dado que desde abril de 1995 el equipo de Mánchester no ha conseguido remontar ni un solo partido fuera de casa cuando el marcador le era desfavorable al descanso. En un segundo tiempo agobiante, el Huddersfield se defiende con un impenetrable 5-4-1. Los *citizens* dan 295 pases en este periodo por solo 16 de los locales (85 % de posesión) y cuando el empate parece definitivo surge el «factor Sterling», un fenómeno que recuerda el de la «zona Cesarini».[3] El joven delantero inglés logra el gol de la victoria (minuto 84), al igual que había conseguido cinco días antes frente al Feyenoord (minuto 88) y como hará tres días después contra el Southampton (minuto 96), amén de los logrados en semanas ante-

3. El italoargentino Renato Cesarini poseía la peculiar habilidad de marcar goles en los últimos minutos de partido, lo que pasó a conocerse como «zona Cesarini». El propio jugador explicó que dicho apodo nació en Turín, el 13 de diciembre de 1931, cuando Italia logró vencer a Hungría por 3-2 en partido de la Copa Dr. Gerö. Italia había marcado con goles de Julio Libonatti y Raimundo Orsi, pero los húngaros empataron gracias a dos tantos de István Avar. En el minuto 90, «tiré muy fuerte, a la izquierda del portero, el cual, bravísimo, aún tuvo tiempo para lanzarse al lado correcto, pero llegó demasiado tarde. La pelota se le escapó; pudo tocarla con las manos, pero, dada la fuerza con la que la había golpeado, no pudo detenerla. Ganamos por 3 a 2, y ni siquiera hubo tiempo de volver a poner el balón en el centro. Los húngaros se enrabietaron mucho, yo y todos los compañeros estábamos radiantes. Tuve muchos elogios. La llamada zona Cesarini había sido descubierta».

riores frente a Everton (minuto 82) y Bournemouth (minuto 96). Si Sané destaca en una vertiente, Sterling lo hace de otro modo, pero que es igual de eficaz. La temporada pasada sumó 11 goles en 47 partidos; este curso lleva los mismos tantos, pero en solo 17 encuentros. La mejora es geométrica.

No obstante, el cuerpo técnico siempre quiere más. Tras ganar por 1-0 al Feyenoord en la Champions, el equipo se ha clasificado matemáticamente como primero de grupo y suma veinticinco partidos invictos en el curso, pero Dome Torrent está descontento con el modo de enfrentarse a defensas muy pobladas: «Creo que contra defensas tan cerradas como la de hoy no acertamos si hacemos jugar a los extremos a pierna cambiada. Han de ir a pierna natural, porque de lo contrario nos embotellamos nosotros mismos». Hoy se ha sumado la victoria número cincuenta de Pep en el City y también ha sido el debut de Phil Foden en partido oficial. Es el tercer jugador de la historia en jugar Champions habiendo nacido en el año 2000 y el más joven del City en hacerlo. En los minutos finales también debuta Brahim Díaz, la otra joven promesa.

El 5-4-1 se ha erigido en el antídoto que todos los rivales plantean como propuesta «anti-City». El Southampton de Mauricio Pellegrino se defiende con diez hombres dentro de su propia área y la idea le sonríe hasta el minuto 96, cuando por tercer partido consecutivo Sterling logra el gol del triunfo cuando el reloj ya marcaba la hora. Sobre el césped del Etihad Stadium se desata la locura...

ACTO 3

El *Shark Team*: dieciocho victorias seguidas

Mánchester / Londres, diciembre de 2017

Txiki Begiristain ha invitado al doctor a tomar café esta mañana. Solo han transcurrido once horas desde el agónico triunfo frente al Southampton. El director deportivo quiere saber de primera mano si lo que hizo anoche Benjamin Mendy puede tener alguna consecuencia en la recuperación de su rodilla. El doctor Mauri piensa que no, pero no es posible afirmarlo con absoluta certeza.

Anoche se produjo una explosión de locura colectiva en el instante en que Raheem Sterling consiguió el gol de la victoria frente a un Southampton plagado de excelentes futbolistas como Virgil van Dijk, Pierre Højbjerg, Oriol Romeu, Fraser Forster, Ryan Bertrand o Nathan Redmond, entre otros. El City logra adelantarse en una falta lanzada por KDB que Van Dijk anota en su propia portería, pero no amplía el marcador en las numerosas ocasiones que genera, en las que tanto Gündogan como Gabriel Jesús se muestran desafinados en la finalización. Los sureños empatan a falta de un cuarto de hora gracias a Oriol Romeu, lo que obliga a los locales a un desesperado intento por remontar y conservar su brillante trayectoria en el campeonato. Solo en el minuto 96 consigue Sterling, mediante un disparo curvado a la escuadra izquierda de Forster, el gol del triunfo, el quinto que suma el extremo inglés en los minutos finales, el tercero consecutivo.

Las emociones saltan por los aires en el Etihad Stadium. Guardiola y el cuerpo técnico en pleno invaden el campo, saltando y abrazándose. En un costado, Sterling cae sepultado por sus compañeros, titulares y suplentes mezclados en una piña eufórica a la que se ha sumado Benjamin Mendy, quien ha lanzado las muletas a un lado y ha corrido por el campo como si no estuviera operado de la rodilla. Mendy es el gran animador del vestuario, incluso lo es más desde que sufrió la grave lesión en el ligamento cruzado. Cuando aún estaba en el quirófano comenzó a enviar vídeos con mensajes de apoyo a sus compañeros, que se han ido repitiendo sin parar, aumentando cada vez el tono de las bromas y el buen humor, hasta desembocar en el apodo que adopta el equipo: *Shark Team* (Equipo Tiburón). El club lanzará en breve camisetas y *merchandising* con este nombre y la imagen de un tiburón con las fauces abiertas, mientras las gradas del estadio se pueblan de tiburones hinchables. «Somos el gran tiburón, y cuando los equipos nadan a nuestro lado los engullimos», profetizó Mendy a finales de septiembre, y dos meses más tarde el tiburón se muestra insaciable.

Todavía emocionado por el triunfo, el decimosegundo consecutivo en liga, Guardiola bromea ante los periodistas sobre el esprint de Mendy: «Mendy está loco. Tiene una lesión de seis meses y se pone a correr... ¡Un desastre!». Lo dice bromeando, pero Txiki Begiristain se acuesta esa noche con cierta preocupación y desea saber la opinión del doctor, aunque la charla entre ambos no arroja ninguna conclusión contundente, salvo que le pedirán a Mendy que modere los esfuerzos y evite riesgos innecesarios como los que corrió en el día anterior.

Nueve partidos en el mes de diciembre suponen un reto elevado que Pep pretende afrontar con frecuentes rotaciones (Mangala entra en juego, permitiendo proteger a Kompany), pero manteniendo la estructura modular 2-3-2-3. El primer adversario es el West Ham, que también «planta el autobús», un 5-4-1 estrecho y apretado que facilita que el City alcance ratos con el 80 % de posesión, pero no consiga generar oportunidades claras de gol. Los recientes ejemplos del Feyenoord, Huddersfield y Southampton, equipos que se enmurallaron contra los de Pep, están creando escuela y continuarán haciéndolo en adelante, cuando otros rivales adopten la misma estructura defensiva contra los *citizens*.

El West Ham aprovecha un punto débil local en los córneres que van dirigidos al primer poste y se adelanta con un cabezazo de Ogbonna en el minuto 44 —es solo el segundo gol encajado en la temporada en un saque de esquina—, tras lo que se encierra tras un muro defensivo que cuesta horrores derribar. Primero Otamendi y finalmente David Silva en un remate acrobático logran el triunfo, el decimotercero consecutivo, que iguala el récord histórico de la liga, en poder del Sunderland Preston desde los cursos 1891-1892 y

1892-1893. El equipo suma cuarenta y tres puntos en quince partidos, récord de la Premier League y el mejor registro de Guardiola en toda su carrera. Pese a esta momentánea gloria, el entrenador se muestra muy preocupado por las dificultades que está hallando para romper los cerrojos rivales y reflexiona sobre cómo hay que atacar equipos tan cerrados:

—En los últimos partidos he aprendido que hay que atacar de un modo algo diferente contra los equipos que plantan el autobús. Estamos haciéndolo con dos números 9 (Gabriel y el Kun) por dentro más dos extremos abiertos y con Kevin y David (Silva) sirviendo balones. Esta experiencia nos servirá para aplicarla en el futuro.

Líder cómodo en la Premier y ya clasificado como primero de grupo en la Champions, la visita al Shakhtar ucraniano, en un partido intrascendente, hace inevitables las rotaciones. El entrenador elige un 3-4-3 en el que Fernandinho juega en la línea de tres zagueros, junto a Adarabioyo y Mangala, y como mediocentro se alinea Yaya Touré, que desde los amistosos de verano únicamente ha jugado 207 minutos en tres partidos. Más aún, Pep sitúa al jovencísimo Foden como lateral-extremo para que en los momentos sin balón el equipo se despliegue en 5-2-3, e introduce en la última media hora a Brahim Díaz para que se foguee. En ese escaso periodo intenta 18 regates, de los que acierta 8, una cantidad asombrosa.

La primera derrota oficial de la temporada (2-1) tiene lugar esta noche del 6 de diciembre, en Donetsk, donde el equipo cierra una racha de 28 partidos invictos (23 en el presente curso y 5 en el anterior), de los que 24 han sido victorias. A Pep le ha importado poco celebrar su partido número 100 en la Champions League con una derrota sin la menor trascendencia. Prefiere haber rotado y experimentado con los cambios que sumar un triunfo más a un palmarés que ya es el mejor de la historia de la competición, con 61 victorias, 23 empates y 16 derrotas. Por detrás de él figuran grandes entrenadores como Mourinho (54 victorias), Ferguson (53) o Ancelotti (50).

Mourinho precisamente es el anfitrión del siguiente partido *citizen*, cuatro días más tarde, en Old Trafford. Y Sterling es la gran novedad porque no juega en la banda, sino como falso 9, en tanto Sané se alinea como extremo derecho y Gabriel Jesús como izquierdo. En realidad, no comienzan de este modo el partido, pero a los tres minutos realizan los cambios pertinentes y pasan a ocupar las mencionadas ubicaciones, lo que durante largos minutos provocará el desconcierto local. También el Manchester United *park-the-bus* (planta el autobús), lo que facilita un dominio abrumador del City que hasta el minuto 54, momento en que obtiene el gol del triunfo definitivo (1-2), se cifra en el 72 % de posesión de balón, el dato más alto para un equipo visitante en la historia de Old Trafford.

Durante un primer tiempo con el 75 % de posesión para los de Guardiola, Sterling ofrece un recital de comprensión de la función de falso 9. El Manchester United lleva cuarenta partidos invicto en su estadio, donde no ha perdido desde hace quince meses exactos, precisamente desde el primer derbi de Pep. Como aquel día, también hoy vence el City por 1-2, aunque el partido deja más detalles que el simple triunfo *citizen*. Su dominio es aplastante, pues incluso es capaz de superar en número de duelos aéreos al rival (19 contra 14), aunque la estatura media beneficia al Manchester United en seis centímetros. Pese a ello, Ederson ha de realizar tres muy buenas intervenciones y Delph comete dos veces el mismo error de no despejar con acierto un balón lanzado desde lejos, en uno de los cuales Rashford logra empatar el gol inicial de Silva. En el descanso debe retirarse Kompany, afectado de una molestia muscular, cosa que provoca que Fernandinho se retrase a la zaga y entre Gündogan como mediocentro. Una vez conseguido el gol del triunfo mediante un remate a bocajarro de Otamendi, el entrenador introduce a Mangala en lugar de Gabriel Jesús y recompone todas las líneas: los zagueros son Otamendi y Mangala, la media la forman Walker, Fernandinho y Delph, los interiores son Gündogan y De Bruyne, con Sané y Sterling en los extremos y David Silva como falso 9.

El triunfo en el derbi otorga once puntos de ventaja al City sobre el equipo de Mourinho, catorce sobre el Chelsea y dieciséis sobre el Liverpool cuando solo se han disputado dieciséis jornadas. La de hoy supone la decimocuarta victoria seguida en la Premier League, récord de la competición. Guardiola suma su noveno triunfo frente a Mourinho en veinte enfrentamientos (cuatro empates, siete derrotas), y el segundo en Old Trafford. La fiesta en el vestuario es colosal. Graeme Souness, estrella del gran Liverpool de los años setenta, dice como colofón: «Ni en la mejor época de nuestro Liverpool logramos dominar en Old Trafford como hoy lo ha hecho el City».

Sin solución de continuidad, la marcha triunfal continúa a lo largo del último mes de 2017. Tres días después, David Silva realiza su mejor partido de la temporada, en el triunfo contra el Swansea por 0-4. Antes de comenzar, Mikel Arteta se dirige a Guardiola:

—Pep, no imaginas cómo están: han calentado como bestias.

El decimoquinto triunfo consecutivo en la Premier League borra de la lista de récords nada menos que a los «invencibles» del Arsenal 2003-2004. El equipo acierta 831 pases, da 1006 toques, tiene el balón el 78,2 % del tiempo y vence con tal comodidad que puede ofrecer minutos de rodaje a Touré y Zinchenko. El entrenador del Swansea, Paul Clement, no tiene ningún reparo en dar su opinión: «Si eres aficionado del City es una maravilla verlos jugar. Es uno de los mejores equipos que nunca he visto».

La exhibición de Silva ha sido memorable, pero al día siguiente vive uno de sus momentos más duros, al producirse el nacimiento de forma prematura de su hijo Mateo tras solo seis meses de gestación. El 16 de diciembre, el equipo le brinda una aplastante victoria por 4-1 sobre el Tottenham dirigido por Mauricio Pochettino, victoria que supera el récord anterior —el City ha ganado a todos los rivales del segundo al noveno puesto de la clasificación— y que inaugura una etapa extraordinaria de Kevin de Bruyne como motor del City. Durante los siguientes tres meses, coincidiendo con abundantes ausencias obligadas de Silva, el belga se convertirá en líder supremo del equipo en todas las facetas hasta conquistar un peso y una jerarquía monumentales. Frente a los Spurs, KDB lo hace todo: presiona, recupera, dirige, conduce, pasa, remata y marca. Es un 8 falso, un «*free* 8», con libertad absoluta de movimientos. Semejante actuación superlativa le supone ser nombrado de nuevo *man of the match* como ya ocurriera en los enfrentamientos contra Chelsea, Manchester United, Liverpool o Arsenal... «No tengo palabras para definir lo que ha hecho Kevin hoy», dice Pep al salir del estadio. Antes, en el vestuario, todos posan con una camiseta en homenaje al ausente David Silva, incluido el jovencito Phil Foden, el chico inglés que está llamado precisamente a ser el heredero del español, que hoy ha debutado en partido de Premier, exactamente el mismo día, veintisiete años más tarde, en que lo hizo Guardiola en la liga española. No ha sido casualidad. Pep se ha convertido en mentor de Foden y quiere llevarlo a lo más alto del fútbol inglés.

Y también desea revisar algunos detalles: «Esta manera de jugar es la mejor para nuestro perfil de jugador porque les da certezas y tienen muy pocas dudas sobre el campo. Pero mañana revisaré el partido e intentaremos corregir algunas cosillas». Ni en el triunfo permanente se relaja...

Y

Para visitar al Leicester en Copa de la Liga, el entrenador elige un equipo que combina algunos veteranos con muchos jóvenes (Zinchenko, Adarabioyo, Foden, Brahim y, en la prórroga, Nmecha y Dele-Bashiru). Así, junto a Bravo y Touré (treinta y cuatro años ambos) forman ocho jugadores menores de veintiún años. El juego es similar al del primer equipo, pero interpretado por solistas menores. Pese a ello se consigue dominar al Leicester y solo se cede el empate a los noventa y siete minutos tras un penalti. El City defiende bien el resultado en la prórroga y supera ronda en la tanda de penaltis, al detener Bravo el lanzamiento de Mahrez, como ya hiciera por partida doble en la anterior eliminatoria, frente a los Wolves. El chileno ofrece mucha seguridad a la hora de parar penaltis y otorga el paso a la semifinal de la competición. En el vestuario, un miembro del cuerpo técnico bautiza a este equipo como el *Zinchenko's Team*, el hermano menor del *Shark Team*.

A dos días de la Navidad, David Silva realiza el primero de sus muchos regresos a Mánchester para ayudar al equipo. Frente al 5-4-1 del Bournemouth, con las líneas muy apretadas y sin ceder ningún espacio libre, Guardiola alinea de entrada al «mago», componiendo un rombo en el centro del campo (Fernandinho en el vértice bajo y Sterling en el alto, con KDB y Silva a los lados). El juego en el segundo tiempo, con el 80 % de la posesión, es formidable y aplasta a los visitantes. La afición parece entender ya los propósitos del juego, pues aplaude acciones como un pase atrás de Otamendi a Ederson para relanzar la jugada por el costado opuesto o cualquier recuperación de balón merced a una presión alta. Por vez primera en su carrera, el Kun Agüero logra dos goles de cabeza en un mismo encuentro.

El City cierra el año 2017 en su estadio con un balance excelente: veintiséis partidos, cero derrotas. Suma 101 goles en el presente año, primer equipo inglés en superar el centenar en un año natural desde 1982 (Liverpool, 106). En el cierre de la primera vuelta del campeonato, presenta un balance de 18 victorias y 1 empate, con 60 goles favorables (3,1 de promedio), 12 en contra (0,6) y 55 puntos sobre 57 posibles. Son datos contundentes, pero querría dedicar unas líneas a un detalle que me parece relevante: el número de secuencias de diez o más pases que realiza el equipo, según el contexto del partido. Si está ganando, dicho número de secuencias asciende al 13,4 % del tiempo de juego, pero si va perdiendo se reduce al 6,8 %. Es decir, el número de pases continuos es el doble en momentos positivos que en negativos, lo que indica a las claras la voluntad de emplear el pase como elemento de control del juego. Cuando el City está ganando, dichas secuencias de pase concluyen en remate a portería rival en el 9 % de los casos, mientras que si va perdiendo el porcentaje sube, obviamente, hasta el 27 %, el triple. En un escenario opuesto al de hace un año, Pep llega entusiasmado a Navidad, donde su equipo presenta 13 puntos de ventaja sobre el Manchester United, la mayor que jamás ha existido en Inglaterra entre el primer y el segundo clasificado:

—Este vestuario es un sueño.

La ventaja aún aumentará más el 27 de diciembre, con la decimoctava victoria consecutiva. Cuando Kompany se lesiona en el tercer minuto de partido en Saint James' Park, el entrenador sorprende con un movimiento inesperado, al introducir a Gabriel Jesús y formar con «doble 9», disponiéndose en 2-3-1-4, alternando Fernandinho la función de zaguero y de mediocentro, dado que el equipo local se encierra en el ya habitual 5-4-1. Otamendi da más pases (122) que todo el Newcastle (115) y el City fija un récord inigualado: 58 puntos sobre 60 en los primeros veinte partidos de campeonato (19 victorias y 1 empate), con 61 goles a favor por 12 en contra, el mejor inicio de la historia en cualquiera de las cinco grandes ligas europeas. De las 19 victorias del *Shark Team*, once de ellas han sido fuera de casa. La ventaja sobre el Manchester United se incrementa a 15 puntos y a 16 frente al Chelsea, vigente campeón.

Hay pocas dudas de que el título será azul celeste, aunque inevitablemente la fatiga empieza a asomar en los jugadores. Por vez primera en el curso, el City no ha logrado marcar gol en la segunda parte de un encuentro. Sin tiempo para recuperar viajan a Londres, donde el último día del año el Crystal Palace consigue detener a la locomotora azul, empatando a cero. Ausente Silva, De Bruyne aparece agotado, y Sané, impreciso, algo común en todos los campos ingleses: el 29 % de los empates a cero del campeonato se producen en la última semana del año, la del *Boxing Day*, la más cargada de compromisos, con el 13 % del total de los partidos de la temporada. Dichos empates son fruto de la fatiga mental y el cansancio físico generado por semejante estrés competitivo.

Guardiola mueve las piezas, modifica roles y logra someter a un Palace plantado en 4-5-1, que tapa todos los pasillos, pero no consigue que sus atacantes anoten gol por vez primera como visitante desde enero de este año (contra el Everton). Lo peor no es el empate, que cierra la racha de victorias consecutivas del City en la Premier League, establecida en dieciocho, sino las lesiones que se acumulan. Gabriel Jesús padece un esguince del ligamento colateral de la rodilla izquierda, que le mantendrá fuera de combate hasta finales de febrero; Kompany será baja otras tres semanas por una distensión en la pantorrilla; y De Bruyne sufre un durísimo golpe en el tobillo. Esta última es la cuarta entrada de una extrema agresividad que sufren jugadores del City en los últimos partidos: Delle Alli «cazó» a De Bruyne, Kane a Sterling, Murphy a Gündogan y hoy Puncheon a KDB. El entrenador hace un llamamiento a los árbitros para que «protejan a los jugadores, no a los míos, sino a todos los jugadores de todos los equipos». No le escucharán…

Pese a la dureza con que se expresan algunos jugadores sobre el campo, parece difícil que puedan detener la marcha del City en la liga. Cuando comienza el año 2018, el Liverpool marcha a dieciocho puntos del líder y se refuerza con un jugador que también pretendía Guardiola: Virgil van Dijk, el formidable zaguero del Southampton. El Liverpool paga los setenta y cinco millones de libras (ochenta y cinco millones de euros) que exige el club sureño, lo que elimina al City de la puja. En su defecto, Txiki Begiristain se dirige al Athletic de Bilbao y abona los sesenta y cinco millones de euros que cuesta contratar a Aymeric Laporte. Por fin, Pep tiene al zaguero zurdo que anhelaba.

ACTO 4

El primer título de la era Pep

Liverpool / Mánchester / Basilea / Londres
Enero, febrero y marzo de 2018

En enero se produce la primera derrota en liga. En Anfield tenía que ser.

Es un 4-3 vibrante, con nada menos que cuatro graves errores defensivos por parte de la zaga *citizen* que sentencian su suerte. La tradicional «boca del lobo» (4-3+2-1) con que Klopp presiona y espera a los equipos de Guardiola vuelve a dar su fruto, pero sobre todo evidencia una carencia emocional de los hombres del City, una tendencia casi congénita a entrar en pánico en determinados momentos del curso. En Liverpool son nueve minutos de colapso que culminan en tres goles sucesivos de los *reds*. Stones, Otamendi y Ederson, tres de los mejores hombres de la temporada, fallan con estrépito.

A poco de iniciarse el encuentro, Fernandinho pierde un balón en la salida, Stones no cierra bien el pasillo que se ha abierto y Oxlade-Chamberlain chuta desde lejos, pero tan cruzado que Ederson no puede frenar el gol. Sin embargo, el líder se mantiene firme, practica el juego que le ha encumbrado durante todo el curso y genera ocasiones de peligro, replicadas por el Liverpool con contraataques feroces. El equipo de Klopp se cierra muy bien por dentro, pero se muestra vulnerable por los costados, precisamente la zona en la que Sané controla el balón con el pecho a los cuarenta minutos, regatea a dos contrarios y lo envía a la red con un remate al poste más cercano. La igualada al descanso no refleja más que la realidad del campeonato: un Liverpool muy poderoso en su especialidad y un City dominante con el balón, aunque con menor acierto de lo habitual en el pase (83 %). Desde el minuto 30 es Danilo quien ocupa el lateral izquierdo, una vez que Delph se ha lesionado la rodilla derecha; se pronostica que estará varias semanas de baja.

El segundo tiempo se abre con un cabezazo al travesaño de Otamendi tras un saque de esquina, pero cuando todo parece desarrollarse según los planes de Pep llegan nueve minutos de pánico para sus zagueros, los que van del 59 al 68. Primero, Firmino cuerpea con Stones y le gana el duelo en el área, tras lo cual bate a Ederson. A los pocos segundos, grave error de Fernandinho en la salida: le regala el cuero a Mané, que remata al poste. Y de inmediato, Otamendi yerra un *tackle* blando sobre Salah, que logra ceder a Mané para que esta vez acierte en su remate. El festival del horror concluye con un despeje de Ederson a los pies de Salah, que no necesita más que bombear el balón para obtener el cuarto gol local. La derrota del líder se confirma, pese a los dos goles que obtienen Bernardo (84) y Gündogan (91). Es la primera derrota del City en la presente Premier League tras 23 encuentros, de los que ha ganado 20 y empatado 2, sumando 62 de los posibles 69 puntos, con lo que iguala el mejor resultado del fútbol inglés (Tottenham 1960-1961 y Chelsea 2005-2006). Hacía un año exacto que el equipo de Pep no recibía cuatro goles en liga, y también sucedió en Liverpool, en Goodison Park, cuando el Everton venció por 4-0. El invicto en la Premier ha prolongado su racha 283 días —desde el 5 de abril de 2017—, durante los que ha disputado 30 encuentros, venciendo en 26 y empatando 4. Klopp toma la delantera sobre Guardiola en su duelo personal, pues suma la sexta victoria en doce enfrentamientos (un empate y cinco victorias para Pep).

Antes y después del choque de Anfield todo el mes de enero de 2018 está plagado de triunfos para el City. El año se abre el 2 de enero en el Etihad, donde a los treinta y ocho segundos de partido, Sterling remata un pase de la muerte de Sané, el gol más rápido del presente campeonato. Stones ha regresado al equipo una vez recuperado de la gran rotura de isquiotibiales. Los jugadores están tan fatigados que por primera y única vez en la temporada Guardiola decide no realizar su habitual charla previa al encuentro: «No están para que les llene la cabeza. Están agotados, dejemos que por lo menos estén frescos de cabeza», justifica Pep.

Cuatro días más tarde eliminan al Burnley en FA Cup (4-1), pero un error grosero de Stones ensombrece su retorno, al regalar a los visitantes el tanto que abre el marcador. Pep le defiende sin paliativos: «Lo importante no es su error, sino su reacción. En vez de arrugarse, desanimarse y dejar de querer el balón, John se ha crecido. Y esto es lo admirable. No son los errores lo que importa, sino cómo reaccionas y te adaptas después de cometerlos». Tras el descanso, una doble picardía entre Gündogan y Agüero facilita la remontada *citizen* que culminan Sané y Bernardo. Un jugador destaca por encima de todos, David Silva, pero la atención a su hijo, nacido prematuro y en estado muy delicado, le obliga a abandonar el equipo constantemente. Silva ni siquiera puede entrenarse, y solo cuando la situación del hijo lo permite regresa para sumar su esfuerzo al de sus compañeros.

Estas intermitencias obligadas facilitan la recuperación completa de Gündogan, que de este modo puede acumular minutos de juego e ir recuperando un buen estado de forma. Gracias a la presión alta y a su atrevimiento, el Bristol es uno de los equipos que más problemas plantea, en la doble semifinal de Copa de la Liga. El equipo de Pep gana en casa por 2-1, con un gol de Agüero a los noventa y un minutos, y en Bristol por 2-3, pero solo en el minuto 95 gracias a KDB. Guardiola cumple su partido número quinientos como entrenador con un balance contundente: 365 victorias (73 %), 83 empates, 52 derrotas, 1252 goles a favor (2,5) y 381 en contra (0,76). Lo celebra doblemente porque esta victoria le conduce a su primera final como entrenador en Inglaterra. A su vez, David Silva alcanza un hito más que curioso: es su vigésima cuarta victoria en veinticuatro partidos consecutivos, la racha de triunfos más larga del fútbol inglés desde 1863.

Los últimos días de enero, olvidada ya la derrota en Anfield, permiten ver el undécimo *hat-trick* de Agüero, logrado ante el Newcastle de modo perfecto: primer gol de cabeza, segundo con la pierna derecha y tercero con la izquierda. El Kun celebra también su partido número doscientos con el City, al tiempo que Pep hace debutar en liga a Brahim Díaz. En el siguiente partido, frente al Cardiff en FA Cup, De Bruyne anota gol en falta directa disparando raso por debajo de la barrera y se lo dedica a Dome Torrent y Carles Planchart: «Fue gracias al equipo de analistas. Me avisaron de que los de la barrera del Cardiff siempre saltan en las faltas». Otro hecho que también se intuía acaba sucediendo: en una entrada brutal, un rival «caza» a Sané cuando lanzaba uno de sus esprints. Tiene el tobillo como una pelota de golf. Pep se indigna con el arbitraje y vuelve a exigir que se proteja a los futbolistas: «Los árbitros están para proteger al jugador». Siguen sin escucharle…

Ha llegado Laporte y se ha marchado Mangala, cedido al Everton. Basta un entrenamiento y unos cuantos pases en largo para que Guardiola se entusiasme con el pie izquierdo de Laporte: «Es una barbaridad. Tiene un golpeo impresionante, seco, profundo y preciso. Pep se ha enamorado a primera vista de este golpeo. Mañana será titular», me dice Estiarte al terminar el entrenamiento. Al día siguiente, sin mayor preparación, Laporte es titular en el triunfo contra el West Bromwich Albion (3-0) y juega un partido espléndido. De Bruyne anota el gol número cien del equipo en la temporada, justo el día en que se supera la puntuación del curso anterior: si en toda la liga precedente se consiguieron 66 puntos, en solo 25 partidos de la actual ya suma 68. El City va camino de batir récords. Prosiguen las acciones brutales de jugadores rivales: De Bruyne, Brahim y Walker sufren entradas escandalosamente agresivas de McLean, Phillips y Nyom, pero el árbitro las liquida con simples tarjetas amarillas, cosa que incrementa la permisividad. Las derrotas del Manchester United y del Chelsea suben la diferencia respectiva a 15 y 18 puntos, por lo que el cuerpo técnico inaugura una cuenta atrás: solo faltan ocho victorias para asegurar el título de liga. Dome Torrent me dice: «Tu próximo libro sobre Pep tendrá que titularse: "Aprendizaje y perseverancia"».

El 25 de febrero de 2018, Guardiola conquista en Wembley su primer trofeo en el fútbol inglés. Wembley es uno de sus estadios fetiche. Como jugador, en el antiguo estadio ganó la Copa de Europa de 1992, cuando solo tenía veinte años. Como entrenador conquistó la Champions League de 2011. Esta tercera final que disputa en el legendario recinto también le permitirá sonreír porque el City derrota al Arsenal de Arsène Wenger por 3-0.

Antes de levantar este primer trofeo, el equipo ha disputado cuatro encuentros en febrero. El día 3, otro gol a balón parado provoca que Guardiola felicite públicamente a Domènec Torrent, después de que Danilo embocara un remate tras saque de esquina en Burnley. Aunque el marcador concluye en empate, fruto de una enorme cantidad de ocasiones de gol desperdiciadas, el desempeño del City es brillante, con un extraordinario Gündogan. El dominio ha sido absoluto, con veinte remates peligrosos y un juego excepcional, pero también con errores colosales en la finalización de las acciones, goles fallados a puerta vacía y un inesperado empate del Burnley en el tramo final. Pep valora el juego: «Hemos jugado muy bien. Quizá la gente piense distinto porque hemos empatado, pero casi todo ha sido perfecto. El *build up*, la defensa de las pelotas largas, los segundos balones, el coraje para jugar…, pero hemos fallado demasiados goles…».

Esto le martiriza. Tenemos una larga conversación sobre el juego y los goles. Le digo que da gusto ver jugar al equipo. Él también está muy satisfecho:

—Estamos muy muy muy contentos. No podremos conquistar Europa porque nos cuesta mucho hacer goles. Necesitamos muchas ocasiones para hacer un gol en Europa. Y en Europa, o eres decisivo tú, o lo serán los rivales. Pero jugamos muy bien y esto ya es un placer para todos nosotros.

Menciono que la salida de balón está siendo fantástica y argumento que quizá los errores ante la portería rival son fruto del cansancio. Pero él opina diferente:

—Caeremos en Europa. ¡¡¡No hay nada que hacer!!! Pero siempre tendremos la sensación de que somos un espectáculo, que nadie (y digo nadie) juega tan bien al fútbol como nosotros. Pero no será suficiente. No ganamos los duelos contra los defensores y así es imposible ganar en Europa… Messi, Luis Suárez, Cristiano, Neymar, Mbappé sí los ganan, y ellos no perdonan. Necesitan media ocasión para ganar, y nosotros, dos docenas.

Le replico que cuando los delanteros estén más frescos se mejorará este factor, pero no le convenzo:

—Algunos goles, incluso estando cansados hay que meterlos… No pido lo de Messi o lo de Danilo, que ha sido un golazo, pero si estás en el área pequeña y estás solo, haz gol… Y entonces sí puedes ganar cosas… Sin eso no tendremos ninguna opción.

El lector ha de saber que Pep casi siempre es así en privado. Por naturaleza, nunca es optimista, sino todo lo contrario. Cuando terminan los partidos, al margen del resultado que se haya dado, tiende a valorar mucho más los aspectos negativos que los positivos. Así que concluyo la conversación regresando a lo positivo. Le digo que los jóvenes están actuando a un gran nivel:

—Son una maravilla. Bernardo, Foden, Brahim. Y Zinchenko, que nos ha dado la vida, con todos los problemas que hemos tenido atrás. Es una joya de chico.

Manel Estiarte, que siempre está atento al menor detalle, interviene en la conversación:

—Mira, Pep, hemos jugado fabulosamente bien. Creo que ha sido uno de los partidos que mejor hemos jugado. La salida de balón ha sido de escándalo. Lo de hoy, yo lo he visto muy pocas veces en un partido de alto nivel. ¿Nos han faltado pequeños centímetros para acertar? Sí, sin duda. Pero no debes agobiarte. Jugamos de una manera fabulosa y lo que hemos de hacer no es angustiarnos, sino seguir en esta línea.

Guardiola decide conceder cuatro días libres a toda la plantilla, incluido el *staff* técnico: «Que todo el mundo descanse y se olvide del fútbol, que limpien la mente y vuelvan frescos». No solo las piernas y la mente están fatigadas, sino que hay media docena de jugadores lesionados: Stones, Delph, Gabriel Jesús, Sané, Foden y Mendy, aparte de las idas y venidas de David Silva a la clínica donde su hijo mejora muy lentamente. En Burnley ni siquiera se ha podido completar el banquillo. Ninguna de las lesiones es muscular; todas las bajas son fruto de traumatismos articulares, bien por entradas violentas, bien por accidentes del juego. El doctor Edu Mauri está agobiado: «Estamos haciendo todo lo humanamente posible por recuperarlos para que Pep tenga jugadores a su disposición». No me olvido de Xabier Mancisidor, el entrenador de porteros, con quien a la salida de Turf Moar comento el excepcional rendimiento de Ederson, autor de dos intervenciones soberbias: «Está muy bien, pero confío que aún mejore más y que sea top-5 del mundo. Estamos muy contentos con él y creo que Pep también lo está».

Ahora que Pep ya ha desconectado de la conversación y ha regresado a su mundo interior de análisis de los partidos, Estiarte aprovecha el regreso a Mánchester para explicarme las prioridades que han fijado para lo que queda de temporada:

—Lo hemos estado hablando todo el cuerpo técnico y lo tenemos muy claro. El objetivo es la Premier League. El resto es secundario. En la Champions va a ser muy difícil llegar lejos. Hemos de hacer nuestro trabajo y punto. O sea, eliminar al Basel y luego ya veremos. Dependerá de muchas cosas, sobre todo del sorteo, pero no nos vamos a preocupar de la Champions. El objetivo es alcanzar los cuartos de final y ya está. Los torneos coperos dependen de los detalles, por eso hemos de centrarnos en la liga. A rematarla bien, a ganarla y, si es posible, hacerlo con la jerarquía que hemos demostrado hasta ahora y jugando bien. En adelante probablemente no ganaremos tantos partidos seguidos porque muchos rivales se están jugando la vida. Ganar dieciocho veces consecutivas ha sido bestial y ahora no podemos soñar con repetir nada parecido, pero hay que ganar el título y dejar la huella de un gran campeón.

Siete días más tarde, la distancia respecto del Manchester United crece hasta los 16 puntos, después de que el City haya vencido por 5-1 al Leicester en un segundo tiempo formidable. El Kun Agüero marca cuatro goles (el cuarto, sensacional, desde fuera del área) y se distingue por bastantes más cosas: es cierto que había marcado en los siete anteriores encuentros, pero sobre todo ha alcanzado la armonía con el juego colectivo. Flota, se mueve en posiciones próximas a sus centrocampistas y ha conseguido comprender lo que Pep espera de él: «Básicamente, al Kun lo necesitamos para marcar goles, pero también por el juego. Está muy involucrado en el juego», concluye Guardiola. El doctor Mauri ha tenido éxito y regresan Foden y Stones. El estado de forma de Gündogan, Bernardo y KDB es altísimo, pero Pep se apresura a señalar un defecto percibido sobre el campo: «En el primer tiempo no hemos jugado rápido porque no ocupábamos las posiciones adecuadas. En la segunda parte nos hemos colocado mejor y hemos dominado bien». Dado que el juego en el segundo periodo ha sido majestuoso, se lo comento, pero ya saben cómo es Pep...

—Para ser admirados hemos de levantar trofeos...

El título de campeón de liga está muy cerca, aunque solo se ha disputado la vigesimoséptima jornada. A media tarde del domingo, el Manchester United cae por 1-0 ante el Newcastle y José Mourinho se apresura a conceder el título a su rival ciudadano... Domènec Torrent envía a sus amigos de WhatsApp la imagen de una diana con un dardo clavado en el centro.

Tres goles en los primeros cuatro disparos a portería sentencian al Fussball Club Basel en la ida de octavos de la Champions. Sobre el Sankt Jakobs Park, Gündogan vuelve a ser el que enamoró años atrás en Dortmund, hasta tal punto que los aficionados del City lo bautizan como *Silky* Gündogan (*sedoso* Gündogan). El City obtiene la mayor victoria de un equipo inglés fuera de casa en partido de la Champions, avasallando al Basel con un 74 % de posesión. El doctor Mauri ha logrado recuperar a otro jugador (Sané), pero se mantiene muy prudente, tal como me explica Manel Estiarte:

—Ya hemos recuperado a Stones y Foden completamente. Sané quería acelerar para ser titular en la Champions, pero el doctor no ha querido porque aún no se ha completado todo el protocolo necesario en la recuperación, que en el caso de Sané es más delicado porque este chico alcanza mucha velocidad a campo abierto y darle de alta antes de hora podría ser arriesgado. Es joven y quiere jugar, pero le hemos dicho que hay que ir con calma.

Así pues, Sané solo juega la última media hora ante el Basel, al igual que David Silva, que incrementa a veintiocho la racha de partidos jugados y ganados de manera consecutiva. Delph será el próximo en incorporarse, pero a Gabriel Jesús aún le queda: «Estará listo dentro de diez días, justito para la final de la Copa de la Liga, pero no para jugar de entrada. Estará listo para marzo. Mendy también va bien, pero no podemos contar con él porque a finales de abril, cuando vuelva al equipo, no tendrá ritmo de competición», valora Estiarte, quien explica cuál es la prioridad en este ámbito: «Lo más importante ahora ya no es recuperar lesionados, que eso ya está enfocado, sino conseguir que no se nos caiga ninguno más».

Cuatro días después, el Wigan los elimina de la FA Cup. Ha sido bastante surrealista porque han tenido el balón el 82 % del tiempo, pero han malgastado hasta cinco buenas ocasiones de gol y Delph ha cometido un grave error al filo del descanso y lo han expulsado. Pese a jugar con diez, el equipo ha seguido dominando (83 % de posesión en la segunda parte), distribuido en 2-3-2-2 hasta que Danilo ha pasado a jugar como extremo diestro en un 2-2-2-3. El City ha encadenado 845 pases, rematado 27 veces y sacado 15 veces de esquina, pero un error grosero de Walker, dejando pasar un balón, ha permitido que el mítico Will Grigg adelantara a los locales, infringiendo la tercera derrota del curso al City, en su tercer encuentro de la temporada sin marcar gol.

El tropiezo no parece afectar al cuadro *citizen* cara a la final de la Copa de la Liga que le enfrenta al Arsenal, en Wembley, el último domingo de febrero, donde Pep y seis mil aficionados *citizens* lucen lazos amarillos en la solapa pese a las amenazas de sanción de la federación inglesa. Sterling tiene molestias musculares desde el partido contra el Basel, por lo que Pep sitúa a De Bruyne como extremo derecho en el ya tradicional 2-3-2-3. El belga se mueve por los pasillos internos, dejando el exterior para Walker, al tiempo que Danilo como lateral izquierdo interioriza sus movimientos, en la que quizá sea su mejor actuación de la temporada. Agarrotados y nerviosos en el primer tiempo (el rombo Fernandinho, De Bruyne, Silva, Gündogan no funciona), los jugadores de Pep realizan una excelente segunda mitad. La lesión de Fernandinho reconvierte a Gündogan en mediocentro con el apoyo de KDB. El equipo presiona alto al Arsenal, controlando el balón y atacando con corrección, no permitiendo que los de Wenger tengan la menor oportunidad en dicho periodo: cero ocasiones, en gran parte por una actuación soberbia de Kompany. Agüero abre el marcador a pase directo del portero Claudio Bravo, con Kompany y Silva amartillando el título, el quinto del City en esta competición (1970, 1976, 2014, 2016, 2018). Tras ocho semanas de baja, Gabriel Jesús vuelve a jugar unos minutos.

Por fin, veinte meses después de llegar a Mánchester, Guardiola conquista su primer trofeo en el fútbol inglés, el vigesimosegundo en su carrera como técnico, aunque no sube a recoger la copa con sus jugadores: «Verlo desde el césped es más bonito», me dice. Hay poco tiempo para celebraciones. A las once de la noche ya están de vuelta a casa. El lunes lo dedican a recuperarse del esfuerzo, mientras los suplentes realizan ejercicios de fuerza explosiva. Hay descanso general el martes, entrenamiento para todos el miércoles y viaje de retorno a Londres porque el jueves vuelven a jugar contra el Arsenal, en partido de liga. La gestión de la recuperación es vital a estas alturas de temporada para resistir los esfuerzos.

En el Emirates Stadium, el City vence de nuevo por el mismo resultado (0-3). El partido número cien de Guardiola en Mánchester (66 victorias, 21 empates, 13 derrotas) se resuelve en treinta y tres minutos mediante tres fabulosos goles: un eslalon de Sané, que regatea a cuatro rivales y que culmina Bernardo con un disparo parabólico a la escuadra; otro doble regate de Sané que Agüero prolonga para Silva, quien incrusta el balón por el ángulo ciego tras cambiárselo de pie; y una combinación larga al primer toque con intervención de Agüero, De Bruyne y Walker que remata Sané. El joven alemán gana las nueve acciones de ataque en que interviene en el primer tiempo, marca un gol, da una asistencia y una «preasistencia». El Sané que Pep había presagiado un año y medio antes se consolida como gran estrella. Su momento de forma es exuberante. El Arsenal se ve incapaz de frenar el vendaval que le aturde: por vez primera recibe tres goles en casa durante el primer tiempo de un partido. El City ha marcado en los últimos seis disparos que ha realizado contra el equipo de Wenger. El segundo tiempo es distinto. Los jugadores *citizens* salen del vestuario con un tono bajo que enfada a su entrenador: «El comienzo del segundo tiempo ha sido un horror». Ederson detiene un penalti lanzado por Aubameyang, el undécimo que salva un guardameta del City de los últimos diecinueve lanzamientos, sin contabilizar las tandas de penaltis. El equipo suma ya 82 goles en 28 partidos de liga, un par más que en todo el campeonato pasado.

Setenta y dos horas más tarde, los de Guardiola reciben al campeón. Para sorpresa de muchos, el Chelsea planta el autobús, lo que justifica Antonio Conte con el siguiente argumento: «Ahora mismo es muy difícil jugar contra el City. Son muy fuertes, tienen una calidad fantástica. Si les concedes espacios entre líneas, te meten tres o cuatro goles». El City aprovecha el 5-4-1 del Chelsea, con Eden Hazard como náufrago en el círculo central, para acumular pases y bate el récord histórico, con 902 pases acertados de 975 intentados (93 %). Ubicado como mediocentro por la ausencia de Fernandinho, el *sedoso* Gündogan da 174 pases y también supera el récord del fútbol inglés. Por vez primera desde 2004, el Chelsea se queda sin disparar a portería en un partido. Pep está muy satisfecho: «No hemos concedido ningún disparo entre los tres postes. Hemos hecho un gran partido contra los campeones». A la doble victoria liguera frente al Arsenal, el City añade la misma circunstancia contra el Chelsea. Con los setenta y ocho puntos que suma en esta vigesimonovena jornada, el City ya habría sido campeón de liga en 1989, 1997 y 1998. Pep me habla muy bien de Agüero: «Tiene hambre. En los dos últimos meses ha sido la mejor versión posible del Kun».

La cuarta derrota del curso —y la primera en el Etihad Stadium— tiene lugar el 7 de marzo, cuando el FC Basel vence por 1-2 en un partido de la Champions que se había tornado intrascendente por lo abultado del marcador de la ida. Guardiola alinea al *Zinchenko's Team* y el equipo se muestra romo y espeso, quizá porque ni Stones, ni Yaya Touré —en sus últimas semanas como futbolista—, ni Foden ni Zinchenko se encuentran en un buen momento de forma. Si bien el equipo realiza muchos pases (978, récord de la Champions) lo hace en zonas intrascendentes. El traspié supone caer por primera vez en casa tras 36 partidos consecutivos, con 29 victorias y 7 empates. «Nuestra segunda parte —reconoce Pep— ha sido muy pobre».

El domingo 11 de marzo, el campo de entrenamiento número 1 del City vive un momento que puede ser crucial para el tramo final del curso: el Kun Agüero sufre un duro golpe en la rodilla derecha que le afecta la zona meniscal. El pronóstico del doctor Mauri no es concluyente porque no define si podrá seguir jugando o no. Al día siguiente, un doblete del *mago* David Silva quiebra el 5-4-1 presentado por el Stoke City. Los de Pep salen de la ciudad vecina de Newcastle con 16 puntos de ventaja sobre el Manchester United y 20 sobre el Tottenham, tras sumar 26 victorias ligueras y haber recuperado al mejor Sterling. Pero la baja de Agüero pesa en el ánimo colectivo cuando Guardiola y los suyos emprenden viaje rumbo al sol de Abu Dabi para un pequeño *stage*, regalo de la peculiaridad del calendario inglés, que otorga nada menos que diecinueve días de descanso entre la trigésima y la trigésima primera jornada de Premier League.

El último día de marzo ve otra exhibición del City, esta vez en Goodison Park. Tras ganar por 1-3 al Everton de Allardyce, los *citizens* suman otro detalle: son el tercer equipo de la historia (tras Chelsea y Manchester United) en vencer a todos sus competidores del campeonato. También es el triunfo número 50 de Guardiola en la Premier (en 69 partidos disputados). Un asombroso 83 % de posesión, con tramos del 90 %, resume la exhibición de juego, en la que destacan Silva y Sané, que alcanzan al unísono su undécima asistencia de gol, en tanto De Bruyne se va hasta las 15. Como ensayo del partido de la Champions League ante el Liverpool, Guardiola prueba a Laporte como lateral izquierdo —dado que la rodilla de Delph le mantiene de baja—. En la salida de balón, el City se sitúa con tres zagueros (Otamendi, Kompany y Laporte), pero cuando el balón cruza el círculo central, Laporte se convierte en lateral izquierdo por el carril exterior. Su rendimiento individual crece cada día, en tanto el del equipo alcanza una nueva muesca. Después de 31 partidos de liga (con 27 victorias, tres empates y una derrota) supera el número absoluto de victorias que consiguiera el Arsenal de «los invencibles» en todo el curso 2003-2004.

ACTO 5

Seis días negros y todos los récords

Liverpool / Mánchester / Londres
Abril y mayo de 2018

Con el título de liga al alcance de la mano, Guardiola tiene ante sí otro desafío mayúsculo: nada menos que el Liverpool de Jürgen Klopp en cuartos de final de la Champions League, el rival con el que posee un peor balance en sus dos primeras temporadas en Inglaterra: dos derrotas, un empate y solo un triunfo. Pep aún no ha encontrado el antídoto para enfrentar el *gegenpressing* de Klopp, por más que conoce todos sus secretos desde que lo sufriera en Alemania. Este *contrapressing* consiste básicamente en provocar al rival para que penetre en una especie de «boca del lobo», unos brazos abiertos que dibuja el Liverpool con un 4-3+2-1. Klopp invita al oponente a entrar confiado por el centro de su estructura y cuando ha conseguido ese propósito cierra sus extremidades en un abrazo mortal. El Liverpool recupera el balón a pocos metros del área rival y lo fulmina. Si el rival no acepta la invitación y marcha por un costado, Klopp ha preparado también una réplica, pues en las bandas siempre consigue superioridad de dos contra uno. Su *gegenpressing* es simple, pero muy eficaz. Guardiola logró batir a Klopp en cuatro de los ocho enfrentamientos que protagonizaron Bayern de Múnich y Borussia Dortmund, empatando uno y perdiendo los otros tres. Recibió mucha información sobre cómo afrontar la «boca del lobo», pero continúa siendo una propuesta dificilísima de afrontar, en especial porque Klopp ha logrado refinar su método gracias a la presencia de jugadores formidables como Salah, Firmino y Mané, auténticos lobos con piel de cordero.

Guardiola decide afrontar el partido de Anfield con un cambio de módulo, aparcando el 2-3-2-3. La baja de Agüero contribuye a la decisión, pero no es la principal razón. Hay un poderoso motivo psicológico que Dome Torrent me explicó hace años en Múnich, después de que el Bayern empatara a cero en campo del Shakhtar Donetsk: «En Champions nos hemos pasado de control en los partidos fuera de casa. El 0-4 del Real Madrid nos hizo daño y ahora nos hemos ido al otro extremo». Torrent se refiere al 0-4 ante el Real Madrid en las semifinales de la Champions 2013-14. Es inevitable que Pep aún esté influenciado por aquella vivencia. Las personas somos las heridas que hemos sufrido.

El entrenador elige a Gündogan en busca de un mayor control de balón que permita salvar el escollo del *gegenpressing* de Klopp, pero no da resultado. De nuevo, el rombo en el centro del campo (Fernandinho, KDB, Silva, Gündogan) ofrece un bajo rendimiento. Y de nuevo tres graves errores en la organización defensiva matan al City en la batalla. Otra vez veinte minutos de pánico emocional en Anfield (del 12 al 31) desorganizan todas las líneas *citizens* y dejan la eliminatoria casi sentenciada con tres goles de Salah, Oxlade-Chamberlain y Firmino. Sí, el City domina por completo el juego en la segunda parte (71 % de posesión), pero es un dominio infructuoso, sin ocasiones reales de peligro, sencillamente porque el Liverpool se encierra para conservar el resultado, apretujando jugadores en su área hasta convertirla en una malla impenetrable. Un gol legal de Gabriel Jesús en el minuto 83 es anulado por fuera de juego que no era, pues se encontraba en posición correcta al ser habilitado por Lovren.

Y a los pocos días, otro bofetón, esta vez en el Etihad Stadium.

Es el derbi de Mánchester. Una victoria otorga matemáticamente el título de liga a los de Guardiola, que regresa a su habitual 2-3-2-3, aunque esta vez con Sterling de falso 9 entre Bernardo y Sané; Gündogan y Silva son los interiores. Walker, KDB, Gabriel Jesús y Agüero —con el menisco fisurado— se quedan en el banquillo. Un primer tiempo apabullante da ventaja al City por 2-0, a pesar de que Sterling falla tres duelos en solitario contra De Gea. El balance habla por sí solo: nueve remates del City por ninguno del United. El marcador al descanso podría haber sido un 4-0 si Sterling hubiese finalizado correctamente algunas de las numerosas maravillas que ha creado. Pep comienza a desesperarse con él porque en una misma acción muestra dos rostros diametralmente opuestos. Sterling es capaz de realizar una jugada extraordinaria y, al mismo tiempo, finalizarla de un modo horrible. Esta temporada ha batido su récord personal de goles, pero probablemente también ha superado el de fallar tantos sencillos.

Al descanso, la Premier League parece finiquitada, pero bastan otros quince minutos de desconcentración colectiva para que el equipo de Mourinho dé la vuelta al partido y frene el alirón. Es la primera derrota del City en el Etihad en todo el campeonato liguero (2-3) y la segunda de un equipo de Pep encajando tres goles desde 2015, así como la segunda en toda la Premier. Pero sobre todo es una gran decepción para el aficionado *citizen*, que soñaba con conquistar el título en casa y frente al gran rival. El derbi deja una herida aún peor: una entrada brutal de Ashley Young a Sergio Agüero dentro del área es obviada por el colegiado, que ni señala penalti ni amonesta al jugador visitante, quien rompe definitivamente el menisco del delantero argentino, que deberá ser intervenido quirúrgicamente. Fin de temporada para Agüero. No es el mejor remedio para recibir al Liverpool en la Champions.

Para esa batalla que parece inabordable, solo tres días después, Guardiola cambia nuevamente de módulo, esta vez para presentar un 2-1-4-3 agresivo y de altísimo riesgo. Otamendi y Laporte se ubican como zagueros, con Fernandinho por delante; en la línea superior forman Walker, De Bruyne, Silva y Sterling; y en la atacante están Bernardo, Jesús y Sané. Un gol del brasileño en el minuto 2 da paso a un dominio completo del City que vive otros cuatro momentos decisivos en el primer tiempo: una mano flagrante de Milner a disparo de Bernardo, otra de Robertson en un duelo aéreo con Sterling, un disparo de Bernardo al travesaño y un gol de Sané anulado por fuera de juego, pese a que el balón procedía de Milner. Tres de los cuatro son errores gravísimos del árbitro español Mateu Lahoz, de rostro muy severo con las protestas de los jugadores, pero nefasto en la observación de las infracciones. Dos penaltis no señalados y un gol legal deben anotarse en su balance como juez.

El dominio del City en el primer tiempo ha sido absoluto, con un ataque desaforado por el costado izquierdo merced al tándem Silva-Sané, y con las finalizaciones por el costado derecho, con Bernardo. Mientras Jesús se faja con los zagueros visitantes, Sterling se mueve libre por todas las zonas de ataque, provocando dolores de cabeza al equipo de Klopp. La fase inicial del juego recae en De Bruyne, quien acerca el balón desde atrás en compañía de Fernandinho. Pero la no materialización de las ocasiones creadas, la expulsión de Guardiola al descanso por protestar las decisiones arbitrales y un balón que, a la hora de partido, se le escapa a Ederson en un contragolpe *red* liquidan la eliminatoria, dejando al City fuera de las deseadas semifinales europeas y sellando una semana negra para el equipo de Pep. Un nuevo error de Otamendi a los setenta y seis minutos regala el gol de la victoria a Firmino. Durante cuarenta y cinco minutos, el City ha flirteado con la proeza, pero finalmente ha caído por el precipicio… En el cómputo de los ciento ochenta minutos, el Liverpool se ha defendido mejor y ha sido más eficaz en el remate. El City ha creado más oportunidades de gol, pero entre los errores propios y las espantosas decisiones arbitrales no ha logrado superar a su rival. Guardiola analiza con satisfacción el coraje de sus jugadores, pero con preocupación los altibajos en la concentración defensiva. Hablo con él sobre las razones de estos altibajos y también de las goleadas que se producen en la Champions League y su respuesta ese breve, pero clarificadora:[4]

—Es totalmente psicológico.

Cuatro días más tarde, el equipo vuelve a la «normalidad» del 2-3-2-3 en Wembley, el estadio donde provisionalmente juega el Tottenham mientras reconstruye White Hart Lane. La presión alta, el acierto en la recuperación del balón y el dominio del juego son apabullantes a favor de los de Pep, pero tras nueve disparos a portería el marcador refleja al descanso un escueto 1-2 que no hace honor a lo mostrado sobre el césped, donde ha minimizado a los Spurs. Para un dominio tan abrumador, el marcador es muy corto, y los fantasmas de los últimos encuentros llaman a la puerta del City. La pregunta que nos hacemos en el descanso es si el equipo sabrá resistir el empuje local o si volverá a ocurrirle como en los dos anteriores partidos y su fragilidad emocional propiciará otra remontada del oponente. Guardiola responde sustituyendo a Sané por Otamendi, para plantear una defensa con tres zagueros (Otamendi-Kompany-Laporte) y distribuirse en 5-3-2 en el minuto 64, después de que los locales dominaran durante un cuarto de hora. El cambio de módulo frena en seco a los Spurs y regala oca-

4. En esa misma edición de la Champions, el Barcelona venció por 3-0 al Chelsea y por 4-1 a la Roma, pero el equipo italiano remontó en la vuelta por 3-0, eliminando al equipo de Messi. El Real Madrid venció por 3-0 a la Juventus, pero perdió en Turín por 3-1, y en semifinales, el Liverpool vencerá a la Roma por 5-2, pero perderá en la vuelta por 4-2.

siones de oro que desperdician Sterling y Jesús hasta que finalmente el atacante inglés sentencia el marcador (1-3), obteniendo su decimoséptimo gol en liga (22 en todas las competiciones), su récord personal. Es un gran resultado para Sterling, que necesita 3,5 remates para marcar gol, una ratio incluso mejor que la de Salah en el Liverpool (4 remates). Sterling ha progresado mucho, pues el curso pasado necesitó 7,6 remates por cada gol anotado, pero nadie se engaña en el cuerpo técnico: Sterling marca muchos goles, pero comete errores monumentales ante los porteros rivales, en especial cuando dispone de tiempo para pensar y decidir. Cuando piensa, ejecuta mucho peor que cuando no tiene tiempo y debe rematar por pura intuición.

A quince minutos del final del partido, Guardiola apuntala el resultado con otra modificación más, pasando a un 5-4-1 que resulta inexpugnable. El Tottenham llevaba catorce partidos sin perder (desde diciembre de 2017) y no recibía tres goles en su estadio desde marzo de 2015. El City suma otro gran escenario entre sus victorias de la temporada, después de vencer en Stamford Bridge, Old Trafford, Emirates y ahora Wembley, ganando en los dos enfrentamientos a Chelsea, Arsenal y Tottenham y en uno de ellos a Manchester United y Liverpool. En el balance de enfrentamientos entre los seis grandes de la Premier, Pep ha ganado ocho de los diez partidos disputados, sumando 24 de los 30 puntos en juego, con 27 goles a favor por 11 en contra. Ha sido uno de los grandes cambios respecto al curso anterior, donde solo consiguió seis de dichos treinta puntos en juego.

A las diez de la noche de este sábado 14 de abril, el City todavía no es campeón de la Premier League. Lo será al día siguiente. A la misma hora en que Guardiola juega al golf con Tommy Fleetwood (cuarto en el US Open 2017), Jay Rodriguez cabecea un balón a las redes de Old Trafford y le da la victoria al WBA frente al Manchester United. Si tres mil aficionados del United habían enloquecido la semana anterior en el Etihad al impedir que el City conquistara en su estadio la séptima liga de su historia, ahora son más de setenta mil los hinchas del United que viven una pesadilla en Old Trafford, al poner en bandeja el título a sus rivales ciudadanos.

El City de Pep es campeón.

Llega el momento de pensar un poco más allá. Quedan cinco jornadas de liga y Guardiola no se conforma con el título.

El viernes 20 de abril, a primera hora de la mañana, reúne a los jugadores en la sala de la ciudad deportiva donde acostumbran a revisar los vídeos de los equipos rivales.

—Chicos, hemos hecho una temporada extraordinaria, pero tengo experiencia en el Barça y el Bayern de ganar la liga y relajarnos a continuación. Y os digo que es una sensación triste ganar la liga y perder los últimos partidos.

Esta vez el vídeo no muestra acciones de los contrincantes, sino unas sencillas imágenes con tres cifras: el récord de puntos, el récord de victorias y el récord de goles de la historia de la Premier League. Todos pertenecen al Chelsea, aunque de distintas temporadas, al mando de José Mourinho, Antonio Conte y Carlo Ancelotti. El vídeo contiene otras muchas cifras: número de victorias fuera de casa, diferencia de goles, diferencia de puntos con el segundo clasificado, y así hasta diez apartados distintos, pero Pep se detiene solo en los tres primeros aspectos. Puntos, victorias y goles.

—Ahora podemos hacer historia. Podemos superar estos tres récords y pasar a la historia del fútbol inglés para siempre. Y si batimos estos tres, los otros récords caerán por sí solos. ¿Qué os parece?

El 22 de abril, un resplandeciente Etihad Stadium recibe a los campeones, que baten al Swansea en otra gran exhibición de juego culminada con cinco excelentes goles que obtienen los cinco atacantes del equipo: Silva, Sterling, De Bruyne, Bernardo y Gabriel Jesús. Como tantas veces en el curso, el rival se encierra en un 5-4-1 y regala el balón a su contrincante. Durante los primeros quince minutos, el City da 174 pases por solo 20 el Swansea, un reparto de 90 % contra 10 %. Los *citizens* atacan especialmente por el costado izquierdo, donde se encuentran Laporte, Delph, Silva, Sterling e incluso De Bruyne, mientras Bernardo y Danilo se mueven por la derecha. Al descanso, el equipo ha batido el récord de pases de la historia de la Premier League en un primer tiempo: 582 pases, con un 93 % de acierto y un 86 % de posesión. Cuando falta un cuarto de hora regresa Benjamin Mendy al fútbol tras seis meses menos un día de ausencia. Su retorno es extremadamente tímido, pero supone una excelente noticia, mientras Yaya Touré sigue protagonizando su *Farewell Tour*. El récord de mayor número de pases de la historia del fútbol inglés queda establecido en 942 acertados de 1015 dados.

Aprovecho la alegre jornada para valorar con Estiarte lo ocurrido en la temporada, aunque todavía no haya concluido y los récords por batir estén aún pendientes:

—Estamos muy satisfechos. Ganar esta Premier ha sido una de las mayores alegrías de siempre. El juego del equipo ha sido espectacular, similar al que logramos en el Barça y también en el tercer año del Bayern. Ahora ya solo queda pelear por los récords y afrontar los nuevos fichajes.

Le pregunto por ellos:

—Un atacante, sin duda. Creo que iremos a por Riyad Mahrez, que le gusta mucho a Pep. Y quizá necesitemos un mediocentro. Hay jugadores que dicen que Hazard les ha comentado que quiere venir, pero yo no lo veo nada claro...

Estiarte añade un detalle que me parece muy revelador de la mente planificadora de Guardiola:

—Pep ya tiene preparada la primera charla de la próxima temporada. Les dirá algo así: «Chicos, ya nos conocemos. Yo os conozco y vosotros me conocéis. Las virtudes y los defectos. Y los golpes de efecto. Por lo tanto, hemos de aprender a ser totalmente intensos y competitivos aunque no haya grandes novedades ni incorporaciones. O sea, que ahora y durante toda la temporada hemos de apretar mucho y ser muy finos para volver a ganar». Está bastante claro que la próxima será una temporada complicada. Pocos refuerzos y muchos rivales que querrán ganarnos.

Tres asistencias de Sterling facilitan un nuevo triunfo, esta vez en terreno del West Ham, el 29 de abril, donde el City realiza la enésima exhibición de juego del curso, manteniendo el 2-3-2-3 con el que tan cómodos se sienten los jugadores. A centro de KDB, su antiguo compañero Pablo Zabaleta anota en su propia portería el segundo gol del encuentro, que supone también el número cien de los *citizens* en esta liga. Es el primer equipo del fútbol inglés en superar dicha cota en dos temporadas diferentes: marcó 102 en la 2013-2014 y por el momento lleva los mismos en la actual. Los 103 goles del Chelsea, plusmarca vigente, están en serio peligro. Guardiola hace debutar en la Premier al joven Lukas Nmecha, en tanto Yaya Touré continúa dando pequeños recitales de veinte minutos en los que amasa pases, junta rivales y muestra cuán gran futbolista fue. Después de 35 partidos y 30 victorias (iguala el récord histórico del Chelsea), de las que 15 han sido fuera de casa (también iguala al

Chelsea), el equipo suma 93 puntos y presenta otros detalles apabullantes. En la lista de máximos asistentes del campeonato, los primeros cuatro puestos son para jugadores *citizens*: KDB (16), Sané (15), Silva (11) y Sterling (11). Nunca antes ningún equipo había logrado que cuatro de sus jugadores superasen las diez asistencias en una temporada. Sané (10 goles y 15 asistencias) y Sterling (18 y 11) son también los dos únicos futbolistas de este torneo que presentan dobles figuras; David Silva queda muy cerca (9 goles y 11 asistencias) pese a estar presente en solo 29 partidos. El City ha anotado 4 o más goles en 10 partidos de liga.

Tras empatar a cero contra el Huddersfield, en un duelo que fue como chocar continuamente contra una pared de hormigón, el equipo se despide del Etihad Stadium con triunfo ante el Brighton (3-1). El segundo tanto, obra de Bernardo, supera el récord absoluto de goles de la Premier, con 104. El tercer tanto, anotado por Fernandinho, es el vigesimotercero de la temporada a balón parado, una cifra colosal. El triunfo supone también batir el récord absoluto de puntos, pues ya acumula 97, y el de victorias en el campeonato, con 31. Las tres plusmarcas que fijó Pep como objetivos han sido superadas por un campeón que distancia en 20 puntos al Manchester United, en 23 a los Spurs, en 25 al Liverpool, en 27 al Chelsea y en 37 al Arsenal. Pero el entrenador se muestra inconformista cuando hablo con él:

—Estoy muy contento con los récords, que solo son una consecuencia de lo bien que hemos jugado este año. Pero ahora quiero los cien puntos. Quiero los cien para que sea una liga perfecta. Pero ni con cien puntos estaremos entre los mejores de la historia del fútbol inglés. Tendremos que ganar más ligas. Para estar al nivel del Manchester United de Ferguson y del Liverpool de los años ochenta hemos de ganar más títulos. En cuanto a récords y estadísticas ya somos los mejores de siempre, pero tenemos que ser aún mejores. Yo necesito urgentemente unas vacaciones, pero antes hemos de conseguir los cien puntos.

El 13 de mayo, en una tarde soleada sobre la bahía de Southampton, termina la temporada del Manchester City. Su excepcional trayectoria liguera no podía concluir más que de un modo histórico. El mismo día que se cumplían seis años (13 de mayo de 2012) del épico gol de Sergio Agüero que dio al club su primera liga del siglo XXI, y en el mismo minuto del tiempo de descuento (93.20 y 93.02), Gabriel Jesús controla con el pie izquierdo un balón lanzado desde cincuenta metros por De Bruyne y con una suave vaselina ejecutada con el pie derecho suma el punto número cien a la tabla del City, desencadenando la apoteosis *citizen*. Todas las plusmarcas han caído hechas añicos. El equipo de Pep inscribe en letras de oro su nombre en la historia del fútbol inglés.

Cuatro días más tarde se hace oficial la renovación de contrato de Pep. Había firmado por tres temporadas (2016-2019) y acaba de comprometerse por dos más, hasta 2021. Era obvio que necesitaba más tiempo para desarrollar el juego que pretende y construir un verdadero legado.

100 PUNTOS Y MÁS

Nunca antes un equipo tiranizó la Premier League como lo ha hecho el Manchester City esta temporada, ni lo hizo practicando un juego que compagina con tanta armonía la excelencia y la efectividad. La unanimidad es absoluta en Inglaterra: el City de Guardiola ha entrado por derecho propio en la honorable lista de los mejores campeones de la historia de la liga inglesa. Y si bien afronta importantes desafíos en el porvenir, se adivinan pocos frenos para un equipo hambriento y dispuesto a corregir sus carencias, que las tiene, por más abrumador que haya sido su dominio.

El Manchester City de los «Centuriones», el de los cien puntos y todos los récords, ha sido también el del *beautiful football*, como gustan los ingleses de apodar al juego practicado por Guardiola. Como un torrente, todos los datos estadísticos han sonreído al conjunto azul, líder en cualquier faceta escrutada, aunque nada refleja de mejor modo dicho dominio que dos detalles. A lo largo de los 3420 minutos teóricos de campeonato (en realidad, fueron más de 3600), el equipo de Pep solo ha ido por detrás en el marcador durante 153 minutos, un minúsculo 4,47 % del tiempo total de competición. El segundo detalle impactará aún más al lector, básicamente porque se trata de una hipótesis inimaginable por absurda: si el City hubiese jugado sin portero los diecinueve partidos disputados en su estadio y todos los remates rivales entre los tres postes se hubieran transformado en gol, el equipo habría sido igualmente campeón de la Premier 2017-2018... Sí, es asombroso, pues al margen de ser una hipótesis imposible, si el equipo hubiese jugado solo con diez futbolistas de campo y sin guardameta, los remates entre los tres postes que realizaron sus oponentes habrían supuesto 39 goles encajados más, lo que hubiera significado sumar

18 puntos menos, es decir, un total de 82, uno más que el subcampeón, el Manchester United. Sirva esta reducción al absurdo como símbolo del dominio de los Centuriones.

Una afirmación se ha repetido sin cesar a partir del mes de octubre de 2017: los estadios ingleses nunca habían presenciado un fútbol de semejante calidad. La opinión de Gary Lineker es buen resumen de ello: «La temporada del City ha sido fenomenal, no solo por la manera enfática de ganar la liga, sino por el estilo de fútbol tan alegre que ha practicado. Ha sido un soplo de aire fresco: fútbol de ataque, abierto y aventurero con jugadores realmente buenos. Para el fútbol inglés, Guardiola es genial. Mucha gente dijo que no podría jugar la Premier League con su estilo. Me alegra que su estilo de juego se haya impuesto y que él se haya mantenido fiel a sus principios. No solo ha demostrado que puede ganar con dicho estilo, sino que es hermoso de ver».

Sin la menor duda, un factor crucial en el éxito de la temporada ha residido en la contratación de futbolistas como Ederson, Walker, Laporte o Bernardo, el aprendizaje de los fundamentos de este tipo de juego por parte de hombres como Otamendi, Agüero, Fernandinho o Kompany, y la consolidación de jugadores que —aún con sus lagunas— están llamados a seguir progresando, como Sané, Sterling o Laporte. Por encima de todos ellos ha destacado Kevin de Bruyne, que ha interpretado una revolución personal al asumir el liderazgo indiscutido del equipo ante las pertinaces ausencias de David Silva. El City de Guardiola no habría alcanzado semejante nivel sin De Bruyne, el jugador con más impacto en el curso.

Ganar el título cinco jornadas antes del final iguala lo conseguido por el Manchester United en 1908 y 2001 y por el Everton en 1985. El resto de los récords históricos han sido barridos, tanto si miramos puntos como goles, remates a favor o en contra, victorias a domicilio, *expected goals*, posesión del balón, número de pases, acierto de estos o victorias consecutivas. Todo ha caído pulverizado. En la memoria de los aficionados, sin embargo, quedará algo mucho más importante que las cifras y los datos: la excepcionalidad de un juego soberbio y brillante que Terry Venables explicita así: «Hemos presenciado en Inglaterra el más significativo de sus éxitos, que se ha logrado con el estilo catalán de juego: fluido, entretenido y ganador».

Y

TODOS LOS RÉCORDS

- Mayor número de puntos en la historia de la primera división inglesa: 100 puntos. Anterior: Liverpool, 98 puntos en 1978-1979.
- Más victorias: 32 de 38 partidos. Anterior: Tottenham, 31 de 42 partidos en 1960-1961.
- Mayor número de puntos en la Premier League: 100 puntos. Anterior: Chelsea, 95 puntos en 2004-2005.
- Mayor margen sobre el segundo: 19 puntos. Anterior: Manchester United, 18 puntos en 1999-2000.
- Más victorias: 32 de 38 partidos. Anterior: Chelsea, 30 de 38 en 2016-2017.
- Victorias consecutivas: 18 (desde el 26 de agosto al 27 de diciembre de 2017). Anterior: Chelsea, 13 victorias en 2016-2017. [Arsenal, 14 victorias entre febrero y agosto de 2002, en dos temporadas diferentes].
- Más victorias fuera de casa: 16 victorias de 19 partidos. Anterior: Chelsea, 15 de 19 en 2004-2005.
- Más puntos fuera de casa: 50 puntos. Anterior: Chelsea, 48 en 2004-2005.
- Más goles marcados: 106 goles. Anterior: Chelsea, 103 en 2009-2010.
- Mayor diferencia de goles: +79 (106 -27). Anterior: Chelsea, +71 en 2009-2010.
- Minutos por detrás en el marcador: 153 minutos. Anterior: Arsenal, 170 minutos en 1998-1999.
- Mayor posesión de balón en el campeonato: 71,9 %. Anterior: Manchester City, 65 % en 2016-2017.
- Mayor posesión de balón en un partido: 82,95 % (22 de abril de 2018, frente al Swansea). Anterior: Manchester City, 82,28 % (13 de mayo de 2012, frente al Queens Park Rangers).
- Más pases en el campeonato: 28 242 pases. Anterior: Manchester City, 22 705 en 2016-2017.
- Más pases en un partido: 942 pases (22 de abril de 2018, frente al Swansea). Anterior: Manchester City, 905 (31 de marzo de 2018, frente al Everton).

LOS FUNDAMENTOS DEL JUEGO

En el trayecto Barcelona-Múnich-Mánchester, el técnico catalán no ha cambiado los fundamentos de su juego, que se manifiestan alrededor del esférico: llevar la iniciativa, tener el balón para atacar, para organizarse, para defenderse, para desorganizar al rival y para ganar. La idea de Pep es que «solo hay un balón ¡y es nuestro! Si lo tenemos, jugamos. Nos lo pasamos y jugamos. Si no lo tenemos, lo recuperamos. El balón es nuestro, así que cuando lo perdemos nos están quitando algo nuestro y hay que recuperarlo. Nosotros no robamos el balón, solo recuperamos lo que es nuestro». [El lector advertirá la influencia ideológica de Paco Seirul·lo].

El balón para ganar y el balón para defenderse. Una manera de jugar que gana bastante a menudo, pero que no es la única posible, ni contiene ninguna «verdad absoluta» (Torrent *dixit*). Una manera de jugar que precisó adaptarse al juego de contragolpes interiores de Alemania y ha necesitado evolucionar en determinados comportamientos para no padecer el juego directo inglés y sus contraataques exteriores. Como explicó en su momento Juanma Lillo, «en Inglaterra unos y otros se contragolpean mutua y sucesivamente sin parar. Es un fútbol contragolpeador porque antes no ha habido una secuencia de pases que lo impida. Los jugadores corren por fuera y les basta un apoyo interior para contraatacar así».[5]

Guardiola dedicó toda la primera temporada en Mánchester a introducir a sus futbolistas en los fundamentos, al tiempo que asumía la disputa de las competiciones y el aprendizaje propio de los rasgos ingleses: los contraataques mutuos y sucesivos, los segundos balones, el juego en largo y por alto, los *tackles* despiadados, la permisividad arbitral y un importante rasgo diferencial. Los equipos ingleses poseen un mecanismo psicológico de lucha que los anima a seguir batallando aunque el marcador les resulte muy desfavorable. Con un 2-0 a favor, en otros países puede darse por sentenciado casi cualquier partido. En los campos de la Premier —es sabido que los ingleses van a la guerra con «espíritu deportivo» y practican deporte con «espíritu guerrero»—, ningún resultado garantiza el armisticio. Guardiola lo padeció en grado sumo en su primera temporada, donde ni con 2-0 ni siquiera con 3-0 los partidos parecían estar

5. Perarnau, Martí. *Pep Guardiola. La metamorfosis*. Córner, Barcelona, 2016, página 445.

asegurados. Pep ha comentado numerosas veces a sus jugadores que era necesario romper esta dinámica psicológica y quebrar la resistencia de los rivales para evitar sustos como los sufridos en la temporada 2016-2017. Este es el motivo por el que hemos visto al City ganar nada menos que diecisiete partidos por tres o más goles de diferencia esta segunda temporada, con el siguiente desglose: cinco partidos por cinco o más goles; cinco por cuatro goles de diferencia; y siete por tres goles, además de otros diez encuentros en los que también marcó tres goles o más. En total, de los cincuenta y siete partidos oficiales disputados solo en cinco de ellos el equipo no ha marcado. Son datos elocuentes de lo que el entrenador pidió a su vestuario. No solo adelantarse en el marcador, sino hacerlo de manera determinante y suficientemente amplia como para quebrar cualquier resistencia psicológica de los oponentes.

Es indiscutible que no siempre la ejecución de estos fundamentos del juego ha sido excepcional o superlativa. El City ha delatado carencias en las que debe mejorar, tanto en la organización colectiva como, muy especialmente, en la madurez psicológica. Basta ver sus enormes dificultades en las dos visitas a Anfield para comprender que el equipo continúa teniendo asignaturas pendientes.

UN 25 % MÁS DE PASES

En ningún fundamento del juego se ha avanzado más que en el pase, donde el cambio de la primera temporada a la segunda ha sido exponencial.

—Tienes que pasar el balón. Pasar y pasar. Y un pase más. Un pase extra y otro pase extra. Ese pase extra siempre te ayuda a conseguir tu objetivo.

Durante la mayor parte del curso, el Manchester City ha sido una máquina de precisión, con una alta efectividad rematadora: ha disparado 265 veces a portería y ha obtenido 106 goles y ha estrellado 23 balones en los postes. Es decir, el 40 % de sus remates a puerta han concluido en gol y otro 8,6 % ha terminado en los postes. Si lo referenciamos con el total de remates (665), la eficacia también es altísima: el 15,9 % de los disparos han finalizado en gol. Pero por encima de dicha eficacia en el remate, ha sido en el pase donde la mejora ha resultado mayúscula.

En la temporada 2016-2017, el equipo dio 597 pases por encuentro con un 86 % de acierto. Estuvo lejos de lo que promediaba el Bayern de Guardiola: 726 pases por partido, 87,9 % de acierto. Esto ha cambiado radicalmente en el curso recién terminado, pues el equipo de Pep se ha ido hasta los 743 pases por partido, con un 89 % de acierto. Para contextualizar este promedio, recordemos que en uno de los partidos cumbre del Barcelona de Guardiola —la conquista de la Champions League 2011 frente al Manchester United de Alex Ferguson—, contabilizó 777 pases y un 90 % de acierto.

El incremento resulta tan significativo como estruendoso: aumentar de 597 a 743 significa que ha promediado casi 150 pases más por partido. Este 24,4 % de aumento es mayúsculo, pero en realidad solo sitúa al equipo de Guardiola donde pretendía su entrenador: en posición dominante durante los partidos. En el total de la liga, han acumulado 28 242 pases, que son 4715 más que los segundos en esta tabla, el Arsenal, y 8179 más que el Manchester United, es decir, 215 pases por partido más que el equipo de Mourinho. Estos datos no poseen más valor que certificar el estilo de juego elegido por cada técnico.

El City ha ido rompiendo gradualmente todas las barreras en número de pases, aciertos de estos y tenencia del balón. Si en la décima jornada de liga (octubre de 2017), alcanzó los 843 en terreno del West Bromwich Albion, en la vigésima novena (marzo de 2018) sumó 902 pases frente al Chelsea de Antonio Conte, y en la trigésima cuarta se fue hasta los 942 pases acertados contra el Swansea. En dicha fecha, el pasado 22 de abril, se convirtió en el primer equipo inglés de la historia en romper la barrera de los mil pases durante un encuentro: concretamente dio 1015, de los que el 92,8 % fueron acertados (de ahí que el récord haya quedado fijado en 942 pases acertados). La cifra lograda, no obstante, aún no supera la conseguida por el Bayern de Guardiola en 2014, cuando dio 1006 pases correctos de 1078 intentados frente al Hertha Berlín. Del mismo modo, si bien Ilkay Gündogan acumuló 174 acertados contra el Chelsea —récord del campeonato inglés— todavía está lejos de los 196 sumados por Xabi Alonso con el Bayern en la Bundesliga. El City también estableció una plusmarca de pases en la Champions League cuando el 7 de marzo acertó 978 combinaciones frente al Basel, en partido que sentenció la eliminatoria (0-4).

La repetición del pase para establecer secuencias largas que permitan organizarse es uno de los fundamentos de Guardiola, y esta temporada ha conseguido inculcarlo a fondo, pese al tradicional ritmo frenético en que se maneja el juego en Inglaterra. El City no repudia dicho juego directo, sino todo lo contrario. De hecho, le gusta atacar velozmente, sea a través del envío largo del portero al delantero, acción que ha permitido lograr dos goles, sea mediante galopadas de sus jugadores más rápidos (Sané, Sterling, KDB, Gabriel Jesús...). Pero es indudable que la interiorización de las secuencias de pase ha sido el avance más significativo del año.

Repetir pase es un elemento clave en el juego de posición, pues genera efectos posicionales, organizativos y emocionales muy potentes, si bien deben darse determinadas condiciones para que sea productivo. Repetir pase no es jugar a dar pases, sino hacerlo con una intención clara. Para ello han de darse unas condiciones previas y un contexto determinado en los partidos. Por ejemplo, un rival que prefiere correr pocos riesgos (*park-the-bus*) y un marcador favorable. En casos así, se exagera la repetición de pases porque logra en el oponente un efecto demoledor. Cuando el City repite pases como si estuviera en un rondo, el rival acaba inevitablemente superado mediante una simple triangulación, por lo que a partir de la segunda vez que es burlado, desiste de presionar y en cada nueva repetición queda fijado, desorientado o superado. Cada repetición de pase produce, por lo tanto, tres efectos: los rivales próximos son fijados, los alejados se desorganizan y el adversario queda «adormecido», víctima de la frustración. El City «duerme» al rival y hasta la fecha solo el eléctrico Liverpool de Jürgen Klopp ha logrado evitar semejante efecto narcotizante.

El equipo se ha distinguido también por otros rasgos interesantes. Ha empleado siete distintas salidas de balón para iniciar el juego. Ha obtenido los mismos puntos en casa que fuera de ella (50), con la misma estructura de 16 victorias, 2 empates y 1 derrota. Ha convertido la transición defensa-ataque en un elemento fundamental. Ha conseguido 23 goles a balón parado: 16 en saques de esquina (8 % de los lanzados) y 7 en lanzamientos de falta (2 directas, 5 indirectas), aparte de 6 goles de penalti. La temporada anterior sumó 15 goles (7 + 8). Ha encajado 4 goles a balón parado: 2 de córner (1,9 % de los lanzados), uno de ellos en propia puerta; y 2 de falta, una directa y una indirecta. La temporada anterior encajó 9 goles a balón parado.

LOS SIGUIENTES DESAFÍOS

Para el porvenir se dibuja un gran reto que Guardiola me señala cuando hablamos de la próxima temporada:

—Hemos de enfocarnos en las competiciones inglesas mucho más que en la Champions League. Hemos de intentar revalidar el título de Premier League. Será nuestro gran objetivo.

Los tres últimos campeones —Chelsea, Leicester y Chelsea, sucesivamente— no solo no han optado a dicha reválida, sino que ni siquiera han logrado clasificarse entre los cuatro primeros al año siguiente de ganar. Es un indicativo extraordinario de la dificultad de la competición inglesa y otorga valor a fijar dicho objetivo como prioridad absoluta del City. Nadie puede dudar de que el próximo campeonato será más reñido, básicamente porque los cinco «grandes» se reforzarán e intentarán evitar un nuevo desfile del conjunto de Guardiola, y los «pequeños» incrementarán la estrategia de aparcar el autobús cuando se enfrenten al City, que precisará mucha finura para desatascar partidos que se jueguen en espacios muy reducidos.

Para lograrlo, Guardiola ya ha comunicado a sus jugadores cuál es la premisa fundamental: mantener el mismo grado de ambición que en la temporada recién concluida. Esta es la condición *sine qua non* para superar el desafío, pero hay otros varios ámbitos en los que el equipo debe mejorar. Madurar en el terreno emocional, evitando momentos de pánico; acertar en el modo de enfrentarse a su gran némesis, el Liverpool de Jürgen Klopp; proseguir en la mejora individual de jugadores con gran potencial, como Ederson, Stones, Laporte, Walker, Mendy o Sané; incrementar el nivel medio del equipo con las dos incorporaciones ya programadas: un mediocentro que sustituya a Yaya Touré y un sexto atacante (Mahrez como objetivo); introducir la variante de los extremos jugando a pierna cambiada (hasta el momento, el mejor rendimiento se ha obtenido con extremos jugando a pierna natural); elevar el rendimiento rematador de Gabriel Jesús, que pese a alcanzar un 59 % de aciertos parece tener un amplio margen de corrección; y muy especialmente intentar mejorar el nivel de eficiencia de Raheem Sterling, quien, a pesar del gran avance vivido esta temporada (quinto máximo goleador de la Premier duplicando sus cifras anteriores), posee también un gran margen de progresión.

El proyecto de Guardiola se halla a medio camino. Sus jugadores piensan en esa misma dirección. Ilkay Gündogan, el primer fichaje de Pep, es claro: «Estamos en un viaje y aún no hemos llegado donde queremos, pero estamos contentos del punto en que estamos. Aún nos queda mucho por mejorar». El otro futbolista emblemático para Guardiola, el belga Kevin de Bruyne, resume el sentimiento generalizado de plantilla y aficionados: «Las personas te juzgan por los trofeos y las estadísticas porque eso es lo más importante. Pero las estadísticas son solo una parte de la historia. Para mí, la belleza está en el camino y no en el destino. Por eso valoro tanto lo que hemos hecho esta temporada».

Poquísimas veces en su carrera como entrenador —que en ese momento cumplía su décima temporada—, Guardiola había sido tan feliz como en Mánchester, donde se reúnen las condiciones idóneas para esta plenitud: una directiva que le apoya sin fisuras, unos futbolistas entregados a su idea de juego, un *staff* fiel y homogéneo que rema en la misma dirección y una afición que canta su alegría por tenerle como líder: «*We've got Guardiola!*». (¡Tenemos a Guardiola!). El propio Pep lo expresa así: «La gente dice que solo tenemos dinero. Lo que tenemos es pasión, grandes trabajadores y una gran estructura de club». La palabra predominante en estas dos primeras temporadas ha sido «proceso», pero ahora hay otra que empieza a tomar fuerza: «legado».

Pep es feliz en Mánchester e incluso lo fue la pasada temporada, cuando casi todo salió mal. Imaginen un año en que casi todo salió bien…

RESUMEN ESTADÍSTICAS 2017-2018

	P	V	E	D	GF	GC
Premier League *Campeón*	38	32	4	2	106	27
Copa de la Liga *Campeón*	6	4	2	0	11	5
FA Cup *Quinta ronda*	3	2	0	1	6	2
Champions League *Cuartos de final*	10	6	0	4	20	12
Total	**57**	**44**	**6**	**7**	**143**	**46**

DATOS

77,2 %	Porcentaje victorias en la temporada
84,2 %	Porcentaje victorias en la Premier League
2,51	Goles a favor en la temporada
2,79	Goles a favor en la Premier League
0,81	Goles en contra en la temporada
0,71	Goles en contra en la Premier League
97	Diferencia de goles a favor en la temporada
100	Puntos en la Premier League
23	Remates al poste en la Premier League (4 De Bruyne y Sterling)
66,2 %	Posesión de balón en la temporada
71,9 %	Posesión de balón en la Premier League
83 %	Máxima posesión de balón (vs. Swansea, abril 2018)
51 %	Mínima posesión de balón (vs. Napoli, noviembre 2017)
743	Promedio de pases por partido
978	Máximo número de pases (vs. FC Basel, marzo 2018)
89 %	Pases acertados por partido
17,5	Remates por partido / 7 a portería
6,2	Remates en contra por partido / 2,2 a portería
18	Victorias consecutivas en la Premier League
30	Máximo goleador: Sergio Agüero (21 en la Premier League)
21	Máximo asistente: Kevin de Bruyne (16 en la Premier League)
52	Más partidos jugados: Kevin de Bruyne (37 en la Premier League)
0-6	Mayor victoria (vs. Watford)
4-3	Mayor derrota (vs. Liverpool)

TEMPORADA 3

2018-2019

Persiguiendo al conejo rojo

MES 1

Julio de 2018

Madrid / Chicago / Nueva York / Miami

El 14 de julio aún hay seis jugadores del City (Kompany, De Bruyne, Sterling, Delph, Stones y Walker) disputando en San Petersburgo el esprint final de la Copa del Mundo de selecciones. Hace una semana que Guardiola ha iniciado los entrenamientos de pretemporada en Mánchester, pero prácticamente ninguno de los jugadores titulares está con él, sino comenzando sus vacaciones o aún en el Mundial de Rusia. Será una pretemporada minimalista que sirve para que el entrenador conozca con mayor profundidad a los jóvenes de la academia *citizen*.

Se ha quedado sin su mano derecha, Domènec Torrent, fichado como nuevo entrenador del New York City, una vez que Patrick Vieira ha dejado el puesto para dirigir al OGC Nice francés. Fue una decisión instantánea. Vieira anunció su marcha el 10 de junio y al día siguiente Torrent aceptó la oferta que le hizo el City Football Group. Había recibido otras propuestas para dirigir equipos, pero no le satisfacían. En cambio, Nueva York es un destino que le apetece para volver a ser primer entrenador, tras una década como asistente de Guardiola.

Ha sido todo tan precipitado que el 22 de junio ha de acercarse a Madrid para conseguir de urgencia el visado necesario para viajar a Estados Unidos. Pasamos juntos toda la mañana haciendo gestiones hasta que a media tarde le acompaño al aeropuerto, ya con todo resuelto. Lleva una maleta gigantesca que compró el día anterior y también un portatrajes: «Pep me ha dicho que quiere verme en el banquillo vestido de traje, así que le haré caso».[6] Ha programado

6. El traje duró poco tiempo dado el calor reinante en Nueva York. Después de

el primer entrenamiento con su nuevo equipo a las doce horas de llegar a Nueva York, pero no tiene más remedio que hacerlo así porque dentro de dos días juega en el Yankee Stadium contra el Toronto, el vigente campeón de la MLS: «Ya he estudiado bien al Toronto, pero no haré muchos cambios en el equipo, solo tocaré un par de cosas para no marearlos. Básicamente será sobre cómo presionar a Giovinco y a Bradley».[7] Torrent ya ha realizado un fichaje, el de un delantero argentino llamado Taty Castellanos, de solo diecinueve años, y en las próximas semanas conseguirá completar su *staff* técnico, con Albert Puig como segundo entrenador, Francesc Cos e Ismael Camenforte como preparadores físicos y Jordi Gris, que también abandona Mánchester, como analista. Está ilusionado con el proyecto y desea lograr algún título en un campeonato de características muy diferentes a las del fútbol europeo.[8] «A los jugadores solo quiero decirles una cosa: quiero que ganemos la MLS. Y si no lo conseguimos, a ganar el próximo año. Pero cero quejas ni lloros. Mentalidad de campeones».[9]

Antes de partir hacia Nueva York, le pregunto a Dome por su sucesor como asistente de Guardiola: «Mikel [Arteta] lo hará de lujo. Es muy bueno. No había dudas de que él tenía que ser el segundo entrenador. Si ha estado a punto de ser primer entrenador del Arsenal, ¿cómo vas a dudar? Mikel es y será muy bueno». ¿Y Pep, se adaptará fácilmente a la nueva situación?: «Pep está eufórico por la forma en que ganamos la Premier, y ahora es cuando ha de mantener los pies más en el suelo. Pep es un genio cuando se mueve en aquello que domina y en aquello con que los jugadores están cómodos y que comprenden. Por eso creo que Mikel puede ayudar mucho para facilitar esa comodidad y comprensión».

Hay otro asunto que puede parecer menor, pero que también ayuda al estado eufórico de Pep tras haber conquistado sus prime-

---

tres partidos, Dome Torrent pasó a usar una camiseta de manga corta durante los partidos disputados en el verano estadounidense.

7. El debut de Torrent con el New York City fue positivo, pues venció por 2-1 al campeón del año anterior.

8. La MLS tiene importantes peculiaridades. Combina terrenos de césped natural con otros de hierba artificial, y su calendario resulta inexplicable en ocasiones, con desplazamientos agotadores. El propio estadio donde juega el equipo de Torrent ni siquiera es un estadio de fútbol y posee unas dimensiones ínfimas: 100 x 64 metros.

9. Dome Torrent conquistó el título de campeón de la Conferencia Este en 2019, con un récord de 64 puntos, y clasificó al equipo para la Champions League de la Concacaf por vez primera.

ros títulos en Inglaterra. Sam Walker, exredactor de deportes de *The Wall Street Journal*, ha publicado un excelente libro (*The Captain Class*) en el que describe los dieciséis mejores equipos de la historia del deporte e identifica las principales cualidades de quienes los lideraron. El F. C. Barcelona que dirigió Guardiola, el por siempre recordado *Pep Team*, figura entre estos conjuntos de leyenda.

Es una lista selecta donde solo hay equipos extraordinarios como los New York Yankees de béisbol (1949-1953); los *Mágicos Magiares* de Puskás e Hidegkuti; los Boston Celtics de Bill Russell, que ganaron once campeonatos de la NBA en trece años (1956-1969); el Brasil de Pelé y Garrincha; la legendaria *Red Army*, la selección soviética de hockey hielo (1980-1984); el equipo cubano de voleibol femenino, las *Morenas del Caribe*, el único capaz de conquistar ocho títulos mundiales consecutivos, entre Juegos Olímpicos, campeonatos del mundo y copas del mundo; los *All Blacks* de rugby, tanto en la versión 1988-1990, los primeros campeones del mundo, liderados por David Kirk, como la más reciente de 2011-2015, con doblete mundial del equipo capitaneado por Richie McCaw; los San Antonio Spurs del *mago* Gregg Popovich, cinco veces campeones de la NBA bajo su mandato; o la selección francesa de balonmano, *Les Experts*, que tiranizaron este deporte entre 2008 y 2017.

El autor del libro ha encontrado siete rasgos comunes en quienes lideraron a esos dieciséis grandes equipos:

1. Extrema tenacidad y concentración en la competición.
2. Un juego agresivo que pone a prueba los límites de las reglas.
3. Disposición a realizar trabajos ingratos en la sombra.
4. Un estilo de comunicación discreto, práctico y democrático.
5. Motiva a los demás con apasionadas muestras no verbales.
6. Fuertes convicciones y el valor de mantenerse al margen.
7. Control emocional férreo.

A Pep se le ilumina el rostro cuando lee que su *Pep Team* está bordado en letras de oro entre los más grandes de siempre, pero al mismo tiempo me expresa una vez más su sempiterna percepción de que ya hizo lo mejor y que nada superará el rendimiento que logró con el Barça:

—Lo mejor ya se hizo. Nadie es capaz de ayudar a crear dos obras maestras.

Pero si él es terco en su postura de que ya no puede repetir aquella obra maestra, yo también lo soy y le replico hablando de Edmund Hillary, el primer conquistador del Everest, que ante la realidad de que ya no podría escalar montañas más altas se empeñó en ascender otras más difíciles. Entonces Pep reconoce que no es imposible volver a hacerlo:

—Bueno, este es el reto. Con buenos jugadores volveremos a jugar bien, lo sé. Pero en los malos momentos es difícil creerlo.

Así comienza su nueva pretemporada...

La de este mes de julio de 2018 ha sido una pretemporada forzosamente breve y de discutible utilidad, compuesta por tres partidos en Estados Unidos con una expedición formada por juveniles o por jugadores que semanas más tarde serán traspasados o cedidos a otros equipos. Las lógicas vacaciones de los hombres que han participado en la Copa del Mundo obliga a plantear esos tres partidos como simples trámites, pues solo puede contar con el recién fichado Riyad Mahrez, con los jóvenes Foden y Zinchenko, y con Laporte, que apenas puede jugar a causa de una molestia, más un Leroy Sané desanimado por su sorprendente ausencia del Mundial y un Claudio Bravo que pocos días después se romperá el tendón de Aquiles y será baja para todo el curso. La buena noticia ha sido que Bernardo Silva decidió acortar las vacaciones, para incorporarse mediada la gira norteamericana, mostrando desde el primer minuto que su segunda temporada no se va a parecer en nada a la primera, tan discreta.

El entrenador dispone al equipo en 4-3-3 ante el Borussia Dortmund, que vence mediante un penalti transformado por Götze (0-1), pero Pep cambia al 3-5-2 en los dos siguientes enfrentamientos. La línea de zagueros la componen los juveniles Cameron Humphreys y Eric García, acompañados por Jason Denayer; Bolton y Zinchenko son los carrileros, aunque el ucraniano llega a jugar como mediocentro frente al Liverpool (derrota por 1-2), supliendo a Douglas Luiz, que es el mediocentro ante el BVB y en el triunfo contra el Bayern de Múnich (3-2). Partidos sin trascendencia, pretemporada sin jugadores. El mes de julio ha sido un simple trámite para comenzar a mover una máquina en la que ya no está Dome Torrent y en la que Mikel Arteta ha ascendido un peldaño. El único fichaje ha sido el de Riyad Mahrez, y Pep lo ha asumido de buen grado, sabedor de que no podía realizarse una gran inversión tras los doscientos veintiséis millones de libras netas (fichajes menos traspasos) de la pasada temporada. En el tercer año de Pep, el club solo invertirá dieciocho millones netos, una vez contratado Mahrez y traspasados siete jugadores, entre ellos Brahim Díaz, que en enero de 2019 preferirá fichar por el Real Madrid en una operación que recuerda a la de Jadon Sancho hace dos años.[10] Brahim no ha tenido la misma paciencia que Phil Foden para crecer al ritmo pausado que le propone Guardiola.

10. El Real Madrid pagó diecisiete millones por Brahim Díaz en enero de 2019. En septiembre de 2020 fue cedido al AC Milan. Los otros seis jugadores del Manchester City traspasados en la temporada son Angus Gunn, Jason Denayer, Pablo Maffeo, Joe Hart, Bersant Celina y Olarenwaju Kayode.

MES 2

Agosto de 2018

Londres / Mánchester / Wolverhampton

El 5 de agosto, Pep consigue su tercer título en el fútbol inglés y levanta por cuarta vez un trofeo en el estadio de Wembley. La Community Shield, la Supercopa inglesa, no es un gran título, pero su conquista significa iniciar la nueva temporada con la misma dinámica ganadora con que se cerró el curso de los Centuriones. El City afronta sin apenas entrenamiento el duelo contra el Chelsea, campeón de la FA Cup, que tres semanas antes ha sustituido a Antonio Conte por su compatriota Maurizio Sarri, quien a su vez ha conseguido llevarse del Napoli al magnífico Jorginho, el mediocentro que tanto gusta a Pep.[11]

Jugadores como Kyle Walker o John Stones han apurado sus vacaciones post-Mundial hasta dos días antes de la final, por lo que se enfrentan al Chelsea sin ninguna preparación, solo un par de sesiones suaves de movilidad articular. Guardiola lo justifica sin discusión: «Prefiero que hayan aprovechado las vacaciones. Las temporadas son muy largas y es mejor estar descansado para afrontar lo que nos espera». Por ello, el entrenamiento de la semana previa ha sido liviano: «Con los que han llegado del Mundial solo hemos trabajado la táctica del partido, no podíamos hacer nada en lo físico».

Bajo un calor asfixiante (37 grados), impropio de Londres, Mendy se alinea como titular por vez primera en once meses. Dos

11. Jorginho era el primer candidato de Guardiola para suplir la marcha de Yaya Touré, pero la contratación de Sarri como entrenador del Chelsea propició de manera irreversible la incorporación del jugador, que fue fichado por el club londinense por sesenta millones de euros. Unos días antes, el brasileño Fred había sido contratado por el Manchester United también por sesenta millones de euros.

goles del Kun Agüero permiten levantar el primer título de la temporada, y también son un símbolo del juego que pretende Guardiola, ahora que ya se ha aposentado en el fútbol inglés. El primer tanto llega tras una excelente, pausada y precisa salida de balón desde la línea defensiva a través de Stones y Fernandinho, y sendos movimientos en profundidad de Foden y Mahrez. El segundo gol es fruto de un contraataque soberbio iniciado por Stones, conducido por Gündogan, ayudado por Mahrez y Bernardo, y concluido por Agüero. Gol tras masticar el juego de pases y gol en contraataque fulgurante. He ahí la combinación que desea Pep para el curso que comienza. El City ha rematado dieciocho veces, por cinco del Chelsea, en línea con el promedio de toda la temporada anterior. Es la quinta Community Shield que ganan los *citizens* en toda su historia (1938, 1968, 1972, 2012, 2018) y el vigesimoquinto trofeo de Guardiola como entrenador.

Bernardo Silva inicia su segunda temporada en el club con el deseo de emular a Leroy Sané, cuyo primer año fue tímido, pero que estalló en el segundo. En el 2-3-2-3 que presenta Pep en Wembley, Bernardo se mueve por todas las zonas. Actúa primero como interior izquierdo, tras el descanso se coloca como extremo derecho —pasando Mahrez a la izquierda—, en el minuto 75 juega como interior derecho y concluye el partido como extremo izquierdo. No puede extrañar el mensaje que me envía el entrenador al terminar la final:

—Ahora mismo, el equipo es Bernardo y diez más.

Siete días más tarde, el equipo regresa a Londres para estrenar la Premier League como campeón vigente ante el Arsenal de Unai Emery. El City presenta un 3-1-3-3 con tres zagueros (Walker, Stones, Laporte), Fernandinho como pivote único, una línea mixta compuesta por Mahrez, Gündogan y Mendy, y tres atacantes asimétricos: Agüero y Bernardo centrados, y Sterling en la izquierda. Sin balón cierra en 4-4-2. La posición de Sterling resulta clave: marca el primer gol gracias a un eslalon horizontal que se alarga hasta que encuentra el hueco adecuado para disparar a portería (solo es el tercer gol de Sterling desde fuera del área en toda su carrera); y facilita el segundo tanto al cortar hacia dentro y abrir la banda para un «pase de la muerte» de Mendy que finaliza Bernardo. Durante la última media hora reaparece Kevin de Bruyne, pero tres días más tarde se lesiona el ligamento lateral de la rodilla durante un entrenamiento de musculación. El primer diagnóstico prevé diez semanas de baja para el jugador sobre quien pivota el equipo.

El retorno al Etihad Stadium, el 19 de agosto, ofrece uno de los mejores partidos de la temporada, concluido con goleada (6-1) ante el Huddersfield. Distribución en 3-3-4, con Stones, Kompany y Laporte de zagueros y un triángulo de medios: Fernandinho, Gündogan y Silva. Los cuatro atacantes son Bernardo, Agüero, Gabriel Jesús y Mendy. El amplio dominio del juego, con un 77 % de posesión, propicia que David Silva se infiltre a menudo en el ataque, desplegándose en 3-2-5. El partido ofrece algunos detalles notables, como la primera asistencia del curso para Ederson, en pase directo a Agüero; el noveno *hat-trick* del Kun en la Premier; los tres pases de gol de un Mendy redivivo; y los feroces contraataques en el tramo final protagonizados por Sané y Jesús. El número de remates del City duplica lo habitual y asciende a treinta y dos. En conferencia de prensa, Pep explica la decisión de juntar a sus dos delanteros centro: «El año pasado sufrimos ante equipos que defienden muy encerrados y replegados, y hemos decidido probar con dos puntas». Más tarde me habla de Agüero: «Ya no le duele la rodilla después de la operación. El doctor Cugat ha hecho un gran trabajo. Ahora mismo está genial. No son los goles que hace, sino todos sus movimientos y los espacios que genera. Cuando está en este pico de forma, el Kun es uno de los mejores del mundo».

Agosto concluye con la visita al mítico Molineux Stadium, donde los Wolves lograron el ascenso a Premier League a finales del pasado curso. El City ha ganado todos los partidos de liga fuera de su estadio desde el pasado 3 de febrero, cuando empató con el Burnley. Hoy concluye la racha, pues el prometedor equipo de Nuno Spirito Santo consigue idéntico resultado (1-1). Pep ha regresado al 2-3-2-3, con Walker ayudando en la salida de balón como tercer zaguero, tras lo que se incorpora a la línea media junto a Fernandinho y Mendy. El dominio del City es rotundo, con un 71 % de posesión, 664 pases con 91 % de acierto y 18 remates, tres de ellos al poste, pero solo puede obtener un gol (Laporte de cabeza, a saque de falta) que iguala el obtenido poco antes por Willy Boly con la mano. No es la única decisión arbitral que perjudica al equipo, visto un penalti de Rúben Neves sobre David Silva no señalado, pero Manel Estiarte se niega a entrar en una dinámica de agravios: «Hemos de mantener la cabeza fría. Sabemos que no nos ayudará nadie, o sea, que nuestra obligación es hacer mejor las cosas. Hemos de mejorar». El cuerpo técnico hace autocrítica y señala algunos de esos aspectos por mejorar: la salida de balón ha sido imprecisa, no se ha acertado a cortar de raíz los contraataques de los Wolves, el estado físico de algunos jugadores (véase Walker) está lejos de lo óptimo y el acierto en los pases en la zona próxima a la portería rival ha sido muy bajo, con Sané en un paupérrimo 40 % durante los veinte minutos que ha jugado. Sin duda, su chocante ausencia del Mundial no le ha ayudado a conservar la autoestima.

MES 3

Septiembre de 2018

Mánchester / Lyon / Cardiff / Oxford

De hecho, Sané ni siquiera es convocado por Pep para el partido que inicia el mes de septiembre, la visita del Newcastle de Rafa Benítez al Etihad Stadium. El City se distribuye en 2-3-1-4, con David Silva como hombre liberado a espaldas de sus cuatro delanteros, que son Mahrez y Sterling en las bandas y el tándem Agüero-Jesús en la doble punta. El triunfo por 2-1 es corto a la vista de los veinticuatro remates, pero ya forma parte del paisaje que los rivales se encierren bajo doble candado para evitar una goleada cuando se enfrentan al campeón.

Cuando faltan quince días para que se cumpla el fatídico aniversario de la rotura de ligamentos de su rodilla, Benjamin Mendy sufre una lesión en el quinto metatarsiano del pie durante una convocatoria de la selección francesa. De nuevo, la baja del lateral izquierdo obliga a Guardiola a reformular su juego. Deshace la figura del doble delantero centro y los cuatro atacantes, sitúa a Fabian Delph en el puesto de Mendy y recupera a Leroy Sané como extremo izquierdo. Con el lateral izquierdo centrado en funciones de interior, Sané pasa a ocuparse de la banda izquierda, volviendo Sterling a la derecha. El equipo mantiene sus fundamentos, pero la dificultad de algunos hombres para alcanzar un buen estado de forma propicia numerosos errores en la precisión de los pases, lo que irrita en grado sumo a Pep. Pese a ello, un 3-0 sella la victoria ante el Fulham mediado septiembre, pero no sucede igual cuatro días después, en el mismo Etihad, en el debut en la Champions League.

El Olympique de Lyon evidencia la baja forma de algunos jugadores y su propensión al error. Los franceses aplican una presión agresiva sobre la salida de balón del City y propician que se multipliquen los fallos. Es cierto que los de Guardiola podrían haber marcado pronto, con un cabezazo de Laporte que se estrella en el poste y una extraordinaria jugada colectiva saliendo desde atrás, que remata Sterling sin acierto, pero las réplicas del OL son contundentes y aprovechan sendos errores de Fernandinho para adelantarse por 0-2. Un gol de Bernardo matiza el marcador, pero no evita la primera derrota de la temporada y también la cuarta consecutiva del City en la Champions League, primer equipo inglés que sufre semejante mala racha.[12]

En su partido número trescientos con el Manchester City, Sergio Agüero juega por sorpresa como falso 9 en el 2-3-2-3 que se presenta contra el Cardiff, otro recién ascendido a la Premier League. Gündogan participa en cuatro de los cinco goles del equipo (800 pases, 91 % acierto, 79 % de posesión, 21 remates) y durante los últimos quince minutos John Stones se alinea por segunda vez en el curso como mediocentro. Pep advierte en él suficientes cualidades para suplir en determinados momentos a Fernandinho, aunque todavía carece de la experiencia necesaria para ser considerado como tal.

Y, de hecho, Stones vuelve a jugar como mediocentro titular en Oxford, en el primer partido de la Copa de la Liga, donde el jovencito Phil Foden (dieciocho años) logra su primer gol con el equipo, convirtiéndose en el primer *citizen* nacido a partir del año 2000 en marcar en partido oficial. Foden lo celebra de rodillas y besando el escudo del equipo, lo que es festejado por los aficionados con un mensaje inequívoco: «*He is one of our own*» («Es uno de los nuestros»). Foden no es el único joven que juega y gana en Oxford (0-3), pues también lo hacen Muric y Brahim, pero sin duda ya se ha convertido en el principal abanderado de la academia.

Con la misma estructura 2-3-2-3 termina el mes de septiembre, que el City culmina con victoria por 2-0 ante el Brighton, sumando 28 remates y acumulando un 80 % de tiempo con el balón en su poder, con 900 pases intentados. Faltan De Bruyne y Mendy, pero tras el tropiezo ante el Lyon el equipo ha recuperado su velocidad de crucero. Pep ha percibido la mejoría en un síntoma muy evidente: «No hemos concedido ningún remate en contra en los tres últimos partidos. Cada vez que perdemos un balón lo recuperamos de inmediato y no nos pueden contraatacar. Estamos practicando un buen juego posicional».

12. El City perdió la pasada temporada contra el Basel en la vuelta de octavos de final y los dos encuentros de cuartos de final contra el Liverpool.

MES 4

Octubre de 2018

Sinsheim / Liverpool / Mánchester / Donetsk / Londres

El calendario de octubre es apasionante. En la Premier League, el equipo ha de visitar al Liverpool y al Tottenham. En la Champions debe viajar dos veces consecutivas fuera de su estadio, para jugar contra Hoffenheim y Shakhtar Donetsk, partidos que tras el traspié sufrido ante el Olympique de Lyon se han convertido en decisivos.

A los cuarenta y cinco segundos, el Hoffenheim hace saltar por los aires la organización defensiva que ha presentado Pep, compuesta por tres zagueros (Kompany, Otamendi, Laporte), un pivote (Fernandinho), tres medios (Walker, Silva, Gündogan) y tres atacantes (Sterling, Agüero, Sané). El 3-1-3-3 pretende frenar el estilo vertical y profundo que el brillante Julian Nagelsmann ha implantado en el conjunto alemán. En este inicio de partido, la Champions se aleja peligrosamente del City, pero se recupera muy pronto del golpe sufrido y solo seis minutos más tarde David Silva lanza un pase «imposible» al espacio y la asistencia de Sané permite que Agüero iguale el marcador. Durante la siguiente hora, el equipo vive en el alambre y flirtea con el desastre porque el Hoffenheim espera muy replegado y al menor titubeo de Fernandinho roba el balón y contragolpea de modo fulminante. Guardiola frena la dinámica negativa con un movimiento inesperado: sustituye a Otamendi por Stones, pero sitúa al zaguero inglés como doble pivote junto a Fernandinho, retrasando a Walker a la función de tercer zaguero. Ahí termina el peligro alemán y el City vuela en la última media hora, volteando el marcador (1-2), que termina por ser corto para las ocasiones que genera. Por tercera vez en cuatro partidos, Stones cumple un rol sorprendente y acertado como mediocentro. Pep tiene la visión de que un zaguero con tan buen pie y sentido del juego podría adaptarse a jugar en esa posición según las circunstancias de los partidos.

—Ya sabes lo que siento. Si pudiera, jugaría con once centrocampistas. Lo que pienso es que si el falso 9 nos da superioridad en el centro del campo y si los laterales pueden jugar como centrocampistas, ¿por qué no puede hacerlo también un zaguero, si tiene buen pie?

Anfield es la siguiente cita de octubre y Guardiola presenta un plan de juego «a la yugoslava», que es la nomenclatura que usamos para definir un equipo con mucha disciplina táctica en la línea defensiva, contundencia en el despeje, seriedad en la marca y concentración permanente. Si bien Mendy aún está entre algodones, regresa justo a tiempo para ocupar la banda izquierda, lo que devuelve a Sané al banquillo. Pep presenta un 3-3-3-1, con Walker, Stones y Laporte como zagueros, Bernardo, Fernandinho y Mendy en la línea media, Mahrez, Silva y Sterling en la intermedia y Agüero solo en punta. Como cabía esperar, el dominio inicial del Liverpool es abrumador, dejando al City —que sin balón se defiende en 4-4-1-1— en un pobre 37 % de posesión durante el primer cuarto de hora, aunque sea un dominio que no crea peligro auténtico. A partir del minuto 15, el City se hace con el balón, con Stones y Laporte extremadamente seguros y Bernardo convertido en el auténtico mediocentro que conduce el balón desde su defensa hasta el ataque. Es otro caso de reconversión inaudita: de extremo punzante a mediocentro de creación.

El primer cuarto de hora del segundo tiempo es similar al primero, si bien el City pasa pocos apuros, con un Mahrez impecable en la tarea de recibir el balón en un costado e iniciar la secuencia de pases que permite agrupar a sus compañeros. El ritmo de juego es moderado y Pep no da ninguna señal de querer cambiarlo. Prefiere tener paciencia. En el minuto 85, su equipo goza de un penalti a favor que malgasta Mahrez y a los *citizens* se les escapan dos puntos, pero consiguen dejar por vez primera su portería a cero en Anfield desde 1992… John Stones juega un partido colosal, pleno de acierto en el pase (97,5 %) y ganando seis de los ocho duelos individuales. Es la quinta portería a cero para Ederson en los primeros ocho partidos de liga.

Para el duelo liguero ante el Burnley del 20 de octubre, tras el parón de selecciones, Guardiola regresa al 2-3-2-3 tan confortable para sus jugadores. Lesionados ambos laterales diestros, tiene que ser Stones quien ocupe la banda. El 5-0 final es buen reflejo de los 24 remates realizados por los atacantes del City, que deja al Burnley sin la menor opción siquiera de disparar a portería. La conexión en el costado izquierdo entre Silva, Sané y Mendy alcanza momentos formidables, con pases e intercambio constante de posiciones entre el interior y el exterior. Precisamente Mendy, pese a las ausencias por lesión, realiza su quinta asistencia de gol en la liga, pasando a encabezar este apartado, no en vano promedia seis centros acertados por partido. Por vez primera desde la temporada 2011-2012, tres equipos (City, Liverpool y Chelsea) se mantienen invictos en la Premier tras disputarse las primeras nueve jornadas. Junto a Arsenal y Tottenham, los cinco primeros clasificados están separados por solo dos puntos.

—Ha sido nuestro mejor primer tiempo en los tres años que llevo en este equipo.

Pep está satisfecho tras ganar por 0-3 al Shakhtar en Donetsk y colocarse en cabeza de su grupo de la Champions, compensando el tropiezo sufrido ante el OL. El juego en tierras ucranianas es formidable y el número de remates alcanza los 24, algunos de ellos de gran peligro, dos contra el poste. Aunque con los tres tantos de hoy Pep alcanza los 50 goles con el City en la Champions, en el cuerpo técnico se incide en el problema ante portería. Planchart no lo duda: «En Champions no puedes fallar tantas oportunidades. Para ganarla no puedes perdonar».

Para culminar un excelente octubre, los *citizens* ganan al Tottenham sobre el horrendo césped de Wembley. El pésimo estado del terreno de juego se debe a los tres partidos de fútbol americano que se han disputado en los cuatro días anteriores y que han convertido la hierba londinense en un campo de patatas.[13] El único gol del partido lo marca Mahrez a los cinco minutos, después de que Ederson enviase un pase larguísimo desde su portería que Sterling controla y cede al argelino. Los siguientes ochenta y cinco minutos son de puro control *citizen*, que no permite ninguna opción a los de Pochet-

13. El 25 de octubre se enfrentaron New England Patriots y Tampa Bay Buccaneers. El día 26, San Diego Chargers contra New Orleans Saints. Y el día 28, New York Giants y Miami Dolphins. Veinticuatro horas más tarde jugaron Tottenham y Manchester City.

tino. Es el sexto partido consecutivo en la Premier League sin encajar gol, el séptimo en diez jornadas. Tras haber visitado los estadios de Arsenal, Liverpool y Tottenham —y disputar la final de la Supercopa contra el Chelsea—, ninguno de los rivales ha logrado batir la meta *citizen,* que en diez partidos de liga solo ha recibido tres goles, la segunda marca más exigua de la historia.[14]

Octubre deja tres conclusiones interesantes para Guardiola. Su equipo ha alcanzado una magnífica consistencia defensiva, lo que se manifiesta en haber concedido únicamente un promedio de 1,7 disparos por partido. Por el contrario, su eficacia goleadora es muy baja. El 38,6 % de sus remates van dirigidos a la portería rival, pero solo uno de cada diez se transforma en gol. Estiarte lo expresa así: «Necesitamos más gol. Nos estamos quedando cortos». Por último, la presión alta contra la salida del rival está siendo efectiva: nada menos que el 19 % de las acciones defensivas del equipo se producen en el tercio defensivo del adversario. Ya sabemos aquello de «el balón es mío, me pertenece, y cuando lo tiene el contrario no voy a robarlo, sino que voy a recuperar lo que es mío».

En el aire flota el embrión de una idea que quizá no se llevará a cabo, pero que Guardiola archiva en un rincón de su cabeza. ¿Stones como mediocentro? ¿Y si además de jugar con un lateral-interior pudiera hacerlo con un zaguero-mediocentro?

14. El Chelsea encajó solo dos goles en las diez primeras jornadas de la temporada 2004-2005.

MES 5

Noviembre de 2018

Mánchester / Londres / Lyon

De los seis partidos que se han de jugar en noviembre, los cuatro primeros son en el Etihad Stadium y se saldan con cuatro victorias claras, con 17 goles favorables y solo 2 en contra.

El primer día del mes regresa Kevin de Bruyne después de diez largas semanas de ausencia, pero no puede terminar los noventa minutos. Recibe un golpe en la misma rodilla dañada y queda fuera de combate. El pesimismo sobre el mismo césped es máximo. Estiarte me lo explica en la entrada del vestuario: «Mínimo, seis semanas de baja». Tras pasar por el vestuario, Planchart es incluso más negativo: «Por lo menos, dos meses sin Kevin». Se ha pagado un precio muy alto por eliminar al Fulham en la Copa de la Liga, con dos goles de Brahim Díaz.

El contratiempo es mayúsculo. El mejor jugador de la histórica temporada anterior continuará ausente hasta Navidad, por lo que el entrenador debe seguir buscando soluciones de emergencia. Los dos Silva forman como interiores ante el Southampton tres días más tarde. El 6-1 final es engañoso. Se ha visto un City poderoso en ataque, que marca cuatro goles en el primer tiempo, lo que no ocurría desde hacía un año, pero también ha facilitado que el Southampton rematara cinco veces contra Ederson, una cifra excesiva si tenemos en cuenta que en los diez anteriores partidos de liga solo había permitido diecisiete remates en total. Pep no está contento: «En algunas acciones no somos suficientemente estables. Hoy ha quedado demostrado».

El entrenador no tendrá queja tres días después, cuando su equipo golea al Shakhtar ucraniano (6-0). Es la decimotercera vez que su City logra cinco o más goles en un partido y también la mayor goleada del club en la Champions League. Casi todo le ha salido bien al equipo, que ha controlado el juego sin atolondramientos, ha sabido combinar la pausa con buenos contraataques y ha sido eficaz: seis goles en seis remates a portería. Dos partidos consecutivos marcando seis goles es una buena manera de afrontar el derbi de Mánchester.

Los primeros quince minutos del enfrentamiento contra el Manchester United de Mourinho son formidables. El City se apodera del balón y amasa pases. Completa 107 por solo 19 de su rival ciudadano. Ese 82 % de posesión fructifica en un primer gol forjado entre los dos Silva; se evidencia que el costado izquierdo es el lado fuerte del ataque. En dicha zona se juntan Mendy, Laporte, David Silva, Sterling y Agüero, y hacen trizas al United, mientras en el lado opuesto Mahrez permanece aislado, esperando la oportunidad de recibir algún balón con el que afrontar un duelo individual. El tercer gol local, que sella el triunfo por 3-1, lo finaliza Gündogan, pero es una obra de arte colectiva en la que participan los diez jugadores de campo. Durante un minuto y cincuenta y cuatro segundos, el equipo «repite pase» y consigue hipnotizar al Manchester United hasta adormecerlo a través de una secuencia de cuarenta y cuatro pases consecutivos que se culminan con un suave remate a la red por parte del *sedoso* Gündogan. Es el «gol perfecto», ese que siempre ha soñado Guardiola para sus equipos.

Por vez primera desde la temporada 2011-2012, tres equipos se mantienen invictos en la Premier tras disputarse las primeras doce jornadas. Solo cuatro puntos separan a City, Liverpool y Chelsea, aunque el equipo de Sarri se descuelga días más tarde al perder contra el Tottenham.

Y por tercera vez, Benjamin Mendy quiebra todos los planes tácticos de Pep. A mediados de mes es operado del menisco, en lo que supone prácticamente su adiós a una nueva temporada. Hasta la fecha, Mendy ha jugado once de los diecinueve partidos disputados y era una pieza clave. Con él sobre el césped, Pep siempre ha mantenido el 2-3-2-3 como estructura. Es cierto que al jugador le costaba interpretarlo, al fin y al cabo había estado ausente casi toda la temporada anterior, cuando se consolidó la idea-madre, pero poco a poco iba aprendiendo en qué consistía el rol de lateral-interior en un equipo de Guardiola. No siempre tomaba las decisiones correctas, pero su gran capacidad física y técnica compensaba las carencias de comprensión. No mantenía bien la posición, pero de pronto se descolgaba con una inesperada conducción interior que desquiciaba al rival. Por segundo año consecutivo, el City jugará sin un especialista en el lateral izquierdo. Guardiola tendrá que recurrir de nuevo a hombres como Delph, Zinchenko, Danilo o Laporte.

El triunfo por 0-4 ante el West Ham es la sexta victoria consecutiva del City en un partido disputado en Londres y la tercera vez seguida en que le marca cuatro goles o más a los *hammers* en su estadio. En media hora el partido está sentenciado, pero como balance negativo deja las lesiones de Bernardo y Gündogan, que se suman a las de KDB y Mendy, por lo que se afronta la visita a Lyon contra el OL con Sterling jugando en el puesto de interior, lo que desemboca en una relevante falta de control en el juego. El duelo es un absoluto correcalles, una pesadilla para Pep. Cada pérdida de balón de Sterling en zonas centrales se convierte en un contraataque local. A su vez, el City juega a contragolpear y el partido concluye en empate (2-2). La ausencia de un tercer centrocampista que pudiera sumar pases con Fernandinho y Silva y serenar el juego es la nota principal de un partido en el que Agüero ha marcado por sexto partido europeo consecutivo fuera de casa. Creía que encontraría a Pep enfadado por la falta de control, pero me sorprende con un gran elogio al carácter de sus jugadores: «Han tenido mucha personalidad para igualar dos veces el marcador. Siempre te planteas si sabrás reaccionar con el marcador en contra, y los chicos han sido muy fuertes de carácter».

WALKER COMO GOZNE DEL 3+2 AL 2+3

Kyle Walker es el gozne que permite mudar de un módulo de juego a otro con un simple movimiento. El 2+3 que se ha empleado cuando Mendy estaba disponible se transforma en 3+2 a partir de su nueva lesión. La diferencia básica reside en la posición de Walker, que se retrasa unos metros, pasando de lateral-interior a tercer zaguero durante el *build up*. Con ello, Guardiola pretende reducir el elevado número de intervenciones ofensivas de Walker y sujetarlo más en tareas de prevención e inicio del juego. A su vez también está directamente relacionado con cuántos delanteros rivales intentan frenar la salida de balón del City. Dado que abundan los rivales con dos delanteros, Guardiola replica retrasando a Walker como tercer zaguero para tener superioridad numérica en el inicio. Una vez finalizado el *build up* y cruzado el centro del campo, Walker puede optar por mantener su posición retrasada junto a Stones y Laporte, o bien adelantarse y acercarse a Fernandinho en la línea media, en función de cómo se desarrolle el juego.

Si el rival presiona con un único delantero, Pep ordena a Walker aproximarse a Fernandinho, por lo que la salida se realiza en forma de 2+3. Pero con los rivales de mayor enjundia se hace inevitable generar el *build up* a partir del 3+2. De este modo, para golear al Rotherham, al Burton, al Burnley o al Schalke, Guardiola emplea el 2-3-2-3, pero para vencer al Chelsea en dos ocasiones seguidas, al Everton, al Tottenham, al Manchester United o al Leicester usa el 3-2-2-3. Para cambiar de uno a otro módulo le basta con modificar la posición de Walker: de lateral-interior a tercer zaguero. La consolidación de Zinchenko como lateral izquierdo hacia el final de temporada facilitará el empleo de una u otra distribución sin mayores complicaciones.

En el cómputo total de la temporada 2018-2019, Guardiola empleará en 24 ocasiones la salida 2+3 (la mitad de ellas, antes de la lesión de Mendy) y en 26 partidos la salida 3+2 (25 veces tras lesionarse Mendy), por lo que es sencillo deducir que el empleo de este segundo módulo alternativo se ha debido básicamente a la ausencia del lateral francés.

MES 6

Diciembre de 2018

Mánchester / Londres / Leicester

Desde su llegada al fútbol inglés, Guardiola siente un profundo respeto al mes de diciembre. No guarda buenos recuerdos de él. En su primer año sucumbió tres veces, contra Chelsea, Leicester y Liverpool, y el porvenir de la temporada quedó sentenciado en aquellas oscuras semanas de lluvia y frío. Superó el obstáculo con más comodidad el año anterior, cuando sus Centuriones solo perdieron un partido intrascendente contra el Shakhtar, pero incluso así fue en diciembre cuando se cortó la racha de dieciocho victorias consecutivas, al empatar en Selhurst Park el último día del año. Ahora, Pep se frota la cabeza porque en diciembre de 2018 ha de disputar nada menos que nueve partidos, una sucesión infernal de desafíos, uno cada tres días.

Hasta el día 8 todo iba maravillosamente bien para el City. Las victorias contra el Bournemouth (3-1)[15] y el Watford (1-2) dan un balance de 41 puntos ganados sobre 45 posibles, con 13 victorias y solo 2 empates (ante Wolves y Liverpool). El equipo acumula 14 partidos consecutivos fuera de su estadio sin perder y ha marcado 28 goles en los siete últimos partidos antes de visitar Stamford Bridge. Lo hace sin Agüero, lesionado en el abductor, ni Zinchenko, con la nariz rota.

El Chelsea de Maurizio Sarri se parece poco al de Antonio Conte. Unos simples datos avalan esta afirmación. Ha llegado a alcanzar el 82 % de posesión de balón contra el Newcastle, sumando 913 pases con un 91 % de acierto. Su flamante nuevo mediocentro,

15. El 1 de diciembre, Raheem Sterling se convierte en el primer jugador en marcarle gol al Bournemouth en seis partidos consecutivos.

Jorginho, ha superado el récord de pases acertados de Gündogan, consiguiendo 180 ante el West Ham. Hablamos, por lo tanto, de un equipo que está adquiriendo los fundamentos de juego que Sarri implantó con tanto acierto en el Napoli, y ya conocemos lo mucho que le costó al City vencer al equipo napolitano el curso pasado.

La lesión de Agüero otorga la punta de ataque a Sterling, aunque a los veinte minutos permuta la posición en la banda derecha con Mahrez. Sané es el extremo izquierdo, dada la ausencia de Mendy como lateral, suplido por Delph. El City juega un primer tiempo excelente, pero cerca del descanso un magnífico pase de David Luiz y una pequeña desatención en el marcaje por parte de Sané propician el gol de Kanté. A partir del 1-0, los *citizens* muestran cierta impotencia, provocada asimismo por la excelente organización defensiva del equipo de Sarri, que se estructura en 4-1-4-1. Volcado al ataque, el City acaricia el gol, pero no obtiene premio y en el primer saque de esquina de los locales David Luiz anota el segundo tanto del Chelsea, que significa la primera derrota liguera de Guardiola, quien al acabar el encuentro quiere mostrarse animado y afirma que «hemos jugado mucho mejor que el año pasado, aunque entonces De Bruyne marcó el gol del triunfo». Solo es una derrota, pero el equipo regresa a Mánchester dolorido y con la baja de David Silva, lesionado en los isquiotibiales.

Cuatro días después despacha al Hoffenheim en la Champions League, con un Sané soberbio, autor de un excepcional gol de falta directa mediante un disparo de *folha seca*. Por novena vez en diez ediciones de la Champions, Guardiola coloca a su equipo en el primer puesto de la fase de grupos. A las setenta y dos horas llega el Everton, que no pierde en el Etihad Stadium desde el año 2014. Llueve y hace frío, y antes de comenzar el encuentro hablo con Estiarte, que está preocupado: «Es un partido trampa. Podemos dejarnos tres puntos vitales para la liga. El Everton es muy peligroso cuando presiona y ataca. Espero que hoy no lo haga». El Everton está dirigido por Marco Silva, el excelente entrenador portugués, y marcha séptimo en la clasificación. Silva elige defenderse en 5-4-1, cosa que facilita las cosas al equipo de Pep, que con su inamovible 3-2-2-3 domina todos los ámbitos del juego y vence por 3-1. Y sin respiro, enfrentamiento de Copa de la Liga en el resbaladizo campo del Leicester, donde Pep presenta otra vez el *Zinchenko's Team*, con jóvenes como Foden, Brahim y el zaguero Eric García, de apenas diecisiete años, que se presenta en sociedad con una excelente actuación. De nuevo, Stones se alinea como mediocentro porque Guardiola insiste en que aprenda los fundamentos de dicha posición. Por segundo año consecutivo, en el mismo estadio y la misma competición, Leicester y City empatan a un gol y el duelo se resuelve de nuevo a favor de los *citizens* en la tanda de penaltis. Hace un año, la clave estuvo en el acierto de Claudio Bravo; esta vez es Aro Muric quien resulta clave, al detener los lanzamientos de Maddison y Söyüncü.

El equipo llega a las fechas navideñas con el ánimo rehecho, olvidada ya la derrota ante el Chelsea, y a un solo punto del Liverpool de Klopp, que no ha perdido ninguno de los primeros diecisiete partidos de liga. Pero, en este momento, Guardiola recibe dos golpes durísimos, totalmente inesperados y consecutivos.

El 22 de diciembre, todos los pronósticos apuntan a una nueva victoria en el Etihad Stadium ante el Crystal Palace, que se defiende en 4-5-1. Y después de un amplio dominio inicial, con periodos que superan el 80 % de posesión, Gündogan obtiene el primer gol antes de cumplirse la media hora; todo sonríe a los locales hasta que un error de Walker y un mal despeje a la salida de un córner —rematado de modo fabuloso por Townsend— otorgan una chocante ventaja a los visitantes, que incrementan en el segundo tiempo merced a un penalti tras otro error grave de Walker, que parece haber entrado en uno de esos periodos de atolondramiento que lastran su gran rendimiento general. Pese al desesperado ataque final del City, el duelo se cierra con derrota (2-3), la segunda en el campeonato y la primera en el Etihad. Lo peor es que cuatro días después se repite el guion.

Un gol de Bernardo en el primer minuto de partido parece darle una ventaja suficiente en la nueva visita al estadio del Leicester, en el *Boxing Day*, pero Albrighton empata pronto, tras un error colectivo de todos los zagueros. Con De Bruyne y Bernardo de interiores y Sterling y Sané de extremos a pierna natural, intentan aplastar al Leicester contra su área, pero con desacierto. Otro mal despeje tras un saque de esquina facilita que por segundo partido consecutivo el rival se adelante definitivamente con un remate desde fuera del área (2-1). Al City se le pone cara de perdedor porque a esas alturas el Liverpool suma cincuenta y un puntos y ya tiene siete de ventaja. Incluso el Tottenham suma un punto más (45 contra 44). En tres de los últimos cuatro partidos el rival ha marcado en el primero de sus remates a portería, y si uno observa con atención el rostro de Pep y de sus jugadores a la salida del King Power Stadium, todo hace presagiar una caída en picado. El ánimo vuelve a estar por los suelos, y diciembre aún no ha concluido. Cuatro días más tarde viajan a Southampton sin De Bruyne ni Gündogan, tocados, y a principios de año han de recibir a un Liverpool que se siente invencible tras golear al Arsenal de Unai Emery por 5-1.

¿Quieren el mismo guion? Sí, el partido en Southampton transcurre por idéntico camino. David Silva marca a los nueve minutos, pero un error de Zinchenko facilita a los treinta y seis el empate de los locales, lo que inevitablemente despierta el recuerdo de los dos últimos encuentros. ¿Se dejará remontar de nuevo el City? Pronto se advierte que esta vez no será igual y el 1-3 que luce el marcador al descanso acaba siendo definitivo, pues en la segunda mitad los de Guardiola no permiten ningún disparo de sus rivales.

Termina el año 2018 con el Liverpool como líder indiscutido, con siete puntos de ventaja (54 contra 47). De nuevo, diciembre y la Navidad se le han atragantado a Pep. Si el próximo 3 de enero el equipo de Klopp es capaz de ganar en el Etihad Stadium, la Premier League podrá darse por sentenciada…

MES 7

Enero de 2019

Mánchester / Newcastle

¿Puede medirse con exactitud la distancia entre ser campeón y no serlo?

Sí. Once milímetros. Esta es la distancia que separa el éxito del no éxito, el título del no título.

Once milímetros separan al City de la derrota definitiva. Once milímetros apartan a Liverpool del triunfo concluyente.

A todo o nada. Así se presentaba el City-Liverpool. Una final. Si ganaban los de Klopp, *ciao*. Si ganaban los de Guardiola, aún podía haber pelea por el título.

El día que ambos colosos se enfrentan entre sí, el 3 de enero de 2019, la Premier League está completamente teñida de rojo: el Liverpool es líder con 54 puntos, por 47 del Manchester City. Los de Klopp son una máquina imparable, han disputado 20 partidos de liga, han ganado 17 y empatado solo ante 3 de los grandes, en campo del Chelsea y del Arsenal, y precisamente frente al City en Anfield. El resto se cuenta por triunfos, con 48 goles a favor y 8 en contra, fruto de una excelente organización defensiva y los refuerzos del portero Allison y el zaguero Van Dijk, jugador del año. En estas mismas veinte jornadas, el equipo de Guardiola ha marcado más goles (54) que su gran rival, pero también ha encajado el doble (16), amén de haber perdido tres encuentros en su «diciembre negro» (Chelsea, Crystal Palace y Leicester) y cedido dos empates que supieron amargos: el obtenido en Liverpool, porque Mahrez falló un penalti a favor en el minuto 85; y el arrancado en Wolverhampton, donde Boli marcó con la mano.

El 3 de enero, un día de frío áspero, todo parece sonreír a los de Klopp. La distancia de siete puntos aparenta ser insalvable y las sensaciones de uno y otro equipo son opuestas. El rostro sombrío del City, al que Tottenham y Chelsea pisan los talones, contrasta con la alegría risueña de los de Klopp cuando bajan del autobús en las puertas del Etihad Stadium. El partido es una auténtica final que Guardiola afronta con enorme precaución, máxime ante las bajas de larga duración de Mendy y De Bruyne, así como con el paupérrimo estado de forma de Walker. En lugar del por entonces habitual 3-2-2-3, el City se organiza en un 4-3-3 más conservador, buscando no perder el balón en las zonas peligrosas. Danilo ocupa el lateral derecho y Laporte el izquierdo, quedando la zaga completada con Stones y Kompany, en tanto los Silva ocupan las posiciones interiores por delante de Fernandinho. Sterling y Sané, a pierna natural, juegan como extremos y Agüero se moverá como falso 9. La salida de balón de los *citizens* es extremadamente cauta. Ambos laterales permanecen abiertos y sin profundizar, en contra de lo habitual en el equipo de Pep, mientras Bernardo se ocupa de recibir el cuero directamente de sus zagueros. Danilo y Laporte casi no cruzan el centro del campo. Pese a semejantes precauciones, el índice de acierto en el pase solo es del 81 %, diez puntos menos de lo habitual. Conociendo la intención de Klopp y su «boca del lobo» en la franja central del campo, el juego local se dirige hacia los costados de manera premeditada, apoyándose desde ese punto en Bernardo y Fernandinho por dentro para abrir hacia Agüero, que baja a recibir para dar continuidad al juego.

A los diecisiete minutos se produce la acción clave de la liga. Una combinación deliciosa entre Salah y Firmino concluye con un pase filtrado de este hacia Mané que penetra en el área local y cruza a gol. Cincuenta mil aficionados *citizens* retienen el aliento durante unas centésimas de segundo hasta que el esférico se estrella en el poste y regresa hacia el jugador del Liverpool. Pero Stones reacciona a tiempo y despeja con dureza el balón, con tan mala fortuna que lo estrella contra Ederson cuando el portero también intentaba recuperarlo. Mediante un efecto perverso, el balón sale rebotado del cuerpo del guardameta en dirección a la red. Stones se lanza a por él y consigue despejarlo pese a la presión de Salah, aunque el balón ha cruzado la línea de gol, nadie sabe si total o parcialmente. Tras unos instantes de incertidumbre, el árbitro confirma que el balón no ha atravesado por completo la línea. Han faltado once milímetros...

Impecable en su función de falso 9, Agüero no se cansa de descender hasta el círculo central para recibir de cara y facilitar que Bernardo Silva pueda cruzar sin riesgos hasta campo contrario. A los cuarenta minutos, el Kun firma su gol número doscientos cincuenta con el Manchester City tras un gran contraataque de Sané, diversos despejes de los visitantes y un servicio final de Bernardo que Agüero aprovecha, pese al poco espacio del que dispone dentro del área pequeña, para rematar por el ínfimo hueco que Allison regala junto a su poste. La magnífica presión de Agüero, Bernardo y Sané sobre los zagueros del Liverpool ha dado fruto, pero poco a poco los de Klopp lograrán dominar el segundo tiempo, hasta que Firmino alcanza el empate. Diecisiete minutos más tarde, Fernandinho roba un balón con el que atacaba el Liverpool y Sterling dirige un contraataque letal que finaliza Sané, dando el triunfo al City y poniendo fin a la imbatibilidad del Liverpool. Es el cuarto gol que Sané anota contra los de Klopp en dos temporadas y media.

Si Stones, Fernandinho, Danilo, Sané y Agüero cuajan un gran partido, el de Bernardo Silva resulta memorable. Baste ver que un interior de sus características, técnico y habilidoso, se ha convertido en el máximo recuperador de balones de la noche, con diez robos, uno más que Fernandinho, y ha recorrido 13,7 kilómetros, récord absoluto de la Premier League en la presente temporada. Cuando el talento se pone a correr es imbatible. Pocas veces había quedado tan clara la aspiración de Guardiola respecto de su modelo de futbolista: jugadores de técnica prodigiosa y gran comprensión táctica, acompañados de una mayúscula capacidad de esfuerzo. Bernardo es el paradigma de todo ello.

Superado el primer *match ball* del curso, Guardiola puede respirar porque las siguientes semanas parecen más plácidas y, de hecho, lo son. El equipo apabulla sucesivamente al Rotherham (7-0) en la FA Cup y al Burton (9-0) en la Copa de la Liga, y se convierte en el primer equipo inglés en marcar dos veces seguidas siete o más goles desde el Leeds United en 1967. En ambos partidos, Pep presenta un más relajado 2-3-2-3, aunque retorna al 3-2-2-3 para batir al Wolverhampton en la liga; no concede al oponente ni un solo disparo a portería, lo que no les sucedía a los Wolves desde siete años atrás. De nuevo, el City amasa un montón de pases (869) y toques (1050), rematando veintidós veces. Seis días más tarde, en la visita a Huddersfield, ya con Gündogan y De Bruyne en el equipo, Pep utiliza un ataque en 2-3-5 para contrarrestar el muy defensivo 4-5-1 de los locales, usando a Sterling y Sané de nuevo a pierna natural. El primer gol del partido, obra de Danilo, es el número cien de la temporada para los *citizens*... Un plan de juego similar emplean para batir por otro 5-0 al rocoso Burnley en partido de copa.

Cuando ha transcurrido casi todo el mes de enero, el City solo ha encajado un gol y ha sumado veintinueve a favor, además de clasificarse por segundo año consecutivo para la final de la Copa de la Liga que se disputará en Wembley. Y entonces, 29 de enero, llega la visita a Newcastle...

A los veinticinco segundos de partido, Sergio Agüero abre el marcador en Saint James' Park. Poco después vuelve a marcar, pero su tanto es anulado porque De Bruyne ha sacado una falta sin que el árbitro pitase. Domina el City a placer y suma opciones, pero, como sucedió ante el Crystal Palace o el Leicester, también el Newcastle logra remontar el partido. Un mal rebote propicia el empate y un error de Fernandinho regala un penalti que aprovechan los locales. El equipo de Benítez solo ha disparado dos veces a portería, pero ha ganado el encuentro, lo que parece la sentencia final para una Premier que sigue encabezando el Liverpool. Abatidos y desmoralizados, los jugadores de Pep regresan a casa con la sensación de que no será posible revalidar el título.

Pero al día siguiente, 30 de enero, el Liverpool sufre un inesperado tropiezo en Anfield. Mané marca a los tres minutos y el Leicester empata a los cuarenta y siete a través de Maguire. Los siete puntos virtuales de diferencia que existían el día anterior se convierten en cinco. En el grupo de WhatsApp del cuerpo técnico del City aparecen estos mensajes durante la tarde del domingo: «Todavía es posible», «Esto no está perdido», «Lo podemos conseguir».

El Liverpool acababa de resucitar al Manchester City.

MES 8

Febrero de 2019

Mánchester / Liverpool / Gelsenkirchen / Londres

Cuando comienza febrero, la ventaja es de cinco puntos. Por delante hay catorce finales y el City ha de ganarlas todas si quiere retener el título. Pep lo tiene muy claro:

—Las ligas se ganan en los últimos diez partidos. El Liverpool fallará muy poco y si queremos ser campeones hemos de llevarnos los catorce partidos que quedan.

Este reto implica hacer lo que ningún equipo inglés ha logrado nunca en un tramo final de temporada (el mismo City ganó dieciocho partidos seguidos el año anterior, pero fue en el primer tramo del curso). El Liverpool es un veloz conejo rojo que marcha disparado hacia el título, pero Guardiola ha desenfundado la escopeta y está dispuesto a cazarlo.

La clasificación para jugar la final de la Copa de la Liga provoca que la federación adelante el enfrentamiento liguero del City con el Everton, colocándolo en un miércoles que estaba libre, emparedado entre los difíciles duelos contra Arsenal y Chelsea. Este cambio de calendario provocará un peligroso juego mental entre City y Liverpool, puesto que durante dos meses no habrán disputado el mismo número de jornadas. En ocasiones, Guardiola sumará un partido más, y en otras será Klopp quien habrá jugado un partido más que el rival.

El largo esprint final comienza contra el Arsenal de Emery, que se presenta en Mánchester con un 4-4-2 en el que Lacazette y Aubameyang forman en punta. Guardiola replica con un sorprendente 4-1-2-3 en el que Fernandinho realiza una doble función: sin balón es zaguero y con balón se transforma en mediocentro. Es el mismo movimiento del lateral-interior, pero realizado por el zaguero.

Walker y Laporte ocupan las bandas y Otamendi es la pareja de Fernandinho en la zaga, lo que entrega el juego entre líneas a Gündogan, De Bruyne y Silva, que de este modo gozan de superioridad numérica en la franja central. Los extremos, Bernardo y Sterling, se sitúan a pierna cambiada.

Agüero tarda cuarenta y ocho segundos en abrir el marcador, pero el Arsenal empata diez minutos más tarde tras un saque de esquina. Desde ese momento, el City aplasta a los *gunners*, Gündogan inaugura un festival de *alley oops* en las siguientes semanas y Agüero suma su décimo *hat-trick* en la Premier League. Un segundo tiempo en el que los *citizens* rematan trece veces, por ninguna de su rival, resume un dominio abrumador, mientras que los calambres que atacan a De Bruyne también reflejan que su condición física, tras los dos percances sufridos en la rodilla, está lejos de haberse estabilizado. Al día siguiente, el Liverpool empata en campo del West Ham (1-1).

La visita del City a Goodison Park es de alto riesgo. Pep vuelve al 3-2-2-3, con Stones, Otamendi y Laporte de zagueros, y Walker ayudando a Fernandinho en la línea media. Pero la presión del Everton sobre Fernandinho cortocircuita todas las intenciones de los visitantes, hasta que Guardiola encuentra la solución. Y de nuevo la solución se llama John Stones. A partir del minuto veinticinco, el zaguero inglés se encarga de repetir lo que hace cuatro días realizó Fernandinho, es decir, la doble función mediocentro-zaguero, según el equipo disponga o no del balón. Con este simple movimiento queda desactivada toda la estrategia del Everton y el City suma otra victoria sin apenas padecer ningún peligro en su portería (0-2). En el autobús de regreso a Mánchester, todos son conscientes de que la tabla de clasificación señala un empate a sesenta y cinco puntos con el Liverpool, aunque habiendo jugado un partido más. El conejo rojo está mucho más cerca…

La visita del Chelsea al Etihad Stadium el domingo 10 de febrero pasará a los anales de la competición. El 6-0 encajado supone la peor derrota en el trayecto del Chelsea por la Premier League (en 1991 perdió por 7-0 ante el Nottingham, pero aún no existía el formato Premier). Agüero obtiene su undécimo *hat-trick* en liga, igualando nada menos que al mítico Alan Shearer. El City mantiene el 3-2-2-3 con balón y se defiende sin él en 4-5-1. En apenas veinticuatro minutos está todo resuelto, pues los locales ya acumulan cuatro goles de ventaja y en todo el partido solo permitirán una ocasión de peligro, un mano a mano de Pedro contra Ederson que salva el portero brasileño.

El equipo solventa con facilidad los octavos de final de la FA Cup ante el Newport (1-4), empleando el habitual 2-3-2-3 ante equipos replegados; cuatro días más tarde se convierte en 3-2-2-3 para la visita al Veltins Arena de Gelsenkirchen, donde afronta la ida de octavos de la Champions contra el Schalke 04. Todo fluye para el City, incluida la ventaja en el marcador merced a un gol de Agüero (primer jugador de la Premier que ha marcado gol en siete partidos seguidos de la Champions fuera de casa), hasta que dos penaltis consecutivos de Otamendi y Fernandinho hacen tambalear el dominio, todo agravado por la expulsión de Otamendi a los sesenta y siete minutos. La inferioridad numérica, de manera sorprendente, mejora a los de Guardiola, que se organizan en 4-4-1 y acaban ganando el partido gracias a una magistral falta lanzada por Sané y a una nueva asistencia directa de Ederson desde la portería, que Sterling transforma en el gol del triunfo, cosa que desata una explosiva celebración de todo el equipo sobre el campo.

El 24 de febrero, Pep regresa a su estadio fetiche, el Wembley Stadium, para disputar la segunda final de la temporada, la de la Copa de la Liga, donde se enfrentan los mismos protagonistas de la Community Shield del pasado julio, Chelsea contra Manchester City. Media hora antes de iniciarse la final, en el vestuario *citizen* se anuncia el resultado del Liverpool en su visita a Old Trafford. Los rojos de Klopp solo han conseguido empatar a cero, por lo que a igualdad de partidos ligueros la diferencia real ya es de un solo punto (66 contra 65).

Las personas aprendemos de los éxitos y de los fracasos, pero sobre todo de las derrotas, grandes o pequeñas. Son las heridas que sufrimos las que nos obligan a reflexionar y estudiar qué hicimos y por qué se produjo aquel error fatal. Esto es lo que ha hecho un entrenador inteligente como Maurizio Sarri en las dos últimas semanas. El demoledor 6-0 recibido en el Etihad ha hecho mella en su mentalidad ofensiva y Sarri decide encerrar a sus hombres alrededor del área de Kepa. El «Sarri bus» con que el Chelsea afronta esta nueva final provoca que el balance de disparos del City sea escuálido, con tres escasos remates a portería, muy lejos del promedio al que estamos habituados. A cambio, por supuesto, el Chelsea renuncia a ser peligroso y no consigue rematar ni una sola vez entre los tres palos que defiende Ederson. El equipo londinense tapa todas las líneas interiores de pase y resulta dificilísimo hallar un pequeño resquicio por el que entrar en la muralla. Lesionados Fernandinho y Laporte, solo en la prórroga tienen los de Guardiola opciones reales de marcar, aunque los ciento veinte minutos terminan sin novedad en el marcador inicial. Es también durante la prórroga cuando Kepa se rebela contra Sarri, negándose a ser sustituido pese a padecer molestias musculares. La tanda de penaltis se inicia con Ederson deteniendo el disparo de Jorginho; cinco lanzamientos más tarde es Kepa quien detiene el de Sané, pero a continuación David Luiz dispara el suyo al poste y el City revalida título. Es el primer trofeo de la historia que el City consigue retener. Supone también la sexta tanda de penaltis que el equipo supera de manera consecutiva, la cuarta Copa de la Liga para Kompany, Silva, Agüero y Fernandinho, la undécima Copa conquistada por Guardiola de doce disputadas y su vigesimosexto título como entrenador.

En el balance de los cuatro enfrentamientos celebrados entre City y Chelsea en la presente temporada, los de Guardiola han marcado ocho goles y han encajado dos; se han llevado los dos títulos en juego, aunque a cambio los de Sarri han evitado en dos ocasiones que el City les marcara, lo que habla muy bien de su organización defensiva.

Tras dos semanas y media sin jugar un partido de la Premier League, el City finaliza el mes de febrero con victoria sobre el West Ham, en un partido en el que Fabianski se luce en la portería visitante (1-0). La persecución continúa. Con los mismos partidos disputados, el Liverpool sigue un punto por delante (69-68).

MES 9

Marzo de 2019

Bournemouth / Mánchester / Swansea / Londres

El domingo 3 de marzo, el Liverpool es cazado.

Eddie Howe no se lo ha puesto fácil al City. Su Bournemouth ha repetido un planteamiento extremadamente conservador, lo que será común en casi todos los contrincantes hasta final de temporada, que buscan cerrar los espacios para evitar una goleada. Y a fe que muchos de ellos tendrán éxito, pues el caudal goleador de los de Guardiola se reduce, aunque no por ello deja de ganar los partidos. El Bournemouth, por ejemplo, se encierra en 5-4-1 y el City solo puede vencer a través de un gol de Mahrez, pese a un dominio abrumador, con el 82 % de posesión, 811 pases, de los que 735 acertados, y 23 remates. El control del partido es tan rotundo que los locales no consiguen efectuar ni un solo disparo, ni siquiera desviado lejos de la portería de Ederson, lo que empieza a ser norma. En los últimos cinco encuentros de Premier, solo ha concedido ocho disparos a los adversarios, y esto es lo que más le gusta a Pep cuando se lo comento: «Ha sido uno de nuestros mejores partidos del año. No les hemos dejado rematar ni una sola vez, y esto me encanta».

El ritmo incesante de partidos continúa mermando la plantilla. Stones sufre una lesión en la rodilla que le tendrá de baja hasta abril; y De Bruyne se retira del césped con una rotura muscular en los isquiotibiales que le impedirá jugar hasta finales de mes. Carles Planchart me expresa su preocupación: «Esta última semana hemos vivido un ritmo de locura. Tres partidos en seis días más una prórroga. Es agotador para todos y nos provoca lesiones. Pero competiremos por todo».

A media tarde del día siguiente, domingo 3 de marzo, el título de la Premier League va a quedar visto para sentencia, aunque en aquel momento nadie podía garantizar que no habría más sorpresas. El derbi de Liverpool disputado en Goodison Park concluye con empate a cero y pocas ocasiones para ambos equipos (tres remates a portería para cada uno). En casa de Pep, el empate se celebra casi como una victoria propia. Su equipo ya es líder (71 puntos contra 70) a igualdad de partidos. En apenas dos meses, el City ha sumado ocho puntos más que el Liverpool y le ha dado la vuelta a una situación que el primer día del año parecía sentenciada. Pese al vuelco, Guardiola se mantiene frío, consciente de que todo está aún por hacer:

—No nos confiemos. Quedan nueve partidos y esto es un mundo. Nos falta mucho para ser campeones.

La ausencia de Fernandinho marcará todo el mes de marzo. Gündogan ocupa su puesto en el mediocentro y la fluidez en el juego *citizen* mejora de forma sustancial. De hecho, hasta final de temporada, Gündogan protagonizará varias de sus mejores actuaciones de siempre. Tiene menor fiabilidad defensiva que Fernandinho, pero el alemán da auténticos recitales de dirección del juego y extraordinarios pases de gol, prodigando los *alley oops* que una y otra vez desconciertan a los defensores rivales. Para protegerle mejor, Guardiola le pone «guardaespaldas». Durante todo el mes empleará el 2-3-2-3, ubicando en sus costados a Walker y Zinchenko, que definitivamente se hace con el puesto de lateral izquierdo por delante de Delph.

Los «gemelos Silva» se mueven como electrones ante el Watford (3-1) y facilitan que Sterling anote un *hat-trick* en solo trece minutos, tras lo cual se afronta la visita del Schalke en la Champions con un rosario de bajas: lesionados Kompany, Mendy, De Bruyne, Fernandinho y Stones y sancionado Otamendi, es Danilo el acompañante de Laporte en la zaga, quien reaparece tras la lesión sufrida ante el Chelsea. El rendimiento de Gündogan alcanza cotas pocas veces vistas como mediocentro. El City aplasta al Schalke, que encaja la mayor goleada de la historia para un equipo alemán en la Champions (7-0), que en el cómputo de la eliminatoria es un 10-2, resultado récord para un equipo inglés en la Champions y también la mayor derrota de un conjunto alemán. Leroy Sané, con tres asistencias de gol en el encuentro, iguala el récord que ostentaba Franck Ribéry desde 2012. Es la séptima vez en la temporada que el equipo obtiene seis o más goles y para Pep es su novena visita a los cuartos de final de la Champions en diez temporadas. El entrenador se ha permitido proteger el estado físico de Laporte y en los últimos veinte minutos ha alineado una zaga formada por cuatro laterales: Delph en la derecha, Zinchenko en la izquierda y Walker y Danilo como centrales.

La disputa de los cuartos de final de la FA Cup modifica otra vez el calendario liguero. A partir del 16 de marzo y hasta finales de abril, el Liverpool habrá jugado siempre un partido más que el City, en lo que será un juego mental de difícil pronóstico. Los nervios en ambos bandos están al límite, por lo que cualquier detalle puede inclinar la balanza a favor de uno u otro, aunque virtualmente el City mantiene un punto de ventaja cuando concluye el mes de marzo. Los de Guardiola ganan al Swansea en copa, si bien el gol del triunfo de Agüero llega en fuera de juego, como reconoce de inmediato el entrenador. Ha sido el primer partido desde que Pep dirige al City en que consigue remontar una desventaja de 2-0 en el marcador. Un penalti provocado por Delph y un contraataque formidable le regalan dicho margen al Swansea, lo que se compensa con un disparo impresionante de Bernardo, un penalti lanzado por Agüero e introducido en la portería por el guardameta local y un cabezazo en plancha del Kun en posición antirreglamentaria. Con esa fortuna, pero también con un dominio aplastante, los *citizens* alcanzan la semifinal copera, y tras el parón de selecciones continúan aplicando su rodillo en la Premier. Pep mantiene aún el 2-3-2-3, con Gündogan a los mandos, y en Craven Cottage interpretan una formidable primera media hora que corta el aliento; en ella obtiene los dos goles del triunfo, con De Bruyne reaparecido como interior y Bernardo Silva en el extremo derecho. Pep vuelve a mostrar en privado su satisfacción por ese hito que tanto le gusta: tampoco el Fulham ha conseguido rematar ni una sola vez contra la portería de Ederson.

—La buena defensa es la clave. Todos miran nuestro ataque, pero la clave está en nuestra organización defensiva.

Él siempre se ha considerado un buen entrenador defensivo.

MES 10

Abril de 2019

Mánchester / Londres / Burnley

¿Cuánto dura el camino que lleva de la gloria al infierno?

Exactamente, un minuto, siete segundos y cuarenta y dos centésimas.

Esta es la duración exacta de lo que se tarda en transitar de la euforia al desencanto, del júbilo máximo a la frustración total.

Un minuto y siete segundos separan al City del retorno a las semifinales de la Champions League. Los sesenta y siete segundos que van desde el grito del gol decisivo hasta la anulación del gol a través del VAR.

Antes de que se viva este dramático minuto, el equipo de Pep continúa su pulso eterno con el Liverpool de Klopp, que presenta dos puntos de ventaja que son engañosos, ya que ha jugado un partido más. Ninguno de los contendientes fallará en este mes de abril, en que la lesión que sufre Zinchenko en los isquiotibiales, jugando contra el Cardiff, tendrá una importancia capital para el City. En su lugar se alinearán un renqueante Mendy —que pronto volverá al quirófano para otra artroscopia de rodilla— y un discreto Delph. Aunque solo estará fuera tres semanas, la baja de Zinchenko resultará crucial, pues el ucraniano había alcanzado una conexión formidable con Silva, Sané y Sterling, y su presencia incrementaba la fluidez del juego.

Las murallas presentadas por el Cardiff en la Premier y el Brighton en la semifinal copera tienen una gran similitud entre sí. Ambos se organizan en 4-5-1, tapando todas las líneas interiores de pase, y mediante un repliegue intensivo buscan un robo de balón que les permita contragolpear. El City gana ambos duelos sin más dificultad, aunque sin amplitud en el marcador (2-0 y 1-0).

El 9 de abril, el equipo visita el renovado White Hart Lane. Para enfrentarse al Tottenham en la Champions cambia su estructura organizativa. Con Bernardo, Zinchenko y Mendy lesionados, y con De Bruyne y Stones tocados, el entrenador apuesta por la prudencia y el control, tal como había hecho en los dos enfrentamientos contra el Liverpool. Avalado por los buenos resultados obtenidos ante los de Klopp, y cauteloso frente a la fuerza de los Spurs de Pochettino, Pep deja en el banquillo a Sané y De Bruyne, reservándolos para el crucial partido de liga que cinco días más tarde jugarán contra el Crystal Palace. Distribuye a sus hombres en 3-3-2-2, aquella vieja idea anterior al sinfín de lesiones de Mendy. Como zagueros forman Walker, Otamendi y Laporte; como medios juegan Gündogan, Fernandinho y Delph, mientras que Mahrez y Silva se mueven entre líneas y Agüero y Sterling quedan en punta, pero asimétricamente repartidos. Si el objetivo de Guardiola era que «no pasara nada», esto es lo que ocurre durante la mayor parte de los noventa minutos. El balance final muestra que el City ha disparado una sola vez a portería y los Spurs solo dos. Es un partido sin apenas riesgos ni ocasiones, decidido en dos errores. Agüero falla un penalti a los doce minutos, momento en que a Guardiola se le tuerce el gesto, recordando dos errores similares que años antes cometieran Messi y Müller, y que supusieron sendas eliminaciones de Barça y Bayern en semifinales de la Champions.[16] Y Delph peca de confiado a los setenta y siete minutos, permitiendo que Heung-Min Son anote el único gol del partido. Es un mal resultado para un partido anodino, en el que el City juega con tanta cautela que llega a desnaturalizarse, aunque es obvio que habría bastado con que Agüero marcase de penalti para que los sentimientos hubieran sido diametralmente opuestos.

16. El 24 de abril de 2012, Leo Messi envió al travesaño de la portería defendida por Petr Cech el lanzamiento de un penalti señalado en el Camp Nou contra el Chelsea. El Barcelona dominaba en ese minuto 48 del partido de vuelta de las semifinales de la Champions por 2-1. De haber anotado gol, la eliminatoria se habría inclinado a favor del Barça (perdió 1-0 en la ida), pero terminó siendo eliminado. El 3 de mayo de 2016, Thomas Müller lanzó un penalti contra la meta defendida por Jan Oblak en el Allianz Arena. También se trataba del partido de vuelta de las semifinales de la Champions y también en la ida había ganado el Atlético de Madrid por 1-0. El Bayern de Múnich ganaba en ese minuto 31 por 1-0; de haber anotado gol, habría supuesto una importante ventaja en el marcador. Como cuatro años antes, el equipo de Pep acabó siendo eliminado tras fallar un penalti decisivo.

El temor al Crystal Palace de Roy Hodgson procede de los malos antecedentes. En el anterior campeonato, el City no pasó del empate a cero en Selhurst Park y, en diciembre, los londinenses vencieron en Mánchester. De nuevo con Fernandinho de baja, suplido con excelencia por Gündogan, regresa Mendy al equipo: a los diez minutos está asfixiado. Desde el banquillo le ordenan que limite los esfuerzos, y el francés hace cuanto puede, pero termina totalmente agotado, pese a lo cual realizará un esfuerzo mayúsculo; tres días después jugará el partido de vuelta europeo contra el Tottenham. El Crystal Palace solo consigue anotar de falta directa —ante una barrera mal colocada por Ederson— cuando ya perdía por dos goles de desventaja, logrados por Sterling, a los que se suma el tercero y definitivo de Gabriel Jesús. A 14 de abril, el City suma ciento cincuenta goles en la temporada. Y pese a las apariencias de protagonizar una temporada en sordina, Leroy Sané ya acumula diecisiete asistencias de gol.

Hay victorias que son derrotas.

El 17 de abril se juega uno de los partidos del año. El City derrota al Tottenham por 4-3, pero queda eliminado de la Champions League debido al valor doble de los goles fuera de casa. El penalti fallado por Agüero en la ida adquiere esta noche toda su dimensión. Por ambas partes se disputa un partido de ensueño.

Guardiola lo afronta sin freno. Modula la estructura según sugiera el marcador en cada momento. En los tramos en los que está eliminado se transforma en un 2-3-5 absolutamente ofensivo, y en los momentos de ventaja se coloca en 4-2-3-1. Como ocurre tantas veces en este deporte impredecible, el mejor especialista se equivoca en su especialidad. El defensa más regular de la temporada, Aymeric Laporte, la seguridad personificada, el zaguero imbatible, encadena dos errores groseros en apenas tres minutos que permiten a Son remontar el gol inicial de Sterling, obtenido en el minuto 4 a través de uno de sus ya habituales recortes desde el exterior hacia el interior del área, culminado en disparo al poste alejado.

El City no solo no se rinde, sino que logra equilibrar el marcador y remontarlo. Solo han transcurrido once minutos de partido cuando Bernardo empata a dos, resultado con el que concluye un primer tiempo enloquecido y frenético. Sterling y Agüero consiguen antes de que se cumpla la hora de juego el 4-2 que puede dar el billete a semifinales. Gündogan como mediocentro y De Bruyne y Bernardo como jugadores libres ofrecen un recital de acciones brillantes, pero un gol de Llorente en un saque de esquina devuelve el billete a los Spurs.[17] La carga final del City no conseguirá cambiar el resultado final de 4-3, que da como triunfador de la eliminatoria al Tottenham por la regla del gol fuera de casa. A los 92.25, Sterling obtiene el tanto del milagro, pero tras el consiguiente estallido de euforia en el estadio llega la profunda decepción. A lo largo de un minuto y siete segundos se suceden las consultas arbitrales hasta que el gol es anulado por fuera de juego de Agüero.

La decepción *citizen* es mayúscula. Durante cerca de una hora, los jugadores, abatidos y desconsolados, se encierran en el vestuario, sin capacidad para moverse. Pep está anonadado. No solo es el fin del sueño de la Champions, sino también un golpe que amenaza con quebrar la moral del equipo y apartarlo de la pelea por los dos títulos que aún están en juego. De la gloria al infierno en poco más de un minuto…

En un ambiente de abatimiento colectivo, el Etihad Stadium recibe tres días más tarde al mismo rival. De nuevo el Tottenham de Pochettino, esta vez en partido de la Premier League. Pep regresa a su 3-2-2-3 tradicional para disputar un partido extraño y difícil. A ambos equipos les cuesta jugar. Al City por el golpe sufrido, a los Spurs por la felicidad conquistada. Los *citizens* se juegan el título de liga porque su ventaja virtual sobre el Liverpool es de un solo punto, así que no pueden ceder ni un empate. Pep apuesta por el joven Foden como interior, y es él quien logra el único gol del partido a los cuatro minutos. A continuación se suceden ataques locales y contragolpes visitantes sin más incidencias, salvo la nueva lesión muscular de Kevin de Bruyne, que a lo largo de la temporada habrá pasado más tiempo en la enfermería que sobre el césped. La lesión del ídolo no hace más que agravar la sensación de agotamiento que recorre las arterias del equipo. Probablemente, el de este sábado 20 de abril haya sido el partido más difícil del City, desde el punto de vista emocional, en todo el curso.

17. Fernando Llorente remata el saque de esquina con el codo derecho, pero el árbitro turco Cuneyt Cakir concede el gol tras revisar la acción en el VAR; no le mostraron la toma televisiva que evidenciaba con claridad dicha infracción.

Y en el inminente horizonte hay otro *match ball* que afrontar. El equipo de Pep ni siquiera necesita salir de la ciudad. El derbi de Mánchester se ha programado para el 24 de abril para recuperar la jornada que los *citizens* tienen pendiente. ¿Habrá salido el equipo del agujero negro mental en el que ha caído tras la eliminación de la Champions?

El primer tiempo del derbi es muy negativo. Sin control, el City es un manojo de nervios y comete numerosos errores en el pase, hasta retirarse al descanso con un pobre 85 % de acierto. Se palpa la tensión propia de una final. A los cincuenta minutos, Fernandinho se lesiona la rodilla, lo que supondrá su adiós definitivo a la temporada, pero la entrada de Sané como sustituto cambia el ritmo del equipo y del partido. El alemán rompe la monotonía del juego y liquida el pesimismo emocional. El alemán vuela sobre Old Trafford, se siente guapo y superior y contagia al grupo. El retorno forzado de Gündogan a la posición de mediocentro modifica también la dinámica del juego, que vuelve a ser veloz, preciso y profundo. Es un cambio tan radical que muy pronto se materializa en los goles de Bernardo y Sané. Es la tercera victoria consecutiva de Guardiola en Old Trafford, primer entrenador que lo consigue, y la sexta de David Silva, récord absoluto. El City suma cada vez más goles al contraataque; con los dos obtenidos en el derbi, supera el récord histórico de goles para un equipo inglés: 157, uno más que el City de Manuel Pellegrini en 2013-2014.

Pep se marcha feliz de Old Trafford después de una semana nadando en un profundo pesimismo: «Este equipo me ha demostrado que tiene un carácter formidable. El golpe en la Champions fue increíblemente duro, y después ganamos al Tottenham sin jugar bien, pero los chicos han logrado hoy una gran victoria a pesar de tantísima presión. Es un gran éxito, tres veces seguidas ganando en Old Trafford. Estos jugadores tienen mi absoluta admiración. Ahora han de tener calma, no leer periódicos, no ver la televisión, descansar, comer, dormir, y a por las cuatro finales que nos quedan».

Mientras hablo con Pep, su equipo vuelve a tener un punto de ventaja sobre el Liverpool con el mismo número de partidos disputados. Los de Klopp no fallarán en sus dos últimos compromisos de abril, venciendo por el mismo resultado (2-1) al Fulham y al Tottenham, pero el City tampoco sucumbirá el último domingo de abril en Burnley, si bien su triunfo por 0-1 vuelve a demostrar lo estrecho que es el margen entre la gloria y el infierno. Si John Stones salvó un gol de campeonato ante el Liverpool por solo once milímetros, el remate de Sergio Agüero en Turf Moor traspasa la línea por apenas 29,51 milímetros. Así de apretada es la Premier League...

MES 11

Mayo de 2019

Mánchester / Brighton / Londres

La penúltima jornada de Premier es de máximo riesgo para los dos aspirantes al título. El Liverpool visita Newcastle y está muy cerca de sufrir un nuevo tropiezo. Se adelanta dos veces en el marcador, pero en ambas ocasiones empatan los de Rafa Benítez. Solo en el minuto 86 consigue Klopp la victoria, gracias a Origi. Aún hay esperanza para el Liverpool después de treinta y siete jornadas agónicas porque, al día siguiente, el City recibe nada menos que a la «bestia negra» de Guardiola, el Leicester, en el último partido de la temporada en el Etihad Stadium. Y del mismo modo que los *citizens* ansiaban el tropiezo del conejo rojo en Newcastle, los de Liverpool se relamen ante un resbalón del cazador.

A estas alturas de curso, Guardiola casi no hace cambios. Juegan los once que se hallan en mejor forma. Así, Kompany es indiscutible como acompañante de Laporte en la zaga, lo que deja a Stones, y no digamos a Otamendi, sentado en el banquillo. Walker y Zinchenko resultan inamovibles como laterales, al igual que Gündogan como mediocentro o Silva de interior. Bernardo y Sterling a pierna cambiada y Agüero en la punta también son indiscutibles. De hecho, el equipo acostumbra a cambiar solo una pieza por partido, la del interior derecho. Ausente De Bruyne, es en esta posición donde Pep introduce sus variantes. Contra el Leicester elige de nuevo a Phil Foden, «la niña de sus ojos».

El Leicester presenta un plan muy preciso que ha diseñado Brendan Rodgers. Facilita que el City circule sin obstáculos hasta el centro del campo y ahí envuelve al poseedor del balón entre Vardy, Ndidi y Tielemans. Cada robo de balón supone un preciso pase de Maddison —una de las revelaciones de la temporada— en busca del contragolpe. Si el City se acerca al área defendida por Schmeichel, nueve hombres tapan cualquier posible espacio por el que ser atacados. Pese a las imprecisiones fruto de la tensión, los de Guardiola crean varias ocasiones e incluso Agüero cabecea al poste. Agobiado por el paso de los minutos sin obtener fruto, Guardiola introduce a Sané por Foden a los cincuenta y seis minutos y libera como segundo punta a Sterling, por zonas interiores, a la espalda de Agüero. En pocos minutos se producen dos acciones de altísimo peligro. Un contraataque de Maguire es rematado por Maddison cerca del poste de Ederson, lo que es replicado por un disparo a bocajarro de Agüero que Schmeichel consigue salvar. El tiempo ahoga al City, que ve cómo el conejo rojo se escapa de sus garras…

Entonces, contra todo pronóstico y del modo más inesperado, llega el gol del capitán. Se han cumplido los setenta minutos y todos los jugadores, salvo Ederson, están amontonados en los treinta metros más cercanos al área visitante. Hace más de cinco años que Vincent Kompany no remata un balón desde fuera del área.[18] Han pasado más de doce años desde que marcó su último gol desde esa posición.[19] Pese a los antecedentes, el capitán profundiza por el pasillo derecho, el menos vigilado por el Leicester. Todos le conocen y saben que no intentará disparar. Lo saben sus compañeros. Agüero le grita: «*No, Vinnie, don't shoot!*». Lo saben los visitantes y ni Maddison ni Ndidi intentan frenar al capitán, que se acerca, amaga con rematar, avanza dos pasos más… y entonces ocurre lo menos previsible. Sí, Kompany dispara desde treinta metros. Es un disparo con todo el empeine que ejerce en el balón un efecto inverosímil hasta introducirlo en la escuadra que defiende, impotente, Kasper Schmeichel.

Es el gol número cien del curso en el Etihad y el novecientos en la historia del estadio. La locura se apodera una vez más del equipo, que más tarde hará interminables bromas sobre la cantidad de voces, incluida la del entrenador, que habían gritado: «¡No, Vinnie, no chutes!». El resultado da medio título al City, que aún deberá contener el aliento hacia el final del partido, cuando Kelechi Iheanacho, su antiguo delantero, falla por mucho un remate sencillo. La despe-

18. La última vez que Kompany remató desde fuera del área fue en diciembre de 2013, en un partido del City contra el Crystal Palace.

19. Kompany marcó a los treinta y siete minutos el gol del triunfo para el Hamburg SV en su partido contra el MSV Duisburg en la Bundesliga 2007-2008. Fue el 28 de octubre de 2007.

dida del curso en el Etihad Stadium resulta memorable, con el capitán Kompany diciendo adiós a un fecundo historial. Por segunda temporada consecutiva, el City ha logrado vencer a los restantes diecinueve equipos del campeonato por lo menos una vez, igualando la hazaña del Preston North End en el siglo XIX.

El 12 de mayo, a las 16.00 hora inglesa, concluye una Premier League histórica por muchas razones. El Liverpool vence por 2-0 al Wolverhampton y el Manchester City derrota al Brighton por 1-4 en su visita al Amex Stadium. Por quinta temporada consecutiva, Sergio Agüero ha anotado veinte o más goles en la Premier, igualando al mejor Thierry Henry, que lo consiguió entre 2001 y 2006. A la vista del repliegue previsible del Brighton, Guardiola usa a Sterling de interior derecho y a Bernardo y Mahrez como extremos. Como si quisiera simbolizar lo que ha sido todo el campeonato, el equipo vive un minuto de zozobra cuando Murray adelanta a los locales en un saque de esquina a los veintiséis minutos, aunque sesenta segundos más tarde Agüero empata y diez minutos después remonta Laporte, antes de que Mahrez y Gündogan certifiquen la reválida del título. El cazador ha conseguido abatir al conejo rojo.

Pero la temporada no ha concluido y, por sexta vez en pocos meses, el City regresa a Wembley y obtiene su sexta victoria, batiendo al Watford por 6-0 en la final de la FA Cup. Guardiola repite el 3-2-2-3 y su once titular de las últimas semanas; Bernardo es el interior derecho, Mahrez juega como extremo del mismo lado y Gabriel Jesús actúa como delantero en punta. La tarde es fresca en Wembley y basta que Ederson despeje un remate a bocajarro de Roberto Pereyra tras un contragolpe feroz de Gerard Deulofeu para que el Watford se desactive emocionalmente: solo conseguirá rematar una vez más en toda la final. El equipo de Pep lo hace once veces y consigue seis goles, igualando el récord histórico de la final de 1903 (Bury-Derby County), dos de ellos en contraataques fulgurantes.

Es la decimoquinta victoria consecutiva (catorce en la Premier más la final de copa), un hito colosal, que permite cerrar un curso memorable para los de Guardiola. Han ganado cuatro títulos y solo han cedido en la Champions League por el valor doble de los goles fuera. Suman 50 victorias en 61 partidos (más otras 2 obtenidas tras tandas de penaltis), han marcado 169 goles y encajado solo 39, y han batido otro buen número de récords. Para Guardiola, la ratio de 84,2 % de victorias en liga es, con mucha diferencia, la mejor de sus diez años de historia como entrenador.

DOS COLOSOS

El dato que mejor explica el rendimiento del Manchester City en la Premier League es que solo ha estado 132 minutos por detrás del marcador: 132 de los 3420 que duró el campeonato, solo un 3,8 % del tiempo total. El año anterior, el de los innumerables récords, estuvo 153 minutos por debajo en el marcador, 20 minutos más que este curso. Para conseguir aquellos históricos 100 puntos precisó de seis momentos épicos en los que obtuvo un gol agónico que le permitió alcanzar esta mágica cifra de puntos. Aquellos seis goles cruciales se produjeron entre los minutos 82 y 97 de dichos partidos. Esta temporada no ha necesitado recurrir a la épica para retener su título liguero. El gol más tardío entre los que le han dado la victoria en un partido llegó en el minuto 72 (Sané, contra el Liverpool), por lo que podemos concluir que al equipo de Guardiola le han sobrado veinte minutos de todos los partidos para ganar de nuevo la Premier.

A su vez, el extraordinario Liverpool de Jürgen Klopp, proclamado campeón de Europa el 1 de junio en Madrid, ha estado 156 minutos por debajo en el marcador, pese a perder únicamente un partido, en el Etihad Stadium ante el City, pero ha necesitado de hasta cinco goles agónicos para sumar puntos que precisaba de forma imperiosa. Ante Chelsea, Everton, Fulham, Tottenham y Newcastle, los de Klopp marcaron en los últimos minutos (entre el 81 y el 96) para no quedar fuera de combate. Es el mejor subcampeón de la historia, con 97 puntos,[20] pero no ha podido resistir la caza de un City enfurecido que ha ganado 18 de los 19 partidos de la segunda vuelta. El día que ambos colosos se enfrentaron entre sí, el 3 de enero de este año, la Premier League estaba completamente teñida de rojo, con 7 puntos de ventaja para el Liverpool. En las siguientes 17 jornadas el equipo de Guardiola ha sumado 48 puntos de 51 posibles, y el Liverpool se ha quedado en 43. Ambos equipos han marcado los mismos goles en este tramo final (41), pero el City solo ha encajado 7, y el Liverpool, 14. Si la primera parte del campeonato fue claramente de color rojo, la segunda ha sido azul celeste sin discusión, aunque para ello el Manchester City ha necesitado volver a quebrar todo tipo de récords y estadísticas. Nunca antes ningún equipo inglés había ganado los

20. Con esta puntuación, el Liverpool de Klopp habría ganado todas las ediciones de la Premier League, excepto las dos conquistadas por Guardiola.

14 últimos partidos de liga (los «invencibles» del Arsenal habían logrado 13 triunfos), con lo que igualan las 32 victorias totales que ya lograron el curso anterior (18 en casa, récord histórico, y 14 a domicilio). Como le ocurriera en 2008 y en 2013, el Liverpool llegó líder a Navidad, pero no consiguió el título. Muy lejos de ambos quedan Chelsea (a 26 puntos del City), Tottenham (28), Arsenal (29) y Manchester United (32).

Por primera vez desde 2009, un equipo consigue retener el título liguero y Guardiola iguala con Ferguson y Mourinho como únicos entrenadores con dos títulos consecutivos.[21] Los 198 puntos sumados en dos temporadas son fruto de 64 victorias en 76 partidos disputados (84,21 %), más 6 empates y 6 derrotas. En estos dos años ha marcado 201 goles y encajado solo 50, dejando 36 veces su portería en blanco.

Es la cuarta Premier League que el City gana en la década de los años 10 (2012, 2014, 2018 y 2019) y la tercera que logra en la última jornada. En 16 de los 38 partidos del campeonato, el City solo ha recibido un disparo en contra, por ejemplo ante el Leicester, el Crystal Palace o el Manchester United, en tanto Burnley, Cardiff, Fulham o Bournemouth ni siquiera han tenido la mínima opción de rematar contra la portería de Ederson, quien ha recibido solo 38 goles en 55 partidos jugados. Ederson, por cierto, ha dado tres pases directos de gol: ante el Huddersfield (pase a Agüero para el primer gol del 6-1), frente al Tottenham (pase a Sterling para el 0-1 final) y en la Champions contra el Schalke (asistencia a Sterling en el minuto 89 para el 2-3 definitivo).

Superar el 75 % de tiempo de posesión del balón ha sido otra nota común en los partidos de 2019; han llegado a alcanzar el 82 % total en el partido contra el Bournemouth en el Vitality Stadium, encuentro en el que dieron 811 pases con un 91 % de acierto, sacaron 14 veces de esquina y realizaron 23 remates, en tanto los locales no consiguieron rematar ni una sola vez, ni sacar un solo córner. Posiblemente haya sido el partido que mejor resuma la jerarquía del City.

LOS *FOURMIDABLES*

Su tercera temporada al frente del City ha sido memorable e histórica. Ha llevado al equipo a conquistar lo que sir Alex Ferguson

21. En sus dos títulos consecutivos de Premier League, Pep Guardiola ha sumado 198 puntos. José Mourinho obtuvo en su día 186 puntos, y sir Alex Ferguson, 177.

concebía como imposible: los cuatro trofeos que se disputan en Inglaterra. En agosto de 2018 ganó la Community Shield; en febrero, la Copa de la Liga; y en mayo la Premier League y la FA Cup, elevando al City a un escenario impensado, el de la absoluta jerarquía en el fútbol inglés, de ahí la celebración del club bajo el lema «*Fourmidables*» un año después de haber sido los Centuriones. Como ha dicho Alan Shearer: «He jugado contra grandes equipos, contra equipos invencibles, pero este Manchester City es el mejor equipo de la historia de la Premier League».

La temporada encumbra algunos nombres y deja otros en sordina. Entre los que han empeorado su rendimiento desde el curso anterior, citemos a Leroy Sané por su irregularidad, si bien ha tenido momentos formidables y actuaciones espléndidas: con 16 goles y 17 asistencias ha sido el tercer mejor jugador, tras Sterling y Agüero, en la combinación de ambas facetas. Tampoco Riyad Mahrez ha brillado como se podía esperar, quizá por falta de adaptación al juego y comprensión de este, algo que ya le ocurriera a Bernardo en su primera temporada. Hombres como Agüero o Laporte han protagonizado una temporada soberbia, pero Bernardo Silva ha sido el mejor jugador del curso. El portugués ha sido el hombre más completo, y ha llegado a destacar en ámbitos inimaginables, como el *tackle*, o por su increíble capacidad de resistencia (frente al Liverpool y el Tottenham recorrió más de 13,7 kilómetros). Bernardo ha sido el jugador clave del año y se advierte que aún puede mejorar en el ámbito del remate final. Tres hombres han dejado un hueco capital en el equipo. Kevin de Bruyne solo ha podido ser titular en 22 de los 61 partidos disputados, debido a las cuatro lesiones que ha sufrido; Benjamin Mendy ha sido baja desde noviembre; y el capitán Vincent Kompany solo ha estado disponible de manera continuada desde el 14 de abril.

Si la temporada anterior el City había logrado ganar 17 partidos por una diferencia de tres o más goles, la cifra ha crecido a 19, desglosados del siguiente modo:

- Ventaja de 9 goles: 1 partido
- Ventaja de 7 goles: 2 partidos
- Ventaja de 6 goles: 3 partidos
- Ventaja de 5 goles: 5 partidos
- Ventaja de 4 goles: 1 partido
- Ventaja de 3 goles: 7 partidos

Ante los repliegues bajos de los rivales, el equipo ha empleado de manera abundante el disparo desde fuera del área, marcando de este modo 15 de los 95 goles en liga. Ha anotado 19 goles en contraataques (un 11 % del total) gracias a la combinación de ritmos que está aplicando Guardiola, que gusta de alternar largos periodos de juego dominante, durante los que hace gala de sus fundamentos conocidos, con otros más breves en los que se repliega en su mitad del campo para aplicar potentes contraataques. La final de la FA Cup contra el Watford ejemplifica esta combinación, pues tras un amplio dominio en el que aplicó su juego de pases y triangulaciones, obteniendo dos goles, el City se replegó unos metros y logró los dos siguientes tantos en sendos contragolpes, para acabar el partido nuevamente con una fase de abundantes pases en la que consiguió los dos últimos tantos.

El mayor número de contraataques ha significado una disminución en el número de pases, que ha descendido de 743 como promedio a 699. La eficacia a balón parado ha disminuido. El pasado curso se lograron 23 goles a balón parado (16 en saques de esquina y 7 de falta), mientras que en este se han sumado 18 (10 + 8). En acciones defensivas, el año anterior solo había encajado cuatro goles (2 + 2) y ahora se han recibido nueve (6 + 3).

Desde la óptica táctica podemos concluir que la mejor decisión de Pep Guardiola esta temporada ha sido cambiar muy poco respecto de la anterior. Como hemos visto, ha cambiado de módulo por fuerza mayor, pero dicho cambio se ha realizado desde la continuidad de los fundamentos de juego. Esto, en un entrenador que ha hecho del cambio y la innovación una de sus señas de identidad, quizás haya resultado difícil de asumir, pero al mismo tiempo es una muestra de acercamiento y comprensión hacia lo que más necesitaban sus jugadores: encontrarse dentro de un ecosistema de juego conocido, manejable y que les permitiera alcanzar el máximo rendimiento individual y colectivo.

La mayoría de las variaciones que Pep ha realizado no han sido motivadas por decisiones técnicas, sino por otros imperativos. La lesión de Mendy provocó el cambio de módulo; la de Fernandinho obligó a jugar con un mediocentro «delicado» como Gündogan, lo que a su vez exigió la modificación de comportamientos en algunos de sus compañeros; la constante ausencia de De Bruyne provocó que Bernardo abandonara la banda y centrara su posición; el irregular rendimiento de Sané motivó que los extremos pasaran a jugar a pierna cambiada.

LA FIESTA EN EL HILTON

Dos horas después de levantar su cuarto trofeo de la temporada, la FA Cup, el equipo accede por Lakeside Way hasta la puerta trasera del hotel Hilton, situado apenas a cuatro minutos de la estatua de Bobby Moore que preside la entrada del Wembley Stadium. Los jugadores traen el trofeo y la sexta victoria de la temporada en el estadio talismán de Pep. Y también una gran dosis de fatiga. Casi ni hay bromas cuando compartimos el montacargas de servicio que sube desde el garaje hasta el salón donde se festeja el triunfo. Los cuatro trofeos están a disposición de patrocinadores y amigos, que se fotografían con ellos mientras celebran las conquistas con champán y canapés.

Pep está eufórico. Habla de sus muchachos con entusiasmo, por la forma en que han jugado y por el espíritu que han demostrado, compitiendo por todo hasta el último suspiro. En el centro de la sala, Khaldoon Al Mubarak reparte elogios hacia el entrenador y promete nuevos éxitos. Valentí Guardiola, el padre de Pep, se divierte como un niño cuando los aficionados le piden fotografiarse junto a él.

La celebración dura poco más de una hora porque hay demasiado agotamiento y mañana habrá fiesta grande en las calles de Mánchester. En apenas setenta días regresarán los desafíos ante una oposición aún más formidable y agresiva que intentará impedir otro pleno *citizen* en el fútbol inglés. Pep volverá a afrontar la asignatura pendiente de la Champions y querrá dar otro paso más y mejorar el rendimiento ya excelente de una plantilla que cambiará muy poco.

Tras el pleno absoluto de clubes ingleses en las competiciones europeas,[22] no habrá descanso para el nuevo rey de Inglaterra.

22. El Liverpool de Klopp gana la Champions League ante el Tottenham de Pochettino por 2-0. En la Europa League, el Chelsea de Sarri vence al Arsenal dirigido por Emery (4-1).

RESUMEN ESTADÍSTICAS 2018-2019

	P	V	E	D	GF	GC
Community Shield *Campeón*	1	1	0	0	2	0
Premier League *Campeón*	38	32	2	4	95	23
FA Cup *Campeón*	6	6	0	0	26	3
Copa de la Liga *Campeón*	6	4	2	0	16	1
Champions League *Cuartos de final*	10	7	1	2	30	12
Total	**61**	**50**	**5**	**6**	**169**	**39**

DATOS

82 %	Porcentaje victorias en la temporada
84,2 %	Porcentaje victorias en la Premier League
2,77	Goles a favor en la temporada
2,50	Goles a favor en la Premier League
0,64	Goles en contra en la temporada
0,60	Goles en contra en la Premier League
130	Diferencia de goles a favor en la temporada
98	Puntos en la Premier League
21	Remates al poste en la Premier League (8 de Agüero)
67,4 %	Posesión de balón en la temporada
67,9 %	Posesión de balón en la Premier League
82 %	Máxima posesión de balón (vs. Bournemouth, marzo 2019)
49,6 %	Mínima posesión de balón (vs. Liverpool, enero 2019)
699	Promedio de pases por partido
872	Máximo número de pases (vs. Wolverhampton, enero de 2019)
89 %	Pases acertados por partido
18	Remates por partido / 7 a portería
6,2	Remates en contra por partido / 2,1 a portería
14	Victorias consecutivas en la Premier League
32	Máximo goleador: Sergio Agüero (21 en la Premier League)
17	Máximo asistente: Leroy Sané (10 en la Premier League)
55	Más partidos jugados: Ederson Moraes (38 en la Premier League)
9-0	Mayor victoria (vs. Burton Albion)
2-0	Mayor derrota (vs. Chelsea)

TEMPORADA 4

2019-2020

Cinco cenas y un funeral

CENA 1
EN CASA DE PEP

El artesano

Mánchester, 18 de agosto de 2019

Tiene Mánchester a sus pies.

No es solo una metáfora. Desde el gran ventanal del piso, Pep contempla todo Mánchester. A la izquierda, la catedral y el río Irwell, con sus curvas silenciosas y suaves. Algo más allá, el National Football Museum, y a sus pies, bulliciosa y agitada a cualquier hora, la avenida Deansgate, la arteria que cruza la ciudad como un bisturí. A catorce pisos de la calle, Guardiola brinda con una copa de vino tinto por el futuro mientras la noche cae sobre Mánchester en otra jornada marcada por la lluvia, el frío y el viento, los tres amigos inseparables de esta ciudad, aunque estemos en agosto.

Es el líder de los «vecinos ruidosos», como sir Alex Ferguson calificó al Manchester City. Llegó con la mochila llena de ilusión a esta ciudad que ahora observa desde lo alto. En estos tres años, los aficionados del City ya han aplaudido la conquista de siete nuevos trofeos. A los dos títulos obtenidos en la segunda temporada se sumaron los cuatro del pasado curso y, hace dos semanas, la Community Shield conquistada ante el Liverpool. Más que por los títulos, Pep está ocupado en el juego de sus hombres. Ayer no consiguió vencer al Tottenham en la segunda jornada de liga (2-2), pero su equipo remató treinta veces por solo tres de los Spurs, que únicamente dieron cinco pases en el área rival por cincuenta y dos del City. Es una paradoja que se produce de manera habitual en el fútbol, un deporte en el que dominar el juego no equivale a vencer. Pese a este fenómeno frustrante, Pep se empeña en que el juego de su equipo sea perfecto. Pelea consigo mismo en esta carrera en busca de la perfección del artesano.

—Estoy muy contento por el juego de ayer. Es el mejor partido que hemos jugado desde que estamos aquí. Después de tres años nos conocemos bien y cada uno sabe lo que ha de hacer. Nuestro juego de posición es espléndido. Creo que desde la época del Barça no había conseguido jugar así. Ayer conseguimos dominar bien al Tottenham y creo que cualquier aficionado *spur* es consciente de que era un partido que podía haber terminado con un 7-2 para nosotros. Si afinamos la puntería seremos buenos esta temporada. Y si tenemos suerte con los detalles, también podemos serlo en la Champions.

Cuando he llegado a su casa, Pep estaba sentado en un sencillo taburete de la cocina, revisando en el ordenador portátil una y otra vez el partido de ayer. Mira y remira los cortes de vídeo que le han preparado sus ayudantes; se focaliza en un jugador o quizás en dos; y repite la operación hasta conseguir extraer pequeñas conclusiones.

—Hicimos un muy buen partido. Atacamos bien y nos preparamos muy bien para la pérdida. Nos ayuda mucho que los laterales estén por dentro, pero que sean asimétricos (Zinchenko interior, Walker exterior). Estamos en un punto en que ya todos saben lo que han de hacer y el juego posicional mejora el rendimiento de cada jugador.

Como le enseñó Cruyff, siempre hay que mirar a lo lejos. Sus ojos se pierden en el horizonte rojizo de las naves industriales de Bridgewater, apenas vislumbradas en la lejanía del horizonte neblinoso de Mánchester. En silencio, regresa a un viejo asunto que le obsesiona: la búsqueda de la perfección, aquella excelencia apenas rozada con los dedos en las noches de gloria.

—Después de ganar dos ligas consecutivas, lo que más me importa es construir un legado de buen juego, un juego como el que hicimos ayer, que emocione a la gente. Mi legado ha de ser este.

Si tuviera que definirlo de un modo breve, diría que Guardiola es un artesano del fútbol. Pretende la perfección del artesano. En él no habita otra cuestión más que esta. Perseguir la excelencia. Encontrar la armonía perfecta del juego, la que permite enfrentar cualquier destino y reducir la incertidumbre del fútbol a la mínima expresión para conquistar la gloria.

La definición que estableció Richard Sennett se ajusta a su perfil: «La artesanía es la habilidad de hacer las cosas bien. Es un impulso humano duradero y básico: el deseo de realizar bien una tarea, sin más. Hacer bien tu trabajo por el simple hecho de hacerlo bien».[23] Antes que Sennett, Platón dibujó el patrón de excelencia cuando dijo que la aspiración a la calidad impulsará al artesano a progresar, a mejorar antes que salir del paso con el menor esfuerzo posible. Guardiola siente esa pasión platónica por el fútbol.

Toda artesanía se funda en una habilidad desarrollada en alto grado. La habilidad más específica de Pep es el arte de descifrar al rival. Puede dedicar un número ingente de horas a analizar las actuaciones micro del equipo rival hasta encontrar aquellos patrones de conducta, de ubicación o de relación que pueden suponer un peligro o una ventaja para su equipo. Al día siguiente hablará con Mahrez, con Foden o con De Bruyne y le explicará en detalle en qué consiste el defecto del defensa rival o cuál es su comportamiento concreto ante una acción determinada, cómo hay que atacarle para tener éxito, qué operación de engaño debe realizar De Bruyne para que Mahrez aproveche la pequeña manía de ese defensa al que hay que superar. Guardiola extrae la esencia del error, del defecto y del comportamiento del rival para destilarlo en un pequeño frasco que entregará a sus jugadores. Es lo que Messi ha definido con verbo escueto: «Pep te dice lo que ocurrirá. Y ocurre».

He ahí su esencia artesanal: descifrar los comportamientos micro del rival para construir con ellos ventajas sustanciales para su equipo.

A menudo, el artesano choca contra unos patrones objetivos de excelencia excesivamente ambiciosos o conflictivos: el deseo de hacer bien algo solo por hacerlo bien puede verse obstaculizado por la presión de la competencia, la frustración o la obsesión. «Como artesanos, es más fácil que fallemos por incapacidad para organizar la obsesión que por falta de habilidad» (Sennett). Este es otro rasgo indiscutible que se advierte en Pep: su obsesión le ha generado muchos problemas. Los ingleses han calificado esta obsesión de Pep como *overthinking*, un exceso de pensamiento alrededor de un partido. Pero como razona Sennett, se trata de una obsesión inevitable. Todo gran artesano se obsesiona con la perfección: «El deseo de calidad del artesano plantea un peligro motivacional: la obsesión por conseguir cosas perfectas podría estropear el propio trabajo».[24]

Y es que la propia característica del trabajo del artesano exige darle vueltas a todo, como escribió el célebre arquitecto Renzo

23. Sennett, Richard. *El artesano*. Anagrama, Barcelona, 2009 (p. 20).
24. *Ibid.* (p. 21).

Piano: «La circularidad es muy típica del enfoque artesanal. Piensas y haces al mismo tiempo. Dibujas y haces. El dibujo... es revisado. Lo haces, lo rehaces y lo vuelves a rehacer».[25]

Así es Pep en el fútbol. Hace, rehace y vuelve a hacer. Sí, algunas veces ha pensado en exceso y le ha ido mal, pero nadie podrá discutir que esa obsesión por la excelencia le ha convertido en un artesano excepcional.

No puede decirse lo mismo de su habilidad con el vino. Lleva un buen rato intentando abrir una botella que le regaló un visitante hace meses. Es un vino que promete, un Château Clarke Baron Edmond de Rothschild Listrac-Médoc de 1984, pero el tapón de corcho se encuentra en mal estado y no resulta fácil descorchar la botella. Joan Patsy, el director de fútbol del club en Sudamérica, aconseja ser delicado, pero Pep se empeña en forzar el tapón hasta que se produce la catástrofe y el corcho se rompe, ensuciando el vino... Manel Estiarte y Loles Vives, mi esposa, ríen con ganas ante la torpeza de Pep, que ahora intenta salvar el escollo filtrando el líquido a un decantador de cristal con la ayuda de Patsy. Cuando lo han conseguido descubren algo peor: el vino está picado. Quien se lo regaló a Guardiola lo hizo con su mejor voluntad, pero no lo había conservado en las mejores condiciones y ha perdido toda su calidad. Inservible.

Pep está desolado, pero Patsy corta rápidamente el debate: «Confórmate con la botella que he traído yo. Es un vino más modesto pero muy rico». Dicho y hecho, Patsy abre con destreza la botella que ha traído y todo queda listo para la cena que está preparando Fernando, el cocinero que Pep contrata cuando tiene invitados en casa.

La conversación, obviamente, se centra en la temporada que acaba de comenzar. El Liverpool será el gran rival en la Premier, no en vano solo un punto separó a ambos conjuntos en la lucha por el reciente título. ¿La Champions? «Cuestión de detalles. Un detalle te la da o un detalle te la quita», resume Estiarte. Con la Champions solo cabe ser paciente. Pep y Manel usan en italiano un proverbio chino que para ellos es un guiño de complicidad: «*Il cinese aspetta...*».[26] La paciencia como virtud imprescindible para persistir.

La paciencia y la tenacidad son dos rasgos que definen a Pep.

25. Robins, Edward. *Why Architects Draw*. Cambridge, Mass., MIT Press, 1994 (p. 126).

26. «*Siediti lungo la riva del fiume e aspetta, prima o poi vedrai passare il cadavere del tuo nemico*». (Siéntate a la orilla del río y tarde o temprano verás pasar el cadáver de tu enemigo). El proverbio ha sido atribuido a Confucio.

También lo son la eficacia —salvo en abrir botellas de vino—, la firmeza, el eclecticismo y la insatisfacción: nunca está contento ni se deja engañar por el triunfo. Vive en el presente, no en los recuerdos. Es extremadamente competitivo, quiere ganar siempre, pero si ha de perder quiere escoger cómo hacerlo. Rehúye el dogmatismo, pese a que sus seguidores acérrimos son profundamente dogmáticos. Dice la verdad en las ruedas de prensa, salvo en cuestiones insidiosas o que de forma muy evidente pueden causar un conflicto (obviamente, no revelará una alineación). Acostumbra a elogiar en público a un jugador al que critica en privado o al que sentará pronto en el banquillo. Le importa la emoción que logra generar en las personas a través del juego.

Gündogan vive en la puerta de enfrente, en un piso gemelo a este. Son pisos enormes, con un pasillo largo, muchas habitaciones y un estándar de calidad muy elevado. Pep ha colocado un sillón en una esquina del piso, allí donde la vista sobre Mánchester es insuperable. De vez en cuando se sienta ahí y reflexiona sobre su voluntad artesanal aplicada al fútbol.

Sabemos por Sennett que los secretos de los grandes maestros que fabricaron maravillosos instrumentos musicales, como Antonio Stradivarius o Guarnieri del Gesù, murieron con ellos. Se ha invertido mucho dinero para tratar de averiguar dichos secretos, pero todos los intentos de replicar esos violines geniales han fracasado. Posiblemente se trate de la dificultad intrínseca de transferir conocimiento en asuntos artesanales. Y Pep entiende que el suyo es un oficio de este tipo, que los campos de la ciudad deportiva de Mánchester son su particular taller de artesanía. ¿Sabrá transmitir el conocimiento? ¿Tendrá sucesores que quieran continuar su legado, como él hizo con Cruyff?

Cerramos la cena volviendo a Sennett: «El maestro artesano estaba presente en todas las fases de la producción. Sabemos, gracias a las investigaciones de Tony Faber, que Stradivarius se ocupaba en persona de los detalles más insignificantes de la producción de sus violines. Aunque raramente viajaba, en la casa se hallaba en constante movimiento, no limitado a una función: su personalidad desbordante y dominante estallaba a veces en espectaculares rabietas, sin parar de dar instrucciones y lanzar exhortaciones».[27] ¿Acaso no es una descripción muy precisa de los comportamientos de Guardiola en los campos de entrenamiento?

27. *Op. cit.* (p. 97).

Benvenuto Cellini, el inigualable escultor del Renacimiento, dejó escrito que «los secretos de mi arte morirán conmigo».[28] Esperamos que los de Pep tengan un mejor destino…

CENA EN CASA DE PEP
MENÚ

Mongetes seques (judías blancas) con almejas
Huevo frito con boletus, patatas y trufa
Rape con langostinos
Tarta *tatin* con helado
Mouton Cadet Pauillac de 2018 (tinto)

28. *La vita di Benvenuto di Maestro Giovanni Cellini fiorentino, scritta per lui medesmo, in Firenze* (1728).

CENA 2
EN EL TAST CATALÀ

El afecto

Mánchester, 23 de octubre de 2019

—¿Cómo se crea el afecto sincero con el futbolista cuando no le haces jugar durante un mes?

Nadie contesta.

Hoy cenamos en el reservado del restaurante Tast Català, un espacio cómodo con las paredes pintadas en azul suave, sillas de azul oscuro y mesas sencillas de madera barnizada, en la tercera planta del edificio, en el 20 de King Street. Es un restaurante abierto en julio del año pasado bajo la tutela del chef Paco Pérez, quien acumula cinco estrellas Michelin, y que entre sus socios cuenta con Pep Guardiola, Ferran Soriano y Txiki Begiristain. El propósito del restaurante es dar a conocer la verdadera cocina catalana en el territorio británico. El reservado del restaurante se llama Enxaneta, que es el nombre que recibe quien corona un *castell* humano, una de las actividades catalanas más singulares y hermosas.

Nadie contesta la pregunta retórica de Pep, que continúa:

—Pago una fortuna para que alguien me enseñe cómo conseguirlo... Quien consiga esto lo habrá conseguido todo.

En esta afirmación se resume su pensamiento alrededor del fútbol y también todas sus incomodidades y contradicciones. Sufre por aquellos jugadores a los que no convoca o a los que no da minutos de juego. Para él, el día de partido es su mejor momento porque ha llegado el momento de la competición, pero al mismo tiempo es el peor día de la semana porque ha dejado a media docena de sus mejores hombres en el banquillo o, peor aún, en la grada.

—Es lo que más me cuesta y me duele. Intento que mi decisión sea la más idónea para cada partido, pero sé que estoy privando a muchos de ejercer su profesión, les estoy impidiendo que jueguen, que hagan lo que les gusta. Ya sé que todos somos conscientes de que ha de ser así, pero a mí me sigue costando mucho dejar fuera a uno de estos chicos que se dejan la piel en el campo. Por esto me parece imposible que me tengan afecto verdadero. No puedes querer a quien te deja fuera de tu profesión.

Si alguien deseaba comprender por qué Guardiola acostumbra a tener plantillas muy reducidas de jugadores, incluso en ocasiones desafiando el sentido común, en estas palabras suyas hallará la respuesta. Quiere plantillas cortas para no tener que dejar a nadie fuera de su profesión. Le basta con realizar algunas rotaciones para que todos los jugadores puedan participar, aunque como es obvio no cambia las alineaciones para satisfacer a sus hombres, sino que la prioridad siempre es afrontar los partidos del mejor modo posible.

Por la misma razón, cuando ficha a alguien, «lo primero que miro es que sea buen compañero». Hace tiempo que le da vueltas a esta idea: «Para ganar, un gran equipo necesita buenos suplentes. Lo que más me interesa de un jugador es su historial como suplente, saber cómo se comporta en la dificultad. Si ha sido un buen suplente, me interesa. Si en esos malos momentos que le ha tocado vivir se ha comportado mal, probablemente no lo ficharé». Pero siempre hay quien juega poco o bastante menos de lo que cree merecer. Por ejemplo, el nuevo capitán, Fernandinho, no ha debutado hasta el quinto partido de la temporada y solo porque Laporte sufrió una lesión en el cartílago medial de la rodilla, que le tendrá cinco meses de baja. Phil Foden, el «niño mimado» del entrenador, solo ha disputado doce minutos en los primeros ocho partidos.

—¿Cómo se crea el afecto sincero con el jugador cuando no le haces jugar durante un mes?

Nadie contesta, a pesar de que Pep ofrece un millón por esta respuesta mágica.

Anoche, el City ganó por 5-1 al Atalanta italiano, pero fue un triunfo algo engañoso, forjado en la sorprendente eficacia de Sterling, autor de un *hat-trick*, bien respaldado por un doblete de Agüero. Quienes verdaderamente destacaron fueron Gündogan, obligado a jugar de mediocentro, y un portentoso Foden, que como interior creó cuatro ocasiones de gol, hasta su expulsión por dos amarillas en el minuto 82. El mismo Foden que solo había sido titular una vez en los primeros trece partidos de competición…: «Nadie confía más en Foden que yo. Fui yo quien le llamó para jugar en el primer equipo. Nadie le valora más que yo, aunque juegue menos de lo que merece», dice Pep tras el partido. Lorenzo Buenaventura, el preparador físico del equipo, me revela un dato importante: «Foden ha corrido 1600 metros a más de 22 kilómetros por hora. Nadie ha hecho más minutos al esprint que él, a pesar de que ha jugado diez minutos menos que los demás».

El recorrido del equipo entre agosto y este final del mes de octubre ha sido irregular. Cómodas victorias contra Bournemouth y Brighton, seguidas de una chocante derrota en Norwich, para a continuación ganar por 0-3 al Shakhtar en Ucrania y golear por 8-0 al Watford apenas cuatro meses después del 6-0 anotado en la final de la FA Cup. Tres triunfos más (Preston North End, Everton y Dinamo Zagreb) dieron paso a una dura derrota en casa ante el Wolverhampton (0-2) que otorga una ventaja de ocho puntos en la tabla a favor del Liverpool. Pep está preocupado porque observa menos energía mental en sus jugadores que las dos temporadas anteriores.

En el triunfo europeo contra el Atalanta ha sido muy destacable el tipo de *build up* del City. El equipo italiano se distingue por ser muy agresivo en la presión contra el rival, por lo que Guardiola elige una alineación diferente a la que podíamos imaginar: Walker y Mendy son los laterales; Rodri y Fernandinho, los zagueros, y Gündogan, el mediocentro. Es evidente que buscaba garantizarse una buena salida de balón ante el *pressing* rival, por lo que ha diseñado una salida en 3+1+1 con los siguientes matices: la primera línea la componían Walker, Fernandinho y Mendy, y Rodri era quien se adelantaba unos metros fuera del área para ejercer de pivote en los pases entre ellos; quedaba liberado Gündogan para girar el juego hacia campo contrario. Rodrigo Hernández ha sido el principal fichaje del City para la temporada 2018-2019, la apuesta del entrenador por un mediocentro posicional de gran porvenir.[29]

Ante el equipo italiano, Rodri ha de realizar la doble función zaguero-mediocentro que Pep ya probó con Stones el curso pasado. Hace años lo ensayó también con Sergio Busquets en el Barcelona, sin que la propuesta tuviera un gran éxito. Con Stones funcionó bastante mejor, pero no fue más allá de algunos partidos. Hoy lo

29. El otro fichaje de la temporada ha sido João Cancelo, lateral portugués proveniente de la Juventus, intercambiado por Danilo más veintiocho millones de euros. Los principales traspasos han sido el de Vincent Kompany al Anderlecht, el de Fabian Delph al Everton y la marcha definitiva de Douglas Luiz al Aston Villa.

repite con Rodrigo Hernández, en quien advierte la capacidad para ejercer esta doble misión. La ejecución del plan se aleja mucho de las expectativas del entrenador porque Walker y Mendy no tienen la clarividencia para encontrar en cada ocasión al receptor adecuado y acaban por entregar siempre el balón a un Rodri sometido a un marcaje estrecho, con lo que se estropea el *build up* una y otra vez. La idea es excelente porque adelanta a Rodri casi a la altura de Gündogan, lo que otorgaría superioridad clara, pero la mala ejecución de los laterales provoca que a los veinte minutos, después de varios sustos, Pep ordene cambiar a un *build up* de 4+2, con Rodri bajando un nivel y De Bruyne otro.

Esta propuesta de salida de balón acapara las conversaciones en la cena del Tast Català, después de la reflexión inicial de Guardiola sobre cómo obtener el afecto de los jugadores. Joan Patsy comenta este aspecto del juego y añade: «Con Cancelo, la salida es mejor». A Pep le gusta el talento creativo de João Cancelo —la segunda gran adquisición del curso, además de Rodri— y quiere aprovecharlo, pero debe mejorar sus carencias defensivas. Explica que lleva semanas trabajando duro con el lateral portugués: «Hemos trabajado mucho con él, hemos repasado vídeos de su manera de volver hacia atrás, de las salidas, de las coberturas...». Manel Estiarte interviene para recordar que «en estos cuatro años aquí, siempre, cada dos semanas, repites la salida de balón desde atrás y con los centrocampistas, porque es una de esas cosas que si no se trabajan se olvidan o se diluyen». Pep concluye sobre los problemas de anoche en el *build up*: «Si los laterales no están finos en sus decisiones, no podemos hacer la salida de tres que buscábamos ayer, con Rodri subiendo un escalón. Tendremos que hacer la salida de cuatro con los laterales más arriba o la de tres bajando al mediocentro entre los centrales. Es cuestión de finura en los pases».

Esta vez, la cena concluye antes de la medianoche porque mañana se entrena pronto. Pep ha dejado claro que nunca podrá conseguir el afecto de aquellos hombres a los que no hace jugar y también que para una salida de balón de riesgo necesita jugadores con buen pie y trabajarla mucho. Cuando paseamos con Loles por King Street, camino de Deansgate, recuerdo a Domènec Torrent hablando del grado de presión que Pep ejerce sobre sus jugadores: «Pep estira la goma al máximo», decía Dome. La «goma» son los jugadores. Pep tensa y estira esa goma hasta el límite, hasta extraer de cada futbolista lo mejor de su interior, pero corre el riesgo de agotarlos y de agotarse.

CENA EN TAST CATALÀ
MENÚ (para compartir)

Huevo de pato con calamares y suflé de patata
Vieira de fricandó
Butifarra catalana *amb mongetes* (judías blancas)
Arroz a la catalana con *socarrat*[30]
Rodaballo «El Txiringuito 1939»
Pa amb tomàquet con aceite de oliva virgen extra[31]
Chucho de crema con chocolate caliente
Idus de Vall Llach 2015 (tinto)

30. El *socarrat* es una capa crujiente y caramelizada que se forma en el fondo de la cazuela, tras cocer el arroz en caldo casero y terminarlo en el horno de carbón.

31. Preparado rascando el tomate entero sobre el pan y no con tomate triturado.

CENA 3
EN SALVI'S

La orquesta

Mánchester, 22 de diciembre de 2019

Hoy volvemos a hablar de orquestas y de maneras de dirigirlas. De nuevo estamos en Salvi's, la *trattoria* italiana de Corn Exchange, que regenta Maurizio. En la entrada venden todo tipo de *delicatessen* italianas y en la planta inferior tienen un pequeño reservado que le gusta a Pep. Hace un par de años hablamos aquí mismo de Herbert von Karajan y Leonard Bernstein, de sus estilos de dirección, del muro y el puente.

Hoy hablamos de Nikolaus Harnoncourt, otro legendario director de orquesta, porque he leído un libro suyo que me ha encantado. En resumen, este gran especialista en Mozart explica que a menudo la falta de pasión del músico responde al ego del director de orquesta. Harnoncourt lo explica de esta forma: «El músico de orquesta es necesariamente un ser humano desesperado, dado su oficio. No hay ningún músico de orquesta que no haya decidido serlo por pura vocación, por entusiasmo. Un día se incorpora a una orquesta. Durante años ha ido escuchando una magnífica música de orquesta, y se dice a sí mismo: "¡Fantástico! Ahora también yo voy a formar parte del conjunto". Pero nada más empezar descubre que es una experiencia terrible. Frente a él hay alguien cuya concepción le resulta incomprensible, ¡o que incluso carece de una concepción!».[32]

—¡Es lo del brillo en los ojos!

Pep se refiere a aquella célebre frase del carismático Benjamin Zander, otro gran director de orquesta, que en una charla TED habló

32. Harnoncourt, Nikolaus. *Diálogos sobre Mozart*. Acantilado, Barcelona (p. 61).

del brillo en los ojos de sus músicos:[33] «De pronto me di cuenta de algo: el director de orquesta no emite ningún sonido. Para tener poder, ¡depende de su capacidad de hacer poderosos a otros! Me di cuenta de que mi trabajo es despertar posibilidades en otras personas. ¿Y saben cómo pueden comprobar si lo están consiguiendo? Miren a los ojos (de esas otras personas). Si los ojos están brillando, sabes que lo estás consiguiendo. Si no lo logras, has de hacerte una pregunta: ¿quién estoy siendo, si los ojos de mis músicos no están brillando?».

Guardiola quiere y pretende que los ojos de sus jugadores brillen y no soporta lo que Harnoncourt señala como principal carencia en los músicos de orquesta: «La indiferencia. Aunque tal vez yo entienda mejor que otros que un músico se embrutezca con el paso del tiempo después de que muchos directores le hayan exigido tocar apasionadamente sin aportar ellos pasión alguna, de modo que al cabo de los años apenas quede ni un ápice de receptividad para los directores sobresalientes».[34] Pep desarrolla un concepto que hace bastantes años le transmitió Julio Velasco, el extraordinario entrenador argentino de voleibol:

—Julio explica que nosotros, los entrenadores, hacemos hacer. Dice que tener voluntad y capacidad de aprendizaje es también un talento. Que el aprendizaje es una capacidad en sí misma.

Pep está decepcionado por el rendimiento de algunos de sus jugadores esta temporada. El Liverpool acumula ya once puntos de ventaja después de dieciocho jornadas. No es que el City esté jugando mal, pero sí a un ritmo inferior al de las dos temporadas anteriores. Alcanza momentos de gran brillantez, pero no consigue ser consistente de forma continuada. El curso comenzó de manera espléndida, ganando la Community Shield y jugando muy bien, pero se ha ido torciendo, también porque el equipo de Jürgen Klopp se muestra intratable. Desde la cena que tuvimos en Tast Català hace un par de meses, el City ha vencido sucesivamente al Aston Villa, Southampton dos veces (Carabao Cup y Premier), Chelsea, Burnley, Dinamo Zagreb y Arsenal, todos ellos con solvencia y jugando de forma magnífica. Ha empatado contra Atalanta y Shakhtar, alcanzando el primer puesto de la fase de grupos de la Champions, lo que supone la décima ocasión de once intentos de Pep. Pero ha dejado

33. Las charlas TED, o TED Talks, son impartidas por personalidades de distintos ámbitos para promover ideas dignas de ser difundidas. Las siglas TED significan *Technology, Entertainment, Design*.

34. *Op. cit.* (p. 41).

otros momentos discretos e irregulares, e incluso malos, como la nueva derrota en Anfield, el empate en el último minuto en Saint James' Park o la caída en casa ante el Manchester United (1-2).

El resumen es que estamos en la peor temporada de Guardiola en toda su carrera como entrenador, con doce victorias, dos empates y cuatro derrotas en dieciocho partidos. Estamos cenando al día siguiente de un gran triunfo, el conseguido en el King Power Stadium ante el Leicester por 1-3, la victoria noventa y nueve de Pep en la Premier League. El Leicester aún es segundo en la clasificación, a diez puntos del Liverpool y con uno de ventaja sobre el City.

Durante los postres hablamos del partido, que de nuevo fue una exhibición de juego sobresaliente que levantó el ánimo del entrenador después de varias semanas de desánimo por la irregularidad del equipo:

—Junto con el partido contra el Tottenham, el de ayer ha sido nuestra mejor actuación de la temporada. Hemos hecho lo más difícil en fútbol, que es jugar simple. Todos jugaron fácil y sencillo, sin complicaciones. He de convencer a mis jugadores de que este es el equipo que queremos ser. Ganemos o perdamos, queremos ser este equipo que hemos mostrado en Leicester. Hemos hecho un partido increíble con y sin balón. Hemos presionado alto y de manera efectiva en todo momento. Estoy orgulloso de que los jugadores me sigan.

Seguir con rectitud el camino que marca el entrenador es uno de los desafíos que afronta todo equipo, al fin y al cabo el propio Pep ya nos dijo hace años en Múnich que «el carácter de un equipo es el carácter de su entrenador». Mencionamos otra cita de Harnoncourt que se ajusta bien a este nivel de gestión: «Hay algo que es absolutamente imposible enseñar: el trato con un grupo numeroso de personas. Una orquesta es un grupo de personas de condición extremadamente diversa. A menudo lo único de lo que pueden hablar en las pausas es de música, porque eso es lo único que tienen en común. Y a estas personas tan diferentes el director tiene que transmitirles de manera convincente su comprensión de una obra. Probablemente en esto fracasan la mayoría de los directores de formación escolástica».[35]

Nos reímos después porque Harnoncourt explica en su libro la razón por la que sudan los directores de orquesta y, en cambio, no lo hacen los músicos de su orquesta: «Se trata de una cuestión temperamental. Cada músico de orquesta tiene a lo sumo un movimiento, y a continuación dieciséis compases de pausa. A veces

35. *Op. cit.* (pp. 60 y 61).

yo ya sudo solo con leer la partitura, justo en los pasajes en los que más tarde sudaré de verdad. Me agita lo que sucede en la música. Me emociona. El sudor se debe a la emoción».[36] Digo que nos reímos porque Pep explica que a él le pasa algo muy parecido cuando imagina cómo serán los partidos.

Al hilo de lo que sudan los entrenadores y los directores de orquesta, Joan Patsy narra una anécdota muy jugosa de Winston Churchill: «Poco después de una batalla en el desierto, Churchill visitó a las tropas neozelandesas y le sirvieron para comer un caldo de ostras, a pesar del calor que hacía. Luego llegó el general Montgomery, que había ganado la batalla con sus tanques, y rechazó la invitación porque tenía por norma no aceptar las de sus subordinados y se quedó fuera de la tienda. Son los dos estilos de gestión que hay. Churchill se sentó con los inferiores a tomar una sopa hirviendo y Montgomery lo rechazó y se tomó un sándwich y una limonada».[37]

De nuevo, el dilema de siempre: Karajan o Bernstein, el muro o el puente. Montgomery o Churchill.

CENA EN SALVI'S
MENÚ (para compartir)

Foccacia con queso italiano, rúcula y tomates cherris
Tabla de charcutería italiana
Berenjenas fritas
Tagliatelle con mariscos
Macarrones con ragú
Risotto con setas y trufa
Tiramisú y helados
Cannonau Riserva (tinto)

36. *Op. cit.* (p. 64).

37. La anécdota se puede consultar completa en el libro de Winston Churchill *La Segunda Guerra Mundial*, volumen II. Editorial La Esfera de los Libros, 2004, página 275.

CENA 4
EN WING'S

La disrupción

Mánchester, 8 de enero de 2020

Bernardo Silva dio anoche un recital como falso 9. A Pep le encanta jugar con falso 9 en Old Trafford. Lo hizo hace tres años, también en diciembre, empleando a Raheem Sterling para esta función y resultó un acierto total. Ayer, con Bernardo sucedió lo mismo en la ida de la semifinal de la Copa de la Liga y Guardiola volvió a vencer en Old Trafford (1-3), donde ha sumado cuatro triunfos en cinco partidos.

Hemos vuelto al Wings, el restaurante de cocina cantonesa situado en Lincoln Square, donde hoy compartiremos el menú de degustación. Estos días, Pep me está ayudando a confeccionar una definición ajustada y precisa del falso 9 porque estoy preparando un libro sobre la evolución táctica del fútbol desde sus orígenes y el falso 9 será el hilo conductor de dicho camino. Juanma Lillo y Paco Seirul·lo también participan en el trabajo, y finalmente hemos acordado entre todos definir el falso 9 del siguiente modo:

> El falso 9 es un delantero centro que retrasa su posición de manera sustancial a fin de conseguir uno o varios de los siguientes objetivos: evadirse de la vigilancia de los zagueros adversarios; arrastrar fuera de su zona de influencia a dichos zagueros; liberar espacios para la penetración de sus compañeros; colaborar activamente en la organización del ataque; provocar dudas y confusión en la zaga contraria; generar una permanente superioridad numérica, posicional, cualitativa o dinámica a favor de su equipo en el centro del campo.
>
> El falso 9 intenta combinar la consecución de estos objetivos con la misión prioritaria y fundamental de todo delantero centro: marcar

> goles. Quizá se mostrará manso y despistado, aparentando camuflarse de centrocampista vagabundo, y se alejará de la portería con maniobras sutiles de engaño, pero su mente se mantendrá siempre enfocada hacia la consecución del gol. El gol es, repitámoslo, su objetivo fundamental.
>
> El falso 9 no se limita a ocupar un territorio predeterminado dentro del terreno de juego, sino que su responsabilidad abarca diferentes tareas, espacios y objetivos, algunos de los cuales pueden parecer a simple vista discordantes entre sí, pues alejarse del área parece contradictorio con marcar goles. El falso 9 es un verdadero delantero centro, aunque no viva en el área y solo la pise para marcar gol. Es por todo ello por lo que el falso 9 debe definirse como una función y no como una posición.[38]

El primer futbolista de la historia que se alineó como falso 9 fue el uruguayo José Piendibene, nada menos que en 1910, y desde entonces más de una cincuentena de grandes jugadores se han aplicado en esta función. Nombres legendarios como Matthias Sindelar, György Sárosi, Adolfo Pedernera o Nándor Hidegkuti están grabados en letras de oro en el fútbol mundial. Más tarde hubo extraordinarios hombres que jugaron como falso 9, algunos de manera constante, como Di Stéfano o Gerd Müller (con la selección alemana), y otros en ocasiones puntuales, como Bobby Charlton, Cruyff, Maradona o Messi.

A Guardiola le gusta emplear el falso 9 en ocasiones especiales, como hizo con Messi en 2009, en un partido decisivo contra el Real Madrid. Y quizá porque también lo usó de esta manera en las dos finales de la Champions League que ganó al Manchester United (2009 y 2011), cada vez que visita Old Trafford intenta ponerlo en práctica. Ayer empleó a Bernardo Silva, que marcó el primer gol del partido, asistió a Mahrez para el segundo y lideró el contraataque que concluyó en el tercero de la noche, todo ello en poco más de media hora. El Manchester United se retiró al descanso perdiendo en su estadio por 0-3 por vez primera en más de dos décadas. Al salir de Old Trafford, Bernardo explicó que «me ha gustado mucho este rol del falso 9. Pep quería tener un hombre más en el centro del campo y he disfrutado mucho haciendo la doble función».

38. Perarnau, Martí. *La evolución táctica del fútbol (1863-1945). Descifrando el código genético del fútbol de la mano del falso 9*. Córner, Barcelona, 2021, páginas 17-18.

La clave del falso 9 es que no es una posición, sino una función.

Mientras comenzamos a cenar, y una vez que hemos despachado el asunto de la definición para mi libro, que se publicará en 2021, hablamos con Pep sobre ese gusto que siente por emplear el falso 9 (él no lo llama así, sino «punta falso»):

—El punta falso lo cura todo. No siempre hay que usarlo, pero en grandes partidos contra equipos que no defienden el área y marcan hombre contra hombre, yo prefiero que el punta baje a jugar al centro del campo, y si sabe jugar, como Bernardo, esto es imparable para el rival.

En este punto de la cena hablamos de innovación en el fútbol e intentamos desbrozar la profunda confusión que hay al respecto.

Invento es crear algo que no existía. Innovación es darle un uso nuevo a un invento ya existente. En el fútbol todo quedó inventado hacia 1945, cuando los principales movimientos tácticos y las ejecuciones técnicas ya habían sido creados por jugadores y entrenadores. Desde aquella fecha lo que se han producido son innovaciones. Así que a Pep no se le puede definir como «inventor» de ningún movimiento táctico en el fútbol, pero sí como «innovador». Él también lo entiende de este modo:

—Tenemos que incorporar muchas mejoras que han desarrollado otros deportes que están más avanzados. A nosotros nos queda mucho camino por recorrer hasta ponernos al nivel de otras disciplinas. No en todos los aspectos, ojo, pero sí en algunos. Nos queda mucho campo para mejorar e innovar.

Pep ha tenido grandes maestros. El más formidable de todos ha sido Johan Cruyff porque las ideas que le transmitió contenían una sabiduría ancestral que habían construido grandes figuras del fútbol como Jack Reynolds o Jany van der Veen, y grandes entrenadores como Vic Buckingham o Rinus Michels. Todos ellos conocieron, de manera directa o indirecta, las grandes aportaciones que hicieron equipos fabulosos como el Wunderteam austriaco o los Mágicos Magiares de los años cincuenta. Más adelante, Cruyff combinó todo lo que había aprendido y propuso una manera muy específica de jugar, que con el tiempo fue bautizada como «juego de posición». Pep aprendió de él, entre otras muchas cosas, el empleo del falso 9 en el equipo. Cruyff lo había sido en la selección neerlandesa, y esporádicamente en el Barcelona, y cuando dirigió el Dream Team lo aplicó con Michael Laudrup. Después, Pep usó a Messi y ahora sigue empleando la función del punta falso de vez en cuando.

Hoy está pensando en usarlo cuando llegue la eliminatoria de la Champions League contra el Real Madrid, prevista para finales de febrero:

—Anoche, cuando llegué a casa después de Old Trafford, estuve viendo la Supercopa de España, para analizar al Madrid.[39] Los he visto muy fuertes, mucho. No tenemos suerte, cojones. Siempre me los encuentro cuando están en su pico más alto. Son muy buenos. A ver qué puedo preparar para hacerles daño, por lo menos un poco de daño.

Patsy y Estiarte se miran y entienden el mensaje: jugará con falso 9 contra el Madrid. Les comento un detalle que poca gente conoce. En toda la historia del fútbol, los equipos que más han usado la función del falso 9 han sido el Peñarol de Montevideo, la selección húngara y el Manchester City.[40]

Hace quince días que Mikel Arteta se ha marchado a Londres, para ser entrenador del Arsenal, donde ha sustituido a Freddie Ljungberg, que se hizo cargo provisionalmente del equipo tras el cese de Unai Emery en noviembre. Pep tenía claro desde el primer día que el sueño de Arteta era entrenar al Arsenal y no ha tenido ningún problema en ayudar a su asistente, aunque a cambio se queda bastante desprotegido para el resto de la temporada. Cubrirá la ausencia con Rodolfo Borrell y Lorenzo Buenaventura.

Las cosas no marchan bien en la Premier League tras la derrota en casa de los Wolves hace diez días (3-2). Aunque el equipo jugó casi todo el partido con diez hombres por expulsión de Ederson, lo duro fue el modo de caer, ya que a los cuarenta y ocho minutos estaba ganando por 0-2, pero bastaron un par de errores, en especial uno gravísimo de Mendy, para que el equipo se estrellara y los Wolves remontaran en el último minuto tras haber rematado nada menos que veintiuna veces, la peor ratio del equipo de Pep en estos cuatro años. En la clasificación, el Liverpool ya cuenta con catorce puntos de ventaja y todos son conscientes de que esta vez no se les

39. En la semifinal de la Supercopa, el Real Madrid venció por 3-1 al Valencia.

40. Los falsos 9 de Peñarol fueron: José Piendibene (1910), Luis Matoso Feitiço (1935), Pedro Lago (1936) y Sebastián Guzmán (1938). Los de la selección de Hungría fueron: György Sárosi (1938), Péter Palotás (1950), Nándor Hidegkuti (1950), Ferenc Szusza (1951), Lájos Tichy (1955) y Ferenc Machos (1956). Los del Manchester City han sido: Fred Tilson (1931), Eric Brook (1936), Johnny Williamson (1953), Don Revie (1954), Raheem Sterling (2017), Sergio Agüero (2018), Bernardo Silva (2020), Phil Foden (2020), Ilkay Gündogan (2021) y Kevin de Bruyne (2021).

escapará el título de liga. Por esta razón, Pep se ha centrado en las competiciones coperas, de ahí que ya esté pensando en el Real Madrid al día siguiente de haber dado un paso casi decisivo para disputar otra final de la Copa de la Liga.

Pero la tristeza por no poder pelear por un tercer título seguido en la Premier League no ha aflojado al entrenador, que mantiene la misma intensidad en los debates que en los días felices. Hablamos de la evolución del juego:

—Está claro que ya no se juega como en 2009. Los entrenadores en general hemos cambiado. Klopp, Conte, yo mismo, todos somos mejores entrenadores que entonces porque hemos aprendido a base de experiencias. Y los equipos que consiguen mantener su núcleo principal de jugadores también son mejores porque si están cuatro años juntos acaban sabiendo muchos más detalles del juego.

De hecho, el estilo de los equipos de Pep ha ido incorporando grandes matices desde sus inicios en el Barcelona, su paso por el Bayern y estos tres años y medio en el City:

—Cada día me gusta más que mi equipo tenga flexibilidad. Quiero conseguir que mi equipo juegue de maneras distintas según el momento y que no sufra en ninguna de ellas. Me gusta ser capaz de jugar bien posicionalmente y al mismo tiempo saber defendernos en nuestro campo si el juego nos conduce a eso.

La cena nos lleva al concepto de innovación disruptiva, que es la aplicación de ideas que provocan importantes modificaciones o generan cambios drásticos. No solo se trata de jugar con falso 9 cuando sea oportuno, sino de cuestionar qué es un lateral, qué es un extremo o si un zaguero puede desdoblarse en mediocentro.

—Yo creo que no podemos quedarnos quietos y parados. Cada año hay que cambiar no solo algún jugador para aportar sangre fresca al equipo y nuevas ilusiones, sino que también hay que añadir matices a la manera de jugar. Si no lo hacemos, todos nos acaban pillando el truco.

Guardiola entiende que los cambios en un equipo deben hacerse cuando todo va bien, no cuando las cosas van mal. En este sentido, su mente está muy próxima a la de Steve Jobs, que no fue el inventor del teléfono móvil ni muchísimo menos, pero sí un innovador genial que nunca se conformó con lo conseguido, sino que siguió añadiendo nuevos matices a sus productos.[41]

41. El teléfono móvil lo inventó el ingeniero Martin Cooper en 1973.

Y

El progreso en el fútbol se ha originado siempre a través del pensamiento disruptivo, de los viajes y la emigración, de compartir y debatir ideas y conocimiento, y de la acción-reacción perenne.

Y de provocar el brillo en los ojos de los futbolistas.

Acabamos la cena hablando de ajedrez, una vez más, un deporte que tiene similitudes en su juego con el fútbol, dado que tiene fases parecidas, como la salida, el juego medio o el *endgame*. Comento que, en el ajedrez, el jugador a menudo no busca ser el mejor sino ser inmortal, lo que provoca esta reflexión de Pep:

—Decir inmortal es excesivo, pero que te recuerden por la belleza de tu juego, eso es más importante que todos los títulos que puedas ganar, que al fin y al cabo solo son trozos de metal.

CENA EN EL WINGS
MENÚ DEGUSTACIÓN (a compartir)

Surtido de *dim sum*
Pato crujiente
Langostino con sal y pimienta
Lubina al vapor con jengibre, cebollas y salsa de soja
Arroz frito
Cordero con brócoli en salsa de fríjoles negros
Filete al estilo cantonés
Fruta fresca de temporada
Champán Taittinger Brut Réserve

CENA 5
EN EL HOTEL EUROSTARS MADRID

Lo imposible

Madrid, 26 de febrero de 2020

En las alturas hace frío. En la cumbre siempre se está solo. Pep lleva cuatro temporadas en Mánchester. Ha ganado, ha perdido, ha sufrido, ha llorado de emoción, se ha fumado varios puros como celebración suprema del éxito… Ha sido feliz. Es feliz. Pero siempre regresa a su vieja reflexión: por más éxitos que obtenga, ¿será posible repetir la excelencia de aquel primer año en el Barça? A veces cree que sí, otras veces piensa que es imposible. En este debate interno lleva casi una década, discutiendo con otros y consigo mismo.

Esta noche hemos cenado en el hotel Eurostars Madrid Tower. Los jugadores han llegado con hambre al salón instalado en la planta baja, donde Jorge Gutiérrez, el chef del club, y otros tres cocineros han organizado la habitual cena pospartido de acuerdo con las pautas nutricionales que fija Tom Parry. El rey de la noche es el jamón ibérico de bellota. El jefe de los cocineros siempre se esmera en ofrecer algún plato local a los jugadores, lo que coordina con la cocina del hotel. Aún hay quien recuerda con la miel en los labios el impresionante surtido de pasta napolitana que apareció sobre la mesa tras el partido contra el Napoli en 2017, aquella noche en que Sergio Agüero batió el récord goleador del club. Jorge Gutiérrez intenta darle siempre un toque local a esa cena posterior a los partidos, que busca una rápida recuperación del glucógeno agotado por el esfuerzo.

Pep está contento. El City ha ganado al Real Madrid en el Bernabéu, con lo que Guardiola suma ya seis victorias en el mítico estadio madridista. Es un triunfo de impacto, obtenido a partir de decisiones tácticas que el equipo local no ha logrado replicar. ¿Recuerdan sus palabras? «A ver qué puedo preparar para hacerles daño…».

Por supuesto, la idea de Pep para hacer daño al Madrid, tal como se intuía en nuestra cena en el Wings, ha sido que Bernardo volviese a operar como falso 9. El plan de juego ha consistido en retrasar a Gündogan en paralelo a Rodri, abrir mucho a los extremos (Mahrez y Gabriel Jesús) y vaciar la punta para que los zagueros madridistas volviesen a tener dudas sobre si saltar o quedarse cerca de su área. Con balón, el City ha formado un 4-2-2-2-0 en el que Bernardo ha encarnado de maravilla la función del falso 9 y De Bruyne se ha movido excepcionalmente. Cuando Sterling ha entrado por Bernardo, a los setenta y tres minutos, Pep ha modificado la estructura, pasando KDB y Gündogan a puros interiores por delante de Rodri y quedando Gabriel Jesús como delantero en punta.

Ha sido uno de esos partidos clásicos de la Champions en los que dominar el juego no te garantiza hacerlo en el marcador. En el primer tiempo, por ejemplo, el Madrid ha controlado la primera media hora y el City los últimos quince minutos, y en el balance de ocasiones los madridistas han tenido una, en un cabezazo de Benzema que Ederson ha despejado, y los *citizens* dos, en sendos remates de Gabriel Jesús que han salvado Courtois y Valverde. Tras el descanso, el equipo de Pep ha tomado el mando del partido y Mahrez ha visto cómo Courtois volvía a salvar un gol cantado, pero cuando mejor estaba jugando el City ha llegado el gol del Madrid, tras una sucesión de errores de Rodri, Otamendi y Walker aprovechados por Isco. Y como confirmación de lo incierto que es el fútbol, cuando peor lo estaba pasando, el equipo de Pep ha logrado empatar gracias a Gabriel Jesús, antes de que De Bruyne sentenciara el encuentro al lanzar raso y seco un penalti a la derecha de Courtois, lo que no es poco visto que los lanzadores del City habían fallado cuatro de las últimas siete penas máximas en la Premier League. El resultado ha podido ampliarse aún más en el minuto final, pero Mahrez no ha acertado a culminar un espléndido contraataque. En cualquier caso, el equipo lo celebra a lo grande, no en vano el Bernabéu es un estadio muy difícil de conquistar.

La cena se sirve en un salón de paredes marrones, iluminado por una luz tenue. Son mesas redondas con manteles blancos para ocho comensales, sillas marrón oscuro, moqueta beis y un servicio central donde se encuentra la comida que ha preparado el grupo de cocineros del club. Los jugadores tienen prioridad para servirse la cena, que pretende aportar nutrientes que ayuden a recuperarse con celeridad del esfuerzo, ya que dentro de tres días y medio han de disputar en Wembley, por tercer año consecutivo, la final de la Copa de la Liga. En el propio vestuario del estadio han tomado un batido de carbohidratos, proteínas y creatina, y tras la cena ingerirán otro batido compuesto por cuatro gramos de *tart cherry* (cereza ácida) y un gramo de curcumina, con lo que habrán ejecutado el plan R+S pospartido (reabastecimiento y suplementación).

A medianoche, Manel Estiarte ya se ha ido a dormir, como es costumbre en él. Ha pedido una tortilla a la francesa y un refresco y se ha acostado enseguida, mientras en la planta inferior Pep toma una buena ración de jamón ibérico, una copa de vino y, algo después, un plato de pasta. Aprovecho para recordarle que hace tres años tuvimos una larga conversación en este mismo hotel sobre si era posible o no volver a jugar como lo hizo el Barcelona entre 2008 y 2012.

Mantuvimos aquella charla después de la derrota del Bayern frente al Atlético de Madrid (1-0) en las semifinales de la Champions. Fue el 28 de abril de 2016 y ya eran más de las tres de la madrugada cuando el ascensor del hotel se detuvo en la planta vigésima tercera y nos pusimos a debatir acerca de si sería posible o no. Pep sostenía que no:

—No, no será posible repetirlo. Fue como subir al Everest. Ya está. Has subido. Ya está. No hay nada más alto que el Everest... No conseguiré repetirlo.

A mí me sonó como una rendición. Dijo que no se podría volver a construir un equipo mágico, que jugase de maravilla y alcanzara la gloria del triunfo constante. Un equipo que lograra vencer la incertidumbre del fútbol. Parecía muy convencido de ello.

—No hay posibilidad de repetirlo. Se tocó techo y ya está.

Se lo discutí con todos los argumentos que encontré, explicando que Edmund Hillary fue el primer conquistador del Everest, pero que tras esa proeza encontró la motivación suficiente para proseguir su carrera de escalador de un modo distinto, buscando nuevos desafíos, no más altos (imposible), sino más difíciles. Hillary se lanzó a por otras cumbres de ocho mil metros, algunas de ellas mucho más arriesgadas y peligrosas que el propio Everest. Le dije que es mucho más importante la dificultad de la ruta que eliges que la altitud exacta de la montaña, pero el rostro de Pep permaneció inmutable, impenetrable.

Han pasado casi tres años, acaba de vencer al Real Madrid en su mágico estadio, acumula siete títulos con el City —está a cuatro días de optar al octavo— y su equipo juega partidos a un nivel excepcional. Vuelvo a preguntarle si es imposible o no:

—Tengo una sensación compleja. Por una parte, la sensación de que aquello [la excelencia del Barcelona] no podrá repetirse, lo que me produce una gran insatisfacción. Pero, por otra parte, tengo el ansia de intentarlo y el convencimiento de que es posible jugar maravillosamente bien con otro equipo diferente.

Ah, amigos, la perspectiva ha cambiado. Todavía no ha dicho que será posible, pero ya no dice que sea imposible. Este ha sido el gran dilema interior de Pep. Posible o imposible. La búsqueda de la perfección del artesano, de la excelencia en el juego, con todos los matices que generan futbolistas y competiciones diferentes, es un río que transcurre por el interior de este personaje y que en ocasiones sube y en otras baja. Lo veía imposible, pero empieza a considerarlo posible. De ahí su mirada siempre a lo lejos, como queriendo que el horizonte le devuelva una respuesta definitiva.

Es tarde, cerca de las tres de la madrugada, y Pep se despide hasta mañana. Aprovecho estos últimos minutos de la noche para preguntarle a Txiki Begiristain sobre el porvenir. Hace un par de años, el entrenador renovó su primer contrato y todavía estará en el City hasta verano de 2021, pero ¿después de Pep, quién?

—Lo voy pensando de vez en cuando y no es fácil encontrar a la persona adecuada. Unos me gustan por su manera de jugar, otros por su metodología, otros por su eficacia, pero es difícil encontrar una figura que se acerque a Pep. Todavía nos queda un año para eso y hay tiempo para darle vueltas. De todos modos, la mejor solución sería conseguir que Pep continuara. Ya sé que suena difícil porque en 2021 serán cinco años con nosotros y nunca habrá estado tanto tiempo en un club, pero si lo pensamos bien es la solución perfecta. Conseguir que Pep renueve una vez más. A ver si tenemos suerte…

Renueve o no, es indiscutible que sustituir a Guardiola será un grave problema para el club, suceda cuando suceda. Pep ha tenido la fortuna de tener maestros como Cruyff, del que captó su fenomenal intuición y su modelo de juego; como Van Gaal, de quien aprendió una metodología espectacular; como Lillo, que le adentró en la naturaleza del juego y le ayudó a su comprensión intelectual; como Seirul·lo, que le aportó un diseño y conocimiento del ecosistema idóneo para los jugadores. Y muchos otros maestros, pertenecientes al fútbol o a cualquier otro ámbito, de quienes captó conocimiento y «robó» ideas hasta construirse a sí mismo como un técnico deslumbrante. Pep ya es, sin duda alguna, el entrenador más influyente del siglo XXI, aunque mantenga un perpetuo sinsabor entre los labios, una búsqueda constante de la excelencia absoluta, esa caza de la perfección del artesano, ese rictus de dudas. Sí, casi, muy cerca, casi perfecto, pero... Es su eterna insatisfacción y el dilema perpetuo: ¿posible o imposible?

A menudo, lectores de mis libros anteriores, *Herr Pep* y *La metamorfosis*, me han preguntado cómo es Pep de verdad. Si el Pep que vemos en público es parecido al auténtico, el de la intimidad. Y mi respuesta siempre ha sido afirmativa. Es tal cual, con las mismas virtudes y defectos que apreciamos en público. Pero hay que matizar esa respuesta.

Pep es un buen tipo, una buena persona, que se preocupa por sus amigos y por todo aquel que sufre o padece. A veces se siente en la obligación de ayudar como sea a quien lo necesita, aún a sabiendas de que esa tarea es inabarcable. ¡Hay demasiada gente que necesita ayuda! Les desvelaré un secreto, confiando en que él no se enfade por ello. En cierta ocasión me propuso que viajáramos juntos a un país africano muy pobre, para ayudar a un grupo de nativos que tenían un grave problema de subsistencia. «Pero hemos de hacerlo sin que nadie lo sepa», añadió. No lo llevamos a la práctica porque finalmente yo no me animé a realizar dicho viaje. Él estaba dispuesto a hacerlo.

El lector no ha de engañarse por esta explicación que doy. No, no estamos ante una versión masculina de Teresa de Calcuta. Ni por asomo pretendo dibujar una imagen idílica de Pep, ni mucho menos. Simplemente, es un buen tipo al que le gusta ayudar cuando está en su mano hacerlo.

Al día siguiente nos reímos mucho en el Wanda Metropolitano, el estadio del Atlético de Madrid, porque Txiki y Pep se reencuentran con Manolo, el protagonista de una histórica anécdota protagonizada por Johan Cruyff. Manolo Sánchez era delantero centro del Atlético de Madrid, donde destacó por su velocidad, un gran desmarque y mucha facilidad para marcar goles, hasta el punto de proclamarse máximo goleador de la Liga española en 1992, con veintisiete tantos en treinta y seis partidos. En ocasiones anteriores, Cruyff había ordenado a su lateral Ferrer o a su zaguero Nadal que marcasen a Manolo, pero en cada enfrentamiento se escabullía y lograba crear serias ocasiones de peligro, hasta que el entrenador holandés tomó una decisión táctica sorprendente, que él mismo explicó años más tarde: «Manolo tiene un desmarque fantástico —le dijo a su equipo, en la charla previa al partido—. Pues ya está, no lo marcamos y listo. Si no lo marcamos, no podrá desmarcarse». Los jugadores del Barcelona quedaron atónitos ante las palabras de Cruyff, pero cumplieron con la instrucción y Manolo se quedó sin marcar.

Hoy se han reencontrado tres protagonistas de aquel partido y se ríen a carcajadas recordando las palabras de Cruyff. A su lado, en un costado del campo, hay una docena de bicicletas que han usado los jugadores del City para desentumecer los músculos antes de que Lorenzo Buenaventura dirigiese unos ejercicios de movilidad bastante suaves. A mediodía regresan a Mánchester porque dentro de tres días disputarán en Wembley la final de la Copa de la Liga contra el Aston Villa. El equipo está en buena forma, pese a haber perdido el tren de la Premier League, donde marcha a veintidós puntos del Liverpool, que tras veintisiete jornadas solo ha cedido un empate y ninguna derrota, camino de superar el récord de cien puntos de los Centuriones de Pep.

El primer día de marzo, el City conquista en Wembley su tercera Copa de la Liga consecutiva al derrotar por 2-1 al Aston Villa, con Phil Foden como gran estrella de la final a sus diecinueve años. Solo Walker, Rodri y Gündogan repiten titularidad respecto del Bernabéu. Es el sexto título inglés consecutivo que suma el equipo y el vigesimonoveno en la carrera de Pep.[42]

Perdida la Premier, pero ganados dos trofeos nacionales, el equipo se enfoca en la FA Cup, donde elimina al Sheffield Wednesday, y espera la visita del Real Madrid para intentar asaltar la Champions League.

Pero el 5 de marzo se produce el primer fallecimiento de un enfermo de covid-19 en Gran Bretaña, y los casos se multiplican de manera geométrica a partir de dicho día. El 16 de marzo, ya con cincuenta y cinco muertos y más de mil quinientos enfermos, el primer ministro Boris Johnson aconseja suprimir todos los contactos personales no esenciales y las competiciones de fútbol quedan aplazadas.

Una terrible pandemia se abate sobre el mundo. Miles de millones de personas se enfrentan a un enemigo invisible.

No habrá más cenas con Pep durante mucho tiempo…

42. El City ganó los cuatro títulos nacionales la pasada temporada y en la actual ha conquistado la Community Shield y la Copa de la Liga, todos de manera sucesiva.

CENA EN EL EUROSTARS MADRID
BUFÉ

Jamón ibérico de bellota con panes suflados
Ensalada de brotes, queso de cabra, vinagreta de naranja y nueces
Tartar de atún rojo, gel de yuzu y mayonesa de wasabi
Macarrones con pollo y queso («Riyad Pasta»)[43]
Surtido de sushi
Corvina salvaje, con salsa de pimiento
Presa ibérica a la parrilla, con crema de boniato
Fruta preparada con sorbete
Torrija de brioche caramelizada, dulce de leche y manzana
Pago de los Capellanes (tinto)

43. «Riyad Pasta» lleva el nombre de Mahrez porque el jugador lo puso de moda en el comedor de la ciudad deportiva, pues, diariamente, pedía este plato de pasta con pollo y queso.

EN EL HOTEL SHERATON CASCAIS

Un funeral

Lisboa, 15 de agosto de 2020

Khaldoon Al Mubarak pasa su brazo por encima del hombro de Pep y le dice en voz alta, para que los más cercanos le oigan: «*You're the man, Pep, you're the man!*».

Pep tiene los ojos vidriosos y no parece escuchar a su jefe.

Es su punto más bajo en el Manchester City.

Es medianoche en el hotel Sheraton de Cascais, en las afueras de Lisboa. El abatimiento es absoluto. El equipo de Guardiola ha sido eliminado, contra pronóstico, por el Olympique de Lyon en el torneo final de la Champions League, un formato que la UEFA ha propuesto para salvar su máxima competición pese a la pandemia que se sufre en todo el mundo.

Son tiempos trágicos. Entre 2020 y 2021 habrán muerto cerca de quince millones de personas por causas asociadas a la covid-19. Las vicisitudes del fútbol suenan ridículas ante semejante drama, pero la competición ha continuado su camino tras una pausa de tres meses, aunque para los protagonistas sea difícil seguir jugando cuando a su alrededor muere tanta gente. Los clubes han intentado proteger al máximo a sus futbolistas, que son escrutados de modo permanente. Las instalaciones y los utensilios se limpian sin cesar, los futbolistas se cuidan al máximo, todos emplean las medidas de seguridad más estrictas y se multiplican los controles de todo tipo para evitar que enfermen. Es un tiempo oscuro que nos ha tocado vivir, un periodo negro que parece no tener fin y que modifica actitudes y costumbres, y nos obliga a relativizar cuanto vivimos. La vida tiene hoy más valor que nunca, quizá porque es demasiado fácil perderla.

También la salud mental de millones de personas se ve afectada por la pandemia. Nada es como hace unas pocas semanas. Todos nos sentimos agobiados y angustiados por el peligro, privados de libertad, prisioneros de un virus mortal. Marc Boixasa, *team manager* del City, describe con exactitud estos largos meses: «Agotamiento mental. Agotamiento y desilusión. La esperanza de que todo mejorará y la desesperanza de las recaídas. Cada fase que se supera es una ilusión, pero al cabo de unos días todo vuelve al punto de salida. Han sido meses de muchas restricciones. Lo mejor ha sido la alegría por recuperar el ritmo del día a día. El mejor recuerdo es la sonrisa de Mahrez cuando pudo volver a tocar un balón sobre el césped. Es una de las mejores sonrisas que he visto nunca. Solo por haber regresado al día a día y tocar otra vez un balón».

Durante mucho tiempo será un fútbol sin aficionados, lo que condiciona los comportamientos y las actitudes de los protagonistas. Algunos clubes imitan el apoyo del público con grabaciones que se emiten por altavoces, pero todo tiene un inevitable aroma de ficción, como si se tratara de un capítulo más del *show* de Truman.

El fútbol regresa, a puerta cerrada, a partir del 17 de junio. El City disputa diez partidos de la Premier League, en los que suma ocho victorias y dos derrotas (ante Chelsea y Southampton), pero todo sucede con sordina, incluido el triunfo por 4-0 ante el Liverpool, que será el indiscutido campeón de liga. El equipo de Pep concluye el campeonato a 17 puntos del nuevo campeón, que consigue sumar 99 puntos, a uno del récord de los Centuriones. El equipo de Klopp ha ganado 32 encuentros, empatado 3 y perdido 3, mientras que el City ha obtenido 26 victorias, 3 empates y 9 derrotas, y aunque consigue un mejor balance en cuanto a goles marcados (102 por 85 el Liverpool) y casi el mismo en goles encajados (35 contra 33), no ha competido por el título en ningún momento, lo que irrita sobremanera a Guardiola, que siempre ha considerado la liga como el título más importante para sus equipos.

El 26 de julio, después de 434 partidos, 77 goles y 140 asistencias, el legendario David Silva se despide del Etihad Stadium aplaudiendo a unas gradas vacías. Una semana antes, el equipo ha sucumbido en Wembley ante el Arsenal de Mikel Arteta en la semifinal de copa (0-2), en un partido profundamente decepcionante por la actitud de algunos jugadores sobre el césped y en el vestuario. El resultado es sorprendente porque en los dos partidos de liga, antes y durante la pandemia, los *citizens* han ganado por idéntico resultado (3-0), sin pasar apuros ante un equipo que Arteta apenas está comenzando a reconstruir. Es una derrota inesperada, máxime si observamos que el City remata 15 veces por solo cuatro el Arsenal, por no hablar del 71 % de posesión de balón, pero los dos goles de Aubameyang, aprovechando sendos errores de Walker y Mendy, son suficientes para amargar la noche de Guardiola. Un par de semanas más tarde el Arsenal conquistará la FA Cup ante el Chelsea.

Desde el 9 de junio, junto a Pep se sienta Juanma Lillo, que ha llegado para cubrir el vacío dejado precisamente por Mikel Arteta, un técnico que había establecido una magnífica conexión con los jugadores, una relación casi de tú a tú, y que aportó un gran conocimiento de pequeños detalles del fútbol inglés. Arteta conocía todos los trucos sobre estadios, árbitros o rivales y fue de gran ayuda para Pep. Tras unos meses sin cubrir el hueco dejado por Mikel, ha llegado el momento de hacerlo, y no con cualquiera. Pep contrata a su mentor.

A media mañana del 9 de junio hablamos por teléfono, ya que por razones obvias las cenas son inviables. Pep está contento:

—La llegada de Juanma es importantísima. Yo necesito un desafío intelectual, y Juanma será este desafío. Le he dado muchas vueltas a la decisión durante estos meses y creo que es la más adecuada, aunque sea la menos cómoda. Para mí sería más cómodo tener un ayudante convencional. Pero creo que a estas alturas necesito que me exijan más. Creo que puedo mejorar como entrenador, que puedo ir más lejos, pero para conseguirlo he de tener al lado a alguien que me presione, que sepa más que yo, que me desafíe. ¿No sé si me entiendes?

Claro, es evidente lo que pretende. Pero él desea repetir su visión, por si no lo he entendido bien:

—Juanma sabe mucho. Ve cosas en el fútbol que los demás no vemos. Ha vivido mucho y sabrá desafiarme. Posiblemente nos pelearemos y discutiremos por cualquier cosa. Pero en el día a día me obligará a revisarlo todo, a preguntarme si lo que hago es lo correcto. Necesito un desafío intelectual. No necesito que me den la razón. Al contrario, quiero que me la quiten, que me digan que las cosas se pueden hacer de otra manera. Y Juanma es el perfil ideal. Ya te digo que le he dado muchas vueltas, encerrado en casa. La comodidad me pedía otro tipo de perfil, pero no estoy en esto para vivir cómodo, sino para intentar ser mejor.

La conversación gira exclusivamente alrededor del desafío intelectual. Pep insiste y vuelve a insistir:

—Lo necesito, te lo digo en serio. Necesito este desafío intelectual. Quiero subir un peldaño más, quiero ser mejor entrenador, quiero hacerlo mejor. Y creo que quien más me puede ayudar a conseguirlo es Juanma. No será cómodo, pero es lo que necesito.

Quince minutos después nos despedimos. Llamo a Lillo para felicitarle y su respuesta es la que, conociéndolo, me podía imaginar:

—Yo soy el nuevo, el último en llegar a clase. Yo estoy para no molestar.

Agosto queda reservado para la Champions League. La UEFA ha reformateado la competición, organizando un torneo con ocho equipos. Pero antes hay que clasificarse y el rival que tiene que eliminar es el Real Madrid, que llega al Etihad Stadium el 7 de agosto. Pep y Lillo preparan el partido durante dos semanas. La primera es para entrenar a los jugadores para el partido. La segunda semana es para entrenar el partido con los jugadores. El resultado vuelve a sonreír al City, otra vez 2-1, como en el Bernabéu hace casi medio año.

Pep plantea un 3-2-2-3 con Foden como falso 9 y un *pressing* potente que a los ocho minutos da sus frutos y facilita el primer gol, obra de Sterling, que suma cien con el City en todas las competiciones. Los *citizens* acumulan buenas ocasiones, pero es Benzema quien consigue el empate poco antes de la media hora. En el segundo tiempo, se suceden las acciones de peligro de los locales hasta que Gabriel Jesús, que ha pasado a actuar como delantero en punta, cayendo Foden a la banda derecha, consigue el gol definitivo que da el pase al torneo final de Lisboa. Ha sido un magnífico triunfo ante el rey de Europa, en lo que supone la primera eliminación de Zinedine Zidane en la Champions. A su vez, para Pep es el cuarto triunfo en cinco eliminatorias disputadas contra el Real Madrid.[44] También es el tercer entrenador en eliminar dos veces al Madrid en la Champions,[45] en la que ha sido su vigesimonovena eliminatoria victoriosa en la máxima competición europea, un hito que nadie había logrado antes: «En la primera parte me he equivocado cerrando a Sterling y Gabriel Jesús como extremos por dentro, porque no hemos encontrado los espacios. Luego, con Sterling y Foden muy abiertos, hemos podido jugar mucho mejor». De Bruyne ha obteni-

44. Con el F. C. Barcelona venció en la Champions League 2010-2011, en la Supercopa de España 2011-2012 y en la Copa del Rey 2011-2012; perdió en la Copa 2010-2011.

45. Marcelo Lippi lo hizo en 1995-1996 y 2002-2003, y Ottmar Hitzfeld en 2000-2001 y 2006-2007.

do otro récord en la Champions: es el primer jugador en crear nueve ocasiones de gol en un partido. Gabriel Jesús iguala a Ruud van Nistelrooy como único jugador en marcar gol en la ida y la vuelta de una eliminatoria contra el Madrid.

Hay sonrisas amplias en Mánchester el día 13, cuando se emprende viaje a Lisboa para el torneo final. El Olympique de Lyon, viejo conocido, es el adversario en cuartos de final. En cambio, Guardiola se muestra muy precavido ante el contraataque de los franceses porque no olvida que la pasada temporada fue imposible vencerlos en la fase de grupos. Durante el viaje a la capital portuguesa hablo con Lillo sobre la preparación del partido:

—Pep tiene clara en la cabeza la estructura del partido. De hecho, también hemos visto varios partidos del Sheffield, para confirmar los comportamientos del rival, porque el Sheffield juega muy parecido al Lyon. Pep lo ve claro: hemos de tener cuatro hombres por detrás del balón y seis por delante. Esta es la estructura que pondremos, porque no queremos que los defensas tengan que encontrarse en situaciones de dos contra dos. El Olympique es muy peligroso en esas situaciones.

En el estadio José Alvalade de Lisboa ocurre lo que Pep esperaba que no sucediera. Ha protegido a Ederson con una estructura de tres zagueros (Fernandinho, Eric García y Laporte), adelantando a Walker y Cancelo a la línea media, y atacando por dentro con KDB y Sterling a los costados de Gabriel Jesús, pero el ritmo que imprimen sus jugadores es muy lento, sin que nadie logre colocarse en ningún momento a espaldas de los medios franceses. A los veintitrés minutos, un balón despejado con apuros por Eric es aprovechado por Cornet para abrir el marcador y obligar al City a remar contra corriente. Sin duda, el dominio del juego es *citizen*, pero las ocasiones no son limpias, aunque el cambio de Mahrez por Fernandinho, muy espeso en el primer tiempo, modifica la dinámica y genera mejores oportunidades hasta que De Bruyne consigue el empate. Diez minutos más tarde, un pase errado de Laporte —que es derribado en falta no señalada— se transforma en otra ventaja francesa solo tres minutos después de que Gabriel Jesús fallara un remate a bocajarro. Más impactante es el error de Sterling en el minuto 85, cuando a portería vacía remata fuera un balón servido por Gabriel Jesús. Es un impacto fortísimo porque el gol era muy sencillo y significaba garantizarse casi la prórroga. Dos minutos más tarde es Ederson quien falla y regala el tercer gol al Olympique.

Se ha culminado la catástrofe. La temporada ha sido dura, irregular y finalmente decepcionante. La cena en el Sheraton Resort de Cascais, un hotel delicioso, ideal para calmar los espíritus, instalado en medio de un frondoso bosque, adquiere proporciones casi de drama griego. Un cataclismo.

Todo el dolor de eliminaciones anteriores se sublima en esta cena, en la que nadie prueba bocado. Hay un dolor residual muy fuerte en Pep y sus colaboradores. Es un dolor forjado en las derrotas en la Champions de años anteriores. Probablemente es un dolor que comenzó en aquel duro 0-4 del Madrid al Bayern. Es un proceso que nos ocurre a todos. Cuando nuestro ego sale a pasear, nos duele. Hay mucho dolor residual en esta noche lisboeta...

Abatido, Pep suelta sus sentimientos encima de la mesa: «Nos falta un peldaño. Hemos caído cuatro años seguidos en cuartos [en realidad, el primer año fue en octavos]».

Rodolfo Borrell asiente: «Si caemos en cuartos de final es que nuestro nivel es este».

Txiki Begiristain agita la cabeza y niega con la mano. No está de acuerdo. Lillo se adhiere: «No es así. Somos buenos, bastante buenos. La mayor parte de nuestros jugadores son iguales o superiores a los del Leipzig, que están en semifinales. Iguales o superiores que los del Lyon, por supuesto. Y discutiríamos quiénes de los otros semifinalistas son mejores...».

Las dos posturas quedan enquistadas encima del mantel. Hundido como nunca, Pep siente que su equipo no da para más. Encorajinado por ver a su compañero tan abatido, Lillo replica que hay mucho margen de mejora. El desafío intelectual ya está sobre la mesa.

Khaldoon, el jefe máximo, da un discurso sencillo pero vibrante y se abraza a Pep, le masajea los hombros, intenta animarlo: «*You're the man, Pep, you're the man!*».

Pero esta noche Pep no escucha a nadie...

RESUMEN ESTADÍSTICAS 2019-2020

	P	V	E	D	GF	GC
Community Shield *Campeón*	1	0	1	0	1	1
Premier League *Subcampeón*	38	26	3	9	102	35
FA Cup *Semifinalista*	5	4	0	1	11	3
Copa de la Liga *Campeón*	6	5	0	1	14	5
Champions League *Cuartos de final*	9	6	2	1	21	9
Total	**59**	**41**	**6**	**12**	**149**	**53**

DATOS

69,5 % Porcentaje victorias en la temporada
68,4 % Porcentaje victorias en la Premier League
2,52 Goles a favor en la temporada
2,68 Goles a favor en la Premier League
0,89 Goles en contra en la temporada
0,92 Goles en contra en la Premier League
96 Diferencia de goles a favor en la temporada
81 Puntos en la Premier League (Liverpool, campeón, 99 puntos)
27 Remates al poste en la Premier League (6 De Bruyne)
65,8 % Posesión de balón en la temporada
66,2 % Posesión de balón en la Premier League
81 % Máxima posesión de balón (vs. Dinamo Zagreb, octubre 2019)
38 % Mínima posesión de balón (vs. Wolverhampton, diciembre 2019)
692 Promedio de pases por partido
870 Máximo número de pases (vs. Dinamo Zagreb, diciembre 2019)
87,1 % Pases acertados por partido
18,5 Remates por partido / 6,3 a portería
7,1 Remates en contra por partido / 2,8 a portería
5 Victorias consecutivas en la Premier League
31 Máximo goleador: Raheem Sterling (16 en la Premier League)
22 Máximo asistente: Kevin de Bruyne (20 en la Premier League)
53 Más partidos jugados: Gabriel Jesús (Ederson, Rodri y KDB 35 en la Premier League)
8-0 Mayor victoria (vs. Watford)
2-0 Mayor derrota (vs. Wolverhampton, Tottenham, Manchester United y Arsenal)

TEMPORADA 5

2020-2021

Sísifo en la cima del mundo
(El City de los yugoslavos)

MOMENTO 1

«Yo solo quiero romperla»

Barcelona, 18 de agosto de 2020

Un whatsapp de Sergio Agüero ha disparado las alertas en el club:

—Atentos, pueden pasar cosas. Leo me ha preguntado hasta cuándo tiene contrato Pep con el City.

Guardiola solo ha podido leer el mensaje varias horas más tarde de haber sido enviado, una vez que ha aterrizado en el aeropuerto de Mánchester con el grueso del equipo, tras la eliminación en la Champions League.

Está totalmente abatido. La derrota ante el Olympique de Lyon había sido dura, muy dura, similar a la vivida tres años antes contra el Monaco en octavos de final. El City no había logrado superar a un rival asequible, por más que el Olympique ya hubiera mostrado el curso anterior que era capaz de igualar e incluso vencer al equipo inglés en el Etihad. El City había realizado un magnífico recorrido en la Champions League, derrotando por dos veces seguidas —con la pandemia del coronavirus entre ambas— nada menos que al poderoso Real Madrid de Zidane. Había llegado a la fase final de Lisboa en buen estado de forma y con toda la plantilla disponible, a excepción, precisamente, del Kun Agüero, que se rompió el menisco a finales del mes de junio. Por todo ello, la derrota contra el equipo francés había noqueado a Pep y con él a gran parte del cuerpo técnico y a los propios jugadores. Iban a tener dos semanas de vacaciones, que en aquel momento parecían imprescindibles para limpiar la cabeza de los demonios que la habitaban.

Leo ha preguntado la duración del contrato, relee Pep, sin comprender el alcance concreto de la cuestión. ¿Querrá el Barça fichar a Sergio Agüero como pareja de Messi?, Pep se acuesta en Mánchester con dolor de cabeza y mal cuerpo, sin darle más vueltas al mensaje.

Quince horas más tarde vuelve a volar, esta vez a bordo del pequeño avión privado que suele alquilar para viajar desde Mánchester a Barcelona. Camino de las vacaciones, le acompañan Juanma Lillo y Lorenzo Buenaventura. Cuando tocan tierra en el aeropuerto de El Prat, el entrenador enciende su teléfono móvil y lee la notificación de un mensaje que solo contiene cuatro palabras:

—Hola, Pep, ¿cómo estás?

A las cuatro de la tarde del lunes 17 de agosto, Guardiola sigue con dolor de cabeza. La eliminación ha sido el golpe más duro de una temporada amarga y negra, que en su reanudación tras la pandemia arrojó un balance de diez victorias en catorce partidos. Impotentes frente al Liverpool en el torneo de liga, los *citizens* perdieron una buena oportunidad de conquistar la FA Cup, y sobre todo habían dejado escapar una vez más la ocasión de llegar lejos en la Champions, pese a la meritoria doble victoria frente al Real Madrid.

Pep se siente golpeado. Por segundo año consecutivo, pequeños errores individuales han conllevado la eliminación europea. Algunos de sus jugadores están tristes, otros enrabietados, más de uno furioso y bastantes anonadados o confusos. El golpe ha sido mayúsculo, en especial porque trabajaron duro para enfrentarse al Lyon. Los ensayos con tres zagueros habían funcionado bien y los jugadores parecían cómodos con el módulo de juego, a pesar de su habitual renuencia a los cambios de estructura. Guardiola había decidido dicho cambio táctico para proteger a sus defensas y evitarles quedarse mano a mano contra los peligrosos delanteros franceses, pero, como casi siempre que había tomado una medida con cierto aire conservador, la propuesta había salido mal. Pep siempre ha tenido éxito cuando ha ido hacia delante, valiente y sin dejarse aconsejar por el miedo, al ataque como aquellos viejos jinetes británicos, lanza en ristre, que cargaban sin temor contra la muerte —y que acabaron, por cierto, todos desangrados sobre la planicie yerma de Balaclava—. Pero nadie es totalmente dueño de sus miedos, ni siquiera Pep. De ahí que prefiriera adoptar un 3-4-3 que en teoría protegía mejor las fragilidades de la línea defensiva. Tres errores defensivos quebraron un plan que parecía bueno, y a ello se añadió el inverosímil fallo de Sterling a puerta vacía, con lo que un año más el Manchester City regresaba a casa sin opciones de pelear por el máximo trofeo europeo.

Pep tenía por delante dos semanas de vacaciones en Barcelona antes de volver a la lluvia de Mánchester y comenzar su quinta y última temporada en el City, que a esas alturas ya se había reforzado con el extremo Ferran Torres y el zaguero Nathan Aké; además, estaba cerca de contratar a otro zaguero más.

Pep tiene dolor de cabeza cuando suena su móvil. Messi padece un dolor de cabeza incluso peor que el de Guardiola, pero tiene las ideas claras. Lleva cuatro días dando vueltas al terrible 2-8 que el Bayern de Múnich le endosó a su Barça el pasado día 14, fecha que ningún barcelonista logrará olvidar nunca, el día de la gran infamia, la mayor humillación de su historia reciente. Además de dolor de cabeza, Leo tiene la decisión tomada. Se va. Y quiere saber si puede reencontrarse con su maestro. Él ha tomado la iniciativa.

Se citan a las doce en punto del día siguiente, en el piso barcelonés de Pep. Es la segunda vez que se encuentran. La primera fue cuatro años atrás, en verano de 2016, cuando Messi se encontraba sumido en profundas preocupaciones por una condena a veintiún meses de prisión por fraude fiscal. La motivación de Messi era estrictamente defensiva. Pensaba que quizá necesitaría marcharse de Barcelona y emigrar a Inglaterra. Fue Jorge Messi, su padre, quien contactó con el máximo ejecutivo del City, Ferran Soriano. A instancias de ambos, Pep Guardiola acudió al domicilio de Leo y conversaron por vez primera en años. Messi parecía animado con la perspectiva de jugar en Mánchester, pero no entusiasmado. Y, de hecho, en los días siguientes el interés del jugador fue enfriándose. A medida que regresaron sus amigos de dentro del equipo, Luis Suárez y Jordi Alba los principales, Leo fue sintiéndose más seguro y comenzó a relativizar los riesgos que podía afrontar. Se enfrió su interés y aquella operación quedó en nada.

Ahora las cosas son muy distintas. La paciencia de Messi con el Barça parece haberse agotado a la misma velocidad con que se han sucedido las eliminaciones europeas. En 2017 contra la Juventus (3-0), al año siguiente ante la Roma (3-0), más tarde el cataclismo de Anfield frente al Liverpool (4-0) y, ahora, la humillación del Bayern (2-8). Messi, sin duda el mejor futbolista mundial de la década y quizá de la historia, había ganado dos veces la Champions League de la mano de Guardiola, pero solo la ha conquistado una vez más en los siguientes nueve años, que han sido los de su máxima plenitud como jugador. Es un balance discreto para quien está sin discusión por encima del resto de los futbolistas contemporáneos.

Ambos han aparcado sus respectivos dolores de cabeza y se sientan en el largo sofá beis que preside el salón de la casa de Pep para tener una charla que durará seis horas y media...

«Míster, yo solo quiero romperla». Toda una declaración de intenciones.[46]

«LLUEVE MUCHO EN MÁNCHESTER»

Nunca habían hablado mucho rato seguido y casi siempre fueron conversaciones sobre el juego, la táctica o un adversario. Pero ambos han cambiado mucho. Pep tiene a su lado a un hombre maduro que se ha dejado crecer la barba, que habla sin parar y lo hace con mucho sentido, como si todo cuanto dice lo hubiera reflexionado previamente en profundidad. Aquel chico tímido y discreto, que no abría la boca ni por casualidad, encerrado en sí mismo y que solo se liberaba cuando tenía el balón en los pies, es hoy un adulto con criterio propio, que habla por los codos y emplea cada palabra con precisión y agudeza, demostrando un conocimiento exhaustivo del fútbol. Pep sabía de este cambio por referencias, pero hoy lo vive en primera persona. Leo será quien más hablará durante las largas horas de sofá.

También Guardiola ha cambiado. Ya no es el joven ganador inexorable al que parecía rodear un aura mágica. Una barba canosa viste su rostro cuando se acerca al medio siglo de vida. Ha crecido, ha madurado, ha perdido, ha sufrido. Ya no es el emperador invicto, sino que hoy es un príncipe que pelea por cada corona como si fuese la última de su vida. A sus espaldas quedan años de gloria y éxito, veintinueve títulos conquistados, nada menos. Por delante, unas pocas temporadas más en busca de nuevos trofeos y, sobre todo, de la redención europea, la misma que año tras año se le escapa como el agua entre los dedos. En cada arruga del rostro de Pep se observa cómo han sido estos años de separación entre ellos.

Ni uno ni otro pregunta por las heridas sufridas en Lisboa. Leo no ha llamado para hablar de la humillación, y a Pep no le interesa remover su derrota. Messi toma la brújula y señala al porvenir:

—Pep, yo solo quiero romperla.

En los últimos tiempos, Messi ha sufrido problemas, engaños y traiciones a manos del presidente del club, Josep Maria Bartomeu, que le han conducido hasta esta decisión. Guardiola conoce bien la

46. «Romperla» es una expresión argentina que podemos interpretar como «conseguir lo máximo».

materia, no en vano fue víctima de algo similar años atrás. La historia siempre se repite: el presidente Josep Lluís Núñez trató al Pep jugador de un modo similar al que Bartomeu ha tratado a Messi. En paralelo, Núñez señaló como principal enemigo a Johan Cruyff y no cejó hasta lapidarlo. Sandro Rosell reeditó la operación con el Pep entrenador. El círculo se cierra: Cruyff, Guardiola y Messi, la santísima trinidad del odio nuñista, una secta que ha dirigido el Barça desde hace cuatro décadas, salvo el breve paréntesis 2003-2010.

Los pueblos solo aman a los tibios, dejó escrito Nietzsche, y Barcelona no le desmiente. Tres de sus hijos futbolísticos más ardientes y brillantes, Johan, Pep y Leo, ensartados en la misma lanza de la mediocridad...

Guardiola no necesita demasiadas explicaciones. Comprende milimétricamente a Messi.

«Llueve mucho en Mánchester...», dice el entrenador.

Las cartas quedan expuestas boca arriba y todo está claro. Pep está dispuesto a prolongar su contrato si la operación se realiza. De las negociaciones económicas se encargarán el padre de Messi y Ferran Soriano, CEO del club. El contrato del jugador con el F.C. Barcelona, al que le queda un año de vigencia, tiene una cláusula de rescisión de setecientos millones de euros que en el entorno de Messi se entiende como un obstáculo salvable, al fin y al cabo el silencio del jugador acerca de los engaños sufridos tiene un gran valor.

Pep descubre en Messi a un inesperado y exhaustivo conocedor del fútbol mundial. Posee una visión soberbia del juego, de todos los conceptos, variantes e innovaciones tácticas que se manejan hoy en día. Hablan del Liverpool y del Bayern, de Conte y de Tuchel, de De Bruyne y de Koulibaly. El entrenador del City le explica los pormenores de su plantilla, los fichajes ya realizados y le habla de algunos zagueros en los que piensa como posible incorporación. Leo opina sobre cada aspecto que plantea Pep. Para el entrenador, la posible llegada de Messi no solo supondría el reencuentro, sino muchas otras cosas más.

El fichaje supondría, de entrada, una dosis instantánea y gigantesca de adrenalina para todo el City, un equipo abatido y en estado de *shock* tras la eliminación europea. Durante los dos días anteriores, el principal tema de conversación de Pep ha sido: «Y ahora, ¿cómo puedo motivar a estos jugadores?». El mismo temor tienen sus ayudantes del cuerpo técnico. Tras la debacle de Lisboa no bastará con algunos fichajes, algunas novedades tácticas y un sinnúmero de charlas de motivación. Después de cuatro exigentes temporadas, el núcleo duro del equipo ya no necesita demasiadas palabras, sino un nuevo gran éxito. La primera temporada de Pep en Mánchester fue dura, pero la segunda y la tercera resultaron fructíferas y fecundas, pese a no ganar la Champions. La cuarta, sin embargo, comenzó prometedora y brillante, pero terminó tan gris y triste como un atardecer mancuniano en invierno. El quinto año es el último de Pep y ha de comenzar dentro de quince días. Por una vez, los jugadores están tan desanimados como el entrenador. No será fácil volver a comenzar y enfrentarse de nuevo al colosal Liverpool, a los otros feroces equipos ingleses y al desafío mayúsculo que supone una Champions League cada vez más competida. A menos que…

Messi podría ser la solución a todos los interrogantes. Messi en el City sería la llave para abrir la cerradura. El reencuentro de Pep y Leo sería una bendición para ambos; cuando son las seis de la tarde de este martes 18 de agosto, uno y otro son conscientes de ello. Dos años juntos.

—En Mánchester entrenamos muy duro…

—Entrenaré duro, no me preocupa.

—Y continúo haciendo largas charlas tácticas. Quizá te aburrirás…

—Aguantaré. Aguantaré todo lo que hagas.

—Leo, nos hemos hecho mayores. Quizá ya no nos soportaremos.

—Pep, yo solo quiero romperla.

A las seis y media de la tarde se despiden con un abrazo cómplice. El acuerdo no es sencillo, pero si se acaba produciendo puede dar grandes frutos. Dos años para romperla.

MOMENTO 2

Ilusión y desilusión

Mánchester, 3 de septiembre de 2020

Bernardo Silva ha enviado un mensaje: «¿Es cierto lo de Messi?». La respuesta ha sido breve: «¿Te gustaría?». Y Bernardo no ha tenido dudas en su réplica: «¡¡¡Ya correré yo el doble!!!».

Hace tres días, Leo Messi ha remitido un burofax al F. C. Barcelona anunciando que se acogerá a la cláusula 3.1 de su contrato que permite extinguirlo con fecha 30 de agosto. Los abogados de Messi entienden que la rescisión unilateral del contrato es posible dada la excepcionalidad del calendario de competición, por causa de la covid-19, que no finalizó el 30 de junio como es habitual, sino el 23 de agosto.

En Mánchester se ha generado ilusión con la posibilidad de que Messi se incorpore al equipo. Como siempre, Manel Estiarte es el más frío y sobrio en el análisis:

—Nosotros ya tenemos un muy buen equipo. Si llegase Leo, tendríamos un equipo top.

Carles Planchart es igual de entusiasta:

—Si viniese me ilusionaría mucho.

Esta es la clave del asunto: la ilusión. El equipo necesita volver a ilusionarse para poder cambiar la dinámica en la que ha caído. Existe un acomodamiento general, fruto de los triunfos anteriores, acelerado de pronto por la marcha de Mikel Arteta, que dejó un vacío en el día a día. A nadie le han pasado por alto pequeñas señales de dicho acomodamiento. Un jugador titular estuvo con sobrepeso desde junio, sumando error tras error. Otro ha exhibido muy poca autoexigencia y cero autocrítica, sencillamente porque se cree el mejor y no acepta ningún consejo para corregirse. La derrota en la FA Cup ante el Arsenal mostró negligencia y desgana en algún jugador, que no aprendió de ello, sino que lo repitió contra el Olympique de Lyon. El cuerpo técnico siempre ha creído que en un equipo todos deben remar en la misma dirección y que los éxitos solo llegan si la plantilla se une en busca de un propósito. Pero cuando esta unión completa de cuerpos y espíritus no se produce, es imposible atrapar el éxito. Es en estas situaciones cuando se fallan goles cantados o se encajan por errores inverosímiles.

A Pep le preocupa la situación y entiende que, si no se producen cambios potentes, la decadencia del ciclo puede haber comenzado. No se trata de maquillar, sino de cambiar. La llegada de Messi podría ser la espoleta de dicho cambio.

Pep y Lillo han aprovechado el viaje de regreso a Mánchester, concluidas las cortas vacaciones, para dibujar hipótesis. Cuando el equipo no disponga del balón, ambos ven a Leo alrededor del círculo central porque dicha posición obligaría a los rivales a jugar por fuera, donde los hombres de Pep son más agresivos en la presión para recuperar la pelota. Y ya con balón, el propio Messi se encargaría de acercarse al área y de acercar a los demás.

Pero, en fin, la conversación no es más que un divertimento intelectual por si al final se produce esta operación.

Si bien el 30 de agosto, Leo Messi no se presentó en las instalaciones del F. C. Barcelona para realizar los test anticovid, a medida que pasan los días, en Mánchester sienten que la operación va perdiendo fuerza. El 3 de septiembre, tras una reunión de Jorge Messi con el club, el jugador decide quedarse un año más y evitar un juicio contra el Barça.

No habrá reencuentro Guardiola-Messi. El jugador solo quería romperla, pero no la romperá en el Manchester City.

MOMENTO 3

Está hundido

Mánchester, 7 de septiembre de 2020

La sensación este lunes es que las cosas no pueden ir peor de cara al inminente inicio de temporada. La mayor parte de la plantilla está fuera, participando en la Nations League con sus respectivas selecciones, pero las noticias son cada vez más deprimentes... A primera hora del día, los servicios médicos informan que Aymeric Laporte y Riyad Mahrez dieron positivo de covid-19 hace pocos días, por lo que deberán permanecer confinados en sus domicilios como mínimo hasta el día 17, es decir, que no podrán participar en el debut de la Premier League, fijado para el lunes 21 en el Molineux Stadium, ante el duro Wolverhampton.

De este modo, al primer entrenamiento de la nueva temporada, que llega solo quince días después de terminar la anterior, solo acuden siete jugadores. Los tres guardametas, Ederson, Steffen y Carson, y cuatro defensas, Mendy, Fernandinho, Stones y Otamendi, a quienes se unen tres jugadores del filial. Juanma Lillo y Rodo Borrell dirigen el entrenamiento porque Pep Guardiola se queda hoy en su despacho.

Está profundamente abatido. Tras haber hablado a lo largo de las dos últimas semanas durante muchas más horas con Messi que nunca, después de haber debatido no solo cómo y en qué posición podría jugar en el City, sino también qué tipo de zaguero convenía contratar, tras analizar con los principales dirigentes del club todo cuanto significaría la llegada de Leo a la liga inglesa, de pronto Guardiola se encuentra sin la guinda de su pastel, sin la pieza con la que creía poder culminar su trabajo en Mánchester. Lo de Messi, esta vez sí, ha sido un golpe para Pep porque habían llegado tan lejos en las conversaciones que la incorporación parecía irreversible, dado que había sido el jugador quien había tomado la iniciativa. Por supuesto, vistos los agobios financieros del Barça, aún podría producirse la próxima temporada, una vez que Messi quedase liberado de su contrato, pero para entonces quizá Pep ya habría dicho adiós definitivamente a Mánchester o probablemente el City ya no querría saber nada más de Leo. Un año es mucho tiempo y hoy Guardiola no tiene ningún deseo de imaginar qué ocurrirá en verano de 2021.

Las breves vacaciones en Barcelona han transcurrido como un suspiro. Pero ahora que la operación se ha frustrado, se siente con pocos ánimos para afrontar el nuevo reto competitivo. Al igual que Lillo, ha estado encerrado varios días en su piso para cumplir el protocolo sanitario tras el regreso de Barcelona. Ha tenido tiempo más que suficiente para imaginar la nueva temporada. Otra vez pelear cada tres días contra rivales de piedra y hormigón; otra vez enfrentarse al áspero Liverpool de Klopp, luchar contra el cada vez mejor Manchester United, sobrevivir a la pujanza del renovado Chelsea, que ha incorporado formidables jugadores; y más allá, la Champions League, que empieza a convertirse en una pesadilla. Pep no está animado de cara a la nueva temporada, y por una vez se ha quedado en su despacho, sin ganas de pisar el césped del campo de entrenamiento número 1, allí donde hace apenas cuatro semanas gritaba instrucciones sobre cómo enfrentarse al Olympique de Lyon, cuando el césped hervía de esperanza e ilusión. Ahora, en aquel mismo campo solo se oyen las voces de Lillo y Borrell hablando con los escasos jugadores que han regresado. Pep permanece en silencio, rumiando la amargura, tragando veneno.

El día podía ir peor y fue a peor. A mediodía, Phil Foden, la gran promesa del City, es expulsado de la selección inglesa por un comportamiento inapropiado. Tras su estreno con la selección absoluta, Foden y Mason Greenwood pasaron la noche del sábado con dos jóvenes islandesas, lo que motivó que el seleccionador, Gareth Southgate, los enviara inmediatamente de regreso a Gran Bretaña. Por la tarde, Foden publica una nota de disculpa y arrepentimiento. Por la noche, Nathan Aké sufre una lesión muscular mientras juega con la selección neerlandesa, en la posición de lateral izquierdo, contra Italia, en la Nations League. ¿Qué más podía ir mal?, pensó Pep al acostarse. ¿Qué más podía ir mal?, se repitió una y otra vez.

Al día siguiente, Pep y Lillo discuten acaloradamente en casa del entrenador. Es algo habitual en ellos. Discuten, se dicen de todo, se mandan a freír espárragos y a continuación hacen las paces. La discusión gira sobre un único asunto: cómo articular el desafío intelectual.

MOMENTO 4

El entrenador del entrenador

Mánchester, 15 de septiembre de 2020

El desafío intelectual no significa pensar ideas profundas, sino pulir defectos y potenciar virtudes. Pep quiere que Lillo le ayude y le exija en esta tarea. Quiere que sea el entrenador del entrenador.

Lillo entiende que Pep será aún mejor si gana en serenidad y consigue potenciar la naturaleza de sus jugadores. Lo plantea en términos sencillos.

—Los entrenadores muchas veces nos equivocamos cuando entrenamos para nosotros y no para los jugadores. Hemos de entrenar para que ellos lleguen lo más seguros posible al partido, no lo más inseguros. En general, hablamos más de táctica que de juego e incluso los jugadores lo hacen. Y olvidamos que se trata de ganar aunque no sea con nuestro plan de partido, sino con el plan de los jugadores.

Lillo es partidario de reducir el intervencionismo de los entrenadores.

—Hay mucho entrenador joven que está creciendo con la idea de su intervencionismo. Hay otros, más sabios o mayores, que saben que la labor de un técnico está de la raya para atrás y no para adentro. Pero veo a mucho joven que pretende crecer en esa dirección, como si detrás de todo lo que sucede, evidentemente, deba estar su mano. Es como si pensaran: «Si no fuera por mí...». En cambio, la máxima aspiración del *magister*, del maestro, es tornarse invisible. Por eso suelo decir que en estos tiempos hay mucho profesor, pero poco maestro. Y uno echa en falta a los maestros. Profesores hay muchos, demasiados.

Al cabo de una semana de entrenamiento, el ambiente general se vuelve mucho más positivo, reconoce Lillo:

—La ilusión no solo está intacta, sino que ha ido creciendo con el paso de los días. Estoy mucho más cerca de creer que podemos ganarlo todo.

El equipo juega hoy un partidillo contra el filial y a continuación celebra una barbacoa en la ciudad deportiva. Pep vuelve a sonreír, los jugadores también y se nota un ambiente animado. Fernandinho y Walker son los principales impulsores de este espíritu jovial que parece rejuvenecer al equipo.

En su labor encomendada como entrenador del entrenador, Lillo le va sugiriendo a Pep que introduzca pequeños matices. Charlas tácticas más breves y mayor contención en las instrucciones desde el banquillo, para estimular con ello la iniciativa propia en los jugadores.

—Hemos de conseguir que el equipo nos diga a nosotros qué tenemos que hacer y no al revés, porque es lo mejor para ganar. No queremos «soldaditos obedientes», sino jugadores con iniciativa, y para eso hemos de facilitarles que tengan esa iniciativa, hemos de soltar riendas.

Hay otro asunto en el que también quiere ayudar a Pep:

—Ha de conseguir no agotarse en el proceso de preparación de los partidos, porque si el proceso es el valor fundamental, te conviertes en esclavo del proceso. En este aspecto puede haber un cambio de verdad muy positivo en Pep.

MOMENTO 5

Con doble pivote

Wolverhampton, 21 de septiembre de 2020

Los antecedentes de la pasada temporada pesan como una losa. El Manchester City perdió una montaña de puntos frente a equipos a los que dominó con claridad y a los que pudo golear, pero contra los que no logró sacar adelante los partidos, e incluso a menudo acabó regalando puntos en ataques esporádicos.

Una y otra vez se repitió el mismo desarrollo de partido, con el City necesitando una docena de remates para conseguir anotar un gol, mientras a su rival le bastaba con una mínima aparición ante Ederson para obtener el mismo rendimiento. Gran parte de las nueve derrotas y tres empates cedidos se produjo de esta manera, cosa que generó un profundo sentimiento de frustración en el equipo, una herida que en el inicio del nuevo curso sigue abierta.

El debut *citizen* se produce en un estadio difícil, contra un rival que le ha dado muchos dolores de cabeza al entrenador catalán. La temporada anterior, el Wolverhampton ganó los dos enfrentamientos con el City, y esto influye a la hora de plantear el estreno. Guardiola elige hacerlo con un doble mediocentro, por lo que Fernandinho y Rodri comparten ubicación en el centro del campo. Es todo un símbolo del temor que siente Pep en el comienzo de su quinta temporada. Aunque en años anteriores ya lo había probado, con la misma pareja o con Gündogan como acompañante de Rodri, solo fueron ensayos puntuales motivados por un rival muy específico. Ahora no. Ahora es fruto de la sensación de fragilidad que rodea al City.

Se siente frágil y a merced de cualquier rival que sepa encerrarse de forma agresiva y contraatacar con precisión. Lo sufrido en el pasado reciente está muy vivo, dolorosamente vivo, y ejerce un profundo efecto sobre Pep y sus jugadores, que perciben el aroma del miedo a que resurjan los mismos defectos, los mismos demonios y las mismas consecuencias.

El doble pivote es un concepto alejado de la ideología de Guardiola. Lo emplea ahora porque se halla en una posición débil y a la defensiva. No es el entrenador atrevido y brillante que conquistó dos ligas consecutivas, ni el Pep astuto y vivaz que ganó los cuatro títulos del fútbol inglés de una sola tacada. El de hoy es un Guardiola dolorido y precavido, consciente de las limitadas fuerzas de su equipo, de las abundantes ausencias y de que las circunstancias le obligan a adoptar un perfil totalmente opuesto al que acostumbra. Siete jugadores están ausentes por diversas razones: Laporte y Gündogan padecen la covid-19, Bernardo y Zinchenko sufren lesiones musculares, Cancelo tiene un golpe en el pie que le impide entrenarse, Agüero continúa recuperándose de la operación de menisco del pasado mes de julio, y Eric García ha necesitado diecinueve puntos de sutura en la cabeza tras recibir un golpe en un entrenamiento. Pep sabe que su equipo no puede alcanzar su nivel habitual, por lo que recompone la figura y se coloca en modo defensivo, diseñando una «formación en tortuga», el orden de batalla que empleaban los romanos en momentos de asedio.

El temor a los contraataques del Wolverhampton y la escasez de entrenamientos influyen de manera decisiva en la disposición de los jugadores sobre el campo. El City saca el balón a partir de un 3+3, al sumarse Mendy a los dos mediocentros. A partir del círculo central, la ubicación pasa a ser un 2-4-2-2. En todo momento, el ataque está compuesto por Gabriel Jesús y Sterling, con los dos interiores a sus espaldas. Con semejante distribución, se adueñan del balón (67 %), del territorio, de los remates y del triunfo (1-3). Por décima temporada consecutiva, el City consigue ganar su primer partido de liga, un hito que ningún otro equipo había logrado antes.

Pep ha abierto el paraguas porque ya se ha mojado demasiado.

MOMENTO 6

Se jodió el invento

Mánchester, 27 de septiembre de 2020

Quitar a Fernandinho era como desprenderse de una pequeña pieza sobre la que se sostenía todo el andamiaje. Sin él, se cayó el invento.

Pep opina lo contrario. No estaba satisfecho con el rendimiento del capitán, a pesar de su buen partido de la semana anterior contra los Wolves. Hoy pintaba distinto. Ya en el calentamiento hay detalles que no van. Un miembro del cuerpo técnico le ha preguntado al capitán: «¿Estáis con confianza o estáis confiados?».

Fernandinho ha jugado con cierta apatía. La blandura con la que remata una falta sacada por De Bruyne resulta inexplicable. En cualquier otra ocasión habría cabeceado con energía y fuego, ametrallando la portería rival. Hoy ha medido mal, limitándose a poner la cabeza con timidez y perdonando a Schmeichel.

Durante la primera media hora, el City ha aplastado al Leicester. A los tres minutos, Mahrez conecta con el pie derecho un cañonazo a la escuadra de Schmeichel, tras un saque de esquina, y el gol facilita el dominio local, que se traduce en varias ocasiones no transformadas. Rodri remata alto, Sterling profundiza pero dispara al cuerpo del portero, y sobre todo Fernandinho desperdicia con un cabezazo blando un regalo de De Bruyne que parecía imposible de malograr. El equipo tiene el balón tres cuartas partes del tiempo y solo concede un contragolpe, resuelto por Eric García con habilidad. Todo parece controlado, hasta que Walker comete un penalti innecesario sobre Vardy, y ahí comienza la catástrofe. El empate al descanso revive las peores pesadillas del curso anterior: tanto dominio para acabar magullado con un solo golpe.

En los primeros minutos del segundo tiempo, el City roza el poste de Schmeichel en dos ocasiones. Sigue el dominio local, pero de manera sorprendente Guardiola hace un cambio a los cincuenta y un minutos, mucho antes de lo que en él es habitual: entra el joven Liam Delap, precedido por su golazo de hace unos días contra el Bournemouth, pero no sustituye a un apagado y apático Foden, sino a Fernandinho. Guardiola desmonta la organización que él mismo ha tejido en el centro del campo. Ha bastado el fortuito gol del empate para que rompiera la estructura del doble mediocentro que tan bien funcionó en Wolverhampton.

Es un procedimiento inhabitual en Pep. Primero, porque no acostumbra a señalar en público a un jugador de esta manera, y aún menos al capitán. Segundo, porque era un momento inoportuno, al fin y al cabo el empate no era un mal resultado y el equipo funcionaba con una buena dinámica. Lo que subyace es otra cosa. Es un dolor residual de enormes dimensiones, fruto de experiencias frustrantes, que aflora en cuanto se recibe cualquier pequeño golpe en la mandíbula. En este cambio de Fernandinho por Delap afloran las viejas heridas de años precedentes, las derrotas inmerecidas ante rivales que solo remataron una vez tras encerrarse noventa minutos en su área. Es una frustración colectiva que el City y Pep han ido acumulando año tras año, a base de sinsabores, lo que a su vez provoca errores innecesarios.

En el momento del cambio, el equipo estaba jugando bien, había generado dos nuevas ocasiones de gol y no había permitido más que una única carrera de Jamie Vardy en cincuenta minutos de partido. ¿A qué cambiar de modo tan radical la estructura?

Dos minutos más tarde, el Leicester acumula pases con acierto gracias a la ausencia de Fernandinho para cortocircuitarlos. Por más que se esmera, Rodri no llega a tapar todos los huecos que se abren en el centro del campo y los visitantes pinchan por doquier. Un Mendy desbordado es superado sin remisión por Barnes, que lanza un gran centro raso para que Vardy marque el segundo gol con un espléndido remate de tacón. Anonadado, el City pierde el control del balón, ataca el Leicester, remata Barnes con dureza, salva Ederson, y a los cincuenta y ocho minutos Eric derriba a Vardy, que anota el tercer gol, de nuevo de penalti, esta vez lanzado a la izquierda del portero.

El City se ha convertido en un manojo de nervios. Como un calco, se repite la misma historia de tantas tardes del curso anterior, donde el rival aprovecha cualquier error para darle un revolcón. En este punto, Rodri está desbordado; De Bruyne, desconcertado; y los atacantes, desorganizados. Aunque Delap cabecea al travesaño, es Maddison quien obtiene otro gol, con un fenomenal lanzamiento a la escuadra. El cabezazo de Aké a saque de esquina reduce distancias, solo para que Mendy conceda un tercer penalti, toda una proeza negativa. Tielemans bate por raso a Ederson, chutando a su izquierda.

El 2-5 no solo es catastrófico por sí mismo. Ningún equipo de Guardiola había recibido jamás cinco goles, pero sobre todo afloran los mismos defectos, errores y carencias de la amarga temporada anterior, en la que el City perdió casi una veintena de puntos más respecto de los dos campeonatos ganados. Vuelve la desazón, casi la desesperación, al vestuario.

Durante algo más de media hora, Pep y los jugadores se encierran y valoran la dura derrota. Rodri toma la palabra y dice: «Parece que estamos obligados a jugar siempre bonito, a jugar bien, a meter tres goles en diez minutos...». Expone que no ha de ser así. Que, cuando se va ganando por 1-0, quien debe cambiar la dinámica de juego es el rival. Debe ser el que va perdiendo quien se ponga nervioso, y no el que va ganando. Debe ser el que va perdiendo quien tenga que mostrar algo más, porque si sigue esperando no conseguirá sacar ventaja en el resultado. Rodri añade que en estos casos hay que tener paciencia y más paciencia, dar pases y más pases, no precipitarse, no volverse locos. Hay consenso en el equipo sobre la receta: tranquilidad, paciencia y pasarse el balón.

En el gabinete de crisis posterior (Pep, Estiarte y Lillo) se debate sobre todo esto y también acerca de un concepto que poco a poco irá abriéndose camino: la batalla de ritmos e intenciones en el juego. Si bien el City juega básicamente para ganar, de ahí que quiera hacerlo siempre en campo contrario, someter a los rivales y tenerlos lejos de su portería, hay momentos en que necesita tener calma y hoy no la ha tenido. La derrota ha sido fruto del nerviosismo y la precipitación. Con solo trece jugadores sanos y una carga enorme de partidos por delante, es aconsejable jugar con paciencia. Pasarse y repasarse la pelota de manera que en una misma jugada toquen la pelota los dos laterales, jugar más hacia fuera que hacia delante, jugar en amplitud para encontrar la profundidad.

No es sencillo mantener la calma cuando uno está nervioso. Pero ahí está el reto.

MOMENTO 7

Ritmos e intenciones

Mánchester, 30 de septiembre de 2020

Se han añadido dos elementos nuevos al entrenamiento: los partidillos y los rondos con número libre de toques. Los primeros aportan naturalidad y libertad a los jugadores, que estaban algo saturados de tantos ejercicios específicos a la búsqueda de un propósito muy concreto. Con la disputa de uno o dos partidos semanales a campo reducido se incorporan otros objetivos, de ámbito volitivo y emocional. Los jugadores se liberan, olvidan corsés y se divierten, aflorando mejor sus verdaderas naturalezas interiores. El ambiente general también recibe una carga positiva y todo se percibe de un modo más relajado.

Los rondos a toques libres poseen mayor intención táctica. Cuando se ejecutan con el límite de uno o dos toques se adquieren habilidades técnicas evidentes porque los jugadores deben realizar los pases de manera rápida y eficaz, pero simultáneamente se facilita también que un rival hábil y perspicaz intercepte dichos pases con relativa facilidad. Al dar libertad de toques se ralentiza la circulación, pero se propicia el engaño a quienes han de robar el balón. Cuando sabes que tu par solo puede dar un toque resulta más sencillo taparle el pase que si desconoces lo que hará. ¿Y si da tres toques? ¿Y si pisa el balón y te engaña? La libertad de toques aporta una dimensión distinta a los rondos. Es un complemento espléndido para ampliar las cualidades técnicas. Y en los meses siguientes, dichas ventajas quedarán reflejadas en algunos partidos muy concretos.

Estos dos elementos nuevos no solo se incorporan para incrementar la naturalidad y la libertad de los jugadores, sino también porque el cuerpo técnico está apoyando una idea que Lillo expone en dos líneas:

—Cuando hablamos de deporte, las guerras no son solo espaciales. Las guerras también son de intenciones y de ritmos.

La evolución del fútbol ha recorrido tres grandes hitos. El primero señaló las porterías como eje fundamental del juego, no en vano es en ellas donde se materializan los goles. El segundo determinó los espacios libres como nuevo paradigma sobre el que desarrollar el juego. Y el tercero fue la designación del balón como elemento fundamental alrededor del cual basar todas las decisiones. El primer eje surgió del reglamento; el segundo, de la perspicacia de Herbert Chapman; y el tercero, de la intuición de Johan Cruyff.

Las intenciones y los ritmos del juego pueden ser otro eje alrededor del que se desarrollen nuevas evoluciones.

MOMENTO 8

El fichaje de Rúben Dias

Leeds, 3 de octubre de 2020

Después de seis largas semanas de frustrantes negociaciones, Txiki Begiristain consigue contratar a uno de los zagueros que tenía en su lista de objetivos. Estaba compuesta por cuatro hombres: José María Giménez, Kalidou Koulibaly, Jules Koundé y Rúben Dias. Los tres primeros eran inabordables a causa del precio que pedían sus respectivos clubes, por lo que el director deportivo del City se enfocó en el portugués, un defensa joven, con un manejo correcto del balón, y con una personalidad desbordante y una energía que llamaba la atención. La contratación, además, era la más asequible económicamente, pues se han pagado 68 millones de euros al Benfica, pero se han cobrado 15 por la venta de Otamendi al mismo club, con lo que la inversión neta se limita a 43 millones, que deben añadirse a los 45 que ha costado Nathan Aké para reformatear toda la zaga. [En la delantera, Ferran Torres ha costado 23 millones y Leroy Sané ha sido vendido al Bayern de Múnich por 50].

El propósito es recomponer toda la línea defensiva y aportarle una consistencia que flaquea año tras año. La idea del cuerpo técnico es construir una «defensa a la yugoslava». Los yugoslavos, y sus sucesores una vez desintegrada Yugoslavia, se distinguieron por ser excelentes defensores en los deportes de equipo. Líneas defensivas llenas de coraje, solidaridad, compromiso y fortaleza. Estiarte, el mejor waterpolista de la historia, siempre alude a ello, incluso si la referencia debe ampliarse a los húngaros, de cualidades similares. «Defender a la yugoslava» significa defenderse de una manera consistente, dura, sin fisuras. Para Pep, un defensor «yugoslavo» fue Carles Puyol, su capitán en el Barcelona. Ya cuenta con dos zagueros de excelente salida de balón, como son Laporte y Stones, pero hace falta un compañero rocoso, un defensor que disfrute defendiendo, que se sienta a gusto en mitad de la tempestad.

Rúben Dias es el elegido para liderar esta transformación hacia una defensa a la yugoslava. Ha llegado a Mánchester el primer día de octubre y cuarenta y ocho horas más tarde ya debuta como titular en Leeds, donde se disputa un partido que inevitablemente recuerda a otro que se jugó nueve años atrás.

El 6 de noviembre de 2011, Athletic de Bilbao y F. C. Barcelona se enfrentaron en San Mamés bajo un diluvio abrumador, en un partido de la Liga española que concluyó en empate (2-2) y que fue para Pep Guardiola «un canto al fútbol» y también «uno de los mejores partidos que he visto, un maravilloso espectáculo».

Aquel recuerdo del formidable partido que enfrentó a los hombres de Marcelo Bielsa contra los de Pep Guardiola sobrevuela hoy el estadio de Ellan Road, donde también llueve con ganas. Hoy son el Leeds United y el Manchester City los equipos que dirigen Bielsa y Guardiola, dos hombres que se conocen bien. Cuando pretendía hacerse entrenador, Pep acudió donde Marcelo en busca de consejos, y quince años después ambos han seguido caminos fecundos, si bien muy distintos. Hace apenas tres meses, Pep invitó a Bielsa a comer en Mánchester junto a su cuerpo técnico; compartieron mesa en el Tast Català, el restaurante del que Guardiola es accionista.

Hoy, con la Premier League recién iniciada, el City se enfrenta a un equipo portentoso, que ha realizado una exhibición de agresividad y atrevimiento en Anfield, pese a perder contra el Liverpool (4-3), y ha vencido sucesivamente al Fulham y en el campo del Sheffield United. Guardiola sigue teniendo abundantes bajas en su formación —Cancelo, Zinchenko, Gündogan, Agüero, Gabriel Jesús—, pero ha conseguido por fin incorporar a un defensa que aporte consistencia a una zaga que lleva quince meses tiritando. Rúben Dias ya es titular, como pareja de Laporte.

En la reflexión previa al partido, los técnicos coinciden en que será un partido de ida y vuelta, con poco control y pausa, donde a cada golpe se responda con otro golpe. «Y si somos mejores, nos lo llevaremos», concluye Lillo. La realidad dirá que el City es mejor que el Leeds, pero no lo es de manera consistente durante noventa minutos, por lo que también este nuevo enfrentamiento de Bielsa contra Pep concluirá en empate (1-1), siempre bajo la lluvia, en otro partido de aires épicos y aroma de batalla sin tregua.

El Manchester City juega treinta minutos fabulosos. Los primeros treinta. De ellos, los veinte iniciales son un festival de pases y remates. Sterling remata alto a los dos minutos; a los tres, en un rasgo genial de instinto al ver mal colocado al portero Meslier, De Bruyne lanza una falta directa al poste; a los diez, un defensa salva el gol de De Bruyne; sesenta segundos más tarde, Rúben Dias cabecea un córner cerca del poste; a los doce minutos, un defensa del Leeds salva el remate de Ferran Torres; a los trece, Alioski cabecea alto ante un error en la marca de Walker; a los quince, Ferran Torres remata a gol un pase de la muerte de Sterling, pero Klich evita el tanto; y a los diecisiete minutos, por fin Sterling abre el marcador.

Mendy recupera un balón en el centro del campo, profundiza, combina con Torres, que cede a Sterling en la banda izquierda. El extremo inglés realiza entonces un eslalon en paralelo a la línea de portería, recorriendo buena parte del área rival, sorteando oponentes, para disparar el balón raso a la red con un efecto que imposibilita la estirada de Meslier, en lo que supone el primer tanto del campeonato para Sterling. Tras el gol no se detiene la agresividad visitante, que tiene nuevas ocasiones mediante Laporte y Foden. El segundo gol parece al alcance de la mano, pero a partir de la media hora de juego todo cambia. La superioridad del City ha sido más que notable y se ha traducido en un único gol. Llega la recuperación del Leeds, que comienza gracias a un clamoroso error de Mendy, de esos que han hipotecado su carrera de modo igual de clamoroso, pero Ederson logra salvar el mano a mano con Ayling.

Diluvia sobre Ellan Road y, de pronto, a los cuarenta minutos de partido, Marcelo Bielsa abandona su zona técnica y cruza hasta la del Manchester City. Pasa junto a Guardiola y se dirige al banquillo para saludar a Juan Manuel Lillo, al que no había visto hasta entonces. El partido prosigue y ambos equipos siguen enzarzados en un enfrentamiento formidable, pero Bielsa dedica casi un minuto a disculparse ante Lillo por no haberlo saludado con anterioridad. Pep asiste, medio divertido, medio pasmado, a la demostración de buenos modales que tiene lugar a sus espaldas, en un lugar y un momento que parecería más propio de las batallas y los duelos que de la buena educación y las costumbres respetables.

Tras el descanso, el Leeds supera en todos los terrenos al City. Entre los minutos 45 y 60 alcanza una posesión del 68 %, un fenómeno casi inédito en partidos de Guardiola. Para cerrar ese tramo sorprendente, Rodrigo Moreno penetra en el área *citizen* y remata al poste. Medio minuto más tarde, Ederson despeja mal el balón sacado de esquina; lo hace con los puños hacia abajo y el balón rechazado golpea en la espalda del desafortunado Mendy, quedando a pies de Rodrigo Moreno, que fusila el gol del empate.

La última media hora es otro festival, en este caso de idas y vueltas, de golpes y contragolpes, donde cualquiera puede marcar y vencer, y durante el que se suceden las ocasiones. Sterling, Fernandinho, Mahrez y De Bruyne pueden marcar, pero a su vez el Leeds multiplica los remates y Ederson, Dias y el poste las evita. Si Sterling tiene un mano a mano en solitario contra Meslier que desaprovecha por «pensar demasiado», Bamford tiene la misma oportunidad ante Ederson y comete idéntico error.

El empate deja un mal sabor de boca en el City, pese a que debería considerarlo como un magnífico resultado. Hoy por hoy, el equipo está muy lejos de su mejor nivel y rendimiento, por lo que sumar ante un rival tan agresivo y valiente es más que positivo. Las cifras, por supuesto, invitan a muy poco optimismo, pues el equipo de Pep ocupa la decimocuarta posición, con cuatro puntos de nueve posibles, a cuatro del descenso y a ocho del líder, el ambicioso Everton de Ancelotti. Solo ha tenido el 48 % del tiempo el balón en Ellan Road, ha encadenado menos pases que su rival, ha tenido un porcentaje de acierto en los pases extraordinariamente bajo para su estándar (82 %), y ha creado menos ocasiones claras de peligro, aunque ha vuelto a acumular un número elevado de contraataques, seis. Frente a estas cifras, el cuerpo técnico se muestra optimista: «Solo necesitamos serenarnos un poco y que regresen todos los que nos faltan. El juego está. Faltan jugadores». Contra toda evidencia, Pep está animado y bien, siente que el equipo comienza a despegar, aunque lo hace con mucha lentitud y aún a trompicones. Uno de sus colaboradores nos dice que «estamos mucho mejor de lo que pensamos. La apariencia no es que sea buena, es que no puede ser mejor. Al Burnley le ganamos con una suficiencia tremenda, pero es verdad que fallamos mucho… Esto hace que aún nos fijemos en lo de atrás de una forma alarmante porque, claro, cada error te cuesta un ojo de la cara. Tú vas doscientas veces y no metes, pero ellos llegan una y la meten. Y eso duele mucho y hace más honda la herida».

Al día siguiente, el Liverpool cae en campo del Aston Villa por un estrepitoso 7-2, el Manchester United pierde por 1-6 en Old Trafford ante el Tottenham, y el Leicester es derrotado en casa por el West Ham (0-3).

No hay nada peor que ser demasiado crítico con uno mismo.

MOMENTO 9

Cancelo, electrón libre

Mánchester, 17 de octubre de 2020

El retorno a la competición tras el paréntesis de las selecciones nacionales trae novedades. Kevin de Bruyne ha regresado lesionado. La noticia positiva llega de la mano del Kun Agüero, que vuelve tras cuatro meses de ausencia a causa del menisco roto. Otros dos jugadores hacen su debut como titulares en la temporada, los portugueses Bernardo Silva y João Cancelo.

Guardiola pone en práctica ante el Arsenal un primer esbozo de la idea que se convertirá en el fundamento de la temporada: una línea de tres zagueros que acompaña a un doble mediocentro, uno de los cuales es uno de los laterales. Es una estructura flexible que en la salida de balón se distribuye en 3-2-2-3. Una estructura que se irá perfeccionando a base de partidos hasta convertirse en el módulo preferido por jugadores y técnicos del City.

Los tres zagueros de hoy son Walker, Rúben Dias y Aké. A Rodri le acompaña por vez primera Cancelo en el nuevo rol que Guardiola ha preparado para él y que arrojará un rendimiento espectacular. Es un rol dual. Cancelo posee la rara habilidad de superar rivales en zonas de riesgo y, de manera simultánea, atraer adversarios, liberando a compañeros. Su figura está adquiriendo una trascendencia estructural. Tanto si juega en el lateral derecho como si lo hace en el izquierdo, el portugués se agiganta hasta convertirse en uno de los grandes ejes sobre los que pivota el juego. Su posición centrada y adelantada, su desparpajo táctico y una elevada calidad técnica liberan a los interiores de la tarea de iniciación, con lo que pueden enfocarse más en organizar el ataque. Cancelo empuja al interior de su lado hacia delante, convirtiéndolo casi en un mediapunta, lo que se está traduciendo en el incremento goleador de Gündogan, cada día más afinado. Cancelo no solo ayuda a Rodri y da una línea más de pase a los tres zagueros, sino que otorga superioridad en el centro del campo —un fundamento en el juego de Pep— y también en la frontal del área rival, y permite que los atacantes siempre sean cuatro como mínimo: los dos extremos, que de este modo pueden jugar muy abiertos, el punta y el interior convertido en mediapunta.

Cancelo y su papel como mediocentro-lateral-interior es la clave en la explosión de juego que comienza a sentir el Manchester City. ¿Qué ha ocurrido para que haya sufrido tal metamorfosis? ¿Cómo ha pasado de ser un jugador abúlico y malcarado a este futbolista voluptuoso y decisivo?

La respuesta está en el coronavirus. Antes del estallido de la pandemia, en marzo de 2020, Cancelo se sentía mal en Mánchester. No comprendía el juego del equipo, no acertaba a realizar lo que Pep le pedía, no defendía con empeño y no aportaba en ataque. Pretendía ser el titular del puesto, pero su rendimiento era más que discreto, lo que incrementaba su malestar y el malhumor. En aquella fecha del primer gran confinamiento mundial —la Premier League se detuvo tras el 8 de marzo y no regresó hasta el 17 de junio—, el portugués había jugado veintidós partidos como titular, lo que era una buena cifra, pero su rendimiento había decepcionado al cuerpo técnico hasta el punto de que estaba más fuera que dentro del club. Durante el confinamiento, Cancelo realizó una tarea de introspección y reflexión sobre sus cualidades como jugador y regresó a Mánchester convertido en otro hombre. Quienes le vieron llegar sonriente y feliz al primer entrenamiento posconfinamiento ya advirtieron que se había producido un cambio formidable. Y a partir de entonces en su actitud vital creció un futbolista nuevo que hoy es pieza clave e indiscutible en los planes de Guardiola.

En el ataque contra el Arsenal, Mahrez es una estaca clavada en la banda derecha, como ocurrirá casi toda la temporada, mientras Sterling y Agüero se alternan como punta y mediapunta, dejando a Foden la banda izquierda, a menudo arriba y abajo. El 3-4-3 tiene, por lo tanto, muchos matices y detalles que Guardiola va introduciendo o modificando a medida que Arteta reorganiza a su Arsenal, un equipo con vocación de dominio y que gusta de tener el balón, pero que sufre ante la potencia del City.

Mahrez puede marcar a los treinta segundos, pero la rosca que imprime al balón se marcha cerca del poste de Leno. A los veintidós minutos, Agüero, en una de sus incursiones hacia el círculo central, recibe de Mahrez, se gira, profundiza y regala un remate franco para

Foden, que dispara con el pie derecho, pero despeja el portero, aunque el rechazo llega al punto de penalti, donde Sterling amartilla el gol con su pierna izquierda. El Arsenal replicará tres veces, con dos remates a bocajarro de Saka y uno de Aubameyang, que salva Ederson en cada ocasión. En contrapartida, las claras oportunidades de Mahrez y Foden son anuladas por un magnífico Leno.

El segundo tiempo es menos vibrante, con el City dedicado a controlar el juego y evitar que los visitantes puedan contragolpear, y con el Arsenal atrapado en la red *citizen*. Ederson se salta en varias ocasiones el proceso de salir jugando con el balón, a fin de evitar la presión de los *gunners*, y en lugar de optar por una construcción en 3+2, el portero brasileño envía varios balones en largo a Mahrez, lo que empuja hacia atrás al Arsenal.

Transcurrida la mitad del mes de octubre, el City apenas es undécimo en la tabla clasificatoria, con siete puntos, pero Pep ha encontrado una idea que puede ser brillante y que desarrollará y perfeccionará en los meses venideros. El 3+2 con Cancelo de electrón libre.

MOMENTO 10

Salida en 3+2

Sheffield, 31 de octubre de 2020

Cuatro partidos en los últimos diez días de octubre permiten desarrollar pequeños matices en la estructura que implanta el entrenador.

La enfermería sigue llena. Nathan Aké, con un problema en la ingle, se suma a las abundantes bajas y, dado que John Stones se muestra titubeante, el entrenador elige a Eric García para acompañar a Rúben Dias en el centro de la zaga para recibir al Porto en el primer partido de la Champions de la nueva temporada.

El Porto forma en 5-3-2, lo que convierte el primer tiempo en un periodo muy espeso, sin excesiva brillantez. El City maneja el balón con comodidad, pero solo consigue hacerlo en su propio campo. Es un 70 % de posesión muy engañoso porque no consigue penetrar la armadura portuguesa y, además, ha de cometer nada menos que nueve faltas en este primer tiempo para cortar potenciales contraataques de los visitantes. Un error de Rúben Dias, que busca romper la armadura del Porto mediante un pase vertical, facilita el primer gol visitante, gracias a una maniobra excelente de Luis Díaz que regatea a toda la defensa local, pillada a pie cambiado. De inmediato, sin embargo, un contraataque dirigido por Mahrez es rematado por Gündogan al poste, y en la pugna siguiente Pepe comete penalti sobre Sterling. Agüero dispara raso a la derecha del portero Agustín Marchesín, que logra tocar el balón, pero no evitar el gol. El empate no impide que el juego local se mantenga intrascendente, mientras el Porto tiene una segunda gran oportunidad que salva Walker cuando ya los visitantes celebraban el gol.

El segundo tiempo es bien distinto. El Porto ya no tiene ninguna ocasión más, ni logrará rematar a portería. El City, más agresivo en sus penetraciones, acumula buenas ocasiones hasta que

Gündogan rompe el equilibrio en el marcador gracias a un gran lanzamiento de falta directa desde la frontal del área. El balón entra por la escuadra y Pep respira aliviado. Es el primer gol de la temporada para Gündogan, que aún no sabe que en los meses siguientes destapará una inédita vena goleadora.

El partido es bronco y espeso, con una agresividad elevada, pero pocos minutos más tarde Ferran Torres se luce dentro del área con un buen regate y un magnífico disparo, y establece un 3-1 insalvable. La ventaja aún puede aumentarse en un remate de Mahrez que salva el portero visitante y en otro de Rodri que se estrella en el poste. En el minuto 93, cuando solo llevaba ocho minutos sobre el césped, Fernandinho sufre una severa lesión en la ingle que le mantendrá fuera de combate hasta finales de noviembre. Una baja más. La enfermería no se vacía…

Setenta y dos horas más tarde, el equipo se presenta en el London Stadium con un banquillo mínimo que ha de completar con el joven Cole Palmer. El partido número ciento cincuenta de Ederson y Walker con los *citizens* tiene un inicio fulgurante. El de Pep se muestra como un equipo efervescente, pero crea pocas ocasiones y, sin embargo, es el West Ham quien abre el marcador en su primera llegada al área de Ederson. El poderoso Antonio gana la posición a Rúben Dias y materializa el gol con una chilena extraordinaria. Es el segundo traspié consecutivo del defensor portugués.

El West Ham aún no aparenta ser la potencia en que se convertirá a lo largo de la temporada, uno de los equipos más agresivos de la competición inglesa, y tras el gol se cierra en un rígido 5-4-1 y corta todas las líneas interiores de pase, lo que provoca un caudal de errores en los pases que inician Dias y Eric García. Se notan las ausencias de un Laporte que pueda cambiar la orientación del juego en largo, un De Bruyne que rompa las líneas adversarias o un Gabriel Jesús que presione con agresividad la salida del rival.

Al descanso, Agüero se queda en el vestuario, víctima de los isquiotibiales, que le amargarán en adelante. La entrada de Foden incrementa la energía *citizen* y permite alcanzar el empate. Una buena penetración de Cancelo por la banda izquierda es controlada y rematada a la media vuelta por Foden para lograr un resultado que parecerá negativo a primera vista, dado que con solo ocho puntos en cinco partidos será el peor inicio del City desde 2014, pero que con la perspectiva que otorga la temporada completa acabará siendo un magnífico resultado. Cancelo multiplica su intervencionismo en el centro del campo como acompañante del mediocentro, hasta el punto de que empieza a convertirse en pieza esencial del equipo. Es indudable que el equipo no está fino, pues suma pocos puntos y marca escasos goles. En los tres últimos partidos de Premier League ha anotado un único gol por encuentro, lo que es impropio de un equipo tan ofensivo; además, pierden a Agüero por varias semanas, aunque recuperan a De Bruyne.

Sin respiro, tres días después se visita el Vélodrome marsellés, donde se quiebra la maldición de no haber ganado nunca en tierras francesas. El equipo domina con claridad todas las facetas del partido ante un Olympique que juega encerrado, salvo en los minutos posteriores al descanso. Ferran Torres ocupa la punta del ataque y a poco de iniciarse el encuentro demuestra que no es reacio a vivir en dicho hábitat. Un error en la salida francesa lo aprovecha KDB para regalar el primer gol a Torres, quien tiene una especial habilidad dentro del área que le hace más eficaz que en su habitual posición como extremo. El suyo es el gol número seiscientos del City bajo las órdenes de Guardiola. En el minuto 75 una excelente penetración y centro de Foden es prolongado de cabeza por Sterling y rematado por Gündogan, que cada día adquiere más conciencia de su eficacia como interior que llega al área para finalizar las acciones. El gol permite dar descanso a algunos jugadores, y aún más cuando un pase de la muerte de KDB facilita que Sterling obtenga el tercer gol a puerta vacía. La Champions está bien enfocada. Es el partido número ciento seis de Guardiola con el City en que el equipo marca tres o más goles.

Sin solución de continuidad se visita Bramall Lane un mediodía ventoso y frío, escenario pésimo para lucirse. Lo sabe el City y aún más el Sheffield United, que afronta su partido con una zaga de cinco hombres y el empeño de proteger a su joven portero Aaron Ramsdale con una muralla. Tres jugadores del City se muestran inasequibles al desaliento y en un estado de forma soberbio. Sterling recorre la banda izquierda con la electricidad de sus mejores días, Walker corre arriba y abajo de un estadio que conoce bien porque se crio en él, y Torres se mueve dentro del área rival como pez en el agua.

Pese a las numerosas bajas, el equipo va adquiriendo cierta velocidad de crucero, ahora que vuelve a contar con De Bruyne. Pero es de nuevo Cancelo quien se erige en factor diferencial. Guardiola persiste en su idea de generar una salida limpia del balón a partir del 3+2, tres zagueros más dos mediocentros, estructura en la que Cancelo es fundamental por su habilidad, rapidez e inteligencia. Hoy vuelve a demostrarlo y, aún más, no solo facilita el *build up,* sino que su aportación al ataque es descomunal. Solo en el primer tiempo crea cinco ocasiones de gol.

Los primeros cuarenta y cinco minutos son un asedio constante del City, que goza de oportunidades muy claras. Un centro de Cancelo cabeceado por Torres, un disparo lejano de Rodri, un pase de la muerte de Sterling que Torres, a bocajarro, estrella contra el guardameta, una falta directa de KDB que roza el poste, un veloz contraataque de Mahrez y KDB que Torres finaliza, pero salva un defensa... A los veintiocho minutos, Kyle Walker, en su partido número cien con el City, culmina una buena penetración de Sterling prolongada, de manera sucesiva, por Cancelo y KDB. El disparo del defensa inglés desde fuera del área es imparable, raso, duro, seco y al ángulo bajo más alejado del guardameta del Sheffield.

La segunda mitad es una repetición del juego ofensivo que choca contra la muralla local. Sale el sol, remata Torres, desvía Ramsdale, remata Mahrez de falta, salva Ramsdale, dispara KDB de falta, roza el poste... Después, en apenas tres minutos, entre el 66 y el 70, el Sheffield tiene hasta tres buenas ocasiones de empatar, pero no acierta en una y Ederson desbarata las otras dos.

Todavía lejos del rendimiento deseado, el City empieza a levantar cabeza, aunque en la tabla de clasificación siga muy lejos.

MOMENTO 11

Renueva Pep

Mánchester, 20 de enero de 2021

Ochenta días más tarde, el City ya es tercero en la clasificación de la Premier League, a cuatro puntos del Manchester United y con un partido menos, pendiente de jugar. Y, pese a las apariencias, esta no es la mejor noticia para el club.

A finales de noviembre, Pep Guardiola renovó su contrato, que vencía el próximo verano, prolongándolo dos años más, hasta junio de 2023, como pretendía Txiki Begiristain cuando hablé con él meses atrás: «Ya sé que suena difícil porque en 2021 serán cinco años con nosotros y nunca habrá estado tanto tiempo en un club, pero si lo pensamos bien es la solución perfecta. Conseguir que Pep renueve una vez más». Los propósitos de Txiki se han cumplido con creces. Pep no solo estará cinco años en el club, sino siete, señal indiscutible de que se siente cómodo, bien arropado y feliz con su trabajo. Siempre dijimos que para construir un legado de verdadera calidad necesitaba tiempo.

Pep tenía un gran enemigo: él mismo. Se negaba tiempo a sí mismo, por precipitación, por ansia, por angustia o por las heridas sufridas. O por los éxitos, no en vano lo primero que hizo fue escalar el Everest, y siempre recurría a esta metáfora para recordar que no era posible mejorar lo hecho en el pasado. Pero ahora se da tiempo. Se ha regalado tiempo a sí mismo. Es la mejor decisión que ha tomado nunca: darse tiempo en esta sociedad de la prisa.

Entre noviembre, diciembre y buena parte de enero, el equipo disputa diecinueve partidos y solo pierde uno, en terreno del Tottenham (2-0). Empata contra el Liverpool, el Porto, el Manchester United y el West Bromwich Albion, venciendo los restantes catorce encuentros, por lo que figura tercero en la liga, es finalista por cuarta vez de la Copa de la Liga, está emparejado en octavos de la Champions con el Borussia Mönchengladbach y marcha a pleno ritmo en la FA Cup. Nada mal para una temporada que comenzó con abatimiento general, abundantes bajas y un juego en sordina.

La salida de balón en 3+2 se ha impuesto con la misma rotundidad como el 4-4-2 cuando el equipo no dispone del balón. Son estructuras que Pep ha evolucionado, al mismo tiempo que va dando mayor libertad a los jugadores para desarrollar sus potencialidades en ataque. El City contragolpea con menos eficacia desde que no está Sané, pero los interiores, extremos y puntas se mueven hoy con mayor naturalidad.

«Desde el partido contra el Newcastle hemos comenzado a jugar bien de verdad», asegura Pep, recordando el 2-0 obtenido en el *Boxing Day*. Pero no son los goles ni los resultados los que le mantienen tan animado, sino la percepción de que el equipo está creciendo en la dirección que pretende. Una salida eficaz, un electrón libre como segundo mediocentro, una defensa a la yugoslava, unos jugadores que sienten que pueden marcar la iniciativa sin esperar a que se les dicten instrucciones desde la banda…

Pero antes de empezar a jugar bien, de conseguir magníficos resultados y de alcanzar una buena velocidad de crucero, hubo una larga noche en Mánchester, una larga crisis. Un largo gabinete de crisis…

MOMENTO 12

Gabinete de crisis

Un mes antes...
Mánchester, 15 de diciembre de 2020

A las dos y cuarto de la madrugada, se encienden varias luces en el aparcamiento de la ciudad deportiva. El guarda de seguridad de la caseta norte anota en el libro de movimientos: «El *Boss* se marcha a casa». La doble puerta automática se abre para dejar salir a Guardiola y a otros miembros del cuerpo técnico, que han permanecido reunidos en el despacho del entrenador desde las once y media de la noche de este oscuro martes de diciembre, tras finalizar el enfrentamiento contra el West Bromwich Albion (1-1). El empate final parece poner fin a las esperanzas del City para recuperar el título de la Premier League que le arrebató el Liverpool la anterior temporada. El conjunto de Pep marcha en novena posición después de trece jornadas disputadas.

La reunión se extiende a lo largo de casi tres horas y en ella se discute todo. El desastroso resultado, el rendimiento de algunos jugadores, el funcionamiento colectivo, los movimientos tácticos... Todo se discute. Pep está desanimado. De nuevo. Otro golpe duro, quizás incluso más duro que la catastrófica derrota ante el Leicester en septiembre, vista la diferencia de nivel entre uno y otro contrincante. Comen un poco de pasta italiana y un mordisco de carne. Y queso parmesano. No hay hambre, sino malas caras. El empate supone el final de muchas esperanzas.

Es el gabinete de crisis.

Estiarte discrepa del desánimo general:

—No es el final. Queda mucha liga. Lo de este año es totalmente atípico. Nada será como siempre. Todos los equipos nos dejaremos puntos, ya lo veréis. No somos los únicos. El Liverpool perderá puntos, muchos puntos. Será difícil que se gane la Premier League con más de ochenta y cinco puntos. Probablemente se pueda ganar con solo ochenta puntos. Esta no es una liga de cien puntos como las tres anteriores. Pongamos el foco en esto: necesitamos ochenta puntos para pelear por el título, no cien. Con ochenta puede valer. Peleemos cada punto y tendremos opciones.[47]

Guardiola se enfoca en el juego. Cree que el equipo se ha desorientado. Horas de discusión desembocan en un consenso: hay que volver a lo básico. Extremos bien abiertos, un único mediocentro, la ayuda de Cancelo por dentro, más dos interiores moviéndose entre líneas, a veces apoyando al mediocentro, a veces pisando el área rival. Visto que Agüero no parece que pueda recuperar su rendimiento máximo, apuesta claramente por jugar con un centrocampista en la punta del ataque, aunque en realidad será un punta falso (falso 9). Y pases, pases y más pases. El City ha de volver a ser el equipo de muchos pases.

Este es el consenso táctico a la una de la madrugada. Los ánimos han mejorado tras la exposición de Estiarte. Quizá, piensa Guardiola, si se recupera el nivel de juego, sea posible sumar ochenta puntos y pelear por el título. En este punto interviene Lillo y lanza una bomba sobre la mesa:

—No sé por qué os preocupáis tanto. Vamos a ganarlo todo. Ganaremos la Premier y quizás hasta la Champions.

Lo suelta tal cual, sin embudos. No es una broma ni pretende animar a sus compañeros. Lo dice con toda seriedad. Lo argumenta en pocas palabras:

—Tenemos grandes jugadores, solo necesitamos que ellos vuelvan a sentir la conexión con el juego, que lo sientan como propio, que se sientan cómodos y tranquilos ejecutándolo, sin agobios ni tensiones. Necesitamos estar tranquilos y que ellos estén tranquilos. Hemos de jugar con calma. Si hacemos esto, ganaremos dos títulos o más.

Se hace un silencio. Cada cual tiene su opinión, pero nadie desautoriza la visión de Lillo. Hay quien cree que exagera, quien piensa que está equivocado y quien entiende que solo es un castillo en el aire. Pero también hay quien coincide plenamente con él. El City tiene todo lo necesario para ganar todos los títulos en liza. Solo ha de jugar con calma, serenidad y acierto. Hay quien se va de la reunión

47. Estiarte tendrá razón: el campeón de la Premier League 2020-2021 sumará 86 puntos; el subcampeón, 74; y el tercer clasificado, 69.

creyendo que Lillo es un loco y hay quien se marcha a casa convencido de que la premonición puede ser histórica.

A las dos y cuarto de la madrugada se clausura la reunión. Guardiola enciende el motor de su vehículo y se marcha a casa, seguido por casi todos los miembros del cuerpo técnico que le han acompañado en el gabinete de crisis. Lillo no baja al aparcamiento. Se queda a dormir en su habitación de la ciudad deportiva, la número 30. Lo que tenía que hacer y decir ya está hecho y dicho.

MOMENTO 13

Victoria en Anfield

Liverpool, 7 de febrero de 2021

«La próxima vez queremos ganar en Anfield con público», dice Pep solo terminar el partido, saldado con una contundente victoria mancuniana por 1-4.

Contra lo que venía siendo habitual en Anfield, el Liverpool no consigue arrasar en los primeros veinte minutos de partido, cuando explota toda su energía arrolladora, sino que el Manchester City controla el juego sin dificultades. Al tratarse de un partido de máximo riesgo, Pep diseña una salida más precavida, en forma de 3+3, con Stones-Dias-Zinchenko en la zaga y Cancelo-Rodrigo-Bernardo tras la línea de presión de los locales. La ubicación de Cancelo desconcierta a Mané, que duda entre vigilarlo a la altura del círculo central o mantenerse en un costado. Si lo vigila, facilita que Stones combine con Mahrez en la banda derecha. Si no lo vigila, Cancelo recibe fácilmente el balón procedente de Rúben Dias. El Liverpool replica adelantando a Robertson.

A partir del minuto 20, los respectivos ajustes dan ventaja en el juego al Liverpool. Con balón, el 4-3-3 del City es inocuo. La pretensión es acumular jugadores por dentro para atacar la zona central del Liverpool, pero no se consiguen buenas combinaciones. Por el contrario, sin balón, el City regala las bandas a los laterales porque Foden vigila sin acierto desde su posición de delantero en punta. La ubicación cerrada de Sterling y Mahrez facilita que al Liverpool le baste cualquier pase en diagonal para encontrar libre a uno de sus laterales, si bien los centros de estos se estrellan contra una buena consistencia defensiva de Stones y Dias. En el minuto 38, Gündogan lanza por encima del travesaño un penalti de Fabinho a Sterling. De los últimos cuatro penaltis que ha lanzado contra el Liverpool, el Manchester City ha desperdiciado tres.[48]

El equipo de Pep no ha rematado a portería en el primer tiempo, mientras que el Liverpool lo ha hecho a través de Firmino (detenido por Ederson) y Mané (cabezazo alto). En el descanso, el cuerpo técnico discute un cambio de estructura para frenar el avance de los laterales de los Klopp. Pep, Lillo y Borrell debaten si colocarse en 4-5-1, pero acaban optando por el 4-4-2. Cuando no dispongan del balón, situarán a Foden y Bernardo en punta y bajarán a Sterling y Mahrez hasta la altura de Rodri y Gündogan.

Este movimiento bloquea el ataque del Liverpool en la segunda mitad y permite al City dominar el juego sin apenas correr peligro. Gündogan abre el marcador después de un ataque sobrecargando la banda de Alexander-Arnold, muy apurado en defensa todo el partido. Empata Salah de penalti cometido por Rúben Dias en un error inhabitual en él, al no despejar con limpieza un balón largo enviado desde la zaga local. Dias tiene hoy una actuación menos brillante que en semanas anteriores. La entrada de Gabriel Jesús provoca otro cambio de escenario. Su presión agresiva y la colaboración de Bernardo y Foden en esta tarea provocan errores en Allison, Fabinho y Wijnaldum que se transforman en tres goles para el City en solo diez minutos (del 73 al 83). Gündogan suma su noveno gol de la temporada y Sterling el número 100 a las órdenes de Pep. Es el tercer jugador que supera esta cifra con Guardiola (Messi 211, Agüero 120).

Es la primera victoria de Guardiola en Anfield, donde el Manchester City no vencía desde 2003. Tiene diez puntos más, con un partido menos, que el Liverpool. También es la primera vez que los *citizens* marcan cuatro goles en Anfield al Liverpool desde 1937 y la decimocuarta victoria consecutiva del City en todas las competiciones. También es la décima victoria consecutiva en la Premier League, lo que se suma a otro récord que pulverizaron hace unos días: es el primer equipo inglés que gana nueve partidos en el mes de enero, todos los que ha disputado.

Pep siempre aprovecha los grandes triunfos para señalar aspectos de sus jugadores que deben mejorar. Hoy le toca a Foden: «Phil no ha estado acertado en el primer tiempo en la presión. A veces, cuando juega en el medio, le cuesta entender su posición. Ha de mejorar en este aspecto».

48. Mahrez falló en Anfield el 7 de octubre de 2018. De Bruyne marcó en el Etihad Stadium el 2 de julio de 2020 y falló en el mismo escenario el 8 de noviembre de 2020.

MOMENTO 14

Disparados

Mánchester, 13 de febrero de 2021

Desde 1902, el City no encadenaba seis partidos seguidos en su estadio sin recibir ningún gol. Hoy ha vencido por 3-0 al Tottenham de Mourinho, precisamente el último equipo que había derrotado a los de Pep, tres meses atrás. En aquella fecha, finales de noviembre, el Tottenham era líder con ocho puntos de ventaja sobre el City, que marchaba en decimotercera posición. El equipo de Guardiola estaba más cerca de las posiciones de descenso que del liderato.

Desde aquella mala tarde en Londres, el City ha cambiado de manera radical en calidad y volumen de juego, en solvencia defensiva, en eficacia rematadora y en rendimiento general. Hoy, su racha se incrementa, alcanzando ya las dieciséis victorias consecutivas en todas las competiciones. Es también la undécima victoria consecutiva en liga. Tanto han cambiado las cosas que Pep es líder cómodo en la Premier y tiene catorce puntos de ventaja sobre Mourinho. En tres meses ha sumado veintidós puntos más que el Tottenham.

El City marcha disparado de la mano de un Gündogan que muestra una faceta inédita, la del goleador impenitente. Pep lo apuntala: «Dije que Gündogan podía jugar de falso 9 y se rieron. Hoy ha provocado el penalti y ha marcado dos goles. Ha sido el mejor jugador del mes de enero y va camino de serlo también en febrero». Así será: el 12 de marzo se anunciará que también ha sido elegido como mejor jugador de la Premier League del mes de febrero. Es el primero del club en ganar dicho galardón dos meses seguidos. A su vez, tras sumar seis victorias en seis partidos, también Guardiola es elegido mejor entrenador del mes de febrero, como ya lo había sido en enero.

El equipo ha encontrado una ruta estable en su manera de jugar. Alterna las salidas de balón en 3+2 con el 2+3, se defiende en 4-4-2 o en su variante 4-3-3, y ataca a los equipos cerrados con un 2-3-5 agresivo en el que Bernardo y Gündogan emplean los pasillos intermedios entre laterales y centrales. A veces, como hoy, la posición a pierna cambiada de Foden (derecha) y Sterling (izquierda) perjudica la fluidez del ataque, pues en sus movimientos hacia el interior del área solo consiguen amontonar defensores e inutilizar las opciones de remate. Foden, por cierto, logra su victoria número cincuenta en la Premier, en solo cincuenta y nueve partidos, lo que iguala el récord, que tenía Aymeric Laporte.

Para superar al Tottenham, primero ha habido que marcar de penalti, lo que no es tan sencillo si hablamos del City, que acumula recuerdos pésimos en esta especialidad. Rodri dirá tras el partido que lo hizo sencillamente porque cogió el balón, dado que ningún compañero pidió lanzarlo. Tener un penalti a favor casi supone un trauma para el City, como reconoce Guardiola: «Tendremos que pensar en ello. Admiro la valentía que ha tenido Rodri, aunque no se puede decir que lo haya chutado demasiado bien...». De hecho, Lloris ha estado muy cerca de desviar el tiro raso del mediocentro español, que no ha querido seguir los consejos que Ederson pretendía darle a través de Bernardo Silva: «Los porteros conocen los puntos débiles de sus compañeros. Ederson me ha dicho uno de Lloris, pero he preferido no escuchar y centrarme en mí mismo».

La ventaja en el marcador propicia que Pep corrija la posición de los extremos, a quienes cambia de banda, con lo que se desvanece el embudo que se producía en el área visitante. El dominio local permite, además, que en los momentos de finalización Sterling quede liberado de compromisos posicionales, por lo que se mueve por todas las zonas del área visitante. Así nace el segundo gol, fruto de un largo avance paralelo de Sterling, de derecha a izquierda, que Foden convierte en un pase filtrado dentro del área pequeña para que Gündogan remate con la puntera del pie izquierdo. Quince minutos después, cuando el Tottenham ha decidido aumentar su presión alta, Ederson coordina una extraordinaria acción con Gündogan. Mientras todos sus zagueros se hallan sometidos a la presión de los delanteros visitantes, el guardameta lanza un pase largo de área a área que aprovecha Gündogan, vigilado por Davynson Sánchez, para marcar el tercer gol. Su control de un balón llegado desde ochenta metros y los dos posteriores regates, antes de cruzar el balón en la salida de Lloris, son una golosina técnica. Gündogan anota de este modo el gol número once en la actual liga (suma trece en todas las competiciones) y el noveno en los nueve partidos jugados en 2021. Minutos después pide el cambio por unas ligeras molestias en la ingle.

Este es uno de los detalles que Guardiola aprecia y valora en sus jugadores: la sinceridad ante una molestia de cualquier índole que puede degenerar en una lesión relevante. Siempre ha hecho hincapié en que los futbolistas sean transparentes y sinceros cuando sienten el menor síntoma de problema muscular o cuando están fatigados. Por lo general, el jugador intenta ocultar o minimizar sus molestias para evitar que los entrenadores les quiten su puesto dentro del equipo. Pep ha hecho grandes esfuerzos por convencer a los futbolistas de que es mejor frenar y detenerse unos días para recuperarse de las molestias o del cansancio. Es preferible un breve reposo, incluso si se pierden uno o dos partidos, que arriesgarse a una lesión larga y seria. Siempre ha premiado a quien ha sido sincero en este aspecto, respetando su sitio en el equipo, de ahí que no extrañen sus palabras al hablar de Gündogan: «Ha sido inteligente. Ha preferido no forzar y evitar riesgos de una lesión mayor».

Hablando de lesiones, mencionemos a Sergio Agüero, que no es titular en un partido desde el 24 de octubre frente al West Ham, hace ya casi cuatro meses. La ausencia del argentino ha facilitado una consolidación en el rendimiento de Gabriel Jesús, que se ha convertido en el único jugador en haber marcado gol en la Premier League, la Champions League, la FA Cup y la Copa de la Liga en las temporadas 2018-2019, 2019-2020 y 2020-2021. Pero no ha sido la única alternativa a Agüero; Guardiola también ha empleado a hombres como Foden, Bernardo, De Bruyne, Mahrez y Ferran Torres para realizar funciones bien como delantero centro, bien a caballo entre el punta, el mediapunta y el falso 9, siempre con la intención de conseguir superioridad en el centro del campo. El mayor beneficiado del gran juego *citizen* ha sido Gündogan, transformado en *Kündogan*. El de hoy es el partido número ciento dieciocho del City de Guardiola en que el equipo marca tres o más goles, es decir, el 44 % de los 269 partidos dirigidos por el entrenador catalán. Una barbaridad.

MOMENTO 15

16 puntos en 10 días

Mánchester, 18 de febrero de 2021

Son las nueve de la mañana y Txiki Begiristain está desayunando su habitual pan con tomate y jamón. Como todos los días, el director deportivo del club se une a Guardiola y Estiarte para desayunar juntos en el comedor de la primera planta del edificio del primer equipo, en la mesa más cercana al despacho de Estiarte. Allí se toman decisiones importantes.

El horario del cuerpo técnico es tan variado como uno de los menús que prepara el chef Jorge Gutiérrez. Lillo, por ejemplo, se levanta a las cinco y media y llega a la ciudad deportiva hacia las seis de la mañana. Como si fuese el aguador de un equipo ciclista, lo primero que hace es subir una caja de botellas de agua que deposita sobre un armario bajo de su despacho, adyacente al de Pep. Lo segundo es preparar un mate que irá reponiendo a lo largo del día. Su despacho acabará convirtiéndose en el centro neurálgico del cuerpo técnico, en primer lugar por razones afectivas —Lillo es como el padre de todos— y en segundo término porque los demás aprovechan también para abastecerse de botellines de agua.

Un rato más tarde acostumbra a llegar Xabier Mancisidor, el entrenador de porteros, un técnico que habla poco, pero siempre con sentido. Discreto y poco dado a hacerse notar, Mancisidor es otra pieza clave en el engranaje técnico. También a Estiarte le gusta llegar pronto, bastante más que a Pep, que solo lo hace si tiene alguna razón concreta. Cuando madruga, acostumbra a bromear: «Hoy he hecho un Lillo».

El equipo venció anoche en Goodison Park y no llegó de regreso a la ciudad deportiva hasta la una de la madrugada, por lo que hoy se desayuna algo más tarde de lo habitual, excepto Lillo, que se quedó a dormir en el edificio y desde muy temprano está tomando mate en su despacho mientras diseña conceptos que aportar a los entrenamientos.

El partido de ayer contra el Everton tenía que haberse disputado el pasado 28 de diciembre, pero el positivo por coronavirus de varios jugadores lo impidió.[49] En las ocho semanas transcurridas desde entonces, el City ha alcanzado un magnífico estado de forma, ganando todos los partidos disputados, en tanto el Everton se ha mostrado irregular, alternando formidables actuaciones (empate a tres en Old Trafford, victoria en Leeds y Wolverhampton, triunfo ante el Tottenham en FA Cup) con otras de muy bajo rendimiento en su estadio, donde perdió contra el West Ham, el Newcastle y el Fulham. La visita del líder auguraba una noche complicada para el conjunto de Carlo Ancelotti.

Y así fue. El equipo deja grandes sensaciones. Pese a la ausencia de Gündogan, la indiscutible estrella del equipo, el City mantiene su dinámica de juego. Se organiza con tres zagueros muy abiertos a lo ancho de todo el campo (Walker, Dias y Laporte), y con Cancelo partiendo desde la izquierda para ayudar en el *build up* a Rodri. Una de las grandes virtudes de Rúben Dias es su capacidad de liderar la defensa, su jerarquía sobre los compañeros. Él ha sido vital para la portentosa recuperación de John Stones, y lo es para mantener calmado a un Walker que a veces se acelera en exceso o para obligar a Laporte a no perder la concentración, a lo que es muy dado, pues lo fía siempre todo a sus cualidades innatas. Rúben Dias es el líder de la zaga, el que impone y exige máxima concentración durante todos los instantes del partido y solo acepta relajarse después de que el árbitro haya pitado el final.

La idea fundamental de situar tres zagueros muy abiertos es que ocupen todo el ancho del campo. Es un concepto que Guardiola ha ensayado en partidos y entrenamientos. Con estos tres zagueros bien separados entre sí busca diluir la presión de los delanteros rivales y ampliar los pasillos centrales para que los medios reciban fácilmente el balón en el inicio. Una vez asentado el equipo en campo contrario, Cancelo se une a Bernardo y Foden en la organización del ataque, logrando en todas las zonas la superioridad que siempre busca Guardiola como patrón de juego. Para ello, Cancelo se sitúa próximo a Rodri, lo que otorga total libertad a los interio-

49. Kyle Walker y Gabriel Jesús habían enfermado el 23 de diciembre, y cinco días más tarde se supo que también Ederson, Eric García, Ferran Torres, Tommy Doyle y Cole Palmer sufrían la covid-19. A ellos se unió Sergio Agüero el 8 de enero.

res para unirse a ellos por dentro, o bien para escalar hasta la línea de delanteros. Es un 3-4-3 flexible en la línea de medios. Esta libertad que logran los interiores gracias a la posición de Cancelo como segundo mediocentro o «falso interior» es uno de los fundamentos de la buena marcha del equipo, pues la habilidad de los interiores para «romper» hacia delante solo es posible por la protección que les ofrece el portugués en su triple función. El City adopta una de sus distribuciones más habituales, el 3-2-2-3, con Mahrez y Sterling exageradamente abiertos junto a las líneas de cal. Con ello, el equipo domina de manera apabullante al Everton, que apenas logra enlazar ciento cincuenta pases en el primer tiempo y ciento cincuenta y seis en el segundo. El dominio se traduce en un sinnúmero de llegadas al área local, que no fructifican en remates nítidos. Phil Foden aprovecha una sucesión de rebotes tras un córner para abrir el marcador, aunque el Everton consigue empatar cinco minutos después en una acción en la que Mahrez y Walker no logran coordinarse para defender el remate de Digne.

El descanso permite ajustar algunos detalles. Guardiola pretende que Bernardo se acerque más a Mahrez en la banda derecha y que todo el equipo se junte a través del pase: «En la fase de finalización —dice Pep al acabar— a veces nos precipitamos. Nuestro segundo gol es un ejemplo muy positivo: hemos dado algunos pases extra porque la situación no era clara». Se incrementa de manera notable el número de pases, pasando de los 339 del primer tiempo a 414 en el segundo, con el propósito de agrupar las líneas y encontrar con facilidad al tercer hombre. Bernardo, Mahrez y Gabriel Jesús dan un recital en este sentido, lo que fecunda en el segundo y tercer gol, que ya derrumban al Everton. Es la primera vez desde 1981 que el Manchester City vence al alimón en los estadios del Liverpool y del Everton. El equipo continúa sumando récords. Ya son diecisiete victorias consecutivas en todas las competiciones, doce en la Premier League y la décima del año, lo que nadie había logrado antes.[50] Destaca la gran actuación de Bernardo Silva, que no solo tiene un acierto del 94 % en los 61 pases que da, sino que vuelve a ser un jugador estructural: «Bernardo, ¡qué jugador!», dice Pep. «Todo lo que hace lo hace increíblemente bien. Ha vuelto el Bernardo imparable». A sus espaldas, Rodri cuaja otro partido formidable, mostrando su progresión respecto del jugador titubeante del año pasado.

50. Bolton Wanderers en 1909 y Manchester United en 2009 habían ganado nueve partidos seguidos al inicio del año.

Al equipo le esperan dos días de entrenamiento y un par de desplazamientos importantes. A Londres para visitar al Arsenal y a Budapest para jugar contra el Borussia Mönchengladbach. El desplazamiento a Londres tiene siempre sorpresas inesperadas. Por ejemplo, salir de Stamford Bridge en dirección al aeropuerto de Luton puede suponer fácilmente una hora y media de camino, lo que en ocasiones ha provocado que se discuta si no sería mejor hacer todo el trayecto en autobús hasta Mánchester, aunque Pep siempre se ha negado a ello. No quiere, bajo ningún concepto, que sus jugadores estén más de tres horas en el autobús para evitar agarrotamientos musculares que acaben degenerando en lesiones. En su primera temporada vivieron un regreso de pesadilla tras jugar contra el Crystal Palace en Selhurst Park a las tres de la tarde. Cuando el autobús del equipo se hallaba a medio camino del aeropuerto de Biggin Hill, los pilotos del avión que debía llevarlos de vuelta a casa informaron a Marc Boixasa, el *team manager*, que se estaba reparando una avería, por lo que el aparato no estaría disponible para despegar antes de las nueve de la noche, hora en la que se cerraba el aeropuerto. De manera urgente improvisaron el regreso en tren, por lo que tuvieron que volver hasta la estación de London Euston. El colapso circulatorio de la capital era tan colosal que la expedición llegó a la estación solo diez minutos antes de la salida del tren, pero finalmente no pudieron subir en él porque la descarga de los equipajes y materiales de los setenta miembros del equipo fue farragosa y exigió mucho tiempo. Nadie pudo convencer al revisor de Virgin Trains para abrir las puertas del tren, que partió sin el equipo, que acabó durmiendo en Londres. Desde aquel 19 de noviembre de 2016, Guardiola teme los desplazamientos a Londres, y hoy vuelve a supervisar con Boixasa cómo será el próximo viaje y a qué hotel irán. A Pep le gusta conocer de antemano los hoteles donde se alojarán y acostumbra a opinar sobre la experiencia que ha tenido. Pocas veces se ha alegrado más que cuando descubrió precisamente en un desplazamiento regular a Londres, para jugar contra el Watford, que el equipo se alojaría en Sopwell House, un delicioso hotel en el que se había concentrado con el F.C. Barcelona en 2011, antes de la final de la Champions League que conquistó contra el Manchester United.

Pero para volver a Londres aún faltan dos días y ahora es momento de desayunar. Mientras toman café. Pep, Estiarte y Begiristain tienen la mirada puesta en uno de los televisores del comedor, que muestra la clasificación actual de la Premier League, con los 56 puntos del Manchester City y los 46 de sus perseguidores, Manchester United y Leicester. Txiki dice:

—¿Os acordáis de cuando no aparecíamos en la primera parte de la clasificación?

El director deportivo se refiere a aquellas duras semanas, a principio de temporada, en las que el equipo llegó a figurar en decimotercera posición de la tabla. A continuación añade:

—Hace diez días jugamos en Anfield. Si hubiéramos perdido, el Liverpool se habría puesto a cuatro puntos. Hoy tenemos dieciséis de ventaja sobre ellos. En solo diez días...

Durante el resto del desayuno, Txiki y Pep evalúan las cualidades de los dos candidatos a sustituir la próxima temporada a Sergio Agüero. Sobre la mesa no está el nombre de Leo Messi...

MOMENTO 16

Un blindado que aplasta

Budapest, 24 de febrero de 2021

El compromiso de Londres se resuelve en pocos segundos.

A los cuarenta, Sterling falla dos remates seguidos a pocos metros de la portería. Treinta y cinco segundos más tarde, el mismo Sterling cabecea un centro suave de Mahrez y logra el único gol del partido. En un minuto, el City ha noqueado al Arsenal.

Guardiola ha regresado al 3-2-2-3. De nuevo, tres zagueros muy abiertos (Stones-Dias-Zinchenko) para ocupar todo el ancho del campo y estirar la presión rival. Por delante, Fernandinho y Cancelo completan el *build up*, lo que libera de esta función a De Bruyne, Gündogan y Bernardo, que pueden moverse por todo el campo con entera libertad. Mahrez y Sterling, clavados como estacas en el exterior del terreno, a fin de separar entre sí a los defensores locales. La ausencia de un delantero centro en la alineación facilita la superioridad del City en el centro del campo, donde se juntan hasta cinco hombres de Pep, al tiempo que deja sin trabajo a los zagueros centrales del Arsenal.

Mikel Arteta plantea un marcaje individual a los centrocampistas visitantes durante la fase de construcción. Saka está encima de Cancelo, y Ødegaard sobre Fernandinho, con lo que la salida de balón es responsabilidad de los tres zagueros, que se ven obligados a conducir hasta cerca del área *gunner* o bien arriesgar en sus pases directos hacia KDB o Bernardo. Se evidencia el gran conocimiento que Arteta tiene del juego del Manchester City, pues este marcaje individual entorpece mucho el inicio *citizen*, con lo que el Arsenal pasa a dominar el juego a partir del minuto 30, en especial con las subidas del lateral izquierdo Tierney, que queda mano a mano contra Cancelo en varias ocasiones debido al débil 4-3-3 con que se defiende el City y que permite a Xhaka girarse sin dificultades y organizar su ataque. En el descanso, Guardiola modifica la presión de su equipo, acentuando los saltos sobre el guardameta Leno por parte de Bernardo o Mahrez, y sobre Tierney por parte de Cancelo. El Arsenal no conseguirá rematar ni una vez contra Ederson en todo el segundo tiempo.

El partido de Fernandinho es, una vez más, memorable: «Fernandinho, por Dios, ¡qué partido ha jugado Fernandinho!», dice Guardiola al finalizar. La jerarquía de Rúben Dias se demuestra a los sesenta y cinco minutos, cuando Stones despeja erróneamente de cabeza y envía el balón fuera. A continuación, el propio Stones —que hoy cumple su partido número cien a las órdenes de Pep— enmienda su fallo y Dias se acerca a él y le felicita efusivamente. Sin duda, es el líder de la defensa.

El City sigue incrementando sus récords. Ya son dieciocho victorias consecutivas en todas las competiciones, así como once victorias seguidas fuera de casa, lo que iguala el récord del propio equipo de Guardiola entre mayo y noviembre de 2017. También es el octavo triunfo consecutivo ante el Arsenal en la Premier League. En el año 2021 suma 33 puntos, más que los obtenidos por Tottenham, Liverpool y Arsenal juntos (31). Por vigesimotercera vez en 38 partidos de la temporada, el City deja su portería a cero, las mismas que en toda la temporada anterior en 59 partidos disputados. En 25 encuentros de liga, solo ha permitido 55 remates contra su portería.

Sintiéndose fuertes y guapos, desembarcan horas más tarde en Budapest, escenario del enfrentamiento contra el Borussia Mönchengladbach, dado que las autoridades alemanas han restringido la entrada inglesa en su territorio a causa de la covid-19. En el Puskás Arena se evidencia que João Cancelo querría ser el nuevo Philipp Lahm de Guardiola. El portugués posee unos matices diferentes a los del gran capitán alemán: tiene más calidad técnica, un espíritu netamente ofensivo, es muy preciso en sus pases de gol y le gusta rematar a portería. En cambio, posee una menor visión panorámica del juego que Lahm, no defiende con su misma tenacidad, asume bastantes más riesgos en el control y el pase, y su propio atrevimiento le lleva a abandonar la posición que debe ocupar. Cancelo aún necesita mejorar mucho para compararse con el gran Lahm, pero se siente capaz de lograrlo.

El Manchester City juega con una armonía pocas veces vista. Quizá nos hallemos ante la mejor obra de Guardiola en su carrera como entrenador. En el Barcelona basó el juego de posición en la irrepetible coordinación de movimientos entre Xavi, Busquets, Iniesta y Messi, con los que alcanzó la cima absoluta del fútbol mundial. En el Bayern la rozó, aunque no pudo culminarla, con unos jugadores de perfiles casi antagónicos, basando el volumen de juego en la potencia de sus extremos, su habilidad para el regate y la formidable carga rematadora dentro del área. En el City de los cien puntos combinó la pausa de David Silva con el galope de Sané, mientras De Bruyne crecía hasta convertirse en el gran *playmaker* actual y Agüero continuaba martilleando desde cualquier ángulo. Hoy, su Manchester City se muestra tan armónico como rudo, tan veloz como calmado. Los Centuriones eran un deportivo descapotable corriendo a toda máquina. Los «yugoslavos» son un vehículo blindado que aplasta allá donde circula. Si el Barça se movía al son de los violines y el Bayern al ritmo de los trombones, el City combina instrumentos de viento, cuerdas y percusión con aplomo y maestría.

La sinfonía suena como casi nunca al ritmo que marca Cancelo, que ahora va y ahora vuelve, mientras sus compañeros se reorganizan casi por instinto. El equipo ha perdido la portentosa organización casi matemática, algo germánica, que le imprimió Guardiola en sus primeros años. Influenciado por Lillo, el entrenador catalán está aceptando un incremento de la anarquía en beneficio del rendimiento y la liberación de los jugadores. Hoy, el City es menos máquina. Se ha «humanizado», dejando al margen cualquier postulado robótico. Puede fallar, como todo lo humano, pero también alcanzar la cima gracias a esta liberación. Con 118 toques, un 91 % de acierto en el pase, 7 duelos ganados, 100 % de acierto en pases largos, 8 acciones dentro del área rival, una asistencia y una preasistencia, Cancelo lidera la sinfonía azul, de evidentes notas portuguesas.

La salida de balón se mantiene en 3-2-2-3, el ataque se despliega en 3-3-4, y sin balón se combinan dos tipos de presiones: la alta se realiza en forma de 4-2-4, y la media, en 4-3-3. A la sinfonía solo le falta acierto en el remate final. El cuerpo técnico lo dice y lo repite desde las entrañas del Puskás Arena: «Nos falta gol». Gabriel Jesús es un portento en todo: presiona como nadie, lee con acierto dónde y cuándo saltar contra el oponente, baja al centro del campo en ayuda, posee un dominio fantástico del balón e interpreta el tercer hombre como pocos delanteros. Pero es timorato en el remate. Pese a los abundantes goles que cosecha (77 en 178 partidos, además de 33 asistencias), su rendimiento como jugador es mejor que como rematador. Al igual que le ocurre a Sterling, Jesús marca muchos goles, pero lo hace mejor cuando las oportunidades son poco obvias, cuando no tiene tiempo para elegir entre distintas opciones y, sobre todo, cuando no se deja llevar por el temor a fallar en el remate. En Budapest le ha vuelto a ocurrir. Ha dispuesto de una ocasión formidable, en el minuto 53, tras quedarse solo dentro del área, pero ha querido encontrar el ángulo idóneo, esperar al momento oportuno y desear que el portero quedase vencido, y para cuando todas estas circunstancias se habían producido un defensor alemán ya le había anulado la ventaja. En cambio, en el minuto 64 ha marcado el segundo gol del equipo en una acción mucho menos evidente, al empujar con la suela de la bota, y pese a la dura oposición de un defensa, el balón que Bernardo había cabeceado ante la mirada perpleja del guardameta del Gladbach. Así es Gabriel Jesús, un rematador discreto dentro del cuerpo de un delantero formidable.

Este segundo gol ha recordado sin la menor duda al primero, obtenido por Bernardo Silva. En ambos casos, João Cancelo se ha girado sobre sí mismo en el vértice derecho del área alemana para enviar un balón tenso a la espalda de los zagueros del Gladbach. En ambas ocasiones ha aparecido Bernardo, en uno de los mejores momentos de forma de su carrera. En ambos casos ha cabeceado con precisión: en el primer gol, cruzando el balón a la red; en el segundo, facilitando el remate de Jesús. Explosivo, audaz, agresivo e inagotable, Bernardo es un puntal del equipo, un jugador imprescindible al que Guardiola tendrá que encontrar nuevo acomodo ahora que ha regresado De Bruyne. En los diez últimos encuentros, el portugués ha intervenido en ocho goles del equipo, anotando tres y dando el pase de gol en otros cinco.

Guardiola suma su vigesimoctava victoria en eliminatorias de la Champions League, superando a Alex Ferguson, José Mourinho y Carlo Ancelotti. El equipo ya va por diecinueve victorias consecutivas, doce de ellas fuera de su estadio, lo que es otro récord en el fútbol inglés. Con cuatro partidos seguidos fuera de casa en la Champions League sin encajar ni un solo gol, iguala la marca del Manchester United en 2010-2011. Sencillamente, el equipo de los «yugoslavos» es un blindado que aplasta por donde pasa.

MOMENTO 17

Rodri omnipresente y omnipotente

Mánchester, 2 de marzo de 2021

Tampoco el West Ham, ni mucho menos el Wolverhampton, consigue detener el ritmo de los «yugoslavos».

«Ha sido una victoria de las que dan energía», dice Lillo a la salida del vestuario del Etihad, tras el difícil triunfo sobre el West Ham (2-1). Posiblemente, hayamos visto la peor actuación del Manchester City en los tres últimos meses, quizá porque el contrario ha sido el mejor equipo que ha visitado el estadio en toda la temporada, donde por cierto ningún rival había logrado marcar desde el 15 de diciembre de 2020, la noche del empate ante el West Bromwich Albion. Tras 629 minutos imbatidos, los *citizens* han recibido un gol, obra de Michael Antonio tras una pérdida de balón de Agüero en el centro del campo y cierta laxitud de Ferran Torres en su persecución al lateral checo Vladimir Coufal, un jugador inagotable.

El equipo se ha desplegado con la misma disposición que en jornadas anteriores: 3-2-2-3 en la salida de balón; 4-3-3 sin balón, alternando con el 4-2-4; y 3-2-2-3 en ataque, desdoblado a veces en 3-3-4. La fluidez en el juego ha brillado por su ausencia, en parte por la presencia de los jugadores en peor forma (Agüero, Torres, De Bruyne) y en parte porque la agresividad de Soucek y Rice ha maniatado a Fernandinho, que no ha jugado como en días pasados. El de hoy es el decimoctavo partido que disputa el equipo en dos meses y las piernas y la cabeza acumulan mucha fatiga. Dieciocho partidos en ocho semanas, una carga abrumadora que solo puede asumirse desde un compromiso colectivo formidable.

Los goles del vigésimo triunfo consecutivo han sido obra de los dos zagueros, Rúben Dias y John Stones, ambos en la segunda jugada de un saque de esquina. Desde hace varias jornadas, el City opta por no preocuparse en exceso del primer remate en este tipo de acciones a balón parado, y se enfoca más en la continuación. Por ello, los dos zagueros permanecen en el área rival incluso si la jugada parece haber perdido efectividad. Hoy han demostrado lo acertado de la propuesta. En el primer caso ha sido De Bruyne quien ha proyectado sobre el área del West Ham una «banana» portentosa con su pie izquierdo. Stones no ha logrado empalmar la pelota, pero Dias, a sus espaldas, sí lo ha hecho, impactando de cabeza y abriendo el marcador. A los sesenta y ocho minutos se ha repetido la operación, esta vez con Mahrez filtrando un pase raso al punto de penalti, donde Stones ha rematado como si se tratase de Agüero. [Tres días más tarde, Laporte también obtendrá gol en una acción similar, aunque su tanto será anulado por el VAR]. El Manchester City ha encontrado un filón en las jugadas posteriores a los saques de esquina.

La racha de triunfos continúa, pese a haberse jugado en la hora que más odia Guardiola, a mediodía, con el campo mitad en sol y mitad en sombra. Febrero ha visto ocho victorias en ocho encuentros, seis de ellos fuera del Etihad Stadium, otro balance fenomenal. Ha sido la victoria 200 de Guardiola en el City en 273 partidos, ahora que la International Board ha confirmado que los partidos ganados en tandas de penaltis deben contabilizarse como empates. También es su triunfo número 500 en equipos de élite: 179 con el Barça, 121 con el Bayern, 200 con el City. 500 victorias en 681 partidos, todo un señor récord.

LA JERARQUÍA DE LA SOBRIEDAD

—Veo a Rodri omnipotente y omnipresente, en su mejor momento. Está a un nivel como para dejarlo ya como referente único en el medio del campo porque cada vez funciona mejor en todo. Ahora, la capacidad de quite que tiene se ha incrementado hasta un nivel que empieza a ser ya de jugador grande. Poquito a poco está quitando como un jugador de verdad. Estamos en la línea.

[El mensaje de Lillo necesita una aclaración. El término «quite» hace referencia al movimiento de esgrima que se realiza para evitar un golpe o un ataque contrario. Lillo se refiere a la capacidad de Rodri para efectuar dichos movimientos defensivos que detienen al rival].

Lillo y Rodri se han convertido en cómplices íntimos de un proceso de mejora continua del jugador. Llegó siendo un excelente futbolista de grandes cualidades físicas, pero con un defecto terrible para el juego de Guardiola: perdía continuamente la posición de mediocentro debido a su voluntad de llegar a todas partes del campo. Corría más kilómetros que nadie. Corría a todas las zonas, a todas las acciones, contra todos los rivales. Corría y corría como un Forrest Gump. Y perdía su posición pivotal, lo que desesperaba a Pep, que lo había fichado porque entendía que podía ser un mediocentro excelente. Pero Rodri no conseguía sujetar esas ansias internas de salir corriendo hacia cualquier parte.

En este punto intervinieron Juanma Lillo y Pablo Barquero, el representante del jugador, para conseguir que Rodri recondujera sus energías en la línea que deseaba Pep. Día tras día, como una gota cayendo sobre la piedra, ambos fueron derribando las ideas y los conceptos que Rodri había consolidado en años anteriores y construyeron otros nuevos, en línea con lo que Guardiola entiende que ha de ser un mediocentro posicional. El entrenador advirtió pronto que Rodri corría menos y con más cabeza, sin abandonar tanto el teórico círculo dentro del que debía moverse. Los elogios empezaron a llover sobre un jugador criticado en su primera temporada y que hoy se ha convertido en el máximo recuperador de balones de la Premier e iniciador de acciones de ataque que terminan en remate contra la portería rival. Poco a poco, entre todos han conducido a Rodri hasta el punto que Guardiola deseaba. El partido contra el Wolverhampton lo confirma.

Durante los primeros quince minutos, el Manchester City tiene el balón el 86 % del tiempo. Casi se puede decir que los jugadores del Wolverhampton prácticamente no tocan el balón en este tramo. La situación se modera a continuación, coincidiendo con el primer gol local, obra del visitante Dendoncker, que no ha podido evitar lo inevitable. El pase de la muerte de Mahrez, tras un soberbio «globo» de Rodri, solo podía terminar en gol. Si no lo metía Dendoncker, lo hacía Sterling.

El City ha jugado uno de sus mejores partidos del año, como ha reconocido Pep:

—Hemos jugado muy bien, excepto cinco minutos de atolondramiento tras el gol del Wolves. Entonces hemos atacado demasiado deprisa.

Guardiola lleva tiempo insistiendo en que el equipo «ha de atacar con calma y defender con rabia». Lillo lleva tiempo repitiendo que la clave del juego reside en el ritmo y las intenciones, y se observa que tiene mucha razón. Adaptar el ritmo a cada momento del partido resulta esencial: «En el ataque —dice Pep— necesitamos más proceso, más pases, más extrapases, más calma». La precipitación y la falsa rapidez solo conducen al error y a desperdiciar oportunidades. Tras el gol del empate, Rodri mancha una actuación portentosa y comete algunos errores, fruto de la precipitación y el atolondramiento de todo el equipo, que no desea perder el camino de las victorias. Estos errores dan aire a los Wolves, que logran crear dos de las escasas ocasiones que tienen en todo el encuentro, pero sobre todo agarrotan al City, incapaz de volver a atacar con la fluidez y el descaro de los sesenta minutos anteriores, cuando era dominador absoluto de todos los momentos del juego. Solo el VAR, anulando un gol de Laporte, y Rui Patricio, desbaratando remates que parecían definitivos, impiden ampliar el marcador.

Con veinte minutos por delante, Guardiola habla con Rodri y consigue que vuelva a serenarse y, como si se tratara de su timón, el City recupera el rumbo y el ritmo. Tanto domina, tanto se acerca, tanto se prodiga en el área rival, que finalmente llega una avalancha de goles en los trece minutos finales. Ha sido la victoria del ritmo por encima de otros factores. El ritmo adecuado ha permitido amasar pases y concentrar al rival en determinadas zonas para quebrarlo por otras distintas. El 41 % del partido se ha jugado cerca del área del Wolverhampton, que solo ha rematado una vez a puerta. Por octava ocasión en la historia de la Premier League, los cuatro goles del ganador se han logrado sin que propiamente se produjera una asistencia previa.

Los datos y récords son abrumadores: veintiuna victorias consecutivas, quince en la Premier, veintiocho partidos invictos, diecinueve encuentros seguidos de Premier sin ir por detrás del marcador ni solo un minuto, igualando al Arsenal 1998-1999… Pero más allá de las cifras, el pulso del equipo late con energía y armonía, sobre todo desde que Pep está consiguiendo que la calma domine el espíritu de los jugadores. Incluso las piezas menos exquisitas empiezan a lucir: Laporte parece estar de regreso, Walker vive otro periodo de serenidad, Gabriel Jesús es un torrente de fuerza y presión. Solo De Bruyne está todavía lejos de su nivel. La actuación de Mahrez ha sido prodigiosa, de nuevo en la cumbre de su arte: «Mahrez es un hombre que danza con la pelota. No la pierde nunca, siempre da un pase extra, atrae rivales, pasa atrás, centra fantástico. Le conozco y por eso le exijo tanto», dice Pep, embelesado.

Rodri se está convirtiendo en el gran mariscal. Posee una generosidad mal entendida. Piensa que ayuda mucho cuando corre mucho, lo que le sucede sobre todo en los minutos finales de cada tiempo, y cuando mejor está jugando se viene arriba y se pone a correr, moviéndose demasiado y perdiendo la posición. Pero día a día está mejorando este defecto y aprendiendo a moderarse en sus carreras. El 3-2-2-3 es tan dúctil y admite tantas variaciones que Pep bendice cada noche el viejo invento de Herbert Chapman. Los empates de Manchester United y Leicester al día siguiente incrementan la ventaja del City a catorce y quince puntos, respectivamente. La tercera liga de Guardiola en cuatro años empieza a tomar cuerpo. Un mensaje corre de boca en boca:

—Media liga está en el saco.

MOMENTO 18

Bernardo es el pegamento

Mánchester, 7 de marzo de 2021

Aunque lo sabía sobradamente, hoy Guardiola lo ha comprobado una vez más. Ha dudado mucho con la alineación. Es consciente de que Bernardo es la aguja que cose al equipo, pero por otra parte necesita que De Bruyne acumule minutos y recupere la buena forma perdida. Y ha optado por mantener a Gabriel Jesús en punta, confiando en su rendimiento previo, en el que ha combinado la precisión en los pases con la eficacia en el remate. Por estas dos razones, Pep ha dejado fuera a Bernardo.

Tras la derrota ante el Manchester United, el entrenador ha lamentado mucho esa ausencia. Posiblemente no quedaba más remedio, pero se ha notado que faltaba el hilo portugués. Bernardo cose todas las costuras del equipo, las cose y recose hasta tejer un manto sin fisuras que cubre a todo el conjunto. Lo comento con el cuerpo técnico y confirman la idea: «Bernardo es el pegamento».

Ha sido un buen partido del City, a pesar de la derrota por 0-2. La racha de veintiuna victorias ha sido cortada por el gran rival ciudadano, que se ha mostrado incisivo y eficaz en las oportunidades de las que ha dispuesto. A los treinta segundos, un fuera de banda favorable ha significado un nuevo gol en contra para el equipo de Guardiola. Al igual que sucedió hace una semana ante el West Ham, el fuera de banda ha sido lanzado hacia el centro del campo para que lo controlara el delantero centro, en este caso Gabriel Jesús. Y tal como ocurrió la pasada semana, el delantero ha perdido el balón y ahí se ha iniciado el gol visitante. Enrabietado por la pérdida, Jesús ha presionado a Martial dentro del área *citizen*, pese a que estaba rodeado por cuatro defensores, y lo ha derribado. El penalti ha sido un mazazo para el City, que durante diez minutos se ha mostrado noqueado; de hecho, el United ha podido ampliar el marcador sin dificultad.

Al cuarto de hora, los espíritus se han serenado y el juego local se ha normalizado. La dificultad ha sido la excelente disposición del United, en 4-2-3-1, con Fred sobre De Bruyne y McTominay encima de Gündogan. Los dos mediocentros visitantes se han mantenido bastante separados entre sí gracias a que delante de ellos Bruno Fernandes y Rashford se ocupaban de frenar las internadas de Cancelo. Así, la gran arma de Guardiola en los últimos meses, la indescifrable movilidad del portugués desde el centro del campo, ha quedado anulada sin dificultad. Además, Luke Shaw atacaba con agresividad la espalda de Cancelo, para complicarle aún más la tarea.

Pese a todo ello, el City ha alcanzado un notable volumen de juego, en especial gracias a su triángulo izquierdo, donde Zinchenko, Gündogan y Sterling han conectado a menudo. En el inicio del segundo tiempo, Rodri ha aprovechado un excelente pase de Gabriel Jesús, cuya tarde ha sido muy espesa, para rematar al travesaño. En la acción siguiente, Shaw ha aprovechado un inoportuno salto hacia delante de Cancelo para correr a su espalda e imponerse a la defensa local, anotando el segundo gol. Con semejante desventaja, el equipo de Pep ha buscado una remontada que no se ha producido pese a los veintitrés remates realizados, la mayoría bien tapados por la defensa del United. La falta de acierto de Sterling ha vuelto a resultar clamorosa, al igual que la de Jesús, y el mal estado de forma de Kevin de Bruyne se ha evidenciado sin discusión, aunque no hay otra manera de mejorarla que jugando partido tras partido.

La racha de veintiuna victorias consecutivas ha concluido con este cuarto triunfo de Ole Gunnar Solskjaer sobre Guardiola, primer entrenador del United en ganar sus tres primeros derbis en campo del Manchester City. Se cierra también la lista de veintiocho partidos seguidos sin recibir más de un gol. El principal motivo de preocupación que deja la derrota es otra nueva muestra de la ineficacia rematadora de Sterling y Gabriel Jesús, así como la evidencia de que los mejores días del equipo se dan cuando junta a cinco hombres en el centro del campo: un lateral, el mediocentro, los dos interiores y otro centrocampista ejerciendo de falso 9. Nadie sabe interpretar mejor que Bernardo las funciones del punta falso y por ello ha sido el jugador más añorado de la tarde. Hoy se ha echado en falta su cualidad de «pegamento». En paralelo, el «factor Cancelo», su rol como lateral-interior y electrón libre del equipo, ha sido desarticulado por un buen antídoto del United. Esta es una constante del fútbol. A una buena acción se responde con una buena reacción. A Pep le tocará ahora mover la siguiente pieza en el tablero.

Las grandes exhibiciones de juego de enero y febrero se han producido con Bernardo como pegamento del equipo, sin importar desde qué posición partía. Como interior, como extremo, como falso 9. Su capacidad para tejer y destejer el ovillo, cual Penélope, es inigualable. Si De Bruyne es el martillo que puede romper muros, Bernardo es el hilo que cose el tejido del equipo azul celeste. Es el pegamento del City.

MOMENTO 19

El ego

Mánchester, 10 de marzo de 2021

Raheem Sterling se sienta en el banquillo.

Esta mañana ha ocurrido un incidente importante entre él y Pep. Dado que solo ellos dos conocen con exactitud lo que ha ocurrido, debo limitarme a recomponer el incidente a partir de testimonios externos que, por razones obvias, no se encontraban dentro del despacho del entrenador en la ciudad deportiva. Por más que lo he intentado, Pep nunca ha querido hablar del asunto: «Es una conversación privada entre un jugador y yo».

Se han escuchado dos gritos de Pep. Le pide al jugador que regrese al despacho para seguir discutiendo. Todos los próximos al despacho han escuchado esas voces. El entrenador ha convocado al jugador para explicarle que esta noche no será titular en el partido contra el Southampton. Ha sido un gesto totalmente inhabitual en Guardiola, que jamás da explicaciones sobre la alineación que elige. Pero hace unas semanas, Sterling pidió verle para saber la razón por la que no iba a jugar un partido concreto y hoy Pep ha decidido explicarle las razones por las que no estará en el once titular. Guardiola está preocupado por la eficacia de los rematadores y lleva varias semanas modificando el frente del ataque para encontrar la mejor armonía posible. Al parecer, Sterling no ha aceptado de buen grado la explicación y se ha ido del despacho, momento en el que Pep le ha ordenado que volviese. Esto ha ocurrido dos veces seguidas hasta que finalmente Sterling se ha marchado, con un gran enfado.

También Guardiola se ha enfadado mucho. Ha permanecido encerrado un buen rato en su despacho, con la luz apagada.

Las explicaciones que me ofrecen sobre la reacción excesiva

del jugador ante una decisión muy corriente en todo equipo son que Sterling considera que debe ser titular indiscutible, por delante de cualquier otro delantero. Las declaraciones elogiosas del entrenador a determinados jugadores, como Bernardo o De Bruyne, no le habrían gustado, según personas conocedoras de la conversación. El jugador inglés se considera merecedor de elogios similares por parte del entrenador, lo que no se ha producido en fechas recientes.

El incidente ha preocupado a muchos de los componentes del equipo. El capitán Fernandinho ha intervenido pronto, con el propósito de apaciguar a jugador y entrenador. La charla táctica previa al partido contra el Southampton ha sido farragosa, con Pep desconcentrado, sin poder ocultar su irritación, lo que ha generado interrogantes en el grupo, que llegó de esta manera tan poco positiva al terreno de juego. Sterling no fue apartado de la convocatoria, pero se ha quedado en el banquillo y no ha jugado ningún minuto.

A media tarde de este miércoles, y sobre un césped en muy mal estado, el City intenta remontar un día de pesadilla.

Los primeros diez minutos ven cómo el Southampton dispone del balón un 69 % del tiempo. Es algo inaudito. El equipo de Pep está totalmente bloqueado. Los visitantes cierran los pasillos interiores, presionan la salida de tres zagueros del City y lo embotellan hasta el ahogo.

Por fortuna hay un hombre lúcido sobre el césped. Oleks Zinchenko tiene la mente clara y comprende que el Southampton no le permitirá «ejercer de Cancelo» y que, por lo tanto, su función como lateral-interior no surtirá efecto. El ucraniano decide por su cuenta abrirse a la banda y comenzar a jugar como un lateral largo. Lo hace con tanto acierto que a los catorce minutos Rúben Dias percibe una de esas arrancadas y le sirve un balón largo en diagonal. Zinchenko controla, profundiza y cede atrás a Foden dentro del área para que este dispare duro. El rechazo del portero McCarthy es machacado por De Bruyne, que se alterna con Bernardo como falso 9. El acierto del gol es todo de Zinchenko, que al verse impedido a jugar por dentro decide hacerlo por fuera, una inspiración providencial que sorprende a la bien organizada defensa visitante.

Solo un suspiro más tarde, Laporte comete penalti sobre Vestergaard. Es el segundo que concede el City en tres días. Son los peores minutos del equipo desde hace mucho tiempo, hasta tal punto que el Southampton acumula tres ocasiones de gol, a remates de Redmond, Ward-Prowse y Adams, pero el City vive entonces uno de esos momentos tan propios de los equipos grandes y llegan sus goles cuando menos juego está produciendo. El primero surge de la inspiración de Zinchenko. El segundo, de una buena presión de los delanteros que permite a Mahrez robar un balón, regatear y marcar desde fuera del área. Y el tercero, en el límite de la prolongación del primer tiempo, es fruto de una genialidad de De Bruyne, que pisa el balón esperando la entrada en el área de Mahrez, quien regatea a tres rivales y remata con la derecha al poste, tras lo que Gündogan envía el balón a la red, para marcar su décimo gol en la liga. Como curiosidad, los tres goles han llegado sin mediar una asistencia de gol propiamente dicha, lo que, unido al extraño caso de los cuatro goles logrados ante el Wolverhampton, eleva a siete los tantos obtenidos sin un pase previo de gol. Posiblemente nos encontremos ante un caso único en la historia del fútbol.

Tras este pésimo primer tiempo, Guardiola introduce unas modificaciones que cambian por completo el decorado. De Bruyne se sitúa como interior derecho, Foden como delantero centro, Bernardo como extremo izquierdo y Zinchenko regresa a zonas interiores. El rendimiento del equipo se dispara hasta el punto de que entre los minutos 46 y 52 logra tener el balón el 91 % del tiempo. Tras semejante vendaval de juego, Mahrez anota el cuarto gol, que surge tras una fortísima presión de la línea atacante, con un balón robado por Fernandinho y un pase atrás de Foden que Mahrez, tras darse media vuelta y regatear, transforma en gol pese a la oposición de cinco rivales.

Aunque el Southampton reduce distancias debido a un mal pase atrás de Bernardo, el City no afloja su ritmo y De Bruyne marca el quinto antes de la hora de partido. Los últimos treinta minutos son menos brillantes. Pep los aprovecha para dar entrada a Torres, Agüero y Mendy, huérfanos de minutos, a fin de ir incorporando elementos al equipo de cara al duro esprint final de la temporada. El título de liga empieza a tomar forma.

Solo el conflicto surgido entre Sterling y Guardiola empaña el ambiente. Fernandinho y Walker han intentado reconducir la situación. Son futbolistas que quieren mucho a Pep, que han crecido con él en estos cinco años y han ganado mucho bajo su mando, pero que simultáneamente desean que vuelva a reinar una buena convivencia. Pero en la siguiente convocatoria del equipo para viajar a Craven Cottage no aparece Raheem Sterling, borrado de la lista por el entrenador. Sin él, se vence por 0-3 al Fulham en Londres y se obtienen diecisiete puntos de ventaja momentánea sobre el perseguidor, el Manchester United, a ocho jornadas del final. Sergio Agüero ha marcado gol tras cuatrocientos diecisiete días sin lograrlo.

MOMENTO 20

La teoría de las judías secas

Budapest, 16 de marzo de 2021

La eliminatoria queda sentenciada en dieciocho minutos. La ventaja del partido de ida se duplica en ese tiempo, en el que el Manchester City demuestra su madurez como equipo. El Gladbach arranca presionando con sus atacantes muy arriba, a fin de entorpecer la salida de balón, lo que consigue durante dos o tres minutos. El City presenta su *build up* habitual de la temporada, con tres jugadores en la zaga y Cancelo adelantándose a la altura del mediocentro, liberando a los dos interiores. Pero la presión alemana es agresiva y ralentiza las primeras combinaciones. Es en momentos así cuando hay que demostrar si la madurez es un hecho o solo una palabra. El City se enfoca en lograr que se cumpla la «teoría de las judías secas», uno de los preceptos que Guardiola insufla en sus equipos.

La teoría me la explicó el propio Pep hace años:

—En ocasiones, hay partidos en que percibes, ya en el minuto seis o siete, que las cosas no van; que eso no va bien. Entonces, siempre me viene a la cabeza la frase de Charly Rexach: cuando vuelcas judías secas en un plato, ves que unas quedan encima de las otras, mal colocadas, pero poco a poco vas moviendo el plato y las judías se van colocando cada una en su sitio. Pues esto del fútbol es lo mismo. Es genial. Estás viendo el partido y ves que un jugador no funciona, pero te dices: tranquilo, dales tiempo para que todos se vayan colocando... En ese instante, no hay nada que esté bien: ni un solo pase bien dado, ni una miserable recuperación de balón, nada. Hasta que, en un momento concreto, se recupera una pelota, se da un buen pase, dos, diez buenos pases seguidos y ya está: las judías se colocan todas en su sitio... Lo tenemos.

Ocurre exactamente de esta forma sobre el césped del Puskás Arena, donde se han disputado los dos partidos de la eliminatoria. Aunque el Gladbach aprieta y entorpece al City, e incluso lo amenaza con un buen remate desde fuera del área, muy pronto los jugadores de Guardiola encuentran el punto débil del rival. El equipo alemán aprieta a los tres zagueros y también inutiliza a Rodri y Cancelo en la zona central del campo, pero a cambio descuida por completo las bandas. Gündogan y De Bruyne se dan cuenta de ello y por ahí derriban el castillo. Los dos interiores se apartan del centro, colocándose a espaldas de la presión alemana, y muy cercanos a la banda. Sus compañeros de la zaga y Cancelo entienden con claridad la propuesta, con lo que inician un festival de pases dirigidos al interior que queda libre, sin réplica posible. Se une a ellos Bernardo, el gran multiplicador del equipo, que en su función de «falso todo» ayuda en el centro del campo a dar dicho pase extra que Guardiola considera clave para desatornillar a los rivales.

Así llega el primer gol, finiquitado con un gran disparo a la escuadra de KDB desde fuera del área con la pierna izquierda, y también el segundo, cuando Foden imita a Bernardo y logra desorganizar al Gladbach para que Gündogan obtenga su decimoquinto gol de la temporada. La eliminatoria termina en este momento y lo que sigue a continuación ya solo es una puesta en forma de De Bruyne, que comienza a parecerse al que era antes de lesionarse el 20 de enero, y una intensa rotación de jugadores, dado que Pep se ha empeñado en intentar pelear por todas las competiciones. Regresa Sterling al campo, después de tres partidos sin jugar, pero la suya es una actuación desastrosa, posiblemente debido a la presión que siente ahora que comprueba que no es titular indiscutible. También los quince minutos de Agüero son frustrantes para él, pues no recibe balones, mientras Mahrez malgasta, una tras otra, hasta cinco ocasiones de gol.

El Manchester City es el tercer equipo de la historia de la Champions que no encaja ningún gol en siete partidos consecutivos, igualando al A. C. Milan de 2005, aunque todavía lejos del Arsenal de 2006, que sumó diez partidos. Son once horas y treinta y un minutos de juego sin recibir gol. Se trata también de la vigesimosexta portería a cero de la temporada, a solo siete del récord del club y la vigesimocuarta victoria en los últimos veinticinco partidos. Por octava temporada consecutiva alcanza el umbral de los cien goles en todas las competiciones.

Pep siente que «hemos vuelto a jugar bien. Todo el mundo está en su sitio». Le comento que cada vez que juega con cinco centrocampistas el equipo vuela:

—Sí, así es. Cuando metemos a muchos por dentro, no solo evitamos contraataques, sino que creamos buenas ocasiones. Nos pasamos mucho el balón, pases, pases y más pases, y al final del proceso llegan las ocasiones.

Explica Pep que la inteligencia de los jugadores ha sido esencial:

—Cuando el Gladbach se cerraba por dentro, encontrábamos a Mahrez y a Foden por fuera. Cuando cerraba fuera, nos hemos metido por dentro. Contamos con jugadores buenos y listos, que pierden poco la pelota, dan pases y más pases, y atacan en el momento preciso. Nos defendemos con la pelota.

Se despide con un detalle del que se habla poco, pero que está siendo clave en el rendimiento:

—No estamos teniendo lesionados, y eso nos permite hacer seis o siete rotaciones por partido y refrescar las piernas y, sobre todo, las cabezas.

Parece haber dejado atrás el incidente con Sterling.

MOMENTO 21

Fernandinho dicta su *masterclass*

Liverpool, 20 de marzo de 2021

Los focos se centran en la exuberancia de Kevin de Bruyne, el olfato de gol de Ilkay Gündogan y el virtuosismo inmenso de Riyad Mahrez. También en la agresividad intuitiva de Phil Foden o en el poder de concentración de Rúben Dias.

Apartado de las luces, moviéndose en el pantanoso territorio del mediocentro, allí donde conviven serpientes y dragones, Fernandinho pisa el terreno minado como si bailara un vals interminable. Ya no puede bailar cada tres días, y por eso Guardiola le regula el oxígeno. Un partido cada diez días comienza a ser la dosis idónea.

Fernandinho dicta una nueva *masterclass* sobre el césped de Goodison Park. Marca los ritmos del juego, temporiza sobre los contraataques rivales, cambia la orientación tantas veces como sea preciso, presiona hacia delante recuperando balones preciosos, corta sin contemplaciones cualquier amago de peligro, con el cuerpo, con las piernas, con el codo si hace falta. Fernandinho ha alcanzado en su madurez el dominio pleno de todas las artes del juego. Su actuación ante el Everton es colosal, un monumento al mediocentro.

El City obtiene en Goodison Park idéntico resultado que el martes anterior frente al Gladbach en Budapest. También son Gündogan y De Bruyne los goleadores, como el martes, pero el esfuerzo y la exigencia de este partido de sexta ronda de la FA Cup es muy superior al de la Champions League. Guardiola cambia medio equipo, una práctica que ha convertido en regla de oro para que sus jugadores resistan el estrés competitivo al que se hallan sometidos. Desde el 3 de enero han disputado veintitrés partidos. Veintitrés partidos en once semanas. Sin respiro, sin descanso, sin tiempo de entrenamiento... La única manera de sobrevivir a semejante calendario y competir con buen rendimiento es la rotación constante de jugadores. Solo así pueden recuperarse del esfuerzo físico, y sobre todo mental, reponerse del desgaste y realizar algunos entrenamientos puntuales, a sabiendas de que Guardiola utilizará a otros jugadores en el siguiente partido. He ahí la razón por la que en cada encuentro vemos cómo Pep introduce a cuatro, cinco, seis o incluso siete jugadores que no participaron en el anterior.

La dinámica del juego se resiente con estas modificaciones, pero el objetivo es que los efectos sean poco importantes. El equipo no juega igual con unos que con otros, al fin y al cabo el fútbol es un juego de interrelaciones, y si cambias a los protagonistas, cambia el juego de manera inevitable. El mérito principal de lo que está haciendo el Manchester City en la presente temporada es que los cambios afectan muy poco el rendimiento. El juego se ve alterado en algunos aspectos, pero no el rendimiento.

Así, Zinchenko interpreta el juego de modo distinto que Cancelo, aportando otras cualidades; Bernardo se maneja como interior de manera diferente que De Bruyne, pero el equipo continúa generando un alto volumen de juego; y Fernandinho es un mediocentro distinto a Rodri, con otros rasgos, lo que no impide que el equipo conquiste Goodison Park sin miramientos.

Ancelotti compacta a su Everton, tapando todos los pasillos de la zona central a costa de los lados. Esta decisión convierte el primer tiempo en un periodo de juego espeso, pues el City inicia con facilidad, pero no logra penetrar por el centro. Gündogan sufre un marcaje muy estrecho que dificulta el avance por los espacios intermedios, y cierto atolondramiento de Walker y Laporte dificulta la solución, ni siquiera cuando Sterling se coloca a espaldas de Gabriel Jesús, y Zinchenko toma su lugar en el extremo izquierdo. Es uno de esos días en los que el rival se encastilla y solo será derribado a fuerza de paciencia.

El Everton apenas tiene ocasiones: un remate alto en el primer tiempo y otro desviado en el segundo. Sus acciones más peligrosas surgen del balón parado, en saques de esquina o faltas laterales, donde hace valer la corpulencia y eficacia de sus rematadores. En cada una de estas acciones ronda el peligro sobre la portería de Zack Steffen, si bien no se materializa en nada. En cambio, el desgaste que padece el equipo de Ancelotti se incrementa con el paso de los minutos. Solo tiene el balón el 25 % del tiempo y no enlaza ni cuatro pases seguidos. Su castillo amenaza con caerse en cuanto Mahrez y De Bruyne saltan al campo. El gol que desatasca la eliminatoria llega de modo inesperado, como ocurre tan a menudo. Es Laporte quien advierte el punto débil en la zaga local y por tres veces intenta una profundización hasta el área del Everton, pero es rechazado. Sin embargo, en su cuarto intento pilla por sorpresa a los defensores *toffees*, consigue combinar con De Bruyne, que es derribado, y aprovecha la sorpresa para rematar con la pierna derecha al travesaño. Gündogan, ¡quién si no!, se encuentra en el punto de penalti y aprovecha el rechazo del balón en el poste para cabecear su decimosexto gol de la temporada.

La eliminatoria queda finiquitada cuando De Bruyne, poco después, aprovecha un delicioso pase de Rodri en el primer balón que toca. Una vez más, el City de Guardiola consigue billete para Wembley, donde disputará la semifinal contra el Chelsea de Tuchel. Será la tercera semifinal consecutiva de la FA Cup que juegue, igualando el récord del club de los años treinta.

Contra el Everton, el City bate el récord inglés de victorias consecutivas fuera de casa: ya son catorce triunfos seguidos, desde que el 19 de diciembre venció por 0-1 al Southampton. El anterior récord lo había establecido el City entrenado por Joe Royle entre enero y septiembre de 1999, con trece victorias. También es el decimoséptimo partido consecutivo fuera de casa sin perder, pues su última derrota sucedió el 21 de noviembre ante el Tottenham en Londres.

El partido deja una exhibición portentosa, una más, de Fernandinho. Al retirarse a los vestuarios de Goodison Park, Juan Manuel Lillo se acerca a él y le dice al oído:

—Dinho, no te retires nunca, por favor.

MOMENTO 22

Sin 9, tierra de nadie

Mánchester, 29 de marzo de 2021

El sábado 20 de marzo, de buena mañana, Pep Guardiola recibió la vacuna Astra Zeneca contra la covid-19, al igual que la mayor parte de su cuerpo técnico, sumándose a los millones de residentes en el Reino Unido que ya habían sido vacunados. A media tarde, el Manchester City impuso su jerarquía en Goodison Park ante el Everton, y aquella misma noche comenzó un largo éxodo. La mayor parte de la plantilla se incorporó a sus respectivas selecciones nacionales para protagonizar una pequeña maratón de tres partidos en apenas diez días.

Pep se tomó entonces una semana de reposo físico y mental, como preparación para afrontar las diez semanas finales de la temporada. Al frente del equipo quedó Juan Manuel Lillo, que dirigió los entrenamientos de los ocho jugadores que permanecieron en Mánchester (Ederson, Carson, Laporte, Aké, Mendy, Fernandinho, Agüero y Gabriel Jesús). Aunque Lorenzo Buenaventura aprovechó la semana para incrementar el trabajo de fuerza en algunos jugadores, la prioridad de Lillo fue aportar serenidad a los futbolistas, incidiendo en la importancia que iban a tener todos ellos en el esprint final del curso.

Lo primero que Pep hace cuando se reincorpora el lunes 29 de marzo es hablar con Sergio Agüero para confirmarle que su contrato no será renovado. Agüero lo aceptó sin queja alguna, pues ya tenía plena conciencia de ello. Más aún, su actitud fue ejemplar en todo momento. El entrenamiento del martes levantó más interés del habitual, por lo que también Txiki Begiristain acudió a presenciarlo. Todos estaban atentos al comportamiento del Kun, que dejó boquiabierto al cuerpo técnico. Posiblemente realizó el mejor entrenamiento en muchos años: agresivo sin balón y certero con él. Pero, como es obvio, no pueden valorarse del mismo modo las acciones concretas en un entrenamiento que el desarrollo de un partido de competición. Agüero, sencillamente, continúa siendo un gran delantero, pero en los últimos dieciocho meses ha sufrido un declive evidente por culpa de sucesivas lesiones.

El nombre de su sustituto es uno de los grandes secretos de la dirección deportiva del club. Leo Messi quedó olvidado en el mes de septiembre, cuando el jugador del Barça quedó enredado en la maraña de su burofax. Desde entonces, en Mánchester nunca más se volvió a hablar de él, ni a pensar siquiera en la posibilidad de incorporarlo en el verano de 2021. Los únicos nombres que aparecen sobre la mesa donde desayunan Txiki, Pep y Estiarte son los mismos del verano anterior: Harry Kane y Erling Haaland. Aún no se ha iniciado ninguna negociación, pero ya se conoce el desorbitado precio que pedirá el Borussia Dortmund por Haaland, y la peculiar personalidad de su representante, Mino Raiola.

Para cortar de raíz el flujo de especulaciones, Guardiola aparece el viernes 2 de abril en conferencia de prensa y anuncia que, muy probablemente, el City no fichará ningún delantero para sustituir a Agüero. Lo atribuye a la crisis económica que sufre el fútbol en general a causa de la pandemia, pero en realidad está diciendo: no especuléis con Haaland ni con ningún otro respecto a una hipotética oferta del City.

A estas alturas, Pep tiene tan interiorizado que su equipo juega mejor sin delantero centro como ya lo estaba en 2009 en el F. C. Barcelona, cuando me dijo en su despacho del Camp Nou:

—A veces he pensado que, cuando veo un partido en la pantalla del ordenador y analizo el rival, lo veo todo menos el 9. Es como si, para mí, no existiese. No entra en la mirada. Lo veo como alguien que no interviene. El portero interviene mucho más, por la salida de balón, las presiones altas, cuándo debe dar la pausa, por dónde saldremos jugando, si por derecha, por izquierda, por dentro... Con Leo me ocurre mucho menos porque Leo es un 9 raro, pero en general al 9 lo veo como un tío que va al espacio y ya la enchufará en la portería. Es el final de todo. Que centren y que la enchufe. No había pensado en ello y lo estoy reflexionando mientras hablo contigo, pero quizás en el Barça hablamos tanto del juego, de la metodología, de los procesos, que acabamos olvidando una cosa tan simple como chutar. Chutar a portería; venga, va, chuta y chuta. Curiosamente, es la posición a la que le presto menos atención y quizá sea la más difícil e importante... Mira, es algo curioso: estoy tan centrado en el juego, en el cómo, que me olvido a veces de que hay que meter el balón en la portería...

Las cosas han cambiado mucho desde 2009, cuando Leo Messi apenas había comenzado a ejercer como falso 9. Después, Guardiola ha convivido y obtenido excelentes resultados con formidables delanteros centro como Robert Lewandowski o Sergio Agüero, y ha dirigido su atención al perfeccionamiento de los movimientos grupales y a la búsqueda de la eficacia en el remate final. Ya hace muchos años que el 9 ha entrado de lleno en su radar y en su foco. Pero ello no impide que el juego colectivo se imponga sobre el especialista. La creación de juego y la generación de superioridades en todo el campo hasta lograr desmoronar y aplastar al contrario es el objetivo prioritario. El gol es la consecuencia de todo lo anterior. Primero dominas y aplastas, y desorganizas y desballestas, al rival. Y a continuación lo fulminas con el gol. Pero antes de eso ya lo has derrotado mediante el juego.

Los mejores partidos de la temporada del City los ha jugado sin delantero centro, incrementando el número de centrocampistas, conquistando el área rival a partir de la superioridad en la zona media, para acabar marcando de manera instrumental a través de cualquier jugador. Le ocurrió en su gran Barça y le está volviendo a suceder esta temporada en el City. El equipo juega mejor con tres zagueros, cinco centrocampistas y dos extremos que con una disposición más tradicional en la que incorpore a un delantero en punta. El concepto va incluso más allá de jugar con falso 9. Se trata de hacerlo directamente sin nadie en la zona central del ataque, ni estando, ni apareciendo.

Para Pep, esta zona se está convirtiendo en «tierra de nadie», aunque sin la menor duda le gustaría tener a su disposición un magnífico sustituto del Kun Agüero. No es ningún necio y preferiría tener a un gran goleador en su equipo.

MOMENTO 23

Muhammad de Bruyne

Leicester, 3 de abril de 2021

Para jugar contra el tercer clasificado vuelven a coincidir Fernandinho y Rodri en el centro del campo, aunque en diferente distribución que en el infausto partido del 2-5 en el Etihad Stadium. Hoy no hay doble pivote ni nada que se le parezca, sino un mediocentro posicional, que es Fernandinho, acompañado por los habituales dos interiores, si bien en este caso uno de ellos es Rodri.

Y el otro es De Bruyne, claro. Listo para volar.

En los días previos al enfrentamiento contra el Leicester se impone un criterio técnico: han de jugar aquellos que no han viajado con sus selecciones. El motivo de la decisión es doble. Dará descanso a quienes no lo han tenido durante quince días de estrés continuado con su selección y también reconocerá el trabajo realizado por aquellos que se han quedado en Mánchester, esforzándose duro en los entrenamientos de las dos últimas semanas. Aunque el rival sea muy poderoso, Guardiola entiende que no debe exigir un sobreesfuerzo a sus hombres más reputados, por lo que la alineación se construirá a partir del núcleo de jugadores que se quedaron en casa y se completará con aquellos que sufrieron menos desgaste de minutos con sus selecciones. Tras pensarlo mucho, el entrenador modifica este criterio en un único caso, dando entrada en la zaga a Rúben Dias en lugar de Nathan Aké para evitar que ambos zagueros sean zurdos, lo que puede suponer un contratiempo para un *build up* que no han ensayado.

Tras el partido, Pep confirmará estos criterios: «Excepto Nathan (Aké), han jugado todos los que se quedaron en Mánchester y hemos completado el equipo con aquellos que no jugaron el tercer partido internacional. La mayoría de los que fueron con las selecciones han jugado tres partidos en diez días y han viajado mucho. Necesitábamos y necesitamos piernas frescas. Vamos a dar prioridad a las piernas frescas».

Serenidad y piernas frescas es la consigna.

El objetivo prioritario es evitar que Jamie Vardy pueda correr. Si logran evitarlo, el Leicester se queda sin alas. Para ello, el primer obstáculo es una línea de presión alta, que se modula entre el 4-3-3 y el 4-2-4. Cuando el contrario dispone del balón, que es pocas veces y durante muy poco tiempo, Gabriel Jesús, Agüero, De Bruyne y Mahrez presionan, muerden y entorpecen todas las acciones locales, que la mayor parte de las veces ni siquiera logran superar esta primera trinchera. Si consiguen superar el obstáculo y conectar con Ayoze o Thielemans, ahí están Rodri primero y Fernandinho a continuación para forzar el cortocircuito. Se trata de cortar la acción desde la misma raíz y evitar que conecten con sus delanteros. Los *citizens* lo consiguen una y otra vez, por lo que el Leicester prácticamente no cruza la línea del centro del campo en todo el primer tiempo. Y cuando lo logra, Rúben Dias y Laporte se muestran inabordables. El virtuosismo de esta organización reside en que los distintos obstáculos sembrados por Pep sobre el terreno impiden y liquidan la gran cualidad del equipo local: su capacidad para encontrar con pocos pases a sus alejados y confeccionar contraataques letales.

La posesión por parte del City alcanza una cota escalofriante entre los minutos 20 y 25, cuando tiene el balón en su poder nada menos que el 96 % del tiempo. Es la cifra más alta jamás alcanzada en el campeonato desde que existen datos al respecto. Es el aplastamiento total y la superioridad absoluta sobre un campo de fútbol.

Conseguido el gran objetivo de impedir que Vardy corra, llega el momento de marcar gol. Durante el primer tiempo se dan algunas ocasiones propicias, pero los remates de Rodri, Jesús y, sobre todo, el de Mahrez se marchan fuera o desviados por el excelente Schmeichel o sencillamente al travesaño, como la falta directa ejecutada por De Bruyne. Calma, pases y tranquilidad, he ahí la fórmula que aplican Fernandinho y Rodri al partido.

La paciencia de los mediocentros. La serenidad que otorga la experiencia y el saber a qué se juega.

La organización del ataque plantea una asimetría muy habitual en Guardiola. Frente a una zaga compuesta por cinco defensores, Pep ubica a Mahrez muy abierto en la banda derecha, a Mendy llegando por la izquierda a partir de un punto de partida intermedio, y al Kun Agüero y Gabriel Jesús encargándose de atacar a los tres zagueros locales. La libertad que tiene De Bruyne para moverse por todas partes hace el resto. El belga juega un partido completo y memorable. En alguna jugada llega a cortar hasta cuatro balones rivales de manera consecutiva; en otros casos, filtra pases inverosímiles, alguno de categoría estratosférica. En todas las acciones va regalando caramelos a sus compañeros y suma nada menos que catorce balones recuperados en ochenta y ocho minutos de juego, una cifra colosal. De Bruyne crea asociaciones que nadie más ve ni intuye.

Es el amigo de todos.

A base de agitar el árbol local, finalmente cae derribado. El primer gol llega precisamente en un pase delicioso de KDB que Mahrez remata con su pierna derecha para que Schmeichel le niegue el premio, pero la recuperación de Rodri facilita que el hombre menos esperado, Mendy, controle dentro del área, amague y acabe marcando con su torpe pierna derecha, en lo que es más un pase a la red que un verdadero remate. El gol es un homenaje a la propuesta de que fuese Mendy quien ocupara la posición atacante en dicha banda.

Con más de medio título de liga en la mochila, a continuación el City se da un festín de pases, recuperaciones y ataques, pero replica el Leicester, que se abre en busca del empate. El equipo local se hace con el balón —alcanza un 71 % de posesión entre los minutos 60 y 65—, pero ello permite que De Bruyne vuele con libertad y sin agobios, dado que Rodri se compromete en todo instante a equilibrar y compensar los movimientos del belga. Signifiquemos que hasta en tres ocasiones a lo largo del partido Guardiola permuta de costado a ambos, para beneficiar las acciones de ataque y cortocircuito, según actúe el Leicester. El segundo tanto llega en un fuera de banda en campo propio que Walker envía a Mahrez, colocado como mediocentro, quien prolonga a KDB para que este filtre un pase milimétrico para la incursión de Jesús. Es un pase prodigioso que no se contabilizará en ninguna estadística, pero que por sí solo vale un imperio. Es un pase entre tres defensores, realizado con la tensión justa y en el instante adecuado. Jesús lo aprovecha para ceder a un Sterling que, de pronto, se ve asaltado por el portero y dos zagueros locales, ante lo que decide devolver al brasileño, quien anota el resultado definitivo.

Ha sido una lección magistral en un estadio de gran categoría, frente a un rival que se mantiene tercero en la Premier League gracias a su formidable juego, que hoy no ha podido desplegar. El City incrementa el número de victorias consecutivas fuera de su estadio a quince, nuevo récord absoluto, y suma el vigesimoctavo partido de la temporada sin encajar gol tras cuarenta y siete disputados. Ha jugado como un equipo yugoslavo cuando no ha tenido el balón y como una manada de búfalos cuando ha dispuesto de él.

Ha bailado como una mariposa y ha picado como una avispa. Es el equipo de Muhammad de Bruyne.

MOMENTO 24

Jugar con calma

Mánchester, 6 de abril de 2021

—Tenemos la liga muy cerca. Muy cerca. Lo que hemos de hacer ahora es no presionarnos demasiado contra el Borussia Dortmund. Jugar para ganar el primer partido y después para ganar el segundo. Sin complicaciones. Solo eso. Jugar para ganar y no pensar en nada más. A ver si este año somos eficaces y por fin llegamos a semifinales.

Pep se expresa con tranquilidad cuando hablamos, al día siguiente del triunfo en Leicester. Por cuarto año consecutivo llega al escollo de los cuartos de final europeos, ahí donde su City se ha estrellado cada vez, primero ante el Liverpool, después contra el Tottenham y finalmente frente al Lyon, en aquella aciaga noche lisboeta. El rival de este año es el Borussia Dortmund, con el feroz Erling Haaland como punta de lanza.

Durante los tres días de preparación, el entrenador ha intentado inspirar calma en sus jugadores. La táctica del partido será importante, pero mucho más lo será el espíritu con que se afronte. Pep es consciente de que sus hombres aún flaquean en este aspecto, por más experiencia que han adquirido futbolistas como Gündogan, Fernandinho o Bernardo, por más propósitos que se hacen jugadores como Rodri, De Bruyne o Stones. La llegada de Rúben Dias ha aportado liderazgo en la zaga, pero el equipo todavía debe demostrar que es capaz de jugar con calma sin hundirse en los oscuros pozos del miedo como tantas veces ha ocurrido en el pasado. No es extraño que en la previa del partido Rodri mencione una y otra vez la palabra «calma». Es el mensaje. No pensar en eventos lejanos, centrarse en el presente y jugar con calma.

Pero las cosas nunca ocurren como uno imagina.

Dos factores dificultan y ensucian el primer triunfo del City en un partido de ida de cuartos de final de la Champions, todo un hito para el club: la excelente organización del Borussia Dortmund y el miedo. El miedo paraliza a media docena de jugadores del City y contribuye a cortocircuitar la fluidez y armonía de su juego. La victoria por 2-1 es dulce, pero el juego es amargo, alejado de los cánones establecidos durante la temporada.

Guardiola ha preparado el partido con absoluta normalidad, sin otorgarle mayor trascendencia. No ha hablado en ningún momento de la importancia de la Champions, ni del muro de los cuartos de final y ni siquiera ha convocado a los jugadores por la mañana para repasar las acciones a balón parado. De hecho, tanto ha intentado rebajar la tensión que los ha convocado a las seis de la tarde, solo tres horas antes del partido. Ha intentado evitar cualquier sentimiento de presión, ha rechazado cualquier innovación o cambio sobre la estructura básica de juego, y ha alineado a los hombres en mejor forma, ubicándolos en sus posiciones más naturales. Guardiola es muy consciente de que en años anteriores cometió errores en las eliminatorias europeas por intentar ayudar a sus jugadores. Es su célebre *overthinking* en algunos partidos grandes. Y para evitar caer en lo mismo, hoy no cambia nada, no presiona a nadie, no fuerza nada, alinea el equipo más obvio y busca que el partido sea solo uno más de la temporada, sin atributos extras.

Hoy, Pep no falla. Pero sus jugadores sí.

El Dortmund se planta con valentía sobre el césped del Etihad Stadium, que se halla en pésimas condiciones. Torpe y agarrotado, el City no encuentra su personalidad sobre el campo, al contrario que en tantos partidos del año, cuando se ha mostrado firme, enérgico, agresivo y atrevido. Hoy hace circular el balón con lentitud, como temiendo que un error provoque otra herida grave en el cuerpo *citizen*. En la mente de los jugadores hay recuerdos evidentes, aunque se encuentren escondidos y sean inconscientes: Monaco, Liverpool, Tottenham, Olympique de Lyon… Estos recuerdos dolorosos afloran en cada pase, en cada control.

El City no es el City, sino su fantasma.

El Borussia Dortmund corta las conexiones de Rodri y Cancelo con sus dos interiores (KDB y Gündogan) y el equipo queda pasmado, sin más posibilidades que hacer circular el balón entre sus zagueros o enviarlo a uno de los extremos, bloqueado en la banda. Hay tanto miedo a perder un balón, a exponerse a los contraataques alemanes o a que el extraordinario Haaland pueda golpear, que el City se mueve sin riesgos ni atrevimientos, sin exponerse a nada. Esto lo desnaturaliza y lo convierte en un equipo sin nervio. En realidad, el Dortmund ya encuentra una buena primera ocasión a los siete minutos, pero Ederson rechaza el peligroso disparo del jovencísimo Bellingham.

En un contexto tan temeroso, son los visitantes quienes cometen un primer error fatal. Mahrez roba en el centro del campo un balón mal dirigido por Emre Can, y De Bruyne organiza un contraataque fulgurante que transcurre por cuatro carriles. Por la izquierda, Foden recibe el esférico y ya en el área lo pasa con tensión al otro costado para el remate de Mahrez, que no puede ejecutarlo, pero controla el balón y devuelve al centro para que De Bruyne fusile el primer gol. Sin haber generado apenas juego, el City manda en el marcador.

Contra lo que pudiera parecer, el gol agarrota aún más a los hombres de Pep, que con dicha ventaja sienten que tienen medio objetivo al alcance de la mano y deciden arriesgarse aún menos. Al descanso, suman solo dos disparos a portería por uno del Dortmund.

Es el partido del miedo.

La reanudación muestra un Dortmund algo más agresivo y un City aún más condicionado por sus miedos. Pep cambia la estructura. Cancelo fija atrás su posición, manteniéndose en el lateral izquierdo, y Gündogan retrocede a la altura de Rodri para ayudarlo en la salida del balón. Pep ha percibido el temor en sus jugadores y decide protegerlos más. Intenta que se calmen. A los dos minutos de la reanudación, Dahoud lanza un pase largo al espacio y Haaland recupera en carrera la desventaja que tenía respecto de Rúben Dias y le gana el duelo cuerpo contra cuerpo. Por fortuna, Ederson logra desviar el remate letal del delantero noruego, que por quinto partido consecutivo se quedará sin marcar. La advertencia ha sido tan seria que el City redobla sus precauciones. Sobre el campo se observa un agarrotamiento extraordinario en algunos jugadores.

La mente siempre es más importante que el cuerpo.

Lo que sigue a continuación es una sucesión larguísima de pases sin sustancia. El equipo pretende congelar el partido para concluirlo con esta victoria mínima. Cuatro hombres se rebelan e intentan superar el miedo que los atenaza. Stones se erige en coloso defensivo, Walker decide emprender ataques profundos, De Bruyne busca con ansia el segundo gol y Foden da un recital de regates, amagos y quiebros que no acierta a culminar por mala puntería. Entre los minutos 50 y 80, el juego es anodino, pero de vez en cuando se producen ráfagas de genialidad y el City suma hasta seis ocasiones de gol que, por una razón u otra, no se acaban culminando.

Y entonces, cuando el segundo gol parece al alcance local, pam, empata el Dortmund.

En un instante de desconcierto organizativo en el centro del campo, Dahoud realiza una perfecta acción de «tercer hombre». Pasa el balón a Haaland, que lo cede a Reus para su penetración en el área. Walker no ha conseguido frenar al capitán alemán, que bate sin dificultad a Ederson, obteniendo su decimoctavo gol en la Champions, uno más que Lewandowski; es el récord del club alemán. Es el primer gol que recibe el Manchester City en la Champions desde el 21 de octubre del año pasado, cuando el portugués Luis Dias marcó para el FC Porto. Han pasado trece horas y ocho minutos de juego sin encajar gol, pero ha vuelto a suceder. Los temores se materializan sobre el Etihad Stadium.

Otra vez, una vez más, otro mazazo, otro golpe a la mandíbula, quizás otro KO europeo…

Sin embargo, lo que llega en los siguientes nueve minutos es todo lo contrario. No es un boxeador noqueado quien se levanta del césped, sino un equipo orgulloso y, ahora sí, valiente y atrevido. Con De Bruyne y Foden desmelenados, el City crece y crece hasta batir la portería alemana en el minuto 90, cuando una «banana» con la pierna izquierda del belga es controlada por Gündogan, que cede atrás para que Foden selle el triunfo.

Pese al juego espeso y al miedo que ha recorrido las venas de medio equipo, el City adquiere una ventaja importante para intentar llegar al gran objetivo de las semifinales. «Iremos a Alemania a ganar, no a defendernos», advierte Pep apenas terminar. «Hemos de ajustar nuestra presión, nuestro *build up* y los movimientos sin balón», añade. O sea, hay que ajustarlo prácticamente todo, aunque en realidad no dice lo más importante: hay que serenar a los jugadores, quitarles el miedo que los atenaza, lograr que olviden las viejas heridas…

El pasado aún pesa como una losa en el lado azul de Mánchester.

MOMENTO 25

Cuatro escenarios

Mánchester, 7 de abril de 2021

A la una de la madrugada, la luz del despacho de Guardiola sigue encendida. El entrenador discute con sus colaboradores todas las opciones tácticas para el partido de vuelta en el Signal Iduna Park, un escenario que conoce a la perfección. En Dortmund perdió, pero también logró grandes triunfos. El próximo miércoles necesita otra de estas victorias —aunque un empate le bastaría— para regresar de nuevo a la élite europea y pisar otra vez esas semifinales de la Champions League que tanto añora. Las visitó cuatro veces con el Barça y tres con el Bayern, pero aún no lo ha conseguido con el City.

Con serenidad, Manel Estiarte repasa los cuatro escenarios que habían previsto para el partido de ida que ha concluido hace un par de horas. Sentenciar la eliminatoria gracias a un resultado abultado, ganar el partido por margen corto, no ganar, y perder de manera que en la vuelta hubiese que protagonizar una remontada épica. Se ha dado el segundo mejor escenario, dice el principal colaborador de Pep, por lo que debemos estar razonablemente satisfechos y apartar lo negativo. Estiarte concluye: «El objetivo es quitarles el miedo a los futbolistas y que jueguen liberados».

El entrenador está de acuerdo. Se ha esforzado mucho en los días previos para no presionar a sus hombres, para que se sintieran ligeros y sin recuerdos negativos de las malas vivencias anteriores y es evidente que no lo ha conseguido. El miedo ha paralizado a futbolistas maduros y espléndidos que vienen protagonizando una temporada excepcional. Anoche fueron una sombra de sí mismos. ¿Por qué razón? Porque la mente del deportista es su mejor amigo, pero también su peor enemigo. Jugadores como Dias, Cancelo, Rodri, Gündogan o Bernardo, probablemente cinco de los mejores del año, fueron una pálida sombra de lo que son. La tensión del partido los superó, más que la propia fortaleza del rival. Por si hacía falta, se evidenció que el fútbol tiene dimensiones que van mucho más allá de la organización táctica. Las conductas, los comportamientos, las intenciones y las emociones poseen una influencia extrema en el desarrollo del juego. Si hay paz mental, habrá gloria.

«Equilibrio».

Todos los componentes del cuerpo técnico se conjuran en el empeño. El objetivo es liberar la mente de los jugadores de cara al reto de Dortmund. Que se sientan libres para jugar sin miedo, sin temor a los riesgos, sin el agarrotamiento por un posible error. Y, al mismo tiempo, que sean conscientes de que hay zonas donde no deben asumirse riesgos. Encontrar el equilibrio es la clave y es el desafío. El yin y el yang del fútbol. Atreverse, ser apasionado y agresivo, valiente y ofensivo, ir a ganar, pero al mismo tiempo ser precavido y cauto.

«Equilibrio», dice Estiarte y repite Lillo, sin duda los dos hombres más serenos de todo el cuerpo técnico. Equilibrio. Valientes, pero cautos.

También Fernandinho, el capitán, es consciente de lo ocurrido, y cuando aún estaba en el vestuario del Etihad comenzó a trabajar en busca de una mejora para el partido de vuelta. Empieza una semana de labor psicológica en la que el capitán será clave. De Bruyne lo entiende del mismo modo, de ahí que a la mañana siguiente mostrará con orgullo la firma de su contrato renovado hasta 2025, expresión de su compromiso definitivo con el Manchester City.

Guardiola ya ha revisado todas las variantes posibles para el partido de vuelta y alcanza una conclusión: jugará con los mismos hombres, quizá con Gabriel Jesús en el puesto de Bernardo, porque confía en ellos. A la una y media se marchan a dormir. El guarda de seguridad de la caseta norte anota en el libro de movimientos: «El *Boss* se marcha a casa».

MOMENTO 26

Un tropiezo

Mánchester, 11 de abril de 2021

Estiarte y Lillo son dos ermitaños.

Hoy Estiarte me lo ha repetido: «Juanma ha tranquilizado mucho a Pep. Es como si fuese un entrenador del entrenador. Y ha servido para unir a todo el cuerpo técnico».

Lillo está releyendo *Los ensayos*, de Montaigne, que tiene en la mesilla de noche de la habitación número 30 de la ciudad deportiva: «*Los ensayos* son como *El Quijote*, un libro obligatorio de cabecera. Hay que leerlo decenas de veces».

Hoy, el Manchester United le ha recortado tres puntos de ventaja al Manchester City, que ayer tropezó en casa con el Leeds de Marcelo Bielsa. Lillo habla desde su habitación de la ciudad deportiva, donde duerme antes de viajar a Dortmund:

—A mí no me molesta que el Manchester United gane sus partidos. No me molesta. Yo no quiero que nuestros jugadores tengan la sensación de que hay once titulares y que luego en la Premier juegan los suplentes, los que dan «el descansito» a los titulares. Me gusta que el sentimiento de pertenencia del título lo tengan todos y que de aquí al final se jueguen todos los partidos con el mismo nivel de exigencia. O sea, que cuanto más tarde llegue la sentencia del título, en el fondo es mejor.

Es una opinión disruptiva, inhabitual en el fútbol de élite, pero, si uno lo piensa bien, Lillo tiene bastante razón.

Guardiola había previsto que Sergio Agüero jugara ayer de inicio contra el Leeds, sumando de este modo la segunda titularidad consecutiva en liga, con el objetivo de mejorar un estado de forma maltrecho tras nueve meses de desgracias continuadas: rotura de menisco, lesiones musculares, covid-19 y más lesiones musculares.

Cuando parecía totalmente recuperado y en condiciones de aportar su conocida eficacia rematadora, el Kun ha vuelto a caer. Será difícil, aunque no imposible, que pueda colaborar en el duro esprint final que afronta el equipo.

Así, la idea de Pep de reservar el mayor número posible de jugadores titulares para el crucial partido del miércoles en Dortmund no es posible en el caso de Agüero y tampoco en el de Laporte. Al delantero centro lo sustituye Gabriel Jesús, al que el entrenador quería reservar; y el zaguero vasco deja su puesto a Nathan Aké, que regresa a la titularidad después de casi cien días de ausencia, fruto de una grave lesión muscular en la pierna, sufrida a finales de diciembre. Solo es el décimo partido de Aké con el Manchester City y el séptimo en la Premier League, un balance discreto para el jugador que llegó como recambio de Laporte, pero que apenas ha podido mostrarse.

Walker, Rúben Dias, Rodri, De Bruyne, Gündogan, Mahrez y Foden se sientan en el banquillo. Pep quiere evitarles el juego de transiciones del enfrentamiento con el Leeds, una tortura física garantizada, arriba y abajo sin parar. Necesita que las piernas y las mentes de sus mejores hombres estén frescas para Dortmund. Solo Cancelo, Stones y Gabriel Jesús, además del guardameta Ederson, entran en el equipo titular. Aunque ganar al Leeds es importante porque dejaría el título mucho más cerca, el desafío de la Champions tiene mucha mayor trascendencia. No hay discusión.

Pero este será, como dicen los franceses, un *jour sans*, un «día sin». El City pierde el partido recibiendo dos goles en los dos únicos remates a portería del Leeds. No le bastan los veintiséis remates que realiza ni su absoluto dominio. Dos torpezas defensivas son suficientes para sufrir la tercera derrota de la temporada en su estadio, una cifra que Pep jamás ha conocido.

Y, sin embargo, no juega un mal partido, ni mucho menos. Mendy vuelve al lateral izquierdo tras su buena actuación en Leicester, y Zinchenko es alineado como interior izquierdo, donde se maneja con oficio. Fernandinho juega alegre y suelto como mediocentro, bien apoyado por Cancelo a su lado y por Bernardo unos metros por delante. Aunque los primeros quince minutos son un frenesí de carreras, pronto el City toma el balón en su poder y marca el tempo. Fernandinho ataca con decisión los espacios centrales que el Leeds deja vacíos, bien ayudado por Gabriel Jesús o Sterling, quienes de manera alternativa descienden hasta el círculo central para tocar de espaldas y dar continuidad como tercer hombre. No es un volumen excesivo de juego, ni un caudal de ocasiones de peligro, pero domina con rotundidad, aunque ya se advierte que el estado de forma de Sterling no es el más idóneo. También Bernardo se muestra frágil, ahora que ha dejado de ser pieza indiscutible del engranaje.

A los cuarenta y dos minutos, Cancelo comete la torpeza de dejar correr un balón en vez de despejarlo. En apariencia se trata de un error por exceso de confianza, un detalle que viene repitiendo desde hace semanas, como si haberse consagrado en enero y febrero como jugador clave le estuviera perjudicando, en lugar de suponer un beneficio. Consecuencia de ello es el gol de los visitantes, que obtiene Stuart Dallas con un preciso remate junto al poste. Y a continuación llega la acción que marca de modo decisivo el encuentro: la expulsión del zaguero Cooper por una dura entrada a Gabriel Jesús.

Mandando en el marcador y con un jugador menos, el Leeds construye un castillo en el descanso y se encierra en su interior. Con un espíritu encomiable, el equipo de Marcelo Bielsa cambia radicalmente su personalidad: en vez de lanzarse a su juego de transiciones constantes y persecuciones enloquecedoras, se encastilla en el fortín, como un ejército cercado que debe esconderse tras recios muros. Guardiola responde colocando a Mendy como extremo izquierdo, lo que permite juntar por dentro a Sterling y Jesús. La entrada de Gündogan —que juega su partido doscientos como *citizen*— por Aké incrementará el número de interiores de ataque. Durante todo el segundo tiempo, el juego es un monólogo del City, representado en las conducciones atrevidas de Stones, que una y otra vez se planta con el balón en la frontera del área rival. El partido del zaguero inglés es conmovedor por la voluntad de victoria que desprende. Sin miedo a nada conduce el esférico hacia arriba sin desánimo ni temor. Cada una de sus llegadas es como abrir una ventana en los muros que el Leeds cierra con esmero. Aquel zaguero-mediocentro que Pep intuyó en 2018 se muestra hoy en su plenitud.

El City remata veintinueve veces, si bien con poco tino y a menudo con bloqueos de los visitantes, que realizan un esfuerzo colosal. A los setenta y cinco minutos, Bernardo aprovecha un pase filtrado de Fernandinho para ceder a Ferran Torres, quien logra el empate. Un día más se comprueba que el delantero español se mueve con eficacia dentro del área y sin acierto fuera de ella. Consustancial con su carácter, el equipo redobla los esfuerzos en busca del triunfo, pero lo que llega es un primer aviso del Leeds, con un contraataque de Raphinha que Ederson salva con una frialdad de acero. Se evidencia que Fernandinho tiene aún mucho fútbol cuando juega de mediocentro si tiene las espaldas bien cubiertas, pero que ya no posee la velocidad para enfrentarse a campo abierto contra delanteros eléctricos. Y como si fuese una pesadilla, como si el destino quisiera recordarle al City que es humano, y por lo tanto es falible y frágil, en el minuto 90 el Leeds encadena una acción rápida y precisa, pillando la espalda de Stones y Fernandinho para que Dallas supere a Ederson en su salida. La acción y el propio partido rememoran las pesadillas de la temporada anterior, cuando el equipo dejó escapar una montaña de puntos por una combinación extraña de ataques torpes y defensas imprecisas.

La derrota tiene escasas consecuencias prácticas, por más que durante la tarde del sábado se aglomeren nubes grises sobre el Etihad. Es sabido que después de las derrotas todo el mundo aparenta ser muy listo, aunque eso no sea más que hacerse trampas al solitario. Al fin y al cabo, el fútbol es un deporte inexplicable por más que se afirme conocer los porqués de la victoria y de la derrota. En cualquier caso, el título de la Premier no parece peligrar y la derrota solo es un pequeño accidente dentro del brillante camino que está recorriendo el equipo. El objetivo principal sigue intacto. Las piernas de los titulares estarán frescas para el gran partido del miércoles en Dortmund.

MOMENTO 27

Un domingo de vídeos

Mánchester, 11 de abril de 2021

Pep anula el entrenamiento previsto para el domingo 11 de abril y lo pasa al lunes. Lillo aprovecha la mañana libre para seguir releyendo a Montaigne.

Los partidos importantes de las dos próximas semanas hacen recomendable este día de descanso para que los jugadores reposen piernas y cabeza. Pep se queda en casa. La derrota ante el Leeds, dieciocho horas atrás, ya ha quedado olvidada. Todo el foco está puesto en el Borussia Dortmund.

Guardiola y Lillo intercambian mensajes durante todo el domingo. Viven a menos de un minuto de distancia caminando, pero Lillo se ha quedado en la ciudad deportiva revisando los pormenores tácticos. De vez en cuando se mandan un mensaje de voz con pequeños matices. Las principales preocupaciones consisten en la manera de presionar la salida de balón de los alemanes y cómo dificultar las combinaciones entre Hummels, Emre Can y Dahoud. Si el City consigue entorpecer la circulación entre ellos tres, el Dortmund perderá peligro. Se trata de cortocircuitar al equipo amarillo dentro de su propio campo. Por el centro, el Borussia es mucho más peligroso que por fuera. Hay que taponar las zonas centrales e invitarlo a salir por fuera.

El domingo entero transcurre así. Los jugadores descansan y los entrenadores preparan el plan.

La derrota de ayer ha dejado un extraño sabor de boca en el vestuario. Uno de los jugadores le ha comentado a un miembro del cuerpo técnico que no comprendía que Guardiola hubiese reservado a tantos titulares. La respuesta fue sencilla: ¿qué hubiera ocurrido si De Bruyne se hubiera lesionado ante el Leeds o si los principales jugadores se hubieran desgastado? ¿Qué factura habría pasado ese esfuerzo de cara al reto del miércoles? No, Pep no había dudado lo más mínimo. Una alineación potente ante el Leeds, sí, pero no la más potente. Había reservado a conciencia a siete hombres que jugarían contra el Borussia y no se arrepentía de ello, pese al tropiezo. La ventaja en la tabla de clasificación seguía siendo más que notable. Como dice Lillo, «que me den cada año ocho puntos de ventaja cuando quedan dieciocho por jugar...».

Otro de los jugadores se sintió molesto con Guardiola porque el entrenador le presionó mucho durante el partido. Es cierto. Desde hacía algunos meses, Pep había relajado mucho la presión desde la banda. Dejaba más libertad de acción a sus jugadores, sin intervenir en cada instante ni dar excesivas instrucciones. El cambio había surgido de manera natural. Pep iba acumulando experiencia y su contacto permanente con Lillo ayudaba a esta actitud más relajada y menos intervencionista. El entrenador buscaba que los jugadores ganasen mayor protagonismo en la toma de decisiones y que tomaran iniciativas propias. El cambio había dado buenos frutos. Los jugadores estaban más relajados y serenos, como Pep. Ocurrió, sin embargo, que en algunos momentos del partido de ayer, cuando el equipo se estrellaba una y otra vez contra el muro de Bielsa, el entrenador gritó varias indicaciones, dictó instrucciones y mandó espabilar a algún jugador. Uno de ellos se mostró muy disgustado en el vestuario, tras el partido, pero pronto sus compañeros le hicieron ver que era normal y lógico que Guardiola hubiese intervenido. La jornada del sábado terminó con el disgusto por la derrota, pero sin mayores preocupaciones.

Pep pasa el domingo viendo vídeos del Borussia Dortmund y contrastando opiniones y detalles.

El lunes amanece soleado en Mánchester. Laporte se incorpora a los entrenamientos, ya resueltas sus molestias, en cambio Sergio Agüero sigue ausente. Los jugadores sonríen y el balón vuela sobre el campo número 1 de la City Academy. El plan para el miércoles ya está diseñado. El equipo se dispondrá en su forma clásica de 3-2-2-3, presionará fuerte el inicio del juego del Dortmund para conducirlo hacia los costados, y saldrá a ganar el partido. El objetivo es marcar dos goles para evitar sustos. Solo quedan por resolver las dudas de si el lateral izquierdo será Cancelo o Zinchenko y si jugará Gabriel Jesús como punta o bien Bernardo Silva como falso 9. Las sensaciones de los entrenamientos dictarán sentencia.

MOMENTO 28

Finalmente…

Dortmund, 14 de abril de 2021

El Radisson Blu es un hotel funcional, sin grandes lujos, pero muy agradable, situado a seis minutos del estadio cuando no hay tráfico. Hoy es día de partido grande y se necesita algo más de tiempo para llegar hasta el Signal Iduna Park. El autobús del equipo recoge a los jugadores lejos de la puerta porque la rotonda principal es de pequeñas dimensiones. A continuación tiene que maniobrar hasta bordear el Westfalenpark y cruzar por encima de la autovía 54 para llegar al Schwimmweg y entrar por el túnel interior del mágico estadio del Borussia Dortmund. Caminando se tarda un cuarto de hora y es un trayecto clásico entre los aficionados locales, que desde horas antes se reúnen en el *lobby* del hotel, decorado básicamente de amarillo y azul, para beber cerveza hasta agotar las existencias. A media tarde han comenzado a beber y a cantar y seguirán así hasta las ocho, cuando marcharán al estadio porque los controles de seguridad exigen como mínimo que lleguen cuarenta minutos antes del inicio.

Anoche hablé un momento con Pep:

—Todo saldrá bien. Lo pondremos todo de nuestra parte… y más. Y que el césped dicte sentencia. Como ha ocurrido hasta ahora y como será siempre.

No son ideas muy brillantes, pero la noche antes de un partido trascendental no pueden exigirse pensamientos demasiado profundos. Pep aparenta tranquilidad.

Los jugadores averiguan la alineación a la misma hora en que los aficionados locales comienzan a beber cerveza en el piso superior donde Guardiola ha reunido a sus hombres. Solo hay un cambio respecto del partido de ida: entra Zinchenko en el puesto de Cancelo, que ha rendido de modo discreto en los dos últimos encuentros. Se mantiene Bernardo en el equipo titular en lugar de Gabriel Jesús, aunque quien hará hoy de falso 9 es De Bruyne, cuya manera de presionar a los zagueros difiere de la de Bernardo y puede ser más eficaz. La charla táctica es breve, minimalista casi, tal como viene haciendo el entrenador toda la temporada. Al fin y al cabo son sesenta charlas cada temporada, año tras año, y no es extraño que los futbolistas se agoten y pierdan la concentración, por lo que Pep ha decidido que la mejor charla es la breve, la que no marea a los jugadores.

Eso sí, el entrenador les muestra un vídeo. Quien habla es Scott Carson, el veterano guardameta del equipo, que no ha viajado a Dortmund, dejando su plaza de tercer portero a James Trafford, el jovencito del equipo filial (dieciocho años). Carson es un hombre curtido y experimentado, que ganó la Champions en 2005 con el Liverpool y no ha jugado ni un solo minuto con el City desde que llegó en agosto de 2019, pero que es un puntal anímico del equipo, una especie de hermano mayor de todos. Carson ha protagonizado anécdotas increíbles en el vestuario *citizen*, comenzando por las del día de su presentación, cuando la mayoría de los jugadores jóvenes creyeron que se trataba de una broma del club a la vista del aspecto de Carson, que parecía un utillero haciéndose pasar por futbolista. Con su voz ronca y el rostro curtido, con una barba canosa que le hace aparentar muchos más años de los treinta y cinco que tiene, una barriga que no puede ocultar y unos andares parsimoniosos, Carson fue acogido en el vestuario entre bromas e incredulidad. Espontáneo y gracioso, pronto conquistó el corazón de todos, incluso el de Pep, a pesar de llegar tarde a varios entrenamientos. Guardiola no lo comprendía: «¿Por qué llegas tarde, Scott?», le preguntaba. «Es que vivo en Derby y vengo en tren. Son más de dos horas cada mañana», respondía el portero. ¿Un futbolista yendo en tren a entrenar? Pep se rascaba la cabeza sin saber cómo reaccionar ante las cuatro horas y media diarias de Carson en el tren…[51]

Carson habla hoy desde la pantalla para sus compañeros. Por supuesto, bromea para relajar el ambiente previo. Pide al equipo que

51. El viaje en tren desde Derby obligaba a Carson a hacer transbordo en Sheffield para tomar el Transpennine Express hasta la estación de Manchester Piccadilly, donde a su vez tomaba el Metrolink hasta la parada de Velopark y, desde allí, caminaba unos diez minutos hasta el edificio del primer equipo en la City Academy. Si no se producía ningún incidente, el recorrido duraba dos horas y cuarto. Pero en ocasiones había retrasos en los trenes o se perdía algún enlace.

juegue con serenidad, sin presión ni atolondramiento. Que hagan aquello que saben hacer, sin más. A las siete y media, el autobús abandona el Westfalenpark y poco después llega al estadio.

Hace frío, aunque estemos en abril; el miedo lo acrecienta. El miedo es el protagonista del partido. Un equipo sin miedo frente a otro repleto de miedos. Un equipo sin nada que perder contra otro que no puede permitirse volver a perder. Para el Dortmund es una oportunidad de oro de regresar a las semifinales europeas, que no visita desde 2013. Para el City es otro momento capital de su historia, otra oportunidad para estar entre los cuatro mejores equipos, otro partido decisivo, otra cita crucial. Al Dortmund lo impulsan la ausencia de responsabilidades y miedos, el no tener nada que perder y la ilusión por alcanzar un premio que nadie imaginaba, vista la triste imagen del equipo en la Bundesliga. Los frenos del City son la historia reciente, los golpes recibidos y el miedo a repetir el amargo sabor de otra caída montaña abajo...

Dos estados anímicos tan contrapuestos chocan con toda crudeza sobre el césped durante los quince primeros minutos. Guardiola y Estiarte, Lillo y Buenaventura, Mancisidor y Borrell, todo el cuerpo técnico lleva semana y media pidiendo calma y serenidad a los jugadores. No ha habido presión alguna, no ha habido discursos épicos, ni llamadas a la heroicidad, ni exigencia de responsabilidades. Nunca antes unos jugadores de Pep pudieron sentirse tan tranquilos, sin que su entrenador los presionara con palabras, gestos o con preparativos. Guardiola ha cumplido escrupulosamente su compromiso personal con Lillo. El entrenador actúa tal como le ha propuesto «su» entrenador. El objetivo común ha sido rebajar la tensión anímica en unos jugadores que han vivido amargas experiencias en las recientes eliminatorias europeas.

Pero los quince primeros minutos vuelven a helar el alma *citizen*. Nadie lo ejemplifica mejor que Zinchenko, protagonista de tres pases consecutivos errados que casi cuestan un disgusto. El cuarto de hora de bloqueo concluye con gol del Borussia Dortmund. Una vez más se comprueba que en el deporte influye más la mente que el propio cuerpo.

Es un gol desafortunado, sin duda. Hummels lanza un balón en largo para Haaland, que logra zafarse de Stones dentro del área y ceder a Dahoud para que este dispare. El balón da en Rúben Dias y el rebote cae a pies del jovencito Bellingham, que arma la pierna y lanza un remate espléndido a la escuadra de Ederson. Un mazazo. Un gol fruto del agarrotamiento. Un jarro de agua helada en la gélida noche alemana. El rostro de Guardiola es una mezcla de frío, rabia y abatimiento. Cae sentado en el banquillo, del que se levanta Lillo para aplaudir y animar a sus jugadores. Algunos bajan los brazos, otros los agitan para exigir una reacción, como Rúben Dias, el líder de la zaga.

Es curioso lo de Lillo, porque siempre va al revés del mundo. Es un entrenador que no celebra los goles de su equipo. Mientras sus compañeros del cuerpo técnico saltan y se abrazan tras un gol a favor, él permanece sentado e impasible en el banquillo, sin mover ni una ceja. Pero si su equipo encaja un tanto, entonces se levanta como impulsado por un muelle, se acerca al campo y enardece a sus hombres con gritos y aplausos. En ambas situaciones se comporta al revés de lo corriente. Ahora está de pie, junto a la línea de cal, gritando como un poseso, mientras Pep permanece atado a su asiento, como si una losa le impidiera moverse.

Ha llegado la hora de la verdad para estos jugadores. Con setenta y cinco minutos por delante, y momentáneamente eliminados, han de mostrar si quieren o no quieren, si pueden o no pueden, si saben o no saben hacerlo. Han de asumir sus responsabilidades, tragarse sus miedos, apelar al atrevimiento y exponer ante toda Europa si verdaderamente solo son un equipo de cuartos de final o si pueden aspirar con seriedad al trono más alto. No es un asunto de tácticas ni de estrategias. Ni siquiera de juego. Es el poder de la mente lo que se verá en la siguiente hora y cuarto de fútbol.

La situación ha cambiado de modo radical. Quien ahora no tiene nada que perder es el Manchester City, y quien puede perder todo su botín es el Borussia Dortmund. Este cambio de marco mental decide la eliminatoria. El City adelanta veinte metros sus líneas, hasta el punto de que la presión de los atacantes, con De Bruyne en punta, comienza a molestar a los zagueros alemanes. Diez minutos después, el propio De Bruyne recupera un balón dentro del área de Hitz y estrella su remate en el travesaño. Primer aviso serio. El City comienza a sentirse cómodo y a dominar todos los ámbitos del juego. Ganará 18 duelos individuales, más del doble que el BVB (7); recuperará 45 balones, por 36 el Dortmund; lanzará 11 saques de esquina, por 2 los locales; y sobre todo no permitirá que Haaland vuelva a recibir ningún balón cerca del área de Ederson. El rendimiento de la pareja Stones-Dias será un factor decisivo en este éxito.

Guardiola siempre creyó que Stones podía ser un zaguero extraordinario, de un perfil similar al del catalán Gerard Piqué, porque posee todas las cualidades necesarias: buen pie, gran visión de juego, carácter fuerte y contundencia en los duelos. Pero para alcanzar semejante nivel necesita alguien a su lado que le complemente y le sostenga en los malos momentos. En 2017, Pep me dijo: «John puede ser un fenómeno, pero para que lo sea hemos de colocarle un compañero con el espíritu de Carles Puyol, un guerrero». Este es el rol que ejecuta Rúben Dias. Es el guerrero de la zaga, el compañero que necesita Stones para poder ser superlativo. Pep ve en ellos a sus nuevos Piqué y Puyol. Entre Stones y Dias solo habrán permitido cuatro recepciones de Haaland dentro del área en ciento ochenta minutos de eliminatoria, tres en la ida y uno en la vuelta. La principal arma del Dortmund queda desmontada. El BVB solo rematará una vez más contra Ederson, en un cabezazo de Hummels que sale alto.

Desde que ha encajado el gol, el City se ha liberado. Vuelve a parecerse a sí mismo, aunque haya jugadores como Gündogan, todavía atenazados. Él mismo lo reconocerá: «En los primeros quince minutos teníamos miedo de perder nuestra ventaja. Después del 1-0 nos hemos liberado». A él le cuesta unos minutos más, pero su segundo tiempo será formidable, partiendo desde una posición cercana a Rodri, dominando el balón, marcando el ritmo de juego y ofreciéndose como hilo que conecta el juego de sus compañeros. Gündogan mostrará en este encuentro los dos rostros del deportista. Agarrotado al principio, liberado a continuación.

No consiguen marcar antes del descanso pese a gozar de dos magníficas oportunidades a pies de Mahrez. Pero los avisos ya son muy serios. El entrenador refuerza estas sensaciones en el vestuario. Han tenido tres grandes ocasiones de marcar y todos son conscientes de que queda muy poco para romper la resistencia alemana. «Chicos, solo hay que meter un gol —les dice Pep—. Aunque ellos nos marquen otro, nosotros solo hemos de meter un gol. Salid y metedlo».

El Dortmund se encierra cada vez más en su área. Le cuesta cruzar el centro del campo y solo con balones muy largos logra conectar alguna vez con Haaland, que pierde todos los duelos contra Stones o Dias. Marco Reus ha sido enviado a la banda derecha para ayudar a defender el triángulo Foden-Gündogan-Zinchenko, que se encarga de acumular pases en esta zona para juntar rivales y desguarnecer otras zonas, que el City empleará para atacar. Y es precisamente en la banda izquierda donde se origina el golpe definitivo. Primero es Zinchenko quien amenaza al portero con un centrochut. Y en el 54, el lateral y Foden combinan varias veces en el interior del área hasta que un centro del chico de Stockport se estrella en la cabeza y el brazo extendido de Emre Can. El penalti, largamente revisado por el VAR, es asumido por Mahrez. Vistos los pésimos antecedentes, la opción De Bruyne como lanzador parecía más segura, pero Mahrez dirá más tarde que todos sabían que él iba a lanzarlo, tras los ensayos realizados el martes. El argelino, que lleva catorce partidos de la Champions sin marcar, conecta un disparo seco y duro, a media altura, a la izquierda del guardameta, que se lanza bien pero sin opciones de detenerlo. El muro amarillo ha caído. El empate clasifica al City, aunque ahora hay que ver cómo reaccionan las mentes de unos y otros.

Lo que ocurre es poco comprensible. El Dortmund continúa encastillado, encerrado en sí mismo, y el City se harta de dar pases, con lo que aparecen las mejores virtudes de Gündogan, Rodri y Bernardo, que controlan el ritmo adecuado a cada momento. Los zagueros se adelantan a cualquier ambición alemana y De Bruyne se transforma en un martirio para el BVB, que en adelante solo dispondrá de la mencionada ocasión de Hummels. El City se hace dominante e impide cualquier réplica. Hasta tres veces logra contragolpear, aunque sin liquidar el partido. Rodri cabecea un saque de esquina al travesaño y De Bruyne protagoniza una escapada individual formidable que culmina con un remate raso que salva Hitz. En el córner siguiente llega la sentencia.

Mahrez cede en corto a Bernardo, que abre para Foden, situado en el vértice izquierdo del área alemana. Por lo general, emplean esta secuencia confiando en que el rival saltará a por Foden, quien entonces centrará el balón al área en busca de las cabezas de sus zagueros. Pero en este caso, ningún alemán va decididamente a por Foden, que además percibe cómo Haaland tapa la visión del portero Hitz, por lo que instintivamente decide disparar a portería. El balón se estrella en el poste y se cuela en la red. El City está en semifinales. El Dortmund dobla la rodilla.

Foden, el Iniesta de Stockport, corre como un poseso hacia Guardiola para abrazar a su mentor. En este abrazo inacabable se resume la complicidad entre maestro y alumno. Para Pep, este muchacho fue siempre la joya de su corona y el abrazo solo certifica que lo que soñó se ha hecho realidad: «Recuerda su nombre: Phil Foden» (2016); «Es un genio, será estelar» (2017); «Es uno de los mejores jugadores jóvenes que he visto nunca» (2018).

En los últimos quince minutos, el equipo aún dispondrá de dos grandes oportunidades para ampliar el marcador, pero entre Bernardo y Mahrez malgastarán la primera, y Sterling echará por la borda la segunda, en un fiel reflejo de su estado de forma. Ya hace rato que la presión ha desaparecido. El partido arroja cifras similares al de ida. Tiene la misma posesión, un número casi idéntico de pases y de acierto en ellos, y algunos pocos remates más a portería, y vence al rival por idéntico resultado. La victoria incrementa a dieciséis los triunfos consecutivos fuera de casa, un récord que continúa aumentando. También supone la victoria número cien fuera de casa para el City de Guardiola desde verano de 2016. De 142 partidos disputados ha ganado 100, empatado 18 y perdido 24, con 313 goles a favor y 120 en contra. El equipo se mantiene invicto en Europa, con 9 victorias y 1 empate en 10 partidos. Ha marcado 21 goles y solo ha encajado 3, dejando su portería invicta en 7 encuentros. Por segunda vez en su historia accede a semifinales, donde jugará contra el PSG, finalista del pasado año. Será la octava semifinal de la Champions para Pep y el mayor desafío de la temporada.

Por fin, el músculo más poderoso del deportista, la mente, ha respondido de modo positivo a la llamada *citizen*. Los jugadores se han levantado dos veces. En Mánchester tras el gol de Reus y en Dortmund tras el de Bellingham. Así se cierra una herida abierta en 2017 y que ha supurado un dolor incesante, agravándose año tras año, en cada nueva caída.

Horas después, mientras Pep toma una copa de champán en el Radisson Blu, le recuerdo aquello que me dijo hace cuatro años, tras la sangrante eliminación ante el Monaco: «No he sabido imprimirles carácter para que no tengan miedo en los grandes escenarios. Tienen miedo a jugar y así es imposible». Hoy este miedo se ha transformado en energía positiva y Pep es consciente:

—Sirve más el carácter que las estadísticas.

MOMENTO 29

Gundo se ha enfadado

Londres, 17 de abril de 2021

El desgaste emocional de Dortmund condiciona el siguiente movimiento de Guardiola, que se presenta en Wembley, para la semifinal de la FA Cup, con solo tres jugadores de los que podemos considerar titulares: Rúben Dias, Rodrigo Hernández y Kevin de Bruyne. La derrota sufrida ante el Leeds el sábado anterior también hipoteca la alineación contra el Chelsea porque el City está obligado a ganar el próximo miércoles en Birmingham para garantizar su liderazgo en la Premier League. Así pues, entre el desgaste y las futuras exigencias, Pep afronta la semifinal con un equipo que en otras ocasiones habría sido soberbio, pero que ahora mismo está plagado de suplentes. Esta separación tan evidente entre titulares y suplentes no es lo más deseable. Pep siempre ha preferido combinar y mezclar jugadores, pero las circunstancias han conducido a esta situación. Los suplentes se sienten suplentes.

La elección del ritmo del partido tampoco es la mejor. Pep quiere limitar al máximo los ataques en profundidad, una de las señas de identidad del Chelsea de Tuchel, y para ello apuesta por un ritmo lento de juego. Fernandinho y Rodri en el centro del campo y De Bruyne —pese a la fatiga que evidenció en el último cuarto de hora contra el Dortmund— para cambiar de ritmo y dar uno de sus pases de gol. Pero el Chelsea se mueve muy bien en ritmos lentos y presiona con eficacia la salida de balón *citizen*, que no es el 3+2, con Cancelo a la altura del mediocentro, sino un 2+3, con Dias y Laporte en la línea trasera y Cancelo, Fernandinho y Rodri en la segunda línea.

No funciona. La agresividad de los atacantes del Chelsea entorpece la circulación de tal modo que el equipo de Pep se siente agobiado y perdido sobre el césped de Wembley. La estructura organizada por Tuchel, con tres zagueros y dos carrileros, permite que Chilwell agreda de manera constante a Cancelo y por esa zona queda cortocircuitado el juego del City, que apenas logra un 35 % de posesión del balón durante los primeros diez minutos. A partir del minuto 25, el equipo toma el mando y aparece KDB para dar mayor ritmo al juego, pero el partido transcurre fuera de las áreas, con un único disparo a portería del City y ninguno del Chelsea. Cada equipo ha anulado al rival y parece respirarse en el ambiente que bastará un gol para cerrar el partido.

El golpe de efecto se produce a los cuarenta y ocho minutos, cuando De Bruyne se lesiona el tobillo al intentar retener un balón que salía por la banda. Los peores augurios se ciernen sobre el City, que pierde a su figura en el momento más delicado de la temporada. De pronto, los grandes desafíos inminentes parecen agigantarse. Y aunque Foden aporta su habitual electricidad al juego, es el Chelsea quien utiliza un error doble del City para sentenciar la semifinal. Chilwell aprovecha un salto agresivo de Cancelo hacia delante —el mismo tipo de presión que costó el segundo gol del Manchester United en el Etihad— para ceder a Jorginho, que se la pasa a Mason Mount, que pilla a contrapié a toda la zaga *citizen*. El joven Zack Steffen comete asimismo un grave error, pues ni llega a cortar el balón largo enviado a Werner ni se mantiene en su portería, sino en una zona intermedia, por lo que el delantero alemán puede ceder con tranquilidad a Ziyech para que marque a puerta vacía. El doble error penaliza al City de un modo sangrante. En los siguientes minutos se muestra consternado y está cerca de conceder un segundo tanto, aunque el error de Rúben Dias dejando solo a Ziyech ante puerta es salvado esta vez por Steffen con una gran acción.

La media hora final muestra las cualidades defensivas del Chelsea, al que Thomas Tuchel ha dotado de una organización agresiva, y también la debilidad ofensiva del City. Se evidencia una vez más que Ferran Torres se ahoga como extremo en espacios cerrados, y que su mayor eficacia emerge dentro del área. Aún más doloroso es el rendimiento de Raheem Sterling, quien muestra un pobre estado de forma, probablemente fruto de hallarse en una preocupante situación emocional. Son Rúben Dias, en un remate de cabeza que se marcha alto, y sobre todo Rodri, en otro cabezazo tras un saque de esquina, quienes intentan igualar el marcador, pero en ambos casos sin éxito.

Por segundo año consecutivo, el City cae en semifinales de la FA Cup ante un equipo de Londres. El partido ha sido lento y flojo, con apenas tres disparos a puerta por cada escuadra, y con un juego más que discreto. Esta vez, la actuación de los hombres de Pep ha sido mejor que la del año pasado ante el Arsenal, pero la derrota deja un regusto muy amargo y ciertas secuelas. Los suplentes han demostrado la razón por la que lo son, pero por otro lado esta separación entre dos bloques de jugadores no es una buena noticia para el esprint final. Pep tendrá que afrontar el problema.

Al mismo tiempo, el cambio de funciones asignado a Cancelo ha desembocado en un mal rendimiento del jugador portugués. A partir de la derrota ante el Manchester United el 7 de marzo, donde se evidenció que Solskjaer había hallado la manera de desactivar su doble función como lateral-interior, Guardiola le ha hecho jugar simplemente como lateral: en la derecha ante el Fulham, en la izquierda ante el Dortmund y en la derecha ante el Leeds. En los tres casos, salvo la primera mitad del partido de ida contra el Dortmund, a Cancelo se le ordenó recorrer la banda y abandonar los espacios interiores. Desde entonces, su rendimiento ha caído a plomo, como el del equipo, que ha perdido la superioridad en el centro del campo con la que dominó los partidos en enero y febrero. Quizás este sea el problema táctico de mayor magnitud que deba resolver Guardiola en este último tramo.

Hay otro problema y no es táctico. Después de la derrota, uno de los que han jugado hoy se ha reído largo rato en el vestuario, posiblemente porque estaba enviando bromas por su teléfono móvil. Gündogan se ha enfadado mucho y lo ha expresado en voz alta. Fernandinho ha calmado la tensión, pero ha tomado buena nota. Pep le ha dicho a Gündogan que es un tema que deben resolver los propios jugadores, y Lillo le ha hecho idéntico comentario a Fernandinho. Les toca juntarse a ellos. Gündogan no es el capitán elegido por la plantilla, pero tiene la cabeza muy bien puesta y no quiere dejar pasar la ocasión sin provocar una reunión de todos para aunar fuerzas y hacer una puesta en común de objetivos. Se lo ha propuesto a Fernandinho, que lo va a organizar de inmediato. Los problemas y las tensiones, sean por ego o por falta de responsabilidad, no pueden esconderse y deben enfrentarse cara a cara.

Cuando sale de Wembley, Lillo lo expone de un modo clarividente:

—Ahora ellos han de hacer un esfuerzo «egoísta» para que todos salgamos ganando. No hay más. Cuando la temporada está muy avanzada, a veces la gente se desorienta un poco. El que quiere renovar piensa en ello, el que se quiere ir también piensa en ello, etcétera. Pero ahora es momento de pensar de otro modo. Mira, el que no va a jugar más y el que no ha jugado en todo el año es mejor que, cuando se marche a otro sitio, por dinero o por prestigio, lo haga yéndose del equipo que quedó campeón. El que se va a quedar es mejor que se quede en un equipo campeón. El que no sabe si va a renovar, pues también mejor ser campeones porque así quizá será más fácil renovar… Es decir, por «egoísmo altruista» a todos nos interesa que esto vaya bien. Hay que tener claro que nadie gana cuando el equipo pierde, aunque algunos crean que sí. Y nadie pierde cuando el equipo gana.

Gündogan posee un alto grado de responsabilidad. Su enfado no surge por el uso de los teléfonos móviles tras la derrota ni por las risas banales, sino porque algunos compañeros han jugado la semifinal como oficinistas, ya que este partido les parecía poco para ellos. Los titulares son muy titulares, los suplentes son muy suplentes. Todos ellos, con su rendimiento, han hecho méritos para estar en uno u otro grupo. Pep ha apoyado esta meritocracia y ha dado oportunidades a todos para afrontar el esprint final en una posición o en otra. Pero, al mismo tiempo, esta separación supone dividir el vestuario en dos bloques, significa que haya hombres desanimados, desmotivados o desmoralizados, o las tres cosas. Significa que aquellos que, como Sterling, atraviesan un pésimo estado de forma no encuentran el caldo de cultivo adecuado para salir de su crisis de juego. Pep tiene un problema entre las manos y debe resolverlo si quiere luchar por los tres títulos que restan en juego.

La buena noticia del lunes es que KDB no se ha fracturado ningún hueso del pie ni se ha roto ligamento alguno. Solo padece un edema. De los tres escenarios que dibujaron los servicios médicos durante la mañana del domingo, la resonancia magnética ha dictaminado que se trata del mejor de todos ellos. Incluso podría jugar la final de la Copa de la Liga del próximo domingo contra un Tottenham que acaba de despedir a José Mourinho.

El lunes 19 de abril también queda marcado por la noticia de la puesta en marcha de la Superliga europea. El punto de partida es una razonable reivindicación ante la UEFA por parte de clubes que aportan mucho a las competiciones europeas y que buscan mayores ingresos económicos. Pero la propuesta de Florentino Pérez (Real Madrid), Andrea Agnelli (Juventus) y los Glazer (Manchester United) es un disparate colosal que de inmediato es criticado por aficionados de distintos clubes ingleses. Los del Manchester City y Chelsea son los más agresivos contra la propuesta y los más activos frente a los responsables de sus clubes. Tras el Leeds-Liverpool, Patrick Bamford, James Milner y Jürgen Klopp se manifiestan claramente contrarios. El tiro de gracia a la idea lo dispara Pep Guardiola a mediodía del martes, cuando se posiciona contra una competición cerrada por considerarla antideportiva, y muestra su disconformidad ante la falta de información detallada. El Manchester City publica en su cuenta de Twitter las manifestaciones de Pep y varios jugadores lo retuitean. La bola de nieve crece. Fernandinho, De Bruyne, Walker y Sterling mantienen una dura conversación con Ferran Soriano a través de Zoom, en la que le expresan su disgusto ante la idea y también por haberse enterado a través de las noticias de la prensa. A media tarde, la dirección del club ya tiene claro que ha de dar marcha atrás, lo que se materializa a primera hora de la noche y desencadena que los demás clubes ingleses hagan lo mismo. La Superliga ha muerto.

MOMENTO 30

Mucha competición, pocos fundamentos

Birmingham, 21 de abril de 2021

Están enfocados en la competición, sin tiempo ni posibilidades de entrenar los fundamentos del juego. Se juega de manera instintiva, de acuerdo con los recuerdos acumulados, pero sin haber podido trabajar en pretemporada ni mucho menos entrenarse durante la agobiante secuencia de partidos cada tres días. Solo existe la opción de jugar, recuperarse, descansar y volver a jugar. De vez en cuando, algún vídeo como recordatorio o alguna pequeña corrección en los entrenamientos, para refrescar los principios instalados en el subconsciente de los jugadores. Se juega como se aprendió cuando había tiempo para la enseñanza y el entrenamiento. Se juega desde el subconsciente, sin intervención en el día a día. No hay tiempo para ello.

Ayer, Pep habló en términos similares de este asunto:

—Diez, once meses de competición, un centenar de ruedas de prensa, tres partidos a la semana... Es mucho, es demasiado. Nunca he vivido un año así. Empezamos más tarde esta temporada y terminamos antes, pero con las mismas competiciones, los mismos partidos y las mismas exigencias para el club y los aficionados de ganar y ganar y ganar. No es una queja, es una alegría, un placer llegar a la final de la Copa de la Liga y luego ir a París a jugar las semifinales de la Champions. Por eso estoy increíblemente impresionado con lo que han hecho los jugadores, estoy increíblemente satisfecho y agradecido. A los jugadores les encanta jugar, pero a veces se lesionan. La UEFA lo sabe, pero no le importa. Es mucho, sinceramente, no tenemos descanso ninguna semana... Habrá más lesiones. Estos chicos terminan una temporada increíblemente dura, seis días de descanso y luego van a las selecciones nacionales. Yo ya no puedo entrenarlos, solo manejar al equipo lo mejor posible. No puedo entrenar nada, solo vídeos para recordar lo que hay que hacer. No tienes pretemporada para aprender principios.

La metodología de Pep no ha cambiado respecto de lo ya explicado en detalle en mis dos anteriores libros.

El entrenamiento está enfocado a que los jugadores lleguen en el mejor estado de forma posible al próximo partido. Dado que el Manchester City disputa dos por semana durante toda la temporada, esto se traduce en abundantes sesiones de mantenimiento, con dedicación especial a proteger articulaciones, los principales músculos de las piernas y la musculatura lumbopélvica. Los titulares realizan una sesión muy liviana al día siguiente de los partidos, mientras que los suplentes o quienes han jugado menos de sesenta minutos desarrollan el entrenamiento completo, que acostumbra a incluir un trabajo específico de fuerza, en sus distintas variantes: general, específica, reactiva y explosiva. Aunque va en detrimento del trabajo específico sobre el juego, en alguna ocasión Pep otorga un día extra de descanso a toda la plantilla, por lo general después de un número elevado de viajes, para reducir la fatiga mental.

El entrenamiento propio del juego se ha reducido a la mínima expresión. Solo da tiempo a preparar la salida de balón específica a cada partido. La estructura consolidada de 3+2 en el *build up* ha facilitado que sobre dicho módulo se introduzcan matices concretos en función del rival, por lo que los pocos minutos de entrenamiento disponibles son suficientes para desarrollar esta fase del juego, tan básica en la concepción de Pep. El resto de los fundamentos no se pueden entrenar por falta de tiempo y para evitar más desgaste a unos jugadores ya de por sí sometidos al máximo estrés. Asegurada la preparación minuciosa de la salida del balón, Guardiola ha tenido que aceptar que los restantes fundamentos no son ensayables y, por lo tanto, quedan expuestos a la calidad de los jugadores y a lo que ya tienen interiorizado.

Fundamentos como la atracción de adversarios a través de la conducción o el pase, o bien las secuencias de pases que desorganizan al rival en una zona del campo mientras en la otra espera el delantero que puede decidir de manera individual la acción, y tantos otros conceptos, han sido «congelados» durante la temporada por falta de tiempo para practicarlo y perfeccionarlo. Solo de vez en cuando consigue Pep hacer breves recordatorios de todo ello y muy a menudo lo realiza a base de palabras concretas, como cuando califica de «juntarrivales» a la asociación triangular de Zinchenko, Gündogan y Foden en la banda izquierda. A falta de tiempo y entrenamiento, cuerpo técnico y jugadores recurren a conceptos muy específicos que están grabados a fuego en su mente. «Lo que no se trabaja se olvida», dice Guardiola, pero este año ha habido que mantener vivo el recuerdo del juego sin siquiera trabajarlo. Por este motivo, el juego del City ha sido bueno, eficaz y contundente, pero ha carecido de la brillantez de años anteriores, en los que sí se pudo practicar con mucha más frecuencia. El éxito, a veces, se paga en forma de brillantez.

En el vestuario, a nadie se le escapa que esta no es una situación sostenible y que para el próximo curso será necesario dedicar más tiempo al perfeccionamiento de los grandes fundamentos. Pero ¿de dónde sacarán el tiempo?

De entre todos los aspectos del entrenamiento, las pautas de la temporada han sido las siguientes. El aspecto condicional se ha enfocado a los distintos trabajos de fuerza en pequeñas cargas y al mantenimiento y la prevención. El ámbito del juego se ha centrado en la salida del balón específica para cada partido y a repetir finalizaciones. Las acciones a balón parado, coordinadas por Nicolas Jover, sí han gozado de una amplia cabida en la preparación, tanto a través del vídeo como sobre el terreno, y los resultados han sido más que relevantes. El equipo ha marcado diecinueve goles a balón parado (doce de córner y siete de falta, varios de ellos en segunda acción) y solo ha encajado tres, en saques de esquina. En penaltis, el balance es peor, pues ha marcado seis y ha encajado siete.

Por último, el ámbito táctico se ha reducido al máximo. Podemos decir con rotundidad que Guardiola se ha «minimalizado». Las intensas charlas se han convertido en breves palabras. Posiblemente se trate de uno de los terrenos en los que más ha cambiado el entrenador catalán, que ha pasado de bombardear a sus hombres con todo tipo de detalles del adversario, y una gran cantidad de matices y variantes, a limitarse a una pequeña charla previa al partido. Los jugadores lo han agradecido de manera explícita.

Pep, el minimalista... ¡Quién nos lo iba a decir!

Para conocer más sobre el valor del conocimiento adquirido y la importancia del subconsciente en el futbolista hablo con Gil Sousa, un joven entrenador portugués al que auguro un brillante porvenir. Sousa es autor de un libro, *Decidir como um treinador*, dedicado a esta materia.[52] Les resumo su pensamiento, que puede ayudarnos a entender el momento que está viviendo el equipo de Guardiola:

—La parte menos desarrollada del entrenamiento es la emocional y no consciente. Lo más desarrollado es el entrenamiento-patrón. Nos hace falta dedicación al aspecto no consciente del jugador. Pensemos que los ciclos del fútbol son como los ciclos de la vida. A un momento bueno le sigue otro menos bueno, y a continuación de nuevo otro bueno. Por dicho motivo, el entrenamiento debe pretender que tras un momento malo logremos crear un momento somático que rompa este recuerdo de nuestra memoria. No debemos equivocarnos y hablar de automatismos, sino si acaso de «somatismos», de somatización. Y no tenemos que olvidar en ningún momento que las verdades del fútbol son el juego y los jugadores.

Pero en la visita a Villa Park no hay «momento somático» que valga.

A los veinte segundos de partido, el City ya va por detrás en el marcador. Es el gol más rápido que ha encajado el equipo en la Premier League. Los de Mánchester realizan el saque inicial y, como acostumbran, el balón es enviado en largo hacia la penetración de Walker por la banda derecha. La pelota queda dividida y Rodri comete falta. Sin entretenerse, Tyrone Mings lo pone en movimiento en largo y, aunque Stones lo despeja, lo hace con tan mala fortuna que queda a pies de Watkins, quien cede por bajo para que John McGinn fusile a Ederson. Solo han transcurrido veinte segundos y se han dado siete toques al balón. Gol. Cuesta arriba para el City, que en los siguientes minutos se muestra nervioso —como siempre que encaja un golpe en la mandíbula— y concede tres nuevas oportunidades.

Como también es habitual, cuando los nervios se templan y las piezas comienzan a encajar —«la teoría de las judías secas»—, el equipo recupera el dominio del partido. Pronto logra tener el balón el 82 % del tiempo y acumula pases e interacciones entre los juga-

52. Dada la brillantez del pensamiento de Gil Sousa, la federación portuguesa de fútbol decidió publicar en 2018 su libro *Decidir como um treinador*. El subtítulo del libro es toda una declaración de intenciones: «*A ciência e a prática no futebol e na vida. Agimos porque pensamos ou pensamos porque agimos?*» (La ciencia y la práctica en el fútbol y en la vida. ¿Actuamos porque pensamos o pensamos porque actuamos?).

dores. El Aston Villa se encastilla en un 5-4-1 aplastado contra la portería de Emiliano Martínez. Comienza el asedio. El costado izquierdo del City encadena pases con una habilidad formidable. Zinchenko, Gündogan y Foden se organizan en triángulo y no pierden el balón. Juntan rivales. Los atraen hasta el costado derecho del Villa con el propósito de estirar la línea defensiva y dejar la resolución de las acciones en el otro costado, donde Mahrez y Bernardo se adivinan finos y punzantes. El triángulo de la banda izquierda constituye ahora mismo una herramienta de lujo para Guardiola. Son los «juntarrivales».

Por ahí llega el gol del empate. El Villa presiona una salida de balón *citizen* y Ederson advierte que Zinchenko está solo, mucho más allá del círculo central. El portero manda uno de sus pases magistrales hacia el ucraniano, que devuelve hacia atrás para la llegada de Foden, quien sin pensárselo cruza el balón a la otra banda, donde Mahrez controla y cede a Bernardo, que penetra hasta el fondo y cruza atrás un pase de la muerte. Foden, con la pierna derecha, anota el empate, su decimocuarto gol de la temporada. Ha sido un gol que resume la electricidad combinada con la astucia y habilidad del equipo de Guardiola. Nueve toques entre una portería y otra.

Los siguientes minutos ya son de derribo del castillo villano. El City va y va hasta que, en el séptimo saque de esquina, Bernardo coloca un caramelo en la cabeza de Rodri, que con el flequillo cabecea a la red, salvando la salida de Emi Martínez. Ya manda en todos los terrenos y se promete una noche plácida, pero a los cuarenta y tres minutos John Stones es expulsado. Su entrada sobre Ramsey no parece ser malintencionada, ni mucho menos, pero es indudable que merece la tarjeta roja. Guardiola no opina lo mismo y se irrita contra los árbitros, aunque de inmediato sus colaboradores le transmiten que la tarjeta es coherente con la acción y el entrenador se modera.

Tras el descanso, Laporte sustituye a Gabriel Jesús, que exterioriza su malestar. El delantero brasileño creía que podía ser útil sobre el campo, dada su gran capacidad de presionar a la zaga rival, pero Pep prefiere afrontar con Foden y Mahrez el desafío de jugar cuarenta y cinco minutos con solo diez hombres. Mantiene su zaga de cuatro defensas y una segunda línea con cinco jugadores en la que Foden ejerce una función «flotante», arriba y abajo, de izquierda hasta el centro. Y aunque el Aston Villa tiene el balón y lo circula con prestancia, el City no pasa apuros y conecta varios ataques de mucho peligro. El trío de la banda izquierda se muestra agresivo y eficaz. Sin pasar agobios, se mantiene el control del partido y Foden da un recital de juego, que culmina con la expulsión de su marcador, Matthew Cash, con dos amonestaciones en tres minutos.

Con los equipos igualados a diez, el City ejerce su tiranía en la última media hora. Congela el esférico a base de pases y pases (más de ochocientos) y limita cualquier posibilidad de contraataque local. Vuelve la mejor versión de los «yugoslavos», un equipo que elige la sobriedad del control antes que la efervescencia del atrevimiento. Aun así dispone de tres nuevas ocasiones, pero el equipo está mucho más enfocado en mantener la ventaja adquirida que en intentar aumentarla. Foden ha dado un recital impresionante. Su nivel ya supera todo lo imaginado cuando solo era una joven promesa. Bernardo, Zinchenko, Gündogan y Rodri se han mostrado excelentes. Son buenas señales de cara al definitivo esprint final.

El triunfo en Birmingham es casi la sentencia del título. Tres victorias más y la decisión del campeonato será irreversible. Los triunfos fuera de casa se elevan a diecisiete. En la Premier League suma diez victorias seguidas lejos de su estadio; es la segunda vez que lo consigue (fueron once entre mayo y diciembre de 2017). La tercera liga de Pep en cinco años está a la vuelta de la esquina.

MOMENTO 31

La cuarta consecutiva

Londres, 25 de abril de 2021

—No hay complacencia en el equipo. Todo el mundo está concentrado todos los días de la semana, no trata ningún partido a la ligera, no importa contra quién juguemos.

Es Brian Kidd quien lo dice. Pep Guardiola le ha invitado a protagonizar la conferencia de prensa posterior al triunfo en la Copa de la Liga, la cuarta que se gana de manera consecutiva. Kidd se prepara para decir adiós al Manchester City, donde ha sido toda una institución. Delantero en su juventud, responsable del desarrollo de los jóvenes canteranos más adelante y tercer entrenador desde 2011, Kidd ha ayudado de un modo ejemplar a Mancini, a Pellegrini y a Guardiola. Es un hombre bueno que ha ayudado a estos tres entrenadores a conectar con la historia del club. Ahora se retira y lo hace con este mensaje inequívoco: no hay complacencia en el equipo.

Son Heung-Min se ha derrumbado sobre el césped de Wembley, con los ojos arrasados por las lágrimas. Cerca de él, Harry Kane se desahoga con Hugo Lloris, su capitán. Todos maldicen el momento. Al Tottenham se le ha escapado otro título y el historial personal de Kane se muestra vacío como un folio en blanco. El gran delantero centro inglés no ha ganado ni un solo título tras una década con los Spurs.

Dos días más tarde, Kane comienza a preparar su salida del club. Hace un año ya hubo contactos con el City, pero el *affaire* Messi los paralizó. Ahora, solo la opción de incorporar a Erling Haaland parece interponerse entre Kane y Mánchester. Pero aún deberán transcurrir algunas semanas hasta que pueda saberse si la contratación de Haaland es viable o no, ya que depende de muchos factores interrelacionados en el tablero europeo. Tras el fiasco de la Superliga impulsada por Florentino Pérez, que buscaba unos ingresos inmediatos que le facilitaran la contratación de Haaland o Mbappé, el panorama ha cambiado. La correlación de fuerzas en el fútbol europeo ya no será la misma que había antes del anuncio de la Superliga. Quizás el Real Madrid no podrá acceder a Mbappé ni a Haaland. Quizás habrá otros clubes que lleguen a ellos. Quizás el City no querrá finalmente, por más que las exigencias competitivas lo recomienden, entrar en una subasta por Haaland.

En cualquier caso, Harry Kane es una gran opción que maneja la dirección deportiva, con el beneplácito absoluto del entrenador. Por esta razón, el jugador comienza a preparar su marcha del Tottenham, y para ello filtra a la prensa londinense su disgusto por la débil estructura competitiva de su equipo. Quiere títulos y en los Spurs no va a conseguirlos, sugieren las filtraciones del entorno de Kane. Está diciéndole a su club que fije un precio razonable para que la operación pueda hacerse. Desde París, Begiristain mira con buenos ojos las informaciones que le llegan a su teléfono móvil. El precio seguramente será muy elevado, pero Kane lo vale.

En las gradas del Wembley Stadium se han reunido esta tarde muchos aficionados. Unos dos mil de cada equipo. Es un pequeño paso hacia la normalidad, una pequeña ventana que se abre en el claustrofóbico mundo de la pandemia. El fútbol ya suena diferente, aunque se practique del mismo modo.

El Manchester City no ha perdido ni un solo partido de la Copa de la Liga desde el 26 de octubre de 2016, cuando cayó ante el United en Old Trafford por 1-0. Suma diecinueve partidos seguisos invicto y la de hoy es su cuarta final consecutiva. El escenario es el más querido por Guardiola, «su» Wembley, ese jardín en el que conquistó su primera Copa de Europa en 1992, como jugador, y donde ha ido acumulando títulos como entrenador: la Champions League 2011, la FA Cup de 2019, la Copa de la Liga de 2018, 2019 y 2020... Sí, Wembley es el jardín de Pep.

Y su City lo muestra desde el saque inicial. Con De Bruyne ya recuperado, como había anunciado el diagnóstico recibido por el entrenador el pasado domingo, el equipo protagoniza una exhibición de juego. El primer tiempo de la final es quizás uno de los más brillantes de todo el año. Solo un Lloris extraordinario y la magnífica actuación defensiva de Dier y Alderweireld evitan la goleada *citizen*. Ni siquiera la estadística de los *expected goals* (3,6 vs. 0,06) consigue reflejar lo visto sobre el hoy impecable césped londinense. Posiblemente haya que remontarse mucho tiempo atrás para recordar una final copera en Inglaterra con tanto dominio de un equipo sobre su adversario.

Los primeros quince minutos de Sterling, que se reivindica en cuanto a actitud, son explosivos, aunque muestra la misma ineficacia que le ha relegado al banquillo en las últimas semanas. Mahrez se presenta efervescente, punzante y agresivo, mientras Foden se mueve como falso atacante para coser y conectar una banda del ataque con la otra, ejecutando una deliciosa interpretación de los ritmos y de lo que necesita el partido en cada momento. Pero si algo destaca por encima de todo, aunque lo hace en silencio, como se hacen todas las cosas importantes, es la anticipación de los defensas. Walker, Rúben Dias y Laporte consolidan una actuación soberbia, adelantándose la mayor parte de las veces a los movimientos rivales, inutilizando la gran arma del Tottenham, sus carreras a campo abierto. De entre toda la zaga aún destaca más Cancelo porque no solo cuaja un partido defensivo impecable, sino que regresa a su rol de lateral-interior desde el que proyecta un caudal de juego ofensivo.

El Tottenham solo puede disparar una vez contra la portería de Zack Steffen, que desactiva el remate con brillantez. El City acumula veintiún remates, pero su gol llega en una de las oportunidades menos obvias. KDB saca una falta lateral, casi en la esquina, y Laporte se aprovecha de la tímida vigilancia de Sissoko, que no se fija en él, para adelantarse y cabecear el tanto de la victoria. Es el octavo gol de Laporte con el City, los ocho obtenidos fuera de casa. Muy a menudo han sido tantos importantes.

Arsenal y Manchester United en sus estadios y Tottenham en Wembley han sido los importantes obstáculos que el City ha superado para conquistar la cuarta Copa de la Liga consecutiva, con lo que iguala el logro del Liverpool entre los años 1981 y 1984. Es la octava que gana, lo que le sitúa en cabeza del palmarés de la competición, también empatado con el Liverpool.[53] Con seis, Fernandinho y Agüero se convierten en los jugadores con más trofeos de esta competición. Guardiola es el primer entrenador en conseguir cuatro consecutivas. Hoy ha sumado su noveno título con el Manchester City. Teniendo en cuenta que el club ha

53. Ha ganado las ediciones de 1970, 1976, 2014, 2016, 2018, 2019, 2020 y 2021.

ganado veintisiete títulos en toda su historia, Pep ya aporta la tercera parte de ellos. Y con el de hoy suma treinta y un títulos como entrenador.[54]

Dos mil aficionados regresan felices a casa. El juego de su equipo ha sido excelente.

54. Guardiola ganó un título con el Barça B (tercera división), catorce con el Barça, siete con el Bayern y de momento nueve con el City.

MOMENTO 32

«Salid y disfrutad»

París, 28 de abril de 2021

El clic se produce en el vestuario del Parc des Princes. El Manchester City está perdiendo la semifinal de la Champions League por 1-0, pero sobre todo está siendo una pálida versión de sí mismo. Guardiola cree que ya ha llegado la hora de hacer un último intento para desbloquear a sus jugadores.

Lleva semanas intentándolo. Con la ayuda constante de Manel Estiarte y el consejo prudente de Juan Manuel Lillo, el entrenador ha modificado sus comportamientos. Ha dejado de gritar y presionar a sus jugadores, ya no agita los brazos desde el banquillo, no les exige más y más, no les riñe por los errores, no los carga de responsabilidad. Cuidado, no nos confundamos: sigue siendo Pep Guardiola, un entrenador exigente y perfeccionista, que pretende ganar siempre y que no afloja las tuercas de la competitividad. Pero ha protagonizado un cambio extraordinario a lo largo de la temporada, entendiendo que las heridas del pasado no se curan a base de incrementar las responsabilidades, sino quitándole peso a esa mochila.

A Pep le pesan mucho las heridas sufridas en Europa. Cayó con estrépito ante el Real Madrid en 2014, cuando accedió a jugar como proponían los jugadores más agresivos del Bayern (Müller, Schweinsteiger...), en lugar de hacerlo como él y Philipp Lahm pensaban. Aquel 0-4 sufrido por su Bayern marcó los siguientes pasos. Un año más tarde cayó en el Camp Nou por 3-0 ante un Barça demoledor, aunque es cierto que las lesiones habían transformado al Bayern en un equipo maltrecho, pese a lo cual logró ganar el partido de vuelta (3-2) e incluso generó ocasiones como para haber remontado la eliminatoria, algo que muy a menudo se olvida. Al tercer año intentó mentalizar a sus hombres de que el inicio de los partidos del Atlético de Madrid era siempre contundente y peligroso, pero no le hicieron caso y encajaron un gol en el primer cuarto de hora. En la vuelta de Múnich, el Bayern jugó un partido sensacional, uno de los mejores de la historia reciente de la Champions, pero no accedió a la final por el valor doble de los goles fuera de casa. Son tres heridas dolorosas que se mantienen vivas en el subconsciente.

Luego llegaron las heridas en el City. Otra vez el valor doble de los goles ante el Monaco o el Tottenham, más el cuarto de hora de pánico de sus jugadores en Anfield, más los desaciertos defensivos ante el Olympique de Lyon... Hay más heridas, seguro que las hay. Los pequeños errores de Laporte, su zaguero más solvente; el fallo de Sterling a puerta vacía contra el Lyon; el penalti desperdiciado por Agüero ante los Spurs, el gol de Llorente con el brazo... Heridas, heridas, heridas.

Con la madurez que dan los años, con Estiarte acompañándole en el proceso, con Lillo sugiriendo nuevas rutas, Guardiola ha ido dejando atrás las heridas y, con ellas, también una parte de su ego. Sus jugadores reaccionan mejor con menos aspavientos, menos indicaciones, menos charlas, menos precauciones. Él sigue trabajando igual, dedicando decenas de horas al análisis de los rivales, pero ya solo destila unas pocas ideas, unas breves frases para sus hombres. Las charlas han pasado a ser minicharlas. Las instrucciones caben en una frase. Pep se ha vuelto minimalista. Sus hombres lo agradecen.

Dortmund supuso un primer clic. Dejar atrás la maldita curva de los cuartos de final y entrar en la amplia y espléndida recta en la que se disputa el esprint supuso curar bastantes heridas.

Los días previos al partido de París han sido muy cruyffistas para Pep, que siente una serenidad interior de la que carecía. A media tarde del miércoles, cuando solo faltan cuatro horas para que comience el partido contra el PSG, encuentra el tiempo y la calma para responder mensajes de días anteriores. Esto era inimaginable en Guardiola hace años.

Las personas cambian. Las personas cambiamos. A menudo, sin tomar conciencia plena de ello. La vida nos cambia. Pep ha cambiado. Le han cambiado las victorias y las derrotas, la pandemia y el aislamiento, el intercambio de opiniones con gente que le aprieta y lo lleva al límite. El joven entrenador atrevido y creativo de hace una década ha dado paso a un hombre maduro y más calmado, menos histriónico, más receptivo, menos trascendental.

Aunque su punto fuerte siempre fue la interpretación táctica e intuir por adelantado qué iba a ocurrir sobre el césped, desde hace cierto tiempo ha comenzado a dar más importancia a un ámbito de inmensa trascendencia, el territorio emotivo-volitivo (en expresión de Francisco Seirul·lo), el ámbito de las estructuras socioafectivas. Pep ha comprobado que existen cosas mucho más importantes que la distribución sobre el terreno de juego, mucho más relevantes que el 3-2-2-3 o el 2-3-2-3, mucho más decisivas que la táctica y la contratáctica. Ha interiorizado que las emociones, las interacciones y las conexiones entre sus jugadores suponen el fundamento esencial del éxito. Los miedos, las tensiones, el atrevimiento... Las emociones catapultan al éxito a un equipo o lo sumen en el fracaso. Lo ha vivido tan a flor de piel que, por fin, reserva para este ámbito tanta o más energía como para el territorio táctico que tan bien domina.

Por ello decide impregnar la semana de mensajes cruyffistas. Lo hace el martes, en la rueda de prensa previa, que convierte en uno de sus mejores y más sólidos discursos sobre el comportamiento humano en el juego del fútbol. Pero sobre todo ha de hacerlo durante el difícil intermedio de la propia semifinal, cuando su equipo está perdiendo y se siente naufragar.

El cuerpo técnico solo ha dudado sobre una posición y acaba eligiendo a João Cancelo para el lateral izquierdo. Su partido del domingo ante el Tottenham fue espléndido y el portugués recupera la plaza desde la que deberá vigilar al gran «conector» del Paris Saint-Germain, el argentino Ángel Di María. El City salta al Parc des Princes con las prevenciones lógicas. No quiere conceder espacios para correr a unos delanteros que son especialistas formidables en el contraataque. Cada jugador *citizen* se esmera en cada pase, intentando evitar cualquier pérdida, pero, como acostumbra a suceder en el deporte, el temor excesivo conduce inevitablemente al error. Hay tanta prudencia en el equipo que esa misma prudencia multiplica los errores en el control y el pase. No son errores que generen ninguna situación de gravedad, pero provocan un importante hándicap: el City pierde toda su capacidad de imponer un ritmo elevado de juego. No hay secuencias largas de pase y se producen pocas conexiones veloces entre los hombres de Pep. El juego sufre un cortocircuito a causa de su propia prudencia.

El equipo ha llegado a París casi sin preparación específica para el partido. El domingo por la tarde ganó la Copa de la Liga en Londres, descansó el lunes en Mánchester y viajó el martes a París. Solo hubo tiempo para las acciones a balón parado, tanto para la organización defensiva como para la ofensiva. Cuando en el tercer saque de esquina favorable al PSG, su capitán, Marquinhos, se escapa de la vigilancia de Gündogan y de Rodri, mientras los puntales Dias y Stones se ven entorpecidos por Paredes y Verratti, podría pensarse que la preparación de dicha acción ha sido fallida. Cuesta un gol. Cincuenta minutos más tarde, un saque de esquina favorable, también el tercero, significará el gol del empate para el City, lo que haría pensar que la preparación fue un acierto.

Entre uno y otro gol ocurren muchas cosas. El PSG se adueña del juego a partir del minuto 2, cuando una pérdida de balón de Rodri provoca el contragolpe de Mbappé y un remate blando de Neymar Jr. Es solo un aviso, que diez minutos más tarde, tras el primer saque de esquina, se repite. Ederson salva el gol que pretende lograr Neymar, pero no podrá evitar el que cabecea Marquinhos a la red tres minutos más tarde. El PSG domina el marcador e impone su jerarquía. Neymar retrasa su posición y dirige las operaciones casi desde el círculo central, sembrando el miedo entre los centrocampistas de Pep, que no consiguen frenarlo. Y cuando lo consiguen, ahí está Di María para percutir en profundidad, con la buena ayuda de Florenzi. El City está agarrotado. Ninguna conexión funciona. Ha modificado su *build up* para fortalecerlo; en vez de salir con el habitual 3+2, lo hace en 3+3, con Rodri, Gündogan y Cancelo en la segunda línea, pero esto significa tener un hombre menos por delante del balón frente a siete defensores franceses. Solo un centro largo de Cancelo inquieta al PSG gracias al remate «a lo Cruyff» de Bernardo, pero no hay volumen de juego suficiente como para producir las habituales ocasiones que genera el equipo de Pep.

Las viejas heridas vuelven a supurar sobre el césped de París, donde los jugadores parecen moverse con una mochila de piedras a la espalda. Neymar y Di María se sienten ligeros y superiores, y en cualquier momento puede llegar un segundo gol que acabe con el City. Pep lo percibe, pero decide mantenerse calmado y confiar en sus futbolistas. Los últimos ocho minutos del primer tiempo han sido positivos y han empezado a cambiar las cosas. Bernardo, De Bruyne y Foden presionan con más acierto y, en una de estas situaciones, Bernardo roba un balón y cede a Foden, quien desde el punto de penalti desperdicia un gol claro, al rematar recto, cosa que permite el rechazo de Keylor Navas. Ha sido una oportunidad malograda, pero al mismo tiempo es un aviso de que el partido está cambiando de manos.

El vestuario está en silencio. Pep ha propuesto una pequeña serie de cambios en las distintas alturas de varios jugadores, en la forma de presionar al rival y en la dirección hacia la que orientarlo. Pero lo que quiere decirles no pertenece al orden táctico, sino al emocional. La llave que puede desbloquear el juego es mental. Decide dar prioridad a las emociones por delante de la táctica. Es consciente del poder que ejerce la mente y que la pizarra, como siempre ha dicho Lillo, «solo es un biombo detrás del que pueden esconderse jugadores y entrenadores, un biombo que además ayuda a uno de los grandes males sociales de nuestro tiempo: convertir la responsabilidad en un estado gaseoso».

Las palabras de Pep serán un terremoto silencioso.

Años después, Marc Boixasa seguirá emocionándose cuando recuerda aquel breve discurso del entrenador: «Fue algo mágico. Esperábamos que hablara de conceptos tácticos, pero Pep se puso a hablar desde el corazón. Habló de lo bueno que era cada jugador, de que sería suficiente con ser uno mismo».

En ese par de minutos, Pep les dice:

—Sois muy buenos, sois mejores que ellos. Solo tenéis que dejaros ir, no os preocupéis por el resultado ni por sus consecuencias. Para eso ya estoy yo. Vosotros sois futbolistas, jugad, disfrutad, como cuando erais niños y no teníais miedo de nada. Dejad el miedo en este vestuario cuando cerréis la puerta. Dejad aquí dentro los miedos, la prensa, las redes sociales, el qué dirán, las consecuencias. Dejadlo todo y salid a jugar como cuando erais niños. Con felicidad.

El Manchester City que aparece en el segundo tiempo es un equipo diferente. Un discurso breve, alegre y distendido ha liberado a los jugadores. Les ha quitado toda responsabilidad. Les ha pedido que sean ellos mismos. Que salgan a jugar como saben porque esta será la vía por la que conseguirán la victoria. Pep también introduce cambios tácticos. No son muchos, pero son decisivos.

Con balón, Foden abandona la banda derecha y se mueve por pasillos más centrados, arrastrando con él a Florenzi, mientras De Bruyne mantiene fijados a los dos zagueros del PSG. La posición exterior de Foden pasa a ser ocupada, aunque un escalón por debajo, por Cancelo, que de esta manera provoca que Di María deba seguirle y, como consecuencia, su conexión con el dúo peligroso, Neymar y Mbappé, desaparezca. En todo el segundo tiempo, el PSG solo logrará atacar una vez a través de Mbappé, que corre hasta el área del City, pero sin que ningún acompañante pueda rematar su pase paralelo a la portería de Ederson.

La posición alta de Cancelo y la centrada de Foden facilitan el paso hacia delante de Gündogan, que se erige en el hilo que cose todas las piezas. Conecta veintiséis veces con Rodri, once con Foden, trece con Cancelo en sesenta minutos y nueve veces con Zinchenko en media hora. Gündogan es el hilo que cose el equipo. El City ha pasado a jugar rápido el balón, con controles precisos, pasando el esférico al pie dominante de cada compañero. Como una catarata, cada pase adquiere mayor rapidez y cada jugador acelera el movimiento, provocando que los del PSG pierdan en cada nueva acción un poco de terreno. Gündogan cose y recose el territorio, bien apoyado por Rodri, mientras Rúben Dias se adelanta a cualquier movimiento de Mbappé y Walker a los de Neymar, incluso si tienen que perseguirlo hasta muy lejos, quedando Stones en libertad para cubrir a sus compañeros de zaga. El City está arriba del campo y monopoliza el balón. Son las condiciones idóneas para que llegue el gol.

Y hace algo mejor cuando no tiene el balón. Dispuesto en forma de 4-4-2, orienta la presión hacia la derecha del equipo francés. De Bruyne induce a Marquinhos a escapar por la derecha, donde Foden sujeta a Florenzi y Cancelo a Di María. En el centro, Bernardo, el hombre de los tres pulmones, es capaz de vigilar a Paredes y de molestar a Kimpembe, y Gündogan no deja respirar a Gueye, mientras en la derecha Mahrez y Walker aguardan como perros de presa. La orientación del City a la salida de balón del PSG provoca que Marquinhos deba ceder, una vez tras otra, a un compañero vigilado o bien lanzar lejos el balón, donde es recuperado por el City.

Las cifras reflejan un cambio radical. Si en el primer tiempo la posesión del City es del 53 %, crece al 61 % tras el descanso. El equipo de Pep logra recuperar 45 balones, por 31 el PSG, una enorme diferencia. En la segunda mitad, el PSG solo consigue acertar 170 pases, ochenta menos que en el primer tiempo y, además, su acierto cae desde el 90 al 85 %. Por el contrario, el City incrementa el total de pases desde 304 a 351 y mantiene su nivel de acierto (93 %-92 %). Más pases, más acierto, más control, más conexiones. El desenlace se adivina en el horizonte, sobre todo porque el dominio en el juego se produce en zonas peligrosas. Se alcanzan doce intervenciones en el área de penalti francesa, por solo una del PSG en toda la segunda mitad, en la que los locales no conseguirán rematar contra la portería de Ederson.

Pep sustituye a Cancelo por la tarjeta amarilla recibida. Ahora que tiene al PSG contra las cuerdas no puede arriesgarse a una expulsión, por lo que Zinchenko entra en juego, con su consabida sintonía con Gündogan y Foden, con quienes forma un triángulo letal. Los dos goles del City llegan con fortuna, sin duda. El primero, en un saque de esquina forzado por Walker. El equipo pone el balón en juego mediante pases cortos que van recorriendo toda la frontal del área, desde la derecha hasta la izquierda, donde De Bruyne controla y centra con una rosca fuerte, buscando el cabezazo de Dias o la puntera de Stones, pero ni uno ni otro logran llegar al balón, que da un último giro sobre sí mismo y se cuela en la portería de Navas, quien no acierta a intervenir. Solo siete minutos más tarde, Gueye provoca una falta en la frontal del área sobre KDB, quien cede los honores a Mahrez. La barrera del PSG se abre en el lanzamiento del argelino y el balón pasa entre los cuerpos de Paredes y Kimpembe para alojarse en la red parisina.

El 1-2 final supone la victoria número cincuenta del City en los noventa partidos que ha jugado en la Champions League hasta el momento y será el decimoctavo triunfo consecutivo fuera de casa. Es también el décimo en la presente edición de la Champions y un magnífico resultado en semifinales, el mejor que consigue Pep desde que en 2011 venciera por 0-2 al Real Madrid en el Bernabéu. El City no celebra el triunfo en exceso, como explica su entrenador: «Estoy contento de que los jugadores hayan estado calmados en el vestuario. No había gritos, estaban serenos y en calma. Sabemos que todo puede ocurrir en el partido de vuelta».

De Bruyne y Mahrez han lucido con brillantez y además han destacado en dos aspectos inéditos. El belga ha sido, con cuatro, el jugador que ha cometido más faltas, y el argelino, con siete, ha recuperado más balones que ningún otro compañero. Gündogan y Bernardo se han mostrado eficaces en su labor como «cosedores», pero quizá nadie ha destacado tanto, aunque haya sido en modo silencioso, como los zagueros. Stones y Dias no han permitido que Mbappé conectara ni un solo remate en todo el partido, lo que es la primera vez que le ocurre en su brillante carrera. Se une de este modo a Erling Haaland y Harry Kane, otras dos ilustres «víctimas» de la zaga del City, uno de sus puntales de la temporada. A partir de la liberación mental y desde los fundamentos básicos de su juego, el Manchester City ha dado un paso de gigante en Europa.

Pep me hace llegar su pensamiento:

—A veces, uno necesita relajarse y ser un poco más uno mismo. Yo ahora ya solo quiero una cosa. Ser nosotros en el segundo partido. Ser nosotros mismos. Nada más que eso.

MOMENTO 33

Fernandinho, prepárate

París, 29 de abril de 2021

Antes de la semifinal de vuelta hay otro compromiso en Londres, otro partido fuera de casa, en Selhurst Park, donde espera el Crystal Palace.

El partido empieza a prepararse el jueves por la mañana en las instalaciones del Paris FC. Fernandinho ha tomado las riendas del grupo y lo conduce por un terreno emocional delicado, pero sofisticado.

Entre el cuerpo técnico y Fernandinho se ha generado un discurso poderoso. Los que no jugaron contra el PSG ni contra el Borussia Dortmund son los que han de certificar la conquista de la Premier League. Este compromiso comenzó tras la derrota en Londres ante el Chelsea, en la semifinal de la FA Cup. Gündogan se rebeló contra la pasividad de algunos compañeros y exigió una reacción. No es el capitán, pero posee un instinto natural para percibir los problemas. Advirtió que no era bueno abrir un abismo entre titulares y suplentes, no porque no hubiese que alinear en los partidos grandes a quienes se encuentran en mejor forma, sino porque la actitud de algunos que no juegan puede lastrar el rendimiento del colectivo. Así sucedió contra el Chelsea. Y Gündogan levantó la voz de alarma. Habló con Fernandinho y entre ambos decidieron que había que cambiar el rumbo. No se trataba de reunirse para pasar facturas, sino para aunar fuerzas. Había que impedir que algunos siguieran escondidos tras la máscara de suplentes.

En los días siguientes se produce la catarsis. Entre el cuerpo técnico y los jugadores, con Fernandinho como catalizador y Gündogan como inductor, circula un discurso de ida y vuelta muy potente: «Hay que hacer un esfuerzo "egoísta" para que todos salgamos ganando», es la base del compromiso. Frente a cierta desorientación individual se erige un discurso firme: «A todos nos interesa que este esprint final salga bien». Los capitanes adoptan el mensaje: «Nadie gana cuando el equipo pierde. Y nadie pierde cuando el equipo gana».

Se acabó desde este momento que haya jugadores que disputen partidos como simples burócratas. Los capitanes acaban con ello. Quienes iban al entrenamiento con rostro de víctimas dejan de hacerlo. Quienes se maldecían por las oportunidades perdidas dejan de hacerlo. Fernandinho y Gündogan han acertado con la tecla. El entrenamiento posterior al triunfo en París ya es un síntoma. Hay alegría, pero también agresividad. Son solo diez jugadores los que se entrenan, si bien todos intuyen que jugarán el sábado contra el Crystal Palace [en realidad, no será así porque Rodri entrará en el equipo y Zinchenko solo jugará veinte minutos] y que a ellos se les reserva el honor de dar el gran paso definitivo para ganar la Premier League.

De París sale un compromiso definitivo de todos los jugadores. La tarde de aquel mismo jueves, ya en Mánchester, Guardiola ajusta la complicada alineación del sábado, intentando reservar a los que jugarán el martes contra el PSG. El problema básico es lograr una buena salida de balón pese a jugar con tres zagueros zurdos.

La que se consigue en Selhurst Park es una victoria sobria y sin brillantez. A la yugoslava. Una manera de vencer que simboliza los rasgos fundamentales del equipo durante este año. Una zaga concentrada que minimiza los errores; un centro del campo solidario e inteligente, que busca dar continuidad permanente al juego; y un ataque móvil, con permutas, sin un gran goleador, pero con muchos pequeños goleadores. Así ha ido ganando partido tras partido desde finales de 2020, cuando arrancó su imparable velocidad de crucero. El juego no posee la brillantez mostrada entre 2017 y 2019, ni la ortodoxia del juego de posición más canónico que Guardiola puso en órbita en aquel periodo. Ha perdido eficacia en el contraataque, en parte por la ausencia de la amplia zancada de Leroy Sané, en parte por el periodo oscuro que está viviendo Raheem Sterling. Tampoco cuenta con una hormiga laboriosa como David Silva, que unía todos los puntos desperdigados del equipo, con paciencia de artesano. Pero, a cambio, el City ha adquirido otras cualidades formidables. Su línea de zagueros ha minimizado los errores y maximizado la concentración. Los centrocampistas interiorizan que su gran batalla es marcar el ritmo y la velocidad del juego en cada momento, y tratar de dibujar una tela de araña impermeable. Los delanteros han aprendido que no deben estar en el área, sino aparecer en ella en el instante adecuado. El del curso 2020-2021 no es el equipo más espectacular de la era Guardiola en Mánchester, pero es el más compacto, cohesionado y polivalente de sus cinco temporadas. El del perfil yugoslavo.

Únicamente han transcurrido sesenta horas del triunfo en París y el City vuelve a jugar. Con dos viajes por medio, Pep solo utiliza a Ederson, Cancelo y Rodri de entre los vencedores del PSG. El resto descansa y se prepara para el enfrentamiento europeo. Guardiola diseña una forma inédita de distribuirse sobre Selhurst Park. Lo hace con dos zagueros zurdos (Aké y Laporte), con dos mediocentros (Fernandinho y Rodri) y con dos delanteros centro (Agüero y Gabriel Jesús). Hay que hacer algunos malabarismos para que el balón circule con fluidez en una disposición tan atípica. Así, Fernandinho cae a la banda derecha para ayudar a Aké y Laporte en la salida de balón, mientras Cancelo, Mendy y Agüero se aproximan a Rodri en la segunda línea. El papel de Agüero será muy notable, jugando por detrás de Gabriel Jesús, pues sabe proteger el balón, distribuirlo con acierto y adivinar movimientos de los compañeros. Alejándose del área, su hábitat natural, encuentra una participación más que notable.

Los «suplentes» tienen ante sí el reto de dar el penúltimo paso hacia el título que se antoja definitivo. El juego es espeso, propiciado por la cerrada defensa del Palace, que se agazapa en espera de lanzar veloces contragolpes, y la dificultad del City para digerir una alineación tan atípica. El primer tiempo ofrece una gran intervención de Ederson para evitar el gol de Benteke tras una deliciosa serie de pases del Palace, y también un gol anulado a Jesús por claro fuera de juego, además de un par de ocasiones falladas por Sterling y Agüero. La segunda mitad es más eléctrica. Torres da una primera advertencia a la defensa local y poco después llegan, en cascada, los dos goles que sentencian el enfrentamiento. Primero es Agüero quien controla con mimo un balón suave que le cede Mendy y engancha uno de esos remates demoledores que le han dado fama universal. Ochenta segundos más tarde, una combinación entre Agüero y Jesús desemboca en un rebote que aprovecha Ferran Torres para marcar desde fuera del área con su pierna izquierda. Es el gol número 700 del equipo desde que Pep lo dirige (288 partidos). En el mismo periodo, el Liverpool ha anotado 543 y el Manchester United 512.

La actuación de Fernandinho es tan formidable, batiendo por alto en los duelos a un coloso como Benteke y dando un recital de pases y colocación, que Pep decide ahí mismo, durante el partido, que el capitán será el mediocentro titular contra el Paris Saint-Germain, para aprovechar toda su experiencia en encuentros complicados. Por esta razón lo sustituye por Zinchenko. Al día siguiente acabará de confirmar la idea de sustituir a Rodri por Fernandinho. Nadie gana cuando se pierde y, sobre todo, nadie pierde cuando se gana.

Sterling busca ansioso un gol con el que reivindicarse tras tantas semanas de juego discreto, pero su disparo con la pierna izquierda se estrella en el poste del Palace; además, tampoco logra finalizar un buen contraataque prolongado por Agüero, ni un pase casi decisivo de Zinchenko, que acaba rozando el poste. Como ya hiciera el pasado domingo, al terminar el partido Guardiola regala los oídos de Sterling, elogiando su actitud. El entrenador intenta reanimar a uno de los jugadores importantes en años anteriores, pero que atraviesa una etapa de inseguridad manifiesta. Los grandes elogios de Pep en público, sin embargo, acostumbran a ser garantía de que el jugador estará en el banquillo en el siguiente partido.

La victoria en Londres deja el título de Premier League a solo un triunfo. La ventaja momentánea sobre el Manchester United es de trece puntos, que aún se mantendrá varios días porque el domingo su partido contra el Liverpool se aplazará a causa de la invasión de Old Trafford por parte de sus propios aficionados, en protesta contra la gestión de los propietarios del club. El City regresa a Mánchester con la convicción de que ya es campeón. «Esta liga no se nos escapa», me dice Manel Estiarte, el más prudente y comedido de los componentes del cuerpo técnico. El número de victorias consecutivas fuera de casa se eleva a once en partidos de la Premier League —igualando al Chelsea 2008 y al City 2017— y a diecinueve en todas las competiciones, récord absoluto en el fútbol inglés.

Pep continúa tranquilo: «El éxito de esta temporada reside en la calidad humana de los jugadores. Hay una segunda razón: no pensar más allá del próximo partido».

MOMENTO 34

«Lo haremos bien»

Mánchester, 4 de mayo de 2021

Son solo tres palabras.

Pep tiene dos horas libres después de comer en la ciudad deportiva y las aprovecha para responder mensajes pendientes. Es una manera como otra de superar la tensión previa al partido. Todavía falta un buen rato para convocar a los jugadores, merendar con ellos y darles una brevísima charla con muy pocos apuntes tácticos. El equipo no necesita discursos ni instrucciones. Todos saben lo que deben hacer y tampoco precisan de ninguna carga extra de motivación. La semifinal contra el PSG posee por sí misma tanta carga emocional, y el premio por vencer es tan gigantesco, que nadie necesita que se lo recuerden. Lo mejor es dejar la mente en blanco y esperar a que llegue la hora de ir hacia el campo, en el breve trayecto en autobús desde la ciudad deportiva hasta el Etihad Stadium, cinco minutos escasos.

Guardiola se siente tranquilo. O todo lo relativamente tranquilo que un entrenador puede estar en una competición de tanta tensión como es la Champions League. Acumula bastantes mensajes en el móvil que aún no ha podido contestar. Amigos de todo el mundo le felicitaron por el triunfo en París. Otros le desean suerte para el partido de esta noche. Escueto y con la boca algo seca, Pep va respondiendo algo similar a todos:

—Lo haremos bien.

Las ventanas del edificio principal de la City Academy dejan ver cómo el cielo se oscurece y las nubes descargan una lluvia intensa. Pronto se pondrá a nevar.

Y

La única instrucción que se escucha en el vestuario del Etihad Stadium es la de no correr riesgos, sobre todo con la nevada que acaba de descargar. Solo dos palabras:

—*No risk*.

Guardiola traslada a sus jugadores la esencia de un criterio que ha compartido durante años con Domènec Torrent, su antiguo ayudante: «En la Champions, ningún riesgo mientras no sea necesario». Arriesgó en la segunda parte de París y logró una victoria que hoy pretende conservar. Por esa razón el «*no risk*».

Conservar se materializa en una estructura en forma de 4-4-2, con De Bruyne y Bernardo en la línea más adelantada, que buscará orientar al PSG hacia los pasillos interiores, donde estarán los principales obstáculos que ha preparado: el trío compuesto por los zagueros Stones y Dias y el mediocentro Fernandinho. Guardiola pretende que los parisinos, privados de Mbappé por lesión, embarranquen en la zona central del campo y se vean obligados a finalizar sus acciones de ataque con centros desde las bandas, en los que el City se siente fuerte. Al mismo tiempo, se concentra en asegurar bien los pases, para evitar cualquier riesgo, máxime a la vista del estado del césped, cubierto con abundante nieve.

Como cabía esperar, el PSG sale en tromba, y el City, conservador. Pep ha llenado su centro del campo, ocupando todos los espacios intermedios, pero imprimiendo mucha movilidad a sus hombres. La salida de balón ha sido modificada y se estructura en 2-4-4 en vez del habitual 3-2-2-3. La fase de construcción se organiza en 4-2-4 y el ataque en 3-4-3. Cuando no tiene el balón, regresa al 4-4-2, aunque la presión de KDB y Bernardo es muy liviana al principio, dejando jugar a los franceses, que son dirigidos con acierto y sentido por un excepcional Marco Verratti, un pequeño jugador mayúsculo, que maneja el ritmo del partido. Pero el City espesa el juego y orienta al PSG por el centro hasta taponarlo. Los franceses, capaces de vencer al Barça en el Camp Nou y al Bayern en el Allianz Arena, no encuentran los grandes espacios vacíos que tanto gustan de recorrer y se ven forzados a centrar balones al área local. En uno de ellos, apenas transcurridos siete minutos de partido, el árbitro pita penalti por una supuesta infracción de Zinchenko, pero de inmediato anula la decisión tras ser avisado y revisar la acción. El ucraniano había despejado con la espalda y no con el brazo.

La instrucción de minimizar riesgos se complementa con la pretensión local de atraer al PSG a zonas calientes y estirar sus líneas. Así llega el primer gol. El City tiene una falta favorable en campo contrario que Fernandinho saca en corto para Gündogan, quien cede a Zinchenko, situado como extremo izquierdo, que regresa hacia atrás porque el PSG está perfectamente replegado. Los zagueros reconducen hacia la derecha, donde Walker encuentra el mismo obstáculo y toma idéntica decisión que Zinchenko: retrasar hacia Ederson. En este momento, el PSG se abre, con Neymar, Icardi y Di María encabezando la presión, que es desbaratada por el pase vertical del portero a Gündogan y la devolución de este a Ederson. El mapa de ese instante refleja que la secuencia de pases del Manchester City ha estirado al PSG, sobre todo cuando se repite por segunda vez el pase de Ederson a Gündogan y la consiguiente devolución del alemán a su portero, lo que incrementa el «factor imán» en el PSG. El equipo de Pochettino adelanta a sus cuatro zagueros hasta cerca del círculo central, a sus tres delanteros sobre la frontal del área *citizen* y tiene a sus tres medios muy separados entre sí, vigilando a KDB, Fernandinho y Bernardo. Y entonces, cuando el conjunto francés ya ha sido atraído hacia la portería local, ha sido obligado a estirarse y simultáneamente también a abrirse, entonces entra en juego la visión panorámica de Ederson, tan excelente como su pie.

Tiene a dos compañeros libres. Los laterales. Walker está en la derecha, hacia la mitad de su propio campo, por detrás de Mahrez, sin nadie que le moleste. Pero en la izquierda, Zinchenko se halla en una situación mucho mejor. Casi pegado a la línea del centro del campo, muy lejos de Florenzi, que ha sido atraído fuera de sitio por Bernardo, y con la ventaja de que su orientación corporal está señalando hacia la portería rival, Zinchenko es el objetivo idóneo. Ederson decide dar la preasistencia de gol y coloca el balón sesenta metros por delante, donde el lateral ucraniano ya ha desballestado al PSG. Lo que viene a continuación es una sucesión de decisiones acertadas. Zinchenko, perseguido por Marquinhos, sabe templar y pasar hacia atrás en el momento oportuno para la llegada de KDB, mientras Foden arrastra a Kimpembe lejos de la zona de influencia del belga. De Bruyne, que llega en solitario tras dejar atrás a Verratti y también a Ander Herrera, lanza un remate que podía ser letal, pero que rebota en el pie derecho de Florenzi, con lo que el balón cae a pies de Mahrez, que materializa un gol que inclina de manera definitiva las semifinales. Han intervenido los once jugadores locales durante cuarenta y dos segundos en una secuencia de quince pases que ha estirado al PSG de forma irremediable y en la que Ederson ha sabido advertir con acierto dónde estaba la superioridad. En esta larga acción se resume el juego del Manchester City durante toda la temporada: amplias secuencias de pases, efecto imán, serenidad y paciencia, búsqueda de la superioridad en las zonas menos previsibles y finalización contundente.

El gol incrementa la prudencia de Pep, que se niega a estirar sus líneas y hace oscilar la estructura entre el 2-4-4 y el 4-4-2, sin más alteraciones. Pese a ello, el PSG dispone de un excelente cabezazo de Marquinhos al travesaño en la segunda jugada de un saque de esquina, así como de un remate de Di María a puerta vacía, que sale fuera, tras un grave error de Bernardo. La última media hora del primer tiempo transcurre con el ritmo bajo que impone el City, mientras las penetraciones frontales del PSG se van ralentizando y diluyendo. El equipo parisino ha tenido más tiempo el balón en su poder (56 %) y se ha mostrado atrevido, pero sin conseguir desequilibrar.

Y como en París siete días antes, el equipo de Guardiola cambia de intenciones tras el descanso. Con gran esfuerzo, los jardineros del Etihad han limpiado toda la nieve que había sobre el césped, y De Bruyne, Bernardo, Foden y Mahrez encabezan una presión alta de gran agresividad, respaldados por un Fernandinho excepcional en la recuperación de balones. A un primer remate de Foden que salva el portero costarricense le sigue la réplica de Neymar, que encadena una larga diagonal en el interior del área local, finalizada con un disparo que Zinchenko bloquea y que merece la primera gran celebración de los zagueros *citizens*, que se abrazan y felicitan. Todavía bajo un diluvio, Zinchenko inicia un contraataque, su pase a De Bruyne es prolongado por la carrera de Foden en la banda izquierda, que devuelve al belga, quien se toma una sutil pausa, durante la que acomoda el cuerpo para controlar el pase algo retrasado de Foden. Esa pausa dura unas breves milésimas, las precisas para relanzar el balón con precisión hacia el joven de Stockport, quien profundiza y le regala el gol a Mahrez, que llega libre por el costado opuesto después de dejar muy atrás al lateral Diallo. Quizá Neymar podría haber llegado a entorpecer a Mahrez, pero en mitad del contraataque local decide orientarse contra De Bruyne, y esa decisión errónea facilita aún más que Mahrez se presente en solitario en el área parisina. La semifinal está sentenciada.

Los siguientes minutos lo confirman, máxime cuando Di María es expulsado por agredir a Fernandinho. La única dificultad del City en los últimos veinte minutos consiste en mantener la calma. Casi la pierde Zinchenko, pero Fernandinho —que hoy ha cumplido treinta y seis años— ejerce de capitán y de padre y logra calmarlo mediante una bronca monumental. El equipo tendrá otras cuatro ocasiones de peligro, en especial un disparo al poste de Foden, pero el marcador ya es definitivo. Por vez primera en su historia, el City accede a la final de la Champions League y los jugadores lo celebran sobre el césped con alegría serena. En el vestuario habrá más euforia, aunque solo en su justa medida. Son conscientes de que el éxito ha sido muy importante, pero que lo más trascendente está por hacer.

El City es el noveno equipo inglés en llegar a una final de Copa de Europa y el primero en hacerlo tras ganar once partidos en la competición, pues solo empató uno de los doce que ha disputado, ante el FC Porto. Ha sido su séptima victoria consecutiva en la Champions y el octavo partido sin encajar gol en el torneo. Llega a la final tras haber marcado veinticinco goles y encajado solo cuatro.[55] Este último dato refleja la magnitud defensiva del equipo, donde los zagueros destacan por encima de todo, si bien es un mérito colectivo, como se encarga de recalcar Mahrez: «Todos hemos de contribuir a la defensa». El argelino ha sido el gran ejecutor final del equipo. Con el Gladbach dio una asistencia de gol, contra el Dortmund regaló otra y marcó un tanto y contra el PSG ha anotado tres goles.

Tres factores se erigen como protagonistas del éxito. El primero es de carácter psicológico. Guardiola había reclamado serenidad y templanza, John Stones había descrito el día anterior que había que «ser lo que somos» y su compañero Rúben Dias completó el cuadro al final del partido explicando que «cuando hay dificultades es cuando toca demostrar el carácter que tenemos como equipo». El segundo ámbito es el «efecto imán», que ha permitido atraer y estirar a un equipo formidable como el PSG. Ha ocurrido de manera ejemplar en el primer gol y de manera continuada en la banda izquierda, donde el triángulo formado por Zinchenko, Gündogan y Foden se ha hartado de dar pases con la misión de juntar rivales y obtener ventajas en otras zonas del campo.[56] El tercer aspecto ha sido estratégico. Audacia en la ida y conservación en la vuelta. El plan le ha salido bien a Guardiola.

Estiarte y Lillo se ríen: «Cuanto más yugoslavos somos, mejor nos salen las cosas. Cuanto más sobrios, más champán beberemos», dice la pareja de ermitaños abstemios.

55. Recibió un gol del Porto, uno en cada partido de la eliminatoria contra el Borussia Dortmund y uno en París.

56. Diecisiete pases de Zinchenko a Gündogan y quince a Foden. Catorce pases de Gündogan a Zinchenko y los mismos de Foden a Zinchenko.

EL MURO PORTUGUÉS

Más pronto que tarde, Rúben Dias será capitán del Manchester City, elegido por sus compañeros. Es inevitable que así sea, vista su capacidad de liderazgo y el carisma que emana, cuando ni siquiera ha cumplido veinticuatro años.

Dias le ha cambiado el rostro a la defensa. Por su intuición, por su concentración extrema, por su exigencia hacia sí mismo y a sus compañeros, por su exuberancia física, por los bloqueos arriesgados, por el atrevimiento en perseguir a cualquier delantero a cualquier zona. Ha sido la llama que ha encendido el fuego defensivo del City, una pretensión que Guardiola siempre tuvo y que quiso construir a partir de Vincent Kompany, lo que no fue posible por las constantes lesiones que padeció el zaguero belga. Después pretendió hacerlo con John Stones y más adelante con Aymeric Laporte, pero siempre hubo tropiezos y caídas de rendimiento que lo impidieron. Por fin, con Rúben Dias, ha logrado completar la organización que tenía en su cabeza, una zaga que replica la que tuvo en el Barcelona. El líder y quien hace latir esta zaga es Rúben Dias, con un estilo parecido al que tenía Carles Puyol en el Barça. El zaguero de salida fina y clarividente es Stones (y también puede serlo Laporte, pese a sus intermitencias) como en el Barcelona lo fue Gerard Piqué. El lateral fuerte, veloz y contundente es Walker, un perfil que recuerda al de Eric Abidal en el Barcelona, y el lateral creativo y audaz que fue Dani Alves en el Barça tiene su homólogo —aunque con inferior talento— en Cancelo o Zinchenko.

Salvando las obvias diferencias de perfiles, momentos y características, Guardiola ha buscado replicar un grupo defensivo parecido al que tuvo hace una década y lo ha logrado después de muchos intentos vanos. Si el Manchester City ha llegado finalmente al último peldaño de la Champions es gracias a su línea defensiva, que se abraza eufórica al terminar la semifinal contra el PSG y también cuando Zinchenko logra desviar a córner una penetración de Neymar que preludiaba el gol. Esta solidez es la que provoca que el último disparo del PSG entre los tres postes sucediera en el minuto 28 del primer partido. (Aunque Marquinhos cabeceó al travesaño en el 15 del segundo partido).

Haaland, Mbappé, Neymar, Kane… La lista de los grandes delanteros a los que ha secado la zaga *citizen* aumenta. Todos ellos se han quedado con cero goles y con cero remates a portería en las cuatro últimas semanas. Más aún, los defensores del City han bloqueado con sus cuerpos el 27,3 % de los remates realizados por los rivales, ninguno tan espectacular como el bloqueado con la cabeza por Dias en un peligroso disparo de Ander Herrera. Como dice Walker, «bloquear un disparo es como marcar un gol».

Y no solo se trata de secar al delantero, bloquear los disparos o construir un muro impenetrable. En los últimos siete partidos de la Champions, Rúben Dias no ha bajado del 91 % de acierto en sus pases.[57] El futuro capitán del City tiene las ideas claras: «El fútbol cambia rápido y hay que estar preparado para los cambios».

57. Los pases acertados de Dias han sido: 96,4 % ante el Porto; 98,4 % y 94,1 % contra el Borussia Mönchengladbach; 94,3 % y 95,2 % contra el Borussia Dortmund; y 94,8 % y 90,3 % contra el PSG.

MOMENTO 35

El Chelsea será favorito

Mánchester, 5 de mayo de 2021

Solo algunas nubes grises recuerdan que anoche estuvo nevando en Mánchester. Luce el sol sobre la CFA (City Football Academy). La plantilla está dividida en cuatro grupos. Los once titulares de ayer pasean, trotan, estiran músculos y se relajan tras la batalla contra el Paris Saint-Germain. Los tres guardametas, Ederson, Steffen y Carson, practican a las órdenes de Xabier Mancisidor en el «campo Trautmann», llamado así en homenaje al gran portero alemán que fue estrella del City entre 1949 y 1964. Diez jugadores del filial practican un rondo. Chicos como Delap, Doyle, Palmer o Nmecha han sido llamados para exigir a quienes jugarán el sábado contra el Chelsea. Son nueve jugadores del primer equipo los que calientan bajo la mirada de Lorenzo Buenaventura. Tres de ellos tuvieron una breve presencia contra el PSG, los delanteros Agüero, Gabriel Jesús y Sterling. Los otros seis son Cancelo, Laporte, Aké, Mendy, Rodri y Ferran Torres.

Para los nueve será una sesión de entrenamiento con carga elevada. Cuando solo se han cumplido quince minutos, Guardiola expone su propuesta al cuerpo técnico: «El sábado deberían jugar estos nueve más Ederson y Rúben Dias». Es una propuesta de carácter estratégico. Si el Chelsea consigue hoy pasar a la final de la Champions, el sábado hay que jugar contra el equipo de Tuchel de un modo completamente diferente y deben hacerlo quienes no fueron titulares contra el PSG, aunque ello obligue a una disposición algo peculiar. «Si jugamos con esta alineación y de esta manera tan diferente y ganamos, ganamos mucho. Y si perdemos, perdemos muy poco». El propósito es no darle ninguna pista a Tuchel ni a sus jugadores y evitar que un enfrentamiento con el equipo titular le otorgue al Chelsea una experiencia y un aprendizaje que Pep desea impedir. Cuanto más se enfrentan dos equipos, más se conocen. Aprenden y descubren los puntos fuertes y los débiles, advierten la auténtica naturaleza del adversario, algo que ningún análisis previo puede reflejar en toda su magnitud. Enfrentarse a menudo es conocerse en profundidad, y conocerse equivale a descubrir tus armas. Guardiola quiere cortar esta secuencia de aprendizaje que están adquiriendo Tuchel y sus hombres.

La decisión estratégica tiene consecuencias tácticas. Para no forzar de nuevo con dos zagueros zurdos, añade a Rúben Dias, lo que diseña una línea con tres centrales y dos laterales. Y dado que son dos los delanteros centro y dos los extremos disponibles, ello conduce a jugar solo con un centrocampista, para lo que Sterling y Torres deberán ocupar de manera alterna la posición de interior. Es una disposición muy atípica, pero es la única que permite alinear a los hombres elegidos por el entrenador.

Tres días más tarde, el City pierde el duelo por 1-2, aunque un penalti tristemente errado por Agüero ha podido cambiar por completo el panorama ya antes del descanso. La derrota, con ser molesta, significa muy poco. Para el título de la Premier League no afecta en ninguna medida, y tampoco es relevante para la final de la Champions League dada la composición del equipo de Guardiola. Si acaso, servirá para que la prensa otorgue el título de favorito al Chelsea y poco más.

Guardiola decide jugarle al Chelsea «a lo Chelsea». Tiene tres motivos para hacerlo de este modo.

El primero es de carácter táctico. Quiere ensayar un «espejo» contra el Chelsea, disponiendo a sus jugadores de una manera parecida a la que propone Thomas Tuchel. El segundo motivo está relacionado con la gestión del grupo. Aunque tiene casi decidido el equipo para la final de la Champions, Guardiola quiere que todos sus jugadores luchen hasta el último día por una posible plaza en dicho partido. Lo dice públicamente: «El equipo de la final no está decidido. Cualquier jugador puede ganar su plaza». Está diciendo que quien quiera jugar en Estambul —o donde sea que finalmente se celebre el partido— debe ganarse el puesto en las próximas tres semanas. Y lo confirma en el partido que puede sentenciar el título de liga, en el que solo repiten dos de los vencedores del PSG (Ederson y Rúben Dias). Mientras el Chelsea mantiene a medio equipo que venció al Real Madrid, Guardiola introduce nueve cambios. El tercer motivo es el ya explicado: Pep no quiere dar la menor pista a Tuchel sobre cómo afrontará la final.

Como sucediera en la semifinal de la FA Cup, el enfrentamiento de ambos colosos tiene un ritmo lento y espeso. Pese a que ambos se juegan bastante, el partido no posee la tensión de los grandes días. Sin centrocampistas que rodeen a Rodri, el City solo puede circular el balón con paciencia entre sus zagueros o en vertical buscando la espalda de los defensas visitantes. El Chelsea tiene más variantes en las zonas intermedias, pero ni unos ni otros consiguen el pleno dominio del juego. Y cuando todo parece encaminado a la finalización del primer tiempo casi sin escaramuzas se producen dos golpes de efecto. Un pase largo de Dias para la carrera de Jesús es mal despejado por Christensen —que sufre una rotura de los isquiotibiales de la pierna izquierda—, lo que deja al delantero brasileño en inmejorable situación para dar un pase de la muerte a Agüero en el punto de penalti. El argentino, sin embargo, no remata con su pierna izquierda y decide controlar el balón con el pie derecho, pero su acción técnica es fallida y la ocasión pierde fuerza; sin embargo, en ese mismo instante aparece Sterling y sentencia el gol a puerta vacía. Y en la acción siguiente, Cancelo pasa el balón dentro del área visitante a Ferran Torres, que cede a Jesús, quien es derribado por Gilmour. El penalti puede dar un margen casi definitivo al City al borde del descanso, pero ya sabemos que no es la especialidad preferida del equipo. Agüero toma una decisión arriesgada y lo lanza al estilo Panenka, pero lo ejecuta con tanta blandura y sin la menor picardía, con lo que Mendy detiene el balón con facilidad. Es un error grave del Kun. Es el cuarto penalti que fallan los hombres del City en la presente Premier, y se suman a los cinco errados en la temporada anterior, con lo que se convierte en el primer equipo de la Premier League en fallar cuatro o más penaltis en dos temporadas seguidas.

La segunda mitad transcurre con las mismas pautas hasta que en el minuto 62 Ziyech persigue con empeño a Rodri, al que orienta hacia una banda, donde Azpilicueta logra quitarle el balón y pillar desorganizado al City. Tras apoyarse en Pulisic, la acción continúa con un pase atrás de Azpilicueta que Ziyech remata raso a la red. Estos pequeños titubeos de Rodri le apartaron de la titularidad contra el PSG, y este nuevo error quizás haga que se quede sin jugar la final.

El empate conlleva también un mayor dominio del Chelsea, a pesar de que Guardiola reacciona con tres cambios. La entrada de Gündogan y Foden da otro aire al equipo, así como también la de Zinchenko por Mendy, que en el segundo tiempo ha perdido todos los duelos contra Reece James. Ambos equipos pueden marcar el gol definitivo, que consigue el Chelsea en el minuto 92, cuando Werner gana la espalda con facilidad a Laporte y ni Aké ni Rodri llegan a tiempo para cortar el pase de la muerte del alemán a Marcos Alonso, que sella la victoria.

Es la quinta derrota del City en la presente Premier y la cuarta en el Etihad, las dos últimas de manera seguida, por idéntico resultado (1-2) y con el gol decisivo en el mismo minuto (92). También es la segunda derrota de Guardiola ante Tuchel en pocas semanas, lo que sin duda otorgará la categoría de favorito al Chelsea de cara a la final europea. Por segunda vez en cuatro días, el City ha tenido menos tiempo el balón que su oponente. Ahora tendrá, por primera vez en la temporada, seis días para descansar, recuperarse, tomar aire e intentar sentenciar el título de liga antes de prepararse para Estambul.

MOMENTO 36

¿Y si juega Carson?

Mánchester, 11 de mayo de 2021

Las pizzas son variadas, de jamón y queso la mayoría, pero también de verduras, de beicon y de salami. Las ha encargado Marc Boixasa en cuanto su móvil comenzó a echar humo. El *team manager* del equipo conoce bien la dimensión que tomará la fiesta. Prácticamente todo el Manchester City se reúne en la ciudad deportiva, ante la convocatoria improvisada que ha surgido tras el triunfo del Leicester en Old Trafford. El City es, de nuevo, campeón de la Premier League.

El jefe ha autorizado a romper la dieta y el resto de las normas. Esta noche se bebe y se baila como si no hubiera un mañana en la ciudad deportiva, donde todos se han vestido con la camiseta que conmemora el nuevo título de liga. Se brinda por el éxito y por todos los jugadores, uno tras otro, en un sinfín interminable. Previsor, Boixasa ha encargado cincuenta pizzas. Se devoran en apenas quince minutos, mientras crece la fiesta y la alegría. Pep se ha desatado, bailando, bebiendo, cantando y fumando un puro habano, un Partagás del número 4, su preferido.

Solo hace cinco meses, el equipo era duodécimo en la tabla de clasificación y nadie le otorgaba la menor posibilidad de triunfo. Bueno, en realidad, sí había alguien que confiaba en la victoria final. Era un pequeño reducto formado por dos personas, Manel Estiarte y Juan Manuel Lillo, que día tras día repetían que se podía ganar la liga a pesar del viento que soplaba en contra. Estiarte afirmaba que la desventaja en puntos no era decisiva y que el título se decidiría en el entorno de los ochenta puntos. Lillo argumentaba que el equipo estaba bien y solo necesitaba encontrar la serenidad para desplegar su verdadero potencial.

Ambos acertaron de pleno y hoy son dos de los más felices. Quizá por ello, Estiarte se atreve a sugerir una propuesta: Scott Carson merece ser el portero del equipo contra el Newcastle, el primer partido que se disputará tras conquistar el título. El cuerpo técnico en pleno acoge con aprobación la propuesta de Estiarte.

Tres días más tarde, Carson es el titular en Saint James' Park, donde debuta con los colores del City, tras año y medio en el club.

Hace una semana, el Newcastle consiguió destrozar al Leicester gracias a su contraataque letal. El equipo de Steve Bruce buscaba la salvación matemática y aplicó cuatro contragolpes colosales que le otorgaron la permanencia un año más en la Premier League. Cuando un equipo es capaz de desencadenar contraataques tan fulminantes y precisos ante un especialista en la materia como es el Leicester —que unos días más tarde ganará la FA Cup ante el Chelsea—, significa que tiene un arma de gran potencia.

Y esto es a lo que se enfrenta el Manchester City. La preparación del partido no ha sido la más meticulosa de la era Guardiola. Tras la derrota ante el Chelsea, Pep dio dos días completos de fiesta y el martes por la noche reunió a toda la plantilla para celebrar el título de liga, en una fiesta mayúscula. El entrenamiento del miércoles se dedicó a eliminar los excesos nocturnos y solo el jueves se preparó el partido contra el Newcastle; se decidió que se presentaría una alineación mixta: una combinación entre protagonistas y secundarios. Esta es la receta de Guardiola para afrontar un partido «diferente».

La propuesta del Newcastle es la imaginada tras su proeza ante el Leicester. Regala el balón y el espacio al City y se aplica a contragolpear. El equipo de Guardiola tiene el balón durante el 82,1 % del partido, su segunda mayor posesión de la historia tras el 83 % alcanzado ante el Swansea en abril de 2018. Hay tramos del partido en los que tiene el balón el 96 % del tiempo…

Los primeros veinte minutos muestran un City fino y rápido, con Cancelo y Sterling pinchando por el costado izquierdo, pero es el Newcastle quien abre el marcador, en la acción siguiente a un contraataque que salva Kyle Walker. En el saque de esquina, Aké pierde la posición ante el zaguero Emil Krafth, que cabecea de modo imparable. Menos de diez minutos más tarde, otro contraataque local es cortado en falta, y el lanzamiento de Jonjo Shelvey se estrella en el travesaño. El City responde sin dilación. Una buena acción colectiva por el costado fuerte, el izquierdo, la resuelve Rodri con un pase atrás a Cancelo, que dispara con el exterior del pie desde el vértice del área. El balón rebota en un defensa y supone el empate. Tres minutos después, una falta lateral desde la misma banda, sacada por Gündogan, la remata Ferran Torres de modo espectacular, con el talón y de espaldas a la portería: un gol formidable. Pero el Newcastle logrará empatar gracias a otro contraataque, tras el que Nathan Aké derriba a Joelinton, quien transforma el penalti. Los locales han chutado dos veces y Scott Carson ha encajado dos goles, sin opción alguna de evitarlos.

Pep cambia la organización del ataque en el descanso. Gabriel Jesús a la banda derecha y Ferran Torres al centro, para enfrentarse a los tres zagueros del Newcastle. Antes de que la permuta surta efecto, los locales se avanzan en el marcador gracias a un penalti innecesario cometido por Walker. Lo chuta Willock, a la izquierda de Carson, que logra rechazar el balón, pero el propio Willock se adelanta a Eric García y consigue el tercer tanto local.

Como un volcán, el City remonta en apenas tres minutos. Gabriel Jesús ataca el costado derecho con rabia, centra duro y Ferran Torres remata con su pierna izquierda desde el área pequeña. Es un gol «a lo Agüero», como el siguiente, que llega de inmediato, tras un disparo de Cancelo al poste. Otra vez Torres, otra vez desde el área pequeña, en esta ocasión con una semitijera, también «a lo Agüero». Por si había dudas, Ferran Torres confirma que dentro del área es formidable. En catorce partidos como titular ha anotado siete goles y ha dado dos asistencias. Es el jugador más joven en lograr un *hat-trick* con Pep Guardiola (21 años y 75 días, por 22 años y 200 días de Messi).

El Manchester City ha festejado el título de liga con un nuevo triunfo, superando el récord del fútbol inglés de partidos invicto fuera de casa desde 1888, con 23 (21 triunfos y 2 empates). Ya son 20 victorias seguidas fuera de casa, contando todas las competiciones, otro récord, y también 12 continuadas en la Premier League, otra marca superada.

Ninguna imagen resume mejor la peculiaridad del partido que los abrazos y felicitaciones que recibe Scott Carson al terminar su actuación. Hacía diez años que no disputaba un partido de la Premier League y hoy ha podido saborear de nuevo la competición al máximo nivel:[58] «Creía que la Premier había terminado para mí, pero nunca me rendí y he tenido una nueva oportunidad». Ederson,

58. Su último partido en la Premier League había sido en 2011, como guardameta del West Bromwich Albion.

que ni siquiera estaba convocado, Xabier Mancisidor, el entrenador de porteros, y todo el equipo en pleno, titulares y suplentes, abrazan y felicitan al guardameta inglés, que después de 146 partidos jugados en la Premier League hoy ha superado una marca personal. Ha tenido un 90 % de acierto en sus pases.

Quedan dos semanas para la final de la Champions, que ha sido trasladada de Estambul a Oporto a causa de la complicada situación sanitaria en Turquía. De haberse disputado en la capital turca, los doce mil aficionados ingleses que acompañarán a sus equipos no habrían podido viajar. Por ello, la UEFA acuerda el día 13 trasladar el partido a Oporto.

Quedan dos semanas para preparar a los jugadores.

Lo primero es que De Bruyne descanse y relaje su pierna derecha, sometida a un fuerte estrés tras la lesión de isquiotibiales en enero y el reciente esguince de ligamentos en el tobillo. KDB ha jugado las semifinales de la Champions con molestias y ahora se ha diseñado un plan de diez días para regenerar músculos y pie, incrementar la fuerza y llegar bien al momento final.

Los otros titulares están completando una semana entera de regeneración, combinada con cargas de fuerza específica, por lo que pocos de ellos han jugado contra el Newcastle, partido que no solo ha servido de homenaje a Scott Carson, sino para alinear por última vez a Eric García antes de su marcha al Barcelona, además de estímulo a los delanteros, que deben hacer méritos. Ferran Torres parece haber tomado una ventaja sustancial sobre sus colegas de ataque.

Lo ocurrido en Newcastle solo ha sido un pequeño momento de respiro antes de retomar el esprint final.

MOMENTO 37

Dinámica de lo impensado

Mánchester, 16 de mayo de 2021

Diseñas un plan y el fútbol te lo desmonta. Dante Panzeri, exquisito periodista y pensador argentino, encontró un calificativo formidable para este fenómeno: «Fútbol, dinámica de lo impensado».

Haces un plan y el fútbol te lo deshace.

La escena transcurre en el despacho de Pep, en la ciudad deportiva. Repasa las líneas maestras del plan junto con Lillo y Borrell. Los que jugaron contra el Paris Saint-Germain ya se han recuperado, física y mentalmente. Unos han realizado cargas de fuerza específica para afrontar el esprint final y otros, como De Bruyne, han regenerado los músculos sobrecargados. Todos están a punto, excepto Kyle Walker, que se ha torcido el tobillo jugando en casa con sus hijos.

Pep tiene *in mente* alinear en la final a los mismos once que jugaron la semifinal de vuelta en el Etihad. Pero tiene demasiada experiencia como para no ser consciente de que siempre hay imprevistos y que los planes no se cumplen en su totalidad. Quizás haya algún lesionado en estos días que restan hasta la final de Oporto. O quizás algún jugador alcance uno de esos momentos especiales de forma que le hacen volar sobre el campo y le arrebate la plaza a quien menos lo espera. En cualquier caso, el plan diseñado obliga a jugar dos partidos a todo tren, contra el Brighton y el Everton, para mantener el ritmo mostrado en los últimos dos meses. Nadie podrá regatear esfuerzos ni reservarse para la final. Todos deberán ganarse el puesto en estos dos partidos.

Concede oportunidades a algunos hombres para que den el paso adelante que les puede hacer titulares en la final. Cancelo, Rodri y Ferran Torres son los escogidos. Agüero arrastra molestias en el abductor y no podrá estar ante el Brighton, por lo que se pretende que pueda jugar contra el Everton y recibir el homenaje final de la afición.

Dos días después, el plan salta por los aires a los diez minutos en The Amex Stadium, cuando João Cancelo es expulsado. Aunque había jugado un magnífico partido como lateral izquierdo ante el Newcastle, la expulsión posiblemente hará que no le arrebate la plaza a Zinchenko en la final europea. Cancelo es consciente de la oportunidad perdida y se retira del campo con doble dosis de amargura. De rebote, Ferran Torres pierde una gran ocasión para reafirmarse como delantero centro. Pep le ha elegido a él por delante de Gabriel Jesús tras su *hat-trick* en Newcastle y está dispuesto a valorar su eficacia como goleador en detrimento del potencial de Bernardo Silva como mediapunta. Pero la expulsión de Cancelo obliga a la entrada de Eric García, y el sacrificado es Torres, que con ello quizá también se despide de la titularidad en la final.

Rodri simplemente no aprovecha la nueva oportunidad para reivindicarse frente al rendimiento fenomenal de Fernandinho. Si bien ha jugado de forma espléndida a lo largo de la temporada y se ha asentado como pivote del equipo, el español ha mostrado demasiados titubeos en las últimas semanas. A su alrededor se tejen complicidades para ayudarlo. De Pep a Fernandinho, de Lillo a Estiarte, todos colaboran para ayudar a Rodri, que demuestra inseguridad sobre el césped. Fue titular indiscutido hasta la ida de las semifinales, pero ante el PSG se mostró nervioso en París, tras lo que Pep decidió que Fernandinho jugaría el encuentro de vuelta, lo que fue doloroso para el mediocentro español, que ante el Chelsea cometió el error que costó el empate de Ziyech. Y aunque el entrenador lo mantuvo ante el Newcastle y también contra el Brighton, un nuevo error le condena. Apenas han transcurrido dos minutos desde que Foden obtiene el 0-2 cuando Rodri se gira en el centro del campo y da un pase atrás, pero en lugar de entregar el balón a Stones se lo regala a Trossard y el belga obtiene el primer gol local, que significa también el inicio del dominio pleno del Brighton y su remontada. Basta ver la expresión de Rodri al culminar su error, agarrándose los pantalones, gritando y maldiciendo, para comprobar que es consciente de que tantos errores seguidos pueden alejarlo de la alineación titular de la final.

La larga racha de victorias consecutivas fuera de casa se quiebra finalmente. El City cierra una serie de 23 partidos invicto, desde la derrota ante el Tottenham en Londres, el 21 de noviembre del año pasado. Han sido casi seis meses sin perder, una racha compuesta por 21 victorias y 2 empates, con 53 goles a favor y 12 en contra. Un récord colosal.

El City se va de Brighton con el mal sabor de boca de la derrota, y especialmente estos tres jugadores, Cancelo, Torres y Rodri, lo hacen con la convicción de haber dejado escapar una gran oportunidad. El fútbol, dinámica de lo impensado, ha conspirado en su contra.

MOMENTO 38

Adiós, Kun

Mánchester, 23 de mayo de 2021

Agüero desenfunda dos veces y las redes de la portería del Everton se estremecen.

El fútbol escribe guiones más allá de la imaginación. En una década, Sergio Agüero habrá debutado y se habrá despedido del Etihad Stadium con dos actuaciones casi clónicas. Debutó el 15 de agosto de 2011, cuando se cumplía la hora de partido contra el Swansea, y en aquellos treinta minutos marcó dos goles para certificar la victoria del Manchester City por 4-0. Se despide el 23 de mayo de 2021, entrando a jugar a la hora de partido contra el Everton, y en estos treinta minutos marca dos goles que cierran la victoria del Manchester City por 5-0. Habrán sido dos gotas de agua, el alfa y el omega, principio y final de una brillante carrera en azul celeste. El Kun dice adiós a Mánchester de la misma manera que dijo hola: disparando a la red.

El Everton se juega sus últimas cartas para conseguir una plaza en competiciones europeas la próxima temporada, pero el City no lo permitirá. Guardiola presenta una alineación con bastante parecido a la que ha previsto para la final de la Champions League. La misma zaga, De Bruyne y Foden como centrocampistas interiores, Mahrez y Sterling como atacantes exteriores. Esta es la columna vertebral que ha pensado para enfrentarse al Chelsea y hoy decide rodarla ante el equipo de Ancelotti. Ha situado a Fernandinho como mediocentro, aunque ya ha pensado que en la final sea Gündogan quien ocupe la posición. Gabriel Jesús juega hoy en punta, aunque en la Champions tiene previsto que sea Bernardo Silva quien lo haga.

La dinámica de juego se asienta en los mismos fundamentos que han hecho del City un equipo inabordable desde la pasada Navidad. La salida de balón se desarrolla a partir de una zaga de tres hombres (Walker y los dos centrales) que combina con dos compañeros más adelantados (Fernandinho y Zinchenko). Este 3+2 posee una alta fiabilidad cuando el rival presiona con dos puntas y dos medios, o con un punta y tres medios. Logran sacar el balón con facilidad, pero son De Bruyne y Foden quienes marcan las diferencias principales gracias a su movilidad.

Con la vista puesta en la final, Guardiola junta a KDB y Foden en el centro del campo y el Everton paga un precio muy alto por ello. Durante cincuenta y seis minutos, ambos centrocampistas desatan toda su furia en una sucesión de acciones profundas que la zaga de Ancelotti no puede detener. Muy pronto, De Bruyne deja a Gabriel Jesús ante Pickford, pero el portero visitante evita el gol. Solo seis minutos después, una combinación veloz entre Jesús, Foden y Mahrez sirve para que De Bruyne, que recibe un pase delicioso del argelino, abra el marcador con un disparo lejano que supone su decimoctavo gol desde fuera del área con el City. Solo Harry Kane, con diecinueve, ha marcado más goles que KDB desde fuera del área desde septiembre de 2015. Dos minutos después, Fernandinho hace un quite en la zona central y Gabriel Jesús aprovecha para anotar el segundo tanto, con lo que ya suma cincuenta en liga.

Una nueva recuperación de Fernandinho sirve para que Foden logre el 3-0, antes de que Agüero haga su aparición sobre el césped, cuando solo queda media hora de campeonato. Tiempo suficiente para que obtenga dos goles, como el día de su debut, diez años atrás. Ambos llegan tras intervenciones precisas de Fernandinho que Agüero materializa. Uno lo consigue con el exterior del pie derecho, tras amagar dos veces y enredar a toda la zaga visitante. La euforia se desborda en el estadio cuando su gran ídolo anota con semejante virtuosismo. Pero Agüero no tiene suficiente y cinco minutos más tarde cabecea un centro de Fernandinho digno de KDB. El Kun marca los tiempos del salto y su cabezazo inapelable significa el 5-0 y también su último gol con el equipo que le catapultó al estrellato. Le han bastado veintiocho minutos, veintidós toques y quince pases para batir el récord de goles de un jugador con un mismo club en la Premier League.[59]

59. Wayne Rooney marcó 183 goles en liga con el Manchester United.

Se despide entre vítores el ídolo del Etihad, el autor del gol más vibrante en la historia del City, el del minuto 93.20, ese que dio el campeonato 2011-2012. Lo hace tras marcar 260 goles, récord del club, en 390 partidos, lo que le ha reportado 14 títulos. Su asociación con Guardiola se salda con 124 goles y 9 trofeos, de los cuales 3 son de liga. La pareja comenzó con reticencias y sufrió una crisis inicial de comprensión que pronto se resolvió gracias al esfuerzo de Agüero por cumplir las exigencias del entrenador. Hoy Guardiola le devuelve su compromiso en forma de lágrimas: «El Kun ha sido alguien muy especial para mí».

La historia *citizen* jamás olvidará a Sergio Agüero.

MOMENTO 39

Cabeza fresca, cabeza llena

Mánchester, 25 de mayo de 2021

El lunes 24, Guardiola y Gündogan se dedican a responder preguntas de periodistas de medio mundo. Es el *media day* del City, que ha querido alejar este encuentro con la prensa lo máximo posible de la final. Aún resuenan los cánticos de celebración en el Etihad Stadium y quienes jugaron ayer contra el Everton realizan una ligera sesión de recuperación. Quienes no jugaron se entrenan duro, incluidos Agüero y Rodri.

El martes 25 es jornada de descanso. Solo habrá dos entrenamientos más, los del miércoles y el jueves, porque la sesión del viernes, ya en Oporto, será muy liviana. Es momento de que Guardiola y Lillo despejen los interrogantes pendientes. La primera cuestión es sobre la dosis exacta de análisis del rival. ¿Cuántos datos debemos dar a nuestros jugadores sobre el Chelsea para que estén bien advertidos de los peligros?

Lillo terminó de leer anoche *La educación de los hijos*, de Montaigne. Lillo no bebe, no fuma, no tiene redes sociales, no lee periódicos, ni de papel ni digitales. No sabe cómo funciona Twitter, ni quiere saberlo. Rechaza leer cualquier cosa que se escriba sobre él, y menos que nada cuando son artículos positivos y elogiosos. No sale en las fotos y durante las celebraciones intenta ocultarse. Mientras diez mil aficionados y toda la plantilla festejaban a lo grande la conquista de la Premier League en el Etihad Stadium, dos jugadores tuvieron que acercarse hasta un rincón del estadio para pedirle que se uniera a las celebraciones, pero él prefirió seguir escondido de los focos.

Tras los partidos se queda a dormir en la ciudad deportiva, donde siempre tiene una cama preparada en la habitación número 30, si bien nunca consigue dormir a causa de la tensión. Cuando el equipo regresa de noche de un partido jugado fuera de Mánchester, también se queda en esa habitación.

Ha pisado muy poco la ciudad. Va de su casa a la de Pep, situada a menos de un minuto, y de casa al supermercado de enfrente para comprar la comida. Poco más. En enero rechazó dirigir a una importante selección americana, en marzo a una interesante selección europea, en abril a un club mexicano...

Relee a Montaigne y hoy pone sobre la mesa de Pep un pasaje crítico con los maestros, que le impactó: «Trabajamos únicamente para llenar la memoria y dejamos vacíos conciencia y entendimiento». Guardiola reflexiona. ¿Llenar la cabeza o refrescar la cabeza? La respuesta es obvia. Las cabezas no han de estar llenas, han de estar frescas.

El segundo interrogante es sobre la composición del centro del campo. Los titubeos de Rodri en las últimas semanas parecen descartarlo. No se puede afrontar una final si uno se siente inseguro. Por lo tanto, ¿Fernandinho o Gündogan? El capitán aporta fuerza, agresividad y recuperación de balones. El alemán da continuidad al juego y cada vez que se alinea como mediocentro se genera una armonía espléndida. Hay otra posible ventaja que puede ser decisiva. Gündogan como mediocentro permite alinear a Phil Foden como interior y no tenerlo sujeto a la banda izquierda. Significa acercar el balón a Foden en lugar de esperar a que le llegue.

Dudan y debaten la idea hasta que el plan queda decidido. Gündogan jugará la final como mediocentro por la dinámica armónica que provoca en el juego y porque permite sumar a Foden en el centro del campo: «Si Phil toca el balón cada treinta segundos es probable que pasen muchas cosas y todas buenas».

MOMENTO 40

Sísifo de nuevo

Oporto, 29 de mayo de 2021

Lo más importante de la final sucedió fuera del terreno de juego.

Hasta el jueves hay un excelente estado de ánimo. Pep está tranquilo, transmite confianza y seguridad y abundan las risas y las sonrisas en los entrenamientos.

Toda la expedición ha resultado negativa en los controles de la covid-19 realizados el miércoles y nuevamente en los del jueves por la mañana. Pero Juanma Lillo no se siente bien cuando la expedición se dirige al aeropuerto de Mánchester. Le duelen la garganta, la cabeza y el pecho porque sufre una infección de las vías respiratorias. Cuando llegan al hotel Porto Palácio, cercano al punto donde el río Duero desemboca en el océano Atlántico, el doctor Mauri duda sobre si enviar al segundo entrenador de vuelta a Mánchester. Lillo se encuentra mal y la fiebre le ha subido a los treinta y ocho grados, pero Pep insiste en que se quede, aunque deba permanecer aislado en la habitación.

Durante la tarde del viernes se realiza el último entrenamiento de la temporada, que transcurre en un ambiente extraño. Hay un silencio inesperado en el equipo. Han desaparecido las risas y las sonrisas. Los rostros tienen poco que ver con los que se veían en Mánchester, tan risueños dos días antes. La tensión está carcomiendo a varios jugadores. Y algo más.

Dos futbolistas le expresan al capitán su preocupación por la alineación que intuyen. Fernandinho, con mucho tacto, transmite el mensaje al entrenador, que promete evaluar de nuevo su decisión. Ya en el hotel lo replantea junto con Lillo, pero ambos coinciden en que la mejor decisión para el equipo es la del plan elegido. Gündogan ha funcionado siempre muy bien como mediocentro y ello permitirá sumar a Foden por dentro. Entienden a los dos jugadores porque en vísperas de una final siempre afloran las inseguridades. Pep y Lillo reconocen que el plan de juego es atrevido, pero también que la valentía siempre les ha dado buenos réditos. Su idea a última hora del viernes es que el miedo de unos pocos no sea más importante que la valentía de los demás. No es una decisión sencilla de tomar ni de sostener, pero creen en ella y la llevarán adelante.

La alineación que presenta el Manchester City el sábado sobre el estadio do Dragão contra el Chelsea difiere mucho de los dos anteriores enfrentamientos, tanto en nombres como en estructura. Respecto del equipo que disputó la semifinal de copa en abril solo repiten Dias, De Bruyne y Sterling. Tampoco tiene ningún parecido con el 3-1-2-4 con el que se afrontó el partido de liga en el Etihad, a finales de mayo, y de los que solo repiten Ederson, Dias y Sterling. Y tampoco tiene demasiada similitud con el partido de liga jugado en Stamford Bridge en enero (1-3), cuando empezó a cuajar el concepto de los «yugoslavos» en el City.

El de esta final es un plan atrevido, pero coherente con las ideas del entrenador, aunque no estén Fernandinho ni Rodri. Se pretende sumar centrocampistas de buen pie y esta es una buena fórmula porque se van a reunir cuatro de los mejores: Gündogan, Bernardo, De Bruyne y Foden, más el apoyo de Zinchenko. Por detrás, los zagueros «yugoslavos», Walker, Stones y Dias. Y abiertos como estacas los extremos, Mahrez y Sterling. Es un plan tan atrevido, valiente y coherente como arriesgado. Si no sale bien, las críticas serán feroces porque supone cambiar una pieza importante, la del mediocentro posicional, en un momento decisivo. Cuando hora y media antes de la final se conoce la alineación, la opinión generalizada entre aficionados y analistas es que se trata de un error y que el equipo necesita a un mediocentro defensivo para que Gündogan juegue como interior y Foden como extremo.

Lillo sigue con fiebre alta, pero ha vuelto a dar negativo de covid-19, y aunque se encuentra mal consigue sumarse al grupo. Pep había pensado no realizar ninguna charla táctica en las horas previas a la final, con el propósito de que las cabezas estuvieran frescas, pero advierte tensión en el grupo. Ha habido una pequeña discusión entre un miembro del cuerpo técnico y un jugador poco antes, por lo que el entrenador decide hablar durante unos pocos minutos en el hotel, solo para asumir él todas las responsabilidades. Quiere que jueguen liberados y sin temores. Las consecuencias serán para él, no para ellos, les dice.

El plan no sale bien.

Y no por Gündogan. He revisado dos veces la final y el jugador alemán no comete ningún error destacable, ni el gol que obtiene Kai Havertz en el minuto 42 se puede atribuir de ninguna manera a la presencia de Gündogan o a la ausencia de Fernandinho o Rodri. El gol surge gracias a una habilidad que el Chelsea ha ido adquiriendo a medida que Tuchel lo iba construyendo: atraer rivales al costado derecho del campo para descargar el balón hacia el izquierdo y provocar la desorganización del rival y la conquista de una ventaja a partir de los sucesivos saltos de los jugadores contrarios. Es un movimiento también arriesgado y de difícil ejecución, pero que le sale bien al Chelsea en la final.

Tras atraer a la derecha a Sterling, Foden, De Bruyne y Bernardo, el Chelsea relanza a través de su portero, que envía el balón a Ben Chilwell, situado como lateral izquierdo. Walker, que estaba vigilando a Mason Mount, le abandona y salta hacia Chilwell, pero no logra evitar la combinación entre ambos. A su vez, Stones ha dejado la zaga para presionar a Mount, quien se gira y advierte cómo Werner arrastra hacia fuera a Rúben Dias. El único obstáculo entre Kai Havertz y Ederson en la presencia algo retrasada de Zinchenko. La desorganización de la zaga mancuniana es un hecho, gracias al hábil primer toque de Chilwell. En este punto, Mount consigue enviar el cuero a Havertz, quien profundiza y logra desviar el balón con la punta del pie contra el cuerpo de Ederson y beneficiarse a continuación de un rebote que le favorece, para marcar a puerta vacía. El salto inicial de Walker para detener a Chilwell no ha salido bien y toda la línea defensiva ha quedado vendida. Sucedió lo mismo en el derbi contra el Manchester United, cuando el salto del lateral derecho, Cancelo aquel día, acabó costando gol. Gündogan no ha tenido ninguna participación en la acción, como tampoco la habrían podido tener Fernandinho o Rodri, pues toda ella transcurre por un territorio muy alejado del que ha de proteger el mediocentro.

Como en los dos enfrentamientos recientes, el Chelsea se manifiesta cómodo a ritmo lento y el City no consigue transformar su dominio del balón en ocasiones nítidas, máxime después de que De Bruyne sufra una doble fractura en el rostro a causa de un choque con Rüdiger. Tras varias horas en el hospital, al belga se le diagnostica una fractura aguda del hueso de la nariz y otra de la órbita del ojo izquierdo. La acción no ha parecido un choque fortuito. Basta ver repetidas las imágenes para comprobar que Antonio Rüdiger se desentiende del balón que el belga ha pasado a Mahrez para chocar con toda su corpulencia contra el centrocampista. Su hombro derecho provoca la doble fractura en KDB, que se marcha al hospital y deja aún más dolorido al City. Sin duda, Rüdiger no ha pretendido lesionar a KDB, pero le ha partido la cara.

La zaga de los londinenses se comporta como una roca y su eje central, con tres zagueros como Azpilicueta, Thiago Silva y Rüdiger, más dos pivotes como Jorginho y Kanté, se erige en una muralla impenetrable. De hecho, el City solo logra rematar una vez a portería, por dos del campeón, aunque ambos equipos disponen de una ocasión magnífica. Azpilicueta impide que Gündogan empate a puerta vacía y Pulisic remata fuera una llegada en solitario ante Ederson, antes de que una volea de Mahrez con la derecha, desde fuera del área, pase rozando el travesaño a los noventa y seis minutos. El Chelsea gana la Champions.

La derrota parece quitar la razón a Pep. Es inevitable en el ser humano. Deseamos dar o quitar la razón, y para ello recurrimos al resultado. Si ganas, tienes razón. Si pierdes, no tienes razón. Así funciona nuestro maquiavélico —y estúpido— razonamiento. Y no, no es así. Ni tienes razón al vencer, ni la pierdes al ser derrotado.

Pretendemos encontrar las causas que provocan determinados efectos. Intentamos hallar el motivo por el que ocurren las cosas. Buscamos los porqués de las victorias y de las derrotas, y creemos estar en lo cierto cuando los enumeramos, sin reconocer que quizá se ganó o se perdió por motivos que no sabemos y que no descubrimos. En cualquier caso, la derrota se atribuirá en exclusiva a la alineación de Gündogan como mediocentro y no existe argumentación posible que pueda refutarlo [aunque tampoco lo contrario]. Después de haber asistido a la final y haberla revisado por completo dos veces, no he encontrado motivo alguno que pueda ligar la derrota a la alineación de Gündogan, si bien debo decir con la misma firmeza que tampoco su presencia en el puesto de mediocentro tuvo el efecto positivo y multiplicador que deseaban los entrenadores.

En lo que sí se equivocó Guardiola, según mi humilde consideración, es en haber modificado un ecosistema humano que estaba funcionando a pleno rendimiento. Gündogan como mediocentro no tuvo ninguna consecuencia futbolística, pero tuvo muchas de orden anímico. Hubo jugadores que expresaron su preocupación, otros que se sintieron menos seguros y a los que les aumentó la incertidumbre o el nerviosismo, e incluso el miedo. El equipo en su conjunto se sintió inquieto y angustiado, menos confiado que de costumbre, titubeante. Y esta alteración afectó las emociones de bastantes integrantes, lo que finalmente no resultó positivo.

La del City habrá sido una trayectoria formidable en esta competición, con once victorias, un empate y solo una derrota, pero esta es la más dura de todas, la del partido final. Ha marcado veinticinco goles y solo ha recibido cinco. Su juego en la mayoría de los trece encuentros ha sido excepcional, pero ha tropezado el único día en que no está permitido hacerlo.

La temporada de los «yugoslavos» concluye con un mal sabor de boca, pero es imposible ganar si no estás convencido de hacerlo. Basta que haya un componente del grupo que no esté convencido, que tenga dudas o que se muestre distante para que la misión se complique o se haga imposible. Y esto ha sucedido en el Manchester City.

La obra de Guardiola aún no se ha culminado. Si su Bayern fue una obra de arte inacabada, su Manchester City todavía se halla en construcción, añadiendo matices y perfiles curso tras curso. Ha extendido su contrato hasta 2023, regalándose tiempo a sí mismo para levantar su catedral en Mánchester, que permanece inacabada. Grandes artistas dejaron maravillosas obras inacabadas. La *Octava sinfonía* de Schubert, el *Réquiem* de Mozart, *La transfiguración* de Rafael… Pero, en el interior de este extraño espíritu que vive dentro de Guardiola, una combinación de artesano minucioso y de competidor voraz, no hay lugar para otra obra de arte inacabada. Quiere pulirla tanto como sea necesario, pero sobre todo quiere que sea su gran culminación. Como Sísifo intentando subir la piedra hasta lo alto de la cima, Pep ha vuelto a caer y tendrá que recomenzar la ascensión desde abajo. Otra vez, Sísifo…

RESUMEN ESTADÍSTICAS 2020-2021

	P	V	E	D	GF	GC
Premier League *Campeón*	38	27	5	6	83	32
FA Cup *Semifinalista*	5	4	0	1	11	3
Copa de la Liga *Campeón*	5	5	0	0	12	2
Champions League *Finalista*	13	11	1	1	25	5
Total	**61**	**47**	**6**	**8**	**131**	**42**

DATOS

77 %	Porcentaje victorias en la temporada
71 %	Porcentaje victorias en la Premier League
2,14	Goles a favor en la temporada
2,18	Goles a favor en la Premier League
0,68	Goles en contra en la temporada
0,84	Goles en contra en la Premier League
89	Diferencia de goles a favor en la temporada
86	Puntos en la Premier League
20	Remates al poste en la Premier League (4 De Bruyne)
63,2 %	Posesión de balón en la temporada
63,5 %	Posesión de balón en la Premier League
83 %	Máxima posesión de balón (vs. Newcastle, mayo 2021)
37 %	Mínima posesión de balón (vs. Brighton, mayo 2021)
675	Promedio de pases por partido
925	Máximo número de pases (vs. Newcastle, mayo 2021)
88 %	Pases acertados por partido
15	Remates por partido / 5,6 a portería
6,9	Remates en contra por partido / 2,1 a portería
15	Victorias consecutivas en la Premier League
17	Máximo goleador: Ilkay Gündogan (13 en la Premier League)
18	Máximo asistente: Kevin de Bruyne (12 en la Premier League)
53	Más partidos jugados: Rodri (Ederson 36 en la Premier League)
5-0	Mayor victoria (vs. Burnley, West Bromwich Albion y Everton)
5-2	Mayor derrota (vs. Leicester)

TEMPORADA 6

2021-2022

5 minutos y 36 segundos

El tiempo es un escultor infalible y su dimensión es tan relativa que hay minutos que parecen eternos y horas que duran años.

Hemos aprendido que gracias a 29,51 milímetros puedes ganar una liga, pero que por solo 11 milímetros puedes perderla. Hemos comprobado que el viaje entre la gloria y el fracaso puede durar 67 segundos y 42 centésimas. Y en esta sexta temporada certificaremos que las emociones de una vida entera caben en 5 minutos y 36 segundos.

Ciudadano Kane

«Solo hay una persona que puede decidir lo que voy a hacer, y soy yo mismo», decía Orson Welles en *Ciudadano Kane*.

Harry Kane piensa exactamente igual cuando le plantea a su hermano y representante Charlie que no desea sumar más decepciones a las que ya ha padecido en el Tottenham, que ha terminado en séptima posición de la Premier League, a veinticuatro puntos del equipo de Guardiola. Su contrato no expira hasta 2024, pero Kane aspira a que Daniel Levy, el presidente del club, acepte entrar en negociación con el Manchester City.

Harry Kane cree que va a poder decidir lo que va a hacer. Piensa que podrá convertirse en *citizen*, pero cinco minutos bastarán para que Daniel Levy rechace cualquier negociación. No hay ni habrá nada que hacer ni sobre lo que hablar. El delantero tendrá que seguir jugando en un equipo que esta temporada tampoco ganará ningún título.

Harry Kane aprende que hay sueños que no duran ni cinco minutos; como le dijo Emily Morton, la primera esposa del Ciudadano Kane, a su marido en la célebre película «parece que solo puedes tomar una decisión, y parece que ya la han tomado por ti». Así es, Harry. Ya la han tomado por ti.

Unas pocas centésimas

Aunque son meses, parece que de una temporada a otra solo hayan pasado unos pocos minutos. Rodri cometió varios errores a final del pasado curso y se reencuentra consigo mismo en el inicio del nuevo, volviendo a equivocarse. Solo lleva veinte minutos sobre el césped de Wembley, pues ha sustituido a Gündogan cuando la final de la Community Shield entra en el último tramo. El Leicester ha amargado el primer tiempo del City gracias a una magnífica presión, pero Pep ha cambiado la salida de balón tras el descanso, pasando de ser tres contra tres a ser cuatro contra cuatro. El City se ha lanzado a jugar, pero llega al final del partido sin haber marcado. Rodri da un pase atrás imprevisto que pilla por sorpresa a Aké, que comete penalti. Zack Steffen ha salvado dos goles cantados en los minutos previos, pero no puede evitar el que otorga el trofeo al Leicester. Han pasados tres meses que parecen tres minutos. Rodri sigue traicionándose a sí mismo con estos pases hacia atrás que, en teoría, no llevan peligro, pero que en la práctica han costado goles muy importantes.

En ese mismo instante, el cuerpo técnico adquiere conciencia de que deberá trabajar duro en la sombra para recuperar al joven mediocentro español. Es un jugador magnífico, de grandes cualidades y un potencial extraordinario, pero necesita alcanzar una serenidad que le esquiva sin cesar. Necesita correr menos, pasar mejor, ganar seguridad, pero no confiarse en exceso. Una combinación compleja pero asequible para quien, como él, está obsesionado con progresar. Rodri ocupa una posición, la de mediocentro, que es la de mayor riesgo en un equipo de Guardiola. Si comete errores es porque se arriesga.

El Tottenham no necesita a Harry Kane para volver a ganar al equipo de Pep. Frustrado su traspaso al City, a Kane le toca purgar públicamente sus deseos de marcharse. Ni siquiera semejante ausencia impide que el Tottenham gane por cuarta vez consecutiva al City, lo que significa también la primera derrota *citizen* en el partido inaugural del campeonato desde 2011. Once años atrás también fueron los Spurs quienes hicieron tropezar al equipo de Mánchester. Esta vez ha bastado una centésima de segundo para caer. Ha rematado Son desde lejos y Rúben Dias ha amagado con despejar, pero al no hacerlo ha provocado la confusión de Ederson y el gol. Una centésima de «sí, pero no» ha sido suficiente para que el City encadene su tercera derrota consecutiva por 1-0, tras perder las finales de la Champions League y la Community Shield, más este triste estreno de Premier League. Aunque han pasado meses, una sola centésima es suficiente para continuar encerrados en un bucle perverso.

Un año

El equipo ya no tiene delantero centro puro. Sergio Agüero ha fichado por el F. C. Barcelona y Gabriel Jesús ha sido reubicado como extremo derecho, donde Pep entiende que aportará toda su energía y, además, su excelente visión de juego y una elevada calidad técnica para dar pases exquisitos. La semana pasada regaló dos excelentes asistencias en la goleada contra el Norwich y hoy facilita el primer tanto de Gündogan contra el Arsenal y marca uno de los cinco goles con que el City aplasta al equipo de Arteta. Es el tercer 5-0 consecutivo que se vive en el Etihad Stadium, contando el logrado ante el Everton el curso pasado más el obtenido hace siete días contra el Norwich. Desde que Guardiola llegó al fútbol inglés ha habido cincuenta partidos de liga en los que se han marcado cinco o más goles, y la mitad de ellos los ha protagonizado el City.

Pero ni el marcaje al hombre del Arsenal, ni las delicias técnicas que comienza a desplegar Jack Grealish —el fichaje de la temporada, tan caro como estimulante—, ni la expulsión de Xhaka, ni el espléndido ritmo que imponen Bernardo, Gündogan y Jesús, nada de todo ello puede eclipsar el instante mágico de Rodri, que a los cincuenta minutos lanza desde lejos un *swing* tan suave como estruendoso, un pase a la red desde veinticinco metros ejecutado con un efecto curvo, un ligero *curl*, que aleja el balón de los defensores que pretenden bloquearlo pero lo acaba acercando al poste izquierdo de Leno, por donde se cuela silencioso y sinuoso cual serpiente. Es un remate inaudito que emula a los mejores de Toni Kroos y que promete grandes noches de gloria a este mediocentro demasiado impulsivo que, poco a poco, va domeñando sus impulsos, dando paso a un jugador menos propenso a las carreras sin pausa y más dispuesto a mantener la posición y otear el horizonte. Hoy ha mostrado una faceta inédita que complementa sus poderosos cañonazos desde fuera del área y sus cabezazos certeros desde cerca. Rodri ha evidenciado que su trabajo le otorga un progreso técnico evidente, cuajado en una acción más propia de un golfista sofisticado que de un futbolista de pulmones amplios. Ha pasado un año y aquel chico alto y fuerte, de anchas caderas, al que costaba arrancar, es ahora un mediocentro con visión trescientos sesenta grados que comienza a dominar el gran poder de los ritmos y las intenciones y es capaz de ejecutar un *swing* de golf en medio del rugido de un trepidante partido de fútbol.

Viajar juntos

«A la victoria nadie le lleva la contraria y, por desgracia, nadie reflexiona sobre ella», dice Lillo. El 6-3 contra el Leipzig en la Champions fue una locura, pero prefiero quedarme con el 0-0 frente al Southampton. Hay partidos sin goles que dejan mensajes más importantes que las grandes goleadas, y este es uno de ellos.

La presión alta del Southampton le ha hecho mucho daño al City. Los jugadores dirigidos por Ralph Hasenhüttl han mordido los tobillos de Fernandinho y han incomodado especialmente a Walker y Cancelo, con lo que los han dejado sin salida. Tapado el mediocentro y obstaculizados los laterales, el balón no podía ir desde los zagueros hacia los interiores porque toda la zona central era un campo de minas. Solo quedaba libre la salida por el exterior, donde Grealish y Gabriel Jesús han hecho un buen trabajo que no han podido culminar porque el área visitante acumulaba más gente que la hora punta del paso de peatones de Shibuya, en Tokio. El acierto en el pase de los centrocampistas del City ha caído hasta un triste 86,9 %, cinco puntos menos que el promedio, lo que muestra hasta qué punto han sido pegajosos los hombres del Southampton. Hacía medio año que el City no se quedaba sin marcar en su estadio y Guardiola no ha dudado en señalar el *build up* como responsable del empate:

—Nuestro proceso de construcción de juego ha de conducir el balón desde los defensas a los centrocampistas, y de estos a los extremos. Es un proceso donde todos viajan juntos, pero hoy no ha sido bueno. No teníamos la cabeza fresca y no hemos construido este proceso habitual en el que todos viajan juntos. No es que hayamos empatado porque no teníamos un delantero en punta, sino porque nuestro proceso ha sido malo y no hemos logrado pasar buenos balones a los de delante.

«Viajar juntos» es un concepto básico en el juego de Pep. Como explicó en su día Lillo «hay que viajar juntos, pero no solo en el mismo tren, sino en el mismo vagón». Cuando cada uno viaja por libre, el tren no llega a su destino.

Hasenhüttl ha sido menos metafórico que su rival, pero igualmente explícito: «Pep siempre quiere jugar al fútbol, pero si ejecutamos nuestro 4-2-2-2 a la perfección encontramos un buen antídoto».

Cero coma algo

Hay detalles que enorgullecen a Pep y que en ocasiones solo comenta con sus íntimos. Hoy ha vivido en Stamford Bridge uno de esos detalles que tanto le gustan:

—¡No hemos dejado chutar ni una sola vez al campeón de Europa!

El City ha sido el primer equipo que ha impedido cualquier remate a portería del Chelsea bajo la dirección de Thomas Tuchel. No solo es el campeón de Europa, también es el líder de la Premier tras cinco jornadas en las que solo ha concedido un gol y ha marcado una docena. Es decir, es una muralla atrás y un martillo arriba. Por esta razón, Pep se siente tan orgulloso del viaje a Londres. No solo ha vencido a su reciente némesis, sino que lo ha minimizado. Además del gol de Gabriel Jesús ha tenido otras tres ocasiones clamorosas que el portero local (Édouard Mendy) ha salvado, e incluso una de ellas la ha desviado Thiago Silva sobre la misma línea de gol.

En el triunfo 221 de Pep con el City, la columna vertebral de su equipo va tomando una consistencia hercúlea a partir del diamante que construyen Rúben Dias en el vértice inferior y Rodri, Cancelo y Bernardo en el centro del campo. Los *citizens*, que hoy sí han viajado juntos hasta desmontar al líder, vuelven a sentirse «yugoslavos». Solo han concedido un gol en seis jornadas de la Premier y encadenan cinco porterías a cero consecutivas. El bloqueo de Dias al disparo de Kovačić, el único que iba dirigido a portería, simboliza esta voluntad explícita de organizar una línea defensiva de hierro. En el avión de vuelta a Mánchester, Juanma Lillo expresa de modo claro cuál es el propósito del equipo:

—Hemos de ser el equipo del «cero coma». ¿Qué significa? Que hemos de recibir menos de un gol por partido de liga. Nuestro promedio de goles en contra ha de ser «cero coma algo». No importa cuánto es el «algo», pero ha de ser «cero coma algo». Si mantenemos el promedio por debajo de un gol por partido, seremos campeones otra vez.

2 segundos y 92 centésimas

Es una falta lateral. Peligrosa, como siempre que el Liverpool dispone de una oportunidad de este tipo. Henderson amaga con centrar, pero cede a Salah, que está libre de marcaje y centra con la pierna izquierda sin que Bernardo logre evitarlo. El centro se realiza con la parábola opuesta a la que esperan los defensores del City. Un grupo nutrido de atacantes está siendo vigilado por un grupo igualmente poblado de defensores. Walker, Dias y Rodri hacen un 3 contra 2 frente a Van Dijk y Mané. Un par de metros por delante, Laporte vigila a Matip y Cancelo a Firmino. Tres metros por detrás del grueso de jugadores, Gabriel Jesús se encarga de Fabinho.

Faltan cuatro minutos para que finalice el gran duelo de Anfield, donde Liverpool y Manchester City se han golpeado duro y a la mandíbula, como dos boxeadores sin miedo. Cuatro minutos y los *citizen* lograrán arrancar un punto de un estadio «imposible», en el que solo el líder (Chelsea) ha conseguido empatar. Cuatro minutos para salir vivo de Anfield y mantener la cabeza de la clasificación en un pañuelo. Cuatro minutos para coronar con un buen empate un excelente partido en el que el City ha igualado en dos ocasiones la ventaja local. Cuatro minutos para que Bernardo, Foden y Rodri culminen una actuación sobresaliente.

Entonces, Henderson sorprende a todos y cede a Salah, que envía el balón hacia un mar de cabezas. Siete de ellas saltan, sin conseguir desviar el esférico. Tampoco Ederson, en su salida, logra despejar el balón, que cae a un palmo del pie derecho de Fabinho, quien ha dejado atrás a Gabriel Jesús. Controla con el exterior del pie, se coloca el balón a punto, abre el gatillo y se dispone a embocar la pelota como quien lanza un *put* sencillo, a un palmo del hoyo. Es gol seguro y así se festeja ya en Anfield y se lamenta en Mánchester. Es gol o gol. Gol de Fabinho y el Liverpool tomará cuatro puntos de ventaja sobre el City, que se verá condenado a una nueva persecución del conejo rojo cuando solo se han cumplido siete jornadas de campeonato. Faltan cuatro minutos.

Rodri está lejos, exactamente a cinco metros de Fabinho. Pero mientras el verdugo coloca el dedo en el gatillo para ejecutar, Rodri da una, dos y tres zancadas y se estira hacia delante, lanzándose contra Fabinho, que estrella su remate en el pie derecho del mediocentro español. Rodri acaba de evitar un gol que, como aquel de Stones en enero de 2019, valdrá un título. En octubre de 2021 puede parecer extraño que este rescate vaya a tener semejante importancia en la competición por la Premier League, pero dentro de unos meses se comprobará que el título de liga se acabará inclinando por esta acción a cuatro minutos del final. Desde que el balón salió del pie de Salah hasta que chocó contra la bota de Rodri solo han transcurrido 2 segundos y 92 centésimas. Desde que Fabinho controló el balón hasta que Rodri lo despejó solo han pasado 80 centésimas. Un suspiro. Una liga.

Un 9 falso

A veces, Foden juega de 9 y a veces lo hace de falso 9. Depende. Hoy ha jugado como falso 9 y ha destrozado al Brighton con la ayuda de un Bernardo indescriptible y de un Grealish que sigue mostrando su calidad solo en pequeñas dosis, ya que está conociendo lo difícil que es adaptarse rápido a un equipo de Pep.

Foden posee una cualidad que no se puede comprar en los mercados y que Guardiola explica de manera simple:

—Hay jugadores que juegan en una posición y otros que juegan al fútbol. Phil es uno de estos privilegiados. Cuando juega retrasado, es muy peligroso porque es joven, tiene mucha energía, y es capaz de iniciar y finalizar cualquier acción. Solo le falta mejorar sus decisiones ante portería.

Jugar con Foden como falso 9 permite que Gündogan se retrase a las proximidades de Rodri, donde encuentra el refuerzo de Cancelo, y Bernardo quede liberado para conectar por dentro con Foden o por fuera con los extremos. Esta telaraña que tejen entre los cuatro mediocampistas es imbatible, no solo por una cuestión de cantidad, sino sobre todo por la calidad que atesoran. Bernardo y Foden poseen una energía que combina bien: el inglés es muy rápido en sus movimientos y el portugués es inagotable. Su conexión vertical desemboca en un vértigo controlado muy difícil de frenar.

El Brighton consigue pararlo en la segunda mitad, cuando ya va perdiendo por 0-3, gracias a colocarse en forma de diamante en la zona central. El City tarda casi media hora en desactivar el diamante y lo consigue de un modo poco ortodoxo en Pep, entregando el balón, defendiéndose en 4-4-2 y aplicando contraataques veloces. El 1-4 final lleva grabado el sello de Phil Foden como falso 9.

Cazado en la red

Entre 2017 y 2021, el City ha ganado cuatro veces seguidas la Copa de la Liga, pero a finales de octubre cae fulminado en el primer partido de la competición tras una buena actuación, aunque no excepcional. La eliminación a manos del West Ham, tras empatar a cero, ha llegado en la tanda de penaltis, la primera que pierde después de cuatro victoriosas en años anteriores. El error de Foden, lanzando el balón fuera, a la izquierda del portero londinense, significa el 5-3 definitivo que impide luchar por un quinto título consecutivo que habría sido récord de la competición.

Desde una óptica táctica, después de quince partidos disputados en la presente temporada, se ha consolidado el 4-4-2 como estructura organizativa cuando el equipo no dispone del balón, siendo el punta y uno de los interiores quienes forman la primera línea, mientras la segunda está compuesta por el mediocentro, el otro interior y ambos extremos. Durante los años precedentes, Pep ya había usado esta formación, pero en ocasiones la modificaba en función del rival. Ahora ya ha establecido que es la estructura que extrae un mejor rendimiento defensivo de sus jugadores, que se sienten cómodos con ella.

Pero ni los buenos precedentes de haber encajado solo cuatro goles en nueve jornadas de la Premier, pese a enfrentarse a Liverpool, Chelsea, Tottenham y Arsenal, ni la comodidad defensiva del 4-4-2 evitan tres días después un tropiezo sonado en casa, en la décima jornada de liga. Solo han transcurrido cinco minutos cuando Laporte se interna por el círculo central y los «cazadores» del Crystal Palace lo atrapan en su red. Entre Gallagher y Zaha le hacen caer en una trampa que el extremo resuelve con un remate cruzado. Cinco partidos sin recibir gol, cinco minutos para regalar uno en casa. Es el primero que se concede en el Etihad Stadium en la presente liga. Laporte, el zaguero de gran pie, el que posee el mejor pase en largo del campeonato, el de la visión panorámica y la magnífica salida de balón, se ha enredado de nuevo, y volverá a hacerlo en el último segundo del primer periodo, cuando es expulsado por un agarrón a Zaha. La preocupación de Guardiola crece con este nuevo error de su zaguero más completo. En los estertores del partido, los visitantes remachan el 0-2, culminando la primera derrota del City en su estadio desde el pasado mayo.

Ochenta y seis segundos

No es la secuencia de pases más larga de la era Pep, ni muchísimo menos. En septiembre de 2017, el equipo dio cincuenta y dos pases seguidos, sin que ningún jugador del West Bromwich lograra tocar el balón, antes de que Leroy Sané marcara el primer gol del partido.[60] Hoy se ha quedado en la mitad, veintiséis pases, pero la acción ha concluido del mismo modo, en gol del City.

Maguire y Shaw se han quedado quietos, congelados ante la aparición por sorpresa de Bernardo Silva a sus espaldas. El rostro de David de Gea es el del pasmo ante lo inverosímil. Bruno Fernandes se queja de sus compañeros, como es costumbre, mientras Lindelöf, McTominay, Fred y Wan-Bissaka prefieren mirar hacia otra parte para no afrontar el desastre.

El Manchester United está siendo destruido en su propio estadio el día en que el derbi de Mánchester vuelve a contar con aficionados, una vez levantadas las restricciones por la pandemia. Han pasado exactamente veinte meses desde el último derbi con público y la cita resulta muy amarga para los hombres de Old Trafford. El City ha salido sin frenos, con dos zagueros en buena forma (Stones y Dias), tres hombres en el centro (Walker, Rodri y Cancelo), el *build up* en 3+2 y dos extremos a pierna natural (Jesús y Foden) a los que basta un buen regate para quebrar la línea de cinco defensores del Manchester United. Por la zona central transitan libres De Bruyne, Gündogan y Bernardo. Es una exhibición de posicionamiento acertado de los zagueros y medios y de talento creativo de los atacantes, entre los que destaca la función de falso 9 de Bernardo y la de electrón libre de Cancelo, que a las tres asistencias de gol que dio el pasado

60. El City ganó por 1-2 al WBA en partido de Copa de la Liga disputado el 22 de septiembre de 2017. Cada uno de los once jugadores del City tocó como mínimo dos veces el balón durante la secuencia de cincuenta y dos pases que finalizó en el gol que abrió el marcador, secuencia que duró dos minutos y veintisiete segundos.

miércoles ante el Brujas en la Champions suma este mediodía otras dos más, para alcanzar cinco en una semana, todo un récord.

A los seis minutos, un centro de Cancelo se ha convertido en el primer gol del partido tras un mal despeje del zaguero Bailly. A continuación, en los seis minutos que van del 28 al 34, De Gea salva cuatro goles clarísimos, sobreviviendo a la tormenta azul celeste que se abate sobre el mítico estadio. El dominio del equipo de Pep es absoluto, pero el portero español frena una goleada que podría alcanzar cotas espectaculares, si bien hacia el final del primer tiempo no consigue evitar la inesperada aparición por la espalda de Bernardo. El marcador señala un 0-2 que se queda muy corto con lo visto sobre el césped.

La acción de este gol dura ochenta y seis segundos. Comienza con un intento de contraataque de Cristiano Ronaldo que fracasa por un mal pase del portugués. Cristiano ha dejado de ser el colosal delantero de hace unos pocos años y hoy juega en tono menor, muy lejos de sí mismo. En verano fue ofrecido al Manchester City, pero a Pep no le interesó su contratación. Valoraba sus grandes cualidades rematadoras y atléticas, pero no veía factible su inclusión dentro de una maquinaria de precisión como la *citizen*. Ni siquiera el fiasco en la contratación de Harry Kane y tener que afrontar la temporada sin un delantero centro puro hizo dudar a Guardiola, que rechazó de plano la oferta.

Un mal pase del portugués envía el balón a Stones, que inicia la sucesión de pases. Intervienen todos los jugadores del City, desde Ederson hasta Foden. Los primeros dieciséis pases se dan en campo propio, moviendo sin parar al rival hasta lograr una salida limpia que permite a Cancelo cruzar sin oposición el círculo central. Los nueve siguientes, hasta que vuelve a recibir Cancelo en el costado izquierdo, se dan entre medios y delanteros con el propósito de mover al United de un lado a otro y aplastarlo contra su portería. Cuando se han conseguido ambos objetivos, Cancelo tiene frente a sí a ocho rivales y a cinco compañeros, y elige un camino inesperado. Centra el balón por un pasillo imaginario que se abre entre la espalda de algunos defensores y el pie de otros, pillados todos en mala posición. El balón pasa demasiado lejos de Lindelöf y McTominay, y demasiado cerca de Maguire y Shaw. Ni unos ni otros pueden intervenir, cosa que hace que el balón llegue a un metro del poste más alejado, que cubre De Gea. Apareciendo sin hacer ruido, como el puñal que se clava en la espalda por sorpresa, Bernardo se lanza hacia el balón y lo golpea sutilmente con el exterior del pie, para introducirlo por un espacio milimétrico. Ha pasado un camello por el ojo de una aguja, mientras De Gea maldice la acción y los defensores del United oscilan entre el pasmo y la desesperación.

86 segundos, 26 pases, un gol mágico que sentencia el derbi, que en el segundo tiempo se convertirá en un monólogo aplastante del City, que protagoniza un rondo de dimensiones y duración gigantescas, como dirá Foden: «Creo que hemos jugado el mejor partido de nuestras vidas». El City ha creado 14 ocasiones de gol y ha dado 262 de sus 818 pases en el tercio de campo defendido por el United. Ederson no ha blocado ni un solo balón en toda la segunda parte. Los 753 pases acertados son récord absoluto en el fútbol inglés en un partido contra el Manchester United. La exhibición de control, frialdad y dominio del juego ha sido tan primorosa que nadie echa en cara a Guardiola que no haya hecho ningún cambio durante el partido:

—Todo estaba bien. ¿Por qué iba a cambiar?

Una hora de historia

Pep ha estado ocho días de vacaciones en Dubái, tomando el sol y jugando al golf con la familia. A su regreso a Mánchester llueve, como es norma. Aprovecha el mal tiempo para tener una larga conversación sobre la evolución táctica del fútbol. Hablamos durante una hora, en la que repasamos los ejes principales del juego y los avances más importantes que se produjeron.

Dedicamos buenos minutos a comentar la aparición del primer falso 9 en 1910, que fue el uruguayo José Piendibene; el origen del *build up* en 1920 por el húngaro Gyula Mándi; y el tránsito desde la pirámide de Cambridge (2-3-5) hasta la WM (3-2-2-3) pasando por el método italiano (2-3-2-3), tres módulos de juego que Pep ha ido alternando sin cesar en los últimos años. Debatimos sobre ese gran genio que fue Herbert Chapman, que en 1907 advirtió la importancia de los espacios libres a espaldas de los defensas rivales y en años sucesivos fue construyendo un modelo complejo de juego, en el que retrasó al mediocentro hasta convertirlo en tercer zaguero, situó a los laterales por dentro e hizo jugar a los extremos a pierna cambiada. En definitiva, con Pep concluimos que en 1945 todos los grandes movimientos tácticos del fútbol ya habían sido creados y lo que ha llegado a continuación, en los siguientes ochenta años, han sido innovaciones de dichos movimientos, o bien implementaciones de estos en entornos y contextos que han cambiado mucho.

También hablamos de Lillo, a quien Pep define en pocas palabras: «Juanma ve en dos segundos cosas que los demás tardamos horas o que simplemente no vemos. Es una barbaridad lo que me ayuda. No solo es quien une a todo el cuerpo técnico y quien aporta una visión extraordinaria del juego, sino que me ayuda a tener calma, a estar más tranquilo y a afrontar los partidos con serenidad. Juanma no tiene precio. Es un hombre que jamás habla mal de nadie y que le encuentra siempre la parte positiva a cualquier situación. Los jugadores le quieren una barbaridad».

Una hora de repaso a la evolución del juego desemboca en el papel de entrenador como polinizador de conocimiento. El entrenador, coincidimos, es el gran nómada del fútbol [y también el jugador-emigrante, por descontado]. El entrenador es como el viento que distribuye las semillas de unos árboles que no verá crecer.

La fábrica de clones

La infección por coronavirus de De Bruyne provoca el debut de Cole Palmer como titular en un partido de la Premier League. Palmer es un futbolista extraordinario que dio sus primeros pasos en el equipo de Pep hace un año y que ha marcado goles en la Champions League y en la Copa de la Liga. Ha surgido de la Academy, como Foden, también es zurdo y también puede jugar por dentro o por fuera, según se necesite. Si Foden es el «hijo adoptivo» de Guardiola, Palmer lo es de Lillo, que vigila de cerca sus progresos.

Para recibir al Everton en el Etihad, el elegido como falso 9 es precisamente Palmer, porque Bernardo juega hoy como interior en el lugar de KDB. No es la función habitual de Palmer, pero en ella demuestra toda su calidad con una sucesión de movimientos inteligentes y certeros que generan excelentes ocasiones para Gündogan y Bernardo. No solo se mueve como si toda su vida hubiera jugado como falso 9, sino que remata con dureza, advierte los desmarques de sus compañeros y cuaja un partido espléndido que lleva a Martin Tyler, el comentarista de Sky Sports, a afirmar que la del City «no es una academia, es un sistema de clonación». Cuando abandona el terreno de juego a los ochenta y siete minutos, a Palmer lo sustituye otro jovencito de dieciocho años, James McAtee, al que le bastan cinco minutos de juego para mostrar un desparpajo y una calidad asombrosos. Es otro jugador escandaloso de la academia *citizen*, lo que origina un comentario bastante similar de Gary Neville: «Son como clones. Todos ellos son iguales. Es como si David Silva hubiese regresado».

A pesar de convivir a diario con ellos, Lillo es escueto y explícito: «McAtee es un gran jugador y Cole es excepcional. Son dos talentos». Mi percepción personal es que McAtee lo tendrá más difícil para asentarse en el equipo porque juega por dentro y ahí chocará con una competencia feroz: De Bruyne, Bernardo, Gündogan y el propio Foden. En cambio, Palmer, al poder hacerlo por fuera, por dentro e incluso como falso punta, como ha demostrado hoy, tendrá más opciones. Posee una cualidad muy notable: sabe aplicar el ritmo necesario a cada momento del juego. Es capaz de jugar en sexta marcha, en cuarta o en primera, según exija cada instante. Esta es la gran diferencia respecto de Foden, que ya nos ha demostrado que es sensacional, pero que siempre juega en cuarta, quinta o sexta marcha y no es capaz de aplicar pausa a su vértigo. En cuanto al carácter, si Foden es un jugador extrovertido y siempre risueño, la personalidad introvertida y tímida de Palmer le confiere un lenguaje corporal retraído y poco empático que quizá le perjudicará en su proyecto de convertirse en un gran futbolista.

El triunfo por 3-0 ante el Everton deja varios detalles de interés. Los extremos (Sterling y Foden) han jugado a pierna natural para huir del embudo defensivo que ha propuesto Rafa Benítez, lo que ha facilitado que los ataques interiores de Gündogan, Bernardo y Palmer hallasen menos obstáculos. El misil imparable de Rodri a la escuadra de Pickford supone el cuarto gol del mediocentro español desde fuera del área en la Premier League; esa faceta se está convirtiendo en un arma importante para el equipo. Rodri sigue trabajando en silencio junto al cuerpo técnico para conseguir mantener la calma durante los partidos y controlar los ritmos del juego, sin hacer carreras innecesarias que le llevan a perder la posición. Aunque parece sencillo, no lo es. Se trata de domar a un caballo pura sangre. Hoy no ha estado especialmente calmado en este aspecto, pero va agradando cada día más a Guardiola, que advierte en él la potencia y la visión de un gran mediocentro posicional.

El partido ha tenido un momento delicioso, casi sublime, que rememora grandes pasajes de la historia del fútbol que ya no acostumbran a prodigarse: la «trivela» de Cancelo. El «falso lateral» portugués ha enviado un pase de tres dedos, con el exterior del pie, desde el pasillo del 10 hasta el centro del área, donde Sterling ha rematado a bote pronto girando el tobillo, para marcar un gol formidable. Sterling hace fácil lo imposible e imposible lo fácil. Cancelo ha ejecutado un gesto técnico que hoy en día apenas vemos en Luka Modrić y hace unos años en Ricardo Quaresma, pero que en el pasado prodigaron Franz Beckenbauer, los polacos Kazimierz Deyna y Henryk Kasperczak o el húngaro Tibor Nyilasi, grandes maestros del pase con tres dedos. Si con Pep hablamos de la evolución del juego, con Lillo hablo hoy de este gesto tan inhabitual en estos tiempos: «El pase de tres dedos, como tantos otros gestos, se ha ido perdiendo porque el juego ha pasado a ser patrimonio de los entrenadores y ha dejado de ser patrimonio de los jugadores, que están dejando de hacer cosas arriesgadas por instrucciones de los entrenadores». Cancelo lo ha bordado hoy y todos han aplaudido su atrevimiento.

Quince minutos

El premio a la eficacia es para los jardineros del Etihad Stadium. En quince minutos exactos retiran la cantidad ingente de nieve que ha caído sobre el césped del estadio durante el primer tiempo del Manchester City-West Ham United. Ha comenzado siendo una nevada tierna, que pronto ha ganado cierta violencia y ha concluido en tormenta implacable. El grosor de la nieve sobre la hierba ha hecho temer por el partido, ya que el balón blanco se abre camino con esfuerzo, dejando tras él un surco profundo en cada pase. Y son nada menos que 367 los que da el City en dicho primer tiempo, tan abrumador en su dominio como el frío que sienten los espectadores. Cae la nieve sin compasión y se suceden las acciones de peligro del equipo de Pep, que dispara dos veces a los postes y que en los cinco últimos minutos del período alcanza el 93 % de posesión. Por descontado, Gündogan aparece en la boca del gol para aprovechar un remate de Mahrez y abrir el marcador antes de que los equipos se marchen corriendo a los vestuarios en busca de una bebida caliente y reconfortante.

Entonces entran en acción las verdaderas estrellas de la jornada. Armados con palas, los jardineros y sus ayudantes acarrean la nieve hasta las orillas del campo, donde forman montañas. Arrancan el hielo que se ha formado sobre la hierba, rastrillan los copos que se han endurecido y vuelven a remover con las palas hasta el último vestigio de la tormenta, que también se toma un merecido descanso. Para cuando los jugadores regresan al campo, la mayoría frotándose las manos para entrar en calor, el césped vuelve a ser un tapiz verde y el balón sonríe de nuevo. La de los jardineros ha sido algo parecido a lo que Schumpeter describió como «destrucción creativa».

Sin nieve, el City sigue jugando al mismo ritmo, encadenando buenas ocasiones que solo se materializan en el minuto 89, a través de Fernandinho, cuando el equipo ya está en modo «conservar el resultado». El gol del capitán es una bendición para amarrar los imprescindibles tres puntos porque él mismo se duerme cinco minutos más tarde y permite que Lanzini marque el tanto visitante en una hermosa volea.

El 2-1 supone repetir el resultado de hace cuatro días contra el Paris Saint-Germain, en una victoria que garantizó el primer puesto del grupo en la Champions League por quinto año consecutivo. El juego del equipo alcanzó esa noche una de sus cumbres de la temporada, minimizando al trío Messi-Neymar-Mbappé hasta el punto de permitirles una única acción conjunta, si bien terminó en el gol visitante, cosa que confirmó la peligrosidad del terceto. Entre los partidos de ida y vuelta, el City solo permitió cinco remates del PSG, aunque concedió tres goles, mientras que disparó treinta y cuatro veces, trece de ellas entre los tres postes, y solo obtuvo dos goles como renta. Como nos dice un componente del cuerpo técnico, «nuestro juego coral es formidable, espectacular, es nuestro mejor momento de fútbol de los últimos cinco años, pero nos falta un goleador».

La estupidez

¿Qué ha pasado por la cabeza de Kyle Walker para cometer semejante estupidez?

La expulsión de esta noche en Leipzig ha sido una de las acciones más negras que ha protagonizado este colosal defensa inglés, autor de formidables cabalgadas y también de momentos oscuros en los que parece perder el control. Pero la de hoy supera las anteriores porque, además de innecesaria, es absurda.

El City jugaba en Leipzig un partido sin trascendencia, ya que hace días que se clasificó como primero de grupo para octavos de final de la Champions. Como hace siempre, Pep ha alineado un equipo potente, pese a no jugarse nada en el duelo. No le gusta bajar nunca la guardia, de ahí que en la alineación figuren nombres como De Bruyne, Gündogan, Stones o Mahrez. Como es previsible, visto el 6-3 de la ida, el Leipzig se muestra agresivo y brillante, dado que tiene en juego su clasificación para la Europa League. Dos errores defensivos suponen sendos goles para los alemanes, contrarrestados por un cabezazo de Mahrez a quince minutos del final. Es un resultado coherente con el juego, aunque Walker y Grealish han podido marcar también e incluso Foden ha rematado al poste.

A diez minutos del final, en un costado del campo, Walker le da una patada por detrás a André Silva. Es una acción absurda. Silva no iba a ninguna parte, el resultado no importaba, el partido era intrascendente, el City no se jugaba nada. Y, sin embargo, Walker ha actuado como si se tratara de la última acción de una final decisiva. La expulsión es tan obvia como el previsible castigo. Será una pérdida abrumadora que irrita tanto a Guardiola que lanza varias frases gruesas hacia su jugador, quien a su vez se muerde la lengua y aprieta los puños para no enfrentarse al entrenador.

La UEFA sancionará con tres partidos al futbolista pese al recurso presentado por el club (un recurso, por cierto, al que se opone Guardiola, quien considera que el castigo es merecido). El

City se queda sin su lateral diestro titular para toda la eliminatoria de octavos y para la ida de cuartos de final. A Pep no se le pasará el enfado en mucho tiempo, por lo que Walker no jugará ni un solo minuto de los siguientes seis partidos. Todavía en marzo de 2022, en la víspera de la visita al Etihad del Sporting de Portugal, rival de octavos, Pep volverá a hurgar en la herida: «Kyle se merecía los tres partidos de sanción. Cuando un jugador comete esta estupidez se merece los tres partidos, lo siento. Todavía estoy enfadado con él, muy enfadado. Él lo sabe».

Cinco toques

El 14 de diciembre se juega en el Etihad un partido que será especial, muy especial. Lo es por el marcador, por las estadísticas, por los récords, pero lo es mucho más por los comportamientos que se observan en el juego.

Primero los datos. El City vence por 7-0 al Leeds United, lo que supone la peor derrota de la historia para los visitantes.[61] Es la sexta vez que el equipo de Guardiola marca siete o más goles, igualando el registro de dos entrenadores del City, Wilf Wild (1932-1946) y Peter Hodge (1926-1932). Es la primera vez en la historia del club que seis jugadores distintos (Foden, Grealish, KDB, Mahrez, Stones y Aké) marcan gol en un partido y para Pep supone superar la barrera de los quinientos goles en la Premier League; es el entrenador que más rápido lo ha logrado.[62]

Ahora vamos con los comportamientos. Empieza el partido, comienzan los pases y las acciones, y observo una diferencia abismal con respecto al juego habitual del City. La diferencia es que los jugadores tienen una movilidad extrema, no respetan las posiciones y realizan conducciones largas. Es un cambio profundo en las conductas que son seña de identidad del equipo e interpreto que la razón de semejante metamorfosis es el conocido marcaje hombre contra hombre del Leeds por todo el campo. Los jugadores de Bielsa persiguen a los de Pep, pero no consiguen llegar nunca a cortar un pase, ni a interceptar un balón o frenar una conducción, salvo mediante faltas. La transformación es asombrosa, como si el City hubiera cambiado completamente de piel. El abrumador resultado final es

61. En 1934, el Leeds perdió por 1-8 ante el Stoke City en partido de la Division One.

62. Para sumar 506 goles a favor, Guardiola ha necesitado 207 partidos de liga, con un promedio de 2,4 goles por encuentro. Jürgen Klopp necesitó 234 partidos, y sir Alex Ferguson, 265.

irrefutable: un Leeds que habitualmente era un dolor de muelas ha sido reducido a cenizas. El City ha acertado con rotundidad en su forma de jugar, aunque haya sido a través de este cambio tan radical.

Como es natural, indago en el cuerpo técnico por el cambio de conducta. Carles Planchart se muestra críptico: «Todos los jugadores han interpretado muy bien la solfa marcada». Sí, claro, pero la solfa de hoy ha tenido muy poco que ver con el conjunto de comportamientos habituales. Así que acudo a Guardiola para obtener una confirmación de mis percepciones:

—El partido lo ha ganado Juanma con su propuesta de que había que entregárselo a los futbolistas para que ellos se comportaran con libertad. El partido debía ser de ellos y no de los entrenadores, con lo que hemos tenido que sugerir un cambio en las conductas, pero sobre todo que fuesen ellos quienes modificaran por sí mismos las conductas habituales.

El propio cuerpo técnico modificó sus costumbres. El día anterior solo se pusieron unas breves imágenes del Leeds y no se dio ninguna indicación especial sobre el rival, y el día del partido no se realizó el entrenamiento matinal. En la charla técnica, que tuvo lugar después de la merienda, en la ciudad deportiva, Pep hizo hincapié en tres comportamientos fundamentales. El primero es que debían jugar con los cuatro puntos distales muy abiertos, para separar las ayudas de los jugadores del Leeds. Esto se comprobó con la posición altísima de Ederson, la bajísima de Foden, que actuó por momentos casi como mediocentro antes de regresar a la punta del ataque, y con la amplitud de Mahrez y Grealish. Cuatro puntos cardinales irregulares que evitaban los apoyos entre sí de los hombres de Bielsa. El segundo comportamiento básico era aprovechar las zonas de descanso, que se establecieron en Stones y Zinchenko por fuera y Rodri y Bernardo por dentro. Por último, y lo más importante, debían jugar obligatoriamente a cinco toques como mínimo. Este último comportamiento, que sin duda sorprenderá al lector, será clave, ha repetido Pep:

—Prohibido pasar el balón si antes no lo has tocado cinco veces, como mínimo.

La explicación de este comportamiento reside en la forma de jugar del Leeds, en especial por su marcaje al hombre. Si el City juega a uno o dos toques, como es su costumbre, cada futbolista del Leeds salta sobre su par de manera inmediata, generando una secuencia de presión que acelera el juego y conduce, de forma inevitable, al error y la pérdida. Pero si jugadores de tanta calidad como los del City temporizan sus acciones, dando un número elevado de toques, se generarán dudas en cada marcador y, sobre todo, se ralentizará el ritmo del juego y se romperán los esquemas mentales del oponente.

Lillo me lo explica del siguiente modo: «Cada jugador nuestro tenía que dar pequeños giros sobre sí mismo, tenía que dar pequeños toquecitos cortos, cuatro, cinco, seis, los que fuesen, para luego hacer uno largo que hiciera imposible que nos quitaran el balón. Era un partido de cinco toques obligatorios en el cual nuestro poseedor tenía derecho a perder el balón, pero nuestro equipo no podía perderlo».

Interviene Estiarte para resumirlo a su modo: «¡Cómo se notó que cada jugador tardaba en soltar el balón!». La idea, precisamente, era que todo jugador del City debía provocar una situación que le permitiera deshacerse de su par y, a partir de ahí, generar oportunidades. Dos de los primordiales han sido De Bruyne y Foden, que se han hartado de realizar movimientos falsos de engaño sobre sus marcadores. Así, KDB sobre Forshaw y Foden sobre Llorente han buscado engañar al rival a base de aproximarse hacia él para despegarse de inmediato, obteniendo varios metros de ventaja en cada ocasión, lo que ha propiciado que no hubiese siempre un hombre libre del City, sino dos y hasta tres de manera simultánea.

Ha habido otro detalle que explican Pep y Lillo:

—Contra el Leeds, el que roba no pregunta. El que roba balón corre con él. Y las conducciones, lo más rectas posibles, para que los rivales queden bien lejos, porque son jugadores que, aunque los estés atacando, no van a soltar a su pareja para ayudar a frenar esa conducción.

Creo que ha quedado clara la metamorfosis específica aplicada a este duelo contra el equipo de Bielsa. Libertad de decisión para los jugadores, pero con comportamientos muy concretos cuando se disponía del balón. Ha sido un cambio radical respecto de las intenciones habituales, que son jugar a uno o dos toques para los hombres del interior y toques libres para los exteriores, que es la práctica que más se entrena en el City. También ha sido un comportamiento bien distinto al que se realiza cuando el equipo se enfrenta a un adversario como el Manchester United, por ejemplo, donde las instrucciones son las opuestas. Como bromea el cuerpo técnico, cuando se visita Old Trafford «hay que pasarla al pie. Si hay alguien que en vez de pasar el balón al pie lo pasa al espacio, aunque solo sea un metro, lo sustituimos. Allí, todo al pie».

Unas veces es al pie, otras es al espacio y hoy, como gran excepción, han sido cinco toques como mínimo. El núcleo central del juego de Pep no cambia, pero sus microdetalles varían en cada partido. Solo así es posible jugar tan bien de manera repetida y continuada.

Treinta y seis victorias

En la era Premier League, el promedio goleador del *Boxing Day* es de tres goles por partido, pero Manchester City y Leicester han decidido pulverizar, este 26 de diciembre de 2021, la tradición y se enzarzan en una batalla que termina 6-3 a favor del equipo de Guardiola, que al descanso domina con un plácido 4-0 después de alcanzar fases del 93 % de posesión. Después del descanso, el City agarra una «pájara» monumental que dura once minutos y trae consigo tres goles para los visitantes, tras lo cual Laporte y Sterling vuelven a anotar y alejan el peligro de recibir un fuerte susto navideño. Ha sido un partido enloquecedor que suma otro triunfo al obtenido unos días antes en Newcastle por 0-4, donde el City juega «uno de nuestros peores primeros tiempos de la temporada, con los jugadores totalmente fuera de foco», como dirá Pep.

El año 2021 termina para el equipo en el Brentford Community Stadium, de donde arranca una victoria por la mínima, con gol de Foden; es la número treinta y seis del año natural en la Premier League, así como la número cincuenta y tres sumadas todas las competiciones, hitos que en ambos casos son récord histórico del fútbol inglés.[63] Es la décima victoria consecutiva del equipo en la liga y la cuarta vez que consigue alcanzar este dígito con Pep, lo que le otorga una ventaja de nueve puntos sobre el Liverpool al terminar el año. El City comenzó diciembre a un punto del Chelsea y lo finaliza con ocho de ventaja tras ganar sus siete partidos del mes. Para Pep, la Navidad ha dejado de ser su «periodo maldito».

63. El City ha disputado 44 partidos de liga en 2021, con 36 victorias, 2 empates y 6 derrotas, 113 goles favorables y 32 en contra. Los 113 goles a favor suponen otro récord absoluto, superando los 102 de 2017, los 99 de 2018 y los 95 de 2019, en los tres casos pertenecientes al propio City. Gündogan con 15 y Sterling con 13 han sido quienes han aportado más goles a esta cifra récord.

Minuto 92.28

Es un escenario hitchcockiano.

Imaginen un estadio lleno hasta la bandera cuando solo es mediodía del primer día del nuevo año. Hay quien ha llegado al estadio vestido de fiesta, directamente desde el *night club*. Se aprecian abundantes huellas de brindis y celebraciones en los rostros de los aficionados; por momentos, uno creería estar a punto de vivir una *rave* al aire libre, más que el partido de fútbol que inaugura el año 2022.

No es el ambiente idóneo para una gran batalla futbolística, pero esto es lo que sucede. Sobre la pradera del Emirates Stadium se fragua una batalla colosal entre dos equipos que no tienen en cuenta la fecha festiva, la hora temprana, ni los festejos que vivieron anoche sus aficionados. Arsenal y City se enzarzan en un duelo formidable, de una agresividad inaudita. El equipo de Mikel Arteta ya no es el conjunto blando y amorfo que se diluía en las grandes ocasiones, y el de Pep continúa siendo el líder implacable que fulmina al adversario en cuanto huele sangre.

Alfred Hitchcock habría diseñado un guion como el que vemos este sábado.

Un césped verde valle, unas gradas bulliciosas, un penalti escamoteado por el VAR al Arsenal en una imprudente entrada de Ederson sobre Ødegaard, una agresividad inagotable en los delanteros locales para ensuciar el *build up* del City —cuyo acierto en el pase cae al 88 %—, una inaudita posesión del 75 % para los *gunners* en un buen tramo del primer tiempo, una disposición chocante en la salida de balón *citizen*, con Dias y Laporte a la derecha y Ederson a la izquierda de la línea de tres, un precioso gol previsible de Buyako Saka que precede a dos grandes remates de Martinelli que rozan el poste, y un penalti concedido por el VAR a Bernardo Silva, por agarrón de Xhaka, que Mahrez transforma a la izquierda del portero a pesar de que el punto de penalti ha sido pisoteado por el zaguero Gabriel, que es amonestado por ello. Todo lo anterior solo ha sido el preludio de la tensión dramática que se vivirá a partir del minuto 56.

A las proezas defensivas que viene acumulando el Manchester City hoy se suma una más. Recordamos el bloqueo de Rodri al remate a bocajarro de Fabinho en aquellos 2 segundos y 92 centésimas de agonía; el despeje agónico de Stones para evitar que el Liverpool se llevara la liga de 2019 por solo once milímetros; o la tijera de espaldas con la que Walker salva al City en el minuto 93 de la Community Shield del mismo año frente a idéntico rival... Hoy es Nathan Aké quien emula a sus compañeros de zaga.

Solo han transcurrido sesenta segundos desde el empate cuando Aymeric Laporte lucha un balón dividido y lo cede de cabeza a su portero, sin advertir que Ederson ha salido de su zona. El balón vuela por encima del guardameta y se dirige irremisiblemente hacia la red. Pep grita desde el banquillo: «¡Ayme, Ayme, Ayme!», como si pudieran oírlo en medio del rugido de la multitud, que ya festeja el nuevo gol local. Pero desde la bruma matinal surgen primero unos rizos y a continuación una pierna, la derecha, que preludian el despeje milagroso de Aké sobre la línea. De nuevo, unos ínfimos milímetros dictan su ley. Más aún, el balón despejado por Aké cae a pies de Gabriel Martinelli, al que le bastaría con rematar suave para marcar, pero el joven delantero brasileño dispara contra el poste.

No han pasado ni sesenta segundos cuando otro Gabriel, el zaguero local Magalhães, es expulsado al acumular la segunda tarjeta amarilla por una dura entrada sobre otro Gabriel, Jesús, también brasileño. El duelo cambia de color porque el Arsenal ya no volverá a amenazar, pero su energía es tan bestial que seguirá ahogando al City incluso con un jugador menos. El de Pep es un equipo que parece agotado en su tercer partido en solo seis días, mermado por las infecciones de coronavirus de Foden, Zinchenko y Stones, falto de aire y de acierto.

Pero nunca hay que subestimar a este equipo. Basta un *alley oop* de KDB hacia el punto por donde penetra un inesperado Laporte para que un balón rebotado le llegue a Rodri, que marca desde cerca con la izquierda. Es el gol del triunfo, pues el reloj del Emirates indica que estamos en el minuto 92.28 de este duelo que habría deleitado a Hitchcock y que supone la undécima victoria consecutiva del City en la Premier.

Desde hace años, el City ha experimentado un acierto elevado a la hora de sacar rédito a los últimos segundos de los partidos. Agüero ganó una liga en el 93.20. Gabriel Jesús rubricó la de los Centuriones en el 93.02. Quizás el gol de Rodri en el 92.28 suponga algo parecido, aunque nadie podrá olvidar que la pierna de Aké apareció por arte de magia para obrar otro milagro...

Veintiún infectados

A los tres infectados en días pasados se han unido Guardiola, Lillo, Fernandinho, Sterling y Grealish, con lo que la nómina de afectados por el coronavirus en las últimas semanas asciende a veintiuno. Prácticamente ningún jugador se ha salvado de la infección.

A las órdenes de Rodolfo Borrell, el City alinea en The County Ground a sus únicos hombres disponibles; el banquillo está lleno de jóvenes canteranos para luchar contra el Swindon Town en la tercera ronda de copa. El partido deja un nombre en letras de oro: Cole Palmer. Aún tiene diecinueve años, pero su madurez es tan grande como su calidad. Hoy ha dado la asistencia a Bernardo para abrir el marcador y ha marcado el cuarto gol para el 1-4 definitivo, pero por encima de su eficacia se ha evidenciado que puede ser otra perla de la academia *citizen*. Sin hacer ruido ha marcado goles en la Champions, en la Copa de la Liga y en la FA Cup, pese a que solo ha disputado un partido completo con el equipo, más otras doce apariciones parciales. Le hemos visto jugar por dentro y más habitualmente como falso 9, pero hoy se ha situado de extremo derecho, donde ha protagonizado auténticas diabluras. Aquí hay jugador para grandes cosas. ¿Tendrá la paciencia necesaria para madurar a fuego lento como hizo Foden?

Veintiún goles

Con el de hoy, De Bruyne le ha marcado cinco goles al Chelsea, el equipo que en 2014 consideró que no atesoraba la suficiente calidad paramilitar en sus filas y se lo sacó de encima.

Seis años más tarde, KDB es la figura indiscutible del líder de la Premier League, un Manchester City que en diciembre estaba a un punto del Chelsea y tras su victoria de hoy lo supera en trece. El Chelsea de Tuchel continúa siendo un equipo formidable, el vigente campeón de Europa, pero en los dos duelos ligueros ha vencido el City por el mismo resultado (1-0), con lo que Guardiola se muestra orgulloso: «En ciento ochenta minutos de liga solo les hemos permitido chutar una vez contra nuestra portería». Es la célebre fórmula de Lillo para los goles recibidos: «Cero coma algo». Contra el Chelsea habrá sido «cero coma cero». No puede extrañar que Ederson muestre a estas alturas una ratio del 50 % en porterías a cero: 166 partidos de liga y 83 de ellos sin encajar gol.

Pep alude además a otro factor clave, los duelos: «Tener el control que hemos tenido contra un equipo tan fantástico es dificilísimo, pero hemos tenido mucha paciencia y hemos ganado los duelos». Laporte ha ganado cinco de sus cinco duelos aéreos y Stones, cuatro de cuatro. El Chelsea esperaba bien cerrado atrás para lanzar transiciones que no han llegado a cuajar gracias a la buena presión de los atacantes del City, que han logrado desestabilizar al portero visitante, el vasco Kepa, que solo ha acertado la mitad de los pases dados y ninguno de los que ha enviado en largo. Ya son doce victorias consecutivas en la Premier para el City y veintiún goles desde fuera del área para De Bruyne, la mejor cifra de cualquier jugador en el fútbol inglés desde 2015. No está nada mal para quien fue despreciado porque era «un niño molesto».

Quinientos puntos

La confianza ciega de Guardiola en Bernardo Silva no necesita palabras. Basta una cifra: con el de hoy, el jugador portugués es titular de manera consecutiva desde hace veintidós partidos en la Premier League.

En los primeros veinte minutos, el City dispone el balón el 81 % del tiempo. Entre el minuto 50 y el 60 de partido alcanza el 82 %. Pese a semejante control, el Southampton se hace fuerte en el Saint Mary's Stadium gracias a un primer gol de Walker-Peters que culmina un largo contraataque surgido tras una pérdida de Sterling. El City domina, aturde al rival, dispara dos balones a los postes, remata veinte veces, empata con un cabezazo de Laporte y casi alcanza los mil toques de balón, pero no consigue mantener su racha de triunfos ligueros, que se cierra esta vez en doce. Pese a ello, Pep está eufórico: «Hemos jugado espectacular».

Con el de hoy suma 500 puntos en la Premier League, alcanzados tras 213 partidos, todo un hito.[64] De Bruyne ha llegado a las ochenta asistencias de gol en la liga, con lo que ha igualado a David Beckham, aunque ha necesitado 68 partidos menos que el inglés para sumarlas.

64. Mourinho necesitó 231 partidos para sumar 500 puntos. Klopp precisó 236 partidos, Ferguson, 242, y Wenger, 249.

El controlador

Riyad Mahrez ha marcado ocho goles en los últimos siete partidos que ha jugado. Cuatro de ellos los ha anotado de penalti, tres lanzados a la izquierda del portero, y el de hoy, disparado a la derecha de David Raya, el guardameta del Brentford.

Mahrez es un jugador que siempre está disponible. Su historial de lesiones con el City es tan corto que produce escalofríos: cinco días de baja en agosto de 2018 por una leve torcedura de tobillo, tres días en enero de 2020 por un golpe y dos semanas por coronavirus en septiembre de aquel año. Finalizando su cuarta temporada como *citizen*, Mahrez solo se ha perdido ocho días por lesión y quince por enfermedad. Es algo tan inusual que Guardiola bromea siempre con él por semejante prodigio: «Mírate las piernas. No tienes músculos. ¡Cómo vas a lesionarte!».

Mahrez siempre está disponible para jugar porque conserva la pasión infantil por el juego y el balón. Jugar es lo que más le gusta y lo que dicta sus estados de ánimos, que fluctúan de manera extrema según las decisiones de Pep. Cuando juega, se siente feliz como un niño y lo exterioriza. Cuando no juega porque el entrenador así lo ha decidido, se comporta también como el niño enfadado al que le han quitado el balón.

Mahrez adora el balón y quizá por ello sus controles son tan excelsos, de difícil descripción porque convierten pases horrorosos en caramelos deliciosos. El siglo pasado tuve la fortuna de ver controlar balones a Rivelino, Pelé y Cruyff, y en este siglo he visto hacerlo a Zidane, Iniesta y Messi, pero Mahrez parece haber conjugado las virtudes de todos ellos y sublimarlas en un arte propio y único, el de controlar balones incontrolables. De cerca o desde el infinito, duros como un obús o caídos del cielo, a Mahrez le da igual la procedencia y la fuerza del balón que le envían. Bajo lluvia o nieve, con césped alto o seco, Mahrez acolcha el esférico como quien acuna a un recién nacido y lo duerme entre sus botas hasta que le obedece. Es casi otro deporte.

Mahrez abre el marcador contra el Brentford, pero son dos defensores quienes protagonizan el partido. «João [Cancelo] ha sido nuestro mejor extremo, tanto driblando como chutando», reconoce Pep. En efecto, Cancelo se ha mostrado omnipresente y brillantísimo, alma del equipo, un «falso lateral» que juega de todo y en todas partes, autor de cuatro regates exitosos, dos disparos a puertas, tres pases largos acertados, cuatro *tackles* y diez duelos ganados. Su energía creativa es asombrosa, al igual que la de John Stones, que ha formado como teórico lateral derecho, pero ha jugado como mediocentro, interior y mediapunta, dando una exhibición que quizás en el futuro tendrá el reconocimiento que merece semejante polivalencia.

Con 60 puntos en las primeras 24 jornadas de liga, el City alcanza su segunda mejor puntuación histórica, por detrás de los 65 del año de los Centuriones y por delante de los 57 de la temporada 2011-2012. Carles Planchart ya ha iniciado la cuenta atrás: «Nos quedan catorce partidos, y restando...». Pep tiene escasas dudas de lo que le espera en los próximos meses: «Competimos contra nosotros mismos».

En realidad, Pep se ha explayado mucho más, hasta el punto de que no me resisto a reproducir todo lo que ha dicho en vísperas de jugar en Norwich, tras ser preguntado sobre la presión que sufre y las expectativas tan enormes que se generan por ganar títulos:

«Cuando empiezas tu carrera como entrenador con futbolistas *top* increíbles, con un gran equipo técnico, y lo ganas todo en tu primera temporada... No me malinterpretéis, por favor, no era yo solo, sino mucha gente involucrada en ello... Ganamos [el Barcelona] seis títulos consecutivos, el triplete, y de golpe todo el mundo piensa que cada temporada tiene que ser igual. Le ocurrió después otra vez al Barcelona, cuando en varias temporadas ganaron liga y copa, liga y copa, pero perdían en semifinales de la Champions League y se decía que era un fracaso de temporada. ¡Un fracaso de temporada ganando liga y copa! Me acuerdo de aquellos momentos, primero cuando yo mismo estaba dentro del club, y después, cuando he estado fuera. ¡Pero esas temporadas fueron un éxito! Quizás ahora todos se dan cuenta de que lo fueron. Muchos años atrás, el Manchester United controló la Premier League como nadie lo había hecho. ¿Alguien se imaginaba entonces que se pasaría siete u ocho años sin ganar la Premier? ¿Alguien en este país podía concebir eso? No, pero ha sucedido. Y si le ha pasado al Manchester United, nos puede pasar a nosotros mañana. No la temporada que viene, no. Ma-ña-na.

»Porque el fútbol es muy difícil y es impredecible. Porque el ser humano es imperfecto. No somos perfectos y esas cosas ocurren. Lo importante es la forma en que nos comportamos. Lo que buscamos. Mirémonos a nosotros mismos. Se lo he dicho muchísimas veces a mis jugadores: jugamos contra nosotros mismos. No jugamos contra nadie en concreto, dicho con todo el respeto hacia nuestros oponentes. Jugamos contra nosotros mismos. Este es el objetivo. Tenemos que competir para nosotros mismos, al más alto nivel posible. ¿El oponente es mejor? De acuerdo, lo acepto. Nos levantaremos al día siguiente para mejorar y para derrotarlos la próxima vez. Pero nosotros jugamos contra nuestra mejor versión. Y tenemos que alcanzarla cada día, en cada partido. O tratar de alcanzarla. Esto son los equipos grandes. Se enfrentan a un rival, pero al final no es esto lo importante. Lo importante es nuestro propio rendimiento.

»¿Nos toca jugar contra un equipo que defiende muy atrás y en algunas fases incluso ni quiere atacar y es complicado atacar, como el Brentford el otro día? OK, tienes que asumirlo. ¿Juegas contra el Fulham, un equipo totalmente diferente, que quiere jugar, quiere quitarte el balón, que le saca ocho o nueve puntos al segundo en la Championship con un partido menos? OK, a jugar. El asunto somos nosotros. El asunto es cómo afrontamos esto. Esta ha sido mi mentalidad desde el primer día. Me intento centrar en el Manchester City, en nosotros mismos. Desde el día que llegué. Así que no hay excusas. Conmigo no existen las excusas. Si empiezas a quejarte, no tienes sitio en este equipo. Los errores son parte del proceso. Somos humanos, puede ocurrir. Pero el esfuerzo y el tratar de mejorar son innegociables. Y pensar que cuando perdemos es por culpa nuestra. ¿Los árbitros? Venga, va, no me pongáis excusas sobre los árbitros. No me las deis. Juega mejor. Corre más. Intenta tener el deseo de mejorar. Si eso es así, nuestros fans, y no solo los fans, sino nosotros mismos, no vamos a tener nada que reprocharnos».

Doce puntos

El sábado 12 de febrero, el City tiene doce puntos de ventaja sobre el Liverpool, aunque es una ventaja ficticia porque ha disputado dos partidos más que los de Klopp. Diez minutos iniciales con el 83 % de posesión permiten que el equipo de Pep se sienta dueño y señor de Carrow Road, el estadio del Norwich, donde Sterling logra un *hat-trick*. Guardiola no se fía de las apariencias. El Liverpool, en realidad, solo está a seis puntos y con el retorno de la Champions League cualquier distracción puede ser grave.

Pero al 0-4 contra el Norwich le sucede un espectacular 0-5 contra el Sporting de Portugal en Lisboa, donde Bernardo Silva se desmelena. Bernardo es un fanático del Benfica, por lo que pisar el José Alvalade, estadio de uno de sus grandes adversarios, le estimula hasta el frenesí. Marca dos goles, le anulan un tercero, da una asistencia a Sterling para que logre un tanto fabuloso en remate a la escuadra, y en definitiva cuaja un partido memorable que desemboca en las palabras de su entrenador: «Bernardo no solo juega, sino que entiende el juego. Entiende cada acción como poca gente en el mundo del fútbol».

El año pasado escribí que Bernardo es un costurero.

Los centrocampistas interiores del City pertenecen a dos categorías muy diferentes: los costureros y los rompedores. Gündogan y Bernardo Silva son del primer grupo, el de los costureros, aquellos que se encargan de tejer con su hilo todas las interacciones del grupo. Son jugadores que pasan y pasan y vuelven a pasar el balón, entendiendo que en cada pase se produce una comunicación con el compañero, y también una advertencia y una amenaza al rival. Con sus pases «cosen» el equipo, lo juntan en una zona, disgregan al adversario en otra, pasan y cosen. Son jugadores que provocan el diálogo sobre el campo. En cambio, los rompedores actúan a golpe de martillo. Son quienes concluyen el diálogo con un monólogo punzante. Son De Bruyne y Foden, que no pretenden asociarse para seguir tejiendo, sino que van en busca del golpe final. Son el individualismo dentro del colectivo. Espíritus libres y algo anárquicos que se alejan de la ortodoxia para acercarse a la irreverencia que rompe las situaciones estancadas.

Jugar con Bernardo y Gündogan como centrocampistas interiores equivale a coser un tejido tupido y fiable, confeccionado a base de innumerables pases y conexiones. Jugar con De Bruyne y Gündogan significa equilibrar la proporción de costura con la de ruptura. Hacerlo con De Bruyne y Foden desafía el equilibrio y supone martillear al contrario sin descanso, con ataques verticales y constantes.

El 0-4 al descanso es la mayor ventaja de la historia de las eliminatorias de la Champions, y el 0-5 final supone el partido número 43 de Pep en el City marcando cinco o más goles, o sea, el 13 % del total disputado. También es el decimocuarto partido de la temporada en que marcan cuatro o más goles, y al sumar ya 200 tantos en la Champions se advierte que es el equipo que menos partidos ha necesitado (97) para alcanzar dicha cota. Y, sin embargo, pese a conseguir el pase virtual a cuartos, Pep muestra su perpetua insatisfacción: «Los jugadores ya me conocen: hemos de hacerlo mejor. Algunos han estado por debajo de su nivel y hemos perdido balones fáciles. Sí, hemos sido clínicos en el remate, pero algunos han fallado mucho en el *build up* y pueden hacerlo mejor. Hay una regla que no se puede olvidar: cuando tienes el balón, no lo pierdas».

El día de la duda

Los 53 201 espectadores abandonan el Etihad Stadium con una convicción: si el Manchester City hubiese podido contratar a Harry Kane, sería un equipo invencible.

Kane es la pieza que le falta a este equipo formidable. Hoy ha marcado dos goles que han acabado por doblegar al City, que se ha mostrado creativo y brillante en ataque, pero de una fragilidad defensiva que no se veía en mucho tiempo. Walker se ha mostrado timorato en sus presiones y atolondrado con el balón en los pies. Cancelo se ha lucido en ataque, pero ha sido un coladero en defensa. Laporte ha sacado el balón jugado con limpieza, pero no ha conseguido tapar los agujeros que se han abierto a su alrededor. Y Rúben Dias, el comandante de la «zaga yugoslava», ha tenido una mala tarde y no ha sabido replicar a los atacantes londinenses. La derrota por 2-3 surge a partir de una línea defensiva trufada de dudas entre salir a presionar y marcar al rival o quedarse a esperarlo. En la duda entre ir o no ir, los *citizens* han encajado tres goles, tantos como en los últimos siete partidos.

Cuatro minutos han bastado para el gol inicial de Kulusevski. ¿Recuerdan los goles encajados la pasada temporada ante el Manchester United y en la final de la Champions contra el Chelsea? El de Kulusevski ha sido parecido, si bien en este caso Walker no ha pecado de exceso en su salto a por el lateral rival, sino de tímido, al quedarse a medio camino, en tierra de nadie. Esto ha facilitado la recepción de Kane, al que Laporte también ha vigilado desde lejos, y el pase al espacio para la carrera de Son, que ha regalado el gol a Kulusevski. A Guardiola el guion se le ha torcido en cuatro minutos.

Gündogan, Cancelo y Foden han tomado el mando y el interior alemán ha rematado al poste antes de hacerlo a la red. A la hora de partido ha aparecido Harry Kane para desballestar al City. Tras un mal despeje de Dias, el capitán de los Spurs ha galopado entre Laporte y Cancelo para fulminar a Ederson, y solo cuatro minutos más tarde ha repetido el movimiento, otra vez apareciendo entre central y lateral, pero Ederson ha logrado salvar el remate.

Sabemos que los equipos que dirige Antonio Conte son rocosos y ásperos. Te dejan salir, avanzar y alcanzar sus entrañas sin apenas molestarte, básicamente porque pretenden enredarte y acabar penetrando a su vez en tus propias entrañas. Y lo hacen de maravilla. Por eso al City le cuesta un mundo volver a marcar. Gündogan ha visto cómo Lloris desviaba un precioso remate al poste alejado y poco después un doble disparo de Cancelo y Mahrez, mientras el VAR anulaba otro gol a Kane por fuera de juego previo de Kulusevski. El mismo VAR ha decretado penalti a favor del City en el minuto 92, que Mahrez ha convertido en gol a la izquierda del portero, casi acariciando el travesaño.

¿Qué hay que hacer cuando has logrado empatar un partido tan complicado y solo quedan tres minutos de juego? Es una pregunta con múltiples respuestas. El Manchester City ha elegido ir a por la victoria y ha acabado perdiendo. Walker, el más acelerado de la tarde, se ha precipitado en un pase a De Bruyne y ha propiciado el centro de Kulusevski para el cabezazo de Kane, que esta vez ha aparecido entre Dias y Walker, que lo han defendido de modo pésimo.

El enfado de Guardiola con Walker alcanza su máxima expresión en este último minuto porque una cosa es ir a por la victoria y otra es hacerlo desde el atolondramiento, probablemente el peor y casi único defecto del excepcional lateral inglés. El cabreo de Pep es colosal y quien parece pagarlo es su asistente Rodolfo Borrell, sentado en el banquillo, que recibe una gran bronca del entrenador. Pep exterioriza todo su enfado contra Walker, pero lo hace mirando y señalando a Borrell, por lo que parece que está castigando a su asistente, si bien es una apariencia engañosa. Solo está desahogándose contra el jugador.

Todos han visto cómo el Liverpool ganaba dos horas antes al Norwich; los de Klopp se colocan a tres puntos del City. El equipo de Pep se ha quedado sin margen de error, aunque Lillo se muestra rotundo cuando habla con sus colegas del cuerpo técnico: «Un equipo con tantas certezas como el nuestro no se va a desnaturalizar por un accidente como el de hoy». A continuación lanza una de sus habituales bromas, diciendo que «ya somos campeones porque solo perdemos uno de cada quince partidos de liga y solo quedan trece por jugar, o sea, que con mantener el promedio lo tenemos en el saco».[65]

65. El City solo ha perdido tres partidos de la Premier League esta temporada. El de la primera jornada contra el Tottenham (1-0) en agosto del año pasado; el de la jornada 10 ante el Crystal Palace (0-2) a finales de octubre; y el de hoy, ya en la vigesimosexta jornada (2-3). Lillo tendrá razón en su broma-pronóstico y en los últimos doce partidos del campeonato el City no sufrirá ninguna derrota más, ganando nueve y empatando tres.

El brazo

Jordan Pickford no es un portero de gran envergadura, mide 1,87, pero posee una velocidad de reacción sensacional que le permite efectuar despejes que parecen inverosímiles. En la última fecha de febrero, regala un recital de rechaces prodigiosos ante el Manchester City. Tras un primer tiempo amorfo en que la presión agresiva del Everton dificulta la creación de juego y los extremos *citizens*, Foden y Sterling, ambos a pierna natural, se muestran desacertados, el equipo de Pep se lanza al asedio de la portería de Pickford, que en cinco ocasiones consigue desviar balones que estaban destinados a ser gol. Remates de Foden, de Stones, de KDB, de Bernardo y nuevamente de Foden son despejados sin misericordia por el guardameta titular de la selección inglesa.

Solo a los ochenta y un minutos consigue el City batirlo, y no es fruto de ninguna jugada de mérito, sino por una inoportuna torpeza del zaguero Michael Keane, que a un metro de la línea de gol regala el balón a Foden para que sentencie un nuevo triunfo que, sin embargo, podía haber mutado en empate cinco minutos más tarde, cuando, involuntariamente y dentro de su área, Rodri despeja un balón con el brazo. La acción viene precedida por un posible fuera de juego de Richarlison; de hecho, los defensores del City asegurarán después que el asistente arbitral levantó la bandera. En un rebote posterior del balón, Rodri intenta controlarlo con el pecho, pero lo hace con la parte superior del brazo derecho, aunque por debajo del hombro. El árbitro no indica la infracción y tampoco lo señala el VAR, pese a una larga prospección. Es un error obvio porque la acción debía ser sancionada con penalti; con razón, los jugadores del Everton se encrespan y protestan.

El error arbitral supone que el City se marche de Goodison Park con los tres puntos y no con uno, como podía haber sucedido de haberse señalado y transformado el penalti. Esto puede tener consecuencias en la pelea por el título de campeón, si bien no puede obviarse que hace solo cuatro semanas sucedió exactamente lo contrario en Southampton, cuando el árbitro no señaló un evidente penalti de Salisu sobre De Bruyne; el City dejó de sumar dos puntos en aquella visita al sur de Inglaterra.

La del brazo de Rodri no es la primera ni será la última decisión errónea de los árbitros y del VAR inglés. El Liverpool tiene hoy el mismo sentimiento que tuvo el City el pasado 22 de enero.

La demolición

El fútbol es incierto, azaroso e inesperado. Como la vida. El fútbol tiene razones que la razón no entiende.

Un aficionado de la grada sur del Etihad se ha desvanecido en el minuto 35 del derbi de Mánchester, por lo que el árbitro Michael Oliver ha detenido el juego para que el hincha pudiera ser atendido.

Solo son tres minutos, pero Guardiola los aprovecha bien y corrige la salida de balón de su equipo. El City manda en el marcador por 2-1, pero sufre porque la presión del Manchester United, liderada por Paul Pogba, es muy agresiva. Dicha presión se traduce en un 4+2 muy alto que obliga al City a modificar su habitual estructura del *build up*, abandonando el 3+2 para situarse en un 3+3 con el que no consigue superioridad. La primera línea la componen Stones y Laporte, con Ederson incrustado entre ambos. La segunda está formada por Walker, Rodri y Cancelo, con los laterales muy abiertos a las bandas. El City solo consigue salir cuando Bernardo por la izquierda o Foden por el centro bajan a recibir y relanzar el juego. Los dos goles de De Bruyne han llegado por la misma vía: una buena acumulación de pases en el costado izquierdo seguidos por penetraciones de Bernardo y Foden que han encontrado en KDB el rematador final. El gol del excanterano Jadon Sancho ha ensuciado una primera media hora de buen juego *citizen*, pero con las mencionadas dificultades para cruzar el centro del campo.

La detención del juego para atender al aficionado que ha colapsado permite que Pep reorganice la salida. Cada tiempo tiene su detalle y su matiz, y en este caso el entrenador llama a Ederson, Laporte, Rodri y Cancelo, y los instruye para corregir sus ubicaciones y aprovechar la manera peculiar de presionar de Pogba, que sube mucho y deja vacía la zona a su espalda. Ordena a Ederson que se retrase y actúe como simple continuador de los apoyos. Recompone la primera línea, situando a Rodri casi en la banda derecha, como si fuese un falso lateral, y envía a Stones dos metros a la izquierda del eje central, lo que a su vez acerca a Laporte a la línea exterior izquierda, donde Pogba no llega. Pep indica a Bernardo que el gran pasillo por el que salir está a la espalda de Pogba, con lo que el portugués se convierte *de facto* en el mediocentro del equipo, mientras Grealish se interioriza dos metros para ayudarlo.

A partir de estas modificaciones, Bernardo circula con una libertad pasmosa, el City se quita el yugo que le aprisionaba y comienza el festival. Durante el parón, Mahrez ha expresado su incomodidad: «Solo he tocado el balón cuatro veces en media hora», dice el extremo argelino. El 60 % de los ataques del City se han producido por el costado izquierdo, el 21 % por el centro y solo el 18 % por la zona de Mahrez. El cuerpo técnico tranquiliza al jugador: «Ten calma y paciencia. Hoy hay que atacar por el otro lado, que es donde tenemos un hombre de más. Ten calma, te llegarán pocos balones, pero los que tengas serán para finalizar». Mahrez reconocerá al final del partido, después de tocar treinta y seis balones y marcar dos goles, que «me he mantenido concentrado, sabía que la pelota llegaría y que yo tenía que marcar la diferencia».

La segunda parte es una masacre. El plan de pasar el balón al pie y no al espacio para conservarlo y evitar que el United pueda transitar y correr se cumple de un modo estricto. El City se recrea en el pase preciso, alcanzando el 94 % de acierto en los 404 pases que da en este periodo, cuatro veces más que el United, que solo acierta el 80 %. La combinación de ambos factores se traduce en que el United no puede correr ni una sola vez en todo el segundo tiempo, ni realizar un solo contragolpe. Su ataque se estanca en el cero absoluto, con todos sus intentos cortados en origen.

La última media hora del City debe calificarse de histórica y memorable, con un juego portentoso y un dominio abrumador, con el United persiguiendo sombras y De Bruyne colocándose la corona de rey del fútbol. En su punto más agudo, desde el minuto 80 al 90, instante en que Mahrez obtiene el cuarto y definitivo gol, el City da 120 pases y remata 6 veces, mientras el United solo consigue reunir 16 pases y no se acerca a la portería de Ederson. La posesión de balón en el último cuarto de partido es del 92 % para el City.

El equipo de Pep ha dado 365 pases en campo contrario, por 141 su rival. Bernardo Silva, como ya ocurrió en el derbi de noviembre, cuando corrió 12,5 kilómetros en Old Trafford, es el jugador que más recorrido cubre en el partido, 12,8 kilómetros. Bernardo cuenta con once registros entre los quince mejores del City esta temporada en este apartado.

Con los focos sobre De Bruyne, Mahrez, Foden y Bernardo, otro jugador *citizen* alcanza un punto de forma glorioso. John Stones ha ganado el 88 % de los duelos aéreos en liga esta temporada y ha tenido un acierto del 91 % en el pase después de veintiocho jornadas. En la historia de la Premier League ningún jugador había conseguido nunca superar el 85 % en la combinación de ambos conceptos. Más aún, su polivalencia como zaguero que se desdobla en interior y casi mediapunta es una sana locura que no le pasa desapercibida a Guardiola.

El derbi ha sido el partido cincuenta en que el City de Pep logra cuatro o más goles.[66] El juego de su equipo, por una vez, le entusiasma: «Si esta segunda parte no es nuestra mejor segunda parte de siempre, yo ya no sé qué más hemos de hacer. Soy exigente, pero conozco los límites de los jugadores, y esta segunda parte ha sido el máximo en todos los sentidos, en entrega y en todo. Y lo ha sido contra el United».

66. En el mismo periodo, el Liverpool ha conseguido 41 veces marcar cuatro goles o más; el Tottenham, 29; el Chelsea, 23; el Arsenal, 22; y el Manchester United, 20.

Lesiones en la zaga

Desde marzo y hasta final de curso, Guardiola vivirá una pesadilla para componer su línea defensiva debido a los sucesivos incidentes que irán sufriendo sus jugadores. Primero Rúben Dias se llevó un duro golpe durante el partido de copa contra el Peterborough y estará fuera de juego hasta finales de abril, cuando regresará a la zaga en el mismo momento en que John Stones sufra una nueva rotura muscular que corta su extraordinaria aportación como zaguero que se desdobla en funciones creativas.

Stones solo reaparecerá como medida de emergencia en el último partido de liga, el 22 de mayo, y tendrá que hacerlo con precauciones para no reabrir la herida. A mediados de abril será Walker quien sufra un profundo esguince en el tobillo izquierdo que supondrá su adiós a la temporada, salvo por un cameo de setenta minutos en el Bernabéu para frenar a Vinicius, del que saldrá nuevamente lesionado en el mismo ligamento. También el tobillo de Aké sufrirá idéntica lesión, que le impedirá jugar el tramo final.

Así pues, la defensa del City se sostiene durante los tres largos y duros meses finales en Cancelo y Laporte, ayudados con las aportaciones de Zinchenko y Fernandinho más el retorno puntual de alguno de los lesionados. Para un equipo que había construido una zaga «a la yugoslava» son pésimas noticias que no preludian nada bueno. Al fin y al cabo, con o sin delantero centro, con o sin falso 9, el City de Pep siempre acaba marcando una montaña de goles, pero su destino final en las grandes competiciones reside en la fortaleza que pueda presentar en la zaga. Sin sus puntales, esta fortaleza se ha desvanecido.

Veintiocho titularidades

La espléndida exhibición en el derbi de Mánchester dio paso a un trámite europeo contra el Sporting de Portugal que el entrenador aprovechó para que jugase Egan-Riley como lateral titular y para que debutaran en la Champions jovencitos como McAtee y Mbete, amén del veteranísimo Scott Carson, que suplió a Ederson durante veinte minutos. El empate a cero dejó contentos a todos y abrió paso a los cuartos de final, donde espera el temible Atlético de Madrid.

Otro empate a cero sienta mucho peor. A Pep, Selhurst Park vuelve a atragantársele, y la ventaja sobre el Liverpool cae a un único punto (70 contra 69) cuando faltan ocho jornadas de campeonato. El City abruma al Crystal Palace en todos los terrenos, incluidos dos remates a los postes, pero el equipo de Patrick Vieira se defiende con el cuchillo entre los dientes y consigue salvar un punto. Como dice el cuerpo técnico «enladrillaron la portería», tras el bombardeo sin cuartel, pero sin éxito, de los *citizens*. Dos días más tarde, cuando el Liverpool venza en campo del Arsenal por 0-2, Klopp ya estará a un suspiro de Guardiola, que se ha quedado estos días en cuadro al caer infectados por coronavirus tanto Manel Estiarte como Lorenzo Buenaventura e incluso el doctor Edu Mauri.

Durante veintiocho encuentros consecutivos, Bernardo Silva ha sido titular en partido de liga, un hecho inaudito en el estilo de dirección de Pep, que no acostumbra a otorgar semejante continuidad a nadie, salvo al guardameta. Esta cifra habla de la trascendencia mayúscula del jugador portugués, sea cual sea la posición que ocupe en cada ocasión.

El dentista

Jugar contra el Atlético de Madrid es parecido a visitar a un dentista que no emplea anestesia. Sabes que probablemente saldrás vivo, pero será muy doloroso.

Es obvio que hará falta mucha paciencia. De hecho, Pep dice que es «la eliminatoria de la paciencia». Da igual el momento en que se halle, el Atlético de Simeone siempre es como una serpiente que se enrosca hasta asfixiarte, es como un muro resbaladizo que no consigues escalar, es como el cortacésped del vecino que te despierta muy temprano los domingos. El Atlético planta el autobús en el Etihad y el City se estrella sin remedio.

La posesión del primer tiempo se eleva al 74 %, pero los disparos a portería se quedan a cero. Nadie en el City se sorprende de ello porque Pep y Rodri lo han avisado con antelación. Calma, paciencia y a persistir. La segunda mitad es más aguda por parte de los locales, que suman tres buenas ocasiones en su táctica de «gota malaya». En el primer balón que toca al entrar a jugar, Phil Foden regala un dulce a KDB, que anota el gol del partido y de la eliminatoria. El «efecto Foden» ha sido inmediato y vuelve a darse minutos después, aunque un defensa evita el segundo tanto de De Bruyne. El City ha recuperado treinta y siete balones y ha rematado quince veces; el Atlético ha recuperado treinta y siete balones y ha rematado cero veces. Pero el marcador señala una diferencia mínima que siete días después el equipo de Pep defenderá con fiereza.

En Madrid, el Atlético recupera cincuenta balones y remata catorce veces, aunque solo tres a portería; el City recupera cuarenta balones y remata diez veces, una a portería y otra al poste. Es un partido con dos rostros, uno amable para el City en el primer tiempo, que domina con amplitud y solvencia, y otro agrio y rudo en la segunda parte, cuando el Atlético muestra su garra atacante. El equipo termina defendiéndose a la yugoslava, ya sin Walker, lesionado, con un Stones portentoso que bloquea un gran remate a gol en los minutos finales. Es uno de esos bloqueos que los defensas celebran como si fuese un gol propio. Ederson despeja otros dos balones de peligro cuando el reloj marca los minutos 97 y 101, y la carga final de los rojiblancos no consigue derribar al City, que por segundo año consecutivo se planta en las semifinales europeas.

Ha sido una visita terrible al dentista. El City sale vivo de Madrid, pero muy dolorido.

Un hilo

Entre visita y visita al dentista, el City se juega la liga y la copa contra el Liverpool. Todo en once días.

El 10 de abril, la Premier League se dirime sobre el impoluto césped del Etihad Stadium. Durante algo más de noventa minutos, el ritmo del partido es frenético, digno de la mejor de las finales. Pep y Klopp asisten embelesados a un recital de sus equipos, más controlado pero muy vertical el del City, trepidante como siempre el del Liverpool. Las ocasiones se amontonarán sin dar respiro al espectador. En el minuto 4, Sterling se planta solo ante Allison, pero yerra en su remate. Sesenta segundos más tarde, De Bruyne aprovecha la picardía de Bernardo para batir al portero visitante con la involuntaria ayuda de Matip. Ocho minutos después, Diogo Jota logra el empate en una gran combinación *red* y así llega una y otra y otra ocasión.

De Bruyne se erige en el coloso del partido, corriendo, distribuyendo y dando pases inverosímiles, pero Salah le replica con una actuación igualmente excepcional. Un centro de Cancelo facilita el gol de Gabriel Jesús, mientras que un pase al espacio regala el nuevo empate a Sadio Mané. Los primeros diez minutos del segundo tiempo son del Liverpool, el resto será del City. Por cuatro veces, el equipo de Pep roza la sentencia: primero Van Dijk salva el gol que ya cantaba Jesús, después el VAR anula el tanto de Sterling por un par de centímetros, más tarde Jesús roza el éxito y Mahrez lanza una falta contra el poste. Fieles a sus identidades, el City se defiende con el juego, y el Liverpool, con los jugadores. Cuando ya ambos conjuntos se hallan al borde del agotamiento, KDB lanza un pase inverosímil que deja a Mahrez en posición de marcar y sentenciar el título, pero su lanzamiento lo desvía levemente Matip, lo suficiente como para que la liga continúe pendiente de un hilo, con un único punto de ventaja para los *citizens* (74 contra 73) y siete partidos por jugar.

Seis días después, ambos conjuntos vuelven a encontrarse, esta vez en Wembley, en las semifinales de la FA Cup, pero el duelo será bien distinto. El equipo de Guardiola se halla totalmente fundido tras el duelo contra el Atlético de Madrid. El Liverpool también ha disputado los cuartos de final de la Champions, pero su eliminatoria contra el Benfica ha sido plácida y, tras vencer en Lisboa en la ida, ha podido dar descanso a todas sus figuras en la vuelta.

Sin Walker, Dias ni De Bruyne, lesionados, y con Rodri y Mahrez agotados, Pep presenta una alineación mixta. Bernardo, termómetro del equipo, está sin fuerzas y muy pronto el Liverpool saca buena ventaja de todo ello. El equipo de Klopp se muestra pletórico: en un primer tiempo impecable, se coloca con una ventaja insalvable de 0-3. El catastrófico error de Zack Steffen en el segundo gol, durmiéndose ante la llegada de Mané, hunde al equipo sin remisión y también supondrá el fin de la carrera del portero estadounidense en Mánchester; tampoco estará acertado en el tercer gol *red*. Pese a sus errores, Steffen muestra una personalidad fuerte, soportando los continuos abucheos de la afición rival. Es un buen guardameta que ha tenido mala fortuna.

La reacción *citizen* del segundo tiempo es meritoria. Primero anota Grealish, a continuación Gabriel Jesús yerra ante Allison un mano a mano que podría haber cambiado el ánimo y finalmente Bernardo marca el segundo gol de una remontada que no se culmina por falta de tiempo. Por tercer año consecutivo, las semifinales de copa en Wembley suponen la estación final del equipo de Pep.

Semanas más tarde, el Liverpool conquistará la FA Cup en la tanda de penaltis ante el Chelsea tras empatar a cero, idéntico desenlace que la final de la Copa de la Liga en febrero. Solo el City puede evitar que el equipo de Klopp gane también la Premier League. Los jugadores de Pep están agotados por tanto trajín competitivo, pero basta ver el rostro del entrenador para comprobar que quizá nadie esté más al borde de sus límites que el propio Guardiola.

Los tobillos

Kyle Walker sufre una lesión aguda en la sindesmosis del tobillo izquierdo desde hace semanas. Nathan Aké no ha querido ser menos y contra el Brighton ha sufrido idéntico contratiempo. También John Stones ha tenido que retirarse, con una contractura en los isquiotibiales, y Kevin de Bruyne ha salido cojeando del Etihad, con el tobillo hinchado como si tuviera una pelota de golf en su interior. A seis días de la visita del Real Madrid para disputar las semifinales de la Champions, la situación es tan delicada que el club le ha pedido al doctor Ramon Cugat que viaje hasta Mánchester para evaluar a los jugadores e intentar encontrar una solución mágica.

Pero no hay magia en la ciencia médica y, obviamente, quienes sufren lesiones fuertes no llegan a tiempo de jugar contra el Madrid. En los días previos, el City ha despachado al Brighton y al Watford con facilidad, ha recuperado a De Bruyne y consigue que Stones juegue como lateral derecho en un esfuerzo mayúsculo que acabará pagando muy caro.

Noventa y tres segundos

El gol de KDB a los noventa y tres segundos de partido es el más rápido en la historia de las semifinales europeas. Es un preludio sensacional que el City prolonga nueve minutos más tarde con una media vuelta espléndida de Gabriel Jesús, que se zafa así del marcaje de Alaba.

El City es un vendaval frente a un Real Madrid que parece colapsar en el Etihad.

Mahrez toma una decisión equivocada y dispara con la derecha en vez de ceder el balón a Foden, que está solo ante la portería vacía. Tres minutos exactos después, una deliciosa combinación de los delanteros *citizens* permite que KDB lance un pase sensacional a Foden, cuyo remate lame la base del poste de Courtois. Y exactamente dos minutos más tarde el balón disparado por Zinchenko vuelve a besar la proximidad del poste madridista. El marcador señala un 2-0 que sin la menor duda podría ser un 4-0, tal es el vendaval que se está abatiendo en esta plácida noche de Mánchester sobre el Madrid de Ancelotti.

Pero el fútbol tiene secretos que nadie logra conocer por completo y solo cien segundos después Benzema conecta un precioso remate tras una sucesión de rebotes que favorecen al Madrid. El 2-1 da alas a un equipo que parecía agonizar, y la recaída de Stones —que no volverá a jugar hasta el último partido del curso— deja un sabor agridulce en el equipo local, que durante cinco minutos creyó que podía «matar» al Madrid.

Las escenas son similares en el segundo tiempo. Se escapa Mahrez, se enfrenta a Courtois y remata al poste, el balón cae a pies de Foden, que dispara, pero Carvajal evita el gol, que llega cinco minutos más tarde. Fernandinho ha suplido a Stones y en unos pocos segundos se pasea por la gloria y por el infierno. Primero profundiza como un lateral ortodoxo y centra un balón suave para el cabezazo de Foden a la red. A continuación sufre un regate de Vinicius en el centro del campo, que se escapa como un cohete y bate a Ederson.

El cuerpo técnico debatirá al día siguiente si Fernandinho debió derribar con la cadera a Vinicius, pero viendo la repetición de la acción nadie tiene claro que se pudiera frenar al extremo madridista, ni siquiera cometiendo falta. Pillaron a toda la defensa a contrapié, con Dias muy adelantado y Laporte dudando entre cortar a Vinicius o cubrir a Benzema. Es en este gol cuando la baja de Walker e incluso la de Stones adquieren su auténtica dimensión porque un equipo de fútbol es como un *trencadís* de Gaudí.[67] Las piezas pueden ser más o menos hermosas y algunas de ellas pueden sustituirse por otras similares, pero cuando faltan demasiadas, o faltan aquellas que son esenciales, la armonía del *trencadís* desaparece y se comprueba que la belleza consistía, precisamente, en la combinación de armonías. Así son esos futbolistas como Walker que en ocasiones parecen poco decisivos, pero que por sus características complementarias consiguen multiplicar sus efectos positivos en los compañeros.

Todo lo ocurrido durante la primera hora de partido vuelve a repetirse en los últimos treinta minutos. Después de que Laporte no acierte a marcar ante Courtois, quien lo consigue es Bernardo Silva, con un obús que dispara desde cerca, tras lo que Mahrez y Modrić encadenan sendos remates que rozan los postes. Pero en una noche cruel para el City, Laporte es castigado con un penalti por golpear el balón, de manera involuntaria, con la mano y Benzema cierra el partido en un 4-3 que desde la perspectiva de Pep es un mal resultado. «Podía haber sido un 6-3 o un 7-3 perfectamente, pero es lo que hay», nos dice ya de madrugada, con un rictus de decepción que también es un mal presagio.

67. El *trencadís* es un tipo de mosaico formado a partir de trozos de cerámica, mármol o vidrio, de tamaño y forma irregular y diseño abstracto que identifica la arquitectura modernista catalana. El genial Antoni Gaudí fue uno de los principales impulsores del empleo del *trencadís*.

El ataúd

Guardiola lo sabe por experiencia propia y sus jugadores lo han aprendido esta noche, aunque para ello han tenido que vivir un miércoles sangriento.

Al Real Madrid solo puedes darlo por muerto cuando yace con el corazón atravesado por una estaca y has cerrado el ataúd con cien clavos de plata. E incluso así no puede estar del todo seguro. Para matarlo de verdad, al Madrid hay que matarlo por triplicado.

El City no lo mata durante sus ochenta y ocho minutos de dominio en el estadio Bernabéu, al que ha conseguido enmudecer y torturar.

El primer tiempo ha sido suave y de tanteo. Los delanteros madridistas no han rematado ni una sola vez entre los postes de Ederson. En cambio, Bernardo y Foden han tenido sendas ocasiones de gol, frustradas en ambos casos por el brillante Courtois, sin duda el mejor portero del momento.

El segundo tiempo se inicia de un modo bien distinto. En el saque inicial, el Madrid realiza una combinación que ya ha convertido en usual. Saca de centro Modrić, que retrasa a Casemiro, que le devuelve el balón sobre el círculo central; Modrić, a su vez, cede en corto a Kroos para que el alemán envíe en largo al costado derecho, por donde ha penetrado Carvajal, que solo ha de centrar el balón al área rival, donde han llegado Benzema y Vinicius. Durante la pretemporada, el Madrid marcó gol de esta manera contra la Juventus, y en la presente edición de la Champions intentó repetirlo, sin éxito, contra el PSG y el Chelsea. Hoy lo ha probado también contra un City que está avisado previamente por Carles Planchart, conocedor de la estrategia madridista, pero el remate final de Vinicius se marcha fuera. Ha sido un aviso serio.

A los setenta y dos minutos, la sindesmosis de Kyle Walker dice basta y el lateral inglés concluye su temporada derrumbándose sobre el césped de Madrid. No volverá a jugar hasta el siguiente curso. Su esfuerzo, jugando casi cojo, ha sido colosal demostrando un compromiso absoluto con el equipo. De Bruyne, agotado, es sustituido por Gündogan, y solo un minuto después el City obtiene por fin rédito a sus ocasiones. Es Mahrez quien fulmina la portería madridista y da un paso de gigante hacia la final europea. El Bernabéu calla, consciente de las dificultades de su equipo, que todavía no ha rematado a gol, en especial cuando las oportunidades continúan siendo del City, ahora que Courtois ha desbaratado un brillante disparo de Cancelo.

Grealish toma el balón en el costado izquierdo, se escapa por velocidad de Militão y remata con el interior del pie izquierdo, superando a Courtois. Cuando el segundo gol parece convertirse en realidad, el lateral Ferland Mendy logra detener el esférico sobre la línea y aunque rebota en Foden, que está a medio metro del gol, no llega el tanto. Continúa la acción, recupera Laporte, combina con Gündogan, que advierte libre a Grealish, quien de nuevo penetra en el área local, quiebra a Militão y Carvajal y vuelve a disparar a gol con la izquierda, pero Courtois consigue desviar el balón un milímetro con los tacos de la bota y evitar la sentencia. Han transcurrido treinta y tres segundos durante los que Grealish ha gozado de dos ocasiones de oro que solo se han malogrado por el acierto extraordinario de los defensores blancos.

Algunos aficionados madridistas ya han abandonado el estadio, que permanece en silencio. Desde hace cinco minutos, Manel Estiarte se ha situado cerca de Guardiola: «No puedes imaginar el silencio que había en el Bernabéu. Era un funeral, nadie animaba, nadie esperaba nada. Ancelotti estaba con los brazos cruzados, mascando chicle. No había ambiente de remontada, si acaso se esperaba nuestro segundo gol».

Pero entonces se produce uno de esos momentos inverosímiles que ni el mejor guionista habría previsto. Cancelo pierde de vista a Benzema, que consigue prolongar un centro anodino de Camavinga para que Rodrygo logre el empate en el primer remate a portería del Madrid en todo el encuentro. Es el minuto 89.21 y el City aún tiene un gol de ventaja. Solo ha de resistir, por más que duela el empate. A nadie se le escapa un pensamiento dirigido hacia Walker y Stones... Y aún más cuando ochenta y nueve segundos más tarde el mismo Rodrygo cabecea el gol que iguala la eliminatoria, en medio de la zozobra *citizen*, que no ha sido capaz de serenarse y mantener el balón en su poder durante estos agónicos minutos. Lo imposible se ha producido. El silencio sepulcral se ha convertido en una tormenta de gritos y vítores, que se incrementará durante la prórroga, en la que Benzema sentencia mediante un penalti cometido por un Rúben Dias al que la inactividad ha pasado factura.

Los jugadores del City descubren que al Madrid hay que matarlo bien muerto si quieres evitar que resucite.

Nadie en la expedición inglesa duerme esta noche, ni siquiera Estiarte, que siempre es el más tranquilo. El club ha decidido abrir las puertas del salón donde tiene lugar la cena de equipo, en el hotel Ritz Mandarin, para que familiares y amigos puedan abrazar y consolar a unos jugadores que están completamente desmoralizados. Tenían la segunda final de la Champions consecutiva en la mano y se les ha escurrido como el agua entre los dedos... Ha sido un golpe durísimo que, de rebote, puede significar también perder la liga, ahora que el Liverpool ha llegado con facilidad a la final europea.

Pep no está para nadie esta noche.

Tres puntos

Han pasado setenta y dos horas y los jugadores aún tienen en la cabeza el despeje milagroso de Courtois a cabezazo de Foden y en cómo Fernandinho no consiguió marcar el gol que, en el minuto 107 de la prórroga, habría igualado la semifinal contra el Madrid.

Las cabezas todavía arden y cuesta enfocarse otra vez en la Premier League, afrontar los difíciles cuatro últimos partidos, con el aliento del Liverpool en el cogote, mientras una y otra vez regresan al cerebro las dolorosas imágenes de la remontada del Madrid.

«Ha sido como una guerra, una gran batalla dentro del cerebro», dice Rodri como metáfora de lo que ha supuesto remontar otra vez la montaña tras una caída tan profunda.

El esfuerzo del colectivo ha sido formidable. Tras el miércoles sangriento, el jueves fue horrible. Los ánimos por los suelos, los espíritus no parecían recuperarse, los cuerpos dolían. Desde Guardiola hasta el último utillero, desde el capitán Fernandinho hasta el joven Egan-Riley, todos estaban fuera de combate: «Es muy duro. Esperas ocho meses para llegar y se te escapa en el último minuto», reconoce Rodri.

El triunfo por 5-0 ante el Newcastle es una victoria de campeones, de un equipo que tras caer en un pozo es capaz de levantarse de nuevo y volver a jugar con carácter, como explica Grealish: «Hemos demostrado tener una personalidad increíble al levantarnos tras el golpe».

El Liverpool ha empatado en Anfield con la visita del Tottenham, lo que amplía el colchón del City a tres puntos. Si el equipo de Pep gana los tres partidos que quedan, revalidará el título de liga, pero deberá hacerlo desde la precariedad defensiva porque hoy ha caído Rúben Dias, de nuevo lesionado en el muslo. Walker, Stones y Dias, la columna vertebral «yugoslava», son bajas demasiado importantes como para que no se resienta la línea defensiva.[68]

68. Perder a los mejores defensores hará que, además de los seis goles encajados ante el Madrid, el City reciba otros cinco en los tres últimos partidos de liga.

La izquierda

Con la izquierda cruzando bajo el portero, con la izquierda fusilando al portero, con la izquierda bordeando al portero.

Kevin de Bruyne aprendió de pequeño el valor que la pierna izquierda podía tener en su futura carrera de futbolista. Dedicó muchas horas a moldear el control, el pase y el disparo con su pierna menos hábil y hoy ha culminado su maestría con tres goles consecutivos anotados con la izquierda, antes de obtener el cuarto con la derecha y estrellar un remate al poste también con la izquierda.

Los veinticuatro minutos que ha tardado KDB en anotar sus tres primeros goles hacen del suyo el tercer *hat-trick* más rápido de la Premier, tras los dieciséis minutos de Sadio Mané en 2015 y los veintidós de Dwight Yorke en 2001.

El triunfo en el Molineux Stadium por 1-5 otorga al City una ventaja importante en el duelo por la liga. No son únicamente los tres puntos de ventaja, sino también los siete goles de diferencia que le saca al Liverpool. Pep se marcha de Wolverhampton sabedor de que le basta una victoria y un empate para ser campeón.

Ha pagado un precio muy alto por esta nueva victoria. Laporte se ha lesionado la rodilla, Fernandinho sufre una contractura en los isquiotibiales y Aké no puede más con su tobillo. La formación de la línea defensiva en los dos partidos que restan puede ser muy complicada.

Hoy hemos confirmado que el saque de inicio desde el círculo central directamente hacia Ederson no fue una casualidad empleada contra el Madrid en el Etihad, sino que se ha repetido contra los Wolves. Posiblemente, este microdetalle se incorpore en el futuro a las acciones estándar del equipo.

El penalti

Fernandinho y Laporte juegan el domingo en Londres contra el West Ham porque no hay otra alternativa. Si bien está sentado en el banquillo, Nathan Aké no puede jugar a causa de la lesión en el tobillo y tampoco estará disponible para el último partido de liga. Los fisios han recuperado de la contractura al capitán; en cuanto a Laporte, simplemente está poniendo en riesgo su rodilla. Le duele y cojea, hasta el punto de que tras acabar la temporada tendrá que someterse a una intervención quirúrgica que le mantendrá fuera del equipo hasta el mes de octubre. A veces señalado por minúsculos errores, Laporte da una lección extraordinaria de profesionalidad. Su rodilla se hará añicos en estos dos últimos partidos, pero él se comportará como un luchador comprometido con el equipo hasta el final.

En el London Stadium asistimos a un *déjà vu*. El City tiene el 86 % de la posesión, remata trece veces, da cuatro veces más pases que el West Ham, con un acierto muy superior, y hasta en cuatro ocasiones roza los postes de Fabianski, pero al descanso el marcador favorece al equipo local por 2-0. Jarrod Bowen aprovecha, un par de veces, balones largos enviados al espacio libre para enviar a la lona al City.

Bajo la lluvia de Londres, el equipo de Pep está anonadado y derrumbado, pero un segundo tiempo aplastante le permite rescatar un punto que puede valer una liga.

Comienza Grealish, con una buena volea que golpea levemente en Dawson. Quedan más de cuarenta minutos para empatar y Guardiola ordena calma, paciencia y cabeza fría. Durante los siguientes veinte se suceden las ocasiones, pero Fabianski y sus defensas evitan el empate, aunque también el West Ham se acerca dos veces con gran peligro a la meta de Ederson. Finalmente, una falta lateral sacada por Mahrez es cabeceada en propia puerta por Vladimir Coufal; el City ya tiene el punto imprescindible para su propósito.

Con un 79 % total de posesión, la segunda mayor de la temporada en la liga, el City ha abrumado al West Ham; a falta de cinco minutos obtiene el premio en forma de *match-ball*. Dawson derriba a Gabriel Jesús y, tras revisar la acción en el VAR, Anthony Taylor decreta penalti. Riyad Mahrez, el más brillante de la tarde, tiene el título de liga en sus botas. Ha marcado los siete penaltis lanzados hasta hoy, cuatro en liga, pero Fabianski es un buen especialista.

Mahrez dispara a media altura, a la izquierda del portero, que le adivina la dirección, desvía el balón y no concede la victoria. El City concluye sus diecinueve partidos de liga fuera de casa con cuarenta y seis puntos, a solo cuatro de su récord del curso de los Centuriones; solo ha sufrido una derrota, la del partido inaugural en el estadio del Tottenham.

Dos días después, el Liverpool vence en Southampton y el título queda pendiente de la última jornada. Un único punto los separa, por lo que el equipo de Pep ha de conseguir el mismo resultado que el de Klopp. Será una semana de espera angustiosa, durante la que Laporte y Fernandinho intentan mejorar de sus lesiones y Stones consigue recuperar un mínimo estado que le permita jugar el último partido.

5 minutos y 36 segundos

Cinco minutos dan una liga.

Cinco minutos imposibles, ilógicos, absurdos, estrepitosos.

Cincuenta y siete kilómetros exactos separan el césped del Etihad Stadium del césped de Anfield. A la misma hora, los dos colosos juegan su partido final del campeonato, con la mirada puesta en el gran rival. En la charla previa, De Bruyne dice: «Chicos, sin errores y sin tarjetas rojas».

Los Wolves han marcado en Anfield al tercer minuto de partido, pero veinte más tarde ha empatado Mané. También el City está empatando, a cero, con el Aston Villa, hasta que en un centro lateral el australiano Cash gana la espalda de Cancelo y marca un gol que aturde al Etihad Stadium. A los treinta y siete minutos, la liga se viste de rojo.

Ha sido un mal primer tiempo del City. Uno de los peores de la temporada. Nervioso, lleno de errores de todo tipo, fallando pases claros, con Stones impreciso, Cancelo fallón, Fernandinho espeso, Mahrez, Jesús y Foden poco afinados e incluso De Bruyne perdiendo balones en los contraataques. Un nerviosismo agudo agarrota a los futbolistas, que son una pálida sombra del imponente equipo de otras tardes. A los cuarenta minutos, Pep ordena calentar a Zinchenko.

El vestuario es un funeral. Avisan a Fernandinho que Zinchenko lo va a sustituir. Los rostros son de absoluta derrota. Se espera una gran bronca de Guardiola, pero lo que ocurre es todo lo contrario. Cuando solo quedan tres minutos para volver al campo, Pep reúne a los jugadores y les habla con suavidad, sin reproches, sin acritud. No hay un solo grito. Más tarde reconocerá que dio la charla en este tono porque «estoy aprendiendo a ser más paciente y no tan ansioso como era antes».

Les habla casi en susurros, como quien se abraza a una cálida manta en una fría tarde, sin fijar el foco en la trascendencia de lo que está en juego:

—Lo vamos a hacer, ¿de acuerdo, chicos? Es imposible no pensar en las consecuencias si no ganamos. Lo sé, es normal. Pero hemos de ser positivos hasta el final, hasta el final. Solo necesitamos un gol, y entonces tendremos el momento y haremos el segundo. Ya sé que la transición hacia atrás que hicimos después del gol fue una locura. Estamos cerca de la derrota, pero vamos a ganar. Conozco cómo os sentís. Yo también siento el vértigo ante la presión, es normal. Pero no estaríamos aquí si no hubiésemos sido los mejores. No estaríais aquí. Sé que vamos a salir al campo a ganar, pero hemos de tenerlo bien claro aquí [en la mente], de una manera positiva. Creedme, el reto está ahí, en la mente. Salgamos y seamos agresivos. Alex [Zinchenko], rápido, atrás y cambio de dirección. Intentad meter pelotas [por los pasillos de] dentro. Necesitamos que saquéis vuestra calidad. Tenéis calidad de sobra. ¿OK? Vamos.

La reanudación es algo mejor. Zinchenko aporta clarividencia, pero ni Mahrez ni Gabriel Jesús logran marcar, y es el Aston Villa quien está a punto de hacerlo tras un saque directo de portería que Watkins remata cerca del poste. Al Liverpool le anulan un gol por fuera de juego, Sterling sustituye a Mahrez y algo más tarde Gündogan entra por Bernardo. Su entrada en el campo coincide con un momento que puede sentenciar el campeonato. El larguísimo saque de portería de Olsen es prolongado por Watkins y Coutinho, exjugador del Liverpool, que regatea y marca el segundo gol. Estalla Anfield, se hunde el Etihad. A los sesenta y nueve minutos, el Liverpool es campeón gracias al triunfo de un Aston Villa que dirige Steven Gerrard, una leyenda *red*.

El City no ha logrado remontar un 0-2 en la liga desde febrero de 2005, cuando consiguió vencer por 3-2 al Norwich. La historia conspira contra un equipo aturdido, aunque De Bruyne reconocerá más tarde que «solo dudé que ganaríamos la liga durante diez segundos». Kevin se ata los cordones de las botas durante esos diez segundos de duda, se levanta y pide el balón. Combina con Jesús, este con Sterling y el extremo inglés pone un centro perfecto para el cabezazo impecable de Gündogan. Es el minuto 75.10. El propio Gündogan recoge el balón y lo sitúa en el círculo central. Sacan los villanos en el 76.03, recupera Zinchenko, y tras ir y venir arriba y abajo, el balón acaba en córner para el City (76.50), pero Olsen detiene el remate de Stones.

Gündogan conquista el balón en la zona central y cede a KDB, que prolonga a Zinchenko, quien se interna en el área y cede hacia fuera, donde Rodri coloca uno de sus *swings* golfísticos, un golpeo inverosímil con el interior del pie, desde veinticinco metros, que besa el poste por dentro y supone el 2-2. Empata el City, es el minuto 77.43. Entre ambos goles han trascurrido 133 segundos. Gabriel Jesús recoge el balón de las redes visitantes y lo coloca en el círculo central. Saca el Villa en el 78.53, recupera Zinchenko y Rodri remata alto en el 79.21. Saca Olsen, recupera Cancelo, que manda un pase profundo a Jesús que corta Mings, pero KDB se hace con el balón, profundiza, entra en el área, desborda al zaguero visitante y envía un pase raso, cruzado, fuerte, para que Gündogan, en el 80.46, amartille el tercer gol, la remontada y el título. El estallido de euforia colectiva es indescriptible, abrumador, épico, colosal.

Han sido 5 minutos y 36 segundos. Cinco minutos que serán eternos.

Desde ese instante y hasta el final ya no se jugará más al fútbol en el Etihad Stadium. Solo se intentarán contener las emociones. Grealish se irá al vestuario a vomitar, preso de los nervios. Walker paseará tenso por los pasillos, sin saber cómo ayudar al equipo, después de haber celebrado el gol corriendo como un poseso pese a su tobillo maltrecho. Pep dará instrucciones ininteligibles desde el césped y Dias animará a la afición desde el banquillo. Los jugadores buscarán las esquinas del campo como un refugio en el que intentar congelar el tiempo. El Liverpool también marcará dos goles en cinco minutos, y Mohamed Salah celebrará el triunfo creyendo que les da el título, hasta que desde la grada los aficionados le desengañen.

El final del duelo es brutal, con una celebración mayúscula, incluida la preceptiva invasión de campo por parte de los aficionados del City. Como dirá Kyle Walker, «en toda mi vida he visto nada igual».

Tardaré dos días enteros en poder hablar con Pep, enloquecido con los festejos. Agotado, feliz:

—Esto ha sido una montaña rusa de emociones que, por suerte, ha acabado bien. Necesitamos descansar a fondo para volver a intentarlo con más fuerza la próxima temporada.

Nadie resumirá mejor que Scott Carson la temporada del City:

—Odiamos perder.

RESUMEN ESTADÍSTICAS 2021-2022

	P	V	E	D	GF	GC
Community Shield *Finalista*	1	0	0	1	0	1
Premier League *Campeón*	38	29	6	3	99	26
FA Cup *Semifinalista*	5	4	0	1	16	6
Copa de la Liga *Cuarta ronda*	2	1	1	0	6	1
Champions League *Semifinalista*	12	7	2	3	29	16
Total	**58**	**41**	**9**	**8**	**150**	**50**

DATOS

70,7 %	Porcentaje victorias en la temporada
76,3 %	Porcentaje victorias en la Premier League
2,58	Goles a favor en la temporada
2,60	Goles a favor en la Premier League
0,86	Goles en contra en la temporada
0,68	Goles en contra en la Premier League
100	Diferencia de goles a favor en la temporada
93	Puntos en la Premier League
24	Remates al poste en la Premier League (4 Foden y De Bruyne)
66,1 %	Posesión de balón en la temporada
67,9 %	Posesión de balón en la Premier League
81 %	Máxima posesión de balón (vs. Arsenal, agosto 2021)
49 %	Mínima posesión de balón (vs. Liverpool, abril 2022)
687	Promedio de pases por partido
861	Máximo número de pases (vs. Everton, noviembre 2021)
90 %	Pases acertados por partido
18,1	Remates por partido / 6,2 a portería
6,8	Remates en contra por partido / 2,5 a portería
12	Victorias consecutivas en la Premier League
24	Máximo goleador: Riyad Mahrez (De Bruyne, 15)
14	Máximos asistentes: Kevin de Bruyne y Gabriel Jesús, 8
52	Más partidos jugados: Cancelo (Ederson, 37 en la Premier League)
7-0	Mayor victoria (vs. Leeds United)
2-0	Mayor derrota (vs. Paris Saint-Germain y Crystal Palace)

TEMPORADA 7

2022-2023

«Ya está, ya está»

ESCENA 1

«Tranquilos, lo ganaremos todo»

Mánchester, 24 de junio de 2022

Juanma Lillo fue presentado en Doha el lunes 20 de junio como nuevo entrenador del Al-Sadd. Al día siguiente regresó a Mánchester para recoger sus cosas y vaciar el piso donde había vivido los dos últimos años, a menos de un minuto del domicilio de Pep.

Hoy viernes ha acudido por última vez a la ciudad deportiva del Manchester City, donde ha recogido lo que tenía en su despacho. Se ha despedido de sus compañeros dejando en la pizarra un mensaje dirigido a Pep, a Txiki Begiristain y a todo el equipo:

—Yo no me voy. Seguiré siendo vuestro ayudante. Esta temporada lo ganaremos todo, Premier y Champions. Tranquilos, lo ganaremos todo, sin ninguna duda. Y yo estaré a vuestro lado, dando mi apoyo y mi ánimo. Siempre seré vuestro ayudante.

ESCENA 2

«Echaremos mucho de menos a Lillo»

Pescara, 30 de junio de 2022

Manel Estiarte está en la playa de Pescara, tomando el sol —su gran vicio—, como cada mañana de vacaciones. Es una playa dulce y suave, organizada de un modo maravilloso, como todas las italianas, con las tumbonas perfectamente alineadas y un restaurante que da un servicio excelente. El agua es cálida, apenas hay olas, y Manel, sin sombrero, está bronceándose cerca del agua, sentado a horcajadas sobre la tumbona azul. Lleva un buen rato hablando por teléfono para resumir las premisas de la nueva temporada, en la que Pep termina su contrato. Comenzamos hablando del adiós de Juanma Lillo y los cambios en el cuerpo técnico:

—Echaremos de menos a Juanma. Ha sido un factor de equilibrio muy importante. Ha ayudado a Pep, no solo en lo táctico, sino en el aspecto anímico. Le ha permitido estar más tranquilo porque Juanma es una persona muy sobria, muy calmada, sin altibajos. Ni está eufórico cuando se gana, ni se deprime cuando pierde. Esa estabilidad la ha inculcado en todo el *staff* y nos ha dado tranquilidad a todos. También ha tenido una influencia importante en los jugadores, a través de su relación con Fernandinho, porque les ha trasladado ese estilo de vida tan calmado, tan propio de él.

Para reforzar el cuerpo técnico, Pep ha llamado a Enzo Maresca, el que fuera jugador del WBA, Juventus, Fiorentina o Sevilla, y que como entrenador ha destacado precisamente en el equipo sub-20 del Manchester City, con el que ganó la Premier League-2 que disputan los jóvenes:

—Maresca puede ser una buena incorporación, aunque todavía no tenga experiencia en un cuerpo técnico de primer nivel. Pero a Pep le gusta. Pep siempre decía que «Enzo la toca», que sabe lo que se trae entre manos y conoce el juego. Creo que será una incorporación muy rica, que aportará muchas cosas.

El sol está en todo lo alto en este último día del mes de junio. Las vacaciones del equipo campeón de la Premier League están llegando a su final y es momento de comentar los cambios en la plantilla. Han llegado cuatro jugadores y se han marchado otros cuatro, además de un buen número de canteranos jóvenes, en un sinfín de operaciones dirigidas por Txiki Begiristain con las que el club ha obtenido importantes plusvalías económicas:

—La reforma del equipo ha sido muy interesante. Aún no estamos en julio, faltan dos meses para el cierre del mercado de fichajes, y Txiki ya tiene el trabajo prácticamente hecho. Haaland, Julián Álvarez, Kalvin Phillips y Stefan Ortega entran en los puestos de Gabriel Jesús, Sterling, Fernandinho y Zack Steffen. Es una renovación importante porque implica nuevas caras, nuevas energías, nuevas ganas de aprender, nuevas dificultades de adaptación. En definitiva, todo aquello que estimula a Pep a seguir adelante para mejorar aún más. Y además incorporamos gol, mucho gol, que era eso que siempre echábamos en falta en días muy puntuales. Ahora, si todo va bien, también tendremos gol, además de todo lo demás que ya teníamos. Ya sabes que yo nunca soy optimista, pero sí soy realista: tenemos un muy buen equipo. Solo queda por resolver el asunto del lateral izquierdo si Zinchenko se marcha.

Está pendiente la posible ampliación de contrato del entrenador. No tengo ninguna información concreta al respecto, pero todas las pequeñísimas señales que desprende Pep, lo que vimos en el final de temporada, me harían apostar claramente por la renovación. Estiarte, que es su brazo derecho, tiene mil veces más información y conocimiento que yo, y es íntimo amigo de Guardiola, se mantiene algo distante cuando se lo comento, pero pienso que es más por precaución que porque realmente piense así:

—¿Renovará uno o dos años más? No lo sé. Y creo que él tampoco lo sabe, ni quiere pensarlo ahora mismo. Dependerá de lo que ocurra, de las relaciones con los jugadores, de que no suceda nada grave, de que la familia siga aceptando el sacrificio actual, en fin, de muchas cosas. Es demasiado pronto para imaginar qué pasará. Supongo que, a partir de Navidad, Pep empezará a pensarlo y lo hablará con los jefes, que desde luego le apretarán fuerte para renovar. No voy a apostar por lo que vaya a ocurrir.

Le planteo otro asunto menos delicado, también en relación con Pep. Pienso que en el City está construyendo un legado superior al que dejó en el Barcelona y en el Bayern. Creo que esta es su mejor construcción como entrenador:

—No sé si es el mejor trabajo de Pep en un equipo. Probablemente sí. El del Barça fue el más exitoso, está claro. Seis títulos en un mismo año, insuperable. Pero, ahora, lo que está haciendo en el City es una locura. El equipo juega de maravilla. Probablemente tenemos a muy pocos jugadores que estén en el top 1 del mundo, pero hemos logrado crear un volumen de juego excepcional y de manera regular y continuada. Sí, posiblemente el Manchester City sea el mejor trabajo de Pep como entrenador.

Han pasado pocas semanas desde el final de temporada, un final volcánico, enmarcado por la durísima caída en el último suspiro de la Champions ante el Madrid y por el agónico esprint final liguero contra el Liverpool, pespunteado por aquel último día de infarto frente al Aston Villa y la épica remontada:

—Cuando caímos contra el Madrid, todos quedamos hundidos, por supuesto, porque fue algo inesperado. Yo aún no me lo he quitado de la cabeza. Recuerdo que, como en todos los partidos, en el minuto ochenta bajé de la grada al banquillo. Estábamos ganando, teníamos dos goles de ventaja y el Bernabéu estaba mudo, callado, en silencio. Estaban hundidos. Estaban eliminados. Y entonces Grealish tiene dos goles en medio minuto, que hubieran sido la puntilla, pero, bueno, vale, son dos milagros defensivos y no metemos gol. Pero seguía sin haber la más mínima insinuación de remontada. Ancelotti estaba pálido, con los brazos cruzados, mudo. Ya estábamos en el minuto 87 y el Bernabéu parecía un funeral. Luego se habló de falta de carácter, de experiencia, etcétera, pero no creo que fuese eso porque otras veces mostramos carácter y experiencia. Fíjate en el partido final de la Premier League. Estábamos jugando horrible, el peor partido de la era de Pep, pero metimos carácter y energía para marcar tres goles en cinco minutos y, a continuación, mostramos experiencia porque nos metimos en el córner contrario durante un cuarto de hora sin salir de ahí. ¿Por qué no hicimos esto en el Bernabéu faltando tres minutos? Probablemente porque todos sentíamos que ni siquiera hacía falta. El Madrid estaba muerto. Ni se nos ocurrió irnos hasta la esquina contraria y perder tiempo. Estaban muertos. Pero de pronto todo cambió... La derrota nos hizo mucho daño. Quedamos todos hundidos. No sé cómo después pudimos ganar los partidos siguientes y ganar otra vez la Premier.

Tras el batacazo contra el Madrid llegó este gran desafío de no ceder ante un Liverpool extraordinario:

—El final de temporada fue durísimo, uno de los más duros que hemos vivido. Dos eliminatorias seguidas de Champions contra equipos de Madrid, que son muy duros, por razones muy diferentes cada uno de ellos. El batacazo del Bernabéu nos dejó hechos polvo. Por delante teníamos un muro, teníamos que ganar todos los partidos de Premier, sin posibilidad de tropezar en ninguno porque el Liverpool te comía. Aquel esprint final sin ningún margen de error también fue un milagro, pero al revés. Pep estaba muy tocado, pero supo remontarse, recuperar energía, cumplir su palabra y llevar al equipo hasta ese último día apoteósico, en que se repitió lo del Bernabéu, pero esta vez a nuestro favor. Ese último día, el agarrotamiento, el sabor a derrota, los dos goles en contra, el mal juego que estábamos haciendo... Y entonces, el final apoteósico, los tres goles seguidos, uno, dos, tres, el milagro a nuestro favor... Duro, muy duro. Un final de curso durísimo...

Es la hora de la comida. El sol continúa muy arriba.

ESCENA 3

Un 9 para competir por todo

Barcelona, 4 de julio de 2022

Las vacaciones se han acabado y los componentes del cuerpo técnico regresan a Mánchester. Es momento de una conversación con Carles Planchart para revisar los cambios en la plantilla que ya comentamos con Estiarte hace unos días:

—Cambiar caras siempre reactiva a los equipos. Es como en cualquier otro ámbito de la vida. Un equipo ha de estar en permanente renovación si quiere seguir progresando. Por eso, los cuatro o cinco nuevos jugadores nos permitirán dar otro paso adelante, al margen de la aportación individual de cada uno. Es un proceso que el club viene haciendo con acierto. Cada año hay un veterano que asume un papel muy importante de sumar tranquilidad y aglutinar el vestuario con paciencia. Zabaleta, Kompany, Silva, Agüero, Fernandinho... La generación dorada se ha ido despidiendo de un modo muy efectivo para el vestuario, aportando experiencia y pasando el relevo con elegancia. Ahora, tras la marcha del gran Fernandinho, a ver quién asume la capitanía. Es un asunto que han de resolver los jugadores. Espero que acierten y elijan al mejor capitán.[69]

Con Haaland y Julián Álvarez se cubre una faceta imprescindible: el gol. Después de mucho tiempo sin un 9 a pleno rendimiento, ahora llegan dos de golpe:

—Es una maravilla. Y eso que hemos marcado una montaña de goles en los dos últimos años, pero sí, nos ha faltado gol en

69. Semanas más tarde, la plantilla eligió a Ilkay Gündogan como capitán; De Bruyne, Walker y Rodri serían quienes tomarían sucesivamente el brazalete en las ausencias del jugador alemán.

momentos puntuales y decisivos. Haaland y Julián Álvarez suman un perfil que no teníamos. Con Kalvin Phillips y el nuevo portero, más un lateral izquierdo, tendremos equipo para competir por todo nuevamente.

¿Para ganarlo todo?

—No, para competir por todo, que es el objetivo. Ganar es el fruto final del proceso, pero hay que recorrer todo el camino previo.

Queda por ver si Grealish romperá a jugar...

—Estoy convencido de que sí, de que esta temporada arrancará. Ya pasó la transición de ser el líder de un equipo a ser uno más en el City. Esto ya lo ha interiorizado. Ahora está en condiciones de despegar.

La baja de Lillo...

—Es una baja de mucho peso. Echaremos de menos a Juanma. Él era quien daba equilibrio en el cuerpo técnico, no solo ayudando a Pep para que estuviese más frío y más sereno en los momentos de máxima tensión, sino que era el pegamento que nos unía a todos. Tiene ese carácter bonachón, casi de burlarse siempre de sí mismo, de mantenerse en segundo plano, que provoca un efecto muy beneficioso en los demás. Lillo apaga los egos sin que lo aparente. Claro, si es el segundo entrenador y tiene semejante caudal de conocimientos y se ríe de sí mismo, ¿cómo vas a ir tú de chulito por la vida? Si alguien quiere sacar su ego queda en ridículo ante Lillo. Por eso ha sido tan importante. Ha sido el equilibrador del vestuario, porque además ha tenido un peso formidable en su relación con Fernandinho y con otros jugadores. Le echaremos de menos.

¿Se ha olvidado ya lo del Madrid?

—No, eso no se olvidará nunca. Es mucho peor que aquel 0-4 en el Bayern, porque un 0-4 lo ha encajado cualquier equipo, pero lo de esta semifinal de Champions no tiene nombre ni explicación, aunque tratándose del Madrid... Bueno, fue la tercera vez que hizo lo mismo en pocas semanas. Siempre he creído que en el fútbol pasan cosas inexplicables, y esta fue una de ellas, como lo fue unos días después cuando nosotros ganamos la Premier marcando tres goles en cinco minutos, en el día que peor hemos jugado desde que estamos en Mánchester. ¿Por qué ocurren estas cosas? No lo sé, nadie lo sabe. Simplemente ocurren. Pienso que las cosas ocurren porque han de ocurrir, sin más. A veces a favor, a veces en contra... Aún veo los dos goles que tiene Grealish en el Bernabéu en menos de un minuto y que no entran... O ese partido de ida que debería haber acabado más o menos con un 6-2 a nuestro favor, un resultado que habría dejado la eliminatoria resuelta. Pero estas cosas sin explicación ocurren. Ya está, no hay que darle más vueltas.

ESCENA 4

«Exigimos mucho a nuestros laterales»

Londres, 7 de agosto de 2022

Mahrez ha entrenado durante toda la semana a medio gas, como letárgico, y Pep lo deja en el banquillo, ubicando a Foden como extremo derecho, una posición poco habitual en el joven inglés, en la que se desenvuelve de un modo interesante. Tampoco es titular John Stones, en su caso porque ha faltado a dos entrenamientos de la semana, a causa de un pleito judicial. Y tampoco Bernardo juega de entrada. Mucha gente cree que es porque su fichaje por el Barcelona se ha acelerado, pero no es así. Sencillamente, Pep entiende que Gündogan usará con mayor eficacia los espacios a la espalda de los pivotes del West Ham, el primer rival de la Premier League 2022-2023.

En el vestuario del London Stadium, Pep insiste en ganar los duelos. Tiene en la retina que el sábado anterior João Cancelo perdió casi todos sus emparejamientos contra Mohamed Salah en la final de la Community Shield que ganó el Liverpool (3-1). Le preocupa esa flaqueza defensiva de su mejor lateral, flaqueza que se ha evidenciado en varias ocasiones. El cuerpo técnico entiende que Cancelo es un fuera de serie técnicamente, de una clase superior, capaz de hacer cualquier cosa que uno imagine, pero a cambio tiende a desconectarse en algunos momentos, como ocurrió en Madrid, en las semifinales de la Champions, cuando en el primer gol local no respetó la línea defensiva. Pep quiere evitar que ocurra algo similar ante un West Ham que ya demostró la pasada temporada que apenas necesita ocasiones para marcar goles gracias a los formidables contraataques de Bowen, Fornals y Michael Antonio.

La presión del West Ham se establece en forma de 3+1, a lo

que el City replica en su salida de balón con un 2+3 formado por dos zagueros (Dias y Aké) y tres medios (Walker y Cancelo acompañando a Rodri). Cuando se ejecuta bien, el 2+3 permite triangular de manera continua y superar con facilidad una presión corriente, y esto es lo que sucede esta tarde dominical en Londres. Tras una sucesión de pases del 2+3 es muy sencillo progresar por fuera mediante los extremos o por dentro con los interiores.

Pep comenzó a usar el 2+3 en el Bayern y lo ha perfeccionado en el City, aunque lo modifica en función del tipo de presión que ejerce el contrario. Siempre que el rival presiona en 3+1, Pep replica con su 2+3. Cuando la presión del oponente es 2+3, Guardiola cambia a una salida en 3+2. En ocasiones ha de emplear otra estructura, como sucede contra el Liverpool, que presiona 3+3, por lo que el City modifica entonces su disposición, formando en 4+2 e incluso en 4+3 si es necesario.

Uno de los entrenadores que más rendimiento le ha extraído al formato 2+3 es el italiano Roberto de Zerbi (Sassuolo, Shakhtar, Brighton), hasta el punto de que la disposición de sus jugadores en el inicio es conocida como «cajita De Zerbi», pues pretende encerrar la presión rival dentro de un cuadrado central para a continuación salir jugando por fuera.

Guardiola usa los «laterales interiores» también para construir un muro en el centro del campo con cinco jugadores, que quedan obligados a ganar los duelos individuales. Lo denomina «gestión de los descolgados». Cuando los cinco hombres de atrás ganan sus duelos, los cinco de delante ganan mucha libertad para atacar sin temor. Durante el partido Rúben Dias gana todos los duelos contra Antonio y también lo hace Aké. Ambos se muestran formidables en este aspecto, cortando de raíz cualquier atisbo de contraataque *hammer*. Aké está mostrando un gran nivel defensivo en este inicio de temporada, como si ya se hubiese asentado definitivamente en el equipo. No obstante, el pase largo, la precisión en la salida de balón y el atrevimiento para adentrarse en campo ajeno de Aymeric Laporte se echan en falta. Aké posee otras cualidades distintas y prefiere pasar el balón sin riesgo a algún compañero próximo y retroceder a la posición de partida.

Pep emplea los «laterales interiores» desde su debut en la Premier League, el 13 de agosto de 2016, contra el Sunderland (2-1), en el Etihad Stadium, cuando Sagna y Clichy se dispusieron a ambos lados de Fernandinho. Guardiola cree que «exigimos mucho a nuestros laterales: queremos que jueguen de centrocampistas y, al mismo tiempo, que defiendan a la perfección, sin desconectarse ni un instante. Es algo muy exigente». De ahí que presione tanto a Cancelo para que no pierda la concentración.

Erling Haaland es el segundo jugador del City en marcar dos goles en su debut en la Premier (el primero fue el Kun Agüero). El triunfo *citizen* (0-2) se basa en un control demoledor del juego que impide cualquier contraataque de los locales. Tienen el balón el 76 % del partido, sus jugadores dan 831 pases, de los cuales el 93 % son acertados, y no conceden ni la más mínima oportunidad al West Ham. El City no juega un partido extraordinario y se confirma que la adaptación de/a Haaland no será sencilla, ya que los circuitos de juego que se consolidaron las dos pasadas temporadas gracias al empleo del falso 9 no pueden repetirse ahora por la presencia del formidable delantero noruego. Hará falta tiempo para reconstruir otro tipo de patrones y circuitos, pero de momento queda una primera victoria construida a partir de controlar bien al rival y del triunfo en todos los duelos individuales. Por encima de todos los nombres propios, Manel Estiarte me confía uno especial: «Walker ha dado una exhibición de calidad con los pies que nos ha dejado boquiabiertos».

El Liverpool ha empatado en campo del Fulham (2-2), y en la expedición del City se repite una vieja broma que comenzó en 2018, cuando Guardiola conquistó su primer título de Premier. «¡Media liga!», escribe uno de los fisios del equipo; es el mensaje que se ha repetido cada vez que una victoria propia ha permitido acercarse un pequeño paso hacia el título. En realidad, hoy es una broma doble porque, obviamente, el título queda lejísimos, a treinta y siete jornadas nada menos.

Al día siguiente, Michael Antonio, delantero centro del West Ham, habla con Callum Wilson, delantero del Newcastle, en su espléndido pódcast *Footballer's Football*, de la BBC, y define de un modo preciso y agudo el juego del Manchester City: «Su sistema es líquido. Es líquido. No se puede detener. Como te digo, es que rotan por todas partes. Cancelo aparece en el mediocampo. Kyle Walker juega en el centro del campo. Entonces, Grealish va por fuera... Bernardo está por dentro. Así que el lateral no puede saltar a la marca y apretarlo. Fue una lección magistral, fue una lección magistral. Y ¿sabes qué? solo puedes levantar las manos y decir: fueron increíbles. Creo que toqué el balón siete veces. Así que literalmente tuvieron mucha posesión. La cuestión es que no podíamos acercarnos a ellos, intentábamos presionarlos y ellos nos rodeaban. Fue una clase magistral, y eso es lo que dijo nuestro entrenador al final. Mira, estaban *on fire* y tenemos que aceptarlo».

El fútbol líquido, tal como describimos hace años, en referencia al Barcelona de Pep.

ESCENA 5

«Julián es buenísimo»

Mánchester, 8 de agosto de 2022

Bernardo Silva termina el entrenamiento y se dirige donde están Lorenzo Buenaventura y Xabi Mancisidor:

—Julián es buenísimo. Buenísimo. Este chico será un fenómeno.

La mejor valoración sobre un futbolista siempre es la que hacen otros futbolistas.

Julián Álvarez consiguió el primer gol oficial del equipo en la temporada, ante el Liverpool en la Community Shield, y ha maravillado a todos en los entrenamientos. Posee la misma energía que Gabriel Jesús para presionar y tiene una precisión técnica colosal para el pase y el remate, que demuestra cada vez más, a medida que va aparcando su congénita timidez.

Hoy hace un mes que llegó a Mánchester, presentado junto a Erling Haaland y a Stefan Ortega, pero indiscutiblemente opacado por la brillante figura del goleador noruego. Julián Álvarez es un descubrimiento del director de fútbol del City en Sudamérica, el catalán Joan Patsy. El fichaje se concretó en enero de este año, después de muchos meses de insistencia de Patsy ante Guardiola y Txiki Begiristain, que en el último trimestre de 2022 aún no sabían si conseguirían fichar finalmente a Haaland, pese a los buenos indicios que recibían. Tampoco sabían con certeza si Gabriel Jesús y Sterling continuarían en el equipo, por lo que era difícil aventurar si se abriría un hueco importante en la delantera o no.

Patsy insistió en el fichaje con la tenacidad de una gota malaya. Veía en Julián un potencial formidable. Había debutado en River Plate en octubre de 2018, dirigido por el excelente Marcelo Gallardo, y en 120 partidos había marcado 53 goles y 31 asistencias. Ya sumaba nueve partidos con la selección argentina, y Patsy presionó hasta el agotamiento a sus superiores, en especial cuando equipos como el Barcelona se acercaron al jugador. En diciembre de 2022 se alcanzó un primer consenso en el club y el pasado enero se firmó el contrato, con la peculiaridad de que hasta el mes de julio podía seguir jugando en River Plate y solo a continuación se incorporaría al City Group.

No había concluido enero cuando la hoja de ruta del jugador se clarificó de manera definitiva. Txiki Begiristain se reunió dos veces con Patsy y Juanma Lillo para confirmar el potencial del jugador. Lillo conocía en detalle a Julián y fue el principal aliado de Patsy en la operación, convenciendo de manera definitiva a todos de la valía del delantero.

En solo cuatro semanas de entrenamiento, Julián se ha convertido en el foco de grandes elogios por parte de cuantos asisten a las sesiones. Quienes no lo conocían se han sorprendido. Guardiola se frota las manos pensando en él como alternativa a Haaland o bien como doble punta junto al noruego. La sintonía que ambos muestran sobre el césped pronostica una gran conexión. Bernardo Silva está boquiabierto: «Es buenísimo».

ESCENA 6

Foden si se va Bernardo

Mánchester, 9 de agosto de 2022

El equipo descansa hoy, pero el cuerpo técnico tiene reunión con Txiki Begiristain para repasar los últimos esfuerzos en la confección del equipo. El domingo, Pep recordó ante las cámaras de televisión que tiene la plantilla más reducida de toda la Premier League: solo diecisiete jugadores de campo.

De hecho, es la plantilla más reducida que ha tenido en sus catorce años como entrenador. Son seis defensas (dos laterales y cuatro centrales); seis medios (incluido Cole Palmer) y cinco atacantes. Sin duda alguna tiene que llegar un nuevo lateral izquierdo, aunque después de que Marc Cucurella fichara por el Chelsea a cambio de más de setenta millones de euros, Txiki y Guardiola acuerdan que el jugador que llegue sea de bajo coste. Así que eligen a Sergio Gómez, el polivalente jugador catalán que se ha curtido como lateral izquierdo a las órdenes de Vincent Kompany en el Anderlecht. Kompany da excelentes referencias del chico, si bien necesita adquirir hábitos defensivos de alto nivel. Al principio se piensa en él para que se foguee en la liga española con el Girona, pero la imperiosa necesidad obliga a que se quede en Mánchester.

La duda que tienen todos es si Bernardo Silva se quedará o acabará emigrando a Barcelona, desde donde hoy mismo se escribe en la prensa que ya hay acuerdo entre ambos clubes, lo que el director deportivo del City desmiente ante Guardiola y sus compañeros de *staff*. Txiki solo está dispuesto a vender a Bernardo por cien millones de euros. Parece dudoso que el Barça pueda llegar a esa cantidad, aunque si logra vender a Frenkie de Jong al Chelsea por ochenta millones, entonces todo es posible. Nadie en el City quiere desprenderse de

Bernardo, un jugador excepcional que ha ofrecido un rendimiento superior al soñado.

«Si se va nos deja un agujero terrible», dice un componente del cuerpo técnico durante la reunión, aunque todos tienen en mente quién sería el sustituto si se marcha: «No hay duda, Foden».

¿Foden como sustituto natural de Bernardo en el futuro? ¿Foden, el jugador vertiginoso que nunca consigue añadir pausa a su ritmo? Veamos las razones por las que el City piensa en él para esta función.

En octubre de 2016, Pep no había diseñado ningún plan de carrera para Foden. Simplemente, lo había descubierto. Veía en él —«recuerda su nombre: Phil Foden»— no solo un talento descomunal, sino al posible reemplazo de una pieza esencial del equipo, David Silva, que en aquellas fechas ya había cumplido los treinta años de edad. El equipo se movía al ritmo de Silva, el mago canario, capaz de marcar en cada momento el tempo necesario: pausa, vértigo, horizontalidad o juego vertical. Silva poseía todos los recursos técnicos y tenía una visión del juego que era imprescindible en el equipo. Sin él, se caía el invento. Antes de que Pep llegase a Mánchester, tanto Mancini como Pellegrini habían edificado sus equipos sobre esa piedra angular que era David Silva. Pero a medio plazo, todos sabíamos que el mago se apagaría y había que encontrar sustituto.

Cuando Phil Foden, Jadon Sancho y Brahim Díaz empezaron a entrenarse con el primer equipo, Pep creyó ver en el jovencito de Stockport las cualidades de un futuro David Silva. Una técnica excepcional, buena visión de juego, un pie izquierdo maravilloso y la capacidad innata de mantener controlado el balón en cualquier momento y bajo la máxima presión. Foden podía ser el nuevo mago del City. Solo había un problema: tenía dieciséis años y estaba muy lejos de poder ni siquiera soñar con tomar el relevo de David Silva. Había que encontrar una solución intermedia que permitiera realizar el futuro cambio de testigo sin que el equipo sufriera altibajos por ello.

Bernardo Silva fue el elegido. Sin discusión. Sus exhibiciones con el Monaco resultaron aplastantes, hasta el punto de que Guardiola lo señaló como fichaje imprescindible la misma noche en que cayó eliminado de la Champions por el equipo monegasco. Bernardo Mota Veiga de Carvalho e Silva tenía veintidós años en verano de 2017, seis más que Foden, ocho menos que David Silva. Estaba en el punto medio entre ambos, por lo que podía ser el perfecto engarce entre ellos. Además, su juego parecía haber clonado el de David Silva. Nadie en Mánchester tuvo dudas sobre el fichaje. Era indiscutible. Bernardo poseía todas las virtudes para ser el sucesor de David. Podrían convivir en el equipo sin dificultad —las buenas personas siempre lo consiguen, aunque deban competir entre ellas—, realizar un proceso de sustitución controlado y cómodo, y ejercer ambos como tutores del jovencito Foden, el mago del porvenir. Por cincuenta millones de euros, el Manchester City se garantizaba la continuidad de la magia.

La convivencia, en efecto, resultó fructífera. La liga de los Centuriones, los cien puntos, el éxito absoluto del *Pep City*. El rendimiento de uno y otro Silva fue superlativo. El mago español seguía llevando el timón del equipo y el portugués dejaba su sello en cada intervención. Jugadores como Sané, Sterling o De Bruyne ponían el vértigo en sus acciones y los Silva ponían la pausa. Era una combinación modélica a la que se fue sumando Foden, que se convirtió en uno de los jugadores ingleses más jóvenes en debutar en la Champions League, al hacerlo con diecisiete años y ciento setenta y siete días.

¿Y Gündogan?, se preguntará el lector. Ilkay Gündogan era multifacético, pero tenía el problema de las lesiones. Pep le veía como alternativa de David Silva en el centro del campo y también como mediocentro posicional ante determinados rivales o como llegador al área rival, como demostraría en el curso 2020-2021, cuando se convirtió en «Kündogan», máximo goleador del equipo en ausencia del Kun Agüero. Pero por aquellas fechas, verano de 2017, estaba lesionado, recuperándose de una grave rotura de ligamentos cruzados de la rodilla, que se sumaba a una persistente dolencia en la espalda que casi le retiró del fútbol. Gündogan era un excepcional jugador, hecho a medida para el estilo de Pep, pero el entrenador no podía saber en aquella fecha si sería recuperable, por lo que la opción de Bernardo Silva no presentó ninguna discusión. Era un perfil que hacía falta.

En octubre de 2017, Guardiola estaba viendo por televisión la final del Mundial sub-17 que enfrentaba a España e Inglaterra. Entre los españoles había varios jugadores a quienes dirigiría más adelante: Eric García, Ferran Torres o Sergio Gómez, que precisamente fue quien adelantó a España en la primera media hora de la final, marcando dos goles. Entre los ingleses, Foden no se alineó en el centro del campo, sino como extremo derecho. El seleccionador, Steve Cooper, usaba a Phil como exterior en vez de interior y además lo situaba en la derecha, para intentar que cortase en diagonal por dentro hacia el área rival. Dos goles de Foden certificaron la impresionante remontada inglesa (5-2) y lo convirtieron en estrella del Mundial. Su exhibición como extremo abrió los ojos de Pep, que advirtió un rasgo fundamental en el joven: la impresionante capacidad para atacar los espacios reducidos sin perder el dominio del balón y una gran eficacia rematadora. Quizá, dijo el entrenador, «en vez de un sustituto de David Silva lo que tengo entre manos sea un atacante prodigioso…».

Cinco años después, Foden es un atacante prodigioso, Bernardo marca el tempo del City, un equipo donde De Bruyne, Haaland y Foden aportan el vértigo y Bernardo, Rodri, Gündogan y Grealish ponen la pausa.

La pausa y el vértigo, los dos grandes ejes del fútbol.

Foden aún no ha aprendido a enfriar el juego. No sabe bajarle el pulso al ritmo frenético. Todavía es un jugador unidimensional, que enfoca la portería rival como objetivo único y se dirige hacia ella por el camino más recto y rápido. Adelante, adelante, como los jinetes de la caballería ligera, a pecho descubierto, lanza en mano y sin freno. Así, con ese ímpetu legendario y con un coraje imperial, Foden ha obtenido excelentes botines, ha conquistado redes ajenas y ha vencido a un montón de rivales. Pero aún no sabe frenar y congelar el tiempo, esas dos lecciones que David Silva enseñaba en cada una de sus intervenciones. Silva sabía elegir en cada momento el tempo necesario. Cuándo parar, cuándo atacar, cuándo retroceder, cuándo acelerar. David Silva dominaba todas las velocidades del fútbol, al igual que su tocayo Bernardo. En cambio, Phil Foden aún no las domina. Solo conoce la aceleración, la rapidez, la velocidad y la portería como eje básico de su actuación.

Foden todavía no ha aprendido la lección que David Silva impartía a diario, ni ha comprendido la lección que Bernardo Silva enseña cada día. Ha tenido a los dos mejores maestros a su lado, pero no logra añadir la pausa a su repertorio de velocidad. Foden agarra el balón en cualquier posición, encara a su rival, se escapa de él y se dirige a la portería para marcar o dar un pase de gol. Si no puede ejecutar esta secuencia de acciones, simplemente se desprende del balón cediéndolo atrás a un compañero, con la intención de volver a comenzar la sucesión de acciones. Es decir, está enfocado exclusivamente a la portería rival y, como máximo, lo que hace cuando no consigue su objetivo es retroceder para recomenzar la cabalgada por otra zona.

De vez en cuando, Gündogan, y también Cancelo, e incluso Julián Álvarez en los pocos minutos que han coincidido, parecen mandarle mensajes a Foden. Se asocian con él en la banda izquierda a través de pases cortos que repiten dos o tres veces y que parecen decirle: «Calma, calma, avanza despacio, asóciate, tranquilo, engaña al contrario, pasa y pasa, sin prisa...». Foden sabe hacerlo. Se incorpora con acierto a ese triángulo líquido que se forma en el costado izquierdo del City y que no es más que un señuelo para provocar que el contrario abandone las posiciones. Foden le sigue el juego a Gündogan, le devuelve el balón con mimo, parece tener paciencia y entender el mensaje, pero de pronto huele sangre, ve la portería a lo lejos y se lanza de nuevo al galope hacia el gol. A menudo consigue que la cabalgada culmine en gol y todos estallan de felicidad, pero él continúa sin aprender la lección de la pausa y el vértigo. A lo lejos, David Silva se agita porque su heredero aún no ha comprendido que cada momento del juego ha de tener un ritmo diferente.

Foden fue el elegido para suceder al *mago* Silva y es el elegido para sustituir a Bernardo Silva si este abandona Mánchester. Pero aún no está preparado. Cada vez que surge este asunto, Pep asegura que la pausa llegará cuando Foden madure con el paso de los años. No me cabe la menor duda de que en los próximos meses veremos a Foden participar mucho más en posiciones de centrocampista.

Foden, el jugador del vértigo, el jugador sin pausa.

ESCENA 7

Clases particulares con Pep

Mánchester, 14 de agosto de 2022

El balón reconcilia a Guardiola y Walker.

Alejados a raíz de la expulsión del lateral en Leipzig, en diciembre del año pasado, desde aquella fecha el entrenador fue muy duro con el jugador. En su momento le reprochó la estupidez de la expulsión, que dejó al equipo desnudo en las siguientes eliminatorias de la Champions League, y siguió recriminándolo en público de vez en cuando. Todavía en marzo volvió a repetirlo: «Se merecía la sanción de tres partidos. Cuando un jugador hace una estupidez, merece castigo. Todavía estoy enfadado con él». En cada ocasión, a Walker se le encogía el corazón por los reproches de Pep, lo que no ayudaba en nada a sentirse mejor sobre el campo. Walker lo había comentado con varios compañeros de plantilla, con Fernandinho, con Stones, con Dias. Pero a Pep no se le iba el enfado. Interiormente, el entrenador sentía que el equipo había perdido la armonía a causa de dicha ausencia, un sentimiento que se vería refrendado en momentos decisivos, como cuando Vinicius Júnior se marchó de Fernandinho en la ida de las semifinales. Cada vez que Walker no estaba en el campo, el City sufría, y esa era una espina que Pep seguía teniendo clavada.

Durante el verano, Walker reflexionó sobre su carrera. Tenía treinta y dos años y un excelente palmarés, basado en una potencia física colosal que le permitía correr arriba y abajo de la banda, atacar como un extremo, defender como un cosaco y cubrir grandes parcelas de terreno. Era un futbolista superlativo. Podía soltarse en ataque porque su velocidad le permitía corregir cualquier contratiempo y regresar a la línea defensiva en pocos segundos. Su portentoso físico era la base de su éxito como jugador, pero al mismo tiempo dicha exuberancia le llevaba a cometer errores groseros. A menudo, las faltas que cometía, los penaltis concedidos o las expulsiones vividas solo eran fruto del exceso de condición física. Era como un tren que arrollaba todo a su paso. Walker pensó en ello y en que le quedaban ya pocas temporadas en la élite. Comenzó a rumiar que debía mejorar la técnica por si acaso la potencia física se iba degradando o simplemente para intentar ser un poco mejor. Convivía con artistas de la técnica: De Bruyne, Foden, Grealish, Mahrez, Gündogan, Bernardo... Incluso los defensas gozaban de una calidad técnica sobresaliente: Cancelo era un fuera de serie, Stones acariciaba el balón, Laporte poseía un pase diagonal maravilloso...

Decidió que debía progresar y desde la pretemporada dedicó minutos a este trabajo. Se concentró mucho más en los rondos. Donde antes se esforzaba solo desde lo físico, empezó a hacerlo desde lo técnico. Intentó ser más preciso, más eficaz en los controles y los pases. Inició un proceso que no sabía adónde le conduciría, pero que intuitivamente sentía que era beneficioso para su progresión.

En medio de sus cavilaciones llegó el partido inaugural de la Premier League, en el London Stadium. Pep ordenó que los dos laterales formasen en el centro del campo junto a Rodri, en una estructura muy estrecha y, al mismo tiempo, arriesgada. Cancelo y Walker debían ser muy finos y precisos con los pies para que la operación saliese bien. Ambos lo fueron. De Cancelo podía esperarse una gran exhibición: jugaba en el centro del campo, con libertad, con Aké cubriéndole las espaldas, y con varios receptores por delante, el escenario ideal para el portugués. Pero para Walker era una posición de alto riesgo. Había jugado otras muchas veces como lateral-interior, pero ahora parecía distinto. Parecía que los ojos de Pep se clavaban en él y solo en él. Walker jugó con tino. Tocó 99 veces el balón y dio 88 pases con una eficacia muy elevada (93,2 %). Solo perdió un balón.

Al terminar el partido, Walker parecía flotar en el vestuario del London Stadium. No había hecho nada excepcional, pero él sentía que empezaba a ser otro jugador. Que su enfoque hacia la técnica podía darle otra dimensión. Y de pronto, en su teléfono móvil recibió un mensaje con las palabras que Guardiola acababa de pronunciar en la rueda de prensa: «Especialmente Kyle Walker ha estado increíble. Quiero dar una felicitación especial para él. También a todos los demás, pero especialmente a Kyle».

Algo hizo clic en su cabeza. Como escribió un aficionado del Manchester City en el Twitter del club, «parece que Pep ya ha perdonado tu expulsión...». Y así era. Habían pasado casi nueve meses desde la expulsión de Leipzig. Mucho tiempo, pero por fin había estallado la paz entre ambos.

El asunto no quedó ahí, sino que apenas acababa de empezar.

El equipo hizo un entrenamiento de recuperación el lunes, al día siguiente del triunfo ante el West Ham, y descansó el martes. Ya el miércoles se entrenó con normalidad y, tras dos horas de trabajo, Walker se quedó en el campo, ensayando golpeos a portería. Mientras sus compañeros se iban a la ducha, el defensa ampliaba su horario con la ayuda de un asistente que le entregaba balones. Pep lo vio y dio un paso adelante: «¿Perfeccionando la técnica, Kyle?».

Durante los siguientes sesenta minutos, Pep se dedicó a pulir detalles del gesto técnico de Walker. Cómo perfilar el cuerpo en determinadas zonas del campo, cómo controlar mejor el balón con el interior del pie, cómo tensar más o menos un pase en función del receptor, del momento y del lugar; cómo recibir con la pierna alejada y pasar con la otra; y así una y otra vez durante una hora. Mano a mano, en el atardecer mancuniano, Pep y Kyle, dando un paso adelante.

El equipo volvió a entrenarse duro el jueves, con especial énfasis en los remates a portería, un detalle esencial que Guardiola tiene entre ceja y ceja desde hace años. El partido ante el Bournemouth del sábado preveía un escenario típico de equipo encerrado en su área, así que desde la perspectiva táctica no había grandes ideas que plantear: 2-3-5 o 2-2-6 y al ataque, evitando los contragolpes. Poco más. La clave estaría en acertar los pases claves y el remate final.

Claro, Walker se quedó en el campo al terminar el entrenamiento. De nuevo con un asistente, pero esta vez mirando por el rabillo del ojo por si Pep se quedaba también. Lo hizo. Y volvieron a dedicar una hora entera al perfeccionamiento técnico del jugador, que ahora se sentía como el centro del cariño del entrenador, casi como el «niño mimado» de Pep. Pases y pases, controles y controles. Perfilarse, controlar con un pie, pasar con la otra pierna, dar los toques adecuados a cada posición y cada momento... Ambos protagonizaron un *clinic* en toda regla, esta vez ante la mirada de parte del cuerpo técnico, que ya había tomado conciencia del paso adelante que había dado el jugador. Walker, sencillamente, quería ser mejor futbolista. Y Pep se había empeñado en lo mismo.

El City jugó distinto ante el Bournemouth que ante el West Ham, con un ataque asimétrico. En el costado derecho, Mahrez jugaba por fuera y De Bruyne por dentro. En el izquierdo, Foden lo hacía por dentro y Cancelo por fuera, mientras Gündogan se movía con libertad casi como un segundo delantero centro, cercano a Haaland. Para sostener esta estructura, el entrenador dispuso que dos hombres ejercieran de pivotes: Rodri y Walker. El español se situó como sostén del ataque izquierdo, y el inglés, del ataque derecho. Ambos eran el vértice inferior de todos los triángulos que se desarrollaban por su costado. Los atacantes se apoyaban en Rodri por la izquierda y en Walker por la derecha, aunque con otro matiz: la exuberancia física de este le permitía ocupar también el eje central del campo. Así, Rodri tenía poco terreno que abarcar en ataque y Walker cubría mucho más campo, todo el centro y toda la derecha. Lo decisivo no era el mayor o menor terreno que ocupar, sino los galones de jerarquía que ello suponía. Pep le había dado a Walker categoría de pivote, es decir, pasaba a ser alguien con mando en el terreno de juego, con capacidad de tomar decisiones colectivas.

Walker jugó un partido soberbio, que sin embargo pasó bastante desapercibido a causa de la brillantez de sus compañeros. De Bruyne marcó un gol fabuloso con el empeine, una «trivela», y dio una asistencia a Foden por debajo de las piernas de un rival; Cancelo hizo diabluras como extremo; Aké fue una muralla que impidió cualquier contragolpe; Gündogan volvió a ser «Kündogan», marcando el primer gol de la temporada en el Etihad Stadium, al igual que anotó el último del pasado curso; y así sucesivamente. Poca gente se fijó en Walker, que pasó bajo el radar del público. Pero jugó uno de sus mejores encuentros como *citizen*. Dio 80 pases, con un 93,8 % de acierto, ejerció como pivote central con un temple propio de especialista, se sumó al ataque por la derecha cuando hizo falta, defendió con precisión por su costado y entregó un soberbio pase a Gündogan que desembocó en el primer gol, tras combinación de este con Haaland. Durante la semana, Pep le había dicho que el pase es un medio de comunicación. Que si lo das suave es para que el compañero conduzca, pero que si lo das tenso y fuerte es para que el compañero combine de inmediato. Walker le entregó un balón raso y tenso a Gündogan, que entendió el mensaje al instante. Dos segundos más tarde, el balón estaba en las redes visitantes.

Cuando pocos minutos después De Bruyne marcó su excepcional gol de tres dedos con el empeine, tras un veloz contragolpe y un regate amagando con el cuerpo, Pep y Walker se reunieron en un costado del campo y el entrenador, eufórico, le dijo: «Ahora hemos de entrenar esto». Y Walker se echó a reír como un loco.

ESCENA 8

Eddie Howe acaba con la cajita

Newcastle, 21 de agosto de 2022

En mi opinión, Eddie Howe es, junto a Graham Potter, el entrenador inglés más prometedor del momento. Su trabajo en el Bournemouth fue excelente y en el Newcastle, al que recogió en una situación paupérrima, está realizando una labor soberbia. La visita del Manchester City permite comprobar una vez más el gran nivel técnico de Howe, que acierta a desactivar la «cajita De Zerbi» con que Guardiola venía controlando el inicio de la Premier League 2022-2023.

Ni siquiera con ventaja en el marcador puede el City dominar el partido en St. James' Park. Hay dos razones poderosas para ello, una propia y otra ajena. La propia del equipo es que desde hace tiempo ha incrementado la importancia de la verticalidad en su juego. En general, Pep ha preferido equilibrar su juego entre los dos ejes, el horizontal y el vertical. Ha usado siempre el horizontal para amasar pases que sirven para juntar a su equipo y fatigar y desorganizar al oponente. Y ha reservado el eje vertical para asestar los golpes definitivos: la penetración de un extremo, la llegada de un interior, el esprint de un delantero centro... En el Barcelona, en el Bayern y en el City ha combinado ambas orientaciones con mesura, pero desde hace un par de años el equipo se siente muy cómodo jugando en vertical. Hubo partidos de la pasada temporada en los que apenas existieron esas largas secuencias de pases horizontales, con el equipo compacto, balanceando al rival de costado a costado. La razón obvia reside en los jugadores. De Bruyne es feliz cabalgando a toda velocidad, al igual que Foden; lo mismo ocurre con Cancelo y con Walker. Y el equipo ha obtenido buenos rendimientos de esta explotación del eje vertical. Hoy, con Haaland en punta, se incrementa de modo exponencial dicha opción y el City ya no es un 70 % horizontal y un 30 % vertical, sino que ha equilibrado la importancia del juego en ambos ejes [este porcentaje no es real, sino una percepción personal mía, sin más valor de referencia].

El gol que abre el marcador en St. James' Park llega de este modo: un pase largo de Gündogan en diagonal al extremo derecho, hoy Bernardo, quien aprovecha la llegada fulgurante de Walker, KDB y Haaland, que arrastran a toda la defensa local, para devolverle el caramelo a Gündogan en el punto de penalti. El alemán, por descontado, no yerra su remate y a los cuatro minutos el partido parece encarrilado. En los diez minutos siguientes, el City tendrá otras tres excelentes ocasiones para aumentar la ventaja, pero Nick Pope, el gran portero inglés recién llegado a Newcastle, salvará los remates de KDB y Foden, en tanto que Haaland no acertará a culminar un pase de la muerte de Gündogan. Parece un partido cómodo para Guardiola, pero entonces entra en acción Eddie Howe, que será la razón ajena por la que el City no podrá dominar este vibrante partido, disputado a un ritmo exuberante.

Howe ha preparado un buen antídoto contra la disposición táctica de Pep. Es un entrenador inteligente, que ahora cuenta con los jugadores idóneos para aplicar sus ideas. Lo primero que hace, una vez que ha sobrevivido a la avalancha *citizen* del primer cuarto de hora, es cortocircuitar la salida de balón de los visitantes. ¿Cómo lo consigue? Con una presión muy pegajosa de sus tres centrocampistas sobre la segunda línea de Guardiola. Así, Willock, Guimarães y Joelinton se emparejan a la línea media *citizen* (Walker, Rodri, Cancelo) y no la dejan maniobrar. Callum Wilson transita entre Stones y Aké para ensuciar la salida y el City no logra conectar por fuera con sus extremos, Bernardo y Foden, porque los extremos locales (Saint-Maximin y Almirón) se colocan muy altos, en campo visitante y amenazando el espacio. El City está bloqueado. La «cajita De Zerbi» que tanto desconcertó al West Ham en el partido inaugural queda anulada. No es algo nuevo. Ya ocurrió la pasada temporada.

«Nos duró tres partidos», recuerda Juanma Lillo. El City la puso en práctica contra Leicester, Tottenham y Norwich, pero, a partir del siguiente partido, frente al Arsenal, que presionaba al hombre, dejó de usarla porque los rivales comenzaron a contrarrestarla con acierto. Es verdad que por entonces no había alcanzado la popularidad actual, por razones que desconozco. A veces, una innovación táctica adquiere gran impacto mediático, y en otras, no. El año pasado, a estas alturas, el City también usaba la salida 2+3, con los laterales pegados al mediocentro, pero casi ni se mencionaba dicho detalle.

Hoy, sin embargo, parece ser algo extraordinario. Este tipo de salida de balón tiene ventajas e inconvenientes, como todas.

La lesión de Nathan Aké en la ingle incide en los problemas del *build up*. Al fin y al cabo, aunque la salida de balón estaba siendo muy sucia por mérito del Newcastle, la pierna zurda de Aké solucionaba gran parte del problema, pues conseguía conectar con Foden en la banda. Al tener que colocar a Rúben Dias en el costado izquierdo, esa ventaja desaparece y el City termina por quedar bloqueado atrás. El plan de Eddie Howe funciona. Cada balón perdido por el City —que pierde muchos, pues solo tendrá un 86 % de acierto en el pase— se convierte en un balón enviado por el Newcastle hacia un costado, casi siempre hacia la izquierda para Saint-Maximin, cuya velocidad y regate son endiablados. No solo eso, sino que la ubicación tan centrada de Walker, y su vigilancia obligada sobre Joelinton, le impide llegar a tiempo para oponerse con eficacia al contraataque local, obligando a Stones a realizar una cobertura casi siempre en inferioridad espacial, lo que a su vez provoca una desorganización mayúscula de toda la línea defensiva.

Durante cerca de diez minutos, el Newcastle se come al City. Una y otra vez, los *citizens* pierden balones y en cada ocasión recibe Saint-Maximin al espacio, libre para correr, sin encontrar oposición efectiva, mientras Walker, Stones, Dias, Cancelo y Rodri se dan una paliza de retroceder a toda velocidad, persiguiendo a las flechas blanquinegras. El City ha perdido el control del balón y del espacio, hasta el punto de que entre los minutos 23 y 28 solo consigue un miserable 6 % de posesión de balón, con el 94 % para el Newcastle. Como ocurre en casos similares de tanta superioridad, los de Howe logran empatar, y poco después se colocarán con ventaja gracias a un colosal contragolpe de Saint-Maximin que Wilson culmina por dentro. E incluso el marcador se queda muy corto para las ocasiones que generan los locales.

El problema táctico parece muy evidente. La posición tan cerrada de Walker, que sigue manejándose muy bien con el balón en los pies, le impide llegar a tiempo para defender a Saint-Maximin, que se sitúa muy alejado de él. Por rápido que sea Walker, está demasiado lejos de su par en cada balón que recupera el Newcastle. Al descanso, Pep modifica el 2+3, pero no es Walker quien se mueve, sino Cancelo, que se abre a la banda izquierda. Así, la salida pasa a ser 3+2, con lo que se reducen los riesgos sufridos en el primer tiempo, aunque Walker continúa quedando lejísimos del hombre al que debe contrarrestar.

Pese a la terquedad de Pep en mantener semejante problema latente, el dominio parece cambiar de bando. Con la desaparición de la «cajita De Zerbi», Rúben Dias encuentra espacio libre por dentro para profundizar, pasando el balón a Haaland al borde del área para que el noruego dispare a gol, pero Nick Pope lo evita desviando el balón al poste. El City parece haber encontrado la respuesta al antídoto de Howe, pero justo en la acción siguiente llega otro contraataque de Saint-Maximin que corta Stones, cometiendo una falta en la frontal del área. Kieran Trippier, un majestuoso especialista de estas acciones, coloca el balón en la escuadra de Ederson y la ventaja parece ya abismal (3-1). No será así.

El cambio del 2+3 al 3+2 en la salida ha recuperado la mejor versión del City, que en pocos minutos empata el partido, primero aprovechando una cesión de Rodri a Haaland para un remate a bocajarro, y después con un pase vertical de KDB que parece extraído de unos dibujos animados. Desde fuera del área, en el eje frontal, pasa el balón por entre las piernas de un rival situado siete metros delante de él, para que Bernardo, que ha recorrido el área en horizontal, reciba sobre el punto de penalti y fusile el tercer gol visitante. Es otra obra de arte de De Bruyne, una más. Con el 3-3 se respira otra remontada *citizen*, que sin embargo malogra Nick Pope con una actuación excepcional, en especial cuando logra ganarle un mano a mano a Haaland.

El partido deja algunas evidencias importantes. Eddie Howe es un gran entrenador; el Newcastle posee un equipo formidable, que hará temblar a muchos rivales en su estadio; la «cajita De Zerbi» es frágil y delicada si el rival posee armas como las del Newcastle y el City no cuenta con un central zurdo en su zaga; y el eje vertical es una herramienta extraordinaria para el equipo de Guardiola gracias a la potencia agresiva de KDB, Foden y Haaland, pero no puede ser su argumento principal si quiere someter a los rivales y no simplemente competir a golpes contra ellos. Decía Lillo que «la pelota que viaja rápido, más rápido vuelve», y Bernardo Silva, que ha decidido quedarse en Mánchester un año más, nos lo confirma: «Mi percepción en el campo es que hemos querido atacar demasiado rápido. Y cuando comenzamos a jugar así, atacando tan rápido, es mejor para el rival que para nosotros». Guardiola hace una lectura muy apropiada de lo sucedido. Primero, desde lo anímico: «Hablamos en el descanso, había que vivir situaciones así para ver qué tal somos como equipo... Desde el Aston Villa [último partido de la pasada Premier] sé que somos capaces de todo...». Y confirma la preocupación sobre la orientación del juego: «Si somos tan verticales, hemos de acabar las jugadas. Si no las acabamos, nos machacan…».

Pep está agotado tras un partido frenético, por lo que elijo hablar con Juanma Lillo sobre las entrañas del 3+2. Lillo, que, aunque ahora dirige el Al-Sadd, continúa sintiéndose parte del Manchester City, posee una perspectiva más alejada que le facilita diseccionar la «cajita De Zerbi» con la tranquilidad y el tiempo del que Pep no dispone en este momento pospartido: «Lo primero que hay que valorar es que sacar un punto de Newcastle es un muy buen resultado. Nadie se imagina lo que puede hacer el Newcastle esta temporada. Es un equipazo y sacar un punto de allí es muy bueno».

Lillo explica que «en realidad a esta salida de balón deberíamos llamarla "juego de provocación" porque lo que buscamos es provocar al contrario para que salte y nos permita salir fácilmente. Buscas provocar que vengan dentro para dar un pase afuera y eliminar a un montón de rivales y situar a tu extremo arriba con el balón, aunque hay que decir la verdad: ese extremo siempre acaba bajando para recibir, por lo que ahí sí tiene sentido que sea un extremo a pie cambiado porque saldrá jugando hacia dentro en vez de hacia fuera».

Lillo denomina este formato de salida de balón como «fútbol de atracción» o «juego de provocación» porque «es simple: vamos a poner este señuelo para atraer contrarios y luego le pasamos el balón al extremo». A su vez, «como dice Pep cuando se refiere a Kyle [Walker], a los laterales que situamos por dentro deberíamos llamarlos mediocentros. O sea, hoy han jugado Walker, Rodri y Cancelo de mediocentros».

Este «fútbol de atracción», sin embargo, tiene dos puntos débiles. El primero es que obliga a los extremos a bajar mucho para recibir el balón. El segundo es que el rival quizá no pica el anzuelo y no entra en tu provocación, con lo que tu progresión no da ningún fruto. Le comento ambos inconvenientes a Lillo, que se explaya en esta idea táctica:

—Cuando los pases al extremo son muy largos, el extremo tiene que bajar mucho para recibir el balón, con lo que se pierde todo aquello que pretendíamos ganar. El año pasado también empezamos poniéndolo en práctica y Pep se dio cuenta muy pronto del problema. Por esa razón lo dejamos de practicar.

»De todos modos, la razón fundamental por la que el City evita que le hagan contraataques no es porque use «la cajita», sino porque son muy seguros con balón. Y si no fallas los pases, no te contraatacan. No es la disposición, es el acierto. Porque si pones a dos laterales torpes por dentro y no aciertan los pases, entonces te matan a carreras. Pero cuando tienes jugadores de tanto nivel como los del City, capaces de pasar el balón a medio milímetro del contrario sin asustarse, puedes usarlo sin miedo.

»Otro problema es que yo busco provocarte para que vayas hacia dentro de la cajita. Si lo haces y caes en la tentación, tu línea de tres y tu punta irán hacia ese polo de atracción para que el City logre hacer un cinco contra cuatro, o incluso un seis contra cuatro cuando baja Gündogan a descargar, pero si no quieres ir hacia esa atracción de mis cinco hombres y solo envías a uno o a dos, y no van ni muy abiertos ni muy cerrados, entonces en cualquier robo puedes encontrar a alguien desmarcado en una línea más adelantada. Y si alguien abre hacia uno como Saint-Maximin, que es un jugador sensacional porque sabe jugar por dentro y por fuera, tiene omnipotencia en la conducción y tiene más de una velocidad, entonces hay un problema, como se ha dado hoy en Newcastle. Este es el quid de la cuestión.

»Míralo de este modo: si el City tiene el balón entre cinco jugadores en un 15x15 y el rival no va ahí dentro a buscarlo, cinco jugadores tienen el balón, pero no consiguen avanzar. Ahora bien, si va con cuatro a buscarlos, entonces este «juego de provocación» es buenísimo porque los atraes, los juntas y, pum, pase hacia afuera y ya estás por delante a una altura casi de última línea. Pero si no van hacia tu polo de atracción, ¿qué haces? Progresas ¿y? Porque si te roban el balón, se apoyan por fuera y echan a correr hacia tu portería. Claro, lo que pasa es que el City tiene jugadores con un pie brillante y resuelven este tipo de situaciones.

Imagino que Newcastle ha sido la tumba de la «cajita» esta temporada, como lo fue el partido contra el Norwich la anterior. Al fin y al cabo, si es así, no será una pérdida dolorosa. La táctica en el fútbol no es más que adaptarse a la realidad. La propia y la de los rivales. La de tus jugadores y su naturaleza, y la de los oponentes y sus antídotos. El fútbol continúa siendo una batalla de ideas, en la que a toda acción corresponde una reacción. Así se avanza.

ESCENA 9

«Con ritmo somos imparables»

Wolverhampton, 17 de septiembre de 2022

—Con ritmo somos imparables.

Hace tres días me dijo esto, a la salida del Etihad, tras remontar ante el Borussia Dortmund en partido de la Champions. Hoy, sin embargo, Pep sale del Molineux Stadium algo más decepcionado. A su equipo le ha faltado ritmo, aunque ha logrado vencer sin dificultades al siempre batallador Wolverhampton por 0-3 (Grealish, Haaland, Foden) sobre un césped muy seco donde el balón se deslizaba con dificultades.

El ritmo es un factor que martiriza a Pep y se hace inevitable recordar la tesis que ya explicamos con anterioridad: «Las guerras no son solo espaciales cuando hablamos de deporte. Las guerras también son de intenciones y de ritmos».

El City, parafraseando a Louis van Gaal, no tiene ritmo. O, más concreto, no es capaz de encontrar el óptimo para cada momento. Demasiado lento a veces, demasiado precipitado en otros casos, el equipo no logra el equilibrio que pretende su entrenador.

No es por falta de voluntad. Sencillamente, los jugadores están viviendo momentos irregulares que les inducen a cometer errores impropios en la elección del ritmo de sus acciones. El miedo también influye. Cuando el City se dispone a enfrentar al Aston Villa el 3 de septiembre en Birmingham acumula cuatro remontadas en los últimos seis partidos de la Premier League. Los jugadores han demostrado una maravillosa capacidad de remontar marcadores adversos, hasta el punto de que en el interior del vestuario corre la broma de que son «el Real Madrid de Inglaterra», pero también ha crecido la conciencia de que previamente cometieron muchos errores que obligaron a dichas proezas.

El City de Pep siempre se ha mostrado combativo y ha conseguido importantes remontadas y triunfos en los minutos finales, cuando los partidos ya parecían desvanecerse. El gol de Gabriel Jesús ante el Southampton para sumar cien puntos en el año de los Centuriones, el gol de Sterling frente al Southampton, y tantos otros ejemplos de años anteriores, conforman un buen historial previo, pero nada ha sido parecido a lo actual. Curiosamente, todo empezó al revés, con la remontada sufrida ante el Real Madrid en el Bernabéu, en las semifinales de la Champions. Aquel «milagro» madridista se quiso relacionar con la «falta de carácter» de los jugadores *citizens*, pero dicha explicación no poseía fundamento alguno.

Pocas semanas más tarde, el City tuvo que remontar un 2-0 ante el West Ham en Londres para llegar vivo a la última jornada de liga. Y siete días más tarde, otra remontada monumental, grabada a fuego en la historia del club, para superar el 0-2 favorable al Aston Villa y ganar la corona de la Premier. Ya en esta nueva temporada, el equipo consiguió igualar a tres goles en St. James' Park tras ir perdiendo por 3-1 ante el Newcastle, y a finales de agosto logró dar la vuelta a otro pésimo marcador: perdía 0-2 al descanso ante el Crystal Palace, pero una prodigiosa segunda parte facilitó otra remontada contundente (4-2), con triplete de Haaland.

Así pues, en cuatro de los seis últimos partidos de liga ha habido remontadas del City, que no logra vencer en Villa Park pese a adelantarse en el marcador mediante la conexión De Bruyne-Haaland, pues a veinte minutos del final Bailey logra el tanto local del empate. El Villa tapa muy acertadamente los espacios interiores y construye una muralla contra la que se estrellan los de Pep. Trece remates, uno al travesaño, muchos pases (754) y mucho balón en su poder (73 %) no bastan para derrumbar la muralla y el City se marcha de Birmingham con un único triunfo en los últimos cinco partidos fuera de casa. «Cometemos demasiados errores», explica un técnico del conjunto, en referencia a la organización defensiva.

Las victorias fuera de casa regresan en Sevilla, donde el City se estrena en la fase de grupos de la Champions con un contundente 0-4. Supone la mayor derrota del equipo andaluz en competición europea en su estadio. La goleada engrosa el incipiente historial de Erling Haaland, quien gracias a su doblete acumula doce goles en apenas ocho partidos como *citizen*, once de ellos marcados al primer toque. Es el jugador que más rápidamente ha sumado veinticinco goles en la Champions League, pues solo ha necesitado jugar veinte partidos. Es el cuarto hombre en marcar gol en su estreno en la máxima competición europea con tres clubes diferentes (Salzburg, Borussia Dortmund y City), lo que le iguala a Fernando Morientes, Javier Saviola y Zlatan Ibrahimović. Por descontado, es el primer jugador del City en marcar en su estreno en la Premier y en la Champions. Desde que es profesional, Haaland suma 137 goles con solo 201 remates a portería.

Pero el amplio triunfo no satisface a Pep, ni mucho menos. Se queja del ritmo equivocado de sus jugadores: «En el primer tiempo hemos atacado demasiado rápido. Esto ocurre porque buscamos demasiado rápido a Haaland. Erling provoca una atracción muy fuerte que hace que demos pases demasiado rápidos. Hemos de masticar más los ataques, tener más pausa. En la segunda parte hemos mejorado el ritmo». El ritmo, siempre el ritmo…

El ritmo vuelve a ser el problema una semana más tarde, cuando el Borussia Dortmund visita el Etihad. Los alemanes imitan al Aston Villa y cierran todos los espacios interiores. Mahrez, Grealish y De Bruyne chocan contra esa nueva muralla sin conseguir ni un mínimo arañazo; Bellingham y Marco Reus cuajan un soberbio inicio del segundo tiempo que desemboca en gol alemán.

«Hemos jugado sesenta minutos al ritmo equivocado», dirá Pep al terminar. Tan enfadado está —la dinámica de Mahrez es de una parsimonia exasperante— que realiza tres cambios simultáneos, tres cambios que modifican el rostro del partido. Julián Álvarez, Bernardo y Foden sustituyen a Mahrez, Gündogan y Grealish, tras lo que el City se desata en ataque, como si hubiese recibido una inyección de adrenalina. Regresa el vendaval *citizen* y llega otra remontada, mediante goles de Stones, con un disparo fortísimo desde fuera del área que recuerda al legendario de Kompany contra el Leicester, y Haaland, quien recibe un maravilloso centro de Cancelo con el exterior del pie y lo remata de modo inverosímil, como hiciera Johan Cruyff en 1974 contra el Atlético de Madrid. Dos goles extraordinarios en media hora aplastante muestran una vez más lo que Manel Estiarte define como «*la voglia di vincere*», el deseo de vencer, el hambre, el orgullo y la capacidad de remontar situaciones negativas.

Bernardo Silva deja un balance explosivo de su media hora sobre el césped, dando un recital como segundo pivote al lado de Rodri, como interior y como extremo. En cualquier ubicación es un maestro. Estiarte lo refrenda cuando hablamos:

—Bernardo, Foden y Julián han cambiado el partido. Tienen una marcha más.

Pep opina lo mismo:
—Con ritmo somos imparables.

El cuerpo técnico me facilita un dato relevante. Cuando el City está perdiendo un partido, lo que ha ocurrido numerosas veces en los últimos tiempos, como hemos visto, intenta remontar el marcador a través de acaparar el balón en su poder a fin de crear ocasiones de gol. En estos casos, cuando va perdiendo, el equipo alcanza siempre niveles de posesión de balón superiores al 90 %.

ESCENA 10

Los *hat-tricks* de la bestia

Mánchester, 2 de octubre de 2022

Ferenc Puskás no solo era un futbolista excepcional, sino un chico listo. En cuanto terminó la final de la quinta Copa de Europa agarró el balón con las manos y se lo quedó. Había marcado cuatro de los siete goles del Real Madrid y, por lo tanto, tenía derecho a quedarse con el esférico. Pero había un problema: su compañero Alfredo di Stéfano había marcado tres goles y también tenía derecho al balón. Y en aquella época, mayo de 1960, los partidos se jugaban con un único balón. En este punto, Puskás tuvo uno de aquellos rasgos de luminosa inteligencia que le caracterizaron. Se acercó al irascible Di Stéfano, que exigía recibir el balón sin importarle que su compañero hubiese marcado un gol más que él, y le sugirió regalárselo a Erwin Stein, el jugador alemán que había obtenido dos de los tres goles del Eintracht de Fráncfort. «Les hemos metido siete goles, Alfredo. Démosle una compensación», dijo Puskás. Di Stéfano, enfurruñado y arrogante, hizo una mueca displicente y, con un gesto condescendiente, aceptó renunciar al balón en beneficio del pobrecito alemán.

Puskás siempre contó esta anécdota entre risas, sabedor de que regalar el cuero a Stein le había solucionado la papeleta de tener que pelearse con Di Stéfano, quien era y se sentía el centro del universo y no estaba dispuesto a ceder ni un milímetro desde su pedestal, ni siquiera ante un monstruo del fútbol como el mágico Puskás.

Hoy en día no son necesarias semejantes triquiñuelas. Erling Haaland ha marcado un *hat-trick* y Phil Foden otro en el derbi de Mánchester, pero hay suficientes balones de recuerdo para ambos. Es el primer triplete que anota un jugador del City en el último medio siglo de derbis. Fue Francis Lee en 1970 el último en lograrlo, pero esta tarde se ha duplicado la proeza. Haaland y Foden salen del Etihad Stadium cada uno con un balón bajo el brazo y el Manchester United regresa a Old Trafford con una derrota por 6-3 que podía haber sido mucho más sonora si el City no hubiese aflojado el ritmo de un primer tiempo apoteósico, concluido en 4-0.

El vuelo del equipo en el primer tiempo ha alcanzado un nivel descomunal. Sencillamente ha vuelto a destruir al Manchester United, rematando quince veces, siete de ellas a portería, con cuatro goles y un disparo al poste. Gündogan ha sido el gran capitán del centro del campo dado que Rodri, con molestias, ni siquiera está en el banquillo. El jugador alemán ha movido al equipo con maestría, bien ayudado por Bernardo, y con el apoyo de una línea defensiva imperial, en la que Akanji y Aké han sobresalido. Grealish se ha mostrado punzante y agresivo, y KDB, Haaland y Foden han sido imparables. La exhibición coral ha encendido el estadio y los aficionados *citizens* han enloquecido ante la demolición del gran rival.

El segundo tiempo solo sirve para que el Manchester United maquille la derrota gracias a la relajación del City, que multiplica los errores en los últimos minutos y termina jugando con un inédito doble mediocentro formado por Bernardo Silva y Sergio Gómez. Pero incluso así, Haaland y Foden logran completar sus respectivos *hat-tricks* y confirman que Mánchester es azul. Pep se encargará de poner sordina al gran triunfo, apuntando a la indolencia en el tramo final: «No hacemos bien las cosas sencillas. Hemos de mejorar en las cosas fáciles».

Erling Haaland ha anotado esta tarde su tercer *hat-trick* y solo es el undécimo partido que disputa con el City, en los que ha marcado diecisiete goles. Un gol y medio por partido. Un gol cada cincuenta y ocho minutos. Tres *hat-tricks* en ocho partidos de la Premier League, es decir, los mismos tripletes que han logrado en toda su carrera en la liga inglesa delanteros como Cristiano Ronaldo, Drogba, Solskjaer, Lukaku, Son, Adebayor o Vardy. Solo ha necesitado ocho partidos para sumar tres tripletes, cuando Michael Owen precisó de cuarenta y ocho partidos, y Ruud van Nistelrooy, de cincuenta y nueve.

Pregunto cuál es el secreto esencial que le permite a Haaland tener semejante rendimiento. Para Guardiola, «la principal cualidad de Haaland, además de su precisión en el remate, es la velocidad». Para Lorenzo Buenaventura, «es tan tan rápido que esa décima de segundo que consigue ganarle al defensa le sitúa con una ventaja tremenda para aplicar el remate». Para Estiarte, «tiene la habilidad y la rapidez para no caer nunca en fuera de juego». Para Lillo, «la virtud principal de Haaland es la inteligencia».

Todos ellos están en lo cierto: precisión, habilidad, inteligencia y velocidad, cuatro cualidades que definen a esta bestia del fútbol, un cíborg del área, un rematador sin piedad, dotado de un hambre incontenible. Su presencia ha convertido la compra de entradas para los partidos del City en el Etihad en misión casi imposible. Los aficionados están ansiosos por asistir en cada encuentro a nuevas proezas de este hiperdelantero que el 27 de agosto anotó su primer *hat-trick* (4-2 frente al Crystal Palace, en una gran remontada), el 31 de agosto logró el segundo (6-0 al Nottingham Forest) y hoy, 2 de octubre, obtiene el tercero.

Hace unas semanas, un joven entrenador, Aldo Sainati, propuso una interesante metáfora al explicar que Pep y Haaland eran la fusión del fuego y el hielo. De momento, esa fusión aún está lejos de obtener su mejor versión. El entrenador desea que el delantero intervenga más en el juego y no se limite únicamente a esperar el balón para rematarlo a gol. Quiere que se involucre más en la circulación del cuero, sin olvidar ni un ápice su esencia como goleador. Ahora que Pep ya tiene al goleador que necesitaba, lo más importante es acertar en lo que pretende exactamente de él. En apariencia, Haaland nunca será un Leo Messi ni un Harry Kane, sino un gran depredador del área.

Encontrar el punto de fusión óptimo entre el fuego y el hielo precisará cierto tiempo.

ESCENA 11

This is Anfield!

Liverpool, 16 de octubre de 2022

João Cancelo comete un error impropio en un defensor de primer nivel. El fallo conlleva el triunfo del Liverpool en Anfield por 1-0, en un partido marcado por la anulación de un gol a Foden tras una pequeña falta previa de Haaland sobre Fabinho que el VAR entiende como suficiente para anular el tanto. Ha sido una faltita ínfima, inverosímil de señalar en el fútbol inglés. Guardiola decide no hablar de ello, consciente de que siempre que hay una acción dudosa la decisión arbitral le resulta desfavorable. Sin embargo, un miembro de su cuerpo técnico me escribe: «Lo del árbitro es imperdonable. *This is Anfield!*», mensaje que refleja el sentir interno en el equipo.

Es el primer partido que el City pierde fuera de su estadio desde el 15 de agosto de 2021, hace ya catorce meses (1-0 ante el Tottenham). El equipo está jugando bien este mes de octubre. Tras aplastar al Manchester United en el derbi venció al Copenhagen en la Champions (5-0) y al Southampton en la liga (4-0), con Haaland sumando otros tres goles para su mochila. A continuación empató a cero en Copenhague, en el cuarto partido de la Champions. Sin ser un buen resultado, no fue malo, ya que Sergio Gómez fue expulsado a la media hora, lo que obligó a sus compañeros a «congelar» los acontecimientos para amarrar un punto casi definitivo para acceder a los octavos de final.

El de Anfield es un partido muy distinto. Como siempre, al Liverpool hay que pararlo en los primeros quince minutos de cada periodo, cuando intenta arrollar al rival a base de energía eléctrica. Guardiola lo sabe bien e intenta que sus hombres adormezcan el juego para que el equipo de Klopp no aproveche esos momentos.

Así, el primer tiempo transcurre anodino, con muchos pases y pocas ocasiones de peligro. Con balón, el City ha presentado una línea de tres zagueros (Akanji, Dias y Aké), con Cancelo como extremo en la derecha, mientras Foden se ubica en la izquierda, pero con vocación ofensiva. Es un 3-2-2-3 habitual en salida de balón, un 3-2-5 en ataque y el habitual 4-4-2 cuando no tiene el balón en su poder, retrocediendo Cancelo al lateral derecho y Aké al izquierdo. El City presiona hombre contra hombre al Liverpool cuando este inicia el juego, lo que supone un fuerte desgaste, por lo que a la media hora Pep permuta a su segundo mediocentro: Gündogan baja a apoyar a Rodri y Bernardo sube una línea, cerca de KDB, para aportar su gran energía a la presión.

El juego del primer tiempo no es fluido, pero visto el nivel del oponente Pep no se queja en el descanso, si bien vuelve a advertir del peligro inminente: «Controlar los primeros diez minutos, porque ellos saldrán a lo bestia». Dicho y hecho, Mohamed Salah lanza un gran contraataque tras la reanudación, pero Ederson responde con una intervención fenomenal. Contra lo que desea Pep, el partido enloquece y ambas partes acumulan acciones de gran peligro. Primero, Foden anota gol a los cincuenta y cuatro minutos, anulado por el VAR. Replica Diogo Jota, errando el remate cuando se hallaba solo ante Ederson. Y Haaland lanza un disparo enorme que salva Allison. A continuación, Bernardo por los visitantes y Salah por los locales rematan pobremente sendos contragolpes. Las tres acciones de peligro del Liverpool se originan por la presión al hombre del City, que si bien es eficaz y acertada en general, en algún momento es burlada por acertados pases en largo de Robertson y Elliot que dejan mano a mano a sus peligrosos delanteros contra los tres zagueros *citizens*.

A quince minutos del final llega el error de Cancelo. Ocurre en una falta favorable al City que ejecuta KDB sin acierto, lo que facilita que Allison relance el juego en largo. En el duelo entre Salah y Cancelo, el defensor portugués se come el balón y sirve el gol al delantero egipcio. Ha sido un buen partido del City, pero un mal resultado que lo aleja a cuatro puntos del Arsenal, líder del campeonato. No es una diferencia preocupante, pero sí una oportunidad perdida para mantener el pulso con el cuadro de Arteta.

En el autobús de regreso a Mánchester, Pep reflexiona preocupado. La ubicación de Cancelo como lateral-extremo no ha funcionado bien, pues no ha logrado atacar casi nunca ni ha conectado con De Bruyne. El entrenador entiende que su equipo ha jugado un buen encuentro en Anfield, al margen del asunto arbitral, aunque «preferiría jugar algo peor y haber ganado el partido». Le preocupa que sus hombres hayan perdido varios duelos individuales: «Jugar bien o mal también es ganar duelos o no ganarlos». Razona que el Liverpool «también ha jugado bien. Cada uno lo hace a su manera. Nosotros asumimos más riesgos que ellos, pero cada cual lo hace como quiere». De todos modos, y aunque se muerde la lengua, empieza a preocuparle Cancelo. Hace diez días que Kyle Walker se sometió a una imprescindible operación quirúrgica en la ingle, tras lesionarse en el derbi de Mánchester, y no estará disponible en lo que queda de año. Y Pep intuye que Cancelo comienza a flaquear.

ESCENA 12

«Tenemos al nuevo Lahm»

Mánchester, 2 de noviembre de 2022

La forma de hablar de Carles Planchart delata que estamos ante algo grande. Por lo general, Planchart es pausado y sobrio, y muy parco en palabras. Hoy se expresa con una excitación inusual:

—Quizá tenemos al nuevo Lahm.

Por supuesto, se refiere a Rico Lewis, el jovencito de diecisiete años que ha debutado hoy con el equipo en la Champions League, en el triunfo ante el Sevilla por 3-1; además, ha marcado un gol, que se ha celebrado por todo lo alto en el Etihad Stadium, especialmente por parte de Foden y Palmer, los otros titulares surgidos de la Academy.

Sí, Lewis ha mostrado que tiene el alma de Philipp Lahm. Se ha alineado como lateral derecho, pero de inmediato se ha ubicado junto a Gündogan, que hoy ejercía de mediocentro, componiendo con Sergio Gómez esa «muralla intermedia» que Guardiola utiliza. Desde dicha situación, Rico Lewis se ha movido de modo inteligente con el balón, combinando sencillo con Gündogan y con los dos interiores, que hoy han sido precisamente sus amigos mayores Palmer y Foden. También ha mostrado una sintonía feliz con Mahrez y Julián Álvarez, lo que le ha permitido penetrar varias veces con peligro en el área sevillana, hasta que en el minuto 51 ha recibido un pase milimétrico de Julián que ha remachado con un disparo letal a la red. Júbilo y confetis para el futbolista imberbe que apunta alto, convertido en el más joven de la historia de la Champions en marcar gol en su debut como titular. Lewis tiene hoy 17 años y 346 días, seis días menos que Karim Benzema cuando debutó y marcó en el Olympique de Lyon-Rosenborg de 2005.

Rico Lewis ya había jugado algunos minutos en partidos anteriores e incluso fue titular en el Camp Nou a finales de agosto, en un partido amistoso que el City quiso disputar contra el F. C. Barcelona para ayudar económicamente a Juan Carlos Unzué en su lucha contra la ELA (esclerosis lateral amiotrófica). Pero el de hoy ha sido el primer partido «serio» que juega como titular, por más que el City ya estuviera clasificado de antemano para los octavos de final. El chico comienza a sacar la cabeza en el vestuario. Hasta hoy era uno más de los convocados durante una etapa extraña, previa a la Copa del Mundo, en la que han abundado las lesiones. Ahora ya ha conseguido ser titular en un partido de la Champions, ha jugado de maravilla y ha marcado un golazo. A los ochenta y cinco minutos se ha retirado, víctima de calambres, entre la ovación de los aficionados. Pero hay algo más, que solo se percibe en los entrenamientos diarios y es a lo que se refiere Planchart, el jefe de analistas, esta noche:

—Tiene unas cualidades muy parecidas a las de Lahm. No es alto, ni fuerte, ni rápido, pero tiene un cerebro que procesa el fútbol a gran velocidad. Es hábil, toca bien el balón, es inteligente, se mueve siempre hacia donde le necesita el compañero. Yo le veo a diario y veo a Philipp. El tiempo nos dirá si es así o no, pero a mí me parece que tenemos a un nuevo Lahm.

ESCENA 13

Terra ignota

Mánchester, 31 de diciembre de 2022

¿Qué consecuencias tendrá el Mundial de Catar, plantado en mitad de la temporada? ¿Cómo afectará a unos jugadores muy saturados de competiciones? ¿Qué influencia tendrá el evento mundial en las ligas y las copas?

Nos hallamos en *terra ignota*, en territorio desconocido. Nunca antes se había producido algo parecido, con un campeonato mundial ubicado como epicentro de la temporada, a la que divide en dos mitades casi iguales. Entrenadores, preparadores físicos y responsables del rendimiento se enfrentan a un desafío novedoso. ¿Cómo deben actuar antes y después del Mundial? Para jugadores que disputarán sesenta partidos con su club, el estrés competitivo de una Copa del Mundo en mitad del curso supone añadir un acontecimiento que aventura lesiones e incidencias notables, amén de la incógnita absoluta sobre el rendimiento que se alcanzará tras el evento.

La organización del entrenamiento quizá reduzca este impacto en los futbolistas del City, que de la mano de Lorenzo Buenaventura se preparan bajo el criterio de los microciclos estructurados, con un horizonte que siempre está dirigido únicamente al siguiente partido, buscando alcanzar el mejor estado de forma en cada encuentro, sin pretender otros objetivos a medio plazo. Bajo esta perspectiva, Buenaventura se mantiene optimista sobre las consecuencias que el Mundial provocará en sus jugadores, más allá del preceptivo descanso que necesiten al finalizarlo. Entiende que el evento provocará algunos efectos fisiológicos y anímicos, pero seguirá considerando esta temporada atípica casi como si fuesen dos medias temporadas en las que se disputarán dos ligas diferentes, la pre-Mundial y la pos-Mundial.

Las tres semanas previas a la Copa del Mundo fueron un frenesí de partidos para el City, que afrontó siete compromisos, de los que solo perdió uno. El equipo de aquellas tres semanas supuraba precaución por todos los poros. Ningún jugador quería perderse el Mundial y esta prevención se advertía en todos los gestos.

La última semana de octubre vio el triunfo en la liga ante el delicioso Brighton de Roberto de Zerbi y el pálido Leicester de Brendan Rodgers, además del empate decisivo con el Borussia Dortmund en la Champions. Precisamente la victoria ante el Brighton se contabilizó como la décima consecutiva en el Etihad, con el aliciente de que todas ellas lo habían sido con un mínimo de tres goles marcados por el City. El balance de los diez triunfos mostraba cuarenta y tres goles a favor por solo diez en contra, señal inequívoca de que el Etihad se ha convertido en una fortaleza formidable, aunque el marcaje al hombre por todo el campo del Brighton fue una pesadilla. A los seis minutos, Pep tuvo que modificar la posición de Bernardo Silva, haciéndolo retroceder a la altura de Rodri para que Haaland encontrase algo de espacio libre por el que moverse. El noruego respondió con dos goles. «Sabíamos que sería un partido muy exigente tácticamente, pero los chicos han hecho un trabajo fantástico», dijo Planchart al terminar.

Con Cancelo y Haaland con fiebre, el equipo consiguió en Dortmund el punto necesario para ser de nuevo primero de grupo en la Champions. El Borussia, al que un punto le otorgaba virtualmente el pase a los octavos de final, se encerró en su área alrededor de un imperial Hummels y el partido concluyó en un deseado empate a cero, si bien Mahrez desperdició un penalti a media hora del final, el segundo consecutivo que fallaba en la competición europea. El City de Pep solo ha transformado un 69,5 % de los penaltis lanzados (57 de 82), la peor ratio de todos los equipos ingleses.

Cuatro días más tarde comprobamos que el Leicester agresivo de otros años se había convertido en un rival menor que circulaba cerca de los puestos de descenso, lo que a su vez había multiplicado su vocación de muro defensivo. Brendan Rodgers formó en su estadio con dos líneas muy apretadas de cinco hombres que reducían a la mínima expresión los espacios libres, tanto si componían un 5-5-0 como si proponían un 4-5-1. Pep respondió con un 2-2-6 que aplastó a los locales, pero solo obtuvo un mínimo triunfo gracias a una falta directa lanzada de maravilla por De Bruyne. El resto del partido fue como estrellarse sin remedio contra una pared, una vez tras otra.

Antes de vencer al Fulham, el City recibió al Sevilla en el Etihad, partido en el que Rico Lewis mostró sus incipientes rasgos *à la Lahm*, siendo el quinto jugador inglés menor de dieciocho años en alinearse como titular en la Champions.[70] El gol que consiguió batió el récord de precocidad goleadora del club en Europa.[71] Invicto en la fase de grupos, el City demostró aquella noche ante los sevillistas que, al igual que ocurre en el estadio Bernabéu de Madrid, también en el Etihad *novanta minuti son molto longo*.

En noviembre, el Fulham llevó al City hasta la agonía. Pep nunca se ha confiado en los enfrentamientos contra Marco Silva y tampoco lo hizo esta vez, pero la expulsión de Cancelo rompió los planes. Con diez hombres desde el minuto 26, el City volvió a enfrentarse a una montaña agreste. Hemos visto este partido muchas veces antes, con los de Pep yendo a por el triunfo pese a la inferioridad numérica y con el rival esperando para cazar un contragolpe. El Fulham solo consiguió rematar una vez contra Ederson, aparte del penalti transformado tras la expulsión de Cancelo, mientras el City se hinchó de dar pases, profundizar y rematar. De Bruyne, Gündogan y Bernardo se multiplicaron en ataque, y Rodri, Stones y Akanji protegían sus espaldas con un acierto mayúsculo hasta que, tras dos goles anulados, el equipo dispuso de un penalti a favor cuando el reloj marcaba el minuto 95. «Ha sido uno de los momentos de más nervios de mi vida», dirá Haaland, que jugó la última media hora, ya recuperado de una leve lesión. Sudoroso, tenso, abriendo la boca sin cesar en busca de un aire que no llegaba a sus pulmones, Haaland chutó raso a la izquierda de Leno, que casi logró desviar el balón.

La celebración fue digna de un título, aunque solo se trataba de la decimotercera jornada de liga. El Etihad estalló eufórico mientras los jugadores se abrazaban enloquecidos. Nadie lo celebró más que Pep, absolutamente desatado en su festejo, entusiasmado con el apoyo de los aficionados y con la energía desplegada por sus jugadores. Un Pep feliz que se expresó sin rodeos: «Momentos como estos son los que dan sentido a nuestro trabajo».

El lenguaje corporal del entrenador nunca engaña, y el de aquella noche fue el de un hombre que se siente querido por la afición, seguido por sus futbolistas y cómodo donde está: «Ver las caras de los afi-

70. Los otros cuatro fueron Jack Wilshere, Josh McEachran, Phil Foden y Jude Bellingham.

71. El primer gol de Phil Foden en la Champions lo marcó con 18 años y 288 días. Cole Palmer lo consiguió con 19 años y 166 días. Rico Lewis, con 17 años y 346 días.

cionados, la vuelta final alrededor del campo, ha sido todo muy emocionante. Después de siete años aquí te surgen dudas, tienes miles de entrenamientos, partidos, viajes... Pero esto me hace sentir muy orgulloso». Su rostro y sus gestos en los minutos posteriores fueron los de alguien que quiere continuar haciendo historia en Mánchester.

La visita del Chelsea al Etihad consagró a Stefan Ortega como un portero colosal. Para este partido de Copa de la Liga, la alineación mezcló expertos como Rodri, Gündogan, Mahrez y Grealish con noveles como Rico Lewis, Sergio Gómez, Julián Álvarez y el propio Ortega. Si bien el dominio fue del City, que acumuló buenas oportunidades, la figura de la noche fue el guardameta alemán, que realizó cinco intervenciones prodigiosas a remates del Chelsea que merecían ser gol. A su vez, Grealish se destapó en ataque, sumando remates de gol que desvió Édouard Mendy, el portero visitante. Los goles de Mahrez y Julián Álvarez dieron el pase a octavos de final en un partido donde Rico Lewis sufrió bastante y perdió nueve duelos, pero mostró también que posee un carácter competitivo a prueba de bombas.

La decepción llegó ante el Brentford, que venció por 1-2 gracias a sendos goles de Ivan Toney, su delantero estrella, quien desde el primer minuto se convirtió en una pesadilla para Ederson y la zaga *citizen*. Fue el último partido antes del Mundial, por lo que se percibía mucha prevención en los jugadores, dado que Pep alineó a su equipo de gala. El Brentford presionaba muy alto y al City le costaba salir. Cuando lo conseguía, el rival ya se había compactado en 5-3-2, y a su vez no permitía que le presionaran porque su juego ofensivo se resumía en balones largos desde el portero al punta, de David Raya a Ivan Toney, como explica Pep: «Presionamos mal arriba porque no nos lo han permitido. Lanzaban directo del portero al punta y en este proceso no hemos ganado ni una bola porque Toney las bajaba todas a sus tres hombres del mediocampo».

Al descanso, el entrenador tuvo palabras muy duras para sus hombres. Al contrario que en los partidos previos, Pep se mostró decepcionado con la falta de entusiasmo de los jugadores, que parecían tener la cabeza fuera del partido. La bronca fue monumental, pero tuvo un efecto reducido. El City siguió sin atacar bien, con exceso de precipitación y un acierto de solo el 84 % en los pases. El mejor equipo ganó el partido; cuando la liga se detuvo para celebrar la Copa del Mundo, el Arsenal contaba con cinco puntos de ventaja (37 contra 32) sobre el City a pesar de la formidable temporada de Erling Haaland, que ha acumulado dieciocho goles y tres asistencias en trece partidos jugados, un gol cada cincuenta y ocho minutos.

DOS AÑOS MÁS DE PEP

A seis meses de finalizar su tercer contrato, Pep amplió la vinculación con el City, que el 23 de noviembre quedó establecida hasta finales de junio de 2025.

Para firmar esta renovación tuvieron que darse varias circunstancias. La primera, una magnífica oferta del club. La segunda, el deseo del entrenador por continuar y la aceptación de su familia para seguir dos años más en la presente situación. Y tercero, la certeza de Pep de que, además de una plantilla magnífica, el City le ofrecía un plus que en ningún otro lugar encontró antes: todo el club, desde el empleado más humilde hasta el propietario, empuja en la misma dirección buscando el éxito colectivo.

La combinación de los tres factores hizo indiscutible la respuesta de Pep. El dinero no era un problema y el club se hallaba unido en pos de un mismo propósito. Solo necesitaba consultarlo con la familia, que tras dos años viviendo junta en Mánchester se había disgregado en tres destinos diferentes por razones laborales. Cristina regresó en 2019 a Barcelona para responsabilizarse en persona del negocio familiar, las tiendas de moda Serra Claret, mientras la pequeña Valentina continuaba su educación también en la capital catalana. Maria, la hija mayor, concluyó sus estudios y se estableció en Londres. Pep y el hijo varón, Màrius, vivían en Mánchester. Los partidos en el Etihad reunían casi semanalmente a toda la familia, pero al día siguiente las tres mujeres regresaban a sus respectivos domicilios para seguir trabajando o estudiando. El calendario, aunque irregular, permitía también reunirse a menudo en Londres o en alguna ciudad europea durante los partidos de la Champions, y tres o cuatro veces al año podían tomarse juntos una semana de vacaciones aprovechando que los jugadores eran convocados por sus selecciones nacionales. Pero ninguna de estas reuniones evitaba la realidad: la familia llevaba más de tres años viviendo separada. Por dicha razón, Pep quiso que su esposa y los tres hijos fuesen quienes decidieran si prolongaba el vínculo con el City o no. Por unanimidad decidieron que sí, que podían asumir dos años más viajando para encontrarse, y el 23 de noviembre Pep firmó la renovación y se expresó con alegría: «No puedo estar en mejor lugar. En estos siete años tuvimos malos momentos y la organización me apoyó siempre en esos malos momentos. Empezando por Khaldoon, por Ferran Soriano, por supuesto Txiki y Omar Berrada, la gente más cercana a mí, todos me han apoyado siempre. Si hemos ganado muchos títulos es porque ha existido el apoyo total del club». También se acordó de Cruyff: «Creo que Johan me habría dicho que renovase dos años más, estoy seguro de que lo habría dicho. Txiki y yo somos sus hijos».

Mientras se disputaba el Mundial en Catar contacté con Roman Fedotov, analista de datos en Vancouver especializado en fútbol, autor de un interesante estudio sobre los cambios sufridos por el fútbol de la Premier League en la última década. El estudio de Fedotov evidencia que el juego directo ha descendido desde un 45 % en 2013 hasta un 41 % en la actualidad; los centros al área desde las bandas han disminuido de un 23 a un 18,5 % por equipo y partido; y también se ha reducido el número total de disparos (de 14 a 12,7), que ahora se efectúan desde mucho más cerca, pues los remates desde fuera del área han caído de un 47 a un 35 % en una década. El número de balones robados por cada equipo a través de la presión alta cerca del área rival ha subido de 3 por partido a 4,5, un incremento del 150 %. En definitiva, los datos estudiados por Fedotov revelan un cambio sustancial en el estilo que se practica en la Premier en los últimos diez años, acercándose cada vez más al concepto que propone Guardiola.

No es posible medir con exactitud la influencia de los entrenadores en estos cambios tan profundos que ha vivido el juego en Inglaterra, pero es indiscutible que la llegada de técnicos como Jürgen Klopp, Thomas Tuchel, Marcelo Bielsa, Mauricio Pochettino, Unai Emery, Mikel Arteta o Roberto de Zerbi han contribuido a ello en un porcentaje elevado. Y, obviamente, la influencia de Guardiola en esta sustancial modificación del juego ha sido capital.

«ARSENAL, HAY QUE CAZARLOS»

Tres días antes de Navidad regresó la competición al Etihad Stadium.

Como dieciséis jugadores disputaron el Mundial, a Guardiola solo le quedaron siete futbolistas con los que comenzar a entrenar en Abu Dabi a partir del 5 de diciembre: Haaland, Mahrez, Rico Lewis, Palmer, Sergio Gómez y los porteros Ortega y Carson. La expedición se completó con jóvenes de la Academy, para colaborar en los entrenamientos.

Con el duelo contra el Liverpool en Copa de la Liga fijado para el jueves 22 de diciembre, el grueso de los que participaron en el

Mundial regresó a Mánchester entre el lunes y el miércoles de la misma semana, por lo que Guardiola formó medio equipo con quienes se habían entrenado con él y el otro medio con quienes habían caído eliminados pronto en el Mundial. El banquillo lo formaron Carson más ingleses y portugueses, salvo Rúben Dias, lesionado de seriedad en Catar, y Kalvin Phillips, que solo había disputado cuarenta minutos en el Mundial y regresó con exceso de peso, lo que le valió el reproche público de Pep.

El Liverpool, mermado por la misma razón, se presentó igualmente en el Etihad con un equipo mixto, pero conservó su habitual agresividad. El partido devino de nuevo en un duelo brillante y formidable, con el City tomando la iniciativa y el Liverpool replicando, cada cual con el estilo que le identifica y con una pasión digna de una final. Haaland, Mahrez y Aké marcaron los tres goles locales, y Fabio Carvalho y Salah los visitantes, con lo que el City siguió adelante tras haber eliminado a Chelsea y Liverpool, los dos últimos finalistas de la competición.

La línea defensiva *citizen* actuó a un gran nivel, situándose a cincuenta y ocho metros de su portería, con Akanji y Laporte cual jabatos y Rico Lewis mostrándose como si fuese un veterano. Sensacional y sin aparentar que acaba de cumplir dieciocho años, Lewis dio otra lección de juego, apoyando a un Rodri también excepcional como mediocentro. En el cuerpo técnico volvió a hablarse del chico como de «un potencial Philipp Lahm». Pep expresó que «Cole [Palmer] y Rico han jugado increíblemente bien, serán muy importantes para este club en la próxima década. Rico es humilde y muy inteligente».

El rendimiento de Lewis causó un impacto mayúsculo en el juego. No solo actuó como «lateral-interior», sino que realizó un tipo de presión que catapultó al City. La presión era muy parecida a la habitual, en 3-4-1-2. Haaland y Mahrez atacaban a los zagueros, De Bruyne tapaba al mediocentro (Bajcetic) y Rodri se encargaba de Thiago Alcántara, con Palmer sobre el lateral derecho (Milner). La clave estuvo en Rico Lewis, que abandonaba a su par en cuanto el Liverpool movía el balón entre zagueros y pretendía salir por la izquierda. En ese instante, el joven lateral del City corría como un poseso para encararse con Robertson y cegar su línea de pase. A cambio, el equipo enfrentaba a los atacantes rivales en un tres contra tres de alto riesgo: Akanji sobre Carvalho, Laporte encima de Darwin Núñez y Aké sobre Salah. Si la presión de Lewis surtía efecto, balón para el City. Si no conseguía robar y el balón era reconducido al costado derecho, entonces Lewis daba un esprint hacia atrás para ocuparse de Fabio Carvalho, con lo que Akanji pasaba a vigilar a Núñez, y quedaba Laporte libre para apoyar a sus dos compañeros de la zaga. Alto riesgo, pero altas posibilidades de éxito.

Fue un gran éxito debido a las cualidades de Rico Lewis, capaz de entender en cada momento lo más idóneo para su equipo. Dotado de buenas piernas y un compromiso inagotable, el chico no solo dio un recital a tres días de Navidad, sino que supuso una inspiración sobre la gran aportación que puede suponer un «lateral-interior» que actúe con inteligencia y decisión porque, además de la superioridad que ya conocíamos en el centro del campo, también puede ser el hombre que permita presionar alto con un hombre más. Eso sí, ha de tener piernas y reflejos para regresar de inmediato y garantizar la seguridad atrás.

Guardiola también mencionó la exhibición de Kevin De Bruyne: «Kevin es una absoluta leyenda de este club». Eliminado como Gündogan en la primera fase del Mundial, De Bruyne se desmelenó sobre el césped, regalando pases sensacionales hasta el punto de que Nacho González, analista de la televisión DAZN, acuñó una frase que debería grabarse en las paredes de la ciudad deportiva del club: «Kevin de Bruyne nació en Bélgica, pero su verdadera nación es el Manchester City».

Una semana más tarde, el equipo venció en Ellan Road al Leeds (1-3) en otra actuación soberbia de Rico Lewis, Rodri y De Bruyne. Pese al fuerte viento que se abatía sobre un césped en pésimo estado, casi un patatal, el City se hizo con una ventaja cómoda de tres goles a la hora de encuentro, dos de los cuales de Haaland, que alcanzó de este modo el récord de rapidez en marcar veinte goles en la Premier League: solo ha necesitado catorce partidos, la mitad que Alan Shearer. A los setenta minutos Pep dio descanso a Lewis y a Grealish y el equipo perdió el control del partido. Parece mentira, pero ambos se han convertido en puntales: Lewis porque aporta una calidad soberbia al proceso de iniciación y control del juego, acompañando a Rodri. Grealish, sencillamente, porque está tomando conciencia de que es «el área de descanso» del equipo.

Sabemos que la primera temporada de los atacantes que llegan a los equipos de Pep es siempre muy difícil. Recordemos el primer año de Sané, el de Bernardo o el de Mahrez. Fueron rendimientos muy discretos, que a partir de la segunda temporada mejoraron exponencialmente. Con Grealish ha sucedido igual, sobre todo a partir del retorno del Mundial. Ha sido cuando el jugador ha comprendido todo lo que el entrenador quería de él y ha encontrado el tempo adecuado para cada acción. No solo ha ganado un comportamiento defensivo extraordinario, sino que es uno de los mejores «protectores» del balón del equipo. Hoy en día darle el balón a Grealish es una garantía de que el equipo respirará durante unos momentos preciosos. Es como un «área de descanso» en mitad de una autopista. Y en ataque cada día lo hace mejor.

Es en esta fecha cuando Erling Haaland escribe en sus redes sociales: «*Arsenal, we have to hunt them*». El cazador ha decretado que comienza la caza.

A media tarde del 31 de diciembre acaba para el City uno de esos partidos que escuecen por el resultado, pero al que no se le puede reprochar nada en cuanto al juego. Dieciséis remates, un poste, 663 pases con el 90 % de acierto y 75 % de posesión. Viejos conocidos para un empate del Everton en su único remate a portería. El año 2022 termina con el Arsenal, vencedor en Brighton por 2-4, con siete puntos de ventaja sobre el Manchester City tras dieciséis partidos. Una ventaja peligrosa porque deja a Guardiola sin posibilidades de cometer nuevos errores, aunque el entrenador cree que se abre un periodo donde pasarán muchas cosas inesperadas:

—Todavía no hemos llegado a la mitad de la temporada. A partir de ahora van a pasar muchas cosas. Les van a pasar muchas cosas a muchos equipos.

Terra ignota, territorio desconocido.

ESCENA 14

Los laterales y el mar

Londres, 5 de enero de 2023

El fútbol es como el mar. Las corrientes importantes son las del fondo, aunque las olas de la superficie llamen mucho más la atención.

En agosto, hace cinco meses, Kyle Walker dejaba boquiabierto con sus exhibiciones como «falso lateral». Partía de la zona derecha, se reunía con Rodri cerca del círculo central, caracoleaba con el balón ayudando a asentarse en campo rival y, prudente y cuidadoso, regalaba pases verticales que no habríamos imaginado en el recio defensor inglés. Estimulado por las clases particulares que tomaba con Guardiola, el veterano Walker había dado un salto de calidad impensable, aunque de él seguíamos diciendo que se trataba de un lateral.

En octubre, hace menos de tres meses, João Cancelo dejaba boquiabierto con sus exhibiciones como «falso lateral». Partía de la zona izquierda, se reunía con Rodri en la zona central, circulaba con el balón hasta asentarse en campo rival, y penetraba en las defensas rivales por dentro, por fuera o por donde hiciera falta. Daba pases de gol de «trivela» [con los tres dedos del exterior del pie] o directamente los marcaba él, igual con la derecha que con la izquierda. Apenas hace tres meses, Cancelo era un torbellino que arrasaba con todo, por más que seguíamos hablando de él como si se tratara de un lateral.

Hoy, enero de 2023, Rico Lewis, dieciocho años, salta al césped de Stamford Bridge en el segundo tiempo de un partido crucial de la Premier League y, como si fuese un mago, cambia radicalmente el rostro del equipo y propulsa a sus compañeros a un nivel superior. Partiendo de la zona derecha, se reúne con Rodri, traslada el balón para ubicarse en campo rival y, desde la «posición Lahm», maneja los ritmos del partido. Hace tres meses era un chiquillo más de la Academy. Hoy es el jugador que Guardiola emplea para revolucionar al equipo y ganar un partido decisivo.

Tres laterales-interiores, tres etapas diferentes de una misma temporada. Son las olas del Manchester City, cada cual en su momento. Cambian los intérpretes, pero no lo hace la corriente de fondo impulsada por Guardiola desde que la descubrió en Múnich: sacar a los laterales de las líneas exteriores del campo y hacerlos jugar por dentro, como protección del mediocentro y como generadores de juego. El propio Pep ha redefinido su concepto absoluto de este perfil de jugador:

—No podemos seguir viendo a los laterales como los que defienden la banda y de vez en cuando suben a atacar por el carril. Yo quiero laterales-interiores. Quiero centrocampistas que jueguen en el puesto de los laterales porque, además, ello me permite tener algún centrocampista con menos control y con más llegada, más rematador, que siempre tendrá las espaldas bien cubiertas.

La institucionalización de los laterales como centrocampistas interiores la implantó en el Bayern de Múnich, a poco de hacerse cargo del banquillo bávaro. Después de haber sufrido abundantes contraataques rivales, Pep dedicó varias jornadas de estudio en su casa hasta encontrar una fórmula que desactivara el arma rival. Creyó hallarla un domingo, el 14 de septiembre de 2013, cuando perfeccionó una idea que rondaba por su cabeza desde que entrenaba al Barcelona. Aquel día les mostró la idea a sus dos hijos mayores, Maria y Màrius, con quien gusta contrastarlas para comprobar las reacciones. Los jugadores del Bayern acogieron con agrado la propuesta, que consistía en adelantar a los dos laterales, Rafinha y Alaba, hasta la línea media y ubicarlos muy cerca del mediocentro, que por entonces era el nuevo rol de Philipp Lahm. De este modo se creaba una muralla en el círculo central, compuesta por mediocentro y ambos laterales, con la que Pep pretendía cortocircuitar los contragolpes. El primer ensayo real fue tres días más tarde, cuando el Bayern venció por 3-0 al CSKA de Moscú en partido de la Champions, desarrollando un juego dinámico, excitante y repleto de oportunidades. Rafinha y Alaba dieron un recital de inteligencia al posicionarse cerca de Lahm. El prestigioso escritor alemán Ronald Reng me dio su opinión poco más tarde: «Jugaron tan a tope... Daban pases con tanta rapidez y fluidez que (...) me recordó al Barça de 2009, pero con la rapidez tradicional del Bayern. Desde aquel partido hemos visto un equipo que nunca habíamos presenciado en Alemania».[72]

Más que la brillantez y los resultados, para Guardiola fue la puesta de largo de una decisión táctica que se ha convertido, como me confesó un día entre risas, «en mi principal innovación táctica». Permita el lector en este punto una reiteración importante. Innovar no es inventar. El invento consiste en la creación de algo nuevo. Es la acción y efecto de crear una obra (artística, literaria, arquitectónica, musical, científica o futbolística). La innovación, en cambio, consiste en la modificación o alteración de algo ya existente.

En el fútbol todo lo esencial quedó inventado antes de 1945, como explico en el libro *La evolución táctica del fútbol*, dedicado precisamente a la era de los inventores del fútbol, que transcurre desde los orígenes en 1863 hasta el año 1945. En dicha fecha ya se habían inventado los principales gestos técnicos, las grandes estrategias, los módulos de juego y los movimientos tácticos fundamentales. Todo fue creado (inventado) en las ocho décadas que cubren estas dos fechas. Así pues, ¿qué sucede en el fútbol a partir de 1945?

Sucede que llegan los innovadores. Desde aquel año, todo cuanto ocurre son innovaciones. Es decir, los entrenadores y jugadores que llegan después de la pirámide de Cambridge, de la WM de Chapman, del método italiano, del Wunderteam austriaco o de la Máquina de River —por mencionar los ejes de la época— deciden y logran dar usos nuevos a recursos que ya habían sido creados. Por esta razón tan diáfana es por lo que Guardiola, cuando hablamos de su implantación de los laterales-interiores, se refiere a ella como «innovación». Nunca ha dicho que él lo inventó.[73]

En realidad, el primero que cerró a los laterales a zonas interiores fue Herbert Chapman, en 1925, cuando aceptó la propuesta táctica imaginada por el capitán del Arsenal, Charles Buchan, que consistía en transformar de manera drástica la tradicional pirámide que empleaban todos los equipos.

La pirámide era un 2-3-5, con dos zagueros, tres medios y cinco atacantes. La línea media la componían un mediocentro (*half-back*) y dos medio alas. Estos dos jugadores tenían perfiles muy específi-

72. Perarnau, Martí. *Herr Pep*. Córner, Barcelona, 2014, página 186.

73. Perarnau, Martí. *Pep Guardiola. La metamorfosis*. Córner, Barcelona, 2016, página 79.

cos desde que en 1882 los universitarios de Cambridge diseñaron el módulo de juego y crearon la figura del mediocentro. Al designar al mediocentro como bisagra esencial del juego, «los medio alas pasaron a jugar en los pasillos exteriores del campo, sin abandonar dichas zonas, que recorrían arriba y debajo de manera incansable. Colaboraban en el avance del balón mediante triangulaciones si su equipo practicaba el juego escocés, o simplemente subían por los costados del campo. Cuando se producía el ataque rival, el medio ala marcaba siempre al extremo que jugaba por su banda y le perseguía en su penetración por el costado hasta los límites del campo. Esta repetición constante de esfuerzos exigía de los medio alas una elevada capacidad de resistencia, pues iban constantemente arriba y abajo de los costados del campo, aunque siempre y únicamente por el carril exterior que tenían asignado».[74]

Chapman y Buchan modificaron toda la estructura geográfica de los equipos. Retrasaron al mediocentro, convirtiéndolo en tercer zaguero, lo que hizo que sus dos compañeros de zaga se abrieran hacia los costados para dar cabida al tercer elemento. Para compensarlo, cerró hacia el interior a los dos medio alas que vivían en los pasillos exteriores. Delante mantuvo a tres delanteros (dos extremos y un punta), pero retrasó a los dos interiores, que formaron un cuadrado central junto a los dos medio alas, ya convertidos en un doble pivote. Así compuso Chapman el 3-2-2-3 que recibió el sobrenombre de WM.

Para Herbert Chapman, los laterales habían dejado de existir. La penetración de los extremos rivales era cubierta por los zagueros y cuando el Arsenal atacaba, las bandas eran propiedad de los extremos. Los antiguos medio alas, los viejos laterales de la pirámide, se habían convertido en puros centrocampistas. En 2013, Guardiola innovó sobre el invento del gran entrenador inglés, impulsado por la necesidad de frenar los contraataques que estaba padeciendo en el Bayern. Guardiola imaginó una estructura diferente a la de Chapman. Él también cerró hacia el interior a los dos laterales, pero para que fuesen los guardaespaldas del mediocentro, que se mantenía como pivote axial del equipo. Donde Chapman dibujaba un 3+2, Pep diseñó un 2+3. No inventó nada al interiorizar a los laterales, pero sí innovó radicalmente al convertirlos en acompañantes del mediocentro. Y, de hecho, Pep no solo se inspiró en Chapman, sino en alguien mucho más cercano a él, en Johan Cruyff, que también usó

74. Perarnau, Martí. *La evolución táctica del fútbol.* Córner, Barcelona, 2021, página 74.

los laterales como interiores, aunque solo de manera esporádica. Fue en el campeonato de liga española 1993-1994, cuando el F. C. Barcelona se enfrentó al Deportivo de La Coruña, su gran rival y con quien empataría finalmente a puntos (56 puntos ambos equipos, pero campeón el Barça por mejor diferencia de goles). El 26 de febrero de 1994, en el Camp Nou, Cruyff alineó a Albert Ferrer y Sergi Barjuán como laterales-interiores formando junto al mediocentro del equipo, que era el propio Pep Guardiola. El Barcelona ganó el partido por 3-0, un triunfo que acabó siendo decisivo para conquistar el título. Guardiola vivió de este modo en su propia carne las ventajas de contar con dos apoyos cercanos, aunque para Cruyff solo fue una decisión espontánea y puntual, fruto de su gigantesca intuición, pero a la que no dio continuidad.

Por todo ello es acertado coincidir con Guardiola cuando reitera que esta será su principal aportación al juego, en forma de innovación.

Lo curioso es que para iniciar el crucial duelo contra el Chelsea, Guardiola ha dejado a Rico Lewis en el banquillo, pese a emplearlo como titular en cuatro de los últimos cinco encuentros con un rendimiento superlativo. El entrenador cree que ya es hora de conceder minutos a los consagrados Walker y Cancelo, pese a las dificultades que ambos arrastran.

Kyle Walker acumula un duro historial de lesiones. Su estructura corporal le facilita un despliegue físico exuberante de velocidad y potencia, pero en contrapartida le genera problemas articulares. Se perdió el final de la pasada temporada, lo que supuso una baja decisiva para el equipo, sobre todo en el duelo contra el Real Madrid. En agosto reapareció en gran forma. A principios de septiembre, frente al Aston Villa, volvió a lesionarse. Regresó el 2 de octubre, en el derbi contra el Manchester United, pero a los cuarenta minutos se marchó, víctima de una caída, con la ingle tan maltrecha que solo cuatro días después tuvo que ser intervenido quirúrgicamente; se recuperó a tiempo para disputar la Copa del Mundo. Walker volvió animado a Mánchester, pero sufrió una pequeña recaída de una dolencia que periódicamente le molesta, con lo que no pudo entrenarse hasta el 3 de enero. Sin apenas preparación saltó a Stamford Bridge con la voluntad de ayudar al equipo en una cita tan importante, aunque se mostró vacilante, cometió varios errores y evidenció que necesitaba más tiempo para recuperar un buen estado de forma.

A su vez, Cancelo está padeciendo uno de esos momentos de desconfianza que le agarrotan. Cuando se siente guapo, Cancelo se libera y dispara todo su talento. Es lo que ha mostrado en las dos últimas temporadas, justo tras el confinamiento universal por el coronavirus. Desde entonces, el portugués ha multiplicado de forma geométrica su rendimiento e incluso en septiembre y octubre cuajó partidos fantásticos, pero la expulsión ante el Fulham tras provocar un penalti le dejó aturdido. Ya no sumó ningún otro buen partido y llegó al Mundial con dudas. Sus actuaciones en la Copa del Mundo también fueron irregulares: debutó como titular indiscutible y estrella fulgurante de Portugal, pero su rendimiento fue deficiente y acabó en el banquillo. Regresó alicaído de Catar, jugó veinte minutos contra el Leeds el 28 de diciembre, pero no se sintió bien. Hoy, Pep le ha alineado como extremo derecho, en una posición similar a la que le hizo jugar en Anfield, contra el Liverpool, en la derrota del pasado octubre, fraguada precisamente en un error suyo en el marcaje a Salah. Es una posición que está fuera de las zonas que domina, en las que se siente guapo. Cuando no se siente guapo, Cancelo se agarrota y afloran todos sus demonios. Hoy se siente incapaz de encontrar su lugar en el equipo.

Pese a la fragilidad que sienten ambos, Guardiola los alinea contra el Chelsea. El entrenador ha diseñado un plan que sobre el papel suena interesante porque busca contrarrestar el módulo de juego del Chelsea. Para ello forma una línea defensiva de tres hombres, Walker, Stones y Aké, que permita iniciar el juego junto a Rodri y Bernardo en la línea media. Por delante de ellos, Gündogan y KDB se preparan para lanzar a sus delanteros, Cancelo, Haaland y Foden. Cuando el balón sea del rival, Rodri retrocede a la zaga y Gündogan ocupa su lugar para que el City se defienda en 4-4-2.

La pizarra lo aguanta todo, pero la realidad siempre es distinta. El plan de Guardiola no funciona. Situado como extremo, Cancelo queda encerrado entre Cucurella y la línea de banda. En el otro costado, el bajo estado de forma de Phil Foden le impide superar a Azpilicueta y, de hecho, casi ni lo intenta. Haaland, que no consigue tocar ni un balón hasta el minuto 20, apenas puede moverse entre los zagueros locales, con lo que la circulación de balón se limita a pases entre los cinco hombres de atrás y el primer tiempo del City es un fiasco completo. Baste mencionar que el primer disparo del equipo, blando y sin peligro, obra de Gündogan, no llega hasta el minuto 32. Se trata del remate más tardío que ha realizado el equipo en cualquier partido de los cuatro últimos años…

Para colmo, el pasillo central no cuenta con la protección habitual de Rodri y los dos laterales-interiores, por lo que es una autopista abierta que una y otra vez cruzan Kovačić y Havertz, mientras los *citizens* corren tras ellos como pollos sin cabeza. Para su fortuna, un fuerte remate de Chukwuemeka se estrella en el poste. Es evidente que el plan fracasa y Pep lo demuestra en el banquillo llamando a Rodo Borrell y Enzo Maresca a cónclave. Mientras el equipo continúa desangrándose sobre el campo, los técnicos elaboran un nuevo plan. El acierto en el pase de Walker y de Cancelo es solo de un 85 %, cinco puntos por debajo del promedio del equipo.

Tras el descanso, Rico Lewis suple a Walker y Akanji a Cancelo. El equipo se reubica de un modo más natural. Rodri vuelve a ser el rey de la posición central, Lewis revoluciona el ritmo a su derecha, Gündogan controla la zona izquierda, KDB puede moverse con libertad, aunque se obliga a caer a la derecha, dada la ausencia de un extremo puro, y la dinámica cambia de forma drástica. En los siete minutos posteriores a la reanudación, el City tiene el balón en su poder el 86 % del tiempo. Aké cabecea al poste, Haaland remata fuera y KDB dispara a gol, pero Kepa salva *in extremis* el remate. Ha bastado colocar a cada uno en su sitio para que el equipo recupere las grandes sensaciones.

El buen futbolista es aquel que hace mejor a los otros jugadores y a través de esa mejora de las interacciones es como mejora un equipo. Esto es lo que ha ocurrido con la entrada de Lewis y el reposicionamiento de los jugadores. Él ha hecho mejor a los otros, y con esa mejora individual ha crecido todo el conjunto.

Mahrez y Grealish, titulares en los dos últimos encuentros, saltan al césped a los sesenta minutos. Recibieron muchas críticas tras el empate contra el Everton, acusados de ser demasiado conservadores. Pero Pep confía ciegamente en la calidad técnica de ambos, que facilita el control del balón aunque sea a coste de tomar menos riesgos que otros hombres. Tres minutos después de entrar en juego, Grealish aprovecha una buena sucesión de pases hacia delante de Gündogan y KDB para servir un pase combado que se pasea por delante de toda la defensa local y que Mahrez remata a gol ante un Kepa pasmado, que podría haber despejado el balón, pero se queda congelado. El gol bastará para reducir las distancias ante el Arsenal a cinco puntos o, lo que es lo mismo, para volver a depender de sí mismos.

El equipo está lejísimos de su mejor rendimiento por una razón muy obvia: hay jugadores profundamente afectados por el Mundial. Los portugueses Bernardo y Cancelo, y los ingleses Foden y Walker se hallan en una situación paupérrima. En cambio, Stones brilla por todo lo alto, mejor que nunca, incluso por encima de los soberbios Akanji y Aké. El momento del zaguero inglés es espléndido, al igual que el de Rico Lewis. También Grealish y Mahrez están en buena forma, y a Haaland y Gündogan les falta poco para alcanzar la plenitud. El resumen es que el equipo está partido en dos mitades. El estado de forma de unos es muy bueno y el de otros es muy malo. Como dice Carles Planchart a la salida de Stamford Bridge, «a los que no están bien los tenemos que recuperar entre todos».

Pep cierra la noche con brevedad:

—Rico Lewis hace mejores a sus compañeros. Él ha cambiado el partido. Rico es nuestro pequeño Philipp Lahm.

Las olas van y vienen, cambiando sin cesar. Anteayer fue Walker, ayer fue Cancelo, hoy es Lewis. Pero la idea de fondo se mantiene. Los laterales-interiores son el motor del juego de Guardiola.

ESCENA 15

«¡¿Qué has hecho, Kyle?!»

Mánchester, 8 de enero de 2023

Pep se ha llevado las manos a la cara, como diciendo «¡¿qué has hecho, Kyle?!», un gesto idéntico al de aquella noche, en Múnich, cuando a Lewandowski se le ocurrió marcar cinco goles en menos de nueve minutos. Con las manos en la cabeza, la boca abierta y los ojos casi lagrimeando, aquella imagen de Guardiola se convirtió en un símbolo de la proeza que su goleador acababa de realizar ante el Wolfsburg, uno de los rivales más rocosos del momento en la Bundesliga 2015-2016.

Ahora, Pep acaba de componer un gesto similar como reacción a las dos acciones que ha encadenado Kyle Walker: un regate digno de Iniesta o Zidane, y un pase largo, cambiando la orientación del juego, propio de Bernd Schuster o Toni Kroos. Ha sucedido a un palmo de las narices del entrenador, que aún tiene las manos en el rostro cuando Phil Foden anota el tercer gol del City contra el Chelsea.

Llevamos treinta y siete minutos del partido de FA Cup que ha vuelto a reunir a ambos conjuntos en apenas sesenta y ocho horas. Hoy Pep ha planteado desde el inicio un modo de jugar que ya podemos calificar como «clásico» en su equipo, con una salida de balón en 3+2 y un ataque en 2+3. La primera línea del *build up* la componen Walker, Akanji y Laporte; Sergio Gómez y Rodri son los dos medios. El Chelsea replica con una presión de tres hombres muy próximos entre sí (Havert, Mount y Ziyech) que dificulta la progresión. En cuanto esta dificultad se manifiesta de forma clara, Pep ordena cambiar la salida. A los nueve minutos retrasa a Bernardo Silva como acompañante de Rodri y abre a los costados a Walker y Gómez. El 3+2 se convierte en 2+4, y ahí se acaba el Chelsea. Los *citizens* salen fácilmente por fuera, burlando las presiones. Mahrez abre el marcador con un preciso disparo de falta que entra por la escuadra de Kepa. Julián Álvarez convierte un penalti, pese a la buena estirada del portero vasco. El City manda, domina y controla con solvencia. El Chelsea está como ausente, derrotado y sin reacción. Pierde con facilidad el balón, fruto de un *pressing* excepcional de los locales.

Como dirá Carles Planchart, «los chicos han corrido mucho, pero sobre todo han corrido bien para hacer un *pressing* hombre contra hombre que ha sido decisivo». Mahrez ha sido capital en la gestión de dicho *pressing*, convertido en el jugador que lideraba los esfuerzos de conducir a los zagueros visitantes hacia un *cul-de-sac* del que no sabían salir. La inteligencia del argelino se ha apoyado en la inagotable energía de Julián Álvarez, Foden, Palmer, Bernardo, Rodri y Walker. Una y otra vez, conseguían encerrar al Chelsea cerca de su esquina izquierda para arrebatarle el balón. Los siete *citizens* han ganado el pulso a los ocho jugadores del Chelsea que pretendían sacar el balón de su zona. Una y otra vez se ha repetido la acción, siempre con éxito local.

Y en las escasas ocasiones en que el Chelsea lograba burlar el *pressing*, ahí estaban Akanji y Laporte, espléndidos en los duelos individuales, situados como promedio a 58,5 metros de su portería, una posición altísima en el campo que ha sido decisiva para no conceder ninguna oportunidad de remate a los hombres de Graham Potter. Solo en la primera mitad, el Chelsea ha visto en quince ocasiones cómo el City le arrebataba un balón que intentaba sacar jugando, ocho de ellas sin lograr siquiera cruzar el centro del campo.

Precisamente en una de estas ocasiones ha nacido el mágico momento de Walker. Todavía no se había cumplido el minuto 37 cuando Cameron Humphreys, presionado por Julián Álvarez, se ve obligado a quitarse el balón de encima. En el círculo central, Rodri recoge el regalo y comienza a estructurar los nuevos movimientos. Walker y Bernardo ralentizan los pases para permitir que Akanji y Laporte recompongan la zaga. Cuando el 2+4 está formado, Ortega inicia la salida de balón, que llega a un Walker que, sin embargo, no parece tener posibilidad de escapatoria. Está pegado a la línea de fuera de banda, con Lewis Hall apretándolo, no puede devolver atrás a Akanji porque Kovačić cierra el canal y no tiene compañero delante a quien pasar. Pep está un metro por detrás de su jugador, con los brazos cruzados, imaginando que la bola ya está perdida. No hay salida.

De pronto, Walker se transfigura y crea un regate inverosímil. Ha recibido el balón con el pie derecho, lo pasa al izquierdo, hace una finta con el cuerpo que engaña a Hall, se devuelve el balón al pie derecho y consigue zafarse del rival, avanza tres metros hacia el interior, pero de nuevo parece no tener escapatoria porque hasta seis rivales lo rodean. Seis tiburones azules persiguen a Walker. Más de medio equipo rival está enfocado en capturar al hoy capitán del City, que entonces advierte —en esa milésima de segundo en la que los futbolistas toman decisiones intuitivas y no racionales— que si él está rodeado significa que sus compañeros están libres. Levanta la vista, ve a Sergio Gómez a lo lejos, en el otro costado, y envía el balón sesenta metros más allá, a los pies de su compañero. Ha creado un regate fabuloso, ha girado a todo el Chelsea y ha lanzado un pase milagroso. Pep se echa las manos a la cara: «¡¿Qué has hecho, Kyle?!».

El entrenador se admira, pero la jugada continúa. Rodri devuelve de tacón a Gómez, que consigue superar a Jorginho y a Gallagher y que le hace llegar el cuero a Palmer, que tiene la calma necesaria para devolver a Rodri. Y entonces el mediocentro español percibe lo que ha ocurrido: nueve jugadores del Chelsea están a su alrededor, en el costado opuesto a donde se hallaban hace quince segundos, cuando Walker se vistió de Iniesta. Desde la derecha han viajado a la izquierda y son mayoría; Rodri sabe que al otro lado debe haber un compañero libre. Y ese será Mahrez, sin duda, porque si una certeza tiene el Manchester City es que en las posiciones abiertas de los extremos siempre hay un receptor esperando. Rodri ni siquiera necesita mirar y mucho menos pensarlo, «sabe» que Mahrez le está esperando. Veinte metros por detrás, Walker le está haciendo señales a su mediocentro, indicándole dónde debe mandar el esférico. Chip y balón alto para Mahrez. Control y congelación del tiempo, el Chelsea ha sido girado ciento ochenta grados por tercera vez. Antes de que Mahrez duerma el cuero, Walker ya ha iniciado la carrera de penetración por el «pasillo del 10». Pasecito suave al espacio, y Walker, engañando hacia afuera con la mirada, desliza suavemente un pase mortífero para que Foden, con un giro de cadera y tobillo que rompe las leyes de la biomecánica, deposite el cuero en la portería visitante y anote gol en la FA Cup por quinta edición consecutiva, primer jugador de la historia en lograrlo.

Ha sido una obra de arte en movimiento, un gol que diríamos excepcional si no estuviésemos acostumbrados a este tipo de acciones, movimientos y desdobles. En realidad ha sido un gol marca de la casa. Ha durado un minuto y dos segundos, han tocado el balón todos los jugadores del equipo, salvo Julián Álvarez, y han sumado cincuenta y tres toques al esférico, sin que los rivales hayan podido rozarlo ni una sola vez. Es un gol que cumple todos los preceptos de

Guardiola: la pausa inicial, con las estructuras organizadas, la excelencia técnica —en este caso, protagonizada por el jugador inesperado—, la atracción fatal al contrario para liberar zonas alejadas, la repetición del propósito atracción-liberación, la variación de ritmo en las acciones, la sobrecarga de espacios, la profundización por pasillos libres, la presencia del extremo abierto y libre, el centro raso hacia atrás dentro del área... Todos los preceptos de Pep se han cumplido en este minuto glorioso.

Walker solo ha jugado once de los últimos treinta y cuatro partidos de su equipo. Las lesiones y molestias le han machacado, tras un inicio de temporada brillante, en que las clases particulares con Pep le dieron un plus de calidad. El Walker de exuberante condición física dio paso a un jugador mucho más seguro de sí mismo con el balón, que fue capaz de interpretar de maravilla el rol de lateral-interior sin perder su gran capacidad física. Ahora, casi sin entrenamiento, ha de recuperar el buen estado de forma, sabiendo que el pequeño Rico Lewis, carente de una exuberancia física comparable, posee una virtud técnica excepcional. Walker se ha propuesto ir más lejos, ser mejor jugador, como reconoció antes de la Copa del Mundo: «Si pudiera mejorar una parte de mi juego, sería dar más asistencias. Me gustaría avanzar un poco más y meter balones al área un poco más. Mi posición en el City es más para vigilar las transiciones que para dar pases de gol. Somos muy afortunados porque tenemos muchos jugadores que pueden dar pases de gol sin que yo suba, pero si pudiera añadir eso a mi juego...».

Con este propósito empezó a trabajar individualmente. Mejorar el gesto técnico y aprender el momento de cada cosa, cuándo quedarse para proteger una transición rival, cuándo avanzar para contribuir en una jugada de peligro. Hoy ha cerrado el círculo, con una actuación muy completa y con esta acción privilegiada en la que ha combinado un regate inverosímil, un pase largo sensacional, una visión precisa de los movimientos colectivos, una penetración veloz en el momento adecuado y un pase de gol suave y preciso.

«¡¿Qué has hecho, Kyle?!». La satisfacción de Pep es doble esta noche. Por el amplio y abrumador triunfo sobre el Chelsea (4-0), de nuevo jugando a alto nivel, y por la constatación de que Walker ha dado el salto de calidad para el que ambos han trabajado.

ESCENA 16

El divorcio

Southampton, 11 de enero de 2023

El diablo está en los matices y a menudo la diferencia entre corregir y reprochar es más sutil que el filo de una navaja.

El terreno de juego del Saint Mary's Stadium, junto al río Itchen, a pocas millas del canal de la Mancha, está resbaladizo y pesado, fruto del clima costero de Southampton. El césped donde se disputa el partido de cuartos de final de la Copa de la Liga está algo abombado, posiblemente por la humedad reinante. Pero donde verdaderamente hay frío y oscuridad es en el corazón de los jugadores del City, que protagonizan el peor partido de las siete temporadas de Guardiola. No es tanto la derrota por 2-0, que entra dentro de los avatares propios del fútbol, sino el pésimo rendimiento, la somnolencia del juego, la incapacidad para construir acciones de peligro y el escaso espíritu competitivo mostrado.

De una parte, los que hoy han jugado han incrementado los argumentos para no conquistar la titularidad. Sergio Gómez ha evidenciado muchas dificultades defensivas. Kalvin Phillips ha trotado como un cervatillo en medio de leones, incapaz de expresar un ápice de las grandes cualidades que desprendía en el Leeds. Cole Palmer ha lucido una confusión mayúscula entre lo que le dicta su intuición y lo que le indican sus instructores. No han sido solo ellos tres, sino también otros jugadores que hace apenas tres meses eran titulares indiscutidos. Phil Foden parece una pálida sombra del gran futbolista que ha demostrado ser desde hace años, como si la participación en la Copa del Mundo le hubiera arrebatado toda su habilidad. João Cancelo también ha caído en picado, a años luz de quien manejaba los ritmos del equipo con maestría. Y la entrada en el segundo tiempo de hombres como De

Bruyne, Haaland, Akanji, Aké o Rodri solo ha servido para apagar la energía del Southampton, pero no ha modificado el pasmo de un equipo bloqueado.

Por segunda temporada consecutiva, el City cae eliminado de una competición que entre 2017 y 2020 parecía ser de su propiedad, pues encadenó cuatro títulos seguidos. Ha sido un batacazo importante porque ha ocurrido de un modo inhabitual. Con el de hoy, el equipo de Guardiola ha perdido 55 partidos de los 380 que ha disputado en estas siete temporadas. Solo es un 14,47 % de derrotas, pero es la más pobre de todas. Guardiola ha recibido golpes importantes: aquel 4-2 contra el Leicester o el 4-0 frente al Everton del primer año; aquellos momentos de pánico en Anfield, donde el equipo se desmoronó; aquellas caídas en la Champions ante el Monaco, el Tottenham o el Olympique de Lyon... Pero siempre fueron derrotas en las que el equipo jugó a tope hasta el último segundo, a veces bien, a veces peor, pero siempre peleando hasta el aliento final. Hoy no ha habido nada, ni juego, ni espíritu, ni cohesión, ni empeño. Por no haber, ni siquiera se ha rematado una sola vez contra la portería rival, lo que es solo la tercera vez que ocurre desde que Pep se hizo cargo del equipo.[75]

La derrota en sí tiene poca trascendencia, aunque queda cifrada como la número cien en la carrera de Guardiola como entrenador. Cien derrotas en ochocientos treinta partidos (12 %). Esta derrota tiene importancia solo en cuanto a acelerador de las emociones negativas del equipo. Si las emociones pueden ser un terreno fecundo para crecer, progresar y desarrollarse como equipo, las del City son hoy un terreno abollado, oscuro, inquietante, repleto de impulsos torcidos. Todos están enfadados, posiblemente algunos contra sí mismos, aunque lo expresen en forma de reproches hacia los demás. El equipo vive un momento inaudito, mezcla de irritación, dejadez, incomprensión y egoísmo. Es un momento de divorcio.

Guardiola echa humo en el vestuario. Está más irritado que nunca y lo expresa de todos los modos posibles. Lleva varias semanas enfadado y de mal humor. Le exaspera el modo en que algunos jugadores regresaron de la Copa del Mundo y cómo afrontan esta segunda parte de la temporada. El equipo tiene desafíos gigantes-

75. Con anterioridad había sucedido el 26 de octubre de 2016, contra el Manchester United (1-0), también en partido de Copa de la Liga; y el 4 de abril de 2018, contra el Liverpool (3-0), en la Champions League.

cos, como conquistar el título de la Premier por tercer año consecutivo, esta vez enfrentado a un rival soberbio como el Arsenal de Arteta, o intentar regresar a la final de la Champions League. Sin embargo, hay quien parece ajeno a todos estos desafíos. Pep lleva varias semanas apelando al buen o mal «lenguaje corporal» de algunos de sus hombres y ha realizado declaraciones que en otros tiempos se habría ahorrado, como las que usó para justificar la ausencia de Kalvin Phillips o para elogiar el buen estado actual de Mahrez en comparación con su blanda actitud de principios de temporada o incluso durante la concentración de diciembre en Abu Dabi. Hoy dice que «cuando no te preparas para jugar este tipo de partidos, acabas llegando unos centímetros tarde a cada duelo y terminas no consiguiendo marcar gol».

Pep está que arde y lo que ve sobre el césped le irrita más. Cuando Cancelo es sancionado por sacar mal un fuera de banda, el realizador de la televisión inglesa enfoca una intensa conversación entre Pep y Maresca en el banquillo, en la que muestran evidentes signos de enfado por la acción del jugador. Que dos días más tarde aparecieran comentarios en prensa sobre el interés de varios equipos europeos por contratar a Cancelo no extraña a nadie. Sus últimos meses en el equipo han quedado marcados por dos incidentes importantes: el error de marcaje a Salah en Anfield, que supuso el triunfo del Liverpool, y el penalti cometido sobre Wilson en el encuentro contra el Fulham. Desde estas dos fechas de octubre y noviembre, el nivel de Cancelo ha caído de forma alarmante y en el cuerpo técnico no se ha encontrado la manera de ayudarle. El portugués es un hombre sensible al que demasiados comentarios realizados demasiadas veces le perjudican más que beneficiarlo. Le va bien que le digan pocas cosas y pocas veces, pero cuando las relaciones se tensionan, las costuras amenazan con estallar. Basta ver su rostro para comprenderlo.

La degradación de su rendimiento es colosal. La caída comenzó antes del Mundial, prosiguió de modo acelerado con la selección portuguesa y se ha multiplicado a su regreso a Mánchester. Lo peor, sin embargo, no es esa caída del rendimiento, sino la no aceptación de la nueva realidad. Cancelo no parece aceptar que está en baja forma. Echa la culpa al resto del mundo de su mal juego. Y su ira es más visible cada día. Cuando no jugó ni un minuto contra el Everton, en el último partido de 2022, llegó furioso al vestuario porque no comprendía que Pep no le hubiera utilizado. Seis días más tarde se alineó como extremo derecho en Stamford Bridge y se sintió maltratado al ser sustituido en el descanso por Akanji. Hoy ha jugado con desgana contra el Southampton porque percibe que ha perdido su jerarquía en el equipo. Ha acumulado los errores e irritado al entrenador con su deambular apático sobre el césped.

Guardiola asegura que acepta los errores en el campo, pero ahora mismo interpreta que muchos de los errores técnicos y tácticos, en ataque o en defensa, provienen de la dejadez emocional y la falta de compromiso. Hay jugadores que parecen haberse hartado de ganar, que es el peor vicio en el que puede caer un vestuario, denuncia el entrenador. En este *crescendo*, cada día se muestra más agresivo contra quienes no se dejan la piel en el entrenamiento y los partidos. De nuevo comienza a levantar un muro entre él y algunos de los jugadores, de nuevo están aflorando filias y fobias. Dejó de ser Von Karajan para convertirse en Bernstein, pero quizás estamos asistiendo al retorno de Karajan y su muro. En el vestuario hay varios incendios.

Ilkay Gündogan, que desde el primer día ha sido un estrecho colaborador del entrenador, se ha expresado esta noche de un modo que puede sonar extraño si no se tiene en cuenta todo lo que acabo de explicar. El capitán del equipo lanza una advertencia muy seria al terminar el desastre de Southampton: «Espero que dentro de unas semanas podamos al menos mirar atrás y sacar algo bueno de este partido. Hoy no merecimos un resultado mejor; ni defensiva ni ofensivamente vimos al City que estamos acostumbrados. No fuimos agresivos, no fuimos consistentes, no ganamos suficientes duelos. Y con el balón fallamos muchos pases fáciles, no cogimos nuestro ritmo, no fuimos eficaces en ataque y no creamos lo suficiente. Siento que falta algo, que algo falla. Falta algo en nuestra receta: el rendimiento, las ganas y el hambre no son los de los últimos años. Esperemos que esto sea un toque de atención que nos despierte».

Dos días más tarde, Guardiola es muy crudo cuando habla de la preparación del inminente derbi de Mánchester: «Lo único que puedo hacer es decirles a mis jugadores la verdad en los buenos y en los malos momentos. Soy la única persona que les dice la verdad. Ese es mi trabajo. Poner a cada uno delante de su propio espejo para que se mire. Es todo lo que puedo hacer. Lo he hecho en el pasado, lo he hecho recientemente, y lo seguiré haciendo. Todos los días. Lo he hecho esta semana. A veces sin decir nada, ven mi cara y saben exactamente la situación. Quizá no están acostumbrados porque están rodeados de gente que solo les dice lo buenos que son. Yo soy la única persona en sus vidas que puede decirles exactamente cuál es la verdad de la situación».

El mensaje es nítido y rotundo. Si queréis volver a ganar, abandonad la dejadez y el hartazgo; comprometeos, trabajad a tope, entregaos al proyecto. No vais a ganar gracias a vuestro nombre, ni a vuestro historial. El mensaje de Guardiola es cierto y verdad, es él quien puede —y debe— poner a los jugadores frente a su espejo. Lo paradójico es que el mensaje también puede serle aplicado a él mismo, aunque sin Lillo a su lado no parece fácil encontrar a alguien dispuesto a desafiarlo con semejante audacia. Pep tendrá que ponerse a sí mismo frente al espejo.

El entrenador argentino de voleibol Julio Velasco desarrolló la que denomina «teoría de las excusas», según la cual un equipo entra en declive cuando comienza a encontrar excusas que justifiquen su rendimiento. Y, por el contrario, un equipo crece cuando rechaza las excusas, para lo que es imprescindible que cada uno de sus componentes «acepte el desafío. Si no, no hay capacidad. Si no, hay depresión. Hay que crear ese espíritu de desafío. Me adapto a las circunstancias. Punto. No las explico, me adapto»[76]. Guardiola, que es buen amigo de Velasco, lo utiliza hoy para incrementar la exigencia de sus hombres: «La Copa del Mundo no es excusa. Todos los equipos han cedido jugadores para el Mundial. Los grandes clubes jugamos siempre diez o quince partidos más que los demás. Si crees que eso es injusto, sí, es injusto: jugamos más partidos que otros. Pero si no te gusta, vete a equipos que juegan solo un partido a la semana. Si en el pasado ganamos así, también deberíamos hacerlo ahora. ¿La Copa del Mundo? Vamos, excusas en otros sitios, pero no aquí».

Los analistas externos hablan estos días de táctica, pero lo que está ocurriendo en el City pertenece exclusivamente al territorio emocional y de las relaciones. Un equipo es un ser vivo que se nutre de la calidad de las interacciones de sus componentes. Las positivas multiplican el rendimiento colectivo, las negativas lo destrozan. Conocemos el resultado del divorcio entre Pep y Sterling: dos largos años de frialdad y distanciamiento, sin beneficio palpable para nadie. Es posible que el conflicto actual no alcance la magnitud del anterior, pero el muro va cogiendo altura, especialmente con Cancelo. Pep entiende que han de ser los jugadores

76. Entrevista de Isaac Lluch a Julio Velasco, en la revista *The Tactical Room*, número 65 (junio de 2020).

señalados quienes arreglen el problema, regresando a la senda del esfuerzo y el compromiso. Los futbolistas esperan que el técnico rebaje su irritación y tienda un puente hacia ellos. Es la fina distinción entre corregir o reprochar. El resultado final de la temporada dependerá del modo en que se resuelva este conflicto. ¿Habrá divorcio o habrá pacto?

ESCENA 17

El puñetazo

Mánchester, 19 de enero de 2023

Desde su debut como entrenador ha protagonizado casi mil seiscientas conferencias de prensa. Las he visto o seguido casi todas. Muchas de las de Barcelona, todas las del Bayern, casi todas las del City. De entre esas mil seiscientas ruedas de prensa hay dos que sobresalen muy por encima del resto. Ambas quedarán para siempre en la memoria de lo que habrá sido Pep Guardiola como entrenador. La primera fue el 26 de abril de 2011, en el estadio Bernabéu, el día antes de la semifinal de Champions contra el Real Madrid de Mourinho, cuando calificó al entrenador portugués como «el puto amo, el puto jefe», emplazándole a un duelo sin cuartel. La segunda es la de esta noche, en los intestinos del Etihad Stadium, cuando ha dado un puñetazo sobre la mesa y también en la mandíbula de sus jugadores e incluso de los dirigentes y aficionados.

Hoy Pep ha dicho basta.

Basta de marear la perdiz, basta de *happy flowers,* basta de entregarse al noventa y nueve por ciento. O todos al cien por cien o adiós. No ha dicho «adiós», pero se sobreentiende.

El puñetazo de hoy también es un grito de socorro. Si no se produce un cambio radical de actitud, el proyecto no tendrá más recorrido y, por lo tanto, él sobra. Simple y sencillo. O vamos todos a muerte adelante, o yo me despido, adiós y gracias. Es un grito de socorro y, al mismo tiempo, una declaración de guerra a la apatía y la complacencia.

Ha aprovechado un triunfo resonante y apoteósico para lanzar el puñetazo. No pudo hacerlo el pasado domingo, pese a que tenía idénticos argumentos, porque el City salió derrotado de Old Trafford (2-1) y además se produjo un inaudito gol que se dio por válido al Manchester United, pese al flagrante fuera de juego de Marcus Rashford. De haber hablado aquel día, a Pep se le habría replicado que lo hacía en la derrota y por una acción arbitral de máxima gravedad. Tuvo que callar y esperar (*il cinese aspetta*). Pero hoy ha llegado el momento.

[Tres semanas más tarde, Howard Webb, director de los árbitros ingleses, reconoció públicamente que el gol debió ser anulado por fuera de juego de Rashford, pero aquel reconocimiento no le retornó ningún punto al City].

El vestuario está en silencio. Nadie habla, nadie anima, nadie reprocha. Es un funeral. Han pasado casi diez minutos desde que el Tottenham ha golpeado dos veces en el Etihad Stadium, dejando pasmados a Guardiola, a sus jugadores y a los aficionados. El City ha jugado un buen primer tiempo, controlando con bastante acierto la gran arma de los Spurs, los contraataques feroces. También el equipo de Antonio Conte ha jugado un buen primer tiempo, cerrando los espacios por donde intentaban penetrar Gündogan y Julián Álvarez y duplicando las marcas sobre Grealish y Mahrez cada vez que los extremos locales pretendían profundizar. La agresividad de Højbjerg, la inteligencia de Betancur y la habilidad de Kulusevski se han unido para entorpecer los avances locales, que, sin embargo, han logrado maniatar casi siempre al voraz Harry Kane, marcado en todas las zonas por Manuel Akanji.

Guardiola ha presentado un plan de juego muy clásico en él. Una zaga de tres (Stones, Akanji, Aké) continuada por dos medios (Rodri y Rico Lewis) que permitieran fluir con facilidad hacia delante, donde ha reunido a cinco atacantes: Grealish y Mahrez por fuera, Gündogan y Julián por dentro, y Haaland en la punta. Pero el duelo no se ha desequilibrado en ningún momento, pues los cinco delanteros locales han sido perfectamente contrarrestados por los cinco defensores visitantes.

El desbloqueo en el marcador ha llegado como llegan casi siempre los goles, por un error. Ederson ha cedido dentro de su área el balón a Rodri de un modo tan arriesgado que el pase ha sido toda una invitación para el gol de los Spurs. Kulusevski ha aceptado el regalo y el gol. Y solo dos minutos y ocho segundos después, con el City ya en «modo pájara» ha llegado el segundo tanto, obra de Emerson, tras una sucesión de duelos que los locales no han sabido ganar. El 0-2 al descanso no es un resultado chocante tratándose de una visita del Tottenham, pero sí resulta sorprendente a la vista de las prestaciones realizadas sobre el césped.

Para Guardiola ha sido un nuevo jarro de agua fría, y aún lo es más cuando le explican que los aficionados han abucheado al equipo cuando se retiraba al vestuario, lo que no es cierto. Ha habido abucheos, y en pequeña dimensión, pero iban dirigidos hacia el árbitro del partido, Simon Hooper, que no ha mostrado tarjetas amarillas a algunos jugadores visitantes pese a las reiteradas faltas sobre el jovencito Rico Lewis, en especial una acción de Højbjerg en la que le ha pisado de manera sucesiva el tobillo, la pantorrilla y la pierna sin ocasionar la menor advertencia arbitral.

Los duelos perdidos, la falta de reacción de sus hombres ante las sucesivas faltas contra Rico Lewis, la información errónea sobre los abucheos del público, el pánico nuevamente mostrado en dos minutos turbulentos y la lentitud con que los jugadores han movido el balón en algunos momentos han exasperado definitivamente a Pep. Está harto y decide no dar ninguna instrucción en el descanso. De ahí el silencio que se produce en el vestuario semicircular, con los jugadores sentados y abatidos, mudos porque hay muy poco que decir. Están esperando una colosal bronca del entrenador. Y Pep habla. Les dice abruptamente lo que piensa. Que se han dormido en los laureles, que se han acomodado, que tienen la barriga llena de títulos, que falta hambre, que falta morder y dejarse el alma sobre el campo. Pep estalla.

Les dice que ni siquiera son conscientes de la complacencia en la que han caído, y que esto es habitual en el deporte. En cuanto llegas a un determinado nivel aparecen los demonios de la complacencia. Ya eres *top* mundial. Ya estás en la cumbre. Ya has logrado los objetivos. Estás feliz, estás saciado, has colmado el hambre. Y en ese preciso instante comienzan el estancamiento y el retroceso. En la cima del deporte solo te puedes mantener mediante la autoexigencia perpetua. Solo queriendo ir siempre un poco más lejos, solamente exigiéndote ir más allá, con más energía, con más ímpetu, con más acierto, es posible mantenerte. De lo contrario, retrocedes. Esto es exactamente lo que les ocurre a varios de los futbolistas que escuchan a Pep en el vestuario. Han alcanzado un nivel tan alto de éxito y excelencia que se han dejado mecer por la complacencia. Y tras la complacencia llegan la apatía y la dejadez, nefastos compañeros de viaje. Es ese pequeño milímetro con el que pierdes los duelos, ese pequeño esfuerzo que no haces y te impide evitar un gol, o marcarlo, y así, milímetro a milímetro, acabas alejándote de la cumbre. Sin darte cuenta, caes varios peldaños por debajo de la cima y todavía no entiendes por qué ha sucedido…

Ahora ya saben lo que piensa de ellos, de su complacencia y de su apatía. Se va del vestuario.

Quiere que sean los propios jugadores quienes resuelvan el embrollo en el que se han metido. No hace cambios, no ordena a nadie que salte a calentar —y eso que en el banquillo se sientan De Bruyne, Bernardo, Cancelo, Walker o Foden— y no modifica ni una coma del plan de juego. No hay instrucciones, no hay modificaciones. Salid y resolvedlo vosotros.

El segundo tiempo se inicia con otras vibraciones. Los tres zagueros ganan los duelos y Rico Lewis consigue la proeza de duplicar sus roles: de una parte es lateral-interior *à la Lahm*, facilitando la salida de balón y la progresión hasta el círculo central, y de otra es interior profundo que ataca por el «pasillo del 10». El chico protagoniza una actuación soberbia y espectacular (96 % de acierto en los 54 pases que da) porque es capaz de aunar las dos funciones sin pestañear pese a estar rodeado de lobos blancos que intentan morderle. Delante, Grealish y Mahrez repiten el truco de atacar por fuera para atraer a dos rivales. Al lateral respectivo se le une cada vez uno de los extremos, así Emerson y Kulusevski defienden a Grealish, y en el otro lado Perisic y Son vigilan a Mahrez. Es el «efecto superpoblación». Como consecuencia, un jugador *citizen* queda siempre libre de marca en las proximidades. Rodri lo ve y lo aprovecha. Ellos tres son decisivos para entender la remontada. El juego de ataque pivota a través del eje horizontal que forman Grealish, Rodri y Mahrez.

El primer gol llega en una profundización de Rico Lewis, que cede a Mahrez para que centre y, tras un par de rechaces, Julián abre el marcador para su equipo. El gol se alcanza gracias a la superioridad numérica, pues el City logra atacar con seis jugadores la línea de cinco defensores. Ocurre lo mismo en el tanto del empate, obra de Haaland. También es un seis contra cinco, aunque esta vez no llega por la ruta vertical de Lewis, sino por la horizontal. Mahrez atrae a dos rivales, Rodri queda libre, recibe el balón y solo debe enviar un suave *alley oop* a la cabeza de Mahrez para que este combine con Haaland. Han transcurrido dos minutos y nueve segundos entre ambos goles, un segundo más de lo que tardó el Tottenham en lograr los suyos.

El tercer tanto sigue una vía parecida al segundo. Esta vez es Grealish quien aglutina rivales, logra ceder rápido a Rodri, y este, que juega con una brújula en la cabeza, solo ha de cambiar de lado para Mahrez, que le gana el duelo a Perisic, se interna, gambetea y marca con la pierna derecha. Podría parecer que todo está hecho, ya con los jugadores eufóricos y el estadio encendido, pero el Tottenham tiene muchísima calidad y en un momento inesperado crea uno de esos contragolpes que tanto prestigio le han dado. Kulusevski traza un pase de la muerte perfecto para Perisic, que remata a gol desde cuatro metros. Es gol…

Salvo que allí está el pie de Rico Lewis para impedirlo. No es gol y es otro milagro defensivo, del mismo calibre que el de Stones contra el Liverpool en la liga 2018-2019 o el de Aké contra el Arsenal en la 2021-2022. Es una acción salvadora e inverosímil, de las que inclinan un campeonato a favor o en contra. El Etihad estalla en ovaciones hacia su nuevo joven héroe. Y ya muchos minutos más tarde, en la agonía del partido, Ederson redime su grave error y da un pase de gol a Mahrez, facilitado por el temerario intento de Lenglet de controlar con el muslo un balón lanzado desde ochenta metros. Mahrez, que ha cuajado una segunda parte superlativa, de las que agotan adjetivos, bate a Lloris con una dulce vaselina y sitúa el 4-2 definitivo. Ha sido otra remontada épica, de las que se explican durante años, la quinta vez consecutiva que el equipo consigue evitar la derrota en un partido de la Premier en el que iba perdiendo por dos goles de diferencia (tres victorias y dos empates). Nunca antes un equipo de Antonio Conte había recibido cuatro goles en cuarenta y cinco minutos. Ha sido un buen partido del City salvo por dos minutos atolondrados. El rendimiento defensivo de los tres zagueros ha resultado más que bueno; el nivel de juego de Rodri y Rico Lewis ha sido excepcional; Gündogan y Julián han desplegado, respectivamente, inteligencia y energía; Grealish ha vuelto a alcanzar un nivel agudo y punzante. Mahrez ha sido un torbellino, una locura, posiblemente una de sus mejores actuaciones de siempre en el campeonato inglés.

Las sonrisas y la felicidad parecen haber vuelto al Etihad, pero Guardiola no está para bromas. Como dice en privado, *il cinese aspetta* (el chino espera), en referencia a una frase que siempre utiliza Manel Estiarte. El momento oportuno siempre llega.

Ha llegado el momento de dar el puñetazo. Los jugadores ya le han escuchado en el descanso, pero ahora lo oirán todos los demás.

Una primera pincelada: «No reconozco a mi equipo. [Antes] tenían pasión y ganas de competir. Estamos lejos del equipo de las temporadas anteriores. ¿Crees que esta remontada se producirá siempre? No, no será así».

Y, a continuación, lanza la carga de profundidad: «Hoy hemos tenido suerte. Estamos muy muy lejos de poder competir al más alto nivel. Lo digo hoy que hemos jugado bien y hemos ganado: o cambiamos de actitud, o esta temporada no ganaremos nada. ¡Nos falta pasión! Tenemos un rival en el Arsenal que tiene fuego en las entrañas. Son dos décadas sin ganar la Premier League. Ellos muerden y se dejan la vida en cada duelo y en cada balón. Nosotros estamos lejos del equipo que fuimos; en muchas muchas cosas estamos lejos. Nos falta pasión, lucha, ganas y agallas... Si no cambiamos, tarde o temprano vamos a perder más puntos. Estoy explicando la realidad, todo es tan cómodo aquí... Pero los rivales no esperan. Si queremos ganar algo o competir por algún título, a base de quejas, quejas y quejas no tendremos ninguna posibilidad de ganar nada».

Ni siquiera el héroe de la noche, Riyad Mahrez, se salva de ser señalado: «Riyad Mahrez, ¡qué jugador! Antes del Mundial, parecía estar de vacaciones. Ahora se ha dado cuenta: "¡Oh!"». La ironía es sangrante.

Insiste en la falta de pasión: «Los jugadores quieren, se entrenan bien, tienen voluntad. Pero hay algo por ahí, en las nubes, difícil de describir. Son miles de detalles que nos faltan y que marcan las diferencias. Y no es solo un jugador, son todos. En cambio, el Arsenal lo hace todo bien, por eso es el líder de manera merecida. ¿Qué tienen ellos? Dos décadas sin ganar la Premier League. Por eso muerden. Nosotros hemos ganado cuatro ligas en cinco años y ahora vivimos en el confort. Es una tendencia humana cuando has ganado mucho... Pero no lo acepto».

Y remata: «Somos un equipo de *happy flowers*, todo bonito y bueno. Todo el mundo está cómodo aquí, los jugadores, los aficionados... Pero yo no quiero ser *happy flowers*, quiero ganar al Arsenal. Y si jugamos así, el Arsenal nos destruirá».

Decide elogiar a tres de sus hombres: «Necesitamos la pasión de Julián [Álvarez], de Rico [Lewis], de Nathan [Aké]. La necesitamos. Pelean cada duelo, pelean cada bola como si fuese la última de sus vidas. Esta es la actitud. Sin esa pasión no llegaremos a ningún sitio».[77]

No contento con esto, Guardiola dirige sus puños también hacia los aficionados del equipo: «Estoy en el estadio y solo escucho a los

77. A la salida del estadio, Rico Lewis pondrá el acento en lo mismo: «Yo nunca pienso en si voy a jugar el partido o no. Para mí es un regalo cuando me hacen jugar».

fans de los Spurs... [Al equipo le han faltado] agallas, pasión, fuego, ganas de ganar desde el minuto uno, pero lo mismo con los aficionados del City, callados durante cuarenta y cinco minutos. ¡Quiero a mis fans de vuelta! Los aficionados que nos apoyan en los partidos fuera de casa son formidables, pero yo quiero que nuestros aficionados del Etihad también nos apoyen, que nos empujen, que nos exijan más, tienen que gritar. Tienen que decirnos: "¡Vamos, chicos! Sé lo buenos que sois, demostrádnoslo otra vez"... No puedes ir perdiendo 0-2 para reaccionar, hoy hemos tenido suerte, y tenemos buenas experiencias recientes remontando, pero nueve de cada diez veces no vas a remontar...».

Tampoco se salvan los dirigentes del club: «Quiero una reacción de toda la organización, no solo de los jugadores».

Ha sido la noche del puñetazo. Pep odia el *Happy Flowers Team* y quiere que regrese el apasionado *Shark Team* que se comía el mundo.

Ha sido una maniobra de alto riesgo. Pep lleva semanas, si no meses, rumiando este golpe. Se ha cansado de repetir instrucciones y exigir un mejor rendimiento a sus hombres sin conseguir la reacción. Ha visto cómo se repiten sin cesar los errores absurdos en los partidos, fallos que cuestan goles y puntos, y que no ocurren por falta de calidad de los jugadores, ni por deficiencias tácticas o técnicas, sino por dejadez. Y sobre todo se ha cansado de que esta sucesión de errores haya sido asumida por el vestuario sin pestañear, sin gritos ni pasión.

Guardiola tiene otros propósitos. Él quiere ganar, ganar y ganar, y hacerlo desde la pasión, el compromiso y la dedicación obsesiva. Hay que ir al cien por cien, hay que vivir al cien por cien, sin pestañear, sin dudarlo, sin bajar nunca la presión, jamás, ni un milímetro. Quien no esté a gusto en esta olla a presión mejor que se vaya. Quien no juegue cada partido, cada duelo, cada balón, como si fuese el último de su vida, mejor que se vaya.

Y llegados a este punto ha pegado el puñetazo. O volvéis todos al cien por cien, o seré yo quien se irá.

Ha tomado muchos riesgos con este discurso. De hecho, es un todo o nada. Es un ahora o nunca. Es conmigo o contra mí. El divorcio ha agrandado las fisuras entre entrenador y jugadores. Ha jugado con fuego. Había varios incendios, pero esta noche arde todo. Veremos si el fuego purifica los espíritus y alinea los corazones en busca de un mismo objetivo o si después de esto solo queda tierra quemada. Ha gastado la última bala que tenía en el revólver. Al mismo tiempo, ha iniciado los *mind games* contra el Arsenal...

Siempre ha dicho que cuando vea que la pasión desaparece de los ojos de sus hombres, él se irá. Ha llegado el momento de saber si este es el principio del fin o el final de la apatía.

ESCENA 18

«El Arsenal fallará»

Mánchester, 22 de enero de 2023

Casi es la hora de cenar en Mánchester. En Londres, en el último minuto de partido, el Arsenal ha obtenido el triunfo ante el Manchester United (3-2), por lo que la distancia en la clasificación vuelve a ser de cinco puntos, aunque los *gunners* tienen un encuentro menos en su cuenta. A medio partido, la distancia se había reducido momentáneamente a tres puntos dado el empate que lucía en el Emirates Stadium, pero ni en aquel momento ni ahora, ya con el partido concluido, ha habido la menor agitación en el cuerpo técnico del City. Pep y sus colegas son conscientes de que necesitan encadenar quince victorias consecutivas si quieren retener el título de la Premier League. Por delante esperan dieciocho partidos, cincuenta y cuatro puntos en juego, por lo que el equipo ya no podrá alcanzar la barrera de los cien, pero sí acercarse a su plusmarca, aunque para ello será imprescindible realizar otra proeza.

Ya lo hizo en el curso 2017-2018, cuando sumó dieciocho triunfos seguidos en la liga para convertirse en los históricos Centuriones. En la temporada 2018-2019 ganó catorce partidos seguidos en el esprint final para arrebatarle el título a un Liverpool que en enero contaba con siete puntos de ventaja. Y en el curso 2020-2021 encadenó otros quince triunfos consecutivos. El equipo de Guardiola tiene experiencia en estas situaciones límite, en las que solo sirve ganar de manera continuada hasta el último día. Si consigue repetirlo, tendrá una buena oportunidad de luchar por el título, pese a la inmensa fortaleza que muestra el Arsenal, un equipo delicioso, agresivo, ofensivo, goleador, joven y hambriento, liderado por un Zinchenko soberano.

Esta noche, alrededor de Pep se consolida una idea común:

«Nosotros, a lo nuestro. Nosotros, a ganar. El Arsenal fallará en algún momento. Nosotros tenemos dieciocho finales por delante y hemos de ganarlas todas». De nuevo, el escenario de máxima exigencia: hay que ganar los próximos dieciocho partidos de liga, sin el menor tropiezo. Serán dieciocho finales.

Para acceder a esta posibilidad, el City ha dado buena cuenta del Wolverhampton (3-0), con una nueva exhibición goleadora de Erling Haaland, autor de otro *hat-trick*, el cuarto de la temporada. Haaland suma 25 goles en Premier League (18 de ellos en el Etihad), una cifra con la que habría ganado la Bota de Oro del campeonato en los últimos cuatro años, en los que nadie sumó más de 23, ni Salah, ni Son, ni Kane, ni Vardy, ni Mané, ni Aubameyang. Lo impresionante es que Haaland lo ha conseguido cuando aún estamos en mitad del campeonato, lo que da una idea de la magnitud colosal del noruego, que marca gol en liga cada sesenta y dos minutos. Antes de esta tarde ya había logrado *hat-tricks* contra el Crystal Palace, el Nottingham Forest y el Manchester United. Solo ha necesitado diecinueve partidos de liga para sumar cuatro *hat-tricks*, lo que es impresionante porque Ruud van Nistelrooy necesitó 65 para lograrlo (Luis Suárez necesitó 81 partidos y Alan Shearer 86). De sus goles, cinco los ha marcado con la cabeza, quince con la pierna izquierda, cuatro de ellos de penalti y cinco con la derecha. Ha necesitado rematar cuarenta veces contra las porterías rivales, dos de las cuales se estrellaron contra los postes. Y lo que aún resulta más chocante: ha desperdiciado catorce grandes ocasiones de gol, lo que nos dice que aún tiene mucho potencial para mejorar. En el global de todas las competiciones acumula treinta y un goles: veinticinco en Premier, cinco en Champions y uno en Copa de la Liga.

Hoy, Haaland se ha visto beneficiado por el brillante juego del equipo, que ha sido el mismo que remontó contra el Tottenham, con solo dos cambios: De Bruyne ha jugado en vez de Julián Álvarez, y Laporte en el lugar de Aké. Ha sido otro mensaje de Pep a la plantilla. Jugarán aquellos que se lo merecen, se llamen como se llamen. Nueva decepción para algunos hombres, si bien Foden está en la grada únicamente por una molestia en el pie. El triunfo sobre los Wolves se ha cimentado en la paciencia, la movilidad de los jugadores, la aparición sorpresiva en los espacios libres de un Gündogan superlativo y la coordinación de las acciones mediante Rodri, que está viviendo sus mejores días. Grealish y Mahrez se encargan de dibujar las acciones marca de la casa. Bien abiertos en las bandas, cuando se enfrentan a un único defensor buscan ganar el duelo y finalizar dentro del área; si no es posible porque reciben una doble marca (lateral y extremo rival), buscan atraerlos al máximo para descargar hacia atrás y que un compañero relance el balón al área o penetre por el pasillo central si se abre un resquicio. Así han llegado hoy los dos primeros goles, y así se genera el principal peligro del City.

«Casi todo ha salido bien —me dice Carles Planchart a la salida del estadio—. Nos ha sobrado el *extra time*, pero hemos visto un equipo más sólido, que no solo ha jugado bien. En los últimos partidos ya habíamos jugado bien, pero hoy hemos sido agresivos. El equipo pinta muy bien». El optimismo ha crecido en el cuerpo técnico vista la reacción de los jugadores, que se han arremolinado junto al árbitro en cuanto un futbolista de los Wolves ha golpeado con dureza una pierna *citizen*. Justo lo que Pep reclamaba hace tres días. La afición también ha reaccionado, llevando en volandas al equipo, que se ha sentido de nuevo fiero y veloz. John Stones ha reivindicado la reacción: «Nos quedó un sentimiento agridulce del partido contra los Spurs y hoy lo hemos arreglado. Los jugadores sabemos cuándo no estamos jugando bien. Ya nos lo dijo Pep en el descanso del partido anterior y tenía razón, pero hoy hemos tenido paciencia, no nos hemos frustrado si las cosas no nos salían. Tenemos el listón muy alto de las pasadas temporadas y estamos intentando acercarnos a ese nivel». Desde luego, Stones lo está logrando. Se muestra contundente en los duelos, hábil y frío con el balón en los pies, veloz en las transiciones y atrevido para modificar su posición en el campo una y otra vez, moviéndose como zaguero, como lateral o como mediocentro, según la exigencia del juego.

La principal consecuencia del triunfo de esta tarde es que muy pocos jugadores tienen garantizada la titularidad, salvo Rodri y Haaland. El resto tendrá que pelear cada balón en el entrenamiento si quiere tener un puesto en el equipo. Cruyff, el maestro de Pep, siempre apuntó que las «vacas sagradas» del equipo, los jugadores asentados, los de mayor calidad y experiencia, debían ser agitados de vez en cuando para que no se acomodaran en exceso. Guardiola, fiel alumno del neerlandés, está haciendo exactamente lo mismo que su maestro: agitar el árbol, quebrar la comodidad, generar inquietud entre las vacas sagradas y negar la titularidad por jerarquía, prestigio o currículo. Jugarán los que se lo hayan ganado en cada balón del entrenamiento, los que estén dispuestos a darlo todo por el equipo.

ϒ

El divorcio con Cancelo se ha consumado. El jugador no ha hecho ningún esfuerzo por ocultar su ira. Lo ha expresado en el vestuario, lo ha gritado en el túnel del estadio y le ha pedido a su representante, Jorge Mendes, que le busque nuevo equipo. Todo ello ha llegado a oídos de Pep. «Para ganar, un equipo necesita buenos suplentes».

ESCENA 19

«El Arsenal pinchará»

Madrid, 25 de enero de 2023

—El Arsenal pinchará. Es muy buen equipo y Mikel es buenísimo, pero creo que el City los acabará superando porque tiene más plantilla y más experiencia en los esprints finales.

Domènec Torrent conoce bien a Mikel Arteta, pues durante dos temporadas compartieron banquillo. Quien se sentaba junto a Pep era Dome, dado que era el principal asistente, su mano derecha en el Bayern y un importante colaborador en el Barcelona. En verano de 2016, Arteta solo era un jugador recién retirado que había recibido una oportunidad de oro para colaborar con Guardiola e iniciar de este modo su vocación como entrenador. Torrent le ayudó en aquellos inicios, en los que el joven Mikel se mostraba discreto y silencioso. Hubo días en que Dome tuvo que reiterar ante Pep que la brillante idea sobre un ejercicio concreto había sido de Arteta, dado que el propio Mikel intentaba ocultarlo por timidez. Desde entonces, ambos sostienen una magnífica relación. Dome valora lo que Mikel está haciendo en el Arsenal:

—Es magnífico. Está trabajando de maravilla. Y no solo Mikel, sino todo el Arsenal. El club ha sido inteligente al darle libertad para prescindir de jugadores en los que no creía y apostar por jóvenes de talento. Claro está, le exigirán resultados, pero han sido inteligentes.

Cenamos en Madrid con Dome, quien tras dirigir al New York City, Flamengo y Galatasaray, se encuentra cerca de iniciar otro proyecto. Sigue en contacto estrecho con Pep y no se pierde ni un partido de la Premier League:

—El City continúa a un nivel altísimo. Pasó por un pequeño bache del que ya ha salido y creo que hará un final de temporada brillante. Es evidente que Haaland ha cambiado los circuitos de juego. Ya no hay ese hombre de más que suponía jugar sin delantero en punta, sino con falso punta. Por eso vemos menos secuencias largas de pase. Ahora, Kevin busca rápido a Haaland. Por un lado esto impide aglutinar jugadores en una zona y ganar superioridades, pero a cambio tienes a Kevin con once asistencias y a Haaland con veinticinco goles. Quizás el juego del equipo es menos coral, menos brillante que el año pasado, pero puede ser el factor que por fin decante la Champions League a nuestro favor. Ahora el equipo tiene ese delantero que tanto hemos añorado en los momentos calientes de la Champions.

¿Y para superar al Arsenal en la Premier? ¿Será suficiente?

—El Arsenal tiene un once titular buenísimo. No se hacen cincuenta puntos en media liga así como así. Es excepcional. Pero van a ser cuatro meses muy duros de competición y tengo muchísimas dudas de que aguanten. El City tiene más experiencia en este tipo de situaciones de tanta tensión y Pep es mucho Pep. Es el mejor entrenador de la historia. Creo que el esprint lo ganará él.

Dos días después de esta cena, ambos equipos se enfrentan en Mánchester en partido de la FA Cup. Arteta busca sorprender planteando duelos hombre contra hombre por todo el campo, lo que maniata a los principales jugadores del City e incrementa los riesgos de cualquier error. El hombre libre de los locales es el guardameta Stefan Ortega, que no solo detiene dos grandes remates de Tomiyasu y Trossard, sino que da un recital de distribución de pases con el pie. Haaland no consigue retener casi ninguno de dichos balones en largo, pero Walker logra ganarlos todos ante Zinchenko y da una ventaja posicional al equipo de Pep, que vence con un suave gol de Aké, de nuevo decisivo en defensa maniatando a Saka y clave en el remate, como ya lo fuera hace un mes ante el Liverpool en la Copa de la Liga. El partido no permite intuir ninguna tendencia respecto de los futuros duelos en Premier, pero sí alerta a Guardiola del modo con que Arteta es capaz de afrontar estos partidos, un estilo muy cercano al que presentó el Wolverhampton hace pocos días, ese marcaje al hombre que tan bien le ha sentado al Arsenal en el primer tiempo, pero que ha sido desballestado en la segunda mitad por un City que se va afinando. El partido de FA Cup no es augurio de nada, pero en el cuerpo técnico *citizen* crece ligeramente la confianza e incluso, desde la distancia, Dome Torrent cree que el Arsenal pinchará.

La única certeza que deja el partido es que la etapa de João Cancelo en el City ha llegado a su final. Absolutamente a nadie se le ha pasado por alto su postura displicente durante la charla previa al encuentro.

Tras el partido, Guardiola ni siquiera se ha mordido la lengua cuando ha elogiado el gran rendimiento de Nathan Aké: «Todo el mundo en el vestuario está feliz por Nathan. Bueno, quizá todos menos uno». Txiki Begiristain espera la oferta que el representante del jugador ha prometido traer para que salga del club. Cuarenta y ocho horas más tarde se concreta y Cancelo se marcha cedido al Bayern de Múnich. El divorcio se ha consumado.

Le preguntan a Pep quién ocupará la plaza de lateral izquierdo y deja en el aire un enigma: «Tenemos buenas opciones. Puede jugar Aké, puede jugar Laporte, puede jugar Rico Lewis. Y hay otro jugador que también puede jugar en esa posición. Ya lo veréis». Las miradas se vuelven hacia Phil Foden, pero conociendo a Pep sé que esa no es la respuesta al enigma. La respuesta es otro portugués.

ESCENA 20

Un lugar oscuro e inquietante…

Londres, 5 de febrero de 2023

El Arsenal ha pinchado, pero el City también. Ayer sábado, el equipo de Pep tenía el liderato en sus manos, tras la derrota del Arsenal en Liverpool, ante el aguerrido Everton. Pero hoy domingo ha vuelto a perder la ventaja y ya no depende de sí mismo.

Ha sido un fin de semana tenebroso para la mayoría de los equipos punteros de la Premier League. Comenzó el Chelsea, que el viernes solo consiguió empatar con el Fulham en Stamford Bridge pese a contar ya con varias de sus grandes incorporaciones (Enzo Fernández, Mikhailo Mudryk) que le han costado 614,40 millones de euros netos —fichajes menos traspasos— desde el verano pasado. Continuó el Arsenal, derrotado por el nuevo Everton de Sean Dyche (1-0), uno de los pocos especialistas que aún quedan del histórico juego directo inglés, una *rara avis* en el fútbol actual. Prosiguió el Liverpool, apabullado por los Wolves y en caída libre (3-0). E incluso el floreciente Newcastle de Eddie Howe solo logró empatar en su estadio ante el West Ham. Así pues, únicamente el Manchester United pasó la jornada sin tropezar. Era la hora del Manchester City, aunque el partido con los Spurs se presentaba lleno de peligros, no en vano las cuatro visitas anteriores al nuevo estadio del Tottenham se habían saldado con cuatro derrotas y ni un solo gol anotado por el conjunto de Guardiola por seis de los locales.

En el norte de Londres se evidencia que el fútbol se juega en un territorio oscuro e inquietante. El fútbol se juega en el cerebro. Es un terreno gigantesco en el que se dan enormes batallas, un terreno poco iluminado y húmedo, a menudo desconocido y desconcertante. Dentro del cerebro habitan las emociones humanas, que influyen de forma poderosa en el rendimiento de los jugadores y los resultados de los equipos. Hace cinco años, el clavadista mexicano Jonathan Paredes definió las emociones del deportista con una frase singular: «En tu cabeza hay un combate eterno contra ti mismo».[78]

Rodrigo Hernández lo comprueba en el minuto 14, cuando comete un error que supone el gol de la victoria para los Spurs y el número 267 de Harry Kane con la camiseta blanca, récord histórico para el club londinense, uno más que el legendario Jimmy Greaves. Hasta ese momento, el City domina el juego a placer. Guardiola ha colocado a Rico Lewis en el lugar de Cancelo para que juegue junto a Rodri por delante de Walker, Akanji y Aké. La salida de balón es en 3+2 y resulta sencillo encontrar a Bernardo Silva, que se mueve libre de marca por detrás de los cuatro atacantes, Mahrez, Julián, Haaland y Grealish. Para ubicar a Julián Álvarez, el entrenador ha sacrificado a KDB en beneficio de un mayor control del juego mediante Bernardo. Es un ensayo más de Pep en la búsqueda del difícil equilibrio entre control y profundidad, un problema que aún no ha resuelto desde la entrada de Haaland en el equipo.

Sin que la brillantez fuese extraordinaria, sí lo era el dominio. Durante catorce minutos, los Spurs no logran pisar campo contrario, apretados por un City pletórico de energía y presión. Justo en ese momento, Rodri ha tenido una mala idea. En vez de retornar un balón hacia Ederson, ha decidido dárselo a Lewis en la frontal del área. Atacado por Højbjerg, el joven Lewis no ha logrado hacerse con el arriesgado pase de Rodri y la acción ha concluido con el inevitable gol de Kane. Ha sido un calco del error cometido por Ederson hace quince días ante el mismo rival, cuando dio un pase idéntico a Rodri. El error es el peaje que ha de pagar el City, y en especial sus hombres en posiciones de mayor riesgo, por practicar un estilo de juego tan atrevido y proactivo.

El error hunde a Rodri en un marasmo. De pronto, los viejos demonios que le atenazaron en su primera temporada con el City han reaparecido. Y ahora no están Lillo o Fernandinho para charlar con él y devolverlo a la serenidad. El español ha sido el jugador más regular del equipo esta temporada (y la anterior). Alguna vez ha jugado excepcional, y nunca lo ha hecho mal. Siempre ha sido un notable alto, siempre atento, contundente, preciso y eficaz. A partir del verano de 2021, se ha convertido en bisagra del equipo y en un seguro absoluto. Pero hoy se ha venido abajo, hundido por el error.

78. Entrevista de Isaac Lluch a Jonathan Paredes, en la revista *The Tactical Room*, número 30.

Ha mudado el rostro, ha bajado los hombros y ha multiplicado los errores, como quien está sufriendo una pesadilla interior. El peso de las emociones ha podido con él y le ha llevado a una actuación pésima. Parece el Rodri de 2019, un jugador nervioso e inseguro, errático sobre el campo, torpe en los pases, desconectado del juego. Y con su hundimiento llega el de todo el equipo, que ni siquiera con las entradas de KDB y Gündogan logrará remontar el ánimo y su juego, por más que Mahrez remate al travesaño.

El equipo de Pep tiene un problema de equilibrio táctico, pero sobre todo sufre un conflicto emocional de mucho calado. No es solo lo que denunció el entrenador hace dos semanas, la falta de pasión, de hambre y de energía, sino algo más profundo que mina el cerebro de los jugadores y lastra sus piernas. Es el peso de las emociones negativas, que se agrandan a cada nuevo error, como si los futbolistas sintieran que es inevitable en cada partido. El lenguaje corporal de todos ellos es similar: rostros desencajados, hombros caídos, movimientos negativos con la cabeza... El cerebro es el músculo más importante del deportista y el City padece un profundo malestar en el suyo, algo que le lleva indefectiblemente al mismo comportamiento erróneo, partido tras partido. No ayuda el lenguaje corporal del propio Guardiola, que se agita como si se tratara de un jugador más, consciente del problema y quizá sabedor de que él mismo es parte del problema, al fin y al cabo un equipo no es más que el reflejo de su entrenador.

En la cabeza del deportista hay siempre un combate eterno contra sí mismo. En este momento, el Manchester City está perdiendo esa batalla. Y Pep también la está perdiendo.

ESCENA 21

«Me quedo. Ahora más que nunca»

Mánchester, 10 de febrero de 2023

Al final del día consigo hablar un momento con Pep, cuya jornada ha sido intensa. Ha dedicado la mañana a preparar junto a Estiarte la intervención de mediodía ante los periodistas. Después ha dirigido el entrenamiento y, a continuación, ha pasado la tarde estudiando la manera de enfrentarse al Aston Villa, el rocoso equipo de Unai Emery, el conjunto que casi frustró la conquista de la pasada Premier League.

El pasado lunes, sin mediar aviso previo, la Premier League lanzó públicamente un listado de ciento quince cargos contra el Manchester City, al que acusaba de infringir reglas financieras desde el año 2009. El club replicó que las acusaciones eran totalmente infundadas, que las contabilidades anuales eran correctas e irrefutables y que defenderá su honorabilidad. Poco después se conoció que varios de los cargos imputados estaban repletos de errores. En cualquier caso, a Guardiola le correspondió ser el primer miembro del club en hablar ante la prensa y, como es habitual en él, no se escondió. Pudo rehuir el asunto, alegando que él no posee ninguna responsabilidad en ese campo, como es obvio, y, más aún, que se trata de acusaciones generadas cuando él distaba mucho de pensar siquiera que algún día entrenaría al City. Pero Pep posee un sentido agudo de la responsabilidad y siente un agradecimiento profundo hacia dirigentes y aficionados del club, por lo que decidió pasar al ataque de manera frontal y sin rodeos. Solo le asesoró su mano derecha, Manel Estiarte. Nadie más en el club sabía que Pep saldría a atacar.

—Vivimos en un país maravilloso, en una sociedad en la que todo el mundo es inocente hasta que se demuestre lo contrario.

Excepto el Manchester City. Lo primero que ves, cuando lees los artículos que lees, es que ya nos han sentenciado y condenado. Cuando sucedió lo de la UEFA fue igual, ya nos habían condenado, pero luego resultó que el club pudo demostrar que éramos totalmente inocentes.

»Sí, eso creo [que las acusaciones están dirigidas por otros clubes], es la Premier League. Pregúntenle a los CEO de los diecinueve clubes, a Daniel Levy y a los otros. Ellos nos quieren fuera de la Premier. Han sentado un precedente. Sean cuidadosos en el futuro. Han creado un precedente. Muchos clubes han hecho insinuaciones y hay muchos clubes que pueden ser acusados como nosotros lo hemos sido.

»Yo no olvido los nueve clubes que escribieron una carta al TAS [Tribunal Arbitral del Deporte] pidiendo que nos echasen de la Champions League. No los olvido: Burnley, Wolverhampton, Leicester, Newcastle, Tottenham, Arsenal, Manchester United, Liverpool y Chelsea. No olvido que pidieron que nos expulsaran de la Champions para ocupar nuestro lugar, el lugar que nos ganamos sobre el césped. Julio César decía que en este mundo no hay amigos ni enemigos, solo hay intereses.

»¿Qué ocurrirá si somos inocentes? Porque si se diera el caso de que fuésemos culpables, ok, aceptaremos el castigo. Si somos culpables y nos envían a una categoría inferior, a la que sea, no hay problema, llamaremos a Paul Dickov y a Mike Summerbee y volveremos a hacerlo, volveremos a ascender con los jugadores que tengamos.[79] Pero ¿qué ocurre si somos inocentes? ¿Cómo se compensará este daño que nos han hecho, esta sentencia por adelantado?

»No me moveré de este asiento. Os lo aseguro. Ahora más que nunca me quiero quedar aquí. A veces he tenido dudas porque ya son muchos años en la Premier League, siete años, pero ahora no tengo ninguna duda: voy a seguir aquí. Mira lo que pasó con la UEFA. Es el mismo caso. ¿Por qué no debo confiar en mi gente? Entre la gente de fuera y mi gente, me quedo con mi gente.

ϒ

79. Mike Summerbee (1942) fue un gran delantero del Manchester City, contemporáneo y gran amigo de Georges Best. Jugó 357 con el City, en los que marcó 47 goles. Hoy es embajador del club y buen amigo de Guardiola. Paul Dickov (1972) jugó 174 encuentros con el City, anotando 35 goles, y hoy ejerce de analista de fútbol.

Claro está, el discurso de Pep conecta de un modo estrecho, íntimo y profundo con el sentimiento de los aficionados. Es como un *electroshock* que recorre los corazones *citizens*. Pep enfurecido, enarbolando la bandera azul, sin escudo ni protección, seguido por miles de fans llenos de pasión y fiebre por sus colores. El City contra todos. Un día de comunión emocional entre Pep y sus seguidores, un día en el que cierran filas, como un ejército atacado por todos los flancos que decide replicar con toda su energía, en lugar de acobardarse y rendirse.

Es Pep en estado puro. Atrevido y responsable, estrechamente conectado con su gente, y al mismo tiempo sin temor por el futuro, al fin y al cabo cuando este proceso termine él ya no estará en Mánchester, si se cumplen los largos plazos previstos. Pero a Guardiola nunca le importó sembrar árboles que no verá crecer, pues forma parte de su naturaleza. También es el Pep exagerado. En un momento de la rueda de prensa va demasiado lejos en su discurso y lanza una frase muy desafortunada: «No sé si el Manchester City también es responsable del resbalón de Steven Gerrard [en 2014, cuando dicho resbalón dio el título de Premier al Chelsea]». Es una frase innecesaria, de la que Pep se desdice cuatro días más tarde, pidiendo disculpas públicas —después de hacerlo en privado— a Gerrard «por mi innecesario y estúpido comentario». He aquí otro rasgo muy propio de Guardiola: la exageración, que en ocasiones le hace caer en errores infantiles, pero también la generosidad de reconocerlo sin rubor y pedir perdón: «Me avergüenzo de mí mismo por lo que dije porque [Gerrard] no se lo merece. Creo sinceramente en mis comentarios sobre la defensa de mi club, pero no representé bien a mi club al poner su nombre en estos estúpidos comentarios».

Cuando consigo hablar con él, está tan agobiado que apenas hay tiempo para preguntarle por qué se ha expuesto tanto, por qué ha decidido —otra vez, de nuevo, como en el Barcelona y en el Bayern— dar la cara por la institución en lugar de que lo hagan los dirigentes. Por qué razón ha decidido convertirse en escudo y en espada del City.

—Para defender aquello que amo y para defender a la gente que me quiere y que me ayuda.

Simplemente.

El domingo, los aficionados recompensan a Pep con una gran ovación y un apoyo colosal al equipo. No hay nada que provoque más unión en cualquier colectivo que un ataque exterior. Los abucheos al himno de la Premier League son masivos y suenan como un grito de guerra. En vez de rendirse, el Manchester City ha decidido luchar hasta el final, como dice una gigantesca pancarta situada en la grada, y los hinchas se emplean a fondo, empujando al equipo a una victoria cómoda que se concreta en el primer tiempo con goles de Rodri, Gündogan y Mahrez.

Lo más relevante del partido lo ofrece Bernardo Silva, al que Pep coloca como lateral izquierdo cuando el City no tiene el balón. Cuando dejó marcharse a Cancelo, todos los detalles en el entrenamiento presagiaban que Bernardo sería el elegido como lateral alternativo. Bernardo, el más polifuncional de sus jugadores, el hombre que ya ha jugado en todas las posiciones excepto como guardameta. El domingo da una exhibición de inteligencia táctica. Con balón se mueve como segundo mediocentro, próximo a Rodri, consiguiendo superar con facilidad la presión visitante, aunque de un balón dividido que no logra ganar se generará el único gol del Villa. Sin balón, Bernardo defiende como un lateral, se sitúa como zaguero si ha de dar cobertura a Laporte cuando este se incorpora como sexto delantero (3-1-6 del City en ataque frente al 6-2-2 del Aston Villa) y se muestra bravo y eficaz. Confirma un día más que su rendimiento mejora cuando está involucrado cerca del balón y empeora cuando se le aleja de la dinámica de juego. Bernardo da una lección magistral de polivalencia y flexibilidad táctica, lo que puede ser muy importante de cara a los inminentes desafíos. Hoy es día de recordar que, bromeando, cierta vez Bernardo se definió a sí mismo como un *attacking defender*, un «defensa atacante». La paradójica definición le cuadra perfectamente. Hoy añadirá: «Ha sido un reto, pero ha sido bonito. Me encantan los retos e intento ayudar al equipo al máximo. He tenido que centrarme más en no equivocarme, en ocupar los espacios y defender bien».

Pep llevaba días masticando la idea de jugar de nuevo con sus cuatro medios (Rodri, KDB, Gündogan y Bernardo) para tener un hombre más en el centro del campo. A la vista de que los tres atacantes son intocables, solo hay una forma de hacerlo: quitando a un jugador de la línea defensiva, lo que obliga a que ese centrocampista extra se desdoble en defensor cuando sea necesario. Pep ha dedicado muchas horas a reflexionar el movimiento y lo ha hablado con gente muy próxima a él. El entrenador veía problemas para ajustar al equipo con Bernardo como lateral izquierdo, en función de la rapidez de las acciones rivales. Tras mucho debate, Pep acaba confirmando su idea inicial de jugar con Bernardo en el puesto de Cancelo, porque, si bien no conoce los mecanismos específicos de la función de lateral, posee tanto fútbol en sus piernas y en su cabeza que es capaz de moverse como si hubiese jugado en esa posición toda la vida.

El Arsenal se ha dejado en casa dos puntos ante el Brentford (1-1) y la distancia se acorta a solo tres, aunque el City ha jugado un partido más. El próximo miércoles es el gran duelo entre las dos locomotoras del fútbol inglés. Pep cree que su equipo ya está preparado para desafiar al líder. En los entrenamientos de la semana ha confirmado que el cambio de actitud en los jugadores que se habían dormido es ya una realidad. Han despertado.

ESCENA 22

Pincha el Arsenal

Londres, 15 de febrero de 2023

—¿Te atreverás con Bernardo de lateral izquierdo ante un extremo como Saka?

—Ya lo verás. No lo dudes.

Pep está seguro. Bernardo Silva repite como lateral izquierdo frente al Arsenal.

—Yo no veo defensas o atacantes. Veo futbolistas que pueden jugar en diferentes posiciones en diferentes momentos.

Para el jugador portugués es distinto: «No puedo mentir, ha sido muy duro. Cuando juegas en estas posiciones, has de tener mentalidad de defensa y pierdes un poco de tu pensamiento ofensivo y lo que puedes hacer con el balón». Bromeaba sobre ser un *attacking defender* y ya ha comprobado los efectos de semejante polivalencia.

El Arsenal ha pinchado. Comenzó el año 2023 con siete puntos sobre el City (43 contra 36) y la ventaja se ha desvanecido. El equipo de Guardiola no era líder desde la segunda jornada de campeonato y esta noche recupera el liderato, tras ciento un días de dominio absoluto del conjunto de Arteta. Desde el inicio del año, el City ha ganado cinco de los siete partidos jugados y ha perdido los otros dos: quince puntos. El Arsenal solo ha ganado dos de los seis disputados, ha empatado dos y ha perdido otros dos. En esta diferencia de rendimiento se ha evaporado toda su ventaja, aunque todavía cuenta con el comodín de un partido pendiente contra el Everton, que podría devolverle el liderato.

En previsión de las posiciones interiores que adoptarán Zinchenko y Ødegaard en la salida de balón del Arsenal, Pep decide dos días antes del partido modificar la estructura del equipo sin balón. Desde 2020, ha sido siempre en forma de 4-4-2, donde el delantero y un interior son los hombres más avanzados, mientras los extremos se retrasan a la altura de Rodri y el otro interior, aunque abiertos a las bandas para tapar el avance de los laterales rivales. El equipo ha adquirido un gran dominio de dicha estructura y, de hecho, ha encajado poquísimos goles cuando se ha enfrentado con esta organización a un buen ataque. Es uno de los rasgos esenciales del equipo, que ha aprendido a manejarse sin agobio cuando no tiene el balón gracias a dicha estructura.

A Pep le preocupa la creatividad de Zinchenko y Ødegaard. Ambos acostumbran a ubicarse alrededor del círculo central, desde donde organizan el avance *gunner*, por lo que decide taparlos con sus dos extremos (Mahrez y Grealish), mientras envía a los dos interiores (KDB y Gündogan) a las bandas. Solo hay un día de entrenamiento para probarlo, el martes previo al encuentro, y Pep dedica bastantes minutos a modificar la organización habitual en su equipo. Ha tomado otra decisión: repetir con Bernardo Silva como lateral izquierdo y así poder utilizar a Nathan Aké como zaguero. El entrenador intuye que no será un partido que pueda dominar cómodamente y que su equipo pasará muchos minutos encerrado por el dominio del Arsenal, por lo que elige a sus defensas más rocosos. Pep siempre escoge a los que considera más adecuados para el plan específico de cada partido. Si imagina un partido con mucho dominio del City y que podrá elaborar el *build up* sin dificultad, se decanta por defensores con una gran sensibilidad con el balón. Es el momento de Lewis o Laporte. Si imagina lo contrario, entonces es el momento de Walker, Dias o Aké. Esta distinción, tan simple, está en la base de sus decisiones a la hora de elegir la alineación. Lo mismo ocurre en otras zonas del juego. Si intuye que precisará mucho control y estabilidad, optará por interiores como Bernardo y Gündogan, pero si cree que hará falta velocidad y vértigo preferirá a De Bruyne y Foden. Como es obvio, ningún partido se presenta nunca en un único sentido, por lo que siempre elige un equilibrio de cualidades que permita a su equipo ser competitivo en cada momento del encuentro. Este equilibrio es el que le lleva a enfrentarse al Arsenal en el partido más importante de lo que llevamos de temporada con dos zagueros de área como Dias y Aké, combinados con dos laterales de rasgos tan dispares como Walker y Bernardo. La búsqueda de dicho equilibrio entre cualidades complementarias para afrontar rivales de características también distintas es lo que provoca que Pep repita muy pocas veces una misma alineación, al margen de dar descanso y frescura a las cabezas y las piernas de los jugadores. En el Bayern jugó cien partidos consecutivos sin repetir alineación, y lo mismo está haciendo en el City. La mejor alineación nunca es la de los mejores once jugadores, sino la que mejor se adapta al rival al que se quiere batir.

A los veinte minutos de partido, justo después de que Nketiah desperdicie de cabeza un balón de oro centrado por Zinchenko, Pep se gira hacia Rodolfo Borrell en el banquillo y reconoce: «Esto es una mierda. La he cagado, no funciona». Así es. De Bruyne y Gündogan están perdidos en esa estructura sin balón y, para colmo, Arteta ha modificado sus intenciones y envía a Zinchenko por fuera para que sea Martinelli quien genere el juego por dentro. El City no logra tapar bien las zonas centrales del campo y se siente agobiado por un Arsenal agresivo, que supera sin dificultad el 4-3-2-1 rival. Cada vez que los *gunners* rompen esa primera barrera, el City se resitúa en forma de 4-1-4-1 para proteger su área algo mejor. El cambio de estructura le sienta fatal al equipo, que no logra reunir dos pases seguidos, ni consigue avanzar hacia zonas de peligro. Su juego se limita a balonazos largos. «Hemos lanzado muchos balonazos y no ha sido positivo. Una cosa es dar pases largos, con un sentido y una intención, y otra es quitarse el balón de encima con balonazos a ninguna parte», reflexionará Pep más tarde con su gente.

Ederson no acostumbra a dar balonazos, sino pases largos con intención. El gol de KDB a los veintitrés minutos llega en un pase de Ederson hacia Haaland que Saliba cabecea hacia atrás. Poco tiempo antes se ha producido una acción idéntica y Tomiyasu, muy presionado por Grealish, ha cedido sin problemas a su guardameta para que reiniciara el juego. Ahora, el lateral japonés intenta lo mismo, pero su cesión atrás se queda corta y De Bruyne la aprovecha para golpear con una vaselina por encima de Ramsdale y abrir el marcador. Hacia el minuto 50, Ederson repetirá el pase largo y la acción concluirá en una peligrosa falta contra Grealish que Rodri cabeceará contra el travesaño. Diez minutos antes, sin embargo, Xhaka aprovecha las grietas de la defensa *citizen* para filtrar un pase vertical a Nketiah que concluye en penalti de Ederson. Posiblemente ha sido correcto señalar pena máxima, pero no deja de ser paradójico que hace tres días sucedió lo mismo en el Etihad, cuando Emiliano Martínez chocó con Haaland, y el árbitro señaló falta del delantero noruego. Hoy, en una acción idéntica, ha marcado penalti. Más allá del sentimiento de perjuicio que cada equipo pueda sentir, es indiscutible que el nivel del arbitraje en la Premier League es muy irregular, tanto sobre los terrenos de juego como en las cabinas del VAR.

No hay buenas caras en el vestuario y Pep decide asumir su error: «Chicos, me he equivocado. Mi idea ha sido horrible. Vamos a volver a lo básico: sin balón, 4-4-2, Riyad y Jack abiertos en banda, Kevin arriba, Gundo abajo con Rodri». No es el único cambio. Disecciona con brillantez un primer tiempo muy pobre: «Sabemos que cuesta mucho jugar contra ellos porque son muy buenos y saltan hombre contra hombre todo el rato. Estáis presionados todo el rato, pero vosotros sois muy buenos. Dejaos ir un poco más, soltaos, olvidad la presión. Vamos a asociarnos más y no busquemos el espacio tan rápido porque eso solo nos lleva a perder más rápido la pelota. Distancias más cortas entre todos vosotros, más juntos para encontrarnos con más facilidad. Pases largos sí, balonazos sin sentido no». También corrige la marca sobre Martinelli. Envía a Rúben Dias sobre Ødegaard, aunque tenga que cruzar medio campo cada vez, lo que permite que Aké ayude mejor a Bernardo Silva sobre Buyako Saka, y encomienda a Rodri tapar la posición flotante de Martinelli, que en el primer tiempo conseguía ganarle la espalda con facilidad.

Los cambios modifican el partido. El City parece otro, incluso a pesar de que el VAR anule por fuera de juego un penalti señalado de Gabriel sobre Haaland. El equipo se reencuentra, y aún más cuando Pep realiza una sustitución que marcará el devenir del partido y quién sabe si del campeonato. Contra todo pronóstico, a los sesenta y un minutos introduce a Akanji como recambio de Mahrez. Parece un cambio defensivo, no en vano un zaguero suple a un extremo, pero es una sustitución rotundamente ganadora. Bernardo abandona el lateral izquierdo, que pasa a ocupar Aké, y se alinea como extremo derecho. Corregida la estructura sin balón (4-4-2), ahora modifica el *build up*, que del 3-2-5 muta al 4-3-3. Gana superioridad en la salida y sortea la presión individual de los locales con pases más cortos entre próximos, combinados con pases largos hacia la línea defensiva del Arsenal para aprovechar las segundas jugadas. En cambio, Arteta permanece petrificado mientras Grealish supera una y otra vez a Tomiyasu y no da entrada a Ben White en el puesto del japonés hasta los minutos finales, cuando el partido ya ha quedado sentenciado. Pep tendrá un minuto para hablar de Bernardo:

—Es una joya. Lateral izquierdo o extremo derecho, siempre bien, en cualquier rol, en cualquier posición. Un futbolista con mayúsculas.

Como extremo derecho, Bernardo se da un festín. Es un festín de *gegenpressing*, todo un homenaje al «contrapressing» de Jürgen Klopp. Posiblemente no habría sido posible sin la impresionante presencia de Erling Haaland, un delantero fabuloso si miramos su efectividad, pero aún más colosal por la energía que desprende. El *Homo Haalandensis* parece la evolución del delantero centro. Es un monstruo que derriba gigantescos zagueros rivales como si fuesen frágiles cañas de bambú. La velocidad, la fuerza de su galope, la agresividad de los movimientos, la energía eléctrica que emana de sus acciones, todo en Haaland tiene aroma de alto voltaje. Y hoy está especialmente motivado y agresivo. Esta ventaja la aprovechan Bernardo, De Bruyne, Rodri y Walker, que muerden por toda la zona izquierda del Arsenal hasta hacerla añicos. Por más solidez que tienen los excelentes zagueros locales y calidad técnica que atesoran Zinchenko, Xhaka y Martinelli, la presión *citizen* resulta tan agobiante que conduce indefectiblemente a sucesivas recuperaciones de balón traducidas en los goles de Grealish y Haaland. El triunfo es contundente y devuelve al City al liderato provisional, con un partido más que el Arsenal (no ocupaba esa posición de privilegio desde la segunda jornada). Es la séptima victoria seguida del equipo de Guardiola contra los *gunners* desde 2020 y el refrendo de una remontada que parece tener un largo recorrido. Otras cifras son inéditas. El City solo ha tenido el balón en su poder el 36 % del tiempo, su peor dato en la Premier League, el segundo peor de toda la etapa Guardiola.[80] El equipo apenas ha dado 301 pases —contra 522 del Arsenal—, más o menos la mitad de los habituales, con un pésimo acierto del 72 %, veinte puntos porcentuales por debajo del promedio. El Arsenal ha acumulado veinte secuencias de diez o más pases; el Manchester City solo ha logrado siete. Son cifras bajísimas, totalmente impropias del equipo, pero que reflejan la fortaleza real del Arsenal y la dureza extrema de un partido que puede valer un título.

80. Contra el Barcelona obtuvo un 34,6 % en 2016, en partido de la Champions League.

ESCENA 23

Match Point

Nottingham, 18 de febrero de 2023

La jornada 23 de la Premier League es el epítome de los inmensos pequeños dramas deportivos que propicia el fútbol. Como en la escena final de *Match Point*, la película dirigida por Woody Allen, la pelota se estrella contra la parte superior de la red, oscila, rebota, titubea, se sostiene en el aire durante unas milésimas de segundo que parecen eternas y, finalmente, cae a favor de uno de los contendientes. Exactamente así ha ocurrido en este sábado 18 de febrero.

Todavía es mediodía y el Aston Villa ya domina en el marcador al Arsenal. Por dos veces, el equipo de Mikel Arteta logra igualar el partido gracias al gran dominio que ejerce sobre el campo, donde desarrolla un juego primoroso. Cuando el partido agoniza, los villanos logran rematar contra el travesaño de Ramsdale, pero no obtienen el gol del triunfo. A los noventa y tres minutos, Jorginho dispara desde lejos un balón que se estrella en el travesaño local, rebota en la cabeza del guardameta Emiliano Martínez y se introduce en la portería del Aston Villa. Es el 2-3 del triunfo *gunner*. El VAR permanece mudo ante los dos jugadores del Arsenal que, situados en fuera de juego, obstaculizan la visión del guardameta. Los de Arteta aún tienen tiempo para aprovechar que Martínez sube a rematar un córner en el último segundo y baten de nuevo la portería que ha quedado vacía. Es un triunfo agónico, pero absolutamente merecido del Arsenal.

Sin embargo, los méritos no importan en el fútbol. Importan los goles que se obtienen y los que se conceden.

Dos horas más tarde, el City ve cómo la pelota estrellada contra la red rebota en su contra. Domina y avasalla al Nottingham Forest, con periodos en los que tiene el balón en su poder durante el 80 %, el 85 % e incluso el 91 % del tiempo. Los jugadores de Guardiola, de nuevo con Bernardo Silva como lateral izquierdo, aunque en realidad se mueve libre por todo el terreno, aplastan a los locales con interminables secuencias de pases, pero no son pases intrascendentes, sino ágiles e intencionados. Los *citizens* viven prácticamente en el área rival, donde por momentos se amontonan docena y media de jugadores. Asedian sin parar al guardameta Keylor Navas, desarrollando el mejor juego de la temporada. De nuevo es un Manchester City coral, asentado, preciso y rápido en los pases, ágil para cambiar de lado, agudo para crear ocasiones de gol. Pero se marcha al descanso con una ventaja mínima, obra de Bernardo Silva, que marca desde fuera del área. En la reanudación se multiplican las ocasiones clamorosas: Foden, Haaland, Rodri, Laporte, Grealish, Gündogan... Todos pueden marcar y sentenciar, pero ninguno lo consigue, y solo De Bruyne se muestra desafinado dentro de la sinfonía *skyblue*. Y como en la película de Woody Allen, cuando apenas quedan cinco minutos, el Nottingham pisa por vez primera el área visitante y marca el gol del empate. Bernardo salta en exceso sobre un rival y a continuación, quizá para no cometer penalti, Laporte se hace a un lado y le abre la puerta del área a Brennan Johnson para que continúe su carrera, que desembocará en el empate. Es el cuarto partido consecutivo en que el City recibe gol en el primer disparo del rival. Ha jugado un partido brillante y ha obtenido un resultado pésimo, que devuelve el liderato al Arsenal y reabre viejas heridas que parecían cerradas dentro del vestuario. Ninguna herida se cura en dos días y los reproches resurgen cuando los resultados se tuercen.

A veces, la pelota cae del lado más inverosímil.

ESCENA 24

Tres de tres

Mánchester, 18 de marzo de 2023

Tres de tres.

Después del *match point* perdido en Nottingham, el City encadenó una serie de partidos difíciles y ásperos. Empató en campo del Leipzig en la Champions, un encuentro que dominó plácidamente en el primer tiempo y sufrió ácidamente en el segundo (1-1). En el Vitality Stadium bastaron cuarenta y cinco minutos espléndidos de Rico Lewis para sentenciar a un Bournemouth que parecía más peligroso de lo que fue en realidad (1-4). En Ashton Gate batió fácilmente al Bristol en octavos de la FA Cup (0-3). De regreso al Etihad, tras cinco partidos consecutivos como visitante en solo trece días, superó al correoso Newcastle por 2-0, ya con Phil Foden mostrándose a pleno rendimiento e igualando su récord de goles en la liga (nueve), y con Ederson sumando cien porterías a cero en doscientos ocho partidos. Pero el Arsenal salvó durante esas mismas fechas dos *match points* en los instantes finales de sendos encuentros: empataba a dos en campo del Aston Villa, pero logró un par de tantos en los minutos 93 y 98; y también empataba a dos en el Emirates Stadium frente al Bournemouth, y Reiss Nelson lo rescató en el 97. Sin esos goles agónicos, el equipo de Arteta solo tendría un punto de ventaja sobre el de Guardiola, pero su brillante juego y su espíritu indomable le permitieron mantenerse firme en lo alto de la clasificación, cinco puntos por delante del City.

Fue entonces cuando Guardiola dijo: «Nuestros tres próximos partidos marcarán nuestra temporada. Si los ganamos, seguiremos vivos en las tres competiciones. Si los perdemos, estamos fuera y se acabó». Con la experiencia ganada en sus quince años como entrenador, Pep ha tomado conciencia plena de que no puede hacer planes a largo plazo, ni siquiera a medio. Hay que ir día a día, partido a partido, sin mirar más lejos. Conoce perfectamente la realidad de la lucha por la Premier League: su equipo ha de ganar todos los partidos que restan, sin ningún tropiezo más. El último traspié permitido fue el de Nottingham, pero ya no hay más margen. Hay que ganar los doce partidos que faltan —lo que supone vencer, entre otros, al Arsenal en el Etihad— y confiar en un resbalón del equipo de Arteta. Es la única manera de retener el título de campeón. Por esta razón dice que los siguientes tres partidos serán decisivos. El de liga porque ya queda dicho que solo existe la opción de ganar. Los de Champions y FA Cup porque son eliminatorias sin vuelta atrás.

UNO DE TRES

El primero de los tres partidos lo supera con dificultades porque el Crystal Palace se atrinchera en Selhurst Park en un 5-4-1 espeso como una malla de acero. No hay por donde penetrar la coraza. A cambio, es cierto, Ederson vive una tarde plácida, pues el cuadro local no dispara ni una sola vez contra el portero brasileño, pero en el área contraria cohabitan tantos hombres por metro cuadrado que apenas hay aire para respirar. Una y otra vez, los remates de Haaland, Grealish, Rodri, Foden o Julián se escapan por escaso margen. Solo un despiste inesperado, hacia el final del partido, permite que Gündogan aproveche un saque de esquina lanzado rápidamente por Bernardo y provoque un penalti que transforma Haaland. Por vez primera en la temporada, el City suma cuatro victorias seguidas en la Premier. De Selhurst Park sale un Rodri espectacular, cada día mejor, más estable y creativo, un mediocentro descomunal.

Llega el Leipzig y no es un duelo cualquiera. Aunque Pep trata de mantener calmado a su equipo y repite el mantra de que solo es un partido más, es consciente de su trascendencia. Supone alcanzar los cuartos de final de la Champions por sexta temporada consecutiva, implica llegar casi a la recta final. Está nervioso. El domingo 12, a dos días del partido, ya ha decidido el plan de juego, que difiere del habitual. El partido de ida en Leipzig le dejó buenas lecciones para comprender mejor cómo juega el rival, en especial la excelente conexión en el costado izquierdo entre Gvardiol, Raum y Werner. Para quebrarla decide emplear a Bernardo Silva en la posición teórica de extremo derecho, convertido en «cortocircuitador» de la salida de balón del Leipzig.

Como en todos los grandes partidos, Pep quiere contrastar opiniones con Juanma Lillo. Conectados por FaceTime, dedican la noche del domingo a revisar el plan que explica Pep: «Tres atrás (Akanji, Dias, Aké), tres en medio (Rodri, Gündogan, KDB), tres delante (Bernardo, Haaland, Grealish) y uno por dentro haciendo la superioridad (Mahrez)». Discuten los inconvenientes de jugar sin lateral derecho y las ventajas de que Mahrez juegue por dentro, al estilo de lo que hizo en ocasiones Robben en la última temporada de Pep en el Bayern. Mahrez ya jugó prácticamente como atacante por el interior en la ida en Leipzig, dejando la banda a Walker. Ahora, el entrenador piensa en repetir la operación —porque facilitaría el regate y el disparo del argelino—, pero dejando también a Bernardo abierto en la banda.

Durante hora y media, Guardiola y Lillo discuten el plan. Están lejos uno del otro, pero se hallan más cerca que nunca en cuanto a cultura futbolística. Repasan la experiencia vivida la pasada temporada contra el mismo equipo en la fase de grupos (6-3 en el Etihad, 2-1 en Leipzig) e intentan encontrar los puntos débiles del rival. A Pep no le importa arriesgarse en este encuentro y que haya muchas transiciones arriba y abajo, algo que en la ida intentó evitar al máximo. Ahora el partido ya es a todo o nada y, además, De Bruyne y sus veloces zancadas vuelven a estar disponibles. Es un partido para ser valiente y el entrenador promueve romper un poco su habitual equilibrio entre control y vértigo. Bernardo es la pieza clave, como resume Pep: «Con balón ha de darnos superioridad en el centro del campo; sin balón ha de romper la conexión izquierda del Leipzig». Es medianoche cuando se despiden. La planificación del partido parece haber concluido.

Pero Pep siempre le da una vuelta de tuerca más a cualquier idea y no duerme tranquilo aquella noche. Durante el entrenamiento del lunes sigue madurando su propuesta y se exige a sí mismo una revisión a fondo. El plan es bueno porque acierta en el rol clave de Bernardo en el costado derecho, pero tiene un punto flaco: la ausencia de lateral derecho puede obligar a realizar coberturas defensivas excesivamente arriesgadas a Akanji, a Rodri y al propio Bernardo. Le preocupa que el plan sea demasiado arriesgado y lo verbaliza en privado del siguiente modo:

—Quizás estoy exponiendo demasiado a los jugadores. Quizás en vez de darles seguridad les provocaré demasiada incertidumbre.

Piensa en modificar el plan. Mantener a Bernardo Silva como pieza clave en las dos funciones que le encomienda —cortocircuitar el *build up* alemán y ganar superioridad en el centro—, pero retirar la opción de Mahrez y sustituirlo por un lateral-interior. Así, no solo podrá ganar superioridad arriba con Bernardo, sino también por atrás, al adelantar al lateral. Su elección es Stones. ¿Por qué? Porque Rico Lewis, idóneo para el papel, aún es joven para jugársela en semejante desafío y porque Kyle Walker, óptimo para sujetar a Werner, aunque algo menos como lateral-interior, está «congelado» tras haberse conocido su poco edificante comportamiento durante el fin de semana libre del que disfrutaron los jugadores tras vencer al Newcastle.

A medianoche del lunes, Pep corrige su primer plan: «Tengo la impresión de que mi propuesta puede descolocar un poco a los jugadores en un momento tan delicado. Creo que será mejor poner a Stones como lateral-interior y mantener la idea de Bernardo abierto». Vuelve a revisar las ventajas e inconvenientes y evalúa posibles alternativas. Stones cumple todos los requisitos: puede defender bien los ataques de Werner y acoplarse con Rodri en el centro del campo, además de cubrir las espaldas de Bernardo para que el portugués pueda moverse con plena libertad. Ahora sí, el lunes a medianoche queda cerrada la idea. Mahrez es el sacrificado.

DOS DE TRES

Cinco goles de Erling Haaland han dinamitado al RB Leipzig. El noruego se lleva merecidamente todos los focos del Etihad Stadium. Ha tocado treinta veces el balón, ha dado dieciséis pases, ha rematado ocho veces, todas ellas a portería, marcando en cinco ocasiones, ninguna con pase previo de un compañero, cuatro goles obtenidos a partir de saques de esquina. Suma treinta y tres goles en veinticinco partidos de la Champions League, diez de los cuales en la presente edición.[81] Ha igualado el récord de cinco goles marcados en un partido de eliminatorias de la máxima competición continental, que estaba en poder de Leo Messi y de Luiz Adriano.[82]

Haaland ha aprovechado casi todos los balones que han caído en sus pies esta noche helada en Mánchester. Tres de sus remates, bien

81. Leo Messi necesitó 52 partidos para anotar 33 goles.

82. Messi marcó cinco goles el 7 de marzo de 2012, cuando el Barcelona entrenado por Guardiola eliminó al Bayer Leverkusen (7-1), en octavos de final. Luiz Adriano, el delantero del Shakhtar Donetsk, también marcó cinco goles frente al Bate Borisov el 21 de octubre de 2014, pero en partido de fase de grupos (7-0).

dirigidos, no han recibido premio gracias a la buena intervención de Janis Blaswich, el guardameta alemán, pero los otros cinco han sido gol. El primero lo ha obtenido lanzando desde el punto de penalti. El árbitro ha sancionado como tal un roce del balón con el brazo de un defensor del Leipzig, pero ha sido un roce mínimo, prácticamente inexistente. Son decisiones que vienen ridiculizando cada día más a los árbitros, al reglamento y al empleo del VAR, cuando uno recuerda que hace tres semanas otro defensor del Leipzig, Benjamin Henrichs, detuvo con las dos manos un remate de Rodri dentro del área y los árbitros no se dieron por enterados. Más que nunca, el arbitraje desprende aromas de lotería.

En cualquier caso, Haaland ha marcado su sexto gol en seis lanzamientos de penalti y solo dieciocho segundos después del saque de centro ha presionado agresivamente a Blaswich, quien se ha quitado de encima el balón, reenviado hacia delante por Akanji para que KDB controlara y rematara al travesaño. Haaland, quién si no, ha estado en el punto de caída del balón para cabecearlo a la red. En veinte segundos, el Leipzig ha sido demolido. Casi en el momento de retirarse al vestuario, Haaland ha anotado su tercer gol, para sumar cinco *hat-tricks* con el City, en un córner sacado por Grealish, cabeceado por Dias al poste, salvado por Blaswich y finalmente amartillado por el cíborg noruego.

Gündogan ha obtenido el cuarto tanto, tras una precisa combinación entre Ederson, Bernardo, KDB, Haaland y Grealish. En otro saque de esquina cabeceado inicialmente por Bernardo, Haaland ha marcado el quinto. Y a los cincuenta y siete minutos Haaland ha obtenido su repóker personal de goles al remachar un centro de Mahrez que había desviado Akanji y había salvado el portero alemán. A los noventa y un minutos, De Bruyne ha cerrado el marcador, un 7-0 tan abrumador como inesperado dada la calidad real del adversario.

Es la cuarta ocasión en que un equipo dirigido por Guardiola obtiene guarismos similares en octavos de final de la Champions: con el Barcelona goleó 7-1 al Bayer Leverkusen el 7 de marzo de 2012; con el Bayern de Múnich derrotó por 7-0 al Shakhtar Donetsk el 11 de marzo de 2015; con el Manchester City venció por 7-0 al Schalke 04 alemán el 12 de marzo de 2019. Y hoy, de nuevo en marzo, otro 7-0 en la misma fase eliminatoria de la competición.

Detrás de los focos que iluminan al exuberante Haaland hay dos hombres que han intervenido decisivamente en el éxito: Stones y Bernardo. El defensa ha sido clave para lograr una buena salida de balón, que el City ha establecido en 3+2. Como el Leipzig ha empleado su habitual 4-2-2-2, los tres zagueros *citizens* han podido iniciar el juego sin excesivas dificultades al disponerse con mayor amplitud que los oponentes. Por dentro, Rodri y Stones se han escalonado con acierto, logrando sumar innumerables pases hacia los cinco atacantes. Stones quizá no posee la finura de pies de Rico Lewis, pero sí su mismo atrevimiento, y ha añadido una defensa agresiva sobre Werner en cualquier zona de la banda, hasta anular al delantero alemán. Por su parte, Bernardo ha sido crucial en la presión local porque ha dinamitado la salida entre Gvardiol y Raum, y ha presionado con energía al guardameta Blaswich, que ha cometido varios errores en sus pases. «Bernardo es muy intuitivo, tiene la habilidad de presionar a tres jugadores al mismo tiempo. No hay nadie capaz de hacer algo parecido», ha dicho Pep, elogiando esa especial intuición del portugués que le permite ubicarse de tal modo que inutiliza a tres rivales de golpe. La gloria y el balón son para Haaland, pero los elogios del cuerpo técnico recaen en Stones y Bernardo. Pep se va a casa convencido de que la presión alta mediante los extremos puede marcar diferencias en la Champions.

TRES DE TRES

Vincent Kompany ha catapultado al Burnley de nuevo a la Premier League, con registros excepcionales. Cuando se han cumplido cuarenta jornadas del duro torneo de la Championship, el antiguo capitán del City ha vuelto a demostrar su calidad como entrenador, tras su magnífico paso por el Anderlecht belga. Recogió un Burnley malherido y lo ha transformado en un equipo ganador que asombra por el juego y su hambre de triunfo. Ha ganado veinticuatro de los treinta y siete partidos de la segunda división inglesa y solo ha perdido dos encuentros. A mediados del mes de marzo solo le faltan ocho puntos de los veintisiete en juego para asegurar matemáticamente que disputará la próxima Premier League.[83]

Kompany no solo ha convertido el equipo en una máquina de ganar, sino que ha cambiado de manera radical su estilo de juego. El Burnley era el último abanderado del juego directo inglés, el primero

83. El 7 de abril, a falta de siete jornadas para el final del campeonato, el Burnley aseguró el ascenso matemático.

de los estilos con que se practicó este deporte a partir de 1863, un estilo nacido a partir del espíritu aguerrido de los jinetes ingleses, lanza en ristre, pecho al descubierto, sin miedo a nada ni a nadie. Aquel estilo directo se ha ido perdiendo con el paso de los siglos hasta quedar en apenas un recuerdo borroso en manos de unos pocos practicantes. El Burnley era uno de ellos, pero Kompany ha acabado con el estilo nostálgico del pasado y ha abrazado postulados modernos. Sus jugadores le han acompañado en este viaje y los resultados le sonríen.

Tan atrevidos se sienten los hombres de Kompany que desembarcan en el Etihad con el coraje de marcar hombre a hombre al City, como hiciera el Arsenal en esta misma competición de FA Cup a finales de enero. Parece casual, pero los líderes de ambas categorías (Arsenal en la Premier, Burnley en la Championship) se enfrentan del mismo modo al equipo de Guardiola, con pegajosos marcajes al hombre por todo el campo. El City demuestra que aprendió la lección de su enfrentamiento con el Arsenal y templa su juego a partir del guardameta Ortega, hombre libre en casi todas las acciones. Ortega enfría las pasiones y distribuye el balón con acierto para minar la energía visitante hasta que aparece Haaland y destruye los planes del rival. A la media hora, Ortega encuentra en largo a Haaland, que cede a Julián Álvarez y echa a correr. El argentino filtra un pase medido y el noruego emboca a la red. Tres minutos más tarde vuelve a hacerlo tras una precisa carrera y pase de Foden por la izquierda, a quien ha lanzado De Bruyne como si fuese una proyección de sí mismo. Y a los cincuenta y nueve minutos, Haaland obtiene su sexto *hat-trick* del curso, y su octavo gol en los últimos ciento veinticuatro minutos jugados, remachando una excelente acción colectiva que termina Foden con un disparo al poste. Después, Julián Álvarez por dos veces y Cole Palmer cierran un 6-0 que permite al City acceder por quinto año consecutivo a las semifinales coperas de Wembley, donde se medirá al Sheffield United, tras eliminar a Chelsea (4-0), Arsenal (1-0), Bristol (0-3) y Burnley (6-0), catorce goles a favor por ninguno en contra.

Los de Guardiola han logrado el objetivo señalado por su entrenador: llegar al mes de abril vivos en las tres competiciones. Será muy difícil ganar alguno de los tres títulos, pero están vivos para intentarlo. En la Premier, el Arsenal tiene ocho puntos de ventaja —con un partido más—, en la Champions debe enfrentarse nada menos que al Bayern de Múnich y la FA Cup es una competición imprevisible, pero el equipo ha recuperado la energía y el hambre tras su triste inicio de año. Hoy ha sumado la quinta portería a cero y la sexta victoria consecutiva, ha marcado el gol número mil doscientos en el Etihad Stadium (trece de ellos en los últimos cuatro días), y sobre todo se ha confirmado como un equipo que ha alcanzado el estado óptimo de forma en el momento en que comienza el esprint final.

Por encima de ello, advierto tres pequeños detalles en el juego del equipo que me llaman la atención. Son tres microdetalles, posiblemente sin importancia, pero que quiero mencionar.

El primero es que el saque de centro ya no se dirige desde el delantero hacia el mediocentro (en este caso, Rodri), como ha sido norma en el equipo desde hace años, sino que desde hace una semana el balón es enviado por Haaland directamente a su portero. En los tres partidos en que se ha puesto en marcha este microdetalle (contra Newcastle, Leipzig y Burnley), el guardameta ha esperado unos instantes para que todos sus compañeros se adelantaran una decena de metros y ha reenviado el balón muy lejos y hacia un costado, en busca de un control por parte del extremo o, en su defecto, de un fuera de banda en contra que obligue al rival a reiniciar el juego desde muy atrás, con lo que el City puede ejercer su fuerte presión en una zona de riesgo. Es cierto que en alguna ocasión ya se sacó de esta manera el año pasado, pero fue puntual. Ahora se ha convertido en un detalle estructural.

El segundo microdetalle ha sido la permuta de los dos interiores. Se ha producido hacia los veinticinco minutos del primer tiempo. De Bruyne ha comenzado el partido en su zona preferida, la derecha, probablemente para mantener la buena conexión que tiene con Mahrez, mientras Julián Álvarez lo ha hecho en la «zona Gündogan», la izquierda. Pero ni uno ni otro han logrado conectar con sus mediocentros ni con sus extremos debido al marcaje al hombre tan pegajoso del Burnley. En este punto, Pep ha ordenado la permuta de zonas y ha sido como la aparición del sol tras la tormenta. Julián ha podido enganchar directamente con Haaland por el carril derecho —primer gol— y De Bruyne ha sido el hilo que ha cosido el costado izquierdo, uniendo los puntos suspensivos que separaban a Rico Lewis y a Phil Foden, próximos entre sí pero alejados por la falta de un conector. Desatascado el partido y conectadas ambas zonas del campo, KDB y Julián se han mantenido respectivamente a izquierda y derecha del terreno hasta el final.

El tercer microdetalle ha surgido a los sesenta y cinco minutos, tras la sustitución de Rúben Dias por Manuel Akanji. En vez de ocupar la parte derecha de la zaga, Akanji ha ocupado la izquierda, dejando la derecha para Aymeric Laporte. Es decir, el City ha jugado la última media hora con sus zagueros a pierna cambiada. La razón estriba en la entrada de Sergio Gómez como lateral izquierdo en lugar de Rico Lewis, aunque ambos han realizado el mismo rol de lateral-interior, pero la posición corporal de Gómez es, obviamente, la opuesta a la de Lewis, al ser zurdo. Al situar a Laporte en la derecha, sus pases a Gómez han permitido a este orientarse hacia la portería rival sin necesidad de efectuar ningún giro corporal, ganando unas décimas de segundo.

Tres de tres y bien vivos en las tres competiciones. Los objetivos a corto plazo de Pep se han cumplido. Lo celebra en el restaurante Musu, con una cena *omakase* a menú completo. Ahora mismo está cruzando los dedos para que nadie llegue lesionado tras los partidos de selecciones nacionales y para que el equipo al completo pueda afrontar el durísimo esprint final del curso. Será un esprint a tumba abierta.

ESCENA 25

Stones, piedra angular

Mánchester, 1 de abril de 2023

Màrius lee con atención un tuit de Opta, la empresa especializada en datos aplicados al fútbol. «Mira lo que dice de Stones». Màrius está sentado en el coche a la izquierda de Pep, que conduce de regreso a casa, desde el Etihad. «Solo ha fallado 87 pases de 1300 en toda la temporada». Es un dato colosal. Supone un 93,3 % de acierto en los pases, una ratio magnífica para un jugador al que se le pide que asuma riesgos. Pep asiente con la cabeza: «John es un monstruo».

Hoy ha sido un monstruo, la piedra angular sobre la que se ha fraguado la demolición del Liverpool. La exhibición de Stones ha sido una de las más impactantes de la temporada en el fútbol inglés. Ha jugado como «lateral-interior» y su influencia en el juego ha superado en mucho a su acierto en los pases. Se ha movido por dentro, cercano a Rodri, aunque a diferente altura. Ambos han escalonado y coordinado sus movimientos hasta componer una sinfonía en el inicio del juego que ha desarbolado toda la presión del Liverpool, la gran especialidad de Klopp.

Tras haber probado como «lateral-interior», con éxito dispar, a Zabaleta y Clichy, a Danilo y Fernandinho, a Delph y Zinchenko, a Cancelo, Rico Lewis y Walker, hoy Pep ha vuelto a elegir a Stones para una función que se ha convertido en esencial dentro de su modelo. Y Stones ha bordado la misión encomendada. Por izquierda y por derecha, por dentro y también por fuera, en defensa y en ataque, Stones ha dirigido a su equipo hacia un triunfo aplastante (4-1) y una exhibición colectiva de juego que ha facilitado el siguiente comentario entre miembros del cuerpo técnico: «Ahora sí está claro que podemos competir por todo».

Pep reflexiona en voz alta sobre el éxito de Stones en esta función:

—Es mérito de Rico Lewis. El chaval fue quien iluminó el camino. Ya son muchos años jugando con laterales interiores, pero Rico dio una clase magistral sobre lo que hay que hacer en esta función. Sus movimientos nos dieron fluidez y nos hicieron despegar en un momento en que no conseguíamos arrancar. Claro, no tiene la experiencia de Kyle [Walker], pero fue el que nos enseñó a todos que había pequeños trucos en esta función. Y ahora John [Stones] lo está aprovechando para dar un recital.

Màrius quiere saber más y su padre sigue hablando:

—Soy muy pesado en este tema, pero siempre os he dicho que la táctica no son números de teléfono. La táctica son los jugadores, es la manera en que ellos interpretan una idea de juego. La táctica es que ellos sepan en todo momento qué deben hacer. Y son ellos los que nos enseñan a nosotros, no yo a ellos. Yo puedo darles indicaciones y consejos, puedo ofrecer una propuesta de juego, pero son ellos los que crean la verdadera táctica a partir de su manera de comportarse, de su naturaleza, de lo que les sale de dentro. Por eso digo que Rico Lewis es quien ha abierto camino, por la manera en que jugó como lateral-interior. Fue quien nos ayudó a despegar en un momento en que estábamos muy pesados.

Hay otro asunto que le ocupa y al que da vueltas. Sin Haaland, lesionado, el equipo ha jugado este mediodía como los ángeles, recordando los mejores momentos de la temporada pasada, cuando la ausencia de un delantero centro puro obligó a usar el falso 9, lo que facilitaba tener siempre superioridad en el centro del campo. Hoy, la suma de Stones junto a Rodri, más la presencia inagotable de Julián Álvarez desdoblándose como punta y mediapunta, ha permitido desarbolar al Liverpool. En años anteriores hubo victorias más amplias del City sobre el conjunto de Klopp (el 5-0 de 2017 o el 4-0 de 2020), pero en ninguna ocasión se produjo un dominio tan exuberante del equipo de Guardiola como el de hoy. El 31,9 % de posesión de balón es la cifra más baja en las ocho temporadas de Klopp en la Premier League.

Es indudable que el técnico alemán está viviendo un momento amargo, muy parecido al que tuvo en 2014 con el Borussia Dortmund. Resulta chocante, por su paralelismo, observar su trayectoria en ambos equipos. Estuvo siete años en el BVB, donde comenzó de manera discreta (sexto y quinto en las dos primeras ligas que disputó), pero pronto se convirtió en líder del fútbol alemán, conquistando dos títulos seguidos de Bundesliga, uno de Copa y accedió a la final de Champions 2013, en la que solo la monstruosa exhibición de Neuer y un gol agónico de Robben le impidieron levantar el trofeo. Tras alcanzar la cima se mantuvo en segundo lugar del campeonato alemán, pero en cuanto el Bayern de Guardiola apretó el acelerador su Borussia Dortmund se diluyó, hasta terminar séptimo en la Bundesliga de 2015, nada menos que a treinta y tres puntos del equipo de Pep. Y no, no fue un simple asunto presupuestario: el BVB de Klopp invirtió 44,15 millones de euros netos —fichajes menos traspasos— durante los tres años en los que coincidió con el Bayern de Guardiola, que en dicho periodo invirtió 53,4, es decir, solo nueve millones más, una diferencia que no sirve para justificar la diferencia de rendimiento entre un equipo y otro en el último año en que coincidieron.

El recorrido de Klopp en el Liverpool, tras casi ocho temporadas, está viviendo una curva idéntica. Inicios difíciles en la Premier (octavo, cuarto, cuarto), seguidos de un gran y largo pulso contra el City (segundo, campeón, tercero, segundo), coronado por el triunfo en la Champions de 2019, para caer a continuación hasta el momento actual, en que transita por la liga a veintiún puntos del City y a veintinueve del Arsenal. La inversión neta en el último lustro ha sido muy parecida entre ambos clubes: 252,60 millones de libras en el Liverpool por 224,74 millones en el City, muy lejos ambos de las inversiones netas realizadas por Arsenal (549,61), Manchester United (611,40) o Chelsea (850,39). Por sí sola, la inversión en futbolistas no explica la dura caída sufrida esta temporada por el Liverpool, tan similar a la que Klopp vivió en su último año en Dortmund. En cualquier caso, nada de ello puede manchar de ningún modo la extraordinaria categoría de Klopp, uno de los mejores entrenadores del presente siglo. Y sin la menor duda, el técnico alemán volverá a construir a su alrededor un Liverpool potente y formidable.

Las claves de la demolición en el partido del Etihad se han evidenciado de modo claro sobre el césped. La zaga del City aporta seguridad y certeza: Rúben Dias y Nathan Aké se hallan en un momento de forma excelente, y junto con Manuel Akanji ocupan con acierto todo el ancho del campo, sacan el balón jugado con precisión y se defienden a campo abierto con contundencia. Rodri y Stones han completado una actuación sin altibajos, alcanzando cada cual la altura necesaria en cada momento, formando un muro en los pasillos centrales. Por delante de ambos, De Bruyne y Gündogan se han desenvuelto con la finura de sus mejores días, desequilibrando el centro del campo visitante. Y arriba, los tres delanteros han mostrado sus mejores cualidades: Mahrez, su control espectacular y finura en el regate; Julián Álvarez, su puntualidad con el gol y una fenomenal aportación a la superioridad colectiva, más propia de un Bernardo Silva que de un delantero puro; y Grealish ha completado otro partido memorable, cada día mejor, más oportuno para amasar el balón y controlar el tempo, y más efectivo dentro del área rival.

La exhibición de juego ha sido portentosa, como si el City hubiese ajustado todos los mecanismos para llegar en forma al momento decisivo de la temporada, incluso si por el camino ha perdido momentáneamente a Haaland (lesión en la ingle), Foden (apendicitis) y Bernardo (intoxicación). La intervención quirúrgica sufrida por Foden le impedirá jugar durante este complicado mes de abril, pero el resto estará disponible para el gran duelo contra el Bayern y el pulso liguero frente al Arsenal, que se mantiene firme en lo alto de la clasificación. Pep y sus hombres son plenamente conscientes de que están obligados a ganar todos los partidos que quedan por delante tanto en la Premier League (diez) como en la FA Cup (dos), además del potente desafío que afrontan en la Champions. Serán semanas de exigencia máxima, y aunque Guardiola conduce taciturno hacia casa, pese al gran triunfo que acaba de vivir, sabe que Haaland es imprescindible. Lo que le ronda en la cabeza es cómo encajar a Julián cerca del noruego sin trastocar la armonía del excelente 3-2-2-3. Posiblemente deba ser en un rol *à la De Bruyne*…

ESCENA 26

«Este fin de semana podemos ganar la Premier»

Mánchester, 9 de abril de 2023

A veces pienso que Manel Estiarte es medio brujo.

Hace media hora que ha terminado de desayunar, pero continúa sentado en la mesa porque acaba de llegar Pep. Pronto se incorporan Txiki Begiristain y Joan Patsy, habituales de los desayunos en la ciudad deportiva. Tras la victoria ante el Liverpool hubo tres días de fiesta para los jugadores, aunque el cuerpo técnico continuó acudiendo a trabajar. Hoy, jueves 6 de abril, las conversaciones se centran en el Bayern, en Tuchel, en Nagelsmann, en los veloces Sané, Mané y Gnabry, en los tres zagueros que presentará Tuchel. Bayern, Bayern y más Bayern, hasta que Estiarte corta la tertulia:

—Basta ya de Bayern. Centrémonos en el Southampton, que este fin de semana podemos ganar la Premier.

El comentario cae como una bomba sobre la mesa. Txiki, siempre el más rápido, dispara primero:

—Manel tiene razón.

Estiarte se explica rápido:

—Si ganamos al Southampton, y ellos [el Arsenal] empatan en Liverpool, el título está en nuestras manos.

No descubre nada nuevo, pero lo dice de un modo tan concreto que parece una sentencia. Hay que ganar en el campo del colista, el mismo Southampton que eliminó al City en la Copa de la Liga, y dejar que Klopp y sus jugadores hagan el resto. Nadie en la mesa necesitaba que se lo detallaran, pero las palabras de Estiarte lo clarifican de un modo especial.

Dos días después, Pep presenta su mejor alineación en el Saint Mary's Stadium. El equipo ha interiorizado la salida en 3+2 con

Stones desdoblándose de lateral en mediocentro de acompañamiento de Rodri, lo que facilita el despliegue en amplitud de los tres zagueros, Akanji, Dias y Aké. A su vez, KDB y Gündogan pueden moverse con libertad a la espalda de los mediocentros rivales y conectar con los tres delanteros, que vuelven a ser Grealish, Haaland y Mahrez. Pese a la buena organización defensiva del Southampton, el partido se desencalla en el minuto 44, en una nueva combinación entre KDB y Haaland, y se define en el segundo tiempo, con una magnífica exhibición de Grealish. Gündogan y De Bruyne, que juegan desatados. De Bruyne suma su asistencia número cien en la Premier League, el quinto jugador en lograrlo y el más rápido en conseguirlo, pues solo ha necesitado 237 partidos (por 293 de Fàbregas o 367 de Giggs). A su vez, Haaland alcanza los 30 goles en 27 partidos disputados, también el más veloz en obtener dicha cifra, ya que Andy Cole necesitó 32 encuentros. La victoria por 1-4 supone la quinta consecutiva en Premier, lo que no ocurría desde mayo de 2022, y la octava en todas las competiciones. El City ha cumplido su parte de la ecuación que planteó Estiarte.

Veinticuatro horas más tarde, Pep está sentado en el taburete de su cocina. En el ordenador portátil repasa los tres últimos partidos del Bayern, todos ellos ya con Thomas Tuchel como entrenador: el aplastante triunfo ante el Borussia Dortmund, la derrota en Copa alemana frente al Freiburg y la victoria contra el mismo rival en la Bundesliga, ocurrida ayer mismo. Tuchel ha presentado tres alineaciones y tres sistemas de juego diferentes, aunque la estructura no difiere en exceso. Pep está bastante convencido de que el técnico alemán se presentará en el Etihad con un 3-2-4-1 y reflexiona sobre el tipo de mecanismos que empleará el martes, en el gran duelo de la Champions League. Tiene decidido el núcleo del equipo, que será el mismo que jugó ayer en Southampton, aunque todavía no ha decidido los nombres del costado derecho: ¿Stones o Walker? ¿Bernardo o Mahrez? Hoy, de manera provisional, se inclina por Stones y Bernardo, es decir, el mismo equipo que derrotó por 7-0 al Leipzig en los octavos. Pero quedan dos días para el partido y la decisión aún puede cambiar.

Mientras revisa el juego del Bayern en el ordenador, levanta de vez en cuando la vista hacia el televisor que tiene a un costado para comprobar si finalmente John Rahm conseguirá remontar los dos golpes de desventaja que tiene ante Brooks Koepka al comenzar la cuarta jornada del Masters de golf. De manera inevitable encuentra una semejanza obvia con la remontada que su equipo está intentando frente al Arsenal. Pep alterna el análisis del Bayern con el seguimiento del Masters, donde Rahm recupera golpe a golpe. Ha preferido no ver el Liverpool-Arsenal, aunque a las seis y veintisiete minutos de la tarde se entera del resultado cuando en su móvil aparece el mensaje de Edu Mauri: «¡¡¡Media liga!!!», ha escrito el doctor. El Liverpool ha remontado un 0-2 que parecía sentenciar la liga y el empate final confirma el pronóstico de Estiarte. El City reduce la distancia con el Arsenal a seis puntos, con un partido aún pendiente por jugar, así como el duelo entre ambos que se debe celebrar en el Etihad. Si el equipo de Pep gana los nueve partidos que tiene por delante, revalidará el título de campeón otra vez.

Los restantes miembros del cuerpo técnico responden con mensajes muy parecidos: «Está en nuestras manos», «Depende de nosotros», «Seremos campeones si no fallamos»... Estiarte bromea con el doctor Mauri: «Al final tendrás razón».

El lector necesita una explicación. En los años recientes, cuando el City ha obtenido un resultado decisivo en la liga, o cuando el Liverpool o el Manchester United —sus rivales en los cuatro títulos obtenidos por Pep— han sufrido un tropiezo decisivo en los partidos finales, el doctor Mauri ha escrito el mismo mensaje en el grupo privado: «¡¡¡Media liga!!!». En el inicio de la presente temporada, un fisio del club se permitió una broma cuando en la primera jornada el City venció en campo del West Ham y, simultáneamente, el Liverpool empató en terreno del Fulham y el Manchester United perdió en Old Trafford ante el Brighton. Aquella tarde bromeó imitando la frase del doctor en los grandes días, lo que despertó las risas de sus compañeros, pues al fin y al cabo el calendario decía que solo estábamos a 7 de agosto y quedaban treinta y siete jornadas por disputar.

Pero ahora sí, ahora se ha entrado ya en el territorio que un día Guardiola definió como decisivo: «Las ligas se ganan en las últimas ocho jornadas». Al Arsenal le quedan ocho partidos por jugar y siente en el cogote el aliento del City —con nueve partidos en juego—, del mismo modo que Brooks Koepka ha sido igualado por John Rahm en el cuarto hoyo y se ve superado en el sexto, antes de ser ampliamente batido por el golfista vasco. Ya lo anunció Haaland en diciembre: «Arsenal, tenemos que cazarlos». La caza está llegando a su culminación. El tiburón azul ha llegado.

Pep no quiere distraerse. Sabe que Estiarte tenía razón y que el fin de semana podía dejar el título de la Premier en sus manos, como así ha sido; sin embargo, ahora aparca el golf y la Premier y se centra en el Bayern.

El pasillo entre Pavard y Upamecano puede ser una zona muy atacable. Mañana lo hablará con Gündogan y con Grealish.

ESCENA 27

«Estoy fundido»

Múnich, 19 de abril de 2023

—Estoy fundido. He gastado toda mi adrenalina. No puedo más. Estoy agotado. Me voy a dormir.

Es la una de la madrugada. Hace dos horas que ha terminado la eliminatoria contra el Bayern. La expedición del City acaba de llegar a su hotel, el Mandarin Oriental, en Neuturmstrasse, una pequeña calle del centro de Múnich, a tiro de piedra de Marienplatz. Cuando en el sorteo quedaron emparejados dos de los tres principales aspirantes al título europeo —junto al Real Madrid—, nadie podía imaginar que concluiría con tanta diferencia en el marcador (4-1). Todo apuntaba a la máxima igualdad entre Bayern y City y el juego durante los ciento ochenta minutos no ha mostrado una diferencia tan abultada entre ambos que justifique semejante resultado. Hablo con Manel Estiarte durante el trayecto en autobús desde el Allianz Arena hasta el hotel, pero casi no puede articular palabra:

—Ha habido momentos de miedo durante el partido por una razón que entenderás. Si llegas aquí con un 0-0 o un 1-0 del partido de ida, eres consciente de que puede pasar cualquier cosa. Pero si llegas con un 3-0 a favor como nosotros, lo único que no puede ocurrirte es que te remonten. Y cada llegada del Bayern podía suponer un gol y una sacudida en las emociones y, quién sabe, un posible inicio de remontada. Era algo que no podíamos permitirnos porque habría sido una derrota muy dura. Por este motivo he vivido noventa minutos de angustia. Bueno, sesenta, hasta el gol de Haaland.

La angustia por una hipotética remontada del Bayern le ha generado incluso dolor físico.

—Estoy reventado. Me voy a dormir.

La receta de Estiarte para noches como la de hoy es siempre la misma: retirarse a su habitación, pedir una tortilla francesa de dos huevos con un vaso de agua, y echarse a dormir de inmediato. Pep también está agotado. Su receta es la contraria a la de Estiarte. Necesita cenar en compañía de amigos y del cuerpo técnico, hablar de lo ocurrido, imaginar nuevas propuestas, compartir un par de copas de champán y estirar la noche hasta muy tarde. Solo así se irá calmando la excitación con que concluye partidos de este nivel. Hoy no es diferente. Mientras Estiarte ya duerme, Guardiola picotea un poco de jamón y come un plato de pasta. Es el momento de mayor locuacidad y clarividencia de Pep. El momento pospartido, que aprovechamos para repasar lo que ha ocurrido en esta eliminatoria contra un gigante europeo.

—Lo primero que debemos reconocer es que no hemos sido superiores al Bayern. No podemos engañarnos. No hemos sido superiores. Al contrario, ha sido un gran Bayern. Hemos aprovechado bien nuestras oportunidades, pero no hemos jugado mejor que ellos. Hemos tenido lo que nos ha faltado otras veces: ser mucho mejores en las dos áreas. Hemos defendido de lujo y hemos atacado de maravilla. No hay más.

Bernardo Silva dijo algo muy similar hace una semana, al concluir el partido de ida: «No hemos sido superiores, pero lo hemos hecho todo bien. Ederson ha parado, los defensas han defendido bien y los delanteros han marcado». Esta noche muniquesa, comenzamos hablando del partido disputado en el Etihad, donde sorprendió con la doble función de Stones, que aquella noche no fue lateral-interior, sino zaguero-mediocentro.

—Fue un matiz sobre nuestra estructura 3+2. John es muy bueno y pensamos que desde la posición central tendría que recorrer muy pocos metros para colocarse como mediocentro de apoyo a Rodri. Si lo colocas como lateral, ha de recorrer más distancia en diagonal hasta el centro y lo mismo cuando debe defender. Y ante tipos como Sané o Coman, tan rápidos, una décima de segundo puede ser decisiva. Y como Akanji es muy bueno en la marca al hombre, decidimos hacer este matiz. Akanji de lateral marcador y Stones de central sin balón y de mediocentro con balón.

UN 3+2 NO ES IGUAL A OTRO 3+2

El lector permitirá en este punto que haga un breve paréntesis en la conversación con Guardiola para detallar la estructura 3+2, que es bastante más profunda que la simple suma de dos cifras. Un 3+2 puede no ser igual a otro 3+2.

Pep otorga mucha importancia a la estructura durante la salida de balón, pero al mismo tiempo reconoce la trascendencia que posee la dinámica interna del juego y la naturaleza de los futbolistas que lo interpretan. En otras palabras, la estructura es importante, pero lo es más la sensibilidad de los jugadores. Anotada esta premisa, pasemos a estudiar la estructura de su *build up*, que él considera la base de su modelo.

El fundamento principal es tener superioridad durante esta fase de inicio para poder superar la presión rival y asentarse con balón en campo contrario. Por lo tanto, la manera en que presione el rival influirá mucho en la estructura que adopte el equipo en dicha fase. En general, Guardiola gusta de emplear a cinco jugadores en el *build up*, aparte de su guardameta, que adopta una función más o menos proactiva según sea el comportamiento del oponente. Ello conduce a distribuir a los cinco jugadores en una estructura de 3+2 o 2+3, lo que a su vez genera otra estructura por delante de ellos que compone la forma de un «reloj de arena», en la que los interiores y los delanteros suelen distribuirse en forma de 2+3.

El empleo del 3+2 y del 2+3 se ha ido alternando desde los inicios de Pep en el City con mayor o menor acierto, casi siempre dependiendo del *pressing* rival. En muchos casos ha tenido que añadir un sexto hombre —un interior— que descendiera para conservar la superioridad durante la salida, si el rival presiona con cinco jugadores, como acostumbra el Liverpool, por ejemplo. Pero de modo general alterna el 3+2 con el 2+3 más el apoyo permanente en el portero.

A lo largo del presente libro hemos visto cómo desde el principio empleó a jugadores como Zabaleta, Clichy, Sagna o Fernandinho en esa función de «laterales-interiores», que más adelante interpretaron Delph, Danilo, Zinchenko o Cancelo y los actuales Walker, Rico Lewis y Sergio Gómez. Pero la realidad del juego en Inglaterra matizó la propuesta de Pep, dado que la tipología de los contraataques en la Premier es distinta de la que existe en la Bundesliga, como ya advirtió Juanma Lillo antes del propio debut de Guardiola en el City: «La manera de hacer los contraataques en Inglaterra es diferente que en Alemania. Generalmente consisten en un apoyo en largo y, a partir de ahí, se genera el contragolpe mediante un tercer hombre que da el pase al pasillo exterior. Los jugadores corren por fuera y les basta un apoyo interior para hacerlo así. Esto obligará a

Pep a mantener sus habituales valores del juego, como son la presión para recuperar el balón, y probablemente también será útil que los laterales jueguen por dentro, pero deberá vigilar más y muy bien a los adelantados del equipo rival».[84]

Esta realidad ha ido matizando la evolución táctica de Guardiola en materia de *build up* y de ubicación de los laterales. Durante sus siete temporadas en Mánchester ha alternado el inicio 3+2 con el 2+3, además del 3+3, en función del rival y de los jugadores disponibles. Y en la presente temporada ha dado otro paso adelante en el asentamiento de sus ideas. Lo inició con el 2+3 en formato «cajita De Zerbi», cerrando a Walker y Cancelo alrededor de Rodri, pero la visita a Newcastle finiquitó la propuesta y Pep viró de nuevo al 3+2. Hasta la Copa del Mundo mantuvo siempre en la zaga a un lateral con capacidad para interiorizarse. De este modo, la primera línea de tres hombres la formaban generalmente Walker o Stones como lateral diestro y un par de zagueros, cosa que permitía que el lateral izquierdo (Cancelo o Gómez) se juntara con Rodri. Si colocaba a Rico Lewis en la derecha con el objetivo de aproximarse a Rodri, entonces situaba a Nathan Aké como tercer zaguero con la misión de ocupar el lateral izquierdo. Es decir, Pep buscaba un determinado equilibrio funcional en su zaga: tener siempre tres jugadores de «perfil zaguero», aunque uno de ellos fuese Walker, que diesen amplitud a la primera línea en el inicio, y complementarlo con un «lateral-interior» que se desdoblase como mediocentro.

Pero desde el final de la Copa del Mundo, coincidiendo con la gran crisis de juego del equipo, la derrota de los suplentes en Southampton, la defección y posterior marcha de Cancelo y la plena recuperación física de Rúben Dias, la composición interna de esta idea ha cambiado de manera profunda, a medida que se acercaban los partidos más trascendentes. Así, desde la visita al Crystal Palace el 11 de marzo, la zaga ha estado formada por Stones, Akanji, Dias y Aké en cinco de los seis partidos disputados (solo cambió en FA Cup ante el Burnley). En estos cinco encuentros, Stones se ha ocupado de desdoblarse cerca de Rodri, alcanzando una magnífica coordinación con él, pues han logrado convivir a distintas alturas y posiciones del campo. Sin balón, Stones ocupaba la zona del lateral derecho y con balón ejercía como segundo mediocentro. Y en el partido de ida contra el Bayern, Pep ha dado una nueva vuelta de

84. Perarnau, Martí. *La metamorfosis*, Córner, Barcelona, 2016, páginas 445-446.

tuerca a la idea, ya que sin balón Stones pasa a ocupar la zona del zaguero central diestro, y Akanji es quien se desplaza hasta la banda para defender al extremo rival.

En este punto es relevante insistir en la importancia que posee la naturaleza de los jugadores y las conexiones socioafectivas entre ellos por encima incluso de la estructura que se adopte. Ahora mismo, Pep está usando a cuatro zagueros, del mismo modo que en el Bayern formó la línea defensiva con cuatro laterales (Lahm, Kimmich, Alaba, Bernat) en cinco encuentros, tres de ellos vitales de la Champions, en febrero y marzo de 2016. Pero si en Múnich lo hizo porque no disponía de zagueros en condiciones de jugar, en Mánchester está usando a cuatro zagueros por convicción, rendimiento y conexión eficaz entre sí, además de la polifuncionalidad que muestran Stones y Aké. Son cuatro zagueros que disfrutan defendiendo su área como colosos, cuatro «zagueros yugoslavos».

Por todo ello debe afirmarse con rotundidad que un 3+2 puede ser muy diferente a otro 3+2. En una misma temporada lo hemos comprobado en este equipo.

Cerremos el paréntesis y regresemos a la mesa del hotel Mandarin Oriental de Múnich, donde Pep saborea ahora una exquisitez japonesa del chef Nobu Matsuhisa, que ha hecho una excepción y hoy cierra mucho más tarde su cocina. Guardiola regresa a la importancia de contar con jugadores polifuncionales, como John Stones, una verdadera navaja suiza: zaguero, lateral y mediocentro.

—La posición de John en el Etihad nos ayudó también a que Rodri jugase un poco más adelantado.

Así llegó en el partido de ida el primer gol del City, gracias a que Stones cubría la posición del mediocentro y facilitó que Rodri se adelantara hasta la cercanía del área alemana, donde engatilló un disparo curvo fenomenal. Un golazo que no se habría producido si treinta segundos antes Rúben Dias no hubiese bloqueado con un esfuerzo mayúsculo un disparo letal de Musiala.

—Es una de las claves. Ya sabes lo mucho que me gusta trabajar la línea defensiva. Ahora mismo tenemos una defensa excepcional, con zagueros espectaculares. Ederson estuvo finísimo en el Etihad, salvando los remates de Sané, pero los zagueros son un espectáculo. Ganan todos los duelos.

La «defensa yugoslava» es un factor que puede ser decisivo en el éxito final de la temporada. En la ida frente al Bayern, el equipo concedió cuatro disparos a portería, todos ellos de Sané en apenas siete minutos (del 45 al 52), pero Ederson los salvó con más solvencia de lo habitual, mostrándose muy firme. Después de este esfuerzo del extremo alemán, el City cambió la manera de presionar al Bayern y dicha decisión acabó con los ataques bávaros.

—Lo decidimos en el descanso porque nos estaban rompiendo por el centro. Sin balón siempre presionamos en 4-4-2, pero no llegábamos a cerrar bien y Musiala o Gnabry bajaban a recibir muy sueltos y nos rompían por el centro. Por eso pasamos al 4-2-4 a partir del minuto 55. En vez de presionar a los centrales con Haaland y Kevin, lo hicimos con nuestros extremos. Pero hay que tener mucho coraje para hacer esto.

Fue a partir del minuto 58 cuando el City modificó su 4-4-2 sin balón por un agresivo 4-2-4 que ya había utilizado la noche en que masacró al Leipzig por 7-0. Grealish dejó de vigilar a Pavard y pasó a ocuparse de Upamecano, el zaguero derecho del Bayern, mientras Bernardo hacía lo mismo en el otro costado, dejando libre al velocísimo Davies y presionando a De Ligt. Mucho riesgo, muchísimo, porque los dos laterales alemanes quedaban sin marca fija, por lo que cualquier ataque por fuera podía ser muy peligroso. A cambio, Haaland y De Bruyne bajaron su posición, haciendo sombra del doble pivote alemán (Kimmich-Goretzka) y Rodri y Gündogan podían cerrar con solvencia los pasillos centrales, anulando a Musiala y Gnabry. El Bayern perdió la opción de atacar por dentro y no encontró la forma de hacerlo por fuera. Fue un éxito apabullante de la nueva estructura de presión.

—Hace falta mucho coraje para presionar de esta manera. Decimos que es algo táctico, pero en realidad es puramente emocional. ¿Tienes el coraje para presionar agresivamente y arriesgarte a desnudar tu espalda? Y, sobre todo, ¿tienes los jugadores para hacerlo? Nosotros sí, tenemos a Grealish, que es una bestia de inteligencia y de piernas, y tenemos a Bernardo, que es el mejor del mundo en esto, el único capaz de marcar a dos o tres rivales al mismo tiempo porque tiene un don, una magia especial para hacerlo.

Con esta presión, el City pinchó en la zona más débil del Bayern, la «zona Upamecano», que Pep había visualizado un par de días antes.

—Tuvimos suerte y las emociones negativas de Upamecano le jugaron una mala pasada. También nos ayudó el extra de energía que aportó Julián cuando entró. Su papel es el de delantero, pero con Haaland en este nivel de rendimiento Julián también nos ayuda mucho como interior-delantero, una especie de mediapunta un poco escorado a un lado.

Pep ha mencionado las emociones dos veces seguidas, por motivos distintos. Aprovecho para recordar lo que dijo Rodri al finalizar este partido en el Etihad: «Hemos aprovechado los momentos y no nos hemos precipitado, como nos ocurre otras veces. No siempre puedes tener el 80 % de posesión. Hoy hemos sabido tener paciencia cuando no teníamos el balón».

—Rodri tiene razón. A veces no hemos sido estables tras recibir un golpe. Estable significa defenderse igual, como si no hubiera pasado nada, y dar veinte pases seguidos para calmarlo todo. Estable es tener mentalidad de centrocampista: coger el balón y dar cincuenta pases para enfriar al rival. Y si estás ganando 3-0 como nosotros en el Etihad, igual. Si no puedes rematarlos y hay que esperar al partido de vuelta, pues calma, frialdad y a dar pases. Hay que ser estables por encima de las emociones.

Ya son casi las tres de la madrugada en Múnich. Junto a Pep está sentado su hermano Pere, Txiki Begiristain, Joan Patsy, Rodolfo Borrell, Enzo Maresca y Carles Planchart, que resisten la tentación de irse a dormir. Los jugadores ya se han ido a sus habitaciones, tan agotados que apenas han celebrado el empate en el partido de vuelta que da acceso a las semifinales. Se han limitado a cenar el menú preparado por el chef Jorge Gutiérrez, dar algunos abrazos, lanzar algunos tuits y a dormir. Tienen las piernas de plomo tras esta eliminatoria. El pasado sábado, el entrenador introdujo tres hombres de refresco ante el Leicester (Walker, Laporte y Mahrez), pero el núcleo duro del equipo se alineó en un partido que era crucial para el devenir de la Premier League. Por suerte, a los veinticuatro minutos el marcador ya era favorable por 3-0, cosa que facilitó un carrusel de cambios en la segunda parte que tuvo dos consecuencias: una buena, que fue el reposo para jugadores como Stones, Haaland, Grealish y De Bruyne; una menos buena, que fue una segunda parte nerviosa y tensa en la que el Leicester acortó distancias e incluso amenazó con igualar la contienda. El 3-1 final supuso la décima victoria seguida del equipo y, dado que el Arsenal tropezó al día siguiente en el estadio del West Ham (2-2), la distancia en la clasificación se reduce a cuatro puntos (74 contra 70) con un partido menos para el City. El líder está al alcance de Guardiola, pero el equipo a estas horas se encuentra exhausto, aunque Bernardo Silva reconoce que «al fin y al cabo es lo que queríamos cuando éramos niños: jugar sin parar, cada día. Aquí jugamos sin parar, cada tres días. Es lo que nos gusta».

El partido de hace unas horas ha sido muy duro. En el Allianz Arena hace un frío de acero, como siempre que se juega la Champions League. Es un frío que va más allá del clima y que provoca una sensación casi de dolor físico, muy agudo. He vivido este dolor cuando Pep dirigía el Bayern y lo percibo de nuevo ahora, cuando está en el equipo visitante.

—La presión de la primera parte no ha funcionado demasiado bien.

Guardiola ha planteado de entrada la presión de los extremos sobre los zagueros, es decir, el 4-2-4 con que arregló los problemas en el Etihad, aunque con un ligero matiz en cada costado, pues por momentos ha sido un 4-3-3. Pero dado que se aprende de los malos momentos, tanto Pavard como Coman han sabido gestionar mucho mejor la presión que sufrían y han obligado a Pep a mutar en el descanso y regresar a su habitual 4-4-2 sin balón, en un movimiento inverso al que realizó en la ida. Básicamente ha retrasado a Grealish, retirándolo de la vigilancia de Upamecano, que ha pasado a ser responsabilidad de Haaland, con lo que Grealish se ha ocupado de las incursiones de Pavard, cuajando otra actuación soberbia, tanto en defensa como en control y en reactivación del ataque.

—Nos han dominado en el juego, pero hemos dominado las áreas.

Carles Planchart, que en su juventud fue zaguero, interviene:

—Desde luego, pero yo sufro cuando nos tienen encerrados cerca de nuestra área.

El partido de hoy debe interpretarse en función del 3-0 obtenido en la ida, que explica la mayoría de las actitudes sobre el campo. El City ha jugado a controlar los acontecimientos, evitando que el Bayern pudiera subirse a una ola de emociones. Tres jugadores tenían sentimientos especiales de revancha ante el Bayern, los tres que pertenecieron al Borussia Dortmund (Gündogan, Haaland y Akanji), pero no se han dejado influir por ello, salvo el noruego, que ha celebrado su decimosegundo gol en la presente Champions con gestos hacia la grada. Antes ha fallado un penalti, el tercero de su carrera tras treinta y tres lanzamientos.[85] De nuevo Ederson ha rea-

85. Disparó al poste un penalti contra el Union Berlin, le detuvo un lanzamiento el guardameta del Augsburg y hoy ha disparado por encima del travesaño de Sommer.

lizado magníficas intervenciones —han sido nueve entre ida y vuelta— y la defensa de los cuatro zagueros ha resultado una verdadera muralla. Cada bloqueo defensivo se ha celebrado como medio gol e incluso Haaland ha bajado para chocar la mano con Rúben Dias después de una acción providencial del portugués. El equipo ha entendido que el éxito se fragua allí donde siempre ha incidido Guardiola: en la buena organización defensiva.

Ha habido una decisión importante en el Bayern que ha sorprendido: la alineación de Cancelo como lateral izquierdo en lugar de Alphonse Davies, que es un cohete. Sea como sea, casi en ningún momento del partido se ha percibido la posibilidad de una remontada real del Bayern. Lo más peligroso ha sido un contragolpe de Sané que ha chutado cerca del poste después de una internada excesivamente arriesgada de Dias, al que el Bayern facilita la salida, al ser el menos hábil en la conducción, mientras tapaba a Rodri y Stones. De hecho, el gol del empate ha llegado muy al final (83) y en un penalti que ha sorprendido a todos, salvo a Sadio Mané, que lo ha visto de cerca. Incluso Kimmich ya se había ido a la esquina para sacar un córner cuando el VAR ha decretado la pena máxima que ha supuesto la definitiva igualada. La peor noticia es la lesión muscular de Nathan Aké, en lo que parece ser una microrrotura en los isquiotibiales. El doctor Mauri ha dicho en el estadio que parece poco importante, pero dos semanas de baja no se las quita nadie. Si la recuperación sale bien, estará listo para la semifinal europea contra el Real Madrid, que será la décima que dirija Guardiola, récord absoluto de la competición, y la tercera consecutiva para los *citizens.*[86] Pep ha obtenido otro récord esta noche: ha sido el entrenador que más rápidamente ha logrado cien victorias en la Champions League, para lo cual ha necesitado ciento cincuenta y ocho partidos. Y también hoy suma cuatrocientos partidos al frente del City y ochocientos cincuenta en toda su carrera como entrenador, con un balance prodigioso en ambos casos.[87] Pero Pep no tiene la cabeza para récords, sino solo para algo bien distinto:

86. Carlo Ancelotti ha disputado nueve semifinales de la Champions, José Mourinho, ocho, y sir Alex Ferguson, siete.

87. Como entrenador del Barcelona B, Barcelona, Bayern y City, Guardiola suma 850 partidos dirigidos, de los que ha ganado 618 (72,7 %), empatado 130 y perdido 102, con 2101 goles favorables (2,47) y 662 en contra (0,78), habiendo ganado 32 títulos. En el Manchester City ha cumplido 400 partidos, con 290 victorias (72,5 %), 53 empates y 57 derrotas, 988 goles a favor (2,47) y 329 en contra (0,82), con una diferencia de goles de +659 y 11 títulos conquistados.

—Otra vez el Madrid.

Las semifinales huelen a revancha. De los tres favoritos al título ya solo quedan dos y vuelven a enfrentarse.

—He perdido diez años de vida en esta eliminatoria. Y aún queda el Madrid…

La noche ha sido muy corta en el hotel. El jueves por la mañana los suplentes que ayer, bajo los focos iluminados del Allianz Arena realizaron una tanda de carreras de sesenta metros, efectúan un trabajo de fuerza en un gimnasio alquilado por el club. Los titulares, derrengados y con las piernas pesadas, hacen unos estiramientos livianos, unos minutos de bicicleta y se destensan en la piscina, donde los fisios han instalado las camillas para suavizar los músculos fatigados. A las seis de la tarde aterrizan en Mánchester. Grealish se queda hasta tarde en la ciudad deportiva del club realizando más terapia de recuperación. El entrenamiento del día siguiente será breve como un suspiro, apenas veinte minutos, pero a buen ritmo. Con mucha fatiga llegan a la semifinal de la FA Cup.

Como dice Planchart con ironía, «ánimo, quedan trece finales como máximo».

ESCENA 28

La fatiga primaveral

Londres, 22 de abril de 2023

Cuando abril alcanza su meridiano, las rosas comienzan suavemente a florecer en Mánchester, los alérgicos al polen inauguran sus letanías de estornudos y la fatiga cognitiva se agarra a las piernas de los futbolistas del City para intentar que tropiecen.

Podríamos pensar que el de la fatiga cognitiva también es un fenómeno de la naturaleza, como los otros que menciono, pero no es así. Es fruto de la ambición colectiva por competir por todos los títulos. Desde hace cinco años, el City de Guardiola encara el mes de abril con posibilidades de luchar por los tres títulos en juego —Premier, FA Cup y Champions—, por lo que los partidos se acumulan en una sucesión repetitiva y fatigosa, haciendo de abril un mes agotador, de infinitos partidos. La secuencia se repite con una mecánica milimétrica: partido-recuperación-entrenamiento-partido-recuperación-entrenamiento-partido…, y así semana tras semana. Miércoles, Champions; sábado, Premier; miércoles, Champions; sábado, FA Cup; miércoles, Champions; sábado, Premier…, una y otra y otra semana.

Las piernas pesan, los músculos se agarrotan y los cerebros se embotan, víctimas de la cadena extenuante de partidos. El equipo pelea por ganar los títulos en juego y cada encuentro es una agonía, sea por la categoría de la competición, sea porque el rival también se juega la vida, sea porque dicho rival tiene las piernas frescas ya que su calendario es mucho más liviano.

En los cinco últimos años, el City ha llegado cinco veces a las semifinales de la FA Cup, siempre celebradas a mediados de abril en el Wembley Stadium. En 2019 consiguió vencer al Brighton (1-0) pocos días antes de enfrentarse en cuartos de la Champions al Tottenham. Ya en mayo, logró ganar el título de FA Cup en la final contra el Watford (6-0), lo que supondría la culminación de una temporada excepcional en la que conquistó los cuatro títulos ingleses. La temporada siguiente se alteró el calendario a causa de la pandemia, y la semifinal copera tuvo lugar a mediados de julio. El City cayó ante el Arsenal (0-2) poco antes de acudir a la fase final de la Champions. En 2021, la semifinal regresó al mes de abril y el equipo de Pep volvió a perder, esta vez ante el Chelsea (0-1), apenas tres días después de eliminar al Borussia Dortmund en la Champions y poco antes de enfrentarse al Paris Saint-Germain, mientras amarraba las últimas victorias para reconquistar el campeonato de liga. Y, finalmente, el pasado año disputó y perdió la semifinal de FA Cup ante el Liverpool en las mismas fechas de abril (2-3), solo tres días después de una batalla terrible ante el Atlético de Madrid en la Champions, previa a jugar contra el Real Madrid, y mientras peleaba con el propio Liverpool por una Premier que solo se decidiría en el último suspiro. En cada caso, y de manera reiterada, la ambición del equipo por ganar todos los títulos le ha conducido irremediablemente a un escenario agotador, del que en ocasiones ha salido airoso, y maltrecho en otras, pero siempre con una elevada fatiga cognitiva. Hoy no es diferente.

La fatiga cognitiva es la fatiga mental, que se traduce en síntomas como el embotamiento y el enlentecimiento cognitivo. En el deporte se manifiesta con el añadido de una sensación de cansancio general, pesadez de piernas y dificultad para afrontar con energía física y mental los esfuerzos competitivos. A la primera persona del fútbol que le escuché referirse a la fatiga cognitiva que padecen los futbolistas en momentos de gran densidad de competiciones fue a Juanma Lillo, hace ya muchos años, por lo que un par de horas antes de que el City se enfrente en Wembley al Sheffield United le pido una reflexión sobre este fenómeno que tan bien conoce, no en vano estuvo presente en tres de las recientes semifinales coperas del equipo:

—Todo se torna más lento, menos chisposo, menos alegre, menos veloz en todas las direcciones, la mental y la física. Y como consecuencia de ello, las decisiones se tornan mucho más complejas. A los jugadores les cuesta aceptarlo porque al futbolista de hoy no sé si le gusta jugar, pero lo que seguro que le gusta es que le vean jugar. Porque si no me ven, no soy.

Lillo enfoca el problema, por lo tanto, no solo en la dimensión de la propia fatiga cognitiva, que en sí misma provoca una fuerte caída del rendimiento del jugador, sino también en la actitud del futbolista frente a dicha fatiga:

—¿Cuándo aparece la fatiga cognitiva? Cuando el jugador no toma conciencia de dicha fatiga o cuando toma conciencia tarde de las situaciones del juego. Me explico: si el entrenador advierte que un futbolista está agotado y se lo comunica, entonces el jugador sabe desde días antes que no va a jugar un determinado partido, sabe que no va a competir, y eso mitiga la fatiga que sufre, sin duda. Pero, a cambio, le acrecienta la angustia porque no le van a ver competir, que es uno de sus propósitos. Por este motivo, a veces prefiere salir a competir, aunque esté lento en sus decisiones y en sus reacciones.

Con semejantes experiencias vividas, Guardiola ha reclamado más que nunca la cooperación de sus futbolistas, ya que no todos los jugadores son como Bernardo Silva, capaces de comunicarle hace unas semanas al entrenador que «estoy destruido», sin temor a perder su plaza en el equipo. A base de sufrir adversidades en este nivel de la competición, los jugadores del City ya han tomado conciencia de la clase de fatiga que padecen y su entrenador se ha empeñado en encontrar remedios. Durante la mañana del jueves, los futbolistas se han relajado en la piscina de un gimnasio que ha reservado el club en Múnich y a media tarde han regresado a sus domicilios. Tras eliminar al Bayern estaban tan agotados que ni siquiera tuvieron energía para festejarlo a lo grande en el vestuario del Allianz Arena. Algunos titulares como Rodri, Stones o De Bruyne ya intuyen que el sábado estarán en el banquillo, a la vista de los comentarios que les ha hecho llegar el entrenador, que ha repetido su mantra habitual en estas situaciones: «Comed bien, dormid mucho, no penséis demasiado». Pep y Estiarte han destilado con el paso de los años una cultura asimilable a la del deportista olímpico en cuanto a cuidados estrictos.

Guardiola entiende que en este momento del curso, el cansancio reside mucho más en la mente que en las piernas, que si se muestran pesadas es solo como reflejo del agotamiento mental. Para el viernes programa un entrenamiento que es apenas un suspiro, solo veinte minutos para desentumecer cuerpo y mente. Cuando aterrizan en Londres reciben una buena noticia: el Arsenal solo ha conseguido empatar en su estadio ante el colista Southampton (3-3). El tiburón huele la sangre…

En Wembley, Pep alinea un equipo mixto. De los titulares contra el Bayern solo repiten Akanji, Bernardo, Gündogan, Haaland y

Grealish, aunque únicamente estos dos últimos conservan su posición. Los otros tres cambian de puesto y función, lo que el entrenador considera como un ligero estímulo frente a la fatiga. Una organización defensiva en 5-4-1 hace del Sheffield un hueso duro de roer, pero a base de insistencia el City acaba accediendo a su séptima final copera tras un *hat-trick* de Mahrez, el primero que nadie marca en una semifinal disputada en Wembley. El 3 de junio es la fecha anotada en el calendario para la final, la segunda para Pep tras el triunfo de 2019. El City llegará a ella con diecisiete goles a favor y ninguno en contra, tras enfrentarse a Chelsea, Arsenal, Bristol, Burnley y Sheffield, y como el primer equipo que consigue alcanzar la final sin encajar gol desde que el Everton ganara la FA Cup en el curso 1965-1966.

Abril, abril, el mes de los partidos infinitos, del agotamiento absoluto, del florecimiento de la fatiga cognitiva…

ESCENA 29

El tiburón ha llegado

Mánchester, 6 de mayo de 2023

Ding Liren levanta la mirada directamente a los ojos de Ian Nepomniachtchi porque no puede creer lo que acaba de ocurrir.

Es la decimosegunda partida del Mundial de ajedrez, Nepo juega con negras y el marcador global le favorece por 6-5. Está dominando la partida con facilidad. Si la gana, como parece, se proclamará campeón de manera virtual, tomando el relevo de Magnus Carlsen. Las posiciones en el tablero muestran una clara superioridad de Nepo sobre su adversario, que está al borde del precipicio. Ambos andan apurados de tiempo para realizar los siguientes movimientos. Todos los analistas pronostican que el chino Liren no tiene ninguna posibilidad real de resistir el ataque del ruso Nepo, pero una jugada audaz en el movimiento veintisiete cambia las expectativas. Ahora es Liren quien tiene una ventaja que malgasta en las siguientes jugadas y vuelve a situarse al filo del abismo, hasta que en el movimiento treinta y cuatro Nepo comete un error fatal y destruye toda su posición ventajosa. En cuanto Nepo mueve su peón a f5, Ding Liren le mira perplejo, atónito, porque no comprende cómo su rival ha desperdiciado semejante ventaja. Ahora, Liren no suelta a su presa, mueve las piezas con acierto y cuatro jugadas más tarde consigue el triunfo, iguala el marcador general y se enfoca en culminar una remontada hasta el título que hace cuatro días parecía imposible.

BUSCAR A LOS ALEJADOS

Ajeno a la proeza del ajedrecista chino, a la misma hora Guardiola explica a sus hombres el plan de juego contra el Arsenal, que hoy visita el Etihad Stadium. El equipo de Arteta llega con cinco puntos de ventaja (75 contra 70) habiendo disputado dos encuentros más. Si el City gana los dos partidos que tiene pendientes, contra West Ham y Brighton, será líder virtual, aunque para ello como mínimo ha de empatar esta noche del miércoles 26 de abril.

El plan se ha perfeccionado gracias a la experiencia de los dos partidos jugados contra el mismo Arsenal en enero y febrero. El City ganó ambos encuentros, pero padeció los efectos de una formidable presión hombre contra hombre de los jugadores de Arteta. En el partido copero, Haaland no consiguió retener ninguno de los balones enviados por Ortega o sus zagueros y el equipo se ahogó con el *pressing* rival. En el partido liguero (1-3 en el Emirates) volvió a sufrir el mismo mal en el primer tiempo, pero Pep corrigió las posiciones sin balón y la agresividad en las marcas y todo giró a favor tras el descanso. Ambas experiencias han dado un poso de conocimiento a entrenador y futbolistas, que afrontarán este duelo decisivo con un plan detallado en cinco puntos:

- Ederson ha de poner la pausa, Stones y Dias ejecutan la salida, y Rodri y Gündogan marcan los tiempos y eligen la vía de salida.
- Frente a la presión *gunner*, repetir pase. Contra la impaciencia, esperar y provocar el salto del contrario.
- Contra el riesgo, doble 6 en vez de doble 8.
- La presión será muy selectiva y orientada a determinados rivales.
- Para hacer daño, dos jugadores liberados de otras ocupaciones: Haaland y De Bruyne.

Este es el plan. Sencillo y basado en los dos anteriores enfrentamientos. Ampliemos los detalles.

1. PAUSA Y SALIDA

Ederson ha de ser el jugador con más pausa del equipo. Ha de esperar todo lo que haga falta. Tiene que provocar que el Arsenal se vaya arriba y, de este modo, se desnude abajo, para que Haaland y KDB puedan aprovechar el duelo dos contra dos que se generará gracias a la provocación de Ederson. En la charla, Pep señala que ahí está la clave para ganar el partido. Pausa, provocar y pasar el balón a los alejados para que ellos resuelvan. El entrenador contempla al guardameta como el iniciador del juego. No se trata solo de que posea un buen juego con el pie: es una buena cualidad, pero no es la más importante. El portero ha de tener calidad con los pies, de la misma manera que debe tener una gran velocidad de reacción y, por descontado, saber detener o rechazar los remates del contrario. Son rasgos obvios hoy en día y quien carezca de alguno de ellos padece un gran hándicap para triunfar en la élite. Lo que busca Pep en el guardameta es que, además de todo lo anterior, disponga de un plus en cuanto a visión y comprensión del juego, concentración, atrevimiento e implicación en la organización colectiva. El fútbol de Guardiola empieza con las decisiones que toma el portero y con la orientación del juego que elige. Por lo tanto, no se trata de «tocar bien con los pies», sino de jugar bien al fútbol; no se trata de una cualidad concreta, sino de un valor global. El portero de Guardiola sigue siendo un especialista de la portería, pero además ha de ser un jugador completo. El primer futbolista del equipo. Hoy, Ederson ha de ejercer más que nunca como gran iniciador del juego.

El *build up* es la piedra angular del fútbol de Pep. Es un aspecto clave que guarda una inmensa similitud con las aperturas en el ajedrez, todo un arte milimétricamente estudiado y documentado. El City tiene codificados diez tipos distintos de salida de balón, pero hoy ha elegido una variante muy especial y la salida se estructura en 1+2+4+1+3. Es un «juego de provocación» porque busca provocar al contrario para que salte y permita salir fácilmente. Quiere hacer que vengan dentro para dar un pase afuera y eliminar a un montón de rivales y situar a su extremo arriba con el balón.

2. REPETIR PASE

Frente a la presión, repetir pase. Sencillo, pero fundamental. Repetir pase es una herramienta que da frutos sensacionales. Como dice Paco Seirul·lo, «repetir pase es la esencia del juego. Repetir pase daña al rival: la repetición aburre». Cuando dos jugadores repiten pase entre ellos generan mecanismos psicológicos de frustración en el contrario que intenta impedirlo, por lo que pierde la paciencia y la tensión, modifica su correcta posición corporal y termina facilitando una salida que no deseaba.

3. DOBLE 6

Para prevenir riesgos, Pep alinea un doble 6 en vez del habitual doble 8. A él le gusta más que sus tres centrocampistas nominales formen un triángulo invertido (1+2), con el mediocentro en el vértice bajo y los dos interiores entre líneas varios metros por delante. Obviamente, es más arriesgado que el triángulo básico (2+1) que emplea hoy, pero también genera más oportunidades creativas. Esta noche prefiere retrasar a Gündogan cerca de Rodri y que su único interior entre líneas sea KDB, que posee un olfato especial para moverse a las espaldas de los mediocentros rivales para recibir balones ya enfocados a generar peligro en la portería del Arsenal.

4. PRESIÓN SELECTIVA

El diseño de la presión es muy selectivo. Haaland y KDB se balancean entre Holding, Ramsdale y Gabriel Magalhães, dejando a Bernardo y Grealish frente a los laterales. Pero, como bien saben todos, la salida del Arsenal busca centralizar a Zinchenko para que lance un primer pase vertical hacia alguno de sus hombres de punta, que desciende, toca de cara y se gira para que los mediocentros reinicien el ataque. Pep replica con medidas muy específicas. Así, Rúben Dias persigue a Ødegaard incluso hasta el área rival y Stones hace lo mismo con Gabriel Jesús. Si cualquiera de ellos desciende su posición, el zaguero *citizen* le persigue, ensucia sus pases y evita que se gire y dé continuidad al juego. En cuanto Zinchenko acude a la zona central para organizar las acciones, Rodri salta a por él y le obliga a suspender sus intenciones. Si Rodri está ocupado en controlar a Xhaka, entonces es Gündogan quien se encarga de Zinchenko. Con estos simples tres movimientos (acordeón frente a zagueros, Rodri sobre Zinchenko y zaguero persiguiendo a delantero que baja a descargar), el City enturbia todo el *build up* diseñado por Arteta y convierte la armonía *gunner* en una noche de constantes desafinados.

5. DOS ELECTRONES LIBRES

La red de seguridad formada en el centro con el doble 6 facilita que De Bruyne se pase el partido desmarcándose de Partey o de Xhaka, indistintamente, buscando junto a Haaland el duelo dos contra dos con los zagueros visitantes. En los enfrentamientos previos ya se advirtió la gran ventaja que supone dicho mano a mano, pero hoy se buscará de forma premeditada y constante. «Buscar a los alejados», he ahí el resumen de la propuesta.

Y

Una cosa es el plan y otra es la ejecución. El plan comienza perfecto. A los sesenta y siete segundos de iniciado el partido, Dias y Gündogan repiten pase tres veces ante Ødegaard hasta conseguir que el capitán del Arsenal pierda ligeramente la concentración y abra una puerta que mantenía cerrada, regalando a Gündogan una formidable vía de profundización que Grealish y De Bruyne no pueden materializar en gol. Es un aviso en toda regla: el City ha decidido usar a fondo esta herramienta para dañar a los *gunners* y seguirá haciéndolo en varias fases del partido.

El *build up*, sin embargo, no se ejecuta como está diseñado. En la estructura en 1+2+4+1+3, la primera línea (1+2) la forman Ederson como elemento capital, pues es quien dispone de la mejor visión del campo, Stones y Dias. Los cuatro componentes de la segunda línea son Walker y Akanji, pegados en las respectivas líneas exteriores del campo, y Rodri y Gündogan muy juntos entre sí y muy pocos metros por delante de Ederson. Arriba se mueve De Bruyne, ocupando el espacio que queda libre a causa de los movimientos que se ven obligados a realizar los mediocentros del Arsenal. Y más arriba, Grealish, Haaland y Bernardo se ocupan de alejar a los defensas *gunners* de cualquier tentación de presionar. Pero Ederson no espera, sino que se precipita y envía un balón complicado a Stones cerca de la línea de fondo. El zaguero replica del mismo modo que hace una semana en el Allianz Arena, cuando envió un balón en largo para que Haaland lo bajara, combinara con KDB y marcase el gol *citizen* en Múnich. Esta noche, Stones repite el mismo balón en largo para que Haaland, sujetado por Holding, lo baje con un dulce toque y ceda a De Bruyne, que profundiza con su amplia zancada perseguido por los zagueros. Desde fuera del área, el belga lanza un disparo imparable para Ramsdale, un *swing* con *curl*, con la curva precisa para que se aleje de la mano del guardameta y se introduzca en sus redes por la zona más cercana al poste. En solo seis minutos, el plan del City le otorga una ventaja que puede ser decisiva en la remontada hacia el título.

Guardiola celebra el gol, pero de inmediato abronca a Ederson por haberse precipitado. Es una bronca breve, pero intensa, con los aspavientos clásicos en Pep, mientras el portero intenta explicarse en vano. «¡Él a ti! ¡Él a ti!», repite el entrenador varias veces, mientras suelta maldiciones variadas. Está intentando recordarle a Ederson que no debe precipitarse en el pase a su zaguero, sino sujetarse el máximo de tiempo posible, provocando el salto del contrario, para entonces sí ceder el balón al compañero. Provocar, no precipitarse. Él debe provocar y son Rodri o Gündogan quienes deciden el momento de aprovechar esta provocación para sacar el balón. Tener pausa y frialdad hasta el último instante, provocar al rival y ceder al hombre libre. En la acción del gol, Ederson ha hecho todo lo contrario de lo que habían hablado, pero la bronca con Pep servirá para que a partir de ahí cumpla de forma espléndida las instrucciones.

A los quince minutos, Pep abronca a Stones por intentar repetir la acción del gol, pero en una situación de desventaja para Haaland. El entrenador le pide que no se precipite y que, si no está en ventaja, mejor devolver el balón a Ederson para reiniciar. Estos dos pequeños ajustes serán decisivos para el devenir del partido porque marcan el ritmo de juego. Mientras cerca de su área el Arsenal se ahoga ante la presión de Rodri sobre Zinchenko y la consiguiente ofuscación colectiva, en las proximidades de Ederson se establece una calma que condiciona todas las acciones. El balón está más tiempo en poder de los *gunners*, pero es una posesión estéril, casi toda en su propio campo, del que le cuesta salir. En cambio, el City aplica dos ritmos diametralmente opuestos que le da buenos réditos: una pausa casi de siesta veraniega en la salida y un vértigo demoledor en la finalización. Nada explica mejor esa pausa que el periodo que transcurre entre el minuto 28.08 y el 30.15, cuando Gündogan y Rodri dirigen todas las operaciones. Ederson tiene el balón en sus pies, sin la menor intención de moverlo, mientras sus zagueros permanecen abiertos, los laterales están aún más abiertos y Rodri y Gündogan se quedan quietos fuera del área, escaneando sin cesar sus espaldas. Gabriel Jesús y Ødegaard no saben si ir o si esperar porque les engañan una y otra vez. Gündogan es quien da las órdenes, quien dicta a quién devolver el balón, quien levanta el pulgar felicitando a Stones o a Ederson por su última acción, quien se queda quieto para que Rodri se mueva y arrastre a un contrario, quien se adelanta para descargar el balón a un costado... Solo son dos minutos que parecen horas, durante los cuales el Arsenal se congela, pasmado, y pierde toda la dinámica febril que quería aplicarle al partido. El equipo de Pep suma hasta cuatro ocasiones clamorosas de gol que salvan entre Ramsdale y Ben White.

El gol de Stones en el minuto 46, cabeceando una falta lateral lanzada por KDB, cierra un primer tiempo primoroso en el que se cumplen todas las premisas del plan de juego, una vez hechas las mencionadas correcciones. Todos los detalles se ejecutan con acierto y la pareja Haaland-De Bruyne se da una fiesta a espaldas de los mediocentros *gunners*, enfrentando el duelo dos contra dos con los zagueros. En especial Haaland cuaja una actuación soberbia, la mejor de la temporada, aunque no haya marcado gol, pese a las ocasiones que ha dispuesto. A los cincuenta y tres minutos de nuevo la pareja combina entre sí, tras arrebatarle el balón a Ødegaard, y obtiene el 3-0 que ya sentencia el partido y confirma que el City está lanzado en pos de revalidar su título de campeón.

Con la melena al viento, Haaland anota el 4-1 final a los noventa y cinco minutos, asistido por Phil Foden, que ha podido regresar al equipo tras la intervención quirúrgica sufrida por una apendicitis. Para *Big Erl* es su gol número treinta y tres en la Premier League, uno más que el récord de Salah en ligas de treinta y ocho partidos. Su actuación ha sido colosal, mostrando una mejora inaudita en el control de los balones, acertado en la descarga y el pase. De Bruyne, que termina con molestias musculares en los isquiotibiales, ha sido su formidable pareja en este baile que deja noqueado al líder, que ya solo cuenta con dos puntos de ventaja, pero habiendo jugado dos partidos más que el City. Es una victoria crucial en la remontada, una victoria que puede sentenciar el campeonato, y así se celebra en el vestuario. Es la decimotercera victoria de Guardiola, más un empate, ante el Arsenal en Premier League en catorce enfrentamientos.

No solo la pareja atacante ha tenido una noche formidable, sino que Grealish ha vuelto a confirmar su explosivo estado de forma, sea profundizando, sea congelando el balón, sea defendiendo, donde se ha convertido en un elemento diferencial. La línea defensiva ha resuelto otra noche «a la yugoslava», con Akanji ocupando el lateral izquierdo, donde no ha desmerecido a Aké en su papel de secante de Buyako Saka. Los zagueros Stones y Dias se han mostrado contundentes y Walker ha regresado a su mejor nivel de concentración, con el que es insuperable. Akanji es el séptimo jugador que Pep emplea esta temporada como lateral izquierdo, tras Cancelo, Sergio Gómez, Aké, Laporte, Rico Lewis y Bernardo. El entrenador tiene claro el concepto:

—La defensa, fíjate en la defensa. Es la línea en la que más hemos mejorado desde febrero.

Los *happy flowers* se han transformado en un grupo que desafía a cualquiera cuando miran mal a uno de los suyos. En diciembre, Haaland escribió en sus redes sociales: «Arsenal, tenemos que cazarlos» (*Arsenal, we have to hunt them*). Esta noche es incluso más escueto: «*Hunting*» (De caza). Así es. Dejaron acercarse al tiburón... y el tiburón azul ha llegado.

«RODRI ESTÁ FUNDIDO»

Es lo primero que Lorenzo Buenaventura le comenta a Pep en cuanto se reúnen en el vestuario de Craven Cottage. El cuerpo técnico coincide en pleno al señalar a Rodri como el más inminente de los problemas que resolver, mucho más importante que las preocupantes molestias musculares que sufre De Bruyne o que la recuperación de Nathan Aké. Sencillamente, Rodri no tiene recambio en el City. Ortega puede suplir con solvencia a Ederson; Julián Álvarez es un magnífico goleador. Y así uno por uno, excepto Rodri, que es el único jugador de la plantilla que no tiene un sustituto de su nivel tras el adiós de Fernandinho. La realidad es que Kalvin Phillips podría serlo, pero hasta la fecha ha rendido muy lejos del nivel del mediocentro español. Guardiola, que fue mediocentro, y muy brillante, es muy exigente con quien ejerce esta función en sus equipos, todos ellos nombres de primer nivel mundial: Yaya Touré, Sergio Busquets, Philipp Lahm, Xabi Alonso, Fernandinho, Gündogan y ahora Rodri. A Pep no le basta con el nivel actual de Kalvin Phillips. Quizá solo sea el típico problema de adaptación que han padecido casi todos los fichajes de Guardiola en el City, o quizá sea que el jugador posee cualidades distintas a las que precisa el equipo.

Sea como sea, Phillips no está hoy en la mente de Pep como sustituto inmediato de Rodri. Pero Rodri está fundido. Atraviesa un periodo de gran fatiga física, tras haber disputado 3836 minutos a lo largo de la temporada, de los cuales 2269 han sido desde su regreso del Mundial (además de otros 180 minutos jugados con la selección española). Acumula 47 partidos con el City, 45 de ellos como titular, y la proyección señala que concluirá la temporada habiendo jugado unos 4500 minutos, muchos más de los 3928 del curso pasado.[88] En los últimos partidos sufre de manera visible en el tramo final. Le costó terminar el partido en Múnich y aún más frente al Arsenal, pese a que el entrenador lo dejó en el banquillo en la semifinal copera contra el Sheffield. Hoy ha vivido unos durísimos últimos minutos ante el Fulham, de ahí que Pep haya entrado en el vestuario, tras

88. El cómputo final, sin contar prolongaciones, será de 4465 minutos disputados por el jugador español en 56 partidos.

sostener una larga ovación ante la grada de aficionados *citizens*, con el propósito de plantear el problema físico de Rodri.

—Rodri está al límite y no podemos perderlo. Hemos de inventar lo que sea para darle oxígeno. Tenemos que gestionar bien los dos próximos partidos en casa para que esté en condiciones contra el Madrid —interviene Carles Planchart sin titubeos.

—Pues vamos a ver qué inventamos —concluye Pep.

El enfrentamiento dominical con el Fulham ha sido complicado. El rival ha regalado el balón sin problema alguno, facilitando que el City se moviese relativamente cómodo, sobre todo después de que Haaland abriese el marcador en el segundo minuto de encuentro, igualando el número máximo de goles en la Premier League (34) sin importar los partidos disputados. Guardiola ha suplido la ausencia de De Bruyne con la entrada de Julián Álvarez, lo que modifica el enfoque de los jugadores interiores, pues Gündogan se aproxima a Rodri y Julián ejerce como un mediapunta liberado de obligaciones, salvo la presión alta contra la defensa. Es un rol interesante porque Julián no es un centrocampista de oficio, sino un delantero centro que está aprendiendo a moverse por zonas intermedias sin perder la eficacia rematadora, como demuestra a los treinta y seis minutos, cuando despliega un espléndido disparo combado desde fuera del área que supone el 1-2 en el marcador, remontando la igualada que Carlos Vinicius había conseguido un rato antes, en el único remate local del partido.

La superficie seca y alta del campo propicia que las transiciones sean complicadas porque el balón se enreda y los jugadores no logran que fluya bien, lo que también se traduce en un bajo porcentaje de acierto en los pases del City (solo el 86 %). Se logra un triunfo «profesional» sin más. Los goleadores son los mismos que en el partido jugado en noviembre en el Etihad, Haaland de penalti y Julián, con idéntica duración de partido (98 minutos) y la misma complejidad para superar al Fulham. El equipo suma otros tres puntos y se coloca líder de nuevo. El Arsenal lo ha sido durante doscientos setenta y cuatro días, y el City, solo catorce, pero lo está consiguiendo en el momento importante. Quedan seis partidos de liga y los dos próximos serán los más decisivos. Si el equipo de Pep los gana, acariciará el trofeo de campeón.

El entrenador regresa a Mánchester preocupado por la fatiga de Rodri. Hay que darle oxígeno. Podría suplirlo ante el West Ham con Gündogan, pero el jugador alemán también está fatigado...

Al día siguiente, lunes 1 de mayo, Pep tiene tiempo para ver cómo Ding Liren conquista el título mundial de ajedrez. No es un triunfo cualquiera, sino que se ha forjado a partir de remontar un marcador muy negativo y una situación anímica penosa. Cuando Liren se encontraba a un paso del abismo extrajo de su interior una fortaleza imprevista y acabó ganando el campeonato a base de arriesgar de manera desmedida en el mano a mano final. Pep tiene en el ajedrecista chino otra inspiración más para mantener este colosal esprint final de temporada. Entrevistado por el magnífico periodista Leontxo García, el nuevo campeón mundial explica cómo pudo soportar la presión cuando todo hacía prever que caería aplastado por su rival, Ian Nepomniachtchi: «Me acordé de lo que le leí a Albert Camus: "Si no puedes ganar, hay que resistir"».

Apasionado del ajedrez y de sus estrategias, Pep conoce bien una frase del gran maestro Rudolf Spielmann: «Juega la apertura como un libro, el medio juego como un mago y el juego final como una máquina». La aplicación de esta idea al fútbol es sencilla: hay que jugar el *build up* de memoria, ser creativo en el juego intermedio e implacable en la finalización. Un mantra que Pep tiene grabado a fuego. Spielmann, austriaco, fue capaz de derrotar dos veces al legendario José Raúl Capablanca y se distinguió por un estilo de juego diabólico, repleto de sacrificios, jugadas brillantes y hermosas ideas, por lo que fue conocido como «el maestro del ataque».

Pep siente que está viviendo un momento especial, como el de Ding Liren en el Mundial de ajedrez o como el de John Rahm en el Masters de golf. Es el momento de la remontada imparable.

DÍA DE RÉCORDS

El martes 2 de mayo, el Arsenal pulveriza al Chelsea en otra muy buena actuación (3-1), complementada por un rendimiento pésimo de los *blues*, un equipo que está más cerca del descenso que de las posiciones europeas. Arteta recupera el liderato, si bien solo le dura veinticuatro horas porque el City vence en casa al West Ham por 3-0.

Rodri vuelve a ser titular. Es Gündogan quien descansa, y también KDB, que no se ha recuperado. En cambio, Aké ya está en condiciones y juega como lateral izquierdo. Stefan Ortega ocupa la portería. Pregunto si hay algún problema con Ederson: «Ninguno, solo queremos que Ortega esté activado porque será el portero en la final de la FA Cup». Julián Álvarez vuelve a ser el interior derecho con funciones de mediapunta / segundo delantero, esa función que tanto me recuerda a la que realizó muy pocas veces Arjen Robben en el Bayern, aunque uno y otro jugador no tengan ninguna similitud en su perfil. En la época del Bayern, Pep me explicó que «quiero al mejor regateador por dentro, para que pueda driblar por cualquier parte, sin la limitación de la línea de banda, y que cuando se coloque bien pueda rematar a gol». Las numerosas lesiones de Robben impidieron que el ensayo tuviera continuidad, pero resultó muy ilustrativo y ahora Pep está probando algo similar con Julián: aprovechar su cualidad de regateador por dentro y su gran remate desde lejos. Además, esta posición permite que pueda convivir en la alineación con Haaland de manera armónica.

Un West Ham con abundantes ausencias se encierra alrededor de su portería en un 5-2-3 que replica como un espejo el 3-2-5 del City, que tiene el balón el 80 % del tiempo. El equipo londinense se hace tan estrecho y apretado que provoca que Stones juegue por momentos como mediapunta. Durante cuarenta y cinco minutos, el éxito sonríe al equipo de David Moyes, que se marcha al descanso con empate a cero, un marcador que se resquebraja de inmediato con un preciso cabezazo de Aké en una falta lateral sacada por Mahrez, tras lo cual Haaland rompe el récord histórico de goles en la Premier que compartían Alan Shearer y Andy Cole. El implacable noruego ha marcado veintitrés de sus treinta y cinco tantos con el pie izquierdo, seis con el derecho y otros seis con la cabeza. Cada cuatro remates y cada veintiún toques de balón ha obtenido gol, alcanzando ya el puesto número cuarenta y ocho entre los goleadores históricos del club, cuando todavía no ha cumplido su primer año como *citizen*. Casi en el final del partido, Phil Foden anota el gol número mil en la era Guardiola. Si el entrenador hubiera podido elegir a uno de sus jugadores para que marcase dicho tanto no lo habría dudado: «Recuerda su nombre: Phil Foden».

A instancias de Pep, toda la plantilla y todo el *staff* forman una guardia de honor para celebrar el récord de Haaland. Cuando el noruego pasa corriendo por debajo, quien más fuerte golpea es el propio Pep, que muestra así su entusiasmo. Está exultante.

GUNDO PARA SUMAR PASES

Pep está furioso.

—Erling, ¡nunca más! ¡Tú tenías que lanzar el penalti, tú eres el lanzador!

No solo está furioso con Haaland, sino también con Gündogan.

—¡Gundo, *fucking*! ¡Eres el capitán, déjate de tonterías!

Tras la bronca se abraza con uno y con otro. En su interior sabe que ha sido un pecado de bondad. Haaland es un buen chico, con un corazón inmenso, que ha preferido que Gündogan obtuviese su primer *hat-trick* que sumar un gol más a su récord. Más tarde, el entrenador elogiará la bondad de su delantero, pero ahora tocaba amonestar a ambos jugadores por la decisión sobre el campo. Desde luego, el *hat-trick* del capitán habría sido un broche de oro a su excepcional partido como mediocentro y director de operaciones del equipo en sustitución de Rodri, quien por fin ha podido descansar, lo que era primordial para el devenir de los próximos partidos. Pero el lanzamiento de Gündogan al poste ha torcido la fiesta de un partido jugado de maravilla por el City, sin la finalización eficaz de otros días. Estábamos en el minuto 83 y por uno de esos raros azares del fútbol ha bastado ese error en el penalti más otro de Akanji en un despeje cómodo para que el marcador mostrase un preocupante 2-1 en lugar de un cómodo 3-0. De ahí el enfado del entrenador.

El incidente revela, por si el lector necesitara algún ejemplo más de ello, el carácter agudo de Pep cuando la competición se encarniza. Podemos decir que Guardiola «es muy inglés», en el sentido de aquel viejo aforismo según el cual «los ingleses van a la guerra con espíritu deportivo y practican deporte con ánimo guerrero». En momentos cruciales de la competición, Pep se siente en mitad de una batalla durante la que no hay espacio para gestos amigables y bondadosos como el de Haaland hacia Gündogan. Por supuesto, valora y elogia la generosidad del delantero noruego, una cualidad formidable en alguien que ha hecho del gol su gran objetivo, pero prioriza la eficacia por delante de otras virtudes. No es tiempo de gestos bonitos, sino de ser implacable. De ahí que haya sido tan crudo con su capitán y con su goleador.

En semanas de competición tan apretada y agónica, conviven en el interior de Guardiola dos espíritus contrapuestos: la calma y la agitación. Hoy está más tranquilo que nunca porque siente que el equipo está preparado, dispuesto y armónico para afrontar con éxito los inminentes desafíos. Al mismo tiempo está irritable en grado sumo porque no soporta que cualquier pequeño detalle rompa o modifique los planes, como si ese minúsculo detalle fuese una piedra gigantesca que rompiera la dinámica del grupo. Estos dos espíritus contrapuestos conviven y se expresan a diario en Pep, que alterna momentos de serenidad absoluta con otros de irritación profunda. Sencillamente, es su carácter.

El Leeds se ha presentado en el Etihad consciente de que solo tenía una ínfima oportunidad: encerrarse muy cerca de su portero y lanzar algún contraataque certero. La mano de su nuevo técnico, el veterano Sam Allardyce, se ha notado de inmediato en el 5-4-1 con que ha pretendido maniatar a Haaland. No ha sido sorpresa para nadie, por lo que Pep ha presentado una alineación apropiada para atacar en 3-2-5. Gündogan y Rico Lewis han dirigido al equipo desde el eje central con acierto y una habilidad especial. Por ratos han sido dos magos haciendo diabluras con el balón y sumando pases.[89] En menos de media hora, Gündogan ha marcado los dos goles del City, ambos idénticos: apertura desde la izquierda para Mahrez, que fija a dos rivales mientras Julián y Rico Lewis penetran en el área, arrastrando a los mediocentros rivales, y pase horizontal para el remate letal de Gündogan, a quien nadie vigila en la frontal del área. Cerca del poste derecho el primer gol, cerca del izquierdo el segundo, en ambos remates el capitán se muestra quirúrgico, como hace un año en el mismo escenario, cuando sus dos goles llevaron al equipo al triunfo final en la Premier League.

Solo el incidente del penalti errado más el inesperado gol visitante enturbia ligeramente el plácido ambiente. Además, Nathan Aké ha recaído de su lesión muscular. «Nathan dice que está bien, que solo es cansancio. Veremos», me dice el cuerpo técnico al terminar el partido. Varios de los jugadores esenciales han podido descansar hoy: Stones, Dias, Grealish y también Bernardo y Rodri, que solo han disputado media docena de minutos.[90] Los objetivos del día se han cumplido, aunque Haaland se haya quedado sin marcar pese a realizar seis remates a portería, dos de ellos a los postes.

Igualado momentáneamente a partidos disputados con el Arsenal, el equipo de Pep cuenta esta tarde con una ventaja de cuatro puntos (82-78) y parece lanzarle un mensaje «dantesco» a los hombres de Arteta: «*Lasciate ogni speranza...*».[91] La décima victoria

89. Gündogan ha sumado 182 pases, de los que 170 han sido acertados (93,4 % de acierto). Todo el Leeds United ha sumado 120 pases acertados, 50 menos que el capitán *citizen*.

90. Bernardo ha disputado hoy su partido número trescientos con el Manchester City y Rodri su partido doscientos.

91. Al día siguiente, el Arsenal se convierte en el segundo equipo en derrotar al Newcastle en Saint James' Park. Vence por 0-2 (mismo resultado que obtuvo el Liverpool) y reduce la distancia con el City a un punto. El equipo de Arteta tiene tres partidos por jugar, y el de Pep, cuatro.

consecutiva en la liga se ha fraguado a partir de un juego delicioso y fiable, con un 82 % de tiempo con balón, ejecutado sin fisuras, salvo por el incidente del penalti. La autoconfianza del grupo es la más alta de la temporada, como si todos los factores se hubiesen coordinado para llegar al momento clave en el mejor estado de forma.

ESCENA 30

Kevin el *rojo*

Madrid, 9 de mayo de 2023

El rostro de Kevin está más rojo que la camiseta del equipo. Hace mucho calor en Madrid, un calor que asfixia los pulmones del futbolista que corre 11,41 kilómetros en un partido agónico contra el rey de Europa. Es culpa de la eumelanina.

El City ha sobrevivido al infierno del Bernabéu. «Nos basta con ganar por 1-0 en casa y estamos en la final». Es un resumen muy simple, pero irrefutable, que el cuerpo técnico transmite a sus jugadores mientras se duchan en el vestuario del estadio madridista. El fútbol es muy complejo, pero su resolución a veces es tan simple como esta frase: 1-0 y a la final.

Claro, nadie espera que el partido de vuelta vaya a ser sencillo. «Será una final en nuestra casa», dice Pep. Dentro de una semana hará menos calor en Mánchester, pero Kevin volverá a enrojecer hasta entrar en ebullición. Es un fenómeno que levanta comentarios entre el cuerpo técnico: «Cuando Kevin se pone rojo, buena señal. Significa que pasará algo bueno».

Es culpa de la eumelanina. KDB es pelirrojo. Los individuos pelirrojos tienen una serie de características genéticas, entre las cuales está la mutación del gen encargado de regular la pigmentación de la piel. Los pelirrojos tienen muy poca eumelanina, lo que provoca que su piel sea muy clara, con abundantes pecas, y que no se bronceen. Además son más sensibles al frío, pero soportan mejor el dolor y sintetizan más vitamina D, lo que supone una ventaja para su salud ósea. En De Bruyne resalta especialmente su rostro enrojecido por el esfuerzo y el calor, fruto de la vasodilatación sanguínea. Es una medida de protección de su cuerpo, que busca captar más oxígeno para los músculos y a la vez rebajar la temperatura interna corporal. El calor se disipa a la piel como medida de protección para evitar un sobrecalentamiento, un golpe de calor. No hay más secretos alrededor del enrojecimiento de KDB en los partidos. Es culpa de la eumelanina. Pero cuando se pone rojo, pasan cosas. Cosas sabrosas.

Esta noche, Kevin ha jugado hora y media a tope de color rojo. No ha jugado un partido brillante, pero ha disparado dos veces con mucho peligro hasta que al tercer intento ha conectado un obús imparable para Courtois que ha igualado el soberbio cañonazo de Vinicius en el primer tiempo. El City ha sobrevivido a otra noche infernal en el Bernabéu (1-1) y lo ha hecho desde tres fundamentos que Guardiola insufló en sus hombres: defenderse a partir de controlar el balón, resistir compactos en los momentos sin pelota y mantenerse fuertes de mente para no caer abatidos emocionalmente. No ha sido un partido espléndido en ninguno de los tres aspectos, pero sí notable en todos ellos. Veamos los dos primeros con más detalle.

DEFENDERSE CON EL BALÓN

Sumar pases es la herramienta para lograr el objetivo de minimizar los demoledores contraataques del Real Madrid.

Dos días antes del partido quise saber si este sería el plan en el Bernabéu; Pep lo confirmó: «El martes vamos a usar la pelota para defendernos, como hacemos siempre».

Y, en efecto, el equipo sale del Bernabéu habiendo dado 566 pases acertados, con un grado de acierto del 90 %, y un 56 % de tiempo de posesión del balón. Es un balance mejor que el del año pasado, cuando perdió: 488 pases, 85 % de acierto, 52 % de tiempo de posesión. A su vez, el Madrid ha dado 449 pases con el 87 % de acierto, algo mejor que hace un año: 453 pases y 83 % de acierto.

Disponer del balón, pasarlo al compañero y no perderlo era el plan y seguirá siendo el mejor plan defensivo de Guardiola. Sin embargo, basta un único error para que el Real Madrid cabalgue del modo majestuoso que sabe hacerlo. En el partido de hoy ha sido una presión tímida de Rodri que Modrić ha sabido aprovechar para girar de dirección con un toque sutil, permitiendo la aceleración portentosa de Camavinga y el disparo monstruoso de Vinicius.

No ha habido demasiados errores de este tipo en los centrocampistas del City. Rodri solo ha fallado 4 pases de los 85 intentados, y Gündogan, 5 de los 64. Algo peor ha estado Bernardo Silva, con 8 pases errados de 62 intentados. Demasiados para un mago como él. La ratio de aciertos de De Bruyne es mucho más baja (81 %), pero sus pases se realizan en zonas próximas a la finalización y, por lo tanto, no son comparables con los de sus compañeros, dado que esas pérdidas también se producen en zonas menos peligrosas para el equipo.

Los propósitos de Pep cuando juega el partido de ida fuera de su estadio son siempre muy parecidos, tanto ahora como cuando dirigió al Bayern y al Barcelona: defenderse con balón y minimizar riesgos.[92] De ahí también que no sea propenso a realizar cambios durante el partido si observa que el control del balón es elevado. Este año lo hizo así contra el Leipzig e incluso contra el Bayern en casa, donde solo cambió a KDB por lesión. La idea que hay detrás de este «inmovilismo» es que los jugadores que esta noche pueden entrar desde el banquillo (Foden, Julián, Mahrez) son muy capaces de cambiar la dinámica del partido, pero eso es precisamente lo que el entrenador no desea: «He pensado en hacer cambios, pero al final no los he hecho porque he pensado que si entraba un jugador vertical quizá podía provocar que el rival fuese también más vertical y quería evitar eso».

CONTROLAR SIN BALÓN

El segundo gran propósito era resistir compactos en los momentos sin balón.

El Real Madrid solo ha logrado disparar tres veces contra la portería del City: en el gol de Vinicius y en dos remates de Benzema —en probable fuera de juego— y de Tchouaméni que han sido repelidos con acierto por Ederson. Otros ocho disparos madridistas han sido blocados por jugadores *citizens*, lo que habla bien del concepto de defensa compacta, «a la yugoslava». Los trece remates del Madrid se desglosan del siguiente modo: un gol, dos despejes de Ederson (en total, tres remates a portería), dos remates fuera y ocho disparos bloqueados por defensores del City.

La cifra total de remates madridistas es muy similar a la del año pasado: once en el Etihad (cinco a portería) y doce en el Bernabéu (tres a portería). La diferencia es que entonces el grado de acierto del

92. Los cinco últimos partidos del City en la Champions esta temporada fuera de su estadio han ofrecido los siguientes resultados: 0-0 contra el F. C. Copenhagen; 0-0 contra el Borussia Dortmund; 1-1 frente al RB Leipzig; 1-1 contra el Bayern de Múnich; y 1-1 frente al Real Madrid.

equipo de Ancelotti fue muy superior, obteniendo tres goles en la ida y dos en la vuelta.[93]

Podemos concluir que el grado de control sin balón conseguido por el City ha sido notablemente mejor que el año anterior. Ha permitido pocas penetraciones en transición y pocos disparos limpios a portería. A cambio, también ha rematado menos que el año anterior, pues en el Etihad disparó dieciséis veces (seis a portería) y doce en el Bernabéu (nueve a portería) para obtener un total de cinco goles, mientras que hoy ha reducido el total a diez remates, de los cuales seis contra la portería de Courtois.

Hay que matizar un detalle muy relevante de esta noche. Los dos tiempos han sido muy distintos entre sí, básicamente por el cambio de posición ordenado por Ancelotti, al situar tras el descanso a Camavinga como lateral-interior, replicando el habitual movimiento de Guardiola de centrar a uno de sus defensores junto a Rodri, misión que hoy ha vuelto a ejecutar Stones en su nuevo rol de zaguero-mediocentro. La posición interiorizada de Camavinga no ha logrado ser contrarrestada con acierto por los hombres de Pep, otorgando una enorme superioridad en la salida de balón al Madrid, evidenciada en todos los ámbitos. Si el City ha dispuesto el balón un 68 % del primer tiempo, solo lo ha tenido el 46 % del segundo. El número de pases intentados por el equipo de Guardiola ha caído de 346 a 220 tras el descanso y el de Ancelotti ha subido de 168 a 287. Y, del mismo modo, los remates *citizens* han sido seis en el primer tiempo y cuatro en el segundo, mientras el Madrid solo ha rematado una vez en la primera mitad (el gol) por doce en la segunda. No podemos atribuir semejante cambio radical solo a la posición de Camavinga, pero sí una buena parte de ello.

Por último, y no menos importante, la mente y sus demonios.

El Bernabéu es un estadio infernal porque su gente conoce el efecto que genera en el cerebro de los rivales durante estas noches de competición europea. Es un fenómeno que se retroalimenta. Cuanto más infernal es el estadio, mejores resultados obtiene su equipo. Cuanto más gana su equipo en Europa, más infernal es el estadio. Y así va incrementando la mitología y los triunfos. Las remontadas del año pasado en la Champions flirtearon con el milagro y provocan un efecto aún mayor en el ánimo madridista y, por consiguiente, atemoriza aún más a los equipos visitantes. Esta

93. Los datos de la semifinal de vuelta del año pasado se refieren únicamente a los noventa minutos reglamentarios, sin contabilizar la prórroga posterior.

noche, el Manchester City luchaba en el terreno de juego contra un gran equipo, pero también peleaba contra sus propios sentimientos, los de aquella noche de pesadilla, hace doce meses casi exactos. De nuevo, el mismo escenario, el mismo ambiente, el mismo rival... ¡Cómo no van a pensar en ello los jugadores de Pep! Excepto Haaland y Akanji, los otros nueve futbolistas vivieron la pesadilla, aquellos cinco minutos nefastos en que toda la gloria se vino abajo. ¡Cómo no van a resurgir los viejos demonios!

He aquí el auténtico mérito de los jugadores del City esta noche. Han sabido resistir el ambiente, la frustración por encajar un gol en pleno dominio del partido, el resultado adverso, la amenaza de un rival que ha jugado de modo portentoso en todos los terrenos, y especialmente han sabido superar sus demonios, despreciar sus recuerdos y aparcar los miedos de que se repitiera la catástrofe.

El Bernabéu solo ha visto dos derrotas de su equipo en los diez últimos partidos de eliminatorias de la Champions League. Únicamente el Manchester City en febrero de 2020, poco antes de que se iniciara la pandemia de covid-19, y el Chelsea el año pasado, en un triunfo inútil para sus propósitos, han conseguido superar al coloso blanco.[94] Arrancar hoy un empate en casa del campeón es más que un éxito para el equipo de Pep y así lo siente el vestuario. Si hace un año, en el Etihad, los rostros de los jugadores *citizens* mostraban amargura pese a la victoria por 4-3 y los madridistas expresaban una euforia elevada, hoy ocurre exactamente lo contrario, aunque las narrativas periodísticas quieran explicar algo distinto. Quienes se encuentran esta noche en la zona donde confluyen ambos vestuarios perciben con meridiana claridad que hay una moderada decepción en el Madrid por no haber conseguido la victoria y que hay abundante alegría en el City por haber sobrevivido a esta nueva visita al dentista.

El plan diseñado se ha cumplido bastante bien. El City ha usado la pelota para defenderse, con lo que ha reducido las probabilidades del contrario para ganar. Cuando mejor estaba, ha llegado el gol del Madrid, y luego, curiosamente, ha ocurrido lo contrario y ha llegado el tanto de De Bruyne. Ha quedado claro que el equipo ha jugado

94. Los últimos diez resultados del Real Madrid en su estadio en eliminatorias de la Champions han sido los siguientes. Temporada 2019-2020: derrota ante el Manchester City (1-2). Temporada 2020-2021: victorias contra Atalanta (3-1) y Liverpool (3-1), empate contra Chelsea (1-1). Temporada 2021-2022: victoria ante PSG (3-1), derrota ante Chelsea (2-3), victoria ante City (3-1). Temporada 2022-2023: victorias ante Liverpool (1-0) y Chelsea (2-0), empate contra City (1-1).

pensando más en no perder el balón que en agredir con él. El precio que pagar por el control se puede medir en la dificultad de generar importantes acciones de peligro, con Haaland engullido por una gran organización defensiva del Madrid. La mayoría de las ocasiones del partido se han producido desde fuera de las áreas. Ambos goles han llegado en remates lejanos, así como todas las paradas de Courtois y de Ederson. Ni uno ni otro equipo han podido generar peligro en el interior de las áreas.

El partido de vuelta, contra lo que pueda parecer en estos momentos en que los ánimos de ambos equipos están exacerbados, no puede ser muy distinto al vivido en el Bernabéu, tal como me dice Lillo horas después:

—Ya comentamos con Pep que íbamos a jugar dos partidos en casa, uno con público ajeno y otro con público propio. Y que el Madrid iba a jugar dos partidos fuera. Porque el Madrid se siente bien así. Ahora vamos a ver hasta dónde van a estar cómodos en Mánchester. Nosotros ni por casualidad debemos ir al ritmo de nuestro público, que eso yo ya lo he vivido, porque no sería bueno que nos precipitáramos, porque entonces nos pueden pillar. Es lo que tienen estos equipos tan buenos como el Madrid, con jugadores tan supremos, que en todas las situaciones que hacen a velocidad elevada te pueden matar. Por eso nosotros hemos de jugar el segundo partido de una forma bastante parecida a la de hoy. Con los matices que Pep añadirá para ser más eficaz por dentro.

La cena posterior al partido se celebra en un salón del primer piso del remozado hotel Villa Magna, cercano al Bernabéu. El ambiente en el cuerpo técnico y la plantilla es de mucha serenidad, no hay euforia, pero tampoco intranquilidad. Los jugadores muestran rostros relajados y cenan con gusto, lejos del agotamiento extremo que presentaban tras eliminar al Bayern. De Bruyne ha dejado de tener las mejillas rojas y ahora su rostro está casi tan blanco como la camisa blanca del patrocinador Dsquared2 que visten todos los jugadores. A media mañana del miércoles, el equipo vuela hacia Mánchester y Pep da instrucciones para que nadie se acerque a la ciudad deportiva hasta el viernes, salvo aquellos jugadores que deban recibir tratamiento de fisioterapia. Quiere que descansen con sus familias, lejos del césped. Él ha hecho lo mismo. A primera hora del miércoles ha volado a Barcelona para pasar dos días con Cristina.

El jueves por la mañana, la ciudad deportiva está vacía y, por lo tanto, es un buen momento para compartir café y reflexiones con Manel Estiarte:

—¿Cómo estamos? Estamos donde queríamos, peleando por todos los títulos en el mes de mayo. Estamos contentos y, al mismo tiempo, estamos agotados porque es muy estresante. Jugamos una final cada tres días desde hace tres meses. Sin parar, una final tras otra. Champions, Premier, FA Cup... Todo sin descanso y, sobre todo, sin posibilidad de tropezar. Hay que ganarlo todo, sin parar. Y delante tenemos equipazos. El Madrid, un gigante, el Arsenal, el Chelsea, el Liverpool, el Manchester United...

Le pregunto por Haaland y su formidable temporada, pero también por las dificultades que tuvo en el Bernabéu para recibir y rematar:

—Sufrió mucho en el Bernabéu por el doble marcaje, pero era algo que todo goleador ha de vivir un día u otro. Tenía que ir a ese gran estadio y sufrir un marcaje de este tipo. Creo que la experiencia le habrá liberado aún más. Ya ha sufrido una noche en el Bernabéu, ya está. Ahora se sentirá más libre y rendirá aún mejor. Y mira que su temporada está siendo genial, que es algo difícil en el primer año con Pep. Todos han necesitado un año de adaptación: recuerda el primer año de Bernardo, de Sané, de Rodri, de Mahrez, de Grealish... Todos necesitaron un año de aprendizaje y se dispararon en la segunda temporada. Haaland también necesita este aprendizaje, pero su primer año ya está siendo brutal.

Estiarte, que como waterpolista fue un goleador excepcional, destaca otro factor de Haaland que va mucho más allá de sus goles:

—Hay un ambiente sensacional en el vestuario, y Haaland ha sido vital en este sentido. Yo no he visto nada igual. Un goleador bestial que, sin embargo, es un tipo encantador, desprendido, sin egoísmo. Un tipo que está igual de feliz si marca cinco goles que si los marcan sus compañeros. Fíjate en lo del penalti del otro día, dándole el balón a Gündogan para que hiciera un *hat-trick*. Es un gesto de alguien noble y sin egoísmo. Es poco habitual en el deporte de este nivel. Haaland ha creado un grupo de WhatsApp genial, divertidísimo, y todo esto ha generado un clima estupendo en la plantilla.

Entre café y café cerramos la conversación con la mirada puesta en los inminentes partidos que se avecinan: Everton, Real Madrid, Chelsea, Brighton, Brentford, la final de la FA Cup, la hipotética final de la Champions League...

—Quedan cuatro semanas y media como máximo. Los tres próximos partidos son los vitales. Si somos capaces de ganarlos, tendremos prácticamente la liga en el bolsillo y estaremos en las dos finales coperas. Diez días y tres partidos. El domingo Pep hará cambios contra el Everton, estoy seguro. Será un partido durísimo porque el Everton se juega la vida, pero si les ganamos y luego vencemos al Chelsea en casa ya casi tendremos la Premier. Y del Madrid, bueno, no hay mucho que analizar. Será muy duro. Son muy buenos y tendremos que estar muy finos. Pero es nuestro estadio y está en nuestras manos ganarlo todo. Al fin y al cabo, es lo que deseábamos. Queríamos llegar al esprint final con la posibilidad de ganar títulos y estamos en pleno esprint. Las piernas quizás estén cansadas, pero creo que ocurre igual en todos los equipos, y hay tanta ilusión por lo que tenemos entre manos que nadie se siente cansado de verdad. Hay que seguir. Quedan treinta días para cumplir todos los sueños y vamos a pelearlos a tope. Los jugadores están enchufados, Pep está enchufado, hay buen ambiente, tenemos enfrente grandes rivales, pero también nosotros somos buenos. Así que vamos a la pelea. Será una pelea brutal, nos vamos a dar golpes sin parar, pero estamos con ganas de golpear. Iremos a tope hasta el final.

ESCENA 31

El plan es la simplicidad

Mánchester, 16 de mayo de 2023

—¡Simple, simple, simple! ¡Simplicidad!

Es lo único que se escucha hoy en el entrenamiento previo a recibir al Real Madrid. Hay un sol hermoso sobre Mánchester, aunque el aire es fresco. Durante el calentamiento, Txiki y Lillo conversan animados, sentados sobre una colchoneta que han arrimado a una pared del campo de entrenamiento. Se acercan Pep y Estiarte y ahora son cuatro quienes hablan del partido de mañana. Contra toda previsión, hay más calma que tensión. Tanto si miras a los jugadores como si hablas con los técnicos, el espíritu general es mucho más tranquilo que antes de enfrentarse al Bayern. Pep más que ningún otro. Está relajado y sereno como si el de mañana fuera un partido intrascendente y no la revancha del gran drama vivido hace un año. Por momentos dan ganas de comentar que son unas semifinales de Champions y que el duelo está totalmente igualado, que basta un gol del Madrid para volver a caer en el mismo peldaño de 2022, pero no parece haber nada que vaya a romper la placidez de la tarde.

Pep da muy pocas instrucciones. El plan de juego para mañana es la simplicidad. Jugarán los mismos once que en el Bernabéu, de nuevo con Akanji en el lateral izquierdo porque Nathan Aké aún no está recuperado de la lesión que sufrió ante el Leeds. Salvo por esta variación es el mismo equipo que goleó al Leipzig, el que eliminó al Bayern y el que desarboló al Arsenal. Pep ha encontrado el once que le ofrece más garantías, un híbrido entre fortaleza defensiva y agresividad atacante, con la armonía y el equilibrio que busca en sus conjuntos. No piensa modificar este once inicial en los partidos grandes hasta final de curso, salvo que haya alguna otra baja. Solo cambia pequeños matices.

—Gundo, quince metros más arriba; Kevin, arrancas desde lejos; Manu y John, entráis por los *half-spaces*; Erling, vas a tener dos marcadores todo el rato, hemos de aprovecharlo para ganar superioridad en otras partes.

Juanma Lillo me «traduce» las instrucciones de Pep: «El Madrid, al marcar al hombre a nuestros dos interiores, nos invita a situarlos a distinta altura. Gündogan tiene mayor capacidad para romper desde cerca y De Bruyne ha de ser justo todo lo contrario, tiene que sacar de sitio a su marca para a continuación romper con esos balones que Bernardo le mete en profundidad. Y por cómo se va a colocar el Madrid te dejarán a Akanji y a Stones con un montón de tiempo. Lo único que han de hacer estos dos es usar ese tiempo que les van a regalar. No han de hacer nada más. Usar el regalo en forma de tiempo. El resto de las cosas se van a dar de forma natural. A Haaland todo el mundo le teme, por lo que va a tener a los dos zagueros todo el rato pegados a él y hemos de aprovechar esa superioridad en otra zona».

Pep ya ha dicho en rueda de prensa que no habrá *overthinking*, esa palabra con la que sus críticos apostillan cualquier decisión táctica cuando el resultado es desfavorable. En realidad, el entrenador sí ha realizado su habitual *overthinking* porque es una actitud consustancial con su naturaleza. Ha revisado dos veces el partido de ida, ha estudiado otra vez los puntos débiles del adversario y ha diseñado un minucioso plan de juego. Lo que sucede es que el de hoy es muy simple porque sus jugadores ya han adquirido un nivel de experiencia y conocimiento del juego que simplifica la propuesta del entrenador. Si se tiene la mente preparada para ello, no hay mejor manera de comprender cómo jugar contra un adversario que enfrentarse de manera repetida a él. Los jugadores inteligentes —y los entrenadores que lo son— aprenden del rival.

Por su clarividencia e inteligencia destaca el capitán, Ilkay Gündogan, al que la afición apoda Mr. Whippy.[95] Cuando llega mayo, Gündogan florece. Basta recordar su exhibición en el último y decisivo partido de la liga pasada, por supuesto en mayo. Ahora acaba de cumplir el partido trescientos como *citizen* y lo ha celebrado marcando los dos goles del triunfo ante el Leeds, dando el pase de gol a

95. Mr. Whippy es una marca de helados y también el apodo que un comentarista especializado en realizar vídeos alternativos le puso a Gündogan, probablemente relacionado con el elevado número de tantos (17) que marcó en el curso 2020-2021, en el que fue el máximo goleador del equipo.

KDB en el Bernabéu, y hace dos días volviendo a marcar dos tantos —el segundo, en una ejecución malabarista— y asistiendo a Haaland para vencer con solvencia al Everton (0-3) en lo que supone el triunfo número quinientos del City en la Premier League. Guardiola se despidió el domingo de Goodison Park diciendo a sus aficionados que solo faltaban dos victorias más para retener el título de liga, pero un rato más tarde el Arsenal tropezó en el Emirates Stadium contra el potente Brighton (0-3) y la Premier League se tiñó de azul celeste. El equipo vio el partido en el autobús que los llevó desde Liverpool a casa, y cuando llegó a la ciudad deportiva nadie tenía dudas: la tercera liga consecutiva estaba a punto de caer.

Un detalle llamó la atención el domingo. Por lo general, cuando se regresa de un partido, los jugadores entran en el vestuario, recogen lo que han dejado en las taquillas y se marchan rápido a sus casas. Los técnicos siempre tardan algo más porque revisan el calendario de trabajo del día siguiente, con lo que a la salida encuentran siempre el *parking* vacío, sin los coches de los futbolistas. El domingo, sin embargo, cuando Carles Planchart salió del edificio observó que el aparcamiento estaba lleno de vehículos. Sorprendido, se preguntó si había algún problema y regresó sobre sus pasos. Entró en el vestuario, pero estaba vacío. Tampoco había nadie en la sauna ni en la zona de piscinas. Acudió a la sala de fisioterapia y se llevó una sorpresa: sobre las camillas había diez jugadores que estaban recibiendo masaje. Nadie se había ido a casa. Todos querían estar a punto para la cita contra el Real Madrid.

Gündogan es uno de los cinco jugadores a los que Pep ha instruido específicamente de cara al duelo de mañana contra los madridistas. Al capitán le ha dicho que adelante quince metros su posición con respecto al Bernabéu cuando el equipo esté atacando. La forma que adoptarán los tres centrocampistas será 1+2, en vez del 2+1 del partido de ida. Pep quiere que Gundo esté muy cerca del área para que sus ataques sean penetraciones agresivas y de pocos metros. A De Bruyne le pide que juegue a una altura inferior a la de Gündogan para alejar a su marcador del área y poder burlarlo en combinación con Bernardo. A Stones y Akanji los instruye para que aprovechen los movimientos en horizontal de Gündogan y De Bruyne, que despejarán los pasillos entre lateral y central madridista. Y la cuarta observación es para Haaland, al que le recomienda calma ante el doble marcaje que sufrirá.

Comento este último punto con Joan Patsy, quien, por su larga experiencia junto a Johan Cruyff, conoce todos los secretos del falso 9: «Es curioso porque Haaland es todo lo contrario de un falso 9, pero mañana puede conseguir un efecto parecido a lo que se busca con el falso delantero: concentrar toda la atención de los zagueros rivales en él y abrir pasillos para los compañeros». Bromeamos acerca de esta paradoja, que bautizamos como el «falso verdadero 9».

La sesión concluye pronto, sin grandes instrucciones tácticas aparte de las mencionadas. Tranquilidad y simplicidad es el resumen. Pep está tan tranquilo que solo intenta transmitir normalidad. Como dice Lillo: «No hay nada fuera de lo común. Simplemente, presionar el desajuste que ellos tienen más por un lado que por otro, aunque eso ya se hizo el año pasado. Sin grandes intencionalidades tácticas».

El lector se preguntará por el papel de Lillo en el entrenamiento previo al duelo contra el Madrid. Ha concluido la temporada con su equipo, el Al-Sadd catarí, y hoy es un invitado de Pep; le llamó durante el fin de semana para que acudiese en apoyo del equipo. En el *staff* nadie olvida el mensaje que dejó escrito cuando se despidió en junio del año pasado: «Yo no me voy. Seguiré siendo vuestro ayudante. Esta temporada lo ganaremos todo, Premier y Champions. Tranquilos, lo ganaremos todo, sin ninguna duda. Y yo estaré a vuestro lado, dando mi apoyo y mi ánimo. Siempre seré vuestro ayudante».

Guardiola desea que su «ayudante» esté ahora con el grupo. Hoy por la mañana le ha enviado un avión privado que le ha traído hasta Mánchester y ha tenido un recibimiento formidable por parte de jugadores y cuerpo técnico. Cuando termina el entrenamiento, cada cual regresa a su casa, excepto Lillo, que ha elegido dormir en «su» habitación de la ciudad deportiva, la número 30.

ESCENA 32

Una obra de arte

Mánchester, 17 de mayo de 2023

Esta noche se ha cumplido un viejo sueño de Guardiola:

—Mi sueño es meter a los once contrarios dentro de su área desde el minuto uno y no dejarlos pasar de medio campo.

Pep lo ha cumplido, nada menos que ante el Real Madrid en una semifinal de la Champions League. Además, ha curado por completo aquella vieja herida que sufrió hace casi una década en Múnich, aquel 0-4 tan doloroso. Hoy ha vencido por el mismo resultado al mismo equipo y al mismo entrenador, con lo que ese dolor residual ha desaparecido.

Hemos asistido a una obra de arte. Arte efímero, pero arte al fin y al cabo. Ha sido la expresión creativa de una visión concreta del fútbol que ha empleado recursos físicos, técnicos, tácticos y emocionales hasta confluir en una pieza coral que será recordada durante mucho tiempo por cualquier aficionado a este deporte. El fútbol hecho arte.

La obra de arte ha durado cuarenta y cinco minutos, los necesarios para sentenciar la eliminatoria. Repasemos los principales rasgos de esta noche extraordinaria.

Antes del saque inicial, el equipo se reúne en su habitual corro previo y Gündogan pronuncia las últimas palabras de ánimo: «Serenidad, juguemos con calma, seamos nosotros mismos», dice el capitán, que de inmediato realiza el saque inicial, enviando el balón directamente a Ederson. En los minutos siguientes, la salida del City se configura en 3+2 frente a una tímida presión madridista en 1+3. Si Stones cruza la línea central, Walker retrocede. Si Stones se mantiene en campo propio, Walker se adelanta. Un primer pase largo de Rodri a Bernardo se pierde por la banda. A los tres minutos, Walker lanza la primera amenaza en forma de disparo desde lejos. El balón se marcha muy desviado, pero el remate es una advertencia frente a los espacios abiertos que deja el Madrid en la frontal de su área.

Un minuto más tarde, Haaland desciende hasta el centro del campo cuando advierte problemas de Akanji para superar la presión, ya que al ser diestro sufre para sacar el balón por la banda izquierda. Dos jugadores del City ocupan posiciones muy altas: Gündogan se mueve por los límites del área contraria y Stones se sitúa por delante de Rodri, pisando el terreno habitual de De Bruyne. En el minuto 6, Courtois envía un balón en largo hasta campo contrario y solo consigue que, tras un despeje de Rodri, el City contragolpee con KDB y que Haaland consiga regatear al portero madridista, aunque su pase atrás no encuentra rematador. El dominio *citizen* es tan abrumador que el Madrid no logra salir de su área, por lo que veinticinco segundos más tarde Rodri se interna en ella, supera a Kroos y Modrić y remata cruzado sin éxito. Guardiola agita los brazos pidiendo a la afición que redoble su apoyo a la vista del avasallador dominio que se aprecia sobre el césped. En el minuto 10, Rúben Dias le quita el balón a Benzema a cinco metros de la portería del Madrid, confirmando que el City quiere ser como una máquina quitanieves que empuje al rival contra su portería. Veinte segundos más tarde, Stones emula a Walker y dispara desde el eje central, pero su balón también sale desviado.

Cada partido te deja una enseñanza y los buenos aprenden de ellos. En el Bernabéu, el Madrid dejó amplios carriles entre sus laterales y sus centrales, que aquel día taparon con acierto entre Kroos, Modrić y Valverde. Pero Pep aprendió que por ahí se podía entrar y decidió aprovecharlo. Para ello era necesario arriesgarse y que Walker por la derecha y Akanji por la izquierda se adelantaran lo suficiente para fijar a Vinicius y Valverde. Dado que Kroos debía intentar tapar a Rodri, y Modrić se enfrentaba a un John Stones que jugaba otra vez como mediapunta, un hombre quedaba totalmente liberado para entrar por la puerta que el Madrid dejaba abierta: Gündogan. Y si algún madridista logra taponar la entrada del capitán mediante una cobertura lateral, a cambio abría la puerta del otro lado, por donde De Bruyne o Bernardo iban a encontrar un pasillo similar por el que penetrar. Este era el plan y exactamente de este modo van ocurriendo las cosas en el Etihad cuando solo se han disputado diez minutos. El City presiona sin respiro y el Madrid no sale de su campo.

Tras una repetición de pases entre Rodri y Stones se genera una ventaja para Grealish, cuyo centro es cabeceado a bocajarro de manera espléndida por Haaland, pero Courtois replica con un despeje fabuloso. Llegados al primer cuarto de hora, el número de pases de cada equipo explica mejor que las palabras lo que está sucediendo: el City ha dado 124 pases y el Madrid solo 13. Es la mayor diferencia de la historia en una semifinal de la Champions.

El Madrid solo consigue que el balón cruce la línea media del campo a través de lanzamientos de Courtois que, inevitablemente, terminan en los pies de los defensores locales, quienes una y otra vez suben con facilidad por el campo hasta cercar el área visitante. La presión del City es muy eficaz. Akanji ocupa una posición intermedia entre Carvajal y Rodrygo, yendo contra uno u otro indistintamente, pero siendo muy agresivo cuando salta contra Carvajal, mientras el resto del equipo marca al hombre e impide que el Madrid pueda construir juego por su banda izquierda, la que tan peligrosa fue en la ida con Vinicius, Modrić, Benzema y Camavinga. A su vez, KDB presiona a Kroos, Grealish se sitúa entre Militão y Courtois, Haaland sobre Alaba, Bernardo encima de Camavinga, y Gündogan tapa a Valverde. La consecuencia del buen *pressing* es que el City robará doce balones en el último tercio de campo (cinco Bernardo y tres Rodri), y que Courtois se verá obligado a multiplicar los balones en largo, que es tanto como darlos por perdidos. [El Madrid solo conseguirá robar un balón en el último tercio de campo en todo el encuentro].

A los diecisiete minutos, KDB sorprende al lanzar de forma directa una falta lateral. El balón pasa cerca del poste. Tres minutos más tarde, un córner en corto entre Bernardo y KDB culmina con centro del belga, pase de cabeza de Akanji y nuevo cabezazo a bocajarro de Haaland que, otra vez, salva Courtois con una reacción prodigiosa pese a ser pillado a contrapié. Finalmente, en el minuto 22.42 cae el muro madridista con un gol de Bernardo Silva que se origina tras muchos pases y un movimiento rompedor de Stones, que penetra por el «pasillo De Bruyne» y termina de forma inesperada como extremo derecho, arrastrando a Camavinga, Kroos y Vinicius, lo que desorganiza toda la cobertura madridista. El caos que provoca Stones es aprovechado por De Bruyne, quien tras recibir el balón de Walker consigue filtrar un pase suave y vertical para el remate inapelable de Bernardo, que otorga al City su primera ventaja en la eliminatoria.

Durante estos 22 minutos y 42 segundos, el equipo de Pep ha tenido el balón el 81 % del tiempo y ha dado 202 pases, por 28 el Madrid. Solo entre Rodri y Bernardo han dado más pases que todo el Madrid en conjunto. De hecho, Vinicius y Valverde ni siquiera han logrado completar un solo pase durante esos veintidós minutos. La distribución del juego en cada uno de los tres tercios en que dividimos el campo habla bien claro: el 59 % del tiempo se ha jugado en el tercio más cercano al área de Courtois, el 34 % en el tercio central y solo un 7 % en el tercio próximo a Ederson, que aún no ha intervenido. Cuando en el minuto 24.06 el Madrid saca de centro, tras encajar el gol, se produce su primer pase en campo contrario, con un envío de Carvajal a Rodrygo que pierde de inmediato ante Akanji. El balón vuelve a estar en pies del City y en zona madridista a los tres segundos. El equipo de Ancelotti logra dar otro pase en campo contrario, entre Valverde y Modrić, en el minuto 25.10. A la media hora de partido, el Madrid no ha conseguido dar dos pases seguidos en campo contrario y el balance general muestra un 76 % de posesión para el City, que ha sumado 273 pases por 45 del Madrid.

Indistintamente, Stones o Akanji entran por unos pasillos enormes que se abren cuando el City mueve al rival de un costado a otro, al ritmo que impone Rodri, que se muestra soberbio en la frontal del área, ejerciendo como distribuidor constante del juego de ataque. Mientras los defensores madridistas realizan las preceptivas coberturas dejan grandes pasillos sin cerrar y a Rodri le basta con cambiar el balón de banda para que uno de los dos, Stones o Akanji, lo aproveche y penetre hasta el área.

Un remate desviado de Haaland con la pierna derecha permite reflexionar sobre la actuación del delantero noruego, que no marcará en esta semifinal pero causará un pánico atroz en los rivales, lo que se traduce en una ventaja que el City aprovecha en otras zonas. El Madrid usa una jaula contra él, pero esa misma doble marca significa un problema para los zagueros de Ancelotti porque el City la utiliza como el judoca aprovecha la fuerza del oponente para derribarlo. Es algo así como un falso 9 al revés. Como es evidente, con Haaland en el equipo ya no tiene cabida la función del falso 9 para arrastrar a los zagueros rivales fuera del área y abrir espacios a los compañeros, pero a su vez el noruego también puede ser un señuelo [señuelo es sinónimo de falso 9].

A partir de la media hora, el Madrid se sacude levemente la presión y obtiene, por un rebote en Akanji, un saque de esquina que aprovecha Kroos, en la segunda jugada, para lanzar desde lejos un formidable remate al travesaño. Pese a su manifiesta debilidad, el Madrid ha podido empatar de forma inesperada, aunque una de sus grandes armas, la velocidad de Vinicius Jr., es desactivada por la energía inmensa de Kyle Walker, que acepta el reto del esprint y le quita el balón cuando el brasileño pisa el área local. Tras el partido, Walker explicará que en las dos últimas semanas ha aprovechado cada minuto libre para revisar pequeños vídeos que le prepararon los analistas sobre su rival, en especial respecto a la forma en que Vinicius deja correr el balón entre las piernas para engañar al defensor, es decir, exactamente la acción que protagonizó el año pasado ante Fernandinho: «Cada vez que he podido lo he mirado en el móvil, para aprender a defenderlo». Walker completará una eliminatoria espectacular secando a un prodigio como Vinicius. Otro jugador que se multiplica es Grealish, cuya presión es clave en el éxito del City, pues presiona a Courtois, tapa la línea de pase a Militão y es capaz de correr hacia Carvajal en una misma acción. Su papel es impagable.

A los treinta y seis minutos, Bernardo Silva obtiene su segundo gol de la noche. La acción comienza medio minuto antes, cuando el portugués se acerca a Grealish y arrastra hasta el costado derecho a Camavinga, alejándolo de su banda, con lo que todo el Madrid queda descolocado y fuera de sitio. Gündogan advierte el hueco que ha quedado abierto entre lateral y central, y profundiza por él sin que Valverde pueda frenarlo, mientras KDB «aclara» a dos rivales. Tras el remate de Gündogan, que salva un defensa, Bernardo aprovecha la descolocación general de la defensa para cabecear el gol y redondear un primer tiempo apoteósico en el que ha recuperado cinco balones cerca de la portería rival, ha ganado tres de los cuatro regates intentados, ha rematado tres veces y ha marcado dos goles: es el tercer jugador de la historia en marcar doblete en una semifinal contra el Madrid, tras Messi en 2011 y Lewandowski en 2013.

Ningún minuto resume mejor este primer tiempo histórico como el último, el que transcurre del 44 al 45, cuando nueve jugadores del City presionan como locos hasta robar el balón que Modrić intentaba ceder a Camavinga. El Madrid está completamente hundido, deshilachado, hecho trizas por un City que en este simple minuto acumula hasta tres ocasiones consecutivas de gol que no materializa. Todos los jugadores locales han rematado contra la portería de Courtois en este primer tiempo, salvo Ederson y Rúben

Dias. Al descanso se contabilizan 351 pases del City por 137 del Madrid. Si se observan los realizados en campo contrario, el City ha alcanzado los 200 y el Madrid se ha quedado en 19.

Así se resume un primer tiempo para la historia, un primer periodo en el que Guardiola ha cumplido su vieja aspiración: «Mi sueño es meter a los once contrarios dentro de su área desde el minuto uno y no dejarlos pasar de medio campo».

El paso por el vestuario sirve para que ambos conjuntos acepten la realidad de lo ocurrido y adopten un posicionamiento bien distinto para afrontar el tramo final de una eliminatoria que parece completamente decidida. Guardiola decide conservar el resultado, sin asumir más riesgos. Ancelotti pide dar un paso adelante por si acaso el City sufre un despiste, pero lo hace sin excesivo ímpetu y con nulas esperanzas. No obstante, el partido que se reanuda tiene otro aire.

Gündogan pierde el primer balón a los seis segundos en una zona de peligro. Medio minuto más tarde, Walker ha de lanzarse al suelo y realizar un gran *tackle* para cortar una internada de Vinicius, tras lo cual De Bruyne falla un pase que parecía muy prometedor. Sesenta segundos después el jugador belga se precipita, falla un control sencillo y pierde la oportunidad de dar un pase de oro a Haaland. En este minuto, el 49.01, se produce un fuerte intercambio de gritos entre jugador y entrenador:

Guardiola le grita: «*Pass the ball! Pass the ball!*».

De Bruyne le replica airado: «*Shut up! Shut Up!*».[96]

El entrenador quería que KDB congelara el juego, que en pocos instantes había enloquecido a causa de la mejor dinámica madridista. El Madrid había necesitado los cuarenta y cinco minutos completos de la primera parte para sumar diecinueve pases en campo contrario, y en cambio ahora solo ha tardado cuatro minutos y medio en acumular el mismo número, si bien la mayoría se han producido cerca del círculo central y con escaso riesgo, apoyándose en todo momento en sus zagueros, que no cruzan la línea intermedia. El City ha perdido el balón y no consigue retenerlo unos pocos segundos, ni dar tres pases seguidos, al revés que en el primer tiempo. De ahí que Pep se desgañite en la banda pidiendo calma y pases a sus hombres.

Pero nada es tan sencillo como parece. El lector ha de saber que De Bruyne atraviesa unos días muy difíciles. Alguien cercano a él

96. Guardiola: «¡Pasa el balón! ¡Pasa el balón!». De Bruyne: «¡Cállate! ¡Cállate!».

sufre un problema y Kevin se encuentra muy afectado por ello, lo que se suma a que desde mediados de abril siente unas profundas molestias en los músculos isquiotibiales. El cuerpo médico le ha aplicado todos los cuidados posibles y el entrenador le ha ahorrado esfuerzos para evitar una rotura que sería fatal a estas alturas de competición. Desde el 11 de abril, cuando jugó la ida de cuartos contra el Bayern, partido que no pudo terminar, De Bruyne solo ha sido titular en cinco de los nueve encuentros disputados: se ha quedado en el banquillo en dos y en la grada en otros dos (Fulham y West Ham). De los 810 minutos jugados por el equipo, KDB solo ha disputado la mitad (409), y únicamente ha completado dos partidos de estos nueve, lo que deja clara la preocupación del club por el estado del jugador. Kevin juega hoy contra el Madrid atenazado por unas condiciones físicas y anímicas miserables, lo que debe ser conocido para comprender las causas de su bajo rendimiento.[97]

La buena dinámica del Madrid en el inicio del segundo tiempo se confirma con el 60 % de posesión que atesora entre los minutos 45 y 60, durante los que ha dispuesto de una buena ocasión en lanzamiento de falta directa que Alaba ha dirigido con muy mala intención, y que ha despejado Ederson. Son minutos durante los que el City ha perdido la brújula, con Gündogan y Rodri persiguiendo el balón y De Bruyne perdiéndolo una y otra vez. Durante un saque de esquina, Rúben Dias se acerca al belga, lo abraza y le dice al oído palabras cariñosas para darle ánimos.

La secuencia de las acciones de KDB entre los minutos 52 y 71 es inverosímil, pues yerra pases sencillos y por segunda vez en el partido lanza por raso una falta lateral, que desperdicia. A partir del minuto 59 se muestra agotado en grado extremo, doblando el cuerpo para colocar las manos sobre las rodillas, lo que hace de manera repetida incluso después de una carrera suave. Nunca se ha visto tan agotado a De Bruyne como en este tramo de la semifinal e incluso debe desentenderse durante dos acciones de ataque de su equipo para volver a colocar las manos sobre las rodillas, pese a encontrarse en la frontal del área madridista. A los sesenta y ocho minutos se masajea los isquios de la pierna izquierda; once minutos después sufre un calambre en el gemelo derecho. Es indudable que Kevin se encuentra mal, posiblemente enfermo, y después de intentar filtrar

97. En los siguientes tres partidos de liga, contra Chelsea, Brighton y Brentford, De Bruyne solo jugará un total de setenta minutos, con el propósito de preservarlo para las dos finales.

un pase formidable a Haaland, pero verse obligado a hacerlo con el pie izquierdo a causa del calambre, pide el cambio, que aún tardará tres minutos en llegar, durante los cuales recorre el campo con un último esfuerzo casi agónico. Cuando Foden lo sustituye en medio de la ovación del público, De Bruyne recibe un gran y largo abrazo de Pep, que reconoce así el esfuerzo de su estrella, que ha jugado un buen primer tiempo y una mala segunda parte, pero que lo ha hecho bajo una condición física terrible, poniendo en riesgo sus piernas y sometido a una situación anímica muy dura. Como Pep suele decir: «Lo que define a los deportistas es cómo reaccionan en los momentos malos». De Bruyne ha cometido numerosos errores hoy, pero el coraje para jugar en condiciones extremas, físicas y emocionales, demuestra su extraordinaria talla como deportista.

Mientras De Bruyne ha vivido esta pesadilla sobre el césped, sus compañeros han conseguido calmar el juego, en especial Grealish, convertido en «área de descanso» del equipo, ya que logra combinar los deseos de profundizar y atacar con la necesidad de enfriar el ritmo y conservar el balón, hasta el punto de que Pep acaba lanzándole besos desde la banda. Grealish logra con ello liquidar el ritmo que pretendía imponer el Madrid, que en todo el partido solo logrará pisar dos veces el área local con el balón en los pies, poquísimo peligro real. Todo su juego muere en la frontal del área, excepto en dos remates consecutivos de Benzema y Ceballos a los ochenta y dos minutos que resuelve Ederson con facilidad.

Un rato antes, Gündogan ha dado un taconazo de oro para un nuevo remate a bocajarro de Haaland, esta vez con la pierna derecha, pero Courtois vuelve a negarle el gol, enviando el balón al travesaño. El portero belga ha evitado esta noche tres goles cantados de Haaland (12, 21 y 72) y ha impedido que su equipo salga del Etihad con una bolsa repleta de goles encajados. Lo que no puede impedir es que una falta bien sacada por De Bruyne sea cabeceada a los setenta y cinco minutos por Akanji a gol, con la involuntaria ayuda de Militão en el desvío.

La culminación del sensacional partido es de los tres hombres de recambio, Mahrez, Foden y Julián Álvarez. En especial, los dos últimos. El argentino solo juega cuatro minutos y tres segundos, pero en ese tiempo, entre el 88.58 y el 93.01, realiza cinco esprints a máxima velocidad, cuatro de ellos en el primer minuto y medio. En el 90.28 roba el balón que estaba en poder de Vinicius. Es la primera pelota que toca Julián, quien diez segundos más tarde marca el cuarto gol de la noche tras una progresión de Mahrez y un pase sutil al hueco de Foden. Solo es el segundo toque de balón de Julián en el partido, tras haber realizado su quinto esprint en noventa y cuatro segundos.

El 4-0 da el paso a la final de Estambul, donde espera el Inter de Milán, y sobre todo es la culminación de una obra de arte, cuarenta y cinco minutos que son históricos en el fútbol europeo por el modo en que el City aniquiló a un gigante como el Real Madrid. Lo había predicho Wayne Rooney («El City no ganará al Madrid, lo destruirá»), y así ha sido. El equipo de Pep alcanza un resultado memorable y añade otra goleada importante en el Etihad, que ya es un fortín,[98] invicto en la Champions desde 2018.[99] A su vez, Guardiola se anota su victoria número 13 contra el Madrid en 23 enfrentamientos.[100] También es su triunfo número 100 en Champions, 47 con el City, 23 con el Bayern y 30 con el Barça, lo que supone un récord de la competición, al haberlo conseguido en 160 partidos disputados, 20 menos que Ancelotti, 24 menos que sir Alex Ferguson.

El partido deja algunas actuaciones descomunales. La de Courtois en la portería madridista ha sido colosal. También la de Rodri como mediocentro: participa con éxito en 124 acciones, recuperando 11 balones y ganando 7 de 9 duelos. Grealish ha generado 9 de las 23 ocasiones de gol del City entre la ida y la vuelta. Y Stones ha confirmado su transformación: ya no es un zaguero que se adelanta a jugar como mediocentro, sino que es un mediocentro que defiende. La diferencia de alturas en que se han situado las dos líneas defensivas define lo que ha sido la semifinal: la zaga del City ha jugado a 53 metros de Ederson, y la del Madrid, a 39 de Courtois. Al contrario que en el encuentro del Bernabéu, hoy todos los goles se han producido desde el interior del área, así como los portentosos remates de Haaland que Courtois ha despejado.

98. Los principales triunfos del City en el Etihad esta temporada han arrojado las siguientes goleadas: 6-3 al Manchester United, 5-0 al Copenhagen, 4-0 al Southampton, 4-0 al Chelsea, 4-2 al Tottenham, 7-0 al Leipzig, 6-0 al Burnley, 4-1 al Liverpool, 3-0 al Bayern, 4-1 al Arsenal y 4-0 al Real Madrid.

99. El City lleva 26 partidos invicto en su estadio en la Champions League (2018-2023), superando los 24 partidos del Arsenal (2004-2009) y cerca de los 29 del Bayern (1998-2002) y los 38 del F. C. Barcelona (2013-2020).

100. Pep ha dirigido 23 partidos contra el Real Madrid: 13 victorias, 5 empates y 5 derrotas; 47 goles a favor y 27 en contra. Su peor derrota fue un 0-4 entrenando al Bayern en 2014. Sus mayores victorias, además del 4-0 de hoy, fueron un 5-0 con el Barcelona en 2010 y un 2-6 en 2009. En la Champions ha eliminado al Madrid en 2011, 2020 y 2023 y ha sido eliminado por el conjunto madrileño en 2014 y 2022.

Con la Premier casi en el bolsillo y la clasificación confirmada para las finales de la copa y de la Champions, por vez primera se habla abiertamente de triplete en un vestuario que se desborda de euforia. Guardiola celebra el éxito con su familia y los principales dirigentes del club hasta bien entrada la madrugada. Hace tres años decía que lo que ahora tiene al alcance de la mano era imposible.

ESCENA 33

Ganador en serie

Mánchester, 20 de mayo de 2023

Ya está.

El Arsenal ha sido líder durante doscientas cuarenta y siete noches, pero el City es campeón a falta de tres jornadas. Nadie en su sano juicio habría pronosticado algo semejante hace cuatro meses, cuando el equipo de Arteta marchaba imparable con ocho puntos de ventaja sobre el de Guardiola, tras la derrota de los *citizens* en Old Trafford. Bueno, nadie salvo dos locos.

Carles Planchart es uno de ellos: «Nosotros, a lo nuestro. Nosotros, a ganar. El Arsenal fallará en algún momento» (22 de enero).

Domènec Torrent es el otro loco: «El Arsenal pinchará. Es muy buen equipo y Mikel es buenísimo, pero creo que el City los acabará superando porque tiene más experiencia en los esprints finales» (25 de enero).

Ambos acertaron en la diana y no por casualidad, sino por su profundo conocimiento de la competición inglesa.

Desde la derrota del City en White Hart Lane, el 5 de febrero, el pulso contra el Arsenal ha sido profundamente desigual.

El equipo de Pep ha disputado 14 partidos, ha ganado 13 y ha empatado 1, sumando 40 puntos. El equipo de Arteta ha disputado 17 partidos, ganando 9, empatando 4 y perdiendo otros 4, por lo que ha sumado 31 puntos. El balance es rotundo a favor de los *citizens*, que han marcado 39 goles y encajado 10, mientras los *gunners* han anotado 32 y han recibido 26. El hundimiento del Arsenal ha sido tan colosal como la consistencia y fortaleza del City. Las dos últimas jornadas han sido letales para Arteta, derrotado en casa por el Brighton y en Nottingham por el Forest, tras lo cual entrega las llaves del trofeo al equipo de Guardiola, que se reúne al completo a media tarde del sábado 20 de mayo en la ciudad deportiva. A las seis, el Arsenal está perdiendo al descanso en Nottingham y todos abarrotan el comedor de la primera planta para ver lo que ocurre en la segunda parte. Lo que ven es la impotencia del Arsenal por remontar el resultado ante un equipo —el único que ha conseguido un punto ante el City desde febrero— que se juega su permanencia en la primera división del fútbol inglés. A las siete y treinta y un minutos de la tarde, después de once de prolongación del partido, el Arsenal cae y la euforia se desata entre los hombres y mujeres liderados por Guardiola. La conquista del título es un hecho y también el *three peat*, la triple corona consecutiva.[101]

Visto con la perspectiva que da el paso del tiempo, el esprint final ha sido muy distinto a como se imaginó. Todos creíamos que iba a ser un codo a codo hasta el último centímetro, una de aquellas rectas finales que protagonizaban Sebastian Coe y Steve Ovett en los 1500 metros y que solo se resolvían en la foto *finish*, pero no ha sido así. Al City le han sobrado tres partidos y ha acabado por conquistar el campeonato con relativa comodidad, lo que no deja de ser irónico si tenemos en cuenta que el Arsenal ha sido líder durante el 93 % del torneo. Nunca nadie había encabezado la Premier League durante doscientos cuarenta y siete días y había perdido el título.[102]

Han pasado veinte horas y el City celebra el *three peat* venciendo al Chelsea en un Etihad Stadium enfervorizado. Es día de coro-

101. Solo cinco clubes ingleses han logrado tres títulos consecutivos de liga: Huddersfield Town 1923-1926, a las órdenes de Herbert Chapman y Cecil Potter; Arsenal 1932-1935, dirigido por Herbert Chapman hasta su fallecimiento y por George Allison a continuación; Liverpool 1981-1984, dirigido por Bob Paisley y más adelante por Joe Fagan; y Manchester United en dos ocasiones, siempre bajo la dirección de sir Alex Ferguson: 1998-2001 y 2006-2009.

102. Otros equipos que dominaron gran parte del campeonato y no consiguieron el título de la Premier League fueron: Newcastle en 1995-1996, con 212 días como líder (campeón, Manchester United); Arsenal en 2002-2003, con 189 días (campeón, Manchester United); Manchester United en 1997-1998, con 187 días (campeón, Arsenal); Arsenal en 2007-2008, con 156 días (campeón, Manchester United); Liverpool en 2018-2019, con 141 días (campeón, Manchester City); y Arsenal en 2013-2014, con 128 días (campeón, Manchester City).

nación para el otro rey de Inglaterra. Además, lo es por triplicado porque tanto el equipo filial que juega la Premier League-2 como el equipo sub-18 de la Academy han ganado también sus respectivas ligas nacionales por tercer año consecutivo. El club ha conseguido el *three peat* en las tres categorías, lo que muestra una fortaleza colosal y aventura un porvenir brillante.

La consistencia del juego del *Pep City* se manifiesta en las cifras que presenta a lo largo de estas tres extenuantes ligas, durante las cuales ha ganado 84 de los 114 partidos disputados, empatando 16 y perdiendo solo 14. Durante tres años seguidos ha vencido en el 73,68 % de los encuentros de Premier, con un promedio de 2,42 goles marcados (276 en total) y solo ha encajado 91, con lo que el promedio es de 0,79 por encuentro, cumpliendo los objetivos del cuerpo técnico.

El triunfo contra el Chelsea es solo un trámite que resuelve Julián Álvarez a los once minutos en el gol número cien que se logra esta temporada en el Etihad. Pep alinea a hombres poco habituales, como Kalvin Phillips de mediocentro, Rico Lewis de interior derecho, Ortega en la portería, y una banda izquierda formada por Sergio Gómez y Cole Palmer. En realidad, el encuentro solo es el aperitivo para la gran celebración de los aficionados sobre el césped y sirve para completar una nueva racha de victorias consecutivas en liga, la quinta vez que el equipo acumula doce o más triunfos.[103] Cuando Gündogan levanta el trofeo, el estadio se convierte en una fiesta familiar, pero detrás de los besos y los abrazos multitudinarios se esconde un deseo más profundo. Conquistada la liga, el equipo quiere más. Quiere el triple triunfo.

Aquella noche hablo con Domènec Torrent y le recuerdo su gran acierto pronosticando que el Arsenal pincharía y el City ganaría la Premier. Hoy concreta aún más: «Habrá triplete».

OCHO MINUTOS DE HISTORIA

Guardiola ha conquistado su quinta Premier League y su primer *three peat*, confirmándose como el número uno de la historia en los torneos de liga. Desde su debut como entrenador ha ganado once

103. Las cinco mejores rachas de victorias consecutivas del City en Premier League son: 18 entre agosto y diciembre de 2017; 15 entre febrero y agosto de 2019 y entre diciembre de 2020 y marzo de 2021; y 12 entre noviembre de 2021 y enero de 2022 y entre febrero y mayo de 2023.

títulos en catorce ligas disputadas (en realidad, doce de quince),[104] un balance único e inigualable que retrata su personalidad minuciosa, obsesiva y estajanovista. Para Pep, la liga es su auténtico grial, la vara de medir su capacidad, el gran objetivo anual porque se logra día a día. También es un buen momento para recordar a todos aquellos que intentan desmerecer su éxito argumentando que querrían verle dirigiendo un equipo pequeño. La respuesta está en su propio historial: Pep debutó como entrenador con el equipo de tercera división del Barcelona, apenas un puñado de jóvenes, y lo llevó a conquistar el título de liga en 2008. Así pues, en un equipo pequeño o en un equipo grande, en ambas condiciones ha logrado el triunfo, y él nunca se olvida de recordar que su primer título como entrenador lo consiguió en una categoría inferior, pero muy dura, como es la tercera división española.

Calculemos el verdadero peso de Guardiola en la historia del fútbol.

Si pudiéramos resumir, a velocidad rapidísima, en una película de noventa minutos, toda la evolución del fútbol a lo largo de sus ciento sesenta años (1863-2023), el Pep Guardiola entrenador aparecería en los últimos ocho minutos de película. He ahí un orden de magnitud que nos permite comprender su trascendencia en el juego. Solo aparecería en los últimos ocho minutos, pero su influencia en la película del fútbol sería gigantesca, en su papel de hombre que en el siglo XXI cambió la forma de practicar este deporte.

En el Barcelona consiguió la excelencia a través de un modo muy concreto de jugar. En el Bayern aprendió que había otras maneras también magníficas de jugar y absorbió nuevas ideas. En el Manchester City ha podido llevar a cabo la combinación de todo lo vivido y experimentado con anterioridad, hasta hallar una síntesis esplendorosa. Pep ha sabido reconstruirse a sí mismo. Desde aquel primer apóstol ortodoxo de un estilo canónico del juego de posición al actual monarca ecléctico del gran fútbol híbrido que engloba las virtudes de los mejores conceptos históricos.

Los errores han sido la gasolina que le ha permitido progresar, crecer y reconstruirse.

104. Pep Guardiola ha ganado las siguientes ligas: Tercera División española 2007-2008 (con el Barcelona B); Primera División española 2008-2009, 2009-2010 y 2010-2011 (con el F.C. Barcelona); Bundesliga alemana 2013-2014, 2014-2015 y 2015-2016 (con el F.C. Bayern); y Premier League inglesa 2017-2018, 2018-2019, 2020-2021, 2021-2022 y 2022-2023.

Sin discusión, el mejor de los momentos que he vivido junto a él desde que en 2013 pude acercarme a su evolución como entrenador ocurrió en verano de 2016, cuando sentados en el sofá de su piso de Barcelona repasamos una lista con sus defectos. Fue un rato duro, durante el que tuve que tragar saliva varias veces, esperando una mala reacción de Pep ante mis críticas. No se produjo. Esa lista de defectos que yo había escrito para el libro *La metamorfosis*, que en aquella fecha aún era solo un borrador, fue lo único que le llamó la atención de dicho libro: «Ya sabes que no voy a leer ninguno de los libros que escribas sobre mí. Solo lo haré dentro de veinte años, después de jugar al golf, con una copa de vino, junto a la chimenea. Entonces sí me apetecerá leer lo que hicimos. Pero solo cuando ya sea mayor. Ahora no me interesa».

Sin embargo, se interesó por esos defectos a los que yo dedicaría un capítulo. Me pidió, casi exigió, que se los detallara, sin tapujos. Y así pasamos un buen rato de aquella tarde barcelonesa, sentados en el sofá, mientras yo le hablaba de su torpeza con el médico del Bayern, de su falta de empatía con las emociones de los jugadores o de esa manía suya de guardarse las cosas en su interior como una olla a presión. Aquel día comprobé su capacidad de aceptar las verdades. Posiblemente le dolió, pero lo aceptó sin un mal gesto. Y jamás me ha reprochado que leyese aquella lista de defectos y errores que, en mi modesto juicio, había cometido en Múnich. ¿Sirvió para algo? Desde luego, a mí me sirvió para conocer algo muy simple: Pep era capaz de aceptar una crítica razonada y directa, que no tuvo ninguna consecuencia en nuestra relación. Lo aceptó, lo asumió y no pasó nada, salvo que esa mutua sinceridad abrió nuevas puertas en el camino que ambos íbamos a recorrer a continuación.

Pep se ha encargado de reconstruirse siempre a partir de la aceptación de sus defectos. Cuando llegó a Mánchester no cometió ninguno de los viejos errores que le lastraron en Múnich. Situó a un cuerpo médico y de fisioterapeutas de absoluta confianza; evitó silenciar y controlar de manera férrea sus emociones; dejó de callar ante lo que consideraba errores, ya fuesen ajenos o del propio club; y, por encima de todo, estableció una relación de empatía emocional con sus jugadores, lejos de la relación fría que había querido mantener en sus anteriores proyectos. Se presentó sin traje ni corbata, despojado de esa especie de armadura moderna que aparentaba elegancia, pero escondía frialdad y distanciamiento. Olvidó su anterior pose de jerarca absoluto del fútbol. Se abrazó a jugadores y aficionados, lanzó discursos inspiradores, prometió construir un espíritu de equipo antes que cualquier otro objetivo y se propuso hacer disfrutar a su gente. Habría que sufrir, sin duda, pero el deseo era disfrutar y que disfrutasen. Y ganar, por descontado.

Para reconstruirse, Pep decidió incrementar el desafío y viajar a Inglaterra, la patria del fútbol, para intentar jugar conforme a sus ideas, a pesar de que todos los indicios señalaban que sería una misión casi imposible. Intentar dominar el juego a partir del balón, reducir la incertidumbre del fútbol desde la voluntad ofensiva, establecerse en campo contrario como norma y atacar sin descanso a equipos formidables era algo parecido a un reto suicida. Fueron numerosos los analistas que le pronosticaron una catástrofe mayúscula. «Pep no sabe dónde se mete», fue un comentario recurrente. No faltó quien aseguraba que el barco de Guardiola se hundiría en las noches ventosas de Stoke-on-Trent, allí donde las tempestades han hecho naufragar a los más osados. Y también hubo quien inmediatamente tildó a Pep de «prepotente y soberbio» por querer jugar su juego en Inglaterra. Para este tipo de gente, semejante propósito era casi indecente…

Pep ganó fácilmente en Stoke la primera vez que le tocó jugar allí. Fue un mediodía de agosto de 2016 y no soplaba viento en el Britannia Stadium, ni llovía, ni hacía frío. Se estrenó con diez jugadores que ya estaban en el equipo el curso anterior y solo un refuerzo, John Stones. Venció sin demasiados apuros, dominando todas las fases del juego, en lo que fue un arranque primoroso de la temporada, que se alargó durante diez triunfos consecutivos. El primer desafío fue apartado de un manotazo, lo que se iría repitiendo en años siguientes, cuando superó con su equipo todos los récords históricos. Se mire donde se mire, en los puntos o los goles, en las rachas o los títulos, ahí está el Manchester City de Pep, en lo más alto de cualquier récord que existe en el fútbol inglés.

Pep forma parte del selecto y exclusivo grupo de «ganadores en serie» del fútbol mundial. A lo largo de casi quince años como entrenador ha construido una idea firme y, al mismo tiempo, dúctil que le ha permitido adaptarse a diferentes escenarios y jugadores, siempre con la voluntad de ser protagonista con el balón y como equipo ofensivo. Todo ello le ha conducido al éxito persistente, a ser un *serial winner*, a poseer una consistencia formidable en el máximo rendimiento. Y no puede decirse que la nómina de entrenadores a los que se ha enfrentado en Inglaterra sea de poca categoría, al contrario: Klopp, Mourinho en tres equipos distintos, Ancelotti, Conte en ida y vuelta, Tuchel, Arteta, Potter, Bielsa, Wenger, Howe, Emery, Sarri, Moyes, Rodgers, Hasenhüttl, Benítez, Pochettino, Hodgson, Ranieri, Solskjaer, Ten Hag, De Zerbi... Todos ellos han competido duro, y con magníficos resultados en muchos casos, aunque ninguno ha podido compararse a la consistencia de Guardiola en el triunfo continuado, pese al gran talento que ha mostrado Jürgen Klopp, el otro gran «monstruo» de los banquillos, que ha sabido pelear contra Pep de tú a tú. Pero incluso con la superlativa calidad de Klopp, si comparamos lo que uno y otro han obtenido en la Premier en las siete temporadas en las que han coincidido (2016-2023), los datos se inclinan poderosamente a favor del entrenador catalán, que suma 625 puntos con el City por 575 del técnico alemán con el Liverpool. Cincuenta puntos son muchos, si bien el resto de los contrincantes queda muy lejos de ambos.

En Mánchester reside el profesor Sergio Lara-Bercial, que se ha dedicado a estudiar e investigar los comportamientos de los entrenadores considerados como *serial winners*. El profesor Lara-Bercial visitó a diecisiete técnicos de diez países distintos que en total acumulan más de ciento cincuenta medallas de oro en Juegos Olímpicos y Campeonatos del Mundo de diferentes disciplinas deportivas. Tuve el placer de conocer las conclusiones de dicha investigación en el propio Mánchester, por supuesto en una tarde lluviosa y ante un humeante café.

El profesor Lara-Bercial tuvo la gentileza de detallarme los rasgos característicos que había encontrado en su formidable investigación y que resumió de modo sucinto: «El entrenador *ganador en serie* se distingue por la búsqueda incansable de la excelencia, equilibrada por una auténtica pasión y un deseo ferviente de ayudar a los demás, sus deportistas, y a uno mismo».

Esta sería una definición muy ajustada a lo que es Pep Guardiola. Y lo que sigue a continuación se acerca del mismo modo.

Los *ganadores en serie*, explica el profesor, «quieren ganar, nada más les vale. Y quieren ganar siempre. Nosotros encontramos cinco características principales y comportamientos típicos que los llevan a este punto: exigencia constante, elevado sentido del deber y de la misión vital, necesidad patológica de ganar, compromiso absoluto y visión bifocal». El profesor me detalló otros de sus rasgos, que recomiendo conocer en profundidad en su extraordinario libro, que he tenido la oportunidad de leer:[105] «En los test de personalidad que realizamos nos encontramos a un grupo de entrenadores con perfiles psicológicos relativamente estables, algo que contrastaron sus atletas y que vimos con nuestros propios ojos. Nos encontramos dieciséis de diecisiete entrenadores que llevan casados desde hace veinte o treinta años, tienen hijos y cuyas vidas son relativamente normales».

Así pues, Pep encaja como un guante en el perfil psicológico del entrenador *serial winner* y, por supuesto, lo es sin discusión desde el punto de vista numérico: en apenas quince años habrá ganado un título en el Barça B, catorce títulos en el Barcelona, siete con el Bayern, y camino de los catorce con el City, en total treinta y seis hasta la fecha, si se consuma el triplete.

Estos rasgos de Guardiola se han acentuado si cabe en su estancia en Mánchester, donde promedia un 72,64 % de triunfos, prácticamente idéntico al que obtuvo en Barcelona (72,47 %) y algo menos de lo cosechado en Múnich (75,78 %), para un total en su carrera del 72,77 %. Es decir, con leves diferencias, Pep acumula quince años en los que gana siempre más de siete partidos de cada diez que disputa. La regularidad en el triunfo es, probablemente, su rasgo más contundente y sensacional.

Aunque en algo sí ha cambiado. Pep tenía un gran enemigo: él mismo.

Se negaba tiempo a sí mismo, por precipitación, por ansia, por angustia o por las heridas sufridas. O por los éxitos, no en vano lo primero que hizo fue escalar el Everest, y siempre recurría a esta metáfora para recordar que no era posible mejorar lo hecho en el pasado.

Con el paso del tiempo aprendió a darse tiempo. En Mánchester ha hecho lo que no hizo antes, regalarse tiempo a sí mismo.

Es la mejor decisión que ha tomado nunca, aunque haya tardado mucho tiempo en darse ese tiempo.

105. En septiembre de 2023, Sergio Lara-Bercial y Cliff Mallett publicaron el libro *Learning from Serial Winning Coaches. Caring Determination*, Routledge.

ESCENA 34

El juego de intención

Londres / Mánchester, 3 de junio de 2023

Hace ochenta minutos que Elton John finalizó su segundo concierto de la semana en el AO Arena de Mánchester. Ahora descansa, sentado en su avión privado, a la espera de que se inicien las operaciones de despegue en el aeropuerto de Ringway. Un asistente se acerca para informarle de que los jugadores del Manchester City acaban de aterrizar, procedentes de Londres, donde han conquistado el trofeo de la FA Cup frente al gran rival ciudadano, el Manchester United. Al instante, Elton John se levanta y pide permiso al piloto para descender del avión.

Tres minutos más tarde, el célebre músico inglés abraza uno por uno a los setenta miembros de la expedición del City, encabezada por Guardiola, un gran fanático del cantante. De hecho, Pep acudió el pasado miércoles al AO Arena para ver el primer concierto de Elton John en la ciudad, a la misma hora en que varios jugadores —Gündogan, Grealish, Bernardo, Aké, De Bruyne, Akanji— regresaban al Etihad para disfrutar del concierto de Coldplay. La asistencia a dichos eventos pudo sorprender al producirse en medio de una semana que culminaba con la gran final de copa, pero el entrenador entendió que después de tantos meses de tensión extrema era positivo que los jugadores, y él mismo, dejasen el fútbol a un lado por un rato.

Sobre la pista del aeropuerto, se comprueba que Elton John es un gran hincha del Manchester City. Se fotografía con cada miembro del *staff*, se abraza con todos los jugadores, alza la copa como si fuese un aficionado *citizen* más, y finalmente entona canciones con un grupo numeroso de la expedición, entre los cuales Pep se muestra como el más feliz y eufórico. Durante quince minutos, la vacía pista número 3 del aeropuerto mancuniano contempla una escena impensable de comunión entre el gran compositor y el City.

El entrenador ha programado dos días completos de fiesta para sus jugadores tras el esfuerzo realizado en Wembley. Esta es una pauta tradicional en él, dado que no le gusta entrenar más de tres días seguidos. Considera que los jugadores, a estas alturas de temporada y con tanto agotamiento como acumulan, han de someterse a poco entrenamiento: «En pretemporada, sí. Pero durante la temporada no me gusta entrenar más de tres días seguidos. Prefiero darles descanso, que se despejen y estén con sus familias. Luego, tres días seguidos de buen entrenamiento y a competir». Es lo que hizo la pasada semana, tras concluir la Premier League empatando en campo del Brighton y perdiendo en el del Brentford, en este último caso con una alineación compuesta por los menos habituales. Y ahora, ya en la última semana del curso, con la final de la Champions League como objetivo, hará lo mismo. Domingo y lunes serán festivos, aunque algunos jugadores deberán acudir a la ciudad deportiva para recibir tratamiento de fisioterapia, en especial Haaland, que casi pasará los días enteros encima de las camillas. Martes, miércoles y jueves, entrenamiento de preparación para enfrentarse al Inter de Milán. El mismo jueves, viaje a Estambul en dos aviones, uno para el equipo y otro para los familiares. La sesión del viernes en el Atatürk Stadium será muy liviana, poco más de treinta minutos de balón. Y al día siguiente, la segunda final europea en tres años.

De momento, hoy regresan a casa con el segundo título de la temporada. Tras la Premier, el equipo ha conquistado la FA Cup. Es el segundo doblete del City, ambos logrados con Guardiola,[106] y el decimotercero de la historia del fútbol inglés.[107] El triunfo se ha producido, además, en el primer derbi mancuniano en una final de FA Cup, lo que suponía un estímulo mayúsculo para los hombres del Manchester United en su propósito manifiesto de impedir el triplete de los «vecinos ruidosos», veinticuatro años después de haberlo conseguido ellos.

A los doce segundos de partido, Ilkay Gündogan ha marcado el gol más rápido de la historia en una final de copa inglesa. El capitán ha sacado de centro, pasando en largo a su guardameta, como es

106. En la temporada 2018-2019, el City ganó los cuatro títulos nacionales: Premier League, FA Cup, Copa de la Liga y Community Shield.

107. Preston North End (1888-1889), Aston Villa (1896-1897), Tottenham (1960-1961), Arsenal (1970-1971, 1997-1998 y 2001-2002), Liverpool (1985-1986), Manchester United (1993-1994, 1995-1996 y 1998-1999), Chelsea (2009-2010) y Manchester City (2018-2019, 2022-2023).

norma del equipo desde el pasado 4 de marzo, cuando el cuerpo técnico adoptó esta acción como estructural (partido de liga contra el Newcastle). Ortega ha mirado el horizonte y ha enviado en largo hacia Haaland, que cargaba el costado derecho y ha ganado por alto el duelo con Casemiro. El balón ha salido despedido hacia un duelo entre Lindelöf y De Bruyne, que ha logrado tocar levemente con la cabeza. La acción se ha resuelto con una volea inesperada de Gündogan a la red. En vez de rematar cruzado, el capitán ha disparado recto, de un modo mucho más difícil, lo que ha pillado totalmente a contrapié al meta español De Gea. El gol dinamita la final.

Se presumía que el City iba a llevar la iniciativa en el juego y que el Manchester United presionaría para quitar el balón y contraatacar. Así es, pero la ventaja *citizen* en el marcador acrecienta los rasgos previsibles de ambos contendientes. La presión del United se ejecuta en forma de 1+3, con Eriksen más adelantado que sus compañeros Fernandes, Rashford y Sancho, intentando tapar los pasillos centrales para que Rodri y Stones no puedan recibir con comodidad. Hasta en siete ocasiones consiguen los jugadores de Ten Hag arrebatar el balón en la salida *citizen*, una cifra elevada, si bien en ningún caso sirve para generar una acción solvente de ataque. Por su parte, el City sale en forma de 3+2, variando al 3+3 si se hace necesario, con el guardameta Ortega situándose entre Walker y Dias si Akanji sube a la altura de los dos mediocentros. En ambas variantes, el equipo de Pep sale habitualmente por fuera con cierta facilidad, aunque con poco peligro. Por la derecha, Walker acierta a combinar mejor con Bernardo o KDB, pero por la izquierda Akanji no encuentra receptores libres ni en Grealish ni en Gündogan. En el descanso, el entrenador instruye a Bernardo para iniciar desde una posición más baja, a Walker para centrar su ubicación, a De Bruyne para abrirse y a Stones para colocarse a la espalda de los atacantes rivales. Estos cambios modifican el escenario y facilitan que Bernardo profundice con libertad por el costado derecho o que lo haga Stones directamente por el pasillo central; a medida que los jugadores del United se van fatigando, su presión acaba siendo poco certera. Lo único que consiguen es perseguir con retraso el pase entre zagueros hasta que, inevitablemente, Bernardo o Stones quedan libres, con lo que el City logra salir con facilidad.

La final se resuelve tras el descanso con el segundo gol de Gündogan, que anota su décimo doblete, todo un récord en la historia del club para un jugador que no ha marcado nunca un *hat-trick*. Desde mayo, el capitán ha conseguido tres dobletes, el 35 % de los goles totales del equipo en los últimos ocho partidos. Sabíamos que a Gündogan le gusta florecer en mayo y junio... La defensa del United le facilita las cosas. Seis de sus hombres se ubican en el área pequeña para defender una falta lateral que saca De Bruyne. Estos seis defensores vigilan únicamente a tres atacantes: Stones, Haaland y Akanji. Unos metros más atrás, Fred marca a Dias y Shaw a Rodri; cuando ambos *citizens* se lanzan hacia delante, acaban comprimiendo la línea defensiva de ocho hombres contra los cinco atacantes, dejando totalmente libres en el límite exterior del área a Bernardo, Gündogan y Grealish. El saque de falta de KDB pilla a Gündogan con el cuerpo perfilado del revés, por lo que debe rematar con su pierna menos hábil en vez de con la derecha; además, se ve entorpecido por la presencia del árbitro Paul Tierney, que solo en el último instante se separa del capitán *citizen* para que pueda rematar. Es la vigesimoctava asistencia de gol para De Bruyne en la temporada.

No ha habido ni un solo minuto de esta final en la que el City se haya sentido en peligro. Obviamente, marcar a los doce segundos facilita este sentimiento, pero ni siquiera tras el penalti con el que empata el Manchester United, ni en los minutos finales, cuando carga con todo, se percibe capacidad en el rival para superar al equipo de Pep, que respira aliviado en el pitido final porque en su interior estaba convencido de que esta final podía ser incluso más complicada que la inminente de la Champions.

A Pep se le desencadenan las emociones. Como le ocurriera tras ganar el Mundial de Clubes con el Barcelona en 2009 o la Pokal alemana con el Bayern en 2016, las lágrimas nublan sus ojos sin que pueda contenerlas. La tensión de los últimos meses viaja en ellas. Es la pelea que parecía imposible contra el Arsenal; es la lucha contra los dos colosos europeos, Bayern y Real Madrid; es la final de copa contra el gran rival ciudadano. Aquel puñetazo sobre la mesa del mes de enero, tras la remontada frente al Tottenham, dio paso a treinta partidos consecutivos que han sido como treinta finales, de los que ha ganado veintitrés y empatado cinco. Salvo los tres últimos encuentros de liga, ya con el título en el bolsillo, el resto han sido duelos a vida o muerte, y hoy Pep ha estallado por dentro, con unas ganas locas de saborear el triunfo en Wembley, su jardín particular.[108]

108. Guardiola ha disputado diecinueve partidos en Wembley, de los que ha ganado catorce y perdido cinco. En Wembley ganó su única Champions League como jugador en 1992 (Barcelona-Sampdoria, 1-0) y su segunda Champions como entrenador (Barcelona-Manchester United, 3-1). Dirigiendo al City ha disputado

El capitán levanta la copa, el segundo trofeo de la temporada, a un solo paso de un triplete que será histórico si se culmina, pero quien baja los escalones desde el palco con el trofeo entre brazos es Rúben Dias, líder indiscutido del equipo y previsible futuro capitán al alimón con Rodri, el otro gran líder. Así llegan al hotel Hilton Wembley, para festejar el triunfo, brindar con las familias, fotografiarse con las dos copas ganadas hasta el momento y comenzar dos días de vacaciones que les servirán para refrescar piernas y cabezas ante el último combate.

El equipo de Pep aborda el esprint final con una madurez que nadie podía intuir hace seis meses. Probablemente, nos hallamos frente al mejor trabajo de Guardiola como entrenador. Más que «juego de posición», su equipo practica un «juego de intención», para lo que necesita incorporar una serie de funciones muy concretas y, a cambio, prescindir de otras. En este City no hay laterales, ni pivote único, ni interiores tradicionales en los conjuntos de Pep, ni siquiera extremos obligatoriamente abiertos.

El equipo emplea elementos tradicionales del juego de posición, como repetir pase, buscar superioridades a espaldas de los rivales, superar línea tras línea, aunque para ello necesite dar dos pasos adelante y uno atrás y volver a empezar, y por descontado disponer del balón y dejarse la vida para recuperarlo si se pierde. Pero estos elementos tradicionales se han convertido en simples herramientas. El núcleo central del juego que el City ha construido a partir de febrero reside en el ritmo y las intenciones, como bien decía Lillo hace ya un par de años.

Cuándo y con qué propósito. A qué ritmo y con qué intención.

El equipo ha alcanzado la maestría en el dominio de estos dos elementos. Ahora sabe qué ritmo necesita cada acción, cada movimiento y cada momento del partido. Y, del mismo modo, sabe elegir la intención de cada pase, de cada balón largo, de cada fase del juego.

Rúben Dias es el líder del eje horizontal, con un acompañante poco amante de subir y con buena marca personal (Akanji o Aké) y otro veloz para corregir (Walker). John Stones es el líder del eje vertical, a lo que suma una chocante capacidad de jugar como segundo pivote cercano a Rodri y transformarse, para sorpresa del oponente, en mediapunta, interior diestro o extremo izquierdo capaz de profundizar hasta la línea de fondo y dar un pase de la muerte. Cerca

---

diecisiete encuentros, ganando doce y perdiendo cinco, con 24 goles a favor y 12 en contra. Nueve de estos partidos han sido finales, de las que ha ganado ocho.

del área propia, Rodri es el primer distribuidor en la salida de balón y Gündogan es el segundo cooperador. Cerca del área rival, Rodri es el distribuidor horizontal, Gündogan es el vertical y KDB el improvisador. Bernardo y Grealish son defensores adelantados a la posición de extremo. Haaland es un pivote invertido.

Piense en ello: nada es lo que parece. No hablamos de zagueros, de laterales, de interiores o de extremos, sino del líder horizontal, del líder vertical, de los distribuidores, los conectores y los cooperadores. No hablamos de posiciones, no hablamos de funciones tradicionales, sino de roles específicos que se desarrollan con una intención concreta, a veces únicamente durante un partido determinado.

Ninguno de estos roles ha sido inventado por Pep, pero la combinación de todos ellos en busca de una armonía colectiva es una innovación extraordinaria del entrenador catalán. Hoy no puede decirse que el City practique el juego de posición. Hay que decir, con rotundidad, que practica el juego de intención.

A las once de la noche, sobre el asfalto del aeropuerto de Mánchester, varios jugadores, la mayor parte del *staff* y un Pep desatado cantan a pleno pulmón:

> *How wonderful life is while you're in the world.*[109]

Elton John les responde poniendo las manos en forma de bocina alrededor de la boca y despide la noche con un grito: «*One more! One more! One more trophy!*». Y sube a su avión…

109. Famoso verso de *Your song*, canción compuesta por Elton John en 1970.

ESCENA 35

Solo es un partido más

Estambul, 9 de junio de 2023

El hotel JW Marriott es un imponente edificio que se erige sobre el mar de Mármara, allí donde Europa y Asia se unen a través de los estrechos del Bósforo y los Dardanelos. Es un mar interior, enorme, de doscientos kilómetros de longitud y setenta y cinco de ancho, bajo cuyas aguas discurre la falla del norte de Anatolia, causa de terribles terremotos. En estas orillas se ha escrito una parte no menor de la historia de la humanidad. Aquí llegaron los argonautas liderados por Jasón, en busca del vellocino de oro. Herman Melville se inspiró para su *Moby Dick* en las antiguas ballenas que poblaban el mar y fue también en estas mismas aguas donde sucumbieron las tropas enviadas en 1915 por Winston Churchill, con el trágico balance de un cuarto de millón de bajas, desastre que provocó la dimisión del entonces joven primer lord del Almirantazgo. Fue alrededor de este mar donde el sultán Mehmed II tuvo la audacia de trasladar por tierra sus barcos para asestar el golpe definitivo al asedio de Constantinopla, lo que en la práctica supuso el fin del Imperio romano. El Mármara, en pocas palabras, es un mar repleto de historia.

Desde anoche, jueves día 7, Pep y sus hombres descansan en este hotel, cuyas habitaciones dan al mar, con unas vistas impactantes. El estadio donde se jugará la final, el Atatürk Olympic Stadium, se encuentra a media hora en autobús. La semana ha transcurrido sin sobresaltos y la programación de los tres entrenamientos de alta calidad se ha cumplido según lo planificado. Pep ha vuelto a repetir la estructura de dos días de descanso tras la final de copa, seguidos por tres entrenamientos de intensidad elevada, como le gusta.

El martes fue el día más duro, no porque Lorenzo Buenaventura programara una sesión larga, sino porque Pep dedicó noventa minutos a una exhaustiva explicación táctica del juego del Inter y la manera de afrontar la final. Los jugadores —algunos de los cuales ya habían estudiado por su cuenta al equipo italiano— fueron informados de lo que les espera en el partido que culmina una temporada brillante que puede ser excepcional. Revisaron la defensa italiana de tres zagueros y dos laterales, sus centrocampistas pegajosos, los movimientos verticales de Lautaro, la búsqueda de la cabeza de Džeko como prólogo de segundas jugadas... Pep diseccionó minuciosamente al Inter y comenzó la preparación del partido.

En ese punto de la semana, el entrenador no albergaba ningún interrogante en la alineación. Si acaso, Phil Foden podía pelear por el puesto de Jack Grealish. Durante los últimos meses, Grealish había sido indiscutible por tres razones: generaba muchas ocasiones de peligro por partido, aportaba control y pausa al juego —recuerden los besos que le dedicó Pep contra el Madrid— y era un coloso en los esfuerzos defensivos. Mientras tanto, Foden había pasado de un estado de forma paupérrimo a mostrarse cada día más fino y veloz hasta el punto de generar abundantes dudas sobre quién debía ocupar el puesto de extremo izquierdo en la final. Pep tenía decidido que fuera Grealish, pero los entrenamientos de la semana podían hacerle cambiar de opinión. El resto del equipo iba a ser el mismo de las grandes noches de estos meses, con Akanji de lateral derecho y Aké en el izquierdo. En la final no hay un Vinicius que precise ser replicado por Walker, que el martes precisó un día extra de descanso para recuperarse de los dolores de espalda con que acabó la final de Wembley.

El miércoles queda definitivamente explicado el plan de juego y, aunque Pep no ha desvelado todavía la alineación, todos intuyen que jugarán los mismos que eliminaron al Leipzig y al Bayern, por lo que Walker estará en el banquillo. Foden se muestra agudo en todas las intervenciones que realiza, intentando hacer méritos suficientes para desbancar a Grealish. El equipo ha trabajado hoy aspectos de fuerza explosiva y ha ensayado el formato de la salida de balón, que será en 3+1+3, algo diferente al de los últimos encuentros. Tanto el Madrid como el Manchester United presionaron en 1+3, por lo que el City salió en forma de 3+2. Ante el Arsenal se empleó básicamente el 4+2 debido al modo de presión del equipo de Arteta, que lo hizo en 1+4. Frente al Inter, que presionará casi en rombo, Pep elige esta variante, así como la defensa de cuatro zagueros que tan buen resultado le ha proporcionado en los últimos grandes compromisos. La amenaza por alto de Džeko y los zagueros italianos aconsejan tener defensores contundentes.

LOS CUATRO ZAGUEROS

La decisión de alinear cuatro zagueros es la culminación de un largo proceso innovador que Pep puso en marcha hace casi una década en Múnich y que ha fluido de manera natural, como lo hace un río, y no de un modo planificado. Primero adelantó a los laterales, Rafinha, Alaba, Lahm, cerca del mediocentro para componer un muro de contención de los contraataques rivales. En Mánchester fue añadiendo intenciones ofensivas gracias al carácter de los jugadores que incorporó. Por ejemplo, Danilo y Mendy miraban más hacia delante que hacia atrás. Después, Cancelo añadió nuevos registros, ya que no solo ejerció de lateral interiorizado, sino que empujó hacia delante a los interiores y se despegó del mediocentro para construir el juego de ataque.

Y entonces apareció Rico Lewis. Pequeño y frágil, añadió una muesca más. Era el lateral que se aproximaba al mediocentro y suplía al interior, empujándolo como un émbolo hacia el área rival, y que además se plantaba en la frontal del área como un puro mediapunta. A continuación regresaba a toda velocidad para defender. Y como en todas las grandes obras creativas, el todo estaba antes que las partes, aunque el autor no lo sepa. Sinfonías que parecen individuales acaban confluyendo en obras colosales. Es el milagro de la *liaison*, ese hilo que une las obras humanas hasta componer un todo armónico. Igual ocurre en el fútbol, donde un equipo empieza de una manera y acaba de otra diferente, dando paso al siguiente, que se encadena.

El jovencito Lewis, capaz de actuar en cuatro posiciones, pasando de una a otra sin titubeos, fue una iluminación para Guardiola. La idea surgida en Múnich alcanzaba otra dimensión en Mánchester, gracias a este chico que sirvió de inspiración a sus compañeros.

Pero Lewis tiene un punto débil. Su físico liviano todavía no le permite medirse contra atacantes de altísimo nivel en un cuerpo a cuerpo. Y Guardiola sabía por experiencia que otro jugador de la plantilla podía replicar sin dudarlo los movimientos de Lewis y ser capaz de codearse contra cualquier delantero. Sí, Johnny Stones podía ser lateral, mediocentro, interior y mediapunta sin solución de continuidad y manteniendo el pulso defensivo, como ya había mostrado en algunas apariciones esporádicas en 2019.

¿Por qué razón es tan importante que alguien ejecute todas estas funciones en el equipo? Para ganar superioridad en el centro del campo, que es uno de los fundamentos esenciales en el juego que propone Guardiola. En las dos últimas temporadas ganó la superioridad a través del falso 9, función ejercida normalmente por Bernardo Silva, pero la llegada de Haaland modificó toda la estructura previa, y dado que no podía generarse a partir de la zona superior del campo hubo que crearla desde la inferior. De ahí la importancia de los movimientos de Rico Lewis porque dieron esa superioridad buscada, aunque fuese de un modo inverso al de años anteriores.

La versión final de esta *liaison* de pequeñas modificaciones introducidas durante una década la ha protagonizado Stones, tanto desde el lateral como de zaguero central. La única diferencia es el distinto recorrido que realiza desde una posición u otra, pero la secuencia es similar: lateral/zaguero que se convierte en mediocentro, transita a interior y deviene en mediapunta, ganando la superioridad para su equipo en la zona central del campo.

Este proceso ha tenido una consecuencia quizá no buscada, pero que para Guardiola ha sido una bendición. La multifunción de Stones le ha permitido alinear a cuatro zagueros en los grandes partidos, excepto que haya necesitado a Kyle Walker para realizar una «operación especial» contra algún extremo especialmente veloz, como en el caso de Martinelli del Arsenal o Vinicius del Real Madrid. Cuando no ha existido un rival de este perfil, Guardiola ha formado con cuatro zagueros y ha explicado la razón: «Son defensas acostumbrados a defender, que disfrutan defendiendo la posición, que mantienen la línea».

La versión de los cuatro zagueros ha aportado una consistencia defensiva dentro del área propia que el Manchester City no había conocido jamás. Su balance defensivo en los seis partidos que han jugado juntos es de únicamente tres goles encajados, una ratio de medio gol por encuentro. Los cuatro zagueros han sido la clave del triunfo del equipo de Pep en la Champions League.

ALINEACIÓN Y BARBACOA

El viaje a Estambul se realiza el jueves. La sesión matinal se compone de unos primeros minutos de movilidad libre y ejercicios técnicos con balón, seguido por unos rondos en los que el cuerpo técnico exige máxima precisión a la mayor velocidad posible, así como conservaciones de balón. A continuación, dos ejercicios para reafirmar el modo de sobrecargar los costados, con sus posibles variantes. Unas finalizaciones concluyen la parte general de la sesión, a la que se añaden lanzamientos de penaltis. La sesión de masaje y la comida en la propia ciudad deportiva son el preludio del viaje, que concluye seis horas más tarde con la llegada al hotel bañado por las aguas del Mármara.

Antes de cenar se produce una sorpresa mayúscula.

Pep convoca una reunión multitudinaria con toda la expedición, los setenta que han viajado desde Mánchester en el avión oficial. Minutos después de entrar en sus habitaciones los avisan para que se reúnan antes de cenar en uno de los salones del hotel. Toda la plantilla de jugadores, todo el cuerpo técnico, la dirección deportiva, todos los cuerpos auxiliares, médicos, fisioterapeutas, utilleros, gente de logística y organización, e incluso los cocineros. Todos llamados a una reunión sorpresa que Pep se ha sacado de la manga. Nadie lo sabía, salvo Estiarte.

El salón es espacioso, con espejos en las paredes y grandes lámparas formadas por innumerables bombillas led. Una gigantesca alfombra de tonos azules cubre el suelo. A un costado, una vidriera de grandes dimensiones permite ver el mar de Mármara.

Cuando se hace el silencio, Guardiola comienza hablando de Jorge Gutiérrez, el jefe de los cocineros del club:

—Quiero comunicaros a todos que Jorge nos deja después de esta final. Su trabajo con nosotros ha sido formidable y tiene todo nuestro agradecimiento por estos años tan sabrosos. Lo celebraremos ahora con una barbacoa. Pido un aplauso para Jorge.

La sala donde se han reunido los setenta expedicionarios estalla en una cerrada ovación para el excelente cocinero canario que tan buenos alimentos ha preparado desde hace más de un lustro. Gritos de «¡Jorge, Jorge, Jorge!» cierran un largo minuto de aplausos.

Cuando ha logrado que el ambiente en la sala sea de alegría y festejo, Pep cambia radicalmente de rumbo:

—Escuchad, voy a romper mis costumbres y os anuncio que el sábado van a jugar de inicio Eddy, John, Manu, Rúben, Nathan, Rodri, Kevin, Gundo, Bernardo, Erling y Jack.

Lo dice como si hubiera recitado el menú de la barbacoa que hay para cenar, sin darle más trascendencia al mensaje, pero deja con la boca abierta a todos los presentes. Guardiola acababa de romper uno de sus hábitos más sagrados, pues siempre reservó la alineación de su equipo hasta pocas horas antes de los partidos. Ahora, cuarenta y ocho horas antes de la final, apenas llegados a Estambul, ha quebrado la norma y ha confirmado lo que se intuía. Jugará la final el mismo equipo que disputó los grandes partidos de los últimos meses, contra el Leipzig, contra el Arsenal, contra el Bayern y contra el Real Madrid, con el único matiz obvio de la reincorporación de Aké una vez solventada su lesión, supliendo a Walker.

El gesto de Pep, además de sorprendente, es una muestra de su convencimiento ante la final. Esta vez no tiene dudas sobre el tipo de equipo que debe disputar el partido, no vacila sobre una posición o el estado de forma de un jugador, incluso si algunos de los titulares, como Haaland, De Bruyne, Grealish o Rodri, se encuentran al límite de sus fuerzas. Guardiola cree haber encontrado el equilibrio con esta alineación y piensa ir con ella hasta la final. En su interior sufre por Mahrez, uno de sus delanteros preferidos, al que no ha alineado en casi ningún partido importante; por Foden, su «segundo hijo»; por Julián Álvarez, en quien confía ciegamente; y sobre todo sufre por Walker, un gladiador siempre fiel, siempre dispuesto. Pep ha hablado con Walker unos minutos antes de iniciarse la reunión y le ha explicado las razones por las que no le hará jugar. Es otro detalle inhabitual en Guardiola, pero piensa que Walker merece esta explicación. Frente al Inter no se necesitará su extraordinaria velocidad, esa capacidad de frenar cualquier flecha rival. Walker, el hombre de las «operaciones especiales», no será imprescindible de entrada porque no hay ninguna pieza italiana que cazar. Para el jugador es un golpe duro, pero lo acepta con deportividad británica. Pep realiza un ruego antes de concluir la reunión y pasar al comedor:

—Ahora que todos sabéis la alineación, os pido que vayamos todos juntos. Solo conseguiremos ganar la Champions si vamos todos juntos. Los que juegan, los que no juegan y los que estamos fuera del campo. Es la única manera de que lo consigamos. Si todos nos proponemos ayudar para que sea posible, será posible.

En la conciencia de todos se recuerda que en la final de hace dos temporadas contra el Chelsea el equipo no marchó en la misma dirección de manera unánime. La mayoría remó a favor, pero hubo quien se mantuvo escéptico o al margen de los intereses colectivos. Pep ha dicho siempre que un factor clave en las grandes victorias es la unidad de todos, la voluntad colectiva por triunfar, y que basta que haya una sola persona que no reme a favor para que el barco no llegue a buen puerto. Ha pedido que en Estambul todos estén en la misma embarcación.

Tiene una cosa más que decir:

—La última charla en el vestuario no la daré yo. El sábado, unos minutos antes de saltar al campo, quien dará la charla es mi querido Kyle Walker.

La sala estalla en otra gran ovación, finaliza la charla y sobre la terraza del hotel que da al Mármara se inicia una barbacoa preparada por Jorge Gutiérrez y su equipo. Estufas de gas protegen de la fresca noche de Estambul. Las pequeñas mesas redondas de la terraza han sido sustituidas por cuatro largas mesas rectangulares donde cenan los jugadores, el cuerpo técnico y todos los auxiliares. Mientras los futbolistas se sirven la comida que ofrece una gran cocina exterior, Pep bromea grabando un vídeo con su móvil, casi como si fuese el cámara del documental que el club viene realizando cada temporada.

Como explicará Joan Patsy días después, «durante la semana ha ido creciendo el convencimiento de que la final era nuestra. Se empezó a hablar de que sería el título catorce para Pep, que hacía catorce años de su triplete con el Barcelona, del número catorce en la camiseta de Johan... Todo se fue uniendo para conseguir un convencimiento general de la victoria. Se empezó a escuchar eso de que "está escrito en las estrellas que es nuestro año". Y fue creándose un estado de ánimo poderoso, que hacía que nos creyéramos invencibles».

La sesión del viernes despereza músculos y sirve para conocer al detalle el terreno de juego. Momento para chequear el balón, el césped, las botas, la luz y las dimensiones de un estadio que acoge el gran sueño del City. El césped es una preocupación debido a una razón que Juanma Lillo me explica ya en la víspera: «Nada más llegar, Pep y yo hemos estado mirando el campo y hemos visto que la hierba es muy espesa, lo que te hace pensar que está un poco alta, y es el típico campo que tira de gemelo. "Como no lo rieguen...", he dicho, pero Pep me ha asegurado que lo van a regar para la final. Pero en estas circunstancias, al ser tan espeso y seco, lo que ocurre es que el agua no filtra y se queda en la superficie, a menos que se eche un montón de agua. Pero si no echas un montón de agua estaremos más tiempo en el suelo que de pie porque la hierba es tan densa que los tacos no entran y te acabas resbalando». Advierten a los jugadores del problema.

La sesión se compone de calentamiento y movilidad, rondos, juegos de posición y centros laterales finalizados de cabeza. Como he mencionado, Lillo ha vuelto a incorporarse a la expedición, como hizo ante el Real Madrid, lo que aporta aún más serenidad a un equipo que, desde el punto de vista emocional, tiene muy poco que ver con el que llegó a la final de Oporto hace dos años. Aquel era un conjunto que vivió la final con mucha tensión. Había más dudas, comenzando por las del entrenador. El de hoy es un equipo maduro, seguro de sí mismo, tranquilo frente al desafío, hambriento por ganar y que sonríe ampliamente durante el último entrenamiento. Pep es uno de los más serenos. «Siente» que su equipo llega en plena forma al momento final. El mensaje desde el autobús de regreso al hotel es claro: «El ritmo del balón ha sido muy bueno en el juego de posición. Buena señal».

Pep está lejos de aquel entrenador que anteponía sus emociones a las de sus jugadores. El Guardiola que mostró a sus jugadores un vídeo de *Gladiator* antes de la final de Champions de 2009 intentando provocar una gran emoción —y que solo consiguió hacerles llorar y que saliesen a jugar como flanes— ha desaparecido, dejando paso a un Guardiola que únicamente pretende ayudar a sus hombres a rendir del mejor modo posible. Sorprende a todos durante la cena previa al partido, con un nivel de serenidad nunca visto. El presidente Khaldoon se acerca a saludar durante la cena y Pep permanece una hora con él y con otros dirigentes, sentado a la mesa, hablando de cosas intrascendentes, calmado, sin nervios, sin prisas, como si estuvieran en una cena de vacaciones. No parece Pep, que el día antes de un partido jamás puede contener los nervios. Es otro.

Este ha sido su cambio más profundo en los quince años como entrenador. Antes creía que debía «emocionar» a sus jugadores. Ahora entiende que solo ha de «facilitar» que se expresen tal como se sienten. Por este motivo ha limitado al mínimo los discursos motivacionales, aquellos que pretendían estimular, emocionar y enardecer a sus hombres, sustituyéndolo por charlas serenas en las que intenta tranquilizar el ambiente general para que los futbolistas rindan a su mejor nivel. Del Pep «emocional» al Pep «calmante», he ahí una de sus grandes metamorfosis.

Para la final no habrá ningún vídeo especial con mensajes emotivos y la charla táctica la protagonizará Kyle Walker. El único propósito de Pep es que sea un día de lo más normal posible. Un día más de partido. Un partido más de la temporada. Uno más, otro más. Un encuentro en el que se juegue de la misma manera que en los últimos veinte o veinticinco, con idéntica serenidad, construyendo bien el juego desde atrás, con una salida pausada y limpia que facilite las intervenciones de los interiores, con un muro de zagueros contundentes, a la «yugoslava», con unos extremos dúctiles que se adapten a lo que exija cada momento del partido y con un Haaland participativo, que colabore con el balón y acapare la atención de todos los defensores italianos. Pep no quiere un partido excepcional. Solo uno normal, en la línea de los últimos veinticinco, que se juegue con paciencia y templanza. De Bruyne lo ha resumido bien: «No hay que hacer nada distinto de lo normal. Ha sido una semana un poco más agitada, pero no hay que hacer nada especial, sino lo más normal posible». Pep ha añadido otro matiz a la necesidad de ser pacientes: «En este tipo de partidos es clave tener paciencia y no creer que por estar empatando a cero vas perdiendo el partido. Los equipos italianos van 0-0 y piensan que van ganando, lo que no es cierto». Por segunda vez en siete años —la primera fue hace una semana, en la final de la FA Cup—, toda la plantilla de Pep está sana y en forma, dispuesta para la batalla. Misión cumplida para el doctor Mauri.

Sobre el césped del Atatürk Stadium serán los líderes, Gündogan, Dias, Rodri, quienes den el último grito en el corro de jugadores, un grito que ya todos conocen y repiten: «*One more, guys! One more!*».

Solo es un partido más. Todo está listo. Desde la serenidad.

ESCENA 36

Estaba escrito en las estrellas

Estambul, 10 de junio de 2023

Lorenzo Buenaventura posee un humor especial que le permite adoptar perspectivas interesantes que a veces chocan con el pensamiento establecido. Por ejemplo, cada temporada, mientras el resto del cuerpo técnico hace elucubraciones sobre las posibilidades de ganar la liga y la fortaleza de los rivales directos, Lorenzo realiza todos los lunes la misma pregunta: «¿A cuántos puntos estamos del quinto clasificado?». No lo pregunta en broma, sino de manera seria. Quiere saber cuál es la ventaja exacta del Manchester City sobre el quinto clasificado porque esto indica con precisión cuánto esfuerzo deberá hacer el equipo para entrar en la siguiente Champions League. Al lector quizá le parezca poca cosa, pero Buenaventura valora en grado extremo el poder competir cada año, sin fallar nunca, en el máximo torneo europeo: «Jugar la Champions cada año es lo que mide tu nivel como equipo», afirma, y no le falta razón. Pep siempre ha dicho que Lorenzo posee una sabiduría muy llana y muy práctica, y cada lunes escucha la pregunta con interés. A medida que se agranda la distancia con el quinto clasificado, crece la autoestima del equipo.

Esta tarde, Buenaventura ha soltado otra de las suyas: «Lo que hace grande a un equipo es ganar cuando no está bien».

El City ha llegado a esta final de la Champions muy justo de fuerzas. Toda la plantilla está disponible, pero la condición individual de sus puntales deja mucho que desear. El equipo se ha vaciado por completo en el esfuerzo sin respiro que viene sosteniendo desde enero. Haaland lleva toda la semana en manos de los fisios, que intentan recomponer sus abductores maltrechos a base de cinco horas diarias de tratamiento. Rodri se fundió a finales de abril y tiene energía para muy poco más. De Bruyne está con los isquiotibiales a punto de rotura, sujetos por un hilo desde hace seis semanas. Aké solo ha podido jugar sesenta minutos en el último mes. Stones muestra signos de haberse vaciado durante estas semanas y Grealish ha perdido chispa a raudales.

El equipo ha llegado a Estambul con la batería agotada, casi al límite de sus fuerzas tras sesenta partidos de competición y solo se sostiene gracias a la inmensa ilusión por conquistar la Champions y al deseo gigante de ganar el triplete. El equipo, como dice Buenaventura, no está bien, pero es en estos días cuando hay que ganar aunque se esté mal.

Entre los propios jugadores la percepción del problema no es tan aguda como en el cuerpo técnico, probablemente porque se mueren de ganas por jugar la final, y todas las dificultades quedan aparcadas en un rincón de la mente. Uno de los que más deseaba jugar hoy es Kyle Walker, el cuarto capitán, pero no podrá hacerlo de entrada, pese a lo cual realiza una emotiva charla en el vestuario del Atatürk Stadium, pocos minutos antes de iniciarse el partido. Walker ha pensado bien lo que debe decirles a sus compañeros porque lo ha meditado durante dos días, después de que Pep tuviera la deferencia de informarle personalmente. Sus palabras son firmes y resuenan como un látigo en el silencioso vestuario: «Chicos, todos sabéis que el sueño de mi vida es ganar la Champions League. Jugar hoy era mi sueño, era lo que me hacía levantarme cada día y entrenar con más ganas. Yo no podré defender sobre el campo este sueño y vais a ser vosotros quienes tengáis que hacerlo realidad. Os pido que juguéis con valentía y sin presión. Mi sueño está en vuestras manos».

Pep solo les dice que «hoy jugáis para ser inmortales».

La final es muy poco vistosa. El juego resulta lento, espeso y sin brillo. No es áspero porque el Inter es un rival noble, limpio y con gusto por el balón, además de agresivo, pero habrá poquísimas acciones memorables a lo largo de los noventa minutos: el excepcional remate de Rodri que supone el gol del triunfo *citizen,* los disparos cruzados de Haaland y Foden que salva Onana y los cabezazos de Di Marco, Lukaku y Gosens que no alcanzan su destino.

La presión del Inter está encabezada por Džeko y Lautaro, que alternan un 1+3 en forma de pirámide o minirrombo con un 2+3 más denso al que se añaden los saltos alternativos en los costados de Dumfries o Di Marco sobre el receptor. Pep dispone al City con una salida en 3+1+3, componiendo un rombo en el centro del campo, Rodri en el vértice inferior, Gündogan en el superior y De Bruyne y Stones en los costados. Stones defiende hoy como lateral y se incorpora por delante de Rodri, afirmándose muy pronto como el hombre libre del equipo. En la zona izquierda, De Bruyne queda desconectado del balón, lo que a su vez le aleja y desconecta de Gündogan, problema que se soluciona a los veinte minutos cuando ambos permutan las posiciones. El *pressing* alto del City se constituye en 4-2-4, aunque apenas tendrá incidencia en el juego italiano gracias al brillante juego de pies y la visión panorámica de André Onana, el guardameta camerunés, el hombre que se convierte en «área de descanso» del Inter en los momentos turbulentos.

Simone Inzaghi introduce algunos pequeños matices que desconciertan al City, por ejemplo la posición muy adelantada de Di Marco en los saques de portería de Ederson o las incursiones de Bastoni en campo rival persiguiendo a su par. Estos matices, unidos a la torpeza que manifiestan Rodri, Akanji y Aké, dificultan la habitualmente fluida circulación de balón del City, cuyos jugadores se pasan el balón al pie con gran desacierto.[110] Desde muy pronto se advierte que el equipo no está bien en lo fundamental, la peor noticia para un conjunto cuya identidad se basa en esos fundamentos. Torpe en el pase, pesado en los desmarques y ciego para encontrar al hombre libre. Todo aquello que marca la personalidad del City está desaparecido sobre la espesa hierba del Atatürk, que provoca resbalones continuados, primero De Bruyne, después Rúben Dias, más tarde Onana, después Haaland y finalmente dos veces Ederson.

Desde el primer minuto, el equipo interpreta muy mal que el hombre libre es John Stones, y solo a los veinticuatro minutos es capaz Ederson de conectar con él. Una pena de minutos desperdiciados en vano, con pases intrascendentes en zonas superpobladas mientras Stones estaba libre en el costado derecho, si bien es cierto que el propio Stones tampoco hace mucho por hacerse visible como hombre libre, al contrario que en los grandes partidos que ha jugado en las recientes semanas.

Guardiola ya esperaba dificultades en la circulación a causa del marcaje que preveía de Brozović sobre Rodri más el rombo de presión de Barella, Lautaro y Džeko sobre el poseedor del balón, lo que a su vez iba a provocar el retroceso de Gündogan, perseguido por Çalhanoğlu, y que Stones quedase completamente liberado. De hecho, el cuerpo técnico había bromeado la noche anterior: «Si lo hacemos bien, John quedará tan libre que tendrá tiempo para tomarse un café hirviendo». La realidad no es tan exagerada, pero sobre el

110. El acierto en el pase del City en la final fue de solo el 84,4 %, cinco puntos menos que el promedio de la temporada.

campo Stones tiene tiempo y espacio para moverse a gusto, aunque también él se muestra algo más timorato que en exhibiciones precedentes. En cualquier caso, ni Rodri ni los zagueros, ni De Bruyne o Gündogan, encuentran a Stones y el equipo se estrella contra la buena organización interista.

Solo un destello de Bernardo Silva, gambeteando dentro del área y rematando cerca del poste, ha salvado unos primeros veinticinco minutos amorfos, marcados por tres errores de Ederson: un mal envío del balón que se pierde por la banda, un exceso de optimismo en un centro hacia Lautaro que este consigue salvar cuando Ederson creía que se iba fuera y, sobre todo, un terrible pase a Dias que acaba a pies de Barella, quien remata muy desviado desde lejos. Pep se desgañita gritando: «¡Relax! ¡Relax!», porque es obvio que su equipo no consigue ganar ni a su sistema nervioso ni a sus emociones. El City está luchando contra sí mismo y no consigue vencerse.

El error de Ederson no es más que una expresión del pánico interno y, como sucede tantas veces en el deporte, ese error propicia la consiguiente liberación. Pocos segundos después, Gündogan y De Bruyne aprovechan el salto que realizan los zagueros interistas para burlarlos con un pase y filtrar el balón para que Haaland penetre en el área y remate cruzado. La mano izquierda de Onana evita el gol; segundos después vuelve a detener otro balón disparado por De Bruyne desde fuera del área y amortiguado por Çalhanoğlu, tras lo que el City encadena dos minutos de juego ofensivo muy amenazante, pero que no se materializa. Cuando la balanza del juego comienza a desequilibrarse a favor de los hombres de Pep, los isquiotibiales de Kevin de Bruyne se rompen mientras persigue un balón y, por segunda vez consecutiva, el gran jugador belga ha de abandonar el campo durante una final de la Champions, por más que se esfuerza durante cinco minutos por mantenerse en juego. Inevitablemente, ha de ser sustituido por Foden, quien se sitúa en el vértice alto del rombo central, mientras KDB se coloca hielo en la pierna derecha y se sienta abatido en el banquillo entre Walker y Ortega. Su rostro está de un rojo encendido, como en las grandes noches, pero después de dos meses de agonía sus músculos solo han resistido treinta y cuatro minutos de final. De Bruyne ha hecho un esfuerzo extraordinario por conducir a su equipo hasta la cumbre y jamás podrá olvidarse cómo se dejó la piel en este camino.

Foden aporta piernas frescas, si bien es Rúben Dias, con tres cortes formidables ante Lautaro y Džeko, quien se erige como el mejor jugador del City, sin discusión. Es el líder de una zaga menos firme que otros días y también quien se manifiesta emocionalmente más sobrio y anímicamente poderoso. Dias es quien más se acerca a su mejor nivel, y esto anima a Stones, que protagoniza unos últimos minutos del primer tiempo espléndidos, regateando tres veces seguidas a los centrocampistas del Inter, con una habilidad que impresiona. También muestra preocupantes signos de agotamiento, cuando solo estamos en el minuto 42. Si la primera parte ha sido espesa y complicada, la segunda promete más dificultades porque el City, sencillamente, está vacío y muerto.

—Estás jugando una mierda de partido.

Pep no tiene pelos en la lengua para explicarle a Rodri qué nivel de juego está mostrando. El español ha sido el jugador más regular y constante de la plantilla en los sesenta partidos previos a la final. Sus actuaciones han sido soberbias en general, oscilando siempre entre el notable y el sobresaliente, casi nunca discreto. Rodri ha sido el motor del equipo, el eje sobre el que ha pivotado toda la dinámica. Ha repartido el juego en la salida, incluso asumiendo riesgos brutales; ha percutido como un taladro por los pasillos centrales; ha repartido regalos a los atacantes gracias a su calidad como distribuidor horizontal; y ha intervenido arriba, abajo o en el centro con una energía y un coraje impagables. Ningún otro jugador ha sido tan constantemente excelente como él en esta inmensa temporada. Pero hoy es una sombra. Su ratio de pases acertado es buena (92,4 %), pero es engañosa porque dos tercios los ha entregado en horizontal a sus zagueros y solo un tercio han sido hacia delante. Pep se lo ha hecho saber con crudeza en el vestuario. Con la crudeza con que deben decirse las cosas en una final, que no es lugar para medias palabras. El entrenador retoca otros detalles. Gündogan acerca su posición a la de Rodri y Bernardo cae un poco más atrás, con lo que el rombo del centro del campo se convierte en un poliedro irregular. El City también cambia la presión, pasando del 4-2-4 al 4-3-3, con Foden por detrás de Haaland y ambos extremos un poco más cerrados que en el primer tiempo.

Stones se ofrece. Desde el primer minuto de la reanudación reclama el balón y el equipo comienza a encontrarlo con facilidad. Rodri se mueve menos y ejerce como el pivote a través del cual se trenzan los pases, más tranquilo al tener cerca a Gündogan, con quien conecta rápido. A los cincuenta y tres minutos, y en menos de diez segundos, Stones realiza cuatro regates seguidos, dos en el centro del campo y otros dos en el semicírculo del área interista, como si se tratara de un *trequartista* italiano de los años noventa. Es el jugador que una y otra vez desconcierta al Inter con sus inesperados movimientos. En paralelo, sigue dando muestras de agotamiento, colocando las manos sobre las rodillas, al estilo De Bruyne, por lo que el cuerpo técnico envía a Walker a calentar cuando solo han transcurrido cincuenta y cuatro minutos de una final que sigue siendo opaca y densa, pero que acumula dosis crecientes de emoción dada la incertidumbre que se desprende desde el césped. El deporte, al fin y al cabo, es el reino de la incertidumbre, y el gran desafío consiste en enfrentarse a ella, buscando conquistar un territorio imposible llamado certeza. El fútbol es una peregrinación constante hacia la certeza, y la final de Estambul no hace más que confirmar lo complicado que es enfrentarse a la incertidumbre.

Ederson Moraes no ha necesitado blocar ningún balón en el primer tiempo porque el Inter no ha disparado contra los tres postes de su portería. Al margen de los tres errores ya mencionados, el guardameta del City solo ha tocado el balón con los pies para reiniciar el juego, generalmente con sus zagueros. Esta situación de escasa participación en el juego es habitual para él: «Es complicado concentrarse cuando casi no tienes contacto con el balón. Yo me estoy comunicando constantemente con mis compañeros, pero incluso cuando no intervengo demasiado termino cansado mentalmente».

A los cincuenta y ocho minutos de la final, tiene la oportunidad de demostrar lo concentrado que está. Desde la banda derecha, Bernardo envía un pase atrás que Akanji interpreta como dirigido al portero, quien se encuentra demasiado lejos como para ser el receptor. El envío de Bernardo no es bueno y Akanji también se equivoca dejando pasar el esférico sin controlarlo, pero cuando se da cuenta del grave error, Lautaro ya se ha hecho con el cuero y se dirige hacia la portería, adonde llega también Lukaku, perseguido por Dias y Rodri, que le cierran una posible recepción a cambio de dejar libre a Brozović unos metros por detrás. Ederson ha salido rápido de la portería y ha tapado todos los ángulos hasta acabar despejando con el brazo izquierdo el remate a gol del delantero interista. Un error clamoroso ha regalado la primera oportunidad al rival, pero Ederson ha dado también su primer paso en lo que será una actuación brillante y redentora.

Stones continúa siendo el hombre libre y el atacante más desequilibrante y suma seis regates exitosos, con un cien por cien de efectividad, récord en una final de la Champions, con la excepción de los diez que realizó Leo Messi en 2015 ante la Juventus. Pero es Akanji quien rompe, de forma inesperada, la muralla italiana.

El gol del triunfo, obra de Rodri en el minuto 67.31, nace veinte segundos antes en un globo que Grealish envía desde el costado izquierdo al área para Foden, que en el duelo aéreo con Brozović pierde el balón, pero entonces llega Gündogan, en una de esas apariciones indetectables que tanto le gustan protagonizar por el pasillo que conduce a las porterías rivales. El capitán logra devolver a Foden, quien al verse tapado retrocede dos metros, cinco metros, diez metros, a causa de la presión defensiva. Aunque en apariencia Foden «mata» el ataque, en realidad lo relanza por el costado opuesto a través de Akanji, que sorprende con su pujante penetración vertical, provocando que Bastoni deba saltar de emergencia contra él. Cuando Bernardo advierte este ínfimo desajuste en la espléndida organización defensiva del Inter se lanza en profundidad y Akanji le regala un pase delicioso que habría firmado De Bruyne y que aplasta a ocho rivales contra su portería. La inevitable devolución atrás de Bernardo, favorecida por un leve desvío en el brazo de Acerbi, es rematada a la red por Rodri para conquistar la Champions y el triplete.

Paradojas del fútbol, el hombre que había jugado «un primer tiempo de mierda» es quien obtiene el gol de la gloria. Su remate será diseccionado durante horas porque es una obra de arte, un lanzamiento desde el límite del área ejecutado como un *swing* de golf con un efecto curvo que se aleja primero de los dos obstáculos que tiene enfrente, Çalhanoğlu y Darmian, y gira al final para entrar cerca del poste de un Onana petrificado. Rodri explicará que «primero pensé en chutar duro, pero al ver tantas camisetas delante decidí colocarlo con suavidad». El balón penetra por un espacio ínfimo, casi rozando la cadera izquierda de Darmian, y convierte al mediocentro español en icono histórico del Manchester City.

Instantes antes de besar la gloria, Rodri protagoniza un detalle que pasa desapercibido, pero que es tan capital en el gol como la precisión de su disparo. Cuando Foden, presionado por Brozović, abandona el área para decepción de los aficionados del City, y retrocede de manera continuada, Rodri le indica con el brazo extendido que cambie el juego al costado opuesto. En las breves décimas de segundo en que Foden realiza este movimiento hacia atrás, Rodri escanea por dos veces el campo y advierte la posición muy abierta de Stones, que amenaza a Di Marco, y la más interior de Akanji, que tiene una pradera libre por delante. En ese instante tan breve, Rodri sabe que por allí puede crearse una oportunidad y le ordena a Foden que haga rápido ese cambio de juego que acabará decidiendo la final. Es un pequeño detalle que vale un título, aunque no será el único que incline la balanza. Habrá un travesaño, el despeje de un rival, un cabezazo a bocajarro, un despeje de puños…

Walker celebra el gol cruzando el campo para abrazarse con sus compañeros y solo un segundo más tarde llega Kalvin Phillips, que también ha corrido a unirse a la piña. En el sector 203-B de la tribuna principal del estadio Atatürk, Màrius Guardiola ha enloquecido, abrazado a su madre Cristina y a sus hermanas, Maria y Valentina. La familia al completo festeja el gol de Rodri con un grito que sale de las entrañas porque perciben que esta vez es la buena, que está escrito en las estrellas que la Champions League de 2023 volverá a casa.

Pep se muestra mucho más moderado que sus hijos y sus jugadores. Cierra el puño y lo abre de inmediato, como pidiéndose calma a sí mismo. Sabe que la final aún será muy larga, que su equipo está fundido, y conoce bien la naturaleza de los equipos italianos. Seguro que el Inter gozará de la «episódica», y si no la aprovecha, entonces intentará la «heroica». Así que el City solo podrá vencer desde la frialdad anímica. En cuanto regresa a la zona de calentamiento, Walker recibe la instrucción de acelerar. El equipo necesita de manera imperiosa su energía porque Stones ya está vacío.

Unos metros por detrás del banquillo, Estiarte también se ha calmado tras la euforia e intuye que el Inter tendrá la «episódica». Veinte metros más arriba, Màrius Guardiola acaba de recordar aquello que su padre nos explicó hace años, cuando su Bayern tenía que enfrentarse a la Juventus. La «episódica» y la «heroica». Se le eriza la piel al recordarlo:

—Sabemos lo que buscarán: la «episódica». Buscarán un episodio: un córner, una falta, cualquier cosa. Llegar vivos al minuto 75 y entonces cargar contra nosotros con tres delanteros. Y si no hemos conseguido matarlos antes, viviremos un cuarto de hora final terrible. Buscarán la «episódica». Son italianos, y si la episódica no funciona, entonces pasarán a la «heroica» y sufriremos como perros.

Pep, Estiarte, Màrius, los tres al unísono han revivido aquella cena de 2016, cuando se habló a fondo de la «episódica» y ahora los tres miran el césped esperando su aparición vestida con los colores azul y negro de los interistas.

No tarda en aparecer.

Solo han transcurrido ciento cincuenta y un segundos desde el gol de Rodri cuando Di Marco envía un balón contra el travesaño de Ederson. El Inter ya carga el área *citizen* con tres delanteros, pero la ocasión no es fruto de ninguna acción bien elaborada, sino de un mal centro de Brozović que da primero en la cabeza de Çalhanoğlu y a continuación en la de Grealish. Finalmente el balón cae rebotado en el área del City y pilla mal colocada a su defensa. Akanji choca con Lukaku, torciéndose el tobillo, y Stones no se percata de la llegada por la espalda de Di Marco, que se ha escapado de la vigilancia de Bernardo. El lateral italiano, que no está en fuera de juego pese a las apariencias, cabecea bombeado ante la salida de Ederson, el balón se estrella en el poste, regresa a Di Marco, que vuelve a cabecear, esta vez picando al suelo, y su remate choca contra el pie izquierdo de Lukaku, si bien Rúben Dias defendía la línea un metro por detrás y, sin la menor duda, habría evitado el gol. En cualquier caso, Lukaku se hallaba en fuera de juego durante el segundo cabezazo de Di Marco.

Ha sido una acción esporádica, fruto de rebotes que primero han favorecido al Inter y después al City, que ha logrado salvarse de la «episódica», pero en la banda Guardiola sabe que a los italianos aún les queda la «heroica» y decide que Walker entre a jugar. Su energía física y emocional parece imprescindible en este momento, sobre todo porque dos minutos más tarde Lukaku consigue rematar desde lejos después de que Akanji se muestre poco contundente ante Lautaro. El zaguero suizo siente dolores en el tobillo y el árbitro asistente muestra su dorsal para ser sustituido: el número 2 entra por el número 25. Walker sustituye a Akanji. Pero cuando el cambio está en marcha, Pep percibe que algo no está bien y lo frena:

—*Wait, Kyle, wait. Sorry, not yet.* [Espera, Kyle, espera. Perdona, todavía no].

El entrenador es consciente del dolor que siente Akanji, pero entiende que Stones se encuentra en una situación límite. Hoy no es día para hacer muchos cambios y deben medirse bien. Hay otros jugadores que están jugando a un pobre nivel. Haaland y Grealish son quizá los dos de peor rendimiento, pero ¿qué haces en este momento? ¿Introduces a Julián Álvarez y a Mahrez por ellos dos? En un momento en que el poderío aéreo de Haaland puede ser importante y la voluntad defensiva de Grealish también, ¿los cambias? ¿Y si hay prórroga? Lo mismo sucede con Akanji. Ha sido el defensa menos brillante en esta final, pese a su preasistencia de gol, pero si Stones está fundido, ¿quitas al suizo y dejas al inglés durante quince minutos que prometen ser agónicos? Pep le da vueltas en su cabeza a este jeroglífico y no encuentra la respuesta adecuada, por lo que ha congelado el cambio. Walker se agita nervioso cerca de él, ardiendo en deseos de entrar a jugar.

Mientras esto sucede en la cabeza del entrenador, Phil Foden recibe un buen balón de Rodri, burla la presión de Di Marco con un reverso antológico y se lanza a por el gol definitivo. Cinco zancadas, dos toques con el pie izquierdo y remate cruzado desde el punto de penalti. Es la sentencia de la final. Dos defensores italianos están por los suelos, otros tres miran la acción impotentes, Haaland, Bernardo y Grealish contienen el aliento... Onana detiene sin problemas el remate raso de Foden, que ha buscado colocar el esférico en el poste lejano en vez de cruzarlo a media altura. El City ha perdido la oportunidad de cerrar el partido. El mal remate de Foden le condicionará dos minutos después, cuando pise de nuevo el punto de penalti y prefiera ceder el balón a Haaland en lugar de rematar a portería.

El City ha alcanzado su máxima cota de agotamiento físico y emocional. En cada jugada se advierte lo dura que ha sido la temporada y la gran cantidad de batallas que han librado en estos sesenta y un partidos. En la tribuna, a quince minutos del pitido final, Juanma Lillo le dice a Pablo Barquero, el representante de Rodri: «Estos chicos llevan sesenta partidos en las piernas y están agotados. Ya lo estaban en la final de copa, pero hoy están totalmente vacíos. No nos queda energía». En la banda, en las gradas, en las cabezas, resuenan las palabras de Pep con un eco formidable:

—Si no hemos conseguido matarlos antes, viviremos un cuarto de hora final terrible, sufriremos como perros.

Stones ha abandonado el campo dolorido y con la camiseta rasgada de arriba abajo. Walker ya está en el campo y su potencia por la banda facilita que Bernardo centre un poco la posición para ayudar a los centrocampistas. Pasan los minutos, resbala Ederson, pasan más minutos, vuelve a resbalar Ederson, pero el partido languidece sin más hasta que llega la «heroica» del Inter, esa oportunidad que no sabes cómo ni por qué se produce, pero que sucede.

Bernardo y Grealish se han convertido en dos ayudantes de sus laterales, Walker y Aké, para evitar la última carga italiana, la del desespero, que ataca con siete hombres el área *citizen*. Gosens centra sin acierto desde la izquierda hasta el costado opuesto, donde Bellanova recoge el balón y, al verse bien tapado, cede atrás para que Brozović recentre al lado original, donde aparece Gosens, que le gana el duelo a Bernardo, logrando cabecear hacia el centro del área. El City tiene superioridad numérica (ocho contra cinco), pero Akanji y Rodri no consiguen obstaculizar a Lukaku, que recibe el esférico a placer. El delantero belga puede cabecear con comodidad, sin presión ni nadie que le estorbe dentro del área pequeña, a menos de cuatro metros de la línea de gol. Su cabezazo es bueno, duro, compacto, con toda la frente, picando el balón al suelo para hacer inevitable el gol, pero Ederson está bendecido y logra desviar la pelota con la pierna izquierda. El rebote es peligroso y se dirige contra la cabeza de Rúben Dias, que logra girarla en un escorzo ágil y enviar el esférico a córner. El City se ha salvado. El Inter ha malogrado su «episódica» y también su «heroica». Incrédulos, los hombres de Inzaghi se llevan las manos a la cabeza, desesperados porque la oportunidad de empatar se ha ido por el desagüe.

Aún tendrán una ocasión más, en un saque de esquina que concede Aké. Hace treinta y nueve segundos que se han superado los cinco minutos de prolongación decretados por el árbitro polaco Szymon Marciniak. Di Marco lanza el córner en corto para el cabezazo hacia atrás del alemán Robin Gosens, a quien su compatriota Gündogan no ha perseguido. El balón toma la dirección del gol, pero Ederson saca el puño derecho y lo envía lejos. En el minuto 95.46 termina la final.

La agonía ha concluido. El City gana la Champions. El City conquista el triplete.

Guardiola respira aliviado. Lo ha vuelto a conseguir.

Estaba escrito en las estrellas. Lo que hace grande a un equipo es ganar cuando no está bien.

ESCENA 37

«Ya está, ya está»

Mánchester, 12 de junio de 2023

Las finales se ganan, no se recuerdan.

Jack Grealish con un cubalibre en la mano derecha y un micrófono en la izquierda, cantando, bailando y bromeando, será la imagen icónica de las cuarenta y ocho horas de celebraciones del Manchester City. Desde que Gündogan elevó el trofeo al cielo de Estambul hasta que unos fuegos azules cerraron el desfile de la plantilla por las calles de Mánchester han pasado dos días interminables de jolgorio y festejos durante los que se han desatado todas las emociones, las tensiones y las dificultades acumuladas en once meses de competición.

Ningún jugador ha dormido más que pequeñas siestas en los aviones. En Estambul comieron y bebieron, bailaron y cantaron a orillas del Mármara hasta que salió el sol. Grealish, Haaland y Walker se distinguieron por encima del resto, mezclados con aficionados y familiares que poblaban los jardines del hotel JW Marriott, que despidió a la expedición a mediodía. El Boeing 787-9 Dreamliner pintado con los colores corporativos del club despegó a las dos de la tarde de la capital turca y llegó a la ciudad inglesa cuatro horas después. Con el tiempo justo para dejar la maleta en casa y cambiarse de ropa, la plantilla al completo tomó un avión privado en dirección a Ibiza, completando en el día cinco mil kilómetros de vuelo. A medianoche, los jugadores se alojaron en una planta reservada en el hotel Ushuaïa Ibiza y siguieron la fiesta en un club privado hasta la hora del desayuno, a tiempo para regresar a su ciudad, comer en el club y vivir lo que De Bruyne catalogó como «la mejor celebración de siempre en Mánchester».[111]

111. La lesión de Kevin de Bruyne se diagnosticó el martes en Mánchester como una rotura de grado 3. Al día siguiente, el jugador se marchó de vacaciones

Pocas celebraciones son en solitario. El futbolista y el entrenador necesitan el abrazo intenso del compañero para compartir y saborear de verdad la gloria del triunfo. Todos ellos precisan del aficionado para sentirse acompañados en el duro ascenso hasta la cumbre, y no digamos ya en las noches de derrota. Los hinchas del City poblaron las gradas del Atatürk Stadium y no se abstuvieron de realizar su clásica celebración *à la Poznan* durante el himno de la Champions League, entrelazados los brazos, dando la espalda al campo. Sufrieron por el desenlace del partido, por el juego, por la carga final del Inter... y también por la desastrosa organización, otra más, de la UEFA, que ha convertido estos eventos finales en un suplicio para cualquier aficionado. Ya en su ciudad, los fans del club confirman una vez más que «*Manchester is blue*», como gritará Rodri a pleno pulmón.

La lluvia preside la celebración, lo que impide que Pep y los suyos enciendan los puros Partagás que habían comprado para la ocasión. El diluvio es colosal, pero no desanima a nadie. Ni un solo aficionado se queda en casa y la avenida Deansgate se tiñe de azul, de confetis, de música, de cánticos y de un griterío ensordecedor, estimulados todos por una plantilla que sigue bebiendo y celebrando como si hoy fuese el último día en sus vidas. Solo hay un ausente: Manel Estiarte se separó de la expedición en Estambul porque su hija mayor, Nicole, estaba a punto de dar a luz. Cuando los festejos en Mánchester alcanzan el clímax, Estiarte ya es abuelo. Ha nacido Sophie.

Es momento de escuchar la voz de algunos protagonistas de la final.

Primero, el capitán, Ilkay Gündogan, quien tras disputar tres finales de Champions por fin conquistó el trofeo: «Hemos hecho historia con el triplete, aunque en la primera parte de la final no estuvimos a nuestro mejor nivel. Tuvimos dudas. Sabíamos que teníamos que hacerlo mejor en la segunda. Fue un partido al cincuenta por ciento y tuvimos la fortuna de que la moneda cayó de nuestro lado».

El autor del gol coincide con su capitán: «No ha sido fácil. ¡Menudo equipo al que nos enfrentamos, su forma de defender y de contraatacar! Lo dimos todo. Yo no estuve bien en la primera parte, pero no puedes esperar jugar bien siempre. Las finales son así. Las emociones

---

acompañado por un fisioterapeuta del club que durante las siguientes semanas trató a diario al belga y dirigió su proceso de recuperación.

y los nervios están ahí, pero competimos como animales». Rodri es uno de los muchos que fija su pensamiento en los aficionados: «Toda esta gente ha esperado no sé cuántos años. Se lo merecen, nos lo merecemos. Los últimos años estuvimos tan cerca... Solo quiero dar las gracias a todos. Queremos más. Más ambición. Más sueños».

Kyle Walker, el hombre que deseaba jugar una final de Champions por encima de todas las cosas: «Estoy viviendo un sueño. Mi madre y mi padre estaban en las gradas. Desde Sheffield, de donde yo procedo, no es fácil llegar a una final de la Champions. Recuerdo cuando mi madre no tenía ni una libra para comprarme un helado. Disfrutar de este triunfo con ellos es lo máximo». El tercer capitán resume como nadie lo conseguido: «Fuimos los Centuriones, los que por primera y única vez hicimos cien puntos en la mejor liga del mundo. Fuimos los *Fourmidables,* los que por primera y única vez ganamos los cuatro títulos nacionales ingleses. Ahora somos inmortales con este triplete».

Scott Carson reclama su porción de inmortalidad: «Cada vez que voy a Estambul regreso con una Copa de Europa», dice muy serio, provocando las risotadas de todos.[112] Jack Grealish aplica un día más su reconocida sinceridad: «Esto es por lo que trabajas toda tu vida. En la final jugué fatal, pero no me importa. Ganar el triplete con este grupo de jugadores es muy especial. Todos los que me conocen saben lo mucho que me gusta el fútbol y que he trabajado toda mi vida para conseguirlo. Ver a mi familia entre el público de Estambul fue emocionante». Grealish da las gracias a Guardiola: «Ha confiado mucho en mí. Es un genio».

Guardiola lo celebró con sobriedad en Estambul junto a toda la familia y con euforia en Mánchester junto a su hijo Màrius. Quiso fotografiarse con Domènec Torrent sujetando la Copa de Europa, reconociendo de este modo la ayuda de quien fue su gran ayudante durante años. Torrent, cuyo ojo clínico no falla jamás un pronóstico, es explícito: «Pep es el mejor entrenador de la historia del fútbol».

¿Y qué dice Pep?: «El Inter fue como imaginamos. Difícil, difícil. Más la episódica y la heroica que tiene todo equipo italiano. Así es la Champions. Este jodido trofeo es escurridizo y se hace difícil conquistarlo. A veces parece imposible. Pero ya está».

112. Carson ganó con el Liverpool la Champions League 2004-2005, final conocida como «el milagro de Estambul», pues el AC Milan vencía por 3-0 al descanso. Los ingleses empataron en el segundo tiempo y vencieron en la tanda de penaltis (2-3).

¿Ya está?

—Sí, ya está, ya está.

Suena a final del proceso, a obra concluida.

El City es el primer campeón de la Champions en los últimos quince años que no ha perdido ningún partido de la competición. Para que Gündogan levantara el trofeo, su equipo ganó 8 encuentros, empató 5 y no perdió ninguno, marcando treinta y dos goles y encajando solo cinco. Es el primer campeón desde el curso 2008-2009 que no pierde ninguno de los trece encuentros. Curiosamente, el último campeón que tampoco había perdido ninguno de los trece fue el rival ciudadano, el Manchester United, en la temporada 2007-2008, igualmente con ocho triunfos y cinco empates.[113]

La lluvia cae implacable sobre el escenario donde los jugadores ofrecen los trofeos a sus entusiasmados aficionados, que se enardecen cuando escuchan que Guardiola, gran amante del sol, reclama más agua:

—*We want rain, rain, rain!* [¡Lluvia, queremos más lluvia!].

Detrás del escenario hablo con Joan Patsy, que hace treinta años vivió junto a Cruyff el primer triunfo del Barcelona en la Champions League (Wembley, 1992), lo que supuso un brutal punto de inflexión en la historia del club catalán, y ahora acaba de vivir algo muy parecido junto al «hijo de Cruyff»:

—La memoria es muy engañosa, pero ha sido bastante similar. Johan se metía la presión encima para que los jugadores se sintieran aliviados. Es aquella famosa frase que dijo en el vestuario de Wembley: «Salid y disfrutad». Los jugadores tenían la sensación de que no pasaba nada, de que era solo el inicio de un ciclo. Ahí estaban Pep y Txiki. Si no ganaban en Wembley, ya ganarían otro año, esa era la sensación que les transmitía Johan. Llegaban vírgenes a Wembley. No habían jugado ninguna final de Copa de Europa, ni siquiera una semifinal. Y el gol de Koeman abrió el tapón de la botella. Desde aquel gol todo fue distinto en el Barça. Ahora ha ocurrido igual en el City.

Le comento a Patsy la frase de Pep, el «ya está, ya está» que parece poner la guinda final al pastel.

—Es que es una sensación auténtica de «ya está». Para los que llegamos hace diez o doce años, para Ferran, para Txiki, es la culminación de todos nuestros proyectos, de todos nuestros mejores sue-

113. El Bayern de Múnich se proclamó campeón en 2020 también sin sufrir ninguna derrota, pero el formato de la competición se redujo a solo once partidos debido a la pandemia de la covid-19.

ños. Ya está. Lo hemos conseguido. Es muy probable que sin Pep no lo hubiéramos logrado, pero él tuvo la generosidad de querer sumarse al proyecto, y con él todo ha sido posible. Ya está. *Feina feta*. Misión cumplida. ¿Y ahora qué? Ahora, más. Conociendo a Pep, con siete títulos por delante el próximo curso, los cuatro de siempre más otros tres que nos hemos ganado el derecho a jugar, va a salir a por todas. Con su gen competitivo va a querer todo, sumar más y más títulos. Hará falta sangre nueva, claro. Varias salidas, varias entradas. Y todos a correr aún más.

El gran sueño de Guardiola y de todo el club se ha cumplido. Ya no hay obras inacabadas. La Champions League, el triplete, el *three peat* en la Premier League…

Ha sido un proceso largo, lento, repleto de altos y bajos, de dudas. Un proceso minucioso que ha exigido paciencia, tenacidad, fortaleza de ánimo y resistir mucho dolor. Crear un espíritu de equipo, construir una identidad reconocible, ser fiel a los fundamentos del juego, entender los triunfos como simples pasos del camino, aceptar las derrotas con la entereza del estoico. Vivir noches de agonía, disfrutar días de gloria.

El proceso ha durado siete años que parecen siglos, durante los que Pep y los suyos han dedicado toda su energía, su tiempo y su conocimiento a cultivar el equipo con paciencia, mimo y pasión hasta hacerlo florecer. «Ya está, ya está».

Es el tiempo que pierdes con tu rosa lo que hace que tu rosa sea tan importante.

RESUMEN ESTADÍSTICAS 2022-2023

	P	V	E	D	GF	GC
Community Shield *Finalista*	1	0	0	1	1	3
Premier League *Campeón*	38	28	5	5	94	33
FA Cup *Campeón*	6	6	0	0	19	1
Copa de la Liga *Quinta ronda*	3	2	0	1	5	4
Champions League *Campeón*	13	8	5	0	32	5
Total	**61**	**44**	**10**	**7**	**151**	**46**

DATOS

72,1 %	Porcentaje victorias en la temporada
73,7 %	Porcentaje victorias en la Premier League
2,47	Goles a favor en la temporada
2,47	Goles a favor en la Premier League
0,75	Goles en contra en la temporada
0,87	Goles en contra en la Premier League
105	Diferencia de goles a favor en la temporada
89	Puntos en la Premier League
19	Remates al poste en la Premier League (5 Haaland)
63,2 %	Posesión de balón en la temporada
64,7 %	Posesión de balón en la Premier League
82 %	Máxima posesión de balón (vs. Leeds, mayo 2023)
36 %	Mínima posesión de balón (vs.. Arsenal, febrero 2023)
660	Promedio de pases por partido
850	Máximo número de pases (vs. Copenhagen, octubre 2022)
89 %	Pases acertados por partido
15,1	Remates por partido / 5,7 a portería
8	Remates en contra por partido / 2,4 a portería
12	Victorias consecutivas en la Premier League
52	Máximo goleador: Erling Haaland (36 en la Premier League)
28	Máximo asistente: Kevin de Bruyne (16 en la Premier League)
56	Más partidos jugados: Rodri (36 en la Premier League)
7-0	Mayor victoria (vs. Leipzig)
1-3	Mayor derrota (vs. Liverpool)

EPÍLOGO

Palabra de Pep

Barcelona, 12 de julio de 2023

Cuando usted lea este libro, la temporada 2023-2024 ya estará en marcha e incluso se habrán disputado dos de los siete títulos por los que competirá el Manchester City durante el octavo año de Guardiola en Inglaterra.[114]

En las siete temporadas ya completadas, el equipo disputó 413 partidos oficiales con un resultado de 300 victorias, 55 empates y 58 derrotas. Es decir, el 72,64 % de los encuentros concluyó con victoria *citizen*, porcentaje que en la Premier League ascendió al 74,06 %. El equipo ha marcado 1015 goles (con un promedio de 2,46 por partido) y ha encajado 336 (0,81 por partido).

El éxito de Guardiola no puede entenderse sin la formidable estructura de un club que le apoya sin fisuras. Khaldoon Al Mubarak ha sido el presidente idóneo para el entrenador, una combinación entre serenidad y atrevimiento, que en cada ocasión ha sabido tomar la decisión adecuada. Ferran Soriano, como consejero delegado, ha actuado con temple y mucha precaución, anteponiendo en general la seguridad al riesgo. Y Omar Berrada, desde la dirección de fútbol, ha aportado una clarividencia inhabitual en este deporte. Desde la cúpula dirigente hasta el más humilde de los empleados, todos en el City han remado al unísono en la misma dirección, arropando sin titubeos al entrenador en los buenos y, sobre todo, en los malos momentos.

114. El 6 de agosto de 2023, el City perdió la Community Shield ante el Arsenal en la tanda de penaltis tras empatar el partido a un gol. El 16 de agosto conquistó la Supercopa de Europa ante el Sevilla también en la tanda de penaltis, tras empatar a un gol.

Txiki Begiristain ha sido como el hermano mayor de Pep. Ha construido un ecosistema perfecto para el entrenador, dotándolo de los mejores medios humanos y tecnológicos para que el rendimiento del equipo fuese insuperable. Ha sabido despedir cada año a las grandes figuras y traer savia nueva a la plantilla, sin acceder a pretensiones desmesuradas, aunque ello le haya costado más de una mala cara de Pep. En estos años hubo fichajes que no se pudieron consumar simplemente porque Txiki no quiso pagar cinco millones que consideraba excesivos o fuera de mercado. Sin duda, falló en alguna contratación, pero acertó en la mayoría y le regaló a su amigo y entrenador un plantel de alta calidad y, sobre todo, moldeable. Todos los jugadores que llegaron fueron mejorados por la mano de Pep. En cuanto al cuerpo técnico, Txiki supo modular cada temporada las necesidades, pasando de la experiencia de Dome Torrent a la juventud de Arteta, empleando el *know how* de Rodolfo Borrell, apelando con Maresca otra vez a la juventud y llamando a la puerta del conocimiento oceánico de Lillo, que ha regresado a Mánchester, de nuevo como ayudante de Pep.

Txiki ha invertido mucho dinero para construir una plantilla multicampeona, pero lo ha invertido bien. Desde la llegada de Guardiola, en verano de 2016, el club ha gastado 1240 millones de euros para fichar a 180 jugadores (6,8 millones por jugador). Es una cantidad prácticamente idéntica a la gastada por el Manchester United para contratar a 98 jugadores, y son 400 millones menos que el Chelsea para fichar a 195 futbolistas. Con respecto a los otros grandes equipos ingleses, en estos siete años el City ha gastado 220 millones más que el Arsenal y 500 más que Liverpool y Tottenham, clubes que han contratado la mitad de jugadores que el campeón de Mánchester.

Pero como es obvio no pueden analizarse los gastos en fichajes sin tener en cuenta la contrapartida de los ingresos por traspasos. El Chelsea ha vendido 193 jugadores por un importe de 817 millones y el City ha traspasado a 177 futbolistas por un total de 575 millones; son los dos clubes que encabezan este apartado, con mucha diferencia sobre el resto.

Así pues, la inversión neta realizada o *net spend* (gastos menos ingresos) arroja el siguiente resultado en millones de euros, para el periodo 2016-2023:[115]

115. Fuente: Transfermarkt.com.

Manchester United	903 millones
Chelsea	805 millones
Manchester City	668 millones
Arsenal	643 millones
Tottenham	426 millones
Liverpool	267 millones

La comparación entre esta inversión neta y el número de títulos obtenidos por cada club en las siete temporadas que analizamos ofrece el siguiente coste por título:[116]

Liverpool	38 millones
Manchester City	47 millones
Chelsea	134 millones
Arsenal	160 millones
Manchester United	225 millones

Pese a que la eficacia en los fichajes del City —y también del Liverpool— es muy alta en el periodo 2016-2023, aún lo es más si se elige el parámetro más ortodoxo y común para medir el rendimiento financiero de un club de fútbol, que es la perspectiva del medio plazo, es decir, cinco años. En este caso, la inversión neta para el periodo 2018-2023, en millones de euros, ha sido la siguiente:[117]

Chelsea	716 millones
Manchester United	613 millones
Arsenal	549 millones
Tottenham	378 millones
Liverpool	284 millones
Manchester City	259 millones

Entre 2018 y 2023, el lustro analizado, el Manchester City ha conquistado doce títulos con un gasto neto de poco más de 250 millones de euros, a un promedio de 21 millones por título, lo que supone un rendimiento de gran eficacia en comparación con el de

116. Entre 2016 y 2023, el Manchester City ha ganado 14 títulos; el Liverpool, 7; el Chelsea, 6; el Arsenal y el Manchester United, 4. El Tottenham no ha ganado ningún título en este periodo.

117. Fuente: Transfermarkt.com.

sus contrincantes, salvo el Liverpool, que ha promediado 40 millones por título obtenido. El Chelsea ha invertido 179 millones por cada título; el Arsenal, 274; y el Manchester United, 613 millones para un único trofeo logrado desde verano de 2018. A la vista de todos estos datos podemos concluir que la tarea realizada por Begiristain y Berrada es sensacional.[118]

Lo que nos dice todo lo anterior es que el éxito de un club no está directamente relacionado solo con la inversión realizada —ya sea neta o bruta—, y el Tottenham y el Manchester United son ejemplos contundentes. Existen otros muchos factores tan o más trascendentes que el dinero. Sirva como ejemplo que mientras el City y el Liverpool han tenido un único entrenador en siete temporadas, clubes como el Chelsea o el Tottenham han tenido seis, y el Manchester United, cinco.

El análisis de la inversión realizada por Begiristain y Berrada durante la era Guardiola muestra otro aspecto muy interesante: no ha habido fichajes de grandes estrellas, Haaland al margen. Solo Gündogan había disputado una final de la Champions, y Bernardo, una semifinal, antes de ser contratados por el director deportivo. Prácticamente, todos los jugadores que han llegado poseían perfiles muy específicos y con gran potencial para ser moldeados y perfeccionados. Los clubes de procedencia de la mayoría de ellos no pertenecen al top-5 mundial: Benfica, Borussia Dortmund, Wolfsburg, Everton, Athletic de Bilbao, Leicester, Aston Villa, Monaco, Bournemouth, Arminia Bielefeld…

Gran parte del mérito reside en el deseo de dichos futbolistas de formar parte de un proceso estresante y arriesgado, aceptando fuertes cargas de preparación y sometidos a tensión competitiva permanente. Son ellos quienes han apoyado el pensamiento disruptivo que propone Guardiola. Fue Bernardo Silva quien aceptó ser lateral izquierdo y extremo derecho en un mismo partido. Fue John Stones quien se acopló a cualquier posición y se transfiguró en un mediocentro que defiende. Fue Jack Grealish quien entendió que ser «área de descanso» del equipo valía más que hacer la guerra por su cuenta. Fueron Aké y Akanji los que aceptaron ser «bomberos» en cualquier zona defensiva. Fue Rodri quien quiso aprender a moverse menos, entendiendo que guardar la posición era el mejor favor que podía hacer y hacerse.

118. Solo en los dos últimos mercados, el City ha ingresado 275 millones de euros por la venta de jugadores canteranos de su Academy, la mayoría de ellos con cláusula de recompra.

Y así uno por uno hasta llegar al más joven, Rico Lewis, que fue una inspiración maravillosa en medio de la pesadilla que estaba viviendo el equipo la última Navidad. Los futbolistas han sido quienes han apoyado sin discusión las ideas a contracorriente de Guardiola.

Nadie lo ha explicado mejor que Rúben Dias: «Cuando se ficha a un jugador hay que saber qué tipo de futbolista estás buscando. Desde que llegué a Mánchester he visto cómo el City ha buscado jugadores con unas cualidades muy específicas, que tengan un buen regate, o laterales rápidos o buenos defensores, pero con algo más. Desde el principio he tenido la sensación de que este club contrataba mucho más que una cualidad específica. El City contrata personalidad. Contrata el tipo de hombre que eres. Y esta es una de las razones por las que la ambición nunca será un problema en este equipo».

Hace un calor infernal en Barcelona. Pep se remoja en la piscina un rato y vuelve a sentarse delante del televisor para ver los últimos días del torneo de tenis de Wimbledon. También son sus últimos días de vacaciones. Dentro de setenta y dos horas cambiará el sol catalán por la lluvia mancuniana, una vieja amiga. Durante un mes ha desconectado del balón, ha visitado las pirámides egipcias con toda la familia, ha jugado al golf, ha cenado y disfrutado, ha dado clases en su campus de tecnificación y vuelve a sentirse lleno de energía. Ha engordado dos kilos y su piel está morena, aunque no tanto como la que luce Estiarte, quien por las mañanas se ha tostado en la playa de Pescara y por las tardes ha cuidado de su preciosa nieta recién nacida.

Se han cumplido diez años de aquel primer encuentro que tuvimos en el Trentino, durante la pretemporada del Bayern, en que Pep me abrió las puertas del vestuario, de su casa y también de su cabeza. Desde entonces me ha permitido observar lo que ha ocurrido a su alrededor durante tres vibrantes años en Múnich y siete apasionantes temporadas en Mánchester. Llega el punto final para este largo viaje.

—Pep, es hora de hacer balance personal de tus siete temporadas en Mánchester, donde has vivido éxitos, fracasos, dramas y alegrías. Hace casi justo siete años, también vine a verte a Barcelona para hablar del proyecto del Manchester City que estabas a punto de iniciar. ¿Qué esperabas realmente de aquel proyecto, que tenía una duración prevista de tres años? ¿Tan a gusto te sientes en Mánchester que, en lugar de tres años, ya vas a por el octavo?

—No esperaba estar siete años, desde luego. Ahora comenzaré el octavo y supongo que estaré nueve años en total. No esperaba haber ganado tantas Premier Leagues. Lo que sí esperaba era tener la confianza que he tenido de quienes están por encima de mí, Txiki, Ferran, Omar... Al tener su confianza, automáticamente tienes ganada la confianza de los jugadores en un ochenta por ciento. El otro veinte por ciento debes ganártelo día a día en el campo, pero el hecho de que los de arriba sepan que los resultados no serán la única razón que me hará continuar en el club y que no me echarán a la calle, que es lo que pasa en el noventa por ciento de los equipos del mundo, me ayuda mucho porque no me quita tiempo ni energía para estar negociando mi supervivencia en el club.

»Durante todo este proceso nunca llegué a pensar que el séptimo año jugaría como hemos jugado, sino que, como toda cosa abierta, es cuestión de ir pulsando y viendo. Paco (Seirul·lo) y Juanma (Lillo), los verdaderos sabios, siempre lo dicen: empezamos a jugar y empezamos a entrenar, empezamos a jugar partidos, a ver qué jugadores tenemos. Y ya iremos viendo y ya iremos haciendo. Cuando yo llegué al City no esperaba que Zinchenko acabara siendo fundamental, porque el chico era un mediapunta, el 10 de Ucrania, que jugaba bastante bien, y en el primer rondo ya vimos que jugaba muy bien, pero en el primer partido amistoso en Alemania no tocó ni una pelota. En aquel momento, no podía imaginarme que Zinchenko acabaría siendo fundamental en muchas ligas de las que hemos ganado, ni en los procesos de aprendizaje que hemos desarrollado, jugando como lateral izquierdo por dentro.

»Como puedes entender, estas son cosas que vas viendo con el paso del tiempo, y precisamente eso es lo más bonito. He estado siete años, por ahora, gracias al hecho de que hemos ganado mucho. Si no hubiera ganado, no hubiera durado tantos años. Y en cuanto al proceso de construcción del equipo, lo hemos hecho tal como te he dicho: viendo cómo reaccionaba el pulso de cada uno.

»Quizás el próximo año me encontraré a un jugador haciendo cosas que no esperaba. Te pondré un ejemplo de lo que es el fútbol. Yo no iba a convocar a Rico Lewis a la pretemporada del año pasado, que hicimos en China, simplemente porque no lo conocía. Pero Carles Vicens, que está conmigo y había sido entrenador de la cantera, me dijo: ¿por qué no te llevas a Rico Lewis, que puede jugar de lateral por la derecha y por la izquierda, o de interior? Y como en las pretemporadas a veces no has incorporado aún a todos los jugadores y hace mucho calor y necesitas más gente para completar los entrenamientos y los partidos, pues, pam, decidimos que también nos lo llevaríamos. Jugó un rato contra el Bayern de Múnich y dije: ¡hostia, qué bien lo hace este chico!

»Y resulta que esta temporada ha sido él quien nos ha enseñado a todos nosotros cómo tenía que ser el proceso de aprendizaje y qué debíamos hacer. Ha sido él, mientras jugaba los partidos y se entrenaba, quien nos ha enseñado a nosotros exactamente los movimientos que debe hacer un lateral por dentro. Ha sido él, jugando, el que ha hecho un tipo de movimientos que antes no hacíamos. Pero así es el fútbol. Estas cosas pasan.

»Y así es como debe ser un equipo de fútbol: abierto…, y que las cosas a menudo fluyan sin esperarlas. Es así y ya está, no hay más.

—¿Cuál sientes que ha sido tu verdadero triunfo en Mánchester?

—Haber jugado durante tanto tiempo a un nivel tan alto a pesar de que había mucha gente diciendo y creyendo que de esta manera no se podía jugar en una liga tan fuerte como la inglesa. Evidentemente, todos los grandes títulos conquistados hacen que sea mucho más fácil que nos respeten y nos admiren por la forma en que lo hemos hecho y por cómo hemos ganado. Esto no es fácil. Imagínate que ahora comienzas nuevamente un proceso de este tipo y dices que ganarás cinco títulos de liga en los próximos seis años. Nadie se lo creería. Es difícil visualizarlo, ¿verdad? Pues eso es lo que hemos hecho.

»Básicamente, es eso. Recuerdo que muchos decían que Pep no podría hacerlo, que no podría jugar de esta manera en Inglaterra… Bueno, sí, se podía hacer. Y además lo hemos hecho con Rico Lewis. ¡Y lo hemos hecho con Haaland!

—Es aquel célebre pronóstico de que jugarías en Stoke-on-Trent y sufrirías un naufragio…

—Exacto, es eso. Y básicamente lo hemos hecho durante mucho tiempo. Porque tú puedes ir a Inglaterra y ganar un año. O quizá, como mucho, incluso ganar dos años. Pero cuando lo haces durante tantos años como lo hemos hecho nosotros, demuestras que hay un poso de identidad, de club, de estabilidad de club, de idea de club, de construir el fútbol base a partir de un buen *scouting* con niños pequeños, trabajarlos bien, subirlos en el momento justo, ser tú quien dicta los precios y no los agentes o los otros clubes… En fin, son muchas cosas que el club ha hecho muy bien y que nos han otorgado esta confianza que nos han permitido llegar hasta donde estamos ahora.

—Si hablamos del juego, el de esta temporada del triplete se ha distinguido especialmente por la manera de defender más que por las asociaciones o el juego en general, que quizás ha sido menos brillante que los dos años anteriores.

—No creo que hayamos jugado mal. Con la incorporación de Haaland seguramente hemos necesitado un proceso un poco más largo para ajustarlo todo, pero no lo creo. Tampoco pienso que hayamos defendido mejor, porque siempre hemos defendido bien. Según las estadísticas que nos llegaban, las ocasiones que nos generaban siempre han sido muy pocas, pero es verdad que nos hacían goles.

»Ahora bien, hemos jugado una parte importante de la temporada con cuatro centrales que disfrutan del placer de defender, y en este aspecto hemos dado un paso adelante. En el área hemos defendido mejor. Es el año en que hemos defendido mejor el área.

—¿Debemos interpretar el papel actual de John Stones como un proceso que ha durado varios años y que comienza con Lahm y con Rafinha en el Bayern hasta conseguir lo que vemos ahora, que Stones es un mediocentro que defiende? ¿Va todo ligado, una cosa con la otra, dentro de tu cabeza?

—No, no, no. En Alemania no imaginaba estar haciendo lo que hacemos ahora con Stones. Ahora bien, es cierto que en todo hay un hilo común, un hilo que lo cose todo: el hombre de más en el centro del campo. Lo haces con el delantero o lo haces con los de atrás. O avanzas a uno de los de atrás o retrocedes a uno de los delanteros. Pero siempre buscas tener un hombre más en el mediocampo. Ahora, como tenemos a Haaland en la delantera, no podemos hacerlo con él; por lo tanto, este hombre de más lo debemos sacar de atrás y llevarlo al centro.

»Según las condiciones puedes hacerlo con uno de los laterales, Delph, Zinchenko, Cancelo, Rico Lewis, o con un central, como Stones. ¿De qué depende? De la calidad del jugador. Y de la adaptación a la función, de cómo se sienta él haciéndolo. Pero el fondo del asunto es el mismo: los dos laterales por dentro, un hombre de más en el mediocampo para ser cuatro en esa zona, un falso nueve... Siempre hemos jugado más o menos así.

—¿Imaginas qué lugar ocupará Pep Guardiola en la historia del fútbol?

—Ni idea, ni idea. La historia se ha de vivir, la has de vivir tú. No se ha de vivir para ser recordado ni nada de eso. La has de vivir y ya está. Ahora bien, ¿que nos lo hemos pasado muy bien? ¡Sin duda! Mira, antes de la semifinal de vuelta contra el Madrid me preguntaron si pasar a la final podía significar hacer historia, y dije que no tenía ni idea, pero que una cosa era segura: nos lo hemos pasado genial. Y te aseguro que así ha sido. Nos lo hemos pasado de maravilla. Y si nos tienen que envidiar por algo, que sea por lo bien que nos lo hemos pasado.

»La vida es el día a día. Es hoy. Cuando nos muramos, no nos vendrán a decir que ocupamos tal puesto dentro de la historia. Cuando te mueres, ya estás muerto, y la historia no importa.

—Por lo tanto, estás centrado en el día a día y no te enfocas a medio plazo ni en lo que te queda por hacer.

—Ahora mismo estoy de vacaciones, y lo único en lo que pienso es en que llegaré a Mánchester y veré qué jugadores tengo para hacer la primera sesión de entrenamiento. Solo eso. No me preocupo mucho por los microplanes, los microprogramas o los macroprogramas. Empecé a prepararlos cuando estaba en el filial del Barça, y ya entonces Juanma (Lillo) me decía que no sirven para nada. Juanma tenía razón y sigue teniéndola. Se trata de llegar al entrenamiento y preguntar: ¿cuántos somos hoy? Somos tantos, pues empezamos haciendo una buena sesión de entrenamiento, recordando los principios del juego en que nos fundamentamos y todo lo que cuelga de estos, y vamos avanzando hacia el primer partido amistoso. Intentamos ganar este primer partido, recordando lo que hicimos en el pasado, mejorando cositas, y ya está, nada más que eso. Después vendrá el segundo amistoso y haremos lo mismo. Luego el tercero y los primeros partidos oficiales. Siempre es enfocarnos en el siguiente partido, nada más que eso.

—Has dirigido 413 partidos con el City y solo has sufrido 58 derrotas, un 14 %. Si tuviera que mencionar las tres que han sido más dolorosas, elegiría aquel 4-0 en Goodison Park contra el Everton en enero de 2017; la de Lisboa contra el Olympique de Lyon en el año de la pandemia; y la del Bernabéu hace un año, cuando el Madrid remontó en el último momento. ¿Estás de acuerdo en que han sido las más duras?

—La del Everton sí, porque no acababa de encontrar el equipo y fue doloroso. Pero luego, aquel año, terminamos terceros y acabamos jugando muy bien, y en el verano de 2017 el club dio un paso adelante, invirtiendo en lo que necesitábamos, porque éramos un equipo muy muy veterano, muy bueno, pero veterano, donde once jugadores tenían más de treinta años, y se necesitaba hacer la renovación que hizo el club.

»La segunda derrota que mencionas, la de Lisboa en los cuartos de final, también dolió porque la Champions siempre tiene algo muy especial. Fue una derrota por detalles, básicamente por errores defensivos, no porque jugáramos peor que nuestro rival. Allí ya se demostró la fortaleza del club cuando nuestro presidente, en su discurso al grupo después del partido, nos dijo: «Volveremos, y tarde o temprano la ganaremos». Mira, estas cosas yo no las olvido. En ese momento, en medio de una cena en la que todos estábamos hundidos, Khaldoon se levantó y dijo: «La próxima temporada volveremos a la Champions, y algún día la ganaremos».

»La del Madrid quizá dolió menos. El golpe en el Bernabéu fue duro, pero la eliminatoria la perdimos en nuestra casa, simplemente porque Dios Nuestro Señor no quiso que las semifinales se acabaran en el partido de ida. Mira, el fútbol tiene estas cosas, pero el equipo estuvo muy bien, tanto en casa como fuera, evidentemente un poco menos en la vuelta, porque el Bernabéu siempre es un estadio difícil, pero esa derrota no pienses que me afectó tanto. Y, además, fue una derrota que nos sirvió para hacer lo que después hemos hecho, o sea, para llegar a la final de Estambul. Este tipo de cosas, estos fenómenos suelen ocurrir en el fútbol.

»Sin lugar a dudas, aquel 4-0 contra el Everton es la derrota que más me ha dolido porque era un momento en el que no terminaba de encontrarle el punto al equipo.

—Aquella Navidad de 2016-2017 fue difícil porque se juntaron un montón de derrotas fuertes: contra el Chelsea, el Leicester, el Liverpool y, finalmente, contra el Everton.

—Sí, sí, fue un momento en el que no encontraba el hilo del equipo, pero en aquellos momentos tan malos mi *staff* me apoyó, recibí algunas llamadas de gente a la que admiro y que me levantaron el ánimo, y conseguimos superarlo. Las cosas cuestan. Aquellos días duros hacen que ahora valoremos mucho más todo lo que hemos logrado.

—En estos siete años ha habido un montón de victorias, 300 en total, es decir, más del 72,5 %. ¿Cuáles son las que más te han impactado o emocionado?

—Las victorias que más ilusión me hacen son las ligas. En Inglaterra, la Premier League es muy especial, muy especial, porque es muy muy dura. Y luego, cuando has ganado una, te parece que ya está, ya lo he hecho, ya la he ganado, pero luego ganas la segunda y más tarde el Liverpool te pasa por encima y tenemos que ver cómo reaccionamos. Y nos volvemos a poner en forma y volvemos a ganarla, y nos convertimos en ganadores consistentes, y luego aún ganamos otras dos más.

»La liga es la consistencia del día a día, de estar ahí. La que no te deja vivir ni respirar, y también la que te regala la satisfacción más grande.

»Asimismo, hay un detalle importante que es la Copa de la Liga, que hemos ganado cuatro veces seguidas. Es una competición que parece que no le interesa a nadie y ganarla cuatro veces consecutivas demuestra que tú sí le das importancia a todo; a cada entrenamiento, a cada detalle. Pienso que ganar un título considerado menor como la Copa de la Liga demuestra humildad porque dejas bien claro que además de ganar la Premier League también trabajas para ganar la Carabao Cup y que no la regalas con el propósito de tener semanas largas y descansar más, recuperar jugadores y estar más frescos de cabeza y de piernas. No, tú vas y luchas por ganar cuatro seguidas, y este es un factor que me hace sentir orgulloso porque dice mucho del equipo y del club. Del carácter y de la cultura competitiva que se ha instaurado en el club.

»Todo el equipo, los jugadores y todos los que hemos estado estos años en el club, hemos subido el nivel. Hoy en día, el nivel competitivo del Manchester City es muy alto, y esto se tiene que mantener los próximos años e incluso en las próximas décadas. Mientras Khaldoon esté ahí arriba presionando fuerte, estoy convencido de que lo seguiremos haciendo. Y sé que cuando yo ya no esté, el club lo seguirá haciendo. Los títulos son muy importantes, pero la competitividad aún lo es más. Pienso que en el futuro se dirá que este equipo luchaba por todo. Dirán que íbamos a por todas las competiciones, que perdimos cuatro veces las semifinales de copa, pero que ganamos dos. Y que en la Champions nunca pasábamos, semifinal, final, semifinal, hasta que finalmente lo conseguimos. Y cuando uno pone el listón tan alto es jodido porque has dejado un nivel que el club tiene que seguir manteniendo. Y eso está muy bien, porque no es cuestión de llegar un año y ganar una Premier o una Champions. Es ganar de manera consistente y continuada cada año.

—Hablemos del «ya está, ya está» de Estambul. Supongo que querías decir que finalmente el trabajo ya estaba hecho, que la obra se había completado. El triplete de 2009 con el Barça fue siempre una mochila muy pesada, un listón situado muy arriba…

—Ganar el triplete con el Barça en tu primer año parece que te permite soñar con ganarlo cada año, y eso no es posible. Soy un buen entrenador, pero no lo suficiente como para ganar el triplete cada año. Yo nunca he pretendido ganar el triplete cada año. Pero es cierto que después de ganar cinco títulos de la Premier, si quieres dar un salto y posicionarte como un equipo grande de Europa, está claro que tienes que ganar también en Europa. Ganar en Europa nos ha servido para dar sentido y valor a las cinco Premier Leagues. Y, evidentemente, acabamos como decíamos que queríamos hacerlo. Por eso digo: «¡Ya está, ya lo hemos hecho! Hemos jugado bien, hemos ganado la Premier y hemos ganado en Europa. Ya está». Pero te vas de vacaciones, descansas, te recuperas, y ahora volveremos a entrenar y ya nos conocemos todos... Continuaremos apretando fuerte para intentarlo de nuevo.

»Pero es evidente: ¡al final tienes la sensación de que ya lo has hecho!

—Durante todo este tiempo me has repetido que sería imposible volver a hacerlo, que lo del Barça era inalcanzable. Pero al final lo has conseguido.

—Mira, si ganar la Champions es difícil, ni te imaginas lo complicado que es ganar un triplete. Estas cosas ocurren una vez en la vida, por eso siempre te he dicho que era imposible, porque a mí ya me había sucedido en el Barça. El triplete ocurre una vez en la vida, y a mí ya me ha ocurrido dos veces. No puedo pedir más.

»Cuando todavía estás en un club, tu día a día se pasa entrenando, jugando y compitiendo, y pensando en los rivales, contra quién tienes que jugar, qué equipo está bien, cuál está más débil, si nosotros tenemos puntos débiles, en qué cosas debemos mejorar, etcétera. En resumen, se trata de ver cómo podemos mantener un equipo que ha ganado el triplete. Y no solo mantenerlo, que ya es mucho, sino incluso mejorarlo si es posible. Pero cuando terminas tu etapa en un club y firmas el recibo del trabajo hecho, es entonces cuando haces balance y ves lo que realmente se ha logrado. Cuando me fui del Barça, es cuando vi la magnitud de lo que habíamos hecho. En el Bayern nos quedó la tarea pendiente de Europa. Y en Mánchester, lo mismo que en el Barça. Lo que teníamos que hacer ya lo hemos hecho, aunque el balance solo se podrá hacer con certeza el día que nos vayamos, porque te digo una cosa: mientras estemos aquí, seguiremos trabajando para lograr aún más.

»El club no había ganado ninguna Champions y hemos tardado siete años en lograrlo, pero ya está, ya la hemos ganado. Ahora bien, ¿cuántos equipos han ganado una Champions? Muchos. Y equipos que han ganado dos, tres o cuatro también hay bastantes. Por lo tanto, lo que hemos hecho es algo excepcional para el club, pero no es nada excepcional en el fútbol. Excepcional es ganar catorce Roland Garros como Rafa Nadal o los ocho títulos de Wimbledon que ha ganado Roger Federer, eso sí que lo es. Excepcional es ganar once ligas de catorce, eso también lo es. Eso sí. Ganar una Champions está muy bien, nos pone muy contentos, pero no es nada excepcional. Si ganamos dos o tres, entonces todo cambiaría y quizá sí sería excepcional.

—¡Todavía tienes tiempo para ganar otras dos Champions más!

—Je, je, je, sí, dos años más. Exacto, has dado en el clavo.

—Tengo la impresión, por lo que te conozco y por todo lo que te he visto hacer y actuar, que tu gran cambio como entrenador en estos últimos siete años, que supongo que está muy influenciado por tu maduración como persona, tiene mucha más relación con la gestión de las emociones de la gente, con tus emociones y las de tus jugadores, que con algo relacionado con el campo táctico. ¿Es así?

—Sí, sin ninguna duda. Totalmente de acuerdo. Sí, sí, sí, totalmente de acuerdo. Aunque no lo parezca, soy mucho más paciente, mucho más optimista en la previa, en el pospartido; mis análisis son más fríos y menos emocionales, aunque las decisiones tácticas verdaderamente siguen siendo muy emocionales, a pesar de tanta inteligencia artificial o del *big data* que nos llega. La mayoría de las decisiones tácticas aún las tomamos por instinto, por lo que hueles en el césped, por el *feeling* que tienes.

»Pero es cierto que, si dejamos de lado que las decisiones tácticas las sigo tomando de acuerdo con las emociones, he cambiado mucho. La angustia previa a los partidos se ha apaciguado un montón, ahora soy mucho más optimista conmigo mismo y con el equipo. Le he quitado peso y valor a la negatividad y a las cosas malas. Lo tomo como una parte más de la vida, del proceso del deporte, y también todas las cosas buenas las asumo mejor, las tolero mejor. Y como soy más optimista y más positivo durante el acercamiento a los partidos, me lo paso mucho mejor y vivo mucho mejor. Este factor ha sido clave para alargar mi carrera de entrenador en Inglaterra. Si no hubiera sufrido este cambio positivo, ya me habría marchado hace tiempo.

El tiempo, siempre el tiempo.

Nadie elige el tiempo que le toca vivir.

Ningún deportista decide qué época le ha correspondido para competir, ni contra quién le toca hacerlo. Son azares de la vida que deben aceptarse sin más. Tampoco es posible escoger si tu crecimiento deportivo se cocerá a fuego lento o a ritmo desenfrenado. Sencillamente, se produce. No eres dueño del tiempo, ni lo puedes moldear a tu gusto, ni domesticarlo, solo puedes administrarlo.

No puedes decidir el cuándo, pero sí el cómo.

Elegir cómo voy a competir es el único poder que tiene el deportista. Cómo afronto los desafíos y de qué manera me enfrento a estos rivales que el tiempo me ha designado. Cuál es la actitud, el estilo y la intención con los que me presento en la competición. Este es el auténtico poder del deportista, y en él reside su verdadero éxito. Elegir el cómo y aceptar que el tiempo cumpla su destino.

Guardiola nunca pretendió ganar todos los títulos del mundo en su primer año como entrenador, pero sucedió. Después intentó acercarse otra vez a esa cumbre, pero padeció tropiezos innumerables, como un Sísifo castigado por los dioses a empujar, una y otra vez, la piedra hasta lo alto de la montaña para volver a caer irremediablemente. Empecinado, insistió en el empeño, cada vez más consciente de que no podía elegir los tiempos, pero sí las maneras.

«El tiempo siempre nos derrotará», le advirtió Garry Kaspárov hace años. El tiempo es el agua que se escurre entre nuestros dedos.

Hoy hablo con Pep del tiempo, ese gran escultor que nos moldea y que decide por nosotros, y compruebo que ha comprendido al fin la magnitud del gran rival de todo ser vivo:

—La vida es hoy. Cuando mueres, ya estás muerto, y la historia no importa.

Otros libros de Martí Perarnau
que también te gustarán

Herr Pep

Martí Perarnau

Una crónica íntima de Guardiola en el Bayern de Múnich: los éxitos, los problemas y las claves del equipo alemán de Pep.

Martí Perarnau tuvo acceso al vestuario, al entrenador y a los jugadores, desde el fichaje de Guardiola y hasta el final de la temporada oficial, y nos ofrece un relato minucioso de la vocación de trabajo de Pep Guardiola, su obsesión por los detalles y su tozudez en la búsqueda de la excelencia.

Una descripción detallada de todo lo que sucedió en la trastienda del Bayern de Múnich durante la temporada 2013-14.

Herr
PEP
CRÓNICA DESDE DENTRO DE SU PRIMER AÑO EN EL BAYERN DE MÚNICH
MARTÍ PERARNAU
9ª
EDICIÓN

Pep Guardiola. La metamorfosis

MARTÍ PERARNAU

Un recuento de cómo Alemania ha cambiado al nuevo entrenador del Manchester City.

Guardiola vivió en Alemania una metamorfosis que le cambió en numerosos aspectos. Si bien conserva los atributos fundamentales de su fútbol (el juego de posición como modelo y la competitividad insaciable como motor), incorporó nuevos rasgos aportados por la experiencia en Múnich.

Esta obra es una pieza singular en el universo de los libros de fútbol. Investido por el atrevimiento del propio Guardiola, Martí Perarnau propone una narración «libre», que igual fluye del presente al pasado que se detiene en reflexiones, personas o momentos significativos de la trayectoria de Pep.

«Un trabajo exhaustivo,
completo y elogiable.»
RAMON BESA
EDICIÓN CORREGIDA
Y ACTUALIZADA
PEP
GUARDIOLA
LA METAMORFOSIS
MARTÍ PERARNAU
AUTOR DEL BEST SELLER INTERNACIONAL HERR PEP
CÓRNER

La evolución táctica del fútbol

Martí Perarnau

Descifrando el código genético
del fútbol de la mano del falso 9

Vuelve Martí Perarnau, el autor *best seller* de *Herr Pep* y de *Pep Guardiola. La metamorfosis.*

El nuevo libro de Martí Perarnau descifra el código genético del fútbol. Describe la evolución táctica del juego desde su reglamentación en 1863: la pirámide de Cambridge, el mediocentro de ataque, el líbero uruguayo, la WM británica, el Método italiano, el 4-2-4 húngaro, el cerrojo suizo o el 3-2-5 argentino. El libro recorre los distintos desarrollos tácticos de la mano del falso 9, la figura más compleja y sutil que existe en el fútbol.

MARTÍ PERARNAU

LA EVOLUCIÓN TÁCTICA DEL FÚTBOL

1863 · 1945

DESCIFRANDO EL CÓDIGO GENÉTICO DEL FÚTBOL DE LA MANO DEL FALSO 9